westermann

Autorinnen: Christine Kirsch, Martina Kober, Elke Lange-Scholz, Tanja Roden

Herausgeberin: Martina Kober

Rechtsanwalts- und Notarfachangestellte

3. Ausbildungsjahr, fall- und praxisorientiert

4. Auflage

Bestellnummer 50707

Zusatzmaterialien zu „Rechtsanwalts- und Notarfachangestellte – 3. Ausbildungsjahr, fall- und praxisorientiert"

Für Lehrerinnen und Lehrer

Lösungen zum Schulbuch: 978-3-427-50709-3
Lösungen zum Schulbuch Download: 978-3-427-50708-6
Lösungen zum Arbeitsheft: 978-3-427-50863-2
Lösungen zum Arbeitsheft Download: 978-3-427-50839-7

BiBox

BiBox Einzellizenz für Lehrer/-innen (Dauerlizenz)
BiBox Klassenlizenz Premium für Lehrer/-innen und bis zu 35 Schüler/-innen (1 Schuljahr)
BiBox Kollegiumslizenz für Lehrer/-innen (Dauerlizenz)
BiBox Kollegiumslizenz für Lehrer/-innen (1 Schuljahr)

Für Schülerinnen und Schüler

Arbeitsheft: 978-3-427-50838-0

BiBox

BiBox Einzellizenz für Schüler/-innen (1 Schuljahr)
BiBox Einzellizenz für Schüler/-innen (4 Schuljahre)
BiBox Klassensatz PrintPlus (1 Schuljahr)

mit Webcode im Buch
Buch +Web

Zu diesem Produkt sind digitale Zusatzmaterialien kostenlos online für Sie erhältlich. Sie können diese ganz einfach über die Eingabe des nachfolgenden Codes im Suchfeld unter www.westermann.de abrufen.

WBB-50707-004

Sollten Sie zu diesem Produkt bereits eine BiBox mit Material erworben haben, so sind die Zusatzmaterialien selbstverständlich dort bereits integriert.

Druck und Bindung: Westermann Druck GmbH, Georg-Westermann-Allee 66, 38104 Braunschweig

ISBN 978-3-427-**50707**-9

Vorwort

Liebe Auszubildende, liebe Leserinnen und Leser,

das vorliegende Lehrbuch ist für das dritte Ausbildungsjahr als Lehr- und Übungsbuch gedacht. Dabei wurde der aktuelle Rahmenlehrplan mit den zu vermittelnden Lerninhalten und beruflichen Handlungskompetenzen berücksichtigt.

Das Autorenteam besteht aus praxisorientierten Fachleuten. Für die Erstellung dieses Lehrbuchs haben sich Juristinnen, Rechtsanwalts- und Notarfachangestellte und Berufsschullehrerinnen zusammengetan, um den Leserinnen und Lesern eine Vielzahl von Erfahrungen aus der Berufspraxis zu prüfungsrelevanten Themen zu vermitteln.

Entsprechend des Lernfeldkonzepts wird der Lehrstoff in Zusammenhang gesetzt mit der Berufspraxis und den damit verbundenen ökonomischen, ökologischen und sozialen Aspekten. Dabei wird immer wieder auf die vorangegangenen Ausbildungsjahre Bezug genommen, in denen bereits Grundlagen gelegt wurden.

Die Lernfelder für Rechtsanwaltsfachangestellte sowie für Rechtsanwalts- und Notarfachangestellte sind mit unterschiedlichen Schwerpunkten ausgestaltet. Daher wurden sie für beide Ausbildungsgruppen getrennt aufbereitet. Das vorliegende Lehrbuch enthält die Lernfelder 11 bis 16 für die Ausbildung zum Rechtsanwalts- und Notarfachangestellten:

Lernfeld 11: Rechtsbehelfs- und Rechtsmittelverfahren begleiten
Lernfeld 12: Vorgänge in der Zwangsvollstreckung wegen Geldforderungen bearbeiten
Lernfeld 13: Ehe- und Partnerschaftsverträge vorbereiten und abwickeln
Lernfeld 14: Urkunden in erbrechtlichen Angelegenheiten bearbeiten
Lernfeld 15: Liegenschaftsrechtliche Angelegenheiten vorbereiten und abwickeln
Lernfeld 16: Erstanmeldungen im Handels- und Gesellschaftsrecht vorbereiten und abwickeln

Jedes Kapitel beginnt mit einer Lernsituation, die Arbeitsaufträge enthält, um Sie selbstständig an neue Lehrinhalte heranzuführen. Gleichzeitig ermöglicht dies, die Diskussion im Klassenverband mit dem Austausch von Erfahrungen aus der Praxis zu kombinieren. Damit ist dieses **Lehrbuch** nicht nur für den Unterricht in den jeweiligen Berufsschulen gedacht, sondern eignet sich auch als Begleiter für das Selbststudium zu Hause.

Die in diesem Buch dargestellten Beispiele und Überblicke erleichtern es, die behandelten Lehrinhalte zu festigen und übersichtlich darzustellen. Am Ende jedes Kapitels finden Sie Wiederholungs- und Vertiefungsfragen, mit denen Sie eine Erfolgskontrolle durchführen können.

Weitere Materialien stehen für Lehrkräfte im zum Band gehörenden **Material inklusive Lösungen** sowie in der **BiBox** zur Verfügung. Als **Webcode** erhalten Sie kostenlos die Briefbögen der beiden Kanzleien.

Nicht nur zur Vorbereitung auf die Zwischen- und Abschlussprüfung dient der **Band „Übungsfälle“**, der beim Verlag käuflich erworben werden kann. Die hierin enthaltenen Übersichten und Aufgaben können auch zur Wiederholung und Vertiefung herangezogen werden.

Die Autorinnen

Inhaltsverzeichnis

Einleitung

Eine Kanzlei stellt sich vor

Annika Sauer hat die Realschule absolviert und sich für eine anschließende Berufsausbildung in einer Rechtsanwaltskanzlei entschieden.

Die Rechtsanwaltskanzlei als ihr Ausbildungsbetrieb

Rechtsanwältin Dr. Annette Neumann (50 Jahre alt) war zunächst als Einzelanwältin tätig. Nachdem die Mandate immer mehr wurden und sie die Arbeit nicht mehr allein bewältigen konnte, gründete sie mit Rechtsanwalt Peter Huber (42 Jahre alt) eine Partnerschaft.

Dr. Neumann & Huber, Rechtsanwälte, Partnerschaft

mit dem Firmensitz in 67434 Neustadt an der Weinstraße, Grainstraße 101

Registergericht:	Amtsgericht Neustadt an der Weinstraße
Registernummer:	PR 956
Steuernummer:	310/556/1296
Zuständiges Finanzamt:	Finanzamt Darmstadt
Umsatzsteuer-Identifikationsnummer:	DE573964122
Zuständige Rechtsanwaltskammer:	Pfälzische Rechtsanwaltskammer Zweibrücken
Betriebsnummer Sozialversicherung:	45567979

Im Einzelnen ist zu beiden Partnern Folgendes auszuführen:

	Rechtsanwältin Dr. Annette Neumann ist Fachanwältin für Verkehrsrecht. Sie ist Mitglied der Arbeitsgemeinschaft Verkehrsrecht im Deutschen Anwaltverein (DAV). Weiterhin ist sie Vorsitzende des Prüfungsausschusses der Pfälzischen Rechtsanwaltskammer Zweibrücken für die Fachanwälte für Verkehrsrecht.
	Ihr Partner, Rechtsanwalt Peter Huber, ist Fachanwalt für Erbrecht. Er ist Mitglied im Deutschen Anwaltverein (DAV) und im Verband deutscher Anwälte e. V. (VDA).

Die Mitarbeiterinnen der Rechtsanwaltskanzlei

Aufgrund der vielen Mandate hatten sich die beiden Partner vor einigen Jahren dafür entschieden, eine Rechtsanwältin einzustellen. Ihre Wahl fiel auf die mittlerweile 33-jährige Katharina Schuh, die bereits während ihres Referendariats für die beiden Partner Recherchetätigkeiten u.a. übernommen hatte. Rechtsanwältin Katharina Schuh ist seit Kurzem Fachanwältin für Familienrecht.
Die gute Seele der Kanzlei ist Marion Webermann. Die 37 Jahre alte Bürovorsteherin unterstützte Rechtsanwältin Dr. Annette Neumann bereits vor Gründung der Partnerschaft mit Rechtsanwalt Peter Huber bei der täglichen Arbeit. Zu den Aufgaben von Marion Webermann gehört die Betreuung der Auszubildenden Annika Sauer (19 Jahre). Annika Sauer befindet sich im dritten Ausbildungsjahr zur Rechtsanwaltsfachangestellten.
In der Kanzlei ist darüber hinaus die 20-jährige Julia Hoffmann beschäftigt. Diese hat nach ihrer abgeschlossenen Ausbildung zur Rechtsanwaltsfachangestellten keine passende Arbeitsstelle gefunden. Daher hat sie sich entschlossen, ihr Abitur nachzuholen und Jura zu studieren. Um nebenher Geld zu verdienen, hat sie das Angebot der Partnerschaft Dr. Neumann & Huber angenommen, auf Minijob-Basis Marion Webermann und Annika Sauer bei der täglichen Arbeit zu unterstützen.

Die Kontaktdaten der Rechtsanwaltskanzlei

Telefon:	+49 6321 5632-0
Telefax:	+49 6321 5632-15
Homepage:	www.rae-neumann-huber.de
E-Mail, allgemein:	info@rae-neumann-huber.de
E-Mail, personenbezogen:	Die beiden Partner und alle Mitarbeiterinnen der Partnerschaft haben eine persönliche E-Mail-Adresse. Dabei ist der jeweilige Name dem @ vorangestellt. Beispiel: annette.neumann@rae-neumann-huber.de

Facebook:	www.facebook.com/rae-neumann-huber
X:	https://x.com/rae-neumann-huber
Xing:	www.xing.com/companies/raeneumannhuber

Die Bankverbindungen der Rechtsanwaltskanzlei

Institut:	Commerzbank Neustadt a. d. Wstr.	Deutsche Bank Neustadt a. d. Wstr.
IBAN:	DE41 5464 0035 0012 5832 19	DE52 5467 0095 0096 7844 58

Die Zusammenarbeit der Rechtsanwaltskanzlei mit einem Notariat

Die Partnerschaft Dr. Neumann & Huber arbeitet mit Rechtsanwältin und Notarin Katharina Marschner zusammen.

Ein Notariat stellt sich vor

Oxana Schuhmann befindet sich mittlerweile im 3. Ausbildungsjahr zur Rechtsanwalts- und Notarfachangestellten. Nach wie vor interessiert sie sich besonders für Notariatsangelegenheiten.

Das Notariat als ihr Ausbildungsbetrieb

Katharina Marschner ist 39 Jahre alt. Sie ist Rechtsanwältin und versieht auch die Amtstätigkeit als Notarin. Sie ist Mitglied beim Deutschen Notarverein e. V.

Rechtsanwältin und Notarin Katharina Marschner
mit dem Sitz in 64283 Darmstadt, Wilhelminenplatz 220

Steuernummer:	315/651/1445
Zuständiges Finanzamt:	Finanzamt Darmstadt
Umsatzsteuer-Identifikationsnummer:	DE999999999
Zuständige Rechtsanwaltskammer:	Rechtsanwaltskammer Frankfurt am Main
Zuständige Notarkammer:	Notarkammer Frankfurt am Main
Betriebsnummer Sozialversicherung:	67395638

Die Mitarbeiterinnen des Notariats

Die 26-jährige Rechtsanwalts- und Notarfachangestellte Jana Seidel arbeitet seit Eröffnung der Kanzlei mit Katharina Marschner zusammen. Sie betreut auch die Auszubildende in der Kanzlei: Oxana Schuhmann (19 Jahre alt).

Die Kontaktdaten des Notariats

Telefon:	+49 621 9999999-0
Telefax:	+49 621 9999999-1
Homepage:	www.ra-marschner.de
E-Mail, allgemein:	kontakt@ra-marschner.de
E-Mail, personenbezogen:	Die Rechtsanwältin und Notarin sowie ihre Mitarbeiterinnen haben jeweils eine persönliche E-Mail-Adresse. Dabei ist der jeweilige Name dem @ vorangestellt. Beispiel: oxana-schuhmann@ra-marschner.de

Facebook: www.facebook.com/ra-marschner
X: https://x.com/ra-marschner
Xing: https://www.xing.com/companies/ramarschner

Die Bankverbindung

Institut: Commerzbank Darmstadt
IBAN: DE41 5084 0005 0000 5638 12

Lernfeld 11 – Kompetenzen

In diesem Lernfeld lernen Sie:

Kapitel 1 **Rechtsbehelfe und Rechtsmittel**	• Rechtsbehelfe von Rechtsmitteln abzugrenzen • das richtige Rechtsmittel gegen eine bestimmte gerichtliche Entscheidung zu wählen • die Zulässigkeitsvoraussetzungen einer Berufung zu prüfen • welche Fristen im Zusammenhang mit der Berufung zu beachten sind • in welchen Fällen eine Berufung begründet sein kann • die Zulässigkeitsvoraussetzungen einer Revision zu prüfen • welche Fristen im Zusammenhang mit der Revision zu beachten sind • in welchen Fällen eine Revision begründet sein kann • die Besonderheiten bei der Sprungrevision zu beachten • die Zulässigkeitsvoraussetzungen der sofortigen Beschwerde und der Rechtsbeschwerde zu prüfen • welche Fristen im Zusammenhang mit der Einlegung von Beschwerden zu beachten sind • gegen welche Fristen Wiedereinsetzung in den vorigen Stand beantragt werden kann • die Zulässigkeitsvoraussetzungen eines Wiedereinsetzungsantrags • einen Wiedereinsetzungsantrag zu begründen und welches typische Fälle für ein unverschuldetes Fristversäumnis sind

Kapitel 2 **Rechtsanwaltsgebühren in Rechtsbehelfs- und Rechtsmittelverfahren**	• den Gegenstands- bzw. Streitwert zu ermitteln, der den Verfahren zugrunde liegt • die Gebühren und Auslagen in Berufungs- und Revisionsverfahren richtig abzurechnen • die Gebühren und Auslagen in Rechtsbehelfsverfahren richtig abzurechnen • eine eventuelle Gebührenanrechnung auf die entstehenden Gebühren zu beachten und vorzunehmen • bei sog. Mischfällen die Gebührenbegrenzung gem. § 15 Abs. 3 RVG zu beachten und vorzunehmen

Kapitel 3 **Führen des erforderlichen Schriftverkehrs**	• Kostenrechnungen normgerecht zu erstellen und zu gestalten • Schriftstücke an Gerichte, Mandantschaften und sonstige Beteiligte effizient und normgerecht zu erstellen und zu gestalten • Schnellbausteinkataloge zu erstellen und anzuwenden

Lernfeld 11: Rechtsbehelfs- und Rechtsmittelverfahren begleiten

1 Rechtsbehelfe und Rechtsmittel

Auch Richter können Fehlentscheidungen treffen. Daher ist es für eine funktionierende Rechtsordnung unabdingbar, dass Entscheidungen überprüfbar und ggf. korrigierbar sind. Rechtsbehelfe ermöglichen diese Korrektur und sichern damit das Recht auf Gewährung wirkungsvollen Rechtsschutzes (Art. 19 Abs. 4 GG) sowie das Recht auf ein faires Verfahren (Art. 2 Abs. 1 GG i. V. m. Art. 20 Abs. 3 GG, vgl. auch Art. 6 Abs. 1 EMRK) und den Rechtsfrieden.

Lernsituation

Rechtsanwältin Katharina Schuh vertritt Vivianna Lertwirojkul in einem Rechtsstreit vor dem AG Neustadt an der Weinstraße. In dem Verfahren möchte die Mandantin Mietrückstände aus der Vermietung einer Zweizimmerwohnung in Höhe von 1.433,16 € einklagen.

Das Gericht spricht der Mandantin jedoch nur einen Betrag in Höhe von 827,56 € zu. Das Urteil mit dem Az.: 4 C 546/23 wird am 18.10.2024 zugestellt. Die Berufung wurde darin nicht zugelassen.

Vivianna Lertwirojkul ist mit dem Urteil nicht zufrieden und bittet daher Rechtsanwältin Katharina Schuh, das Verfahren weiter zu betreiben.

Annika Sauer erhält den Auftrag, alles für die Einlegung des Rechtsmittels vorzubereiten.

Arbeitsaufträge:

a) Überlegen Sie in Zweiergruppen, was ein Rechtsmittel von einem Rechtsbehelf im engeren Sinn unterscheidet. Ist der Antrag auf Tatbestandsberichtigung gem. § 320 ZPO nach diesen Kriterien ein Rechtsmittel? Notieren Sie Ihr Ergebnis.

b) Erstellen Sie eine Mindmap zur Unterscheidung von Rechtsmittel und Rechtsbehelf mit Beispielen.

c) Wie kann Vivianna Lertwirojkul gegen das Urteil vorgehen? Prüfen Sie die Zulässigkeit des Rechtsmittels und notieren Sie Ihr Ergebnis stichpunktartig. Notieren Sie dabei auch die Anschrift des zuständigen Gerichts und alle relevanten Fristen.
d) In der nächsten Instanz wird die Hauptsache in der mündlichen Verhandlung für erledigt erklärt. Am 27.03.2025 wird der Beschluss zugestellt, der die gesamten Kosten Vivianna Lertwirojkul auferlegt. Recherchieren Sie in Gruppenarbeit im Gesetz, wie Rechtsanwältin Katharina Schuh dagegen vorgehen kann und notieren Sie die relevanten Fristen.
e) Reflektieren Sie anschließend Ihr Wissen.

1.1 Begrifflichkeiten

Es gibt zahlreiche Möglichkeiten, Entscheidungen zu korrigieren oder abzuändern. Diese Möglichkeiten unterscheiden sich teilweise in ihren Wirkungen, weisen jedoch auch viele Gemeinsamkeiten auf, die im Folgenden dargestellt werden. Besonders bedeutende und in der Praxis häufig vorkommende Rechtsbehelfe im zivilrechtlichen Erkenntnisverfahren werden in den folgenden Kap. 1.2–1.5 dargestellt. Daneben gibt es auch im Zwangsvollstreckungsverfahren Rechtsbehelfe, die in LF 12, Kap. 3 behandelt werden.

1.1.1 Abgrenzung zwischen Rechtsbehelfen und Rechtsmitteln

Alle zugelassenen Mittel, mit denen ein nachteiliger Rechtszustand bzw. eine behördliche oder gerichtliche Entscheidung angefochten werden kann, werden als **Rechtsbehelfe** bezeichnet.

Rechtsbehelfe können, je nachdem gegen wen bzw. was sie gerichtet sind, wie folgt unterschieden werden:

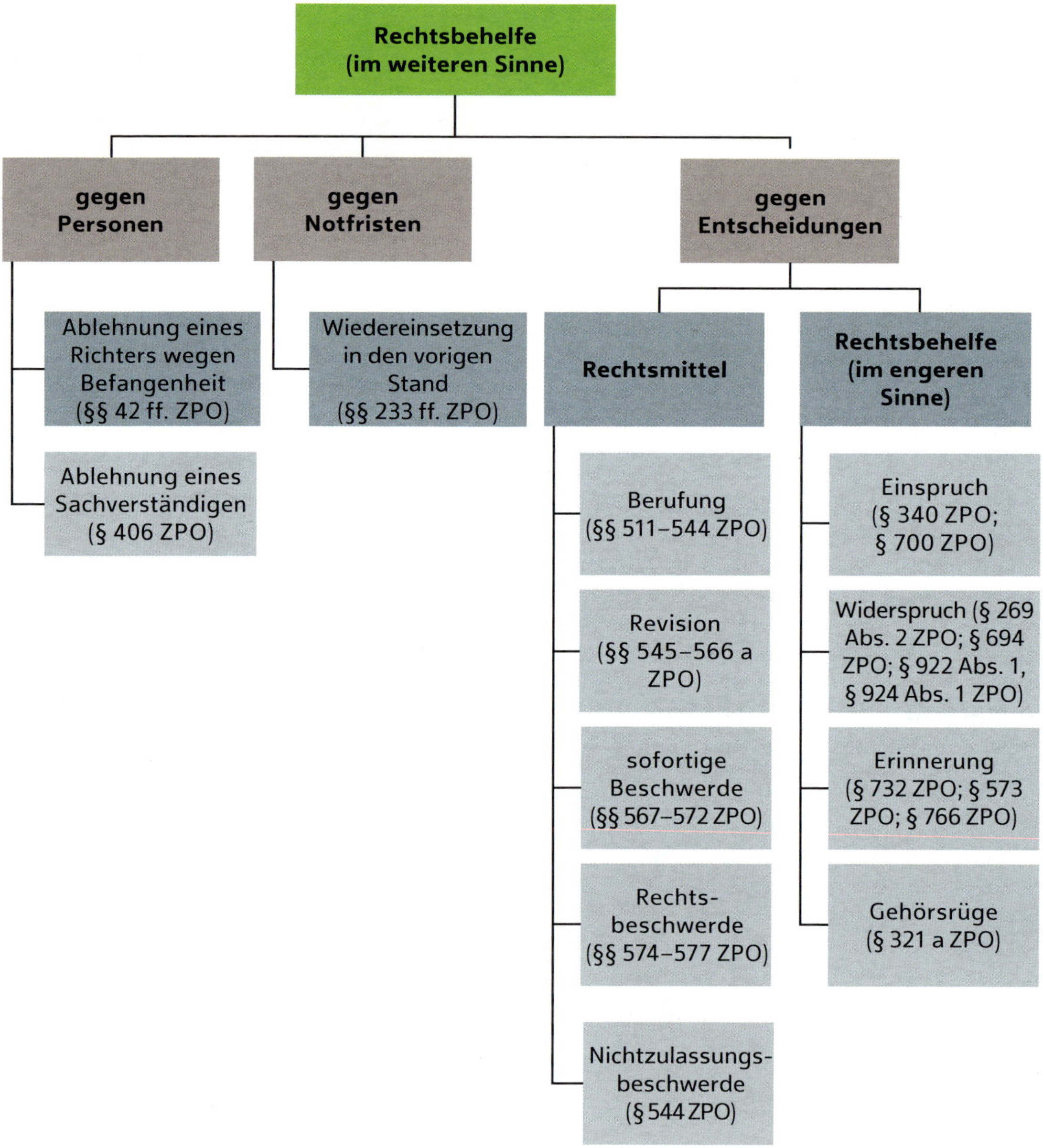

Rechtsbehelf ist somit der Oberbegriff, der Rechtsmittel und Rechtsbehelfe im engeren Sinne umfasst.

Merke: Rechtsbehelfe im weiteren Sinne = Rechtsmittel + Rechtsbehelfe im engeren Sinne.

Rechtsmittel sind Rechtsbehelfe, mit denen gerichtliche Entscheidungen angegriffen werden und deren Einlegung dazu führt, dass ein höheres Gericht die angefochtene Entscheidung überprüft.

Rechtsmittel haben daher im Unterschied zu Rechtsbehelfen im engeren Sinn zwei charakteristische Wirkungen:

- Der **Suspensiveffekt** (auch als Hemmungswirkung bezeichnet) bewirkt, dass gem. § 705 S. 2 ZPO die formelle Rechtskraft der Entscheidung gehemmt wird. Die Entscheidung wird also nicht „wirksam", bis nicht abschließend über das Rechtsmittel entschieden wurde. Die formelle Rechtskraft ist gem. § 704 Abs. 1 ZPO Voraussetzung für die Zwangsvollstreckung. In der Praxis werden Urteile jedoch in der Regel für „vorläufig vollstreckbar" erklärt, sodass sie gegen eine Sicherheitsleistung vollstreckt werden können. vgl. LF 12, Kap. 1.3
- Der **Devolutiveffekt** (auch als Abwälzungswirkung bezeichnet) bewirkt, dass ein Rechtsstreit in einer höheren Instanz anhängig wird, also ein höheres Gericht mit der Entscheidung betraut wird.

Die in der ZPO geregelten wichtigsten Rechtsmittel sind die Berufung (§§ 511–544 ZPO), die Revision (§§ 545–566 a ZPO) und die Beschwerde (§§ 567–577 a ZPO). vgl. LF 11, Kap. 1.2–1.4

Rechtsbehelfe im engeren Sinne sind sonstige prozessrechtliche Möglichkeiten zur Überprüfung gerichtlicher Entscheidungen, die diese Effekte nicht haben.

▶ **Beispiel:** Beim Widerspruch und Einspruch im Mahnverfahren gem. §§ 694 bzw. 700 Abs. 3 ZPO entscheidet das Gericht der gleichen Instanz. Diese Rechtsbehelfe haben somit keinen Devolutiveffekt und sind daher keine Rechtsmittel.

Die häufigsten Rechtsbehelfe im engeren Sinne sind:

- Der **Einspruch:** Er ist statthaft gegen erste echte Versäumnisurteile (§§ 338, 345 ZPO) und gegen Vollstreckungsbescheide (§ 700 ZPO).
- Der **Widerspruch:** Er ist statthaft gegen Arrestbeschlüsse und einstweilige Verfügungen, welche ohne mündliche Verhandlung ergehen (§§ 936, 924 ZPO) sowie gegen einen Mahnbescheid (§ 694 Abs. 1 ZPO). vgl. LF 12, Kap. 2.7.1, 2.7.2; LF 9 (ReFa), Kap. 1
- **Die Erinnerung:** Sie ist statthaft gegen Entscheidungen des beauftragten oder ersuchten Richters oder gegen Entscheidungen des Urkundsbeamten der Geschäftsstelle (§ 573 Abs. 1 ZPO) sowie Entscheidungen des Rechtspflegers, gegen welche nach allgemeinen Regeln kein Rechtsmittel gegeben ist (vgl. § 11 Abs. 2 RPflG). vgl. LF 12, Kap. 3.1.1

1.1.2 Das Verschlechterungsverbot

Bei Rechtsbehelfen in Zivilverfahren besteht ein **Verschlechterungsverbot (sog. Verbot der reformatio in peius)**. Dieses besagt, dass die angefochtene Entscheidung nicht zum Nachteil des Rechtsbehelfsführers verändert werden darf (vgl. § 528 S. 2 ZPO). Dies ist Ausfluss der Dispositionsmaxime. Das erstinstanzliche Urteil darf nur insofern abgeändert werden, als die Abänderung beantragt wurde.

vgl. LF 10, Kap. 1.1.1

▶ **Beispiel:** Jaron Winterkorn hat Klage auf Zahlung einer Werklohnforderung in Höhe von 2.275,00 € erhoben. In erster Instanz wurden ihm jedoch nur 1.300,00 € zugesprochen. Er legt gegen das Urteil Berufung ein, da er der Meinung ist, dass ihm der volle Betrag zusteht. Das Berufungsgericht darf ihm nicht weniger als 1.300,00 € zusprechen, auch wenn es der Meinung ist, dass die ursprüngliche Klage vollumfänglich unbegründet war.

Eine **Ausnahme** vom Verschlechterungsverbot stellt jedoch die **Anschlussberufung** (§ 524 ZPO) bzw. **Anschlussrevision** (§ 554 ZPO) dar. In diesen Fällen legt die Gegenseite das gleiche Rechtsmittel ein und beantragt, die Entscheidung zu ihren Gunsten (und damit auch gleichzeitig zum Nachteil der Gegenseite) zu ändern.

1.1.3 Zulässigkeit und Begründetheit von Rechtsbehelfen

Rechtsbehelfe (im weiteren Sinne) müssen – wie Klagen auch – **zulässig** und **begründet** sein, um erfolgreich zu sein. Das Gericht wird also stets prüfen, ob die formalen Voraussetzungen (Statthaftigkeit, Zuständigkeit, Form, Frist, Beschwer) und die materiellen Voraussetzungen (Verletzung eines Rechts) vorliegen.

Ist der Rechtsbehelf unzulässig, so wird er durch Urteil oder Beschluss **verworfen** (vgl. § 522 Abs. 1 S. 2 ZPO). Ist der Rechtsbehelf unbegründet, so wird er **zurückgewiesen** (vgl. § 522 Abs. 2 ZPO).

1.2 Die Berufung

Im Berufungsverfahren wird ein Urteil in rechtlicher und tatsächlicher Hinsicht überprüft. Das Berufungsgericht kann bzw. muss eigene Tatsachenfeststellungen treffen und dazu auch ggf. die Beweisaufnahme wiederholen.

1.2.1 Statthaftigkeit

Die Berufung ist gem. § 511 Abs. 1 ZPO grds. nur statthaft gegen **Endurteile** der ersten Instanz.

Darüber hinaus ist sie statthaft gegen solche Urteile, die aufgrund einer gesetzlichen Regelung einem Endurteil **gleichgestellt** sind.

▶ **Beispiele:** Zwischenurteil bei Verhandlung über die Zulässigkeit gem. § 280 Abs. 2 ZPO; Vorbehaltsurteil über eine Aufrechnung gem. § 302 Abs. 3 ZPO; Zwischenurteil über den Grund eines Anspruchs gem. § 304 Abs. 2 ZPO; zweites Versäumnisurteil mit der Behauptung fehlender Säumnis gem. § 514 Abs. 2 ZPO; Vorbehaltsurteil gem. § 599 Abs. 3 ZPO

Die Berufung kann nur durch die **Parteien der ersten Instanz** oder einen **Streithelfer** (vgl. §§ 70 Abs. 1, 66 Abs. 2 ZPO) eingelegt werden.

1.2.2 Zuständigkeit

Zuständig für die Berufung ist die **nächsthöhere Instanz**. Gegen ein Urteil des **Amtsgerichts** ist also die Berufung beim **Landgericht** einzulegen (vgl. §§ 72, 119 GVG), gegen ein Urteil des **Landgerichts** beim **Oberlandesgericht** (vgl. § 119 Abs. 1 Nr. 2 GVG).

In **Familiensachen** ist gem. § 119 Abs. 1 Nr. 1 a GVG das **Oberlandesgericht** für die Berufung zuständig.

Das Berufungsgericht entscheidet grds. durch ein **Kollegialorgan** (also als Kammer beim LG bzw. Senat beim OLG). Die Führung des Berufungsverfahrens kann jedoch gem. § 526 Abs. 1 ZPO einem **Einzelrichter** übertragen werden, wenn die erstinstanzliche Entscheidung von einem Einzelrichter getroffen wurde, die Sache keine besonderen Schwierigkeiten tatsächlicher oder rechtlicher Art aufweist, die Rechtssache keine grundsätzliche Bedeutung hat und nicht bereits im Haupttermin zur Hauptsache verhandelt worden ist.

1.2.3 Form

Die Berufungsschrift muss **schriftlich** eingereicht werden und gem. § 130 Nr. 6 ZPO (durch einen Rechtsanwalt) unterzeichnet sein. Gemäß § 519 Abs. 2 ZPO muss darin das angefochtene Urteil durch **Angabe des Aktenzeichens** deutlich gemacht werden. Zudem soll eine Ausfertigung oder beglaubigte **Abschrift des angefochtenen Urteils** vorgelegt werden (vgl. § 519 Abs. 3 ZPO).

vgl. LF 10, Kap. 2.2.6

Hinweis: Da das Berufungsgericht immer ein LG oder OLG ist, kann eine Berufung gem. § 78 Abs. 1 S. 1 ZPO nur durch einen Rechtsanwalt eingelegt werden.

Die Berufung muss zudem (üblicherweise in einem gesonderten Schriftsatz) **begründet** werden und dabei folgende Angaben enthalten:

- die **Berufungsanträge**, also die Erklärung, inwieweit das erstinstanzliche Urteil angefochten wird und welche Abänderungen des Urteils beantragt werden (§ 520 Abs. 3 Nr. 1 ZPO)
- die Bezeichnung der Umstände, aus denen sich die **Rechtsverletzung** und deren Erheblichkeit für die angefochtene Entscheidung ergibt (§ 520 Abs. 3 Nr. 2 ZPO)
- die Bezeichnung konkreter Anhaltspunkte, die **Zweifel** an der Richtigkeit oder Vollständigkeit der **Tatsachenfeststellungen** im angefochtenen Urteil begründen und deshalb eine erneute Feststellung gebieten (§ 520 Abs. 3 Nr. 3 ZPO)
- die Bezeichnung der **neuen Angriffs- und Verteidigungsmittel** sowie der Tatsachen, aufgrund derer die neuen Angriffs- und Verteidigungsmittel nach § 531 Abs. 2 ZPO zuzulassen sind (§ 520 Abs. 3 Nr. 4 ZPO)

1.2.4 Frist

vgl. LF 4, Kap. 2.2.2

Die **Frist für die Einlegung der Berufung** beträgt gem. § 517 ZPO **einen Monat** ab Zustellung des Urteils in vollständiger Form. Die Berechnung der Einlegungsfrist erfolgt nach § 222 ZPO i. V. m. §§ 187, 188 BGB.

vgl. LF 10, Kap. 1.1.7; LF 11, Kap. 1.5

Es handelt sich dabei um eine **Notfrist.** Wird sie versäumt, kommt nur die Wiedereinsetzung in den vorigen Stand infrage.

vgl. LF 11, Kap. 1.5

Die **Frist für die Berufungsbegründung** beträgt gem. § 520 ZPO **zwei Monate** ab Zustellung des Urteils in vollständiger Form. Hierbei handelt es sich jedoch um **keine Notfrist**, sodass auf Antrag eine **Verlängerung möglich** ist. Zudem kann gem. § 233 ZPO **Wiedereinsetzung in den vorigen Stand** beantragt werden. Gemäß § 520 Abs. 2 S. 3 ZPO ist eine Verlängerung von bis zu einem Monat durch den Vorsitzenden möglich, wenn hierdurch keine Verzögerung entsteht, anderenfalls nach § 520 Abs. 2 S. 2 ZPO nur mit Zustimmung der Gegenseite.

Beide Fristen beginnen spätestens mit Ablauf von fünf Monaten nach der Verkündung des Urteils (vgl. § 517 2. Hs. ZPO bzw. § 520 Abs. 2 S. 1 2. Hs. ZPO).

1.2.5 Beschwer

Der Berufungsführer muss beschwert sein.

Der **Kläger** der ersten Instanz ist beschwert, wenn das Urteil zu seinem Nachteil von den gestellten Klageanträgen abweicht. Der **Beklagte** ist beschwert, wenn ihn das erstinstanzliche Urteil rechtlich belastet, er also verurteilt wurde.

▶ **Beispiel:** Friso Jansen hat in einem Verfahren im Zusammenhang mit einem Verkehrsunfall vollständig recht bekommen. Nun möchte er jedoch Berufung einlegen, da er meint, dass er ein höheres Schmerzensgeld hätte beantragen können. Die Berufung ist unzulässig, da Friso Jansen nicht beschwert ist.

Die **Berufungssumme** (also die Differenz aus dem erstinstanzlichem Antrag und dem im Urteil zugesprochenen Betrag) muss zudem entweder **600,00 €** übersteigen oder die Berufung muss vom erstinstanzlichen Gericht ausdrücklich gem. § 511 Abs. 2 Nr. 1 und 2 ZPO zugelassen worden sein.

Die **Zulassung** erfolgt gem. § 511 Abs. 4 ZPO, wenn die Rechtssache grundsätzliche Bedeutung hat oder die Fortbildung des Rechts oder die Sicherung einer einheitlichen Rechtsprechung eine Entscheidung des Berufungsgerichts erfordert. Das Berufungsgericht ist an die Zulassung gebunden und muss somit in der Sache entscheiden. Eine Nichtzulassungsbeschwerde gibt es in solchen Fällen nicht.

1.2.6 Begründetheit

Im Rahmen der Begründetheit wird überprüft, ob **die erstinstanzliche Klage zulässig und begründet** ist.

Die Berufung ist somit begründet, wenn eine erneute Überprüfung der Sach- und Rechtslage ergibt, dass das erstinstanzliche Urteil abzuändern ist, und unbegründet, wenn das Berufungsgericht zu demselben Ergebnis gelangt wie das Gericht erster Instanz.

Die Berufung muss dabei gem. § 513 Abs. 1 ZPO auf einen Berufungsgrund gestützt werden. Diese sind:

- **Vorliegen einer Rechtsverletzung** (§ 546 ZPO): Überprüft wird, ob eine prozessuale oder materielle Rechtsnorm nicht oder nicht richtig angewendet wurde. Bei der Prüfung ist das Gericht gem. § 529 Abs. 2 S. 2 ZPO nicht auf die vorgebrachten Berufungsgründe beschränkt.

  ▶ **Beispiele:** Das erstinstanzliche Gericht hat eine Norm angewandt, die nicht mehr in Kraft ist. Das Gericht der ersten Instanz hat den Inhalt von AGB falsch ausgelegt. Das Gericht erster Instanz hat den ermittelten Sachverhalt falsch unter die angewendete Rechtsnorm subsumiert.

- **Unrichtige Tatsachenfeststellung der ersten Instanz** (§ 529 Abs. 1 Nr. 1 ZPO): Das Berufungsgericht ist grds. an die Tatsachenfeststellung der ersten Instanz gebunden. Bestehen jedoch erhebliche Zweifel an der Richtigkeit oder Vollständigkeit der Tatsachenfeststellung, muss die Beweisaufnahme wiederholt werden.

  ▶ **Beispiel:** Die protokollierte Aussage des Zeugen steht in Widerspruch zu den Urteilsgründen.

- **Zulässiger neuer Tatsachenvortrag** (§§ 529 Abs. 1 Nr. 2, 531 Abs. 2 ZPO): Grundsätzlich dürfen im Berufungsverfahren keine neuen Tatsachen vorgebracht werden, da diese präkludiert, also verspätet sind. Neue Tatsachen dürfen jedoch ausnahmsweise vorgebracht werden, wenn sie einen Gesichtspunkt betreffen, der vom Gericht des ersten Rechtszugs erkennbar übersehen oder für unerheblich gehalten worden ist oder sie infolge eines Verfahrensmangels im ersten Rechtszug nicht geltend gemacht wurden oder sie im ersten Rechtszug nicht geltend gemacht worden sind, ohne dass dies auf einer Nachlässigkeit der Partei beruht.

  ▶ **Beispiel:** In erster Instanz wurde die Klage von Hartmut Senkpiehl abgelehnt, da das Gericht der Auffassung war, dass er die streitgegenständliche Forderung abgetreten hatte. Hartmut Senkpiehl hatte zu dieser Frage nichts vorgetragen, ein entsprechender richterlicher Hinweis gem. § 139 ZPO ist jedoch auch nicht ergangen. Hartmut Senkpiehl kann daher mangels Nachlässigkeit noch zur Frage der Abtretung im Berufungsverfahren vortragen.

Die **örtliche oder sachliche Unzuständigkeit** des erstinstanzlichen Gerichts ist gem. § 513 Abs. 2 ZPO **kein Berufungsgrund**.

1.2.7 Entscheidung

vgl. LF 11, Kap. 1.4.2

Ist die Berufung **unzulässig,** so wird sie **verworfen** (§ 522 Abs. 1 S. 2 ZPO). Gegen diesen Beschluss ist die **Rechtsbeschwerde** gem. § 522 Abs. 1 S. 4 ZPO statthaft.

Ist die Berufung zwar **zulässig, aber** geht das Gericht davon aus, dass
- die Berufung **keine Aussicht auf Erfolg,**
- die Rechtssache keine grundsätzliche Bedeutung hat,
- eine Entscheidung durch das Berufungsgericht der Fortbildung des Rechts nicht dient oder eine Entscheidung durch das Berufungsgericht zur Sicherung einer einheitlichen Rechtsprechung nicht erforderlich ist und
- keine mündliche Verhandlung erforderlich ist,

so soll es die Berufung gem. § 522 Abs. 2 ZPO **unverzüglich zurückweisen**. Die Zurückweisung ist also nicht zwingend.

Gegen den Zurückweisungsbeschluss kann gem. § 522 Abs. 3 ZPO **Nichtzulassungsbeschwerde** gem. § 544 ZPO eingelegt werden. vgl. LF 11, Kap. 1.4.3

Ist die Berufung **zulässig und begründet**, so wird das erstinstanzliche Urteil **aufgehoben** und das Berufungsgericht **entscheidet** grds. gem. § 538 Abs. 1 ZPO **selbst** in der Sache. Nur in den in § 538 Abs. 2 ZPO genannten Fällen kann es die Sache an das erstinstanzliche Gericht **zurückverweisen**, wo erneut über die Sache verhandelt (und auch über die Kosten entschieden) wird. Entscheidet das Berufungsgericht selbst, so bestimmt es unverzüglich den Termin zur mündlichen Verhandlung (§ 523 Abs. 1 ZPO) und das eigentliche Berufungsverfahren beginnt. Das erstinstanzliche Urteil wird somit bis zum Abschluss des Rechtsmittelverfahrens nicht rechtskräftig. Das Berufungsgericht kann selbst Beweise erheben.

1.3 Die Revision

Die Revision eröffnet im Gegensatz zur Berufung keine neue Tatsacheninstanz, sondern dient nur der Überprüfung von Rechtsfehlern. Es findet also keine Beweisaufnahme statt und der durch die Vorinstanzen festgestellte Sachverhalt wird der Entscheidung zugrunde gelegt. Der vorrangige Zweck der Revision ist Rechtsfortbildung und -vereinheitlichung und weniger die Klärung eines bestimmten Einzelfalls.

1.3.1 Statthaftigkeit

Die Revision ist gem. § 542 Abs. 1 ZPO grds. nur statthaft gegen **Endurteile** der Berufungsinstanz (außer im Fall der Sprungrevision). Gegen Urteile im einstweiligen Rechtsschutz ist sie nicht statthaft. vgl. LF 11, Kap. 1.3.8

Die Revision muss zudem gem. § 543 Abs. 1 Nr. 1 ZPO **durch das Berufungsgericht zugelassen** worden sein. Im Gegensatz zur Berufung ist also eine Revision ohne ausdrückliche Zulassung nicht möglich. Zugelassen wird die Revision, wenn die Rechtssache grundsätzliche Bedeutung hat oder die Fortbildung des Rechts oder die Sicherung einer einheitlichen Rechtsprechung eine Entscheidung des Revisionsgerichts erfordert (vgl. § 543 Abs. 2 ZPO).

Wird die Revision nicht zugelassen, so kann dagegen **Nichtzulassungsbeschwerde** gem. § 544 ZPO eingelegt werden. vgl. LF 11, Kap. 1.4.3

Das Revisionsgericht ist an die Zulassung durch das Berufungsgericht gebunden. Gemäß § 552 a ZPO kann das Revisionsgericht die von dem Berufungsgericht zugelassene Revision jedoch durch einstimmigen Beschluss zurückweisen, wenn es davon überzeugt ist, dass die Voraussetzungen für die Zulassung der Revision nicht vorliegen und die Revision keine Aussicht auf Erfolg hat.

1.3.2 Zuständigkeit

Zuständig für die Revision ist gem. § 133 GVG der **Bundesgerichtshof**.

1.3.3 Form

Die Berufungsschrift muss **schriftlich** eingereicht werden und gem. § 130 Nr. 6 ZPO durch einen beim BGH zugelassenen Rechtsanwalt unterzeichnet sein. Gemäß § 549 Abs. 2 Nr. 1 ZPO muss darin das angefochtene Urteil durch **Angabe des Aktenzeichens** deutlich gemacht werden.

vgl. LF 10, Kap. 2.2.6

Hinweis: Vor dem Bundesgerichtshof müssen sich die Parteien gem. § 78 Abs. 1 S. 3 ZPO durch einen bei dem Bundesgerichtshof zugelassenen Rechtsanwalt vertreten lassen, d. h., nur dieser kann die Revision wirksam einlegen. Eine Liste der (weniger als 50) zugelassenen Rechtsanwälte findet sich unter: https://www.rak-bgh.de/verzeichnis/.

Die Revision muss zudem **begründet** werden und dabei folgende Angaben enthalten:

- die **Revisionsanträge**, also die Erklärung, inwieweit das Urteil angefochten und dessen Aufhebung beantragt wird (§ 551 Abs. 3 Nr. 1 ZPO)
- die Angabe der Revisionsgründe (§ 551 Abs. 3 Nr. 2 ZPO)

1.3.4 Frist

vgl. LF 4, Kap. 2.2.2

Die **Frist für die Einlegung der Revision** beträgt gem. § 548 ZPO **einen Monat** ab Zustellung des Berufungsurteils in vollständiger Form. Die Berechnung der Einlegungsfrist erfolgt nach § 222 ZPO i. V. m. §§ 187, 188 BGB.

vgl. LF 10, Kap. 1.1.7; LF 11, Kap. 1.5

Es handelt sich dabei um eine **Notfrist**. Wird sie versäumt, kommt nur die Wiedereinsetzung in den vorigen Stand infrage.

vgl. LF 11, Kap. 1.5

Die **Frist für die Revisionsbegründung** beträgt gem. § 551 Abs. 2 S. 2 ZPO **zwei Monate** ab Zustellung des Berufungsurteils in vollständiger Form. Hierbei handelt es sich jedoch um keine Notfrist, sodass auf Antrag eine **Verlängerung**, aber gem. § 233 ZPO auch die **Wiedereinsetzung in den vorigen Stand möglich** ist. Gemäß § 551 Abs. 2 S. 4 ZPO kann die Frist auf Antrag von dem Vorsitzenden verlängert werden, wenn die Gegenseite einwilligt. Ohne Einwilligung kann gem. § 551 Abs. 2 S. 5 ZPO die Frist um bis zu zwei Monate verlängert werden, wenn nach freier Überzeugung des Vorsitzenden der Rechtsstreit durch die Verlängerung nicht verzögert wird oder wenn der Revisionskläger erhebliche Gründe darlegt. Kann dem Revisionskläger innerhalb dieser Frist Einsicht in die Prozessakten nicht für einen angemessenen Zeitraum gewährt werden, kann der Vorsitzende auf Antrag die Frist um bis zu zwei Monate nach Übersendung der Prozessakten verlängern.

Beide Fristen beginnen spätestens mit Ablauf von fünf Monaten nach der Verkündung des Urteils (vgl. § 548 2. Hs. ZPO bzw. § 551 Abs. 2 S. 3 2. Hs. ZPO).

1.3.5 Beschwer

Wie bei der Berufung auch, muss der Rechtsmittelführer durch die angefochtene Entscheidung beschwert sein, die Entscheidung muss also zu seinem Nachteil ausgefallen sein. Eine bestimmte **Wertgrenze** wie bei der Berufung gibt es jedoch nicht.

1.3.6 Begründetheit

Die Revision muss gem. § 513 Abs. 1 ZPO auf einen Revisionsgrund gestützt werden. Dabei werden folgende Arten von Revisionsgründen unterschieden:

- **Verfahrensmängel** (vgl. § 557 Abs. 3 S. 2 ZPO): Unterschieden wird dabei zwischen den in § 547 ZPO aufgezählten absoluten und relativen Revisionsgründen.
  Bei **absoluten Revisionsgründen** wird davon ausgegangen, dass die Entscheidung stets auf einer Verletzung des Rechts beruht, ohne dass eine weitere Begründung erforderlich ist.

  ▶ **Beispiele:** Absolute Revisionsgründe sind schwerwiegende Verstöße wie die nicht vorschriftsmäßige Besetzung des erkennenden Gerichts, die Befangenheit eines Richters oder wenn bei der mündlichen Verhandlung die Öffentlichkeit des Verfahrens nicht eingehalten wurde.

  Bei **relativen Revisionsgründen** muss hingegen die Entscheidungserheblichkeit dargelegt werden. Es muss also aufgezeigt werden, inwieweit das Urteil auf diesem Rechtsverstoß beruht, und dass bei richtiger Rechtsanwendung die Entscheidung anders ausgefallen wäre.

  ▶ **Beispiel:** fehlerhafte Ablehnung eines Beweisantrags

  Verfahrensmängel sind gem. § 165 ZPO nur beachtlich, wenn sie durch das **Sitzungsprotokoll** nachgewiesen werden können.

- **Sachmängel** (vgl. §§ 545, 546 ZPO): Ein sachlicher Revisionsgrund liegt vor, wenn die Entscheidung auf einer Verletzung des Rechts beruht, also wenn eine Rechtsnorm nicht oder nicht richtig angewendet worden ist. Die Ursächlichkeit der Rechtsverletzung für die angefochtene Entscheidung muss dargelegt werden.

  ▶ **Beispiele:** Hier gelten die gleichen Grundsätze wie beim Vorliegen einer Rechtsverletzung nach § 546 ZPO bei der Berufung: Das Berufungsgericht hat eine Norm angewandt, die nicht mehr in Kraft ist. Das Berufungsgericht hat den Inhalt von AGB falsch ausgelegt. Das Berufungsgericht hat den ermittelten Sachverhalt falsch unter die angewendete Rechtsnorm subsumiert. Das Berufungsgericht hat Denk- oder Erfahrungssätze falsch angewandt.

Das Revisionsgericht ist gem. § 557 Abs. 3 S. 1 ZPO **an die geltend gemachten Revisionsgründe nicht gebunden**. Wenn es also Mängel findet, die nicht vom Revisionsführer geltend gemacht wurden, so darf (und muss) das Gericht das darauf beruhende Urteil aufheben. Nur Verfahrensmängel, die nicht von Amts wegen zu berücksichtigen sind, untersucht das Revisionsgericht gem. § 557 Abs. 3 S. 2 ZPO nur, sofern diese gerügt wurden. Von Amts wegen sind insbesondere die Sachurteilsvoraussetzungen zu prüfen.

vgl. LF 10, Kap. 2.1.2

1.3.7 Entscheidung

Ist die Revision **unzulässig**, so wird sie **verworfen** (§ 552 Abs. 1 S. 2 ZPO).

Ist die Revision zwar zulässig, aber geht das Gericht davon aus, dass die Voraussetzungen für die Zulassung der Revision nicht vorliegen und die Revision **keine Aussicht auf Erfolg** hat, so weist es die Revision gem. § 552 a Abs. 2 ZPO **unverzüglich zurück**. Die Zurückweisung ist im Gegensatz zur Berufung zwingend.

vgl. LF 11, Kap. 1.2.7

Ist die Revision (zumindest teilweise) **zulässig und begründet**, so **hebt** das Revisionsgericht das angefochtene Urteil **auf** und **verweist** die Sache an das Ausgangsgericht **zurück**. Dort wird die Sache vor anderen Richtern neu verhandelt. Das Revisionsgericht trifft also keine eigene Entscheidung in der Sache.

Ist die Revision erfolglos, so wird das Urteil der Vorinstanz rechtskräftig.

1.3.8 Sprungrevision

Bei der Sprungrevision wird nach Beendigung des erstinstanzlichen Verfahrens die Berufungsinstanz „übersprungen" und sofort das Revisionsverfahren betrieben.

Eine Sprungrevision ist gem. § 566 Abs. 1 ZPO **statthaft**, wenn
- die Berufung statthaft wäre (also ein Endurteil mit einem Berufungswert von mehr als 600,00 € angegriffen wird),
- die Gegenseite einwilligt und
- das Revisionsgericht die Sprungrevision zulässt.

Der Antrag auf Zulassung der Sprungrevision sowie die Erklärung der Einwilligung gelten als Verzicht auf das Rechtsmittel der Berufung.

Voraussetzung für die **Zulassung** der Sprungrevision ist (wie bei der Revision), dass die Rechtssache grundsätzliche Bedeutung hat oder die Fortbildung des Rechts oder die Sicherung einer einheitlichen Rechtsprechung eine Entscheidung des Revisionsgerichts erfordert.

Zuständig ist gem. § 133 GVG ebenfalls der **Bundesgerichtshof**.

Die Zulassung ist gem. § 566 Abs. 2 ZPO durch Einreichung eines Schriftsatzes (**Zulassungsschrift**) bei dem Revisionsgericht zu beantragen. In dem Antrag müssen (in gleicher Weise wie in der Begründung der Nichtzulassungsbeschwerde gem. § 544 Abs. 2 S. 3 ZPO) die Voraussetzungen für die Zulassung der Sprungrevision dargelegt werden. Die schriftliche Einwilligungserklärung des Antragsgegners ist beizufügen.

Die **Frist für die Einlegung** beträgt gem. §§ 566 Abs. 2 S. 2, Abs. 8 S. 1, 548, 551 Abs. 1 ZPO wie bei der Revision **einen Monat** ab Zustellung des Urteils. Die **Begründungsfrist** beginnt gem. § 566 Abs. 7 S. 3 ZPO mit der Zustellung der Entscheidung, mit der die Sprungrevision zugelassen wird und beträgt wie bei der Revision auch **zwei Monate**.

Im Gegensatz zur Revision kann die Sprungrevision gem. § 566 Abs. 4 S. 2 ZPO **nicht auf einen Verfahrensmangel**, sondern nur auf einen Sachmangel **gestützt werden**.

Lässt der BGH die Sprungrevision zu, wird gem. § 566 Abs. 7 ZPO ein „normales" Revisionsverfahren durchgeführt. Andernfalls wird das **erstinstanzliche Urteil** gem. § 566 Abs. 6 ZPO **rechtskräftig** und kann nicht mehr durch Rechtsbehelfe angegriffen werden.

Eine **Sprungrevision bietet sich somit nur an**, wenn der Sachverhalt unstreitig ist, die Entscheidung nur von Rechtsfragen abhängt und eine schnelle höchstrichterliche Entscheidung angestrebt wird.

1.4 Beschwerden

In der ZPO finden sich verschiedene Arten von Beschwerden. Die gängigsten werden im Folgenden kurz erläutert.

1.4.1 Die sofortige Beschwerde

Gegen Endurteile kann nur mithilfe von Berufung und Revision vorgegangen werden. Gegen andere Entscheidungen des Gerichts (**Zwischenurteile, Beschlüsse** usw.) ist hingegen die sofortige Beschwerde das richtige Rechtsmittel.

vgl. LF 10, Kap. 1.2.6

Die sofortige Beschwerde hat gem. § 570 Abs. 1 ZPO nur dann einen **Suspensiveffekt**, also aufschiebende Wirkung, wenn sie sich gegen Ordnungs- oder Zwangsmittel richtet. Auf Antrag kann gem. § 570 Abs. 2 ZPO die Vollziehung jedoch ausgesetzt werden. Die sofortige Beschwerde erfüllt damit streng genommen nicht ganz die Kriterien für ein Rechtsmittel, ist nach der Systematik der ZPO jedoch als solches anzusehen.

Statthaftigkeit

Die sofortige Beschwerde ist gem. § 567 Abs. 1 ZPO **statthaft** gegen die im ersten Rechtszug ergangenen Entscheidungen der Amtsgerichte und Landgerichte, wenn

- das Gesetz es **ausdrücklich anordnet**

vgl. LF 10, Kap. 4

▶ **Beispiele:** Anfechtung von Kostenentscheidungen (§§ 91 a Abs. 2, 99 Abs. 2, 104 Abs. 3 ZPO), Ablehnung der Prozesskostenhilfe (vgl. § 127 Abs. 3 ZPO), Zurückweisung des Antrags auf Erlass eines Versäumnisurteils (§ 336 Abs. 1 ZPO)

oder

- es sich um einen Fall des § 567 Abs. 1 Nr. 2 ZPO (Gesuche, die keine mündliche Verhandlung erfordern) handelt.

▶ **Beispiele:** Ablehnung einer Terminsbestimmung, Ablehnung der öffentlichen Zustellung eines Scheidungsantrags (§§ 121 Nr. 1, 113 Abs. 1 S. 2 FamFG i. V. m. §§ 185, 186 ZPO)

Zuständigkeit

Die sofortige Beschwerde kann wahlweise beim **Ausgangsgericht** oder beim **Beschwerdegericht** eingereicht werden. Beschwerdegericht ist gem. §§ 72, 119 Abs. 1 Nr. 2 GVG das Gericht der nächsthöheren Instanz, beim Amtsgericht also grds. das Landgericht und beim Landgericht das Oberlandesgericht. Das Oberlandesgericht ist zudem gem. § 119 Abs. 1 Nr. 1 GVG das zuständige Beschwerdegericht für Beschwerden gegen amtsgerichtliche Entscheidungen in Familiensachen.

Form

Die sofortige Beschwerde ist grds. gem. § 569 Abs. 2 S. 1 ZPO **schriftlich** einzulegen, kann in den in § 569 Abs. 3 ZPO geregelten Fällen aber auch zu Protokoll der Geschäftsstelle eingelegt werden. Es besteht dann gem. § 78 Abs. 3 ZPO kein Anwaltszwang. Die Beschwerde soll gem. § 571 ZPO begründet werden und kann sich auf neue Angriffs- und Verteidigungsmittel stützen. Da die Begründung nicht zwingend ist, gibt es dafür auch keine gesetzlich festgelegte Frist.

Frist

Die sofortige Beschwerde ist gem. § 569 Abs. 1 S. 1 ZPO, sofern nichts anderes geregelt ist, innerhalb einer Notfrist von **zwei Wochen** einzulegen.

> **Hinweis:** Für Entscheidungen im PKH-Verfahren gilt gem. § 127 Abs. 2 S. 4 ZPO und § 127 Abs. 3 S. 3 ZPO eine abweichende Notfrist von einem Monat.

Die **Frist** beginnt mit der Zustellung der Entscheidung, spätestens mit dem Ablauf von fünf Monaten nach der Verkündung des Beschlusses.

Beschwer

Der Beschwerdeführer muss durch die angefochtene Entscheidung **beschwert** sein. Eine bestimmte Wertgrenze ist nicht erforderlich.

Begründetheit

Die sofortige Beschwerde ist **begründet**, wenn eine Rechtsverletzung vorliegt.

Entscheidung

Erachtet das Gericht, dessen Entscheidung angefochten wird, die Beschwerde für zulässig und begründet, so kann es ihr selbst gem. § 572 Abs. 1 ZPO **abhelfen**; andernfalls muss es die Beschwerde unverzüglich dem Beschwerdegericht vorlegen.

Das Beschwerdegericht **verwirft** gem. § 572 Abs. 2 ZPO die Beschwerde durch Beschluss, wenn sie **unzulässig** ist. Ist sie **zulässig und begründet**, so kann das Beschwerdegericht (im Gegensatz zum Revisionsgericht) durch Beschluss **selbst entscheiden** oder die Sache gem. § 572 Abs. 3 ZPO zurückverweisen.

Gegen Beschlüsse des Beschwerdegerichts kann, soweit dies gesetzlich vorgesehen ist, durch eine **Rechtsbeschwerde** vorgegangen werden. vgl. LF 11, Kap. 1.4.2

1.4.2 Die Rechtsbeschwerde

Wie die Revision die nächste Stufe nach der Berufung ist, so ist die Rechtsbeschwerde die nächste Stufe nach der sofortigen Beschwerde.

Statthaftigkeit

Die Rechtsbeschwerde ist gem. § 574 Abs. 1 ZPO **statthaft** gegen Beschlüsse (der I. Instanz und der Berufungsinstanz), wenn

- dies **im Gesetz ausdrücklich bestimmt** ist

▶ **Beispiel:** Verwerfung der Berufung als unzulässig (§ 522 Abs. 1 S. 3 ZPO)

und die Rechtssache grundsätzliche Bedeutung hat oder die Fortbildung des Rechts oder die Sicherung einer einheitlichen Rechtsprechung eine Entscheidung des Rechtsbeschwerdegerichts erfordert

oder

- das Gericht sie in dem Beschluss **zugelassen** hat.

Lässt das Beschwerdegericht die Rechtsbeschwerde nicht zu, gibt es dagegen kein Rechtsmittel, wie etwa eine Nichtzulassungsbeschwerde.

Zuständigkeit

Zuständig ist gem. § 133 GVG der Bundesgerichtshof.

Form

Die Rechtsbeschwerde ist **schriftlich** einzulegen und muss enthalten:
- die Bezeichnung der Entscheidung, gegen die die Rechtsbeschwerde gerichtet wird
- die Erklärung, dass gegen diese Entscheidung Rechtsbeschwerde eingelegt wird

Mit der Rechtsbeschwerdeschrift soll eine Ausfertigung oder beglaubigte **Abschrift** der angefochtenen Entscheidung vorgelegt werden.

Frist

Die Rechtsbeschwerde ist gem. § 575 Abs. 1 S. 1 ZPO binnen einer **Notfrist von einem Monat** nach Zustellung des Beschlusses einzulegen. Sofern die Beschwerdeschrift keine **Begründung** enthält, ist sie binnen einer Frist von **einem Monat** ab Zustellung der angefochtenen Entscheidung zu begründen. Die Rechtsbeschwerde kann gem. § 576 ZPO nur auf eine **Rechtsverletzung** gestützt werden, und nicht darauf, dass das Gericht des ersten Rechtszugs seine Zuständigkeit zu Unrecht angenommen oder verneint hat.

Beschwer

Der Beschwerdeführer muss durch die angefochtene Entscheidung **beschwert** sein. Eine bestimmte Wertgrenze ist nicht erforderlich.

Begründetheit

Die Rechtsbeschwerde ist **begründet**, wenn eine Rechtsverletzung vorliegt.

Entscheidung

Ist die Rechtsbeschwerde **unzulässig**, so wird sie durch Beschluss gem. § 577 Abs. 1 ZPO **verworfen**. Ist die Rechtsbeschwerde **zulässig und begründet**, ist die angefochtene Entscheidung durch Beschluss aufzuheben und die Sache zur erneuten Entscheidung an das Ausgangsgericht **zurückzuverweisen** (§ 577 Abs. 4 ZPO) oder, wenn sie entscheidungsreif ist, durch das Rechtsbeschwerdegericht **selbst zu entscheiden** (§ 577 Abs. 5 ZPO).

1.4.3 Die Nichtzulassungsbeschwerde

Mithilfe der Nichtzulassungsbeschwerde kann die Durchführung eines Revisionsverfahrens erzwungen werden und somit die (rechtliche) Überprüfung der Sache in einer weiteren Instanz.

Statthaftigkeit

Die Nichtzulassungsbeschwerde gem. § 544 ZPO ist **statthaft**, wenn das Berufungsgericht in seinem Urteil die **Revision nicht zugelassen** hat oder das Urteil keinen Ausspruch über die Zulassung der Revision enthält. Sie ist ebenso statthaft, wenn das Berufungsgericht die Berufung durch Beschluss gem. § 522 Abs. 2 ZPO zurückgewiesen hat.

Bis zum 31.12.2016 war zudem gem. § 26 Nr. 8 EGZPO (Gesetz, betreffend die Einführung der Zivilprozessordnung) erforderlich, dass der Wert der mit der Revision geltend zu machenden Beschwer 20.000,00 € übersteigt.

Zuständigkeit

Zuständig ist gem. § 133 GVG der Bundesgerichtshof.

Form

Die Nichtzulassungsbeschwerde ist **schriftlich** einzulegen, muss durch einen beim BGH zugelassenen Rechtsanwalt unterschrieben sein und soll eine Ausfertigung oder beglaubigte Abschrift des Urteils, gegen das die Revision eingelegt werden soll, enthalten. Darüber hinaus muss dargelegt und begründet werden, welcher Zulassungsgrund nach § 543 Abs. 2 ZPO vorliegt.

Frist

Die Nichtzulassungsbeschwerde muss gem. § 544 Abs. 1 S. 2 ZPO innerhalb einer **Notfrist von einem Monat** nach Zustellung des in vollständiger Form abgefassten Urteils, spätestens aber bis zum Ablauf von sechs Monaten nach der Verkündung des Urteils eingelegt werden. Die

Frist für die Begründung beträgt gem. § 544 Abs. 2 S. 3 ZPO zwei Monate nach Zustellung des in vollständiger Form abgefassten Urteils, höchstens aber sieben Monate nach der Verkündung des Urteils.

Beschwer

Der Beschwerdeführer muss durch die angefochtene Entscheidung **beschwert** sein. Eine bestimmte Wertgrenze ist nicht (mehr) erforderlich.

Begründetheit

Die Nichtzulassungsbeschwerde ist **begründet**, wenn ein Zulassungsgrund nach § 543 Abs. 2 ZPO vorliegt, die Sache also grundsätzliche Bedeutung hat oder die Fortbildung des Rechts oder die Sicherung einer einheitlichen Rechtsprechung eine Entscheidung des Revisionsgerichts erfordert.

Entscheidung

Ist die Nichtzulassungsbeschwerde **zulässig und begründet**, so wird das Beschwerdeverfahren gem. § 544 Abs. 6 S. 1 ZPO **als Revisionsverfahren fortgesetzt**. Mit der **Ablehnung der Beschwerde** durch das Revisionsgericht wird gem. § 544 Abs. 5 S. 2 ZPO das beanstandete Urteil **rechtskräftig**. Es gibt dagegen kein Rechtsmittel.

1.5 Die Wiedereinsetzung in den vorigen Stand

Wurde eine bestimmte Frist schuldlos versäumt, so kann die Partei mittels eines Antrags auf Wiedereinsetzung in den vorigen Stand gem. §§ 233–238 ZPO verlangen, wieder so gestellt zu werden, wie sie vor dem Verstreichen dieser Frist prozessual stand. Der Wiedereinsetzungsantrag ist also der geeignete Rechtsbehelf bei schuldloser Versäumung bestimmter Fristen.

1.5.1 Statthaftigkeit

Statthaft ist der Wiedereinsetzungsantrag bei:

vgl. LF 10, Kap. 1.1.7

- **Versäumung einer Notfrist:** Eine Frist ist eine Notfrist, wenn sie ausdrücklich in der ZPO als solche bezeichnet wird (vgl. § 224 Abs. 1 S. 2 ZPO). Notfristen können nicht verlängert oder verkürzt werden.
- **Versäumung einer in § 233 ZPO besonders genannten Frist.** Diese sind:
  - Berufungsbegründungsfrist (§ 519 Abs. 2 S. 2 ZPO)
  - Revisionsbegründungsfrist (§ 554 Abs. 2 S. 2 ZPO)
  - Frist zur Begründung der Nichtzulassungsbeschwerde (§ 544 Abs. 2 ZPO)
  - Frist zur Begründung der Rechtsbeschwerde (§ 575 Abs. 2 ZPO)
  - Antragsfrist zur Wiedereinsetzung in den vorigen Stand (§ 234 Abs. 1 ZPO)

Bei der Versäumung anderer Fristen, insbesondere gerichtliche Fristen, ist keine Wiedereinsetzung möglich.

1.5.2 Zuständigkeit

Zuständig ist gem. § 237 ZPO das **Gericht**, das **für die versäumte Prozesshandlung** zuständig gewesen wäre.

▶ **Beispiel:** Wurde die Berufungsbegründungsfrist versäumt, so ist der Antrag auf Wiedereinsetzung in den vorigen Stand beim Berufungsgericht einzulegen.

1.5.3 Form

Der Wiedereinsetzungsantrag muss gem. § 236 Abs. 1 ZPO in der **Form** gestellt werden, die **für die versäumte Prozesshandlung** gegolten hatte, also in der Regel schriftlich. Galt für die versäumte Handlung **Anwaltszwang** gem. § 78 ZPO, so gilt dies auch für den Wiedereinsetzungsantrag.

Antragsberechtigt sind die Partei, die die Frist versäumt hat, und der Streithelfer, nicht aber der Antragsgegner.

Der Antrag muss die **die Wiedereinsetzung begründenden Tatsachen** angeben und diese i. S. v. § 294 ZPO glaubhaft machen. Zur **Glaubhaftmachung** kann der Antragsteller sich aller Beweismittel bedienen und auch eine Versicherung an Eides Statt abgeben. vgl. LF 10, Kap. 1.2.5

Die versäumte Prozesshandlung muss zudem innerhalb der Antragsfrist wiederholt werden.

▶ **Beispiel:** Wurde die Berufungsbegründungsfrist versäumt, so muss innerhalb der Antragsfrist die Berufungsbegründung nachgereicht werden.

Wurde die Prozesshandlung fristgerecht wiederholt, so kann die Wiedereinsetzung gem. § 236 Abs. 2 S. 2 ZPO auch **von Amts wegen** erfolgen. Die Wiederholung wird sozusagen als konkludente Antragstellung angesehen. Die die Wiedereinsetzung begründenden Tatsachen müssen dabei akten- oder offenkundig sein oder fristgerecht nachgeliefert werden.

1.5.4 Frist

Die Frist zur Antragstellung beträgt gem. § 234 Abs. 1 S. 1 ZPO grds. **zwei Wochen**. Wurde die Frist zur Begründung der Berufung, der Revision, der Nichtzulassungsbeschwerde oder der Rechtsbeschwerde versäumt, so beträgt die Antragsfrist gem. § 234 Abs. 1 S. 2 ZPO **einen Monat**.

Die Frist **beginnt** gem. § 234 Abs. 2 ZPO mit dem Tag, an dem das Hindernis behoben ist, das zum Versäumen der Frist geführt hat, also dann, wenn die Partei weiß oder wissen musste, dass die Frist versäumt worden ist.

▶ **Beispiel:** Die rechtsanwaltlich nicht vertretene Zeliha Aslan hat gegen das ihr am 08.04.2025 zugestellte Versäumnisurteil per Telefax Einspruch eingelegt. Durch ein Schreiben des Gerichts, das ihr am 17.04.2025 zugestellt wird, erfährt sie, dass dieses Fax nicht angekommen ist, da es im Gerichtsgebäude einen Stromausfall gab. Die Frist zur Antragstellung auf Wiedereinsetzung in den vorigen Stand beginnt also am 17.04.2025, da sie an diesem Tag von dem Fristversäumnis Kenntnis erlangte und somit das Hindernis behoben war.

vgl. LF 4, Kap. 2.2.2

Die Fristberechnung richtet sich nach den §§ 187 ff. BGB. Der Tag, an dem das Hindernis behoben wird, wird gem. § 187 Abs. 1 BGB nicht mitgerechnet.

Die Frist **endet spätestens** nach Ablauf eines Jahrs, von dem Ende der versäumten Frist an gerechnet.

1.5.5 Begründetheit

Der Antrag auf Wiedereinsetzung in den vorigen Stand ist begründet, wenn die Fristversäumung **unverschuldet**, also weder vorsätzlich noch fahrlässig, war. Dies bedeutet, dass der Antragsteller die im Verkehr erforderliche Sorgfalt beachten muss. Dabei werden an einen Rechtsanwalt höhere Anforderungen gestellt als an einen Laien.

Das Verschulden des gesetzlichen Vertreters sowie des Prozessbevollmächtigten wird dem Antragsteller gem. § 51 Abs. 2 ZPO bzw. § 85 Abs. 2 ZPO zugerechnet.

▶ **Beispiele:** Der Vater des minderjährigen Finn Sennmeyer versäumt es, seine Verteidigungsbereitschaft in einem vor dem Amtsgericht anhängigen Verfahren gegen seinen Sohn anzuzeigen. Dieter Petkovic, der Vorstandsvorsitzende der Sporting Goods AG, legt gegen ein gegen das Unternehmen ergangenes Versäumnisurteil nicht fristgerecht Einspruch ein. Die Rechtsanwältin Thea Heintze vergisst in der Sache Ghobadpour ./. Hildmann, die Revision fristgerecht zu begründen.

Typische Fälle einer unverschuldeten Fristversäumung sind:

- **Verzögerungen bei der Zustellung durch die Post:** Der Antragsteller darf sich darauf verlassen, dass Schriftstücke im Rahmen der üblichen Postlaufzeiten, also bei im Bundesgebiet werktags aufgegebenen Postsendungen am folgenden Werktag, ausgeliefert werden. Voraussetzung hierfür ist allerdings, dass der Antragsteller die notwendigen Voraussetzungen erfüllt hat, also etwa den Brief ausreichend frankiert oder mit der korrekten Postleitzahl versehen hat.
- **Störungen im Gerichtsbetrieb:** Solche Störungen, wie etwa das Fehlen eines Nachtbriefkastens, stellen immer einen Wiedereinsetzungsgrund dar. Geht ein Schriftsatz nicht bei dem Berufungsgericht, sondern dem zuvor zuständigen erstinstanzlichen Gericht ein, so ist dieses Gericht verpflichtet, den Schriftsatz weiterzuleiten. Erreicht der Schriftsatz das Gericht

so frühzeitig, dass die fristgerechte Weiterleitung an das Berufungsgericht im ordentlichen Geschäftsgang ohne Weiteres erwartet werden kann, so ist der Partei Wiedereinsetzung in den vorigen Stand zu gewähren, wenn der Schriftsatz nicht rechtzeitig beim Rechtsmittelgericht eingetroffen ist.

- **Störungen bei der Übermittlung per Telefax:** Sofern die Übermittlung des Schriftsatzes daran scheitert, dass eine Leitungsstörung vorlag oder kein Papier im Faxgerät des Gerichts vorhanden war, liegt eine Störung im Gerichtsbetrieb und damit ein Wiedereinsetzungsgrund vor. War das Faxgerät hingegen durch andere eingehende Sendungen belegt, stellt dies ein Verschulden des Absenders dar, da er sich um eine rechtzeitige Übermittlung (bzw. eine Übermittlung außerhalb der üblichen Bürozeiten, etwa spät abends) kümmern muss.
- **Fristausnutzung bis zum letzten Tag:** Grundsätzlich darf eine Frist bis zum letzten Tag ausgenutzt werden. Bei der Übermittlung des Schriftsatzes muss dann jedoch darauf geachtet werden, dass eine Übermittlungsart (Telefax, Bote, persönliches Hinbringen) gewählt wird, mit der die Frist noch gewahrt werden kann. Zudem muss der Antragsteller darauf achten, dass seine Armbanduhr oder die des Faxes genau geht.
- **Büroorganisation:** Rechtsanwälte müssen ihre Kanzlei so organisieren, dass Fristversäumnisse praktisch ausgeschlossen sind. Dazu gehört u. a. das Führen eines Fristenkalenders und eines Postausgangsbuchs. Mit der Fristnotierung und -überwachung muss eine Fachkraft betraut werden. Nicht zuzurechnen sind somit nur individuelle Fehler oder Nachlässigkeiten von ansonsten zuverlässigen, sorgfältig ausgesuchten und überwachten Angestellten. Seit 01.01.2022 müssen Rechtsanwälte Schriftsätze per beA einreichen.

vgl. LF 4, Kap. 2.2.2

1.5.6 Entscheidung

Die **Form der Entscheidung** richtet sich gem. § 238 Abs. 2 ZPO **nach der nachgeholten Prozesshandlung**. Das Gericht kann also nach mündlicher Verhandlung durch Urteil entscheiden oder ohne mündliche Verhandlung den Antrag durch Beschluss zurückweisen und die nachgeholte Prozesshandlung als unzulässig verwerfen.

Die Entscheidung ist gem. § 238 Abs. 3 ZPO **unanfechtbar**.

Wird dem Wiedereinsetzungsantrag stattgegeben, so wird das Verfahren **in den Zustand vor der Fristversäumung versetzt** und nachteilige Folgen oder bereits ergangene Entscheidungen werden automatisch beseitigt.

Die **Kosten** der Wiedereinsetzung trägt gem. § 238 Abs. 4 ZPO der **Antragsteller**, soweit sie nicht durch einen unbegründeten Widerspruch der Gegenseite entstanden sind.

Zusammenfassung

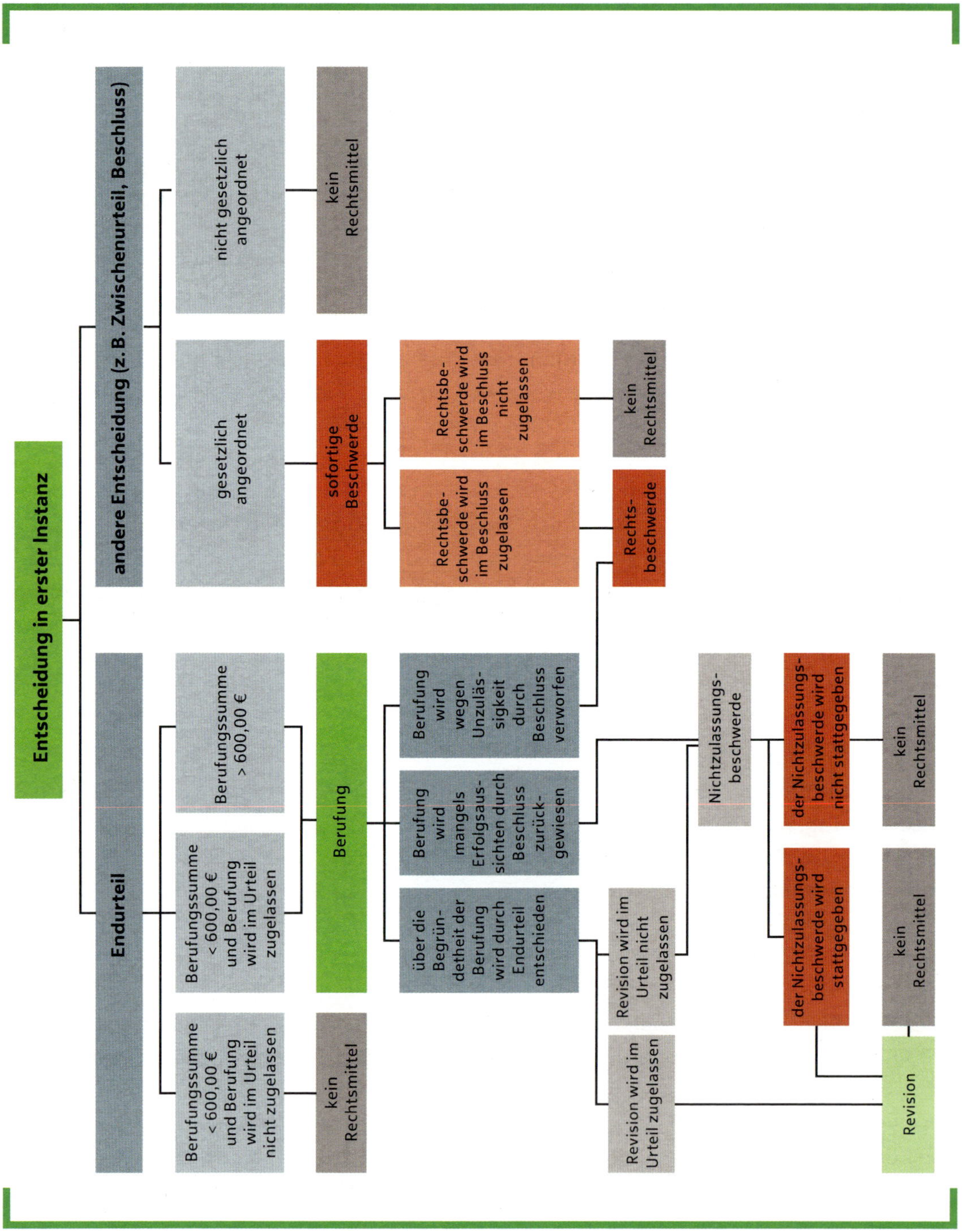

Wiederholung und Vertiefung

1. Was unterscheidet ein Rechtsmittel von anderen Rechtsbehelfen?
2. Was unterscheidet Berufung und Revision?
3. In einem Nachbarschaftsstreit, bei dem das Gericht einen Streitwert von 300,00 € festgesetzt hat, wird Richard Teichmann dazu verurteilt, einen von ihm gepflanzten Baum zu beseitigen. Richard Teichmann möchte gegen das Urteil, in dem die Berufung nicht zugelassen wurde, vorgehen, da er meint, dass das Gericht rechtsfehlerhaft entschieden hat und ihn die Beseitigung des Baums laut einem Kostenvoranschlag der Gartenbaufirma Türegün OHG zufolge 720,00 € kosten würde. Ist die Berufung zulässig?
4. Nennen Sie drei Beispiele, in denen die sofortige Beschwerde statthaft ist.
5. Welche Frist gilt für die Einlegung der Rechtsbeschwerde?
6. Wann beginnt die Antragsfrist zur Wiedereinsetzung in den vorigen Stand? Nennen Sie ein Fallbeispiel.
7. Nennen Sie drei Fristen, gegen die eine Wiedereinsetzung in den vorigen Stand statthaft ist.

2 Rechtsanwaltsgebühren in Rechtsbehelfs- und Rechtsmittelverfahren

Um die Rechtsanwaltsgebühren ermitteln zu können, muss zunächst der Streitwert bestimmt werden, also der Wert, der mit dem Rechtsbehelf/Rechtsmittel angegriffen werden soll (= sog. Beschwer). Er richtet sich nach den Anträgen des Rechtsbehelfs- bzw. Rechtsmittelführers (§ 47 Abs. 1 S. 1 GKG, § 23 Abs. 2 S. 1 RVG). Der Streitwert ist durch den Wert des Streitgegenstands des ersten Rechtszugs begrenzt (§ 47 Abs. 2 S. 1 GKG, § 23 Abs. 2 S. 2 RVG).

Die Rechtsanwaltsgebühren in Rechtsbehelfs- und Rechtsmittelverfahren können grds. jeweils gesondert abgerechnet werden, da es sich

- bei Verfahren über ein Rechtsmittel (z. B. Berufung) und dem vorausgegangenen Rechtszug (z. B. Klageverfahren) um verschiedene Angelegenheiten (§ 17 Nr. 1 RVG),
- bei Beschwerde- und Erinnerungsverfahren um besondere Angelegenheiten (§ 18 Abs. 1 Nr. 3 RVG) und
- bei einem an eine erfolgreiche Nichtzulassungsbeschwerde anschließenden Rechtsmittelverfahren um verschiedene Angelegenheiten handelt (§ 17 Nr. 9 RVG).

vgl. LF 4, Kap. 4.4.2, 4.4.3; LF 10, Kap. 3

Der Rechtsanwalt hat auch einen Erstattungsanspruch in Bezug auf die ihm entstandenen Auslagen gem. Nrn. 7000–7008 VV RVG und die von ihm getätigten Aufwendungen. Zu den getätigten Aufwendungen gehören u. a. die entstehenden Gerichtskosten.

vgl. LF 6, Kap. 6

Hinweis: Nach dem Versand der Vergütungsrechnung muss der Zahlungseingang überprüft und im Aktenkonto notiert werden.

Lernsituation

Rechtsanwalt Peter Huber konnte zwei Berufungsverfahren mit einem Vergleich beenden. Die beiden Akten übergibt er Annika Sauer mit der Bitte, diese abzurechnen.

Rechtsstreit Kristian Jörgensen ./. Anna-Lena Marquart:

Rechtsanwalt Peter Huber vertritt im Rechtsstreit Kristian Jörgensen ./. Anna-Lena Marquart die Mandantin Anna-Lena Marquart. Diese bittet Rechtsanwalt Peter Huber, gegen das Urteil des Landgerichts Frankenthal (Pfalz) Berufung einzulegen, da sie den Kristian Jörgensen zugesprochenen Betrag in Höhe von 15.000,00 € nicht zahlen will.

In einem Termin zur mündlichen Verhandlung einigen sich die Parteien dahingehend, dass Anna-Lena Marquart ein Drittel des geltend gemachten Betrags zahlt. Die Kosten des Rechtsstreits werden gegeneinander aufgehoben.

Rechtsstreit Leonie Burkhard ./. Wolfgang Barthel:

Rechtsanwalt Peter Huber vertritt Leonie Burkhard im Berufungsverfahren vor dem Oberlandesgericht Stuttgart. Leonie Burkhard macht rückständige Miete in Höhe von 6.300,00 € geltend. Nach Zustellung der Berufungsbegründung setzt sich Rechtsanwalt Dr. Matthias Mattusek, der den Gegner Wolfgang Barthel vertritt, mit Rechtsanwalt Peter Huber in Verbindung. Er möchte eine Einigung herbeiführen, um den Rechtsstreit endlich zu beenden und schlägt vor, dass Wolfgang Barthel einen Betrag in Höhe von 4.300,00 € zahlt.

Nach Rücksprache mit Leonie Burkhard erklärt Rechtsanwalt Peter Huber, dass mit dem Vorschlag Einverständnis besteht, wenn ein zwischenzeitlich weiterer aufgelaufener Betrag in Höhe von 300,00 € dahingehend mitverglichen wird, dass Wolfgang Barthel einen Betrag von insgesamt 4.500,00 € zahlt. Wolfgang Barthel nimmt diesen Vorschlag an.

Arbeitsaufträge:

a) Welche Gebühren können im Berufungsverfahren entstehen? Erstellen Sie hierüber in Gruppenarbeit eine übersichtliche Grafik.
b) Welche Gebühren und Auslagen erhält Rechtsanwalt Peter Huber für die Tätigkeit im Rechtsstreit Kristian Jörgensen ./. Anna-Lena Marquart nach dem RVG?
c) Im Rechtsstreit Leonie Burkhard ./. Wolfgang Barthel wurde ein nicht anhängiger Anspruch mitverglichen. Überlegen Sie in Zweiergruppen, welche gesetzliche Regelung hier bei der Abrechnung berücksichtigt werden muss.
d) Welche Gebühren und Auslagen erhält Rechtsanwalt Peter Huber im Rechtsstreit Leonie Burkhard ./. Wolfgang Barthel?
e) Vergleichen Sie Ihre Ergebnisse untereinander. Berichtigen Sie ggf. die von Ihnen erstellte Kostenaufstellung.
f) Reflektieren Sie anschließend Ihr Wissen.

2.1 Gebühren im Berufungsverfahren

vgl. LF 11, Kap. 1.2

Im Berufungsverfahren können nach Teil 3 Abschnitt 2 Unterabschnitt 1 des Vergütungsverzeichnisses zum RVG folgende Gebühren entstehen:

Gebühren im Berufungsverfahren	**Verfahrensgebühr** • 1,6 gem. Nr. 3200 VV RVG • ermäßigt: 1,1 gem. Nr. 3201 VV RVG
	ggf. Erhöhungsgebühr pro Mandantschaft 0,3, höchstens 2,0 gem. Nr. 1008 VV RVG
	Terminsgebühr • 1,2 gem. Nr. 3202 VV RVG • ermäßigt: 0,5 gem. Nr. 3203 VV RVG
	Einigungsgebühr 1,3 gem. Nrn. 1000, 1004 VV RVG

vgl. LF 4, Kap. 5.6.4

Hinweise:
- Sofern der Rechtsanwalt nur die Erfolgsaussicht der Berufung prüft bzw. über die Prüfung der Erfolgsaussicht ein Gutachten ausarbeitet, entstehen lediglich die Gebühren gem. Nrn. 2100 und 2101 VV RVG. Diese Gebühren sind auf die Gebühren, die in einem eventuell nachfolgenden Rechtsmittelverfahren entstehen, in voller Höhe anzurechnen.
- Sofern Mischfälle vorkommen, ist § 15 Abs. 3 RVG anzuwenden.

2.1.1 Die Verfahrensgebühr

Der Rechtsanwalt erhält für das Betreiben des Geschäfts eine **1,6 Verfahrensgebühr gem. Nr. 3200 VV RVG**. Diese Gebühr kann sich gem. Nr. 3201 VV RVG auf 1,1 reduzieren, wenn sich das Berufungsverfahren vorzeitig erledigt, also bevor der Rechtsanwalt

- die Berufung einlegt oder
- einen Schriftsatz, der Sachanträge, Sachvortrag oder die Zurücknahme der Berufung enthält, einreicht oder
- für seine Partei einen gerichtlichen Termin wahrgenommen hat.

Merke: Beide Verfahrensgebühren können sich gem. Nr. 1008 VV RVG um 0,3 pro weiterem Auftraggeber erhöhen, höchstens jedoch um 2,0 (= **Erhöhungsgebühr**), sofern es sich um dieselbe Angelegenheit handelt.

vgl. LF 4, Kap. 4.6.2, 4.1.3

▶ **Beispiel:** Das Landgericht Duisburg hat im Rechtsstreit Dorothea Kondert ./. Linda Rudny wegen einer Darlehensforderung in Höhe von 6.300,00 € die Klage abgewiesen. Der anwaltliche Vertreter von Dorothea Kondert legt zunächst Frist wahrend Berufung gegen das Urteil des Landgerichts Duisburg ein. Vor Ablauf der Begründungsfrist nimmt er jedoch namens und im Auftrag von Dorothea Kondert die Berufung zurück. Rechtsanwalt Roland Vaustmann, der Linda Rudny anwaltlich vertritt, hat sich lediglich für Linda Rudny bestellt, jedoch keine Anträge gestellt. Rechtsanwalt Roland Vaustmann erhält für seine Tätigkeit folgende Gebühren und Auslagen:

Streitwert: 6.300,00 €, § 47 Abs. 1 S. 1 GKG

1,1 Verfahrensgebühr, Nrn. 3200, 3201 VV RVG	520,85 €
Pauschale Post und Telekommunikation, Nr. 7002 VV RVG	20,00 €
Zwischensumme	540,85 €
19 % Umsatzsteuer, Nr. 7008 VV RVG	102,76 €
Summe	643,61 €

Sofern der Rechtsanwalt bereits beratend oder außergerichtlich tätig geworden ist, sind die dort entstandenen Gebühren auf die Verfahrensgebühren gem. Nrn. 3200, 3201 VV RVG anzurechnen, aber nur dann, wenn sie zuvor noch nicht angerechnet wurden.

vgl. LF 9 (ReFa), Kap. 3.1.6

Hinweis: Sofern das Berufungsgericht den Rechtsstreit an das erstinstanzliche Gericht zurückverweist, muss die Verfahrensgebühr aus dem vorangegangenen erstinstanzlichen Verfahren in voller Höhe angerechnet werden (Vorbemerkung 3 Abs. 6 VV RVG).

2.1.2 Die Terminsgebühr

Neben der Verfahrensgebühr kann eine **1,2 Terminsgebühr gem. Nr. 3202 VV RVG** entstehen. Diese entsteht dann, wenn

- ein gerichtlicher Termin wahrgenommen wird,
- ein von einem gerichtlich bestellten Sachverständigen anberaumter Termin wahrgenommen wird,
- an Besprechungen mitgewirkt wird, die auf die Vermeidung oder Erledigung des Berufungsverfahrens gerichtet sind,

- in einem Verfahren, für das eine mündliche Verhandlung oder ein Erörterungstermin vorgeschrieben ist, im Einverständnis mit den Parteien oder gem. § 307 ZPO ohne mündliche Verhandlung oder Erörterung entschieden oder in einem solchen Verfahren ein gerichtlicher Vergleich geschlossen wird oder
- das Gericht mithilfe eines Hinweisbeschlusses bereits angekündigt hat, die Berufung gem. § 522 Abs. 2 ZPO zurückzuweisen (z. B. mangels Aussicht auf Erfolg).

vgl. LF 10, Kap. 5.1.2

Wie auch im Klageverfahren kann die Terminsgebühr gem. Nr. 3203 VV RVG im Fall einer Säumnis auf 0,5 ermäßigt werden.

▶ **Beispiel:** Im Rechtsstreit Michelle Brice ./. Susanne Katzenberger wegen einer Kaufpreisforderung in Höhe von 15.500,00 € hat das Landgericht Nürnberg der Klage in Höhe von 7.500,00 € stattgegeben. Hinsichtlich eines Betrags in Höhe von 8.000,00 € wurde die Klage abgewiesen. Susanne Katzenberger beauftragt Rechtsanwältin Mareike Bauer, hinsichtlich des Betrags in Höhe von 7.500,00 € in Berufung zu gehen. Im dortigen Termin zur mündlichen Verhandlung erscheint Michelle Brice ohne Rechtsanwalt, sodass antragsgemäß Versäumnisurteil ergeht. Rechtsanwältin Mareike Bauer erhält für ihre Tätigkeit folgende Gebühren und Auslagen:

Streitwert: 7.500,00 €, § 47 Abs. 1 S. 1 GKG

1,6 Verfahrensgebühr, Nr. 3200 VV RVG	852,80 €
0,5 Terminsgebühr, Nrn. 3202, 3203 VV RVG	266,50 €
Pauschale Post und Telekommunikation, Nr. 7002 VV RVG	20,00 €
Zwischensumme	1.139,30 €
19 % Umsatzsteuer, Nr. 7008 VV RVG	216,47 €
Summe	1.355,77 €

2.1.3 Die Einigungsgebühr

Wird im Berufungsverfahren eine Einigung getroffen, erhält der daran beteiligte Rechtsanwalt eine **1,3 Einigungsgebühr gem. Nrn. 1000, 1004 VV RVG**.

▶ **Beispiel:** Rechtsanwältin Ingrid Schoeningh hat für Ruben Marx Berufung gegen das erstinstanzliche Urteil eingelegt (Streitwert: 8.330,00 €). Im Termin zur mündlichen Verhandlung einigen sich die Parteien darauf, dass Ruben Marx einen Betrag in Höhe von 5.200,00 € zahlt. Rechtsanwältin Ingrid Schoeningh erhält für ihre Tätigkeit folgende Gebühren und Auslagen:

Streitwert: 8.330,00 €, § 47 Abs. 1 S. 1 GKG

1,6 Verfahrensgebühr, Nr. 3200 VV RVG	948,00 €
1,2 Terminsgebühr, Nr. 3202 VV RVG	711,00 €
1,3 Einigungsgebühr, Nrn. 1000, 1004 VV RVG	770,25 €
Pauschale Post und Telekommunikation, Nr. 7002 VV RVG	20,00 €
Zwischensumme	2.449,25 €
19 % Umsatzsteuer, Nr. 7008 VV RVG	465,36 €
Summe	2.914,61 €

2.2 Gebühren im Revisionsverfahren

Im Revisionsverfahren können nach Teil 3 Abschnitt 2 Unterabschnitt 2 des Vergütungsverzeichnisses zum RVG folgende Gebühren entstehen:

vgl. LF 11, Kap. 1.3

Gebühren im Revisionsverfahren	**Verfahrensgebühr** • 1,6 gem. Nr. 3206 VV RVG • ermäßigt: 1,1 gem. Nr. 3207 VV RVG • vor dem BGH: 2,3 gem. Nrn. 3206, 3208 VV RVG • vor dem BGH, ermäßigt: 1,8 gem. Nrn. 3206, 3209 VV RVG
	ggf. Erhöhungsgebühr pro Mandantschaft 0,3, höchstens 2,0 gem. Nr. 1008 VV RVG
	Terminsgebühr • 1,5 gem. Nr. 3210 VV RVG • ermäßigt: 0,8 gem. Nr. 3211 VV RVG
	Einigungsgebühr 1,3 gem. Nrn. 1000, 1004 VV RVG

Hinweise:
- Sofern der Rechtsanwalt nur die Erfolgsaussicht der Revision prüft bzw. über die Prüfung der Erfolgsaussicht ein Gutachten ausarbeitet, entstehen lediglich die Gebühren gem. Nrn. 2100 und 2101 VV RVG. Diese Gebühren sind auf die Gebühren, die in einem eventuell nachfolgenden Rechtsmittelverfahren entstehen, in voller Höhe anzurechnen.
- Sofern Mischfälle vorkommen, ist § 15 Abs. 3 RVG anzuwenden.

vgl. LF 4, Kap. 4.6.4; LF 9 (ReFa), Kap. 3.1.5

2.2.1 Die Verfahrensgebühr

Der Rechtsanwalt erhält für seine Tätigkeit eine 1,6 Verfahrensgebühr gem. Nr. 3206 VV RVG. Diese kann sich auf 1,1 gem. Nr. 3207 VV RVG ermäßigen. Der beim BGH zugelassene Rechtsanwalt erhält für das Betreiben des Geschäfts eine **2,3 Verfahrensgebühr gem. Nrn. 3206, 3208 VV RVG**. Diese Gebühr kann sich gem. Nr. 3209 VV RVG auf 1,8 reduzieren, wenn sich das Revisionsverfahren vorzeitig erledigt, also bevor der Rechtsanwalt

- die Revision einlegt oder
- einen Schriftsatz, der Sachanträge, Sachvortrag oder die Zurücknahme der Revision enthält, einreicht oder
- für seine Partei einen gerichtlichen Termin wahrgenommen hat.

vgl. LF 4, Kap. 4.6.2, 4.1.3

Merke: Alle Verfahrensgebühren können sich gem. Nr. 1008 VV RVG um 0,3 pro weiterem Auftraggeber erhöhen, höchstens jedoch um 2,0 (= **Erhöhungsgebühr**), sofern es sich um dieselbe Angelegenheit handelt.

▶ **Beispiel:** Im Rechtsstreit Mary und Andrew Hopkins ./. Barbara Schmidhuber (Streitwert: 43.546,00 €) möchten die Geschwister Mary und Andrew Hopkins in Revision gegen das Urteil gehen. Die Revision wurde zugelassen. Zuständiges Gericht ist der BGH. Der bisherige anwaltliche Vertreter empfiehlt dem Ehepaar Rechtsanwalt Marco Langert, der beim BGH zugelassen ist. Dieser legt zunächst Frist wahrend Revision ein, ohne Sachanträge zu stellen. Nach eingehendem Aktenstudium rät Rechtsanwalt Marco Langert dem Ehepaar davon ab, die Revision „durchzufechten“. Auf Bitten der Mandanten nimmt er die Revision ein paar Tage später zurück. Für seine Tätigkeit erhält Rechtsanwalt Marco Langert folgende Gebühren und Auslagen:

Streitwert: 43.546,00 €, § 47 Abs. 1 S. 1 GKG

2,1 Verfahrensgebühr, Nrn. 3206, 3209, 1008 VV RVG	2.669,10 €
Pauschale Post und Telekommunikation, Nr. 7002 VV RVG	20,00 €
Zwischensumme	2.689,10 €
19 % Umsatzsteuer, Nr. 7008 VV RVG	510,93 €
Summe	3.200,03 €

Hinweis: Sofern dem Revisionsverfahren eine erfolgreiche Nichtzulassungsbeschwerde vorangegangen ist, wird die dort entstehende Verfahrensgebühr gem. Nr. 3506 VV RVG auf die Verfahrensgebühr des Revisionsverfahrens angerechnet (Anmerkung zu Nr. 3506 VV RVG).

2.2.2 Die Terminsgebühr

Neben der Verfahrensgebühr kann eine **1,5 Terminsgebühr gem. Nr. 3210 VV RVG** entstehen. Diese entsteht dann, wenn

- ein gerichtlicher Termin wahrgenommen wird oder
- in einem Verfahren, für das eine mündliche Verhandlung vorgeschrieben ist, im Einverständnis mit den Parteien oder gem. § 307 ZPO ohne mündliche Verhandlung entschieden oder in einem solchen Verfahren ein gerichtlicher Vergleich geschlossen wird.

Gemäß Nr. 3211 VV RVG kann sich die Terminsgebühr, z. B. im Fall einer Säumnis, auf 0,8 ermäßigen.

▶ **Beispiel:** Rechtsanwältin Dr. Andrea Karch, die beim BGH zugelassen ist, legt im Rechtsstreit Roland Voigt ./. Victoria Stolberg (Streitwert: 101.516,00 €) Revision gegen das Urteil des Oberlandesgerichts Hannover ein, das die Revision zugelassen hat. Nach einem gerichtlichen Termin wird die Revision zurückgewiesen. Rechtsanwältin Dr. Andrea Karch erhält folgende Gebühren und Auslagen:

Streitwert: 101.516,00 €, § 47 Abs. 1 S. 1 GKG	
2,3 Verfahrensgebühr, Nrn. 3206, 3208 VV RVG	4.036,50 €
1,5 Terminsgebühr, Nr. 3210 VV RVG	2.632,50 €
Pauschale Post und Telekommunikation, Nr. 7002 VV RVG	20,00 €
Zwischensumme	6.689,00 €
19 % Umsatzsteuer, Nr. 7008 VV RVG	1.270,91 €
Summe	7.959,91 €

2.2.3 Die Einigungsgebühr

Wenn im Revisionsverfahren eine Einigung über die dort anhängigen Ansprüche getroffen wird, so erhält der Rechtsanwalt eine **1,3 Einigungsgebühr gem. Nrn. 1000, 1004 VV RVG**.

▶ **Beispiel:** Rechtsanwalt Guido Dallmanger vertritt das Ehepaar Marina und Marius Schmitz im Revisionsverfahren vor dem BGH (Streitwert: 33.456,00 €). Im Termin zur mündlichen Verhandlung einigen sich die Parteien auf Anraten des Gerichts. Rechtsanwalt Guido Dallmanger erhält folgende Gebühren und Auslagen:

Streitwert: 33.456,00 €, § 47 Abs. 1 S. 1 GKG

2,6 Verfahrensgebühr, Nrn. 3206, 3208, 1008 VV RVG	2.857,40 €
1,5 Terminsgebühr, Nr. 3210 VV RVG	1.648,50 €
1,3 Einigungsgebühr, Nrn. 1000, 1004 VV RVG	1.428,70 €
Pauschale Post und Telekommunikation, Nr. 7002 VV RVG	20,00 €
Zwischensumme	5.954,60 €
19 % Umsatzsteuer, Nr. 7008 VV RVG	1.131,37 €
Summe	7.085,97 €

2.3 Gebühren im Beschwerdeverfahren

vgl. LF 11, Kap. 1.4

Im Beschwerdeverfahren können nach Teil 3 Abschnitt 5 des Vergütungsverzeichnisses zum RVG folgende Gebühren entstehen:

Gebühren im Beschwerdeverfahren	**Beschwerde/ Erinnerung**	• 0,5 Verfahrensgebühr gem. Nr. 3500 VV RVG • ggf. Erhöhungsgebühr: pro weiterer Mandantschaft 0,3, höchstens 2,0 gem. Nr. 1008 VV RVG • 0,5 Terminsgebühr gem. Nr. 3513 VV RVG • 1,0 Einigungsgebühr gem. Nrn. 1000, 1003 VV RVG
	Rechtsbeschwerde	• 1,0 Verfahrensgebühr gem. Nr. 3502 VV RVG • ermäßigt: 0,5 Verfahrensgebühr gem. Nr. 3503 VV RVG • ggf. Erhöhungsgebühr: pro weiterer Mandantschaft 0,3, höchstens 2,0 gem. Nr. 1008 VV RVG • 1,2 Terminsgebühr gem. Nr. 3516 VV RVG • 1,0 Einigungsgebühr gem. Nrn. 1000, 1003 VV RVG
	Nichtzulassungsbeschwerde	• 1,6 Verfahrensgebühr gem. Nr. 3506 VV RVG • ermäßigt: 1,1 Verfahrensgebühr gem. Nr. 3507 VV RVG • vor dem BGH: 2,3 Verfahrensgebühr gem. Nrn. 3506, 3508 VV RVG • vor dem BGH: ermäßigt 1,8 Verfahrensgebühr gem. Nrn. 3506, 3509 VV RVG • ggf. Erhöhungsgebühr: pro weiterer Mandantschaft 0,3, höchstens 2,0 gem. Nr. 1008 VV RVG • 1,2 Terminsgebühr gem. Nr. 3516 VV RVG • 1,3 Einigungsgebühr gem. Nrn. 1000, 1004 VV RVG

2.3.1 Die Beschwerde/Erinnerung

Sofern der Rechtsanwalt Beschwerde/Erinnerung gegen eine gerichtliche Entscheidung einreicht, erhält er eine 0,5 **Verfahrensgebühr** gem. Nr. 3500 VV RVG. Diese entsteht bereits durch die Prüfung, ob etwas zu veranlassen ist, selbst wenn keine weiteren Schritte unternommen werden. Voraussetzung ist aber ein gesonderter Auftrag durch die Mandantschaft. Die Einreichung eines Schriftsatzes ist also nicht zwingend erforderlich. vgl. LF 11, Kap. 1.4.1

Sofern in derselben Angelegenheit mehrere Personen den Rechtsanwalt mit der Vertretung beauftragen, erhöht sich gem. Nr. 1008 VV RVG die Verfahrensgebühr pro weiterem Auftraggeber um 0,3, höchstens jedoch um 2,0 (= **Erhöhungsgebühr**). vgl. LF 4, Kap. 4.6.2, 4.1.3

Merke: Die 0,5 Verfahrensgebühr gem. Nr. 3500 VV RVG reduziert sich bei vorzeitiger Erledigung nicht.

Neben der Verfahrensgebühr kann auch eine 0,5 **Terminsgebühr** gem. Nr. 3513 VV RVG anfallen. Diese entsteht, wenn
- ein gerichtlicher Termin wahrgenommen wird,
- ein von einem gerichtlich bestellten Sachverständigen anberaumter Termin wahrgenommen wird oder
- an Besprechungen mitgewirkt wird, die auf die Vermeidung oder Erledigung des Beschwerde-/Erinnerungsverfahrens gerichtet sind.

Weiterhin erhält der Rechtsanwalt, sofern er an einer Einigung der Parteien mitwirkt, eine 1,0 **Einigungsgebühr** gem. Nrn. 1000, 1003 VV RVG.

▶ **Beispiel:** Rechtsanwältin Carina Ditzsche legt für das Ehepaar Imelda und Heiner Schmitt gegen den vom Landgericht Koblenz erlassenen Kostenfestsetzungsbeschluss Beschwerde wegen eines Betrags in Höhe von 1.630,31 € ein. Sie erhält folgende Gebühren und Auslagen:

Streitwert: 1.630,31 €, § 23 Abs. 2 S. 2 RVG

0,8 Verfahrensgebühr, Nrn. 3500, 1008 VV RVG	140,80 €
Pauschale Post und Telekommunikation, Nr. 7002 VV RVG	20,00 €
Zwischensumme	160,80 €
19 % Umsatzsteuer, Nr. 7008 VV RVG	30,55 €
Summe	191,35 €

2.3.2 Die Rechtsbeschwerde

vgl. LF 11, Kap. 1.4.2; LF 4, Kap. 4.6.2, 4.1.3

Sofern der Rechtsanwalt im Rechtsbeschwerdeverfahren tätig wird, erhält er hierfür eine 1,0 **Verfahrensgebühr** gem. Nr. 3502 VV RVG. Diese reduziert sich z. B. bei vorzeitiger Beendigung des Auftrags auf eine 0,5 Verfahrensgebühr gem. Nr. 3503 VV RVG. Beide Gebühren erhöhen sich gem. Nr. 1008 VV RVG pro weiterem Auftraggeber um 0,3, höchstens jedoch um 2,0 (= **Erhöhungsgebühr**), sofern es sich um dieselbe Angelegenheit handelt.

Neben der Verfahrensgebühr kann im Rechtsbeschwerdeverfahren auch eine 1,2 **Terminsgebühr** gem. Nr. 3516 VV RVG entstehen. Die Terminsgebühr entsteht z. B. auch dann, wenn der Rechtsanwalt an Besprechungen mitwirkt, die auf die Vermeidung oder Erledigung der Sache gerichtet sind.

Sofern eine Einigung zwischen den Parteien herbeigeführt wird, an der der Rechtsanwalt mitwirkt, kann im Rechtsbeschwerdeverfahren auch eine 1,0 **Einigungsgebühr** gem. Nrn. 1000, 1003 VV RVG anfallen.

▶ **Beispiel:** Rechtsanwalt Daniel Scharkowski vertritt Fabian Legge im Rechtsstreit Ulrike Mayer ./. Fabian Legge. Rechtsanwalt Quentin Riegeler, der Ulrike Mayer vertritt, hat gegen die Beschwerdeentscheidung des Landgerichts Dortmund Rechtsbeschwerde eingelegt, nachdem das Gericht diese zugelassen hatte. Das Landgericht Dortmund hatte die Kosten für vorgerichtliche Sachverständigenkosten in Höhe von 8.330,00 € abgesetzt. Um eine Einigung herbeizuführen, telefonieren die beiden Rechtsanwälte mehrfach miteinander. Eine Einigung kommt jedoch nicht zustande, sodass das Beschwerdegericht durch Beschluss entscheidet. Danach sind die vorgerichtlichen Sachverständigenkosten nicht erstattungsfähig. Rechtsanwalt Daniel Scharkowski erhält folgende Gebühren und Auslagen:

Streitwert: 8.330,00 €, § 23 Abs. 2 S. 2 RVG

1,0 Verfahrensgebühr, Nr. 3502 VV RVG	592,50 €
1,2 Terminsgebühr, Nr. 3516 VV RVG	711,00 €
Pauschale Post und Telekommunikation, Nr. 7002 VV RVG	20,00 €
Zwischensumme	1.323,50 €
19 % Umsatzsteuer, Nr. 7008 VV RVG	251,47 €
Summe	1.574,97 €

2.3.3 Die Nichtzulassungsbeschwerde

Der Rechtsanwalt erhält gem. Nr. 3506 VV RVG eine 1,6 Verfahrensgebühr für seine Tätigkeit im Verfahren über die Beschwerde gegen die Nichtzulassung bestimmter Rechtsbeschwerden (Vorbemerkung 3.2.2 VV RVG). Die Verfahrensgebühr kann sich gem. Nr. 3507 VV RVG auf 1,1 reduzieren. Der beim BGH zugelassene Rechtsanwalt erhält für die Nichtzulassungsbeschwerde eine 2,3 **Verfahrensgebühr** gem. Nrn. 3506, 3508 VV RVG. Im Fall der vorzeitigen Beendigung des Auftrags reduziert sich diese auf eine 1,8 Verfahrensgebühr gem. Nrn. 3506, 3509 VV RVG.

vgl. LF 11, Kap. 1.4.3

Alle Verfahrensgebühren erhöhen sich gem. Nr. 1008 VV RVG pro weiterem Auftraggeber um 0,3, höchstens jedoch um 2,0 (= **Erhöhungsgebühr**), sofern es sich um dieselbe Angelegenheit handelt.

vgl. LF 4, Kap. 4.6.2, 4.1.3

Hinweis: Kommt es nach erfolgreicher Nichtzulassungsbeschwerde zur Durchführung der Revision/Rechtsbeschwerde, wird die Verfahrensgebühr gem. Nrn. 3506, 3508 VV RVG bzw. Nr. 3506 VV RVG auf die Verfahrensgebühr des Revisions- bzw. Rechtsbeschwerdeverfahrens angerechnet.

Neben der Verfahrensgebühr steht dem Rechtsanwalt grds. eine 1,2 **Terminsgebühr** gem. Nr. 3516 VV RVG zu. Da jedoch gem. § 544 ZPO eine mündliche Verhandlung im Verfahren der Nichtzulassungsbeschwerde nicht vorgesehen ist, erhält der Rechtsanwalt die Terminsgebühr in der Regel nur dann, wenn er an Gesprächen mitwirkt, die auf die Erledigung oder Vermeidung des Verfahrens gerichtet sind.

Kommt es im Verfahren dann zu einer Einigung, so entsteht dem Rechtsanwalt zusätzlich eine 1,3 **Einigungsgebühr** gem. Nrn. 1000, 1004 VV RVG.

▶ **Beispiel:** Rechtsanwalt Carl Meier vertritt Sina Dittmann wegen einer Kaufpreisforderung in Höhe von 21.253,00 €. Sina Dittmann ist mit dem Berufungsurteil des Oberlandesgerichts Hamm nicht einverstanden. Da die Revision nicht zugelassen wurde, beauftragt Sina Dittmann die beim BGH zugelassene Rechtsanwältin Dr. Ursula Remhagen damit, Nichtzulassungsbeschwerde einzulegen, die jedoch mit Beschluss abgewiesen wird. Rechtsanwältin Dr. Ursula Remhagen erhält für ihre Tätigkeit folgende Gebühren und Auslagen:

Streitwert: 21.253,00 €, § 23 Abs. 2 S. 2 RVG

2,3 Verfahrensgebühr, Nrn. 3506, 3508 VV RVG	2.005,60 €
Pauschale Post und Telekommunikation, Nr. 7002 VV RVG	20,00 €
Zwischensumme	2.025,60 €
19 % Umsatzsteuer, Nr. 7008 VV RVG	384,86 €
Summe	2.410,46 €

Zusammenfassung

Gebühren im Berufungsverfahren	Gebühren im Revisionsverfahren	Gebühren im Beschwerdeverfahren
• Verfahrensgebühr, Nrn. 3200, 3201 VV RVG • ggf. Erhöhungsgebühr, Nr. 1008 VV RVG • Terminsgebühr, Nrn. 3202, 3203 VV RVG • Einigungsgebühr, Nrn. 1000, 1004 VV RVG	• Verfahrensgebühr, Nrn. 3206–3209 VV RVG • ggf. Erhöhungsgebühr, Nr. 1008 VV RVG • Terminsgebühr, Nrn. 3210, 3211 VV RVG • Einigungsgebühr, Nrn. 1000, 1004 VV RVG	• Unterscheidung zwischen Beschwerde/Erinnerung, Rechtsbeschwerde und Nichtzulassungsbeschwerde • Gebühren: Nrn. 3500–3516 VV RVG (Verfahrens-/Terminsgebühren), Nr. 1008 VV RVG (Erhöhungsgebühr), Nrn. 1000, 1003, 1004 VV RVG (Einigungsgebühr)

Wiederholung und Vertiefung

1. Im Rechtsstreit Jack White ./. Anja Rothenburger legt Rechtsanwalt Dr. Armin Kuntze namens und im Auftrag von Anja Rothenburger Berufung gegen das Urteil des Amtsgerichts Aschaffenburg ein. Das Gericht hat der Klage des Jack White in Höhe von 3.000,00 € stattgegeben, hinsichtlich eines Betrags in Höhe von 502,00 € wurde die Klage abgewiesen. Im Termin zur mündlichen Verhandlung einigen sich die Parteien. Ermitteln Sie die Gebühren und Auslagen, die Rechtsanwalt Dr. Armin Kuntze im Berufungsverfahren gegenüber Anja Rothenburger abrechnen kann.
2. Rechtsanwältin Renate Peters legt für Elvira Koller Berufung gegen das Urteil des Landgerichts München I über einen Betrag in Höhe von 5.010,00 € ein. Die gegnerische Partei erscheint zum vom Gericht anberaumten Termin nicht, sodass antragsgemäß Versäumnisurteil ergeht. Welche Gebühren und Auslagen erhält Rechtsanwältin Renate Peters?
3. Das Landgericht Dortmund hat die Klage des Wilhelm Kunkel über eine offene Darlehensforderung in Höhe von 30.590,00 € in vollem Umfang zurückgewiesen. Auch die gegen das erstinstanzliche Urteil eingelegte Berufung blieb ohne Erfolg. Das Berufungsgericht hat die Revision nicht zugelassen. Namens und im Auftrag von Wilhelm Kunkel erhebt die beim BGH zugelassene Rechtsanwältin Sabine Scheuring Nichtzulassungsbeschwerde. Diese ist erfolgreich, sodass Rechtsanwältin Sabine Scheuring anschließend Revision einlegt. Rechtsanwältin Sabine Scheuring wirkt an Gesprächen mit, die auf die Erledigung des Verfahrens gerichtet sind. Die Parteien einigen sich. Welche Gebühren und Auslagen kann Rechtsanwältin Sabine Scheuring gegenüber Wilhelm Kunkel im Verfahren über die Nichtzulassung der Revision sowie im sich anschließenden Revisionsverfahren abrechnen?

4. Rechtsanwalt Oliver Königer vertritt Dr. Alexandra Esswein im Revisionsverfahren vor dem BGH. Es geht um einen Betrag in Höhe von 256.030,00 €. Um die Angelegenheit doch noch gütlich beizulegen, bespricht Rechtsanwalt Oliver Königer sie mit der gegnerischen Rechtsanwältin. Eine Einigung kommt am Ende auch zustande. Welche Gebühren und Auslagen erhält Rechtsanwalt Oliver Königer?
5. Im Rechtsstreit Lukas Warmuth ./. Rita und Xaver Polt geht Rechtsanwältin Dr. Franziska Stadelhuber namens und im Auftrag des Ehepaars Polt gegen den Kostenfestsetzungsbeschluss des Landgerichts Bremen mit der sofortigen Beschwerde vor, die jedoch ohne Erfolg bleibt. Es geht um einen Betrag in Höhe von 1.615,00 €. Welche Gebühren und Auslagen erhält Rechtsanwältin Dr. Franziska Stadelhuber im Beschwerdeverfahren?
6. Daniela Rützel ist mit der Entscheidung des Landgerichts Bielefeld im Beschwerdeverfahren nicht einverstanden. Da das Gericht die Rechtsbeschwerde wegen der grundsätzlichen Bedeutung der Angelegenheit zugelassen hat, bittet Daniela Rützel Rechtsanwalt Rüdiger Thiede, Rechtsbeschwerde einzulegen, die jedoch ohne Erfolg bleibt. Es geht um einen Betrag in Höhe von 9.000,00 €. Ermitteln Sie die Gebühren und Auslagen, die Rechtsanwalt Rüdiger Thiede für seine Tätigkeit im Rechtsbeschwerdeverfahren erhält.

3 Führen des erforderlichen Schriftverkehrs

vgl. LF 10, Kap. 7.1.4, 7.1.5

In Rechtsbehelfs- und Rechtsmittelverfahren sind vielfältige Schreiben zu erstellen. Neben den Schreiben und Kostenrechnungen an Mandantschaften sind auch diverse Schriftsätze an das Gericht zu erstellen. Hierzu gehören z. B. Anträge auf Terminsverlegung und Fristverlängerung. Um das Erstellen solcher Schriftsätze in der täglichen Praxis zu erleichtern, bietet sich der Einsatz von Schnellbausteinen an.

vgl. LF 2, Kap. 2.3.4

Da seit 01.01.2022 alle Rechtsanwälte verpflichtet sind, Schriftsätze an die Gerichte per beA elektronisch zu übermitteln, entfällt ab diesem Zeitpunkt das Vervielfältigen des Schriftsatzes und damit das Erstellen einer beglaubigten und einfachen Abschrift für die Gegenseite zum Zweck der Zustellung (vgl. § 133 Abs. 1 ZPO). Der Schriftsatz wird seit 01.01.2022 per beA einmal im Original übermittelt und vom Gericht an die andere Partei weitergeleitet.

Etwaige Anlagen müssen dem Schriftsatz beigefügt werden. Zudem soll in Rechtsbehelfs- und Rechtsmittelverfahren der Beschluss bzw. das Urteil, das angegriffen wird, in Ausfertigung oder in beglaubigter Abschrift an das zuständige Gericht mitgesandt werden (§§ 519 Abs. 3, 544 Abs. 1, 550 Abs. 1, 575 Abs. 1 ZPO).

Nachfolgend werden wieder Beispielschreiben anhand einer Situationsbeschreibung formuliert. Diese Schreiben werden verkleinert dargestellt und stellen keine Musterlösung dar. Sie dienen lediglich der Anregung.

Tipp: Im (Kurz-)Rubrum von Schriftsätzen sollte in jedem Fall jeweils der sachbearbeitende Rechtsanwalt (Vor- und Nachname sowie Postleitzahl und Ort) der Parteien angegeben werden. Dadurch wird sichergestellt, dass man auf den ersten Blick sieht, wer Sachbearbeiterin bzw. Sachbearbeiter ist. Dies erleichtert die Zustellung per beA. Sinnvoll ist auch die Angabe am Briefende, ob der Schriftsatz einfach oder elektronisch signiert ist, damit einfach und schnell nachvollzogen werden kann, wie signiert wurde.

Web

Den Briefbogen der Kanzlei Dr. Neumann & Huber finden Sie unter dem vorne abgedruckten Webcode zum Buch. Grundlagen dieses Briefbogens sind die Form B, der gestaltete Informationsblock und das Anschriftfeld mit Rücksendeangabe. Ebenfalls unter dem vorne abgedruckten Webcode zum Buch finden Sie den Briefbogen von Rechtsanwältin und Notarin Katharina Marschner.

Hinweis: Sofern es sich um Schreiben handelt, die an den BGH gesandt werden, wird lediglich der Brieftext als Lösungsvorschlag angegeben, denn von der Partnerschaft Dr. Neumann & Huber ist keiner der Rechtsanwälte beim BGH zugelassen, ebenso wenig Rechtsanwältin und Notarin Katharina Marschner, sodass die Schreiben nicht auf den Kanzleibriefbögen erstellt werden können.

Lernsituation

Rechtsanwältin Katharina Marschner vertritt Lukas Leitner (wohnhaft in 64293 Darmstadt, Carl-Schenck-Ring 51) in der Zwangsvollstreckungssache Lukas Leitner ./. Claus-Peter Reith. Der Schuldner Claus-Peter Reith (wohnhaft in 64293 Darmstadt, Im Tiefen See 9) wird von Rechtsanwältin Mia Richter vertreten. Diese hat ihren Kanzleisitz in 64295 Darmstadt, Klausenburger Straße 132. Lukas Leitner hat aus dem Endurteil des Amtsgerichts Darmstadt vom 18.11.2024 einen Anspruch auf Zahlung eines Betrags in Höhe von 2.000,00 € gegenüber Claus-Peter Reith. Die vollstreckbare Ausfertigung des Titels ging dem Schuldner am 25.11.2024 zu. Dies ergibt sich aus der Zustellbescheinigung. Der Gerichtsvollzieher wurde am 10.01.2025 beauftragt, dem Schuldner die Vermögensauskunft abzunehmen. Diese wurde am 24.01.2025 auch abgegeben.

Die Auskunft ist aber nicht vollständig. Gegenüber dem Gläubiger hat der Schuldner nämlich erwähnt, dass er neben seinem Girokonto bei der Sparkasse noch ein Bankkonto bei der Combi-Privatbank AG hat sowie eine Lebensversicherung bei der ABC-Versicherung AG. Deshalb wurde namens und im Auftrag des Gläubigers am 28.02.2025 ein Antrag auf weitere Abnahme der Vermögensauskunft nach § 802 d ZPO gestellt. Der Gerichtsvollzieher hat diesen Antrag aber zurückgewiesen, da der Schuldner ihm versichert habe, dass er alles angegeben hat. Zudem waren in dem ihm vorgelegten Ordner keine Unterlagen bzgl. des Bankkontos und der Lebensversicherung enthalten. Rechtsanwältin Katharina Marschner übergibt die Akte deshalb an Oxana Schuhmann, die gegen die Art und Weise der Zwangsvollstreckung Erinnerung gem. § 766 ZPO einlegen soll. Mithilfe ihrer Kollegin Jana Seidel begründet sie die Erinnerung auch gleich kurz.

Arbeitsaufträge:

a) Welches Gericht ist sachlich für die Erinnerung gegen die Art und Weise der Zwangsvollstreckung zuständig?
b) Welches Gericht ist örtlich zuständig? Ermitteln Sie die Anschrift des Gerichts mithilfe des Internets.

c) Formulieren Sie in Zweiergruppen das Rubrum und den Brieftext der Erinnerung.
d) Der Mandant Lukas Leitner soll eine Abschrift der Erinnerung per E-Mail erhalten. Formulieren Sie den Brieftext für die Kenntnisnahme.
e) Berichten Sie Ihren Mitschülerinnen und Mitschülern, auf welchem Weg bei Ihnen in der Kanzlei Schreiben zur Kenntnisnahme versandt werden. Überwiegt in der heutigen Zeit der E-Mail-Versand gegenüber dem herkömmlichen Postversand?
f) Vergleichen Sie Ihre Ergebnisse untereinander und ergänzen Sie ggf. Ihre Schreiben.
g) Reflektieren Sie anschließend Ihr Wissen.

3.1 Rechtsbehelfsverfahren

Zu den Rechtsbehelfsverfahren gehören neben der Erinnerung (z. B. gegen den Kostenfestsetzungsbeschluss; gegen die Art und Weise der Zwangsvollstreckung) auch der Einspruch (z. B. gegen den Vollstreckungsbescheid; gegen das Versäumnisurteil) und der Widerspruch (z. B. gegen den Mahnbescheid; gegen den Wohngeldbescheid). Teilweise sind in diesen Verfahren (umfangreiche) rechtliche Ausführungen erforderlich, die üblicherweise von den Rechtsanwälten erstellt werden.

Auch die Wiedereinsetzung in den vorigen Stand gehört zu den Rechtsbehelfen, wird hier jedoch separat in Kap. 3.3 behandelt.

3.1.1 Die Erinnerung

Situationsbeschreibung: Rechtsanwältin Katharina Schuh vertritt Carmen Roßberger im Rechtsstreit Carmen Roßberger ./. Reiner Kleinschrod (Az.: 209/2024). Das Amtsgericht Kassel (Frankfurter Straße 9, 34117 Kassel; gerichtliches Az.: 3 C 831/2024) hat am 21.10.2024 den Kostenfestsetzungsbeschluss vom 14.10.2024 übersandt. Annika Sauer überprüft diesen und stellt fest, dass anstelle der tatsächlich angefallenen Portokosten in Höhe von 35,75 € gem. Nr. 7001 VV RVG lediglich die Auslagenpauschale in Höhe von 20,00 € gem. Nr. 7002 VV RVG festgesetzt wurde. Mit Kostenfestsetzungsantrag vom 20.09.2024 wurden die tatsächlich angefallenen Portokosten nachgewiesen. Annika Sauer erstellt deshalb nach Rücksprache mit Rechtsanwältin Katharina Schuh am 22.10.2024 die Erinnerung gegen den Kostenfestsetzungsbeschluss.

Dr. Neumann & Huber
Rechtsanwälte Partnerschaft

RAe Dr. Neumann & Huber, Grainstr. 101, 67434 Neustadt a. d. Wstr.
Per beA
Amtsgericht Kassel
Frankfurter Straße 9
34117 Kassel

Ihr Zeichen:	3 C 831/2024
Ihre Nachricht vom:	
Unser Zeichen:	209/2024
Unsere Nachricht vom:	
Name:	RAin Katharina Schuh
Sekretariat:	Annika Sauer
Telefon:	+49 6321 5632-12
Telefax:	+49 6321 5632-15
Datum:	22.10.2024

Az.: 3 C 831/2024
In dem Rechtsstreit
Carmen Roßberger (RAin Katharina Schuh, 67434 Neustadt a. d. Wstr.)
gegen
Reiner Kleinschrod

legen wir namens und im Auftrag der Klägerin gegen den Kostenfestsetzungsbeschluss vom 14.10.2024, zugestellt am 21.10.2024, **Erinnerung** gem. § 573 Abs. 1 ZPO, § 11 RPflG ein.

Wir beantragen, unter Aufhebung des Kostenfestsetzungsbeschlusses vom 14.10.2024, anstelle der Auslagenpauschale gem. Nr. 7002 VV RVG in Höhe von 20,00 € die tatsächlich angefallenen Portokosten in Höhe von 35,75 € gem. Nr. 7001 VV RVG zuzubilligen zzgl. 19 % Umsatzsteuer gem. Nr. 7008 VV RVG.

Begründung:

In dem Kostenfestsetzungsbeschluss vom 14.10.2024 wurden die tatsächlich angefallenen Portokosten zu Unrecht nicht festgesetzt. Die Portokosten sind im vorliegenden Verfahren angefallen und wurden bereits mit Kostenfestsetzungsantrag vom 20.09.2024 nachgewiesen. Somit sind die tatsächlich angefallenen Portokosten in Höhe von 35,75 € zzgl. 19 % Umsatzsteuer entstanden und festzusetzen.

Katharina Schuh
Rechtsanwältin

Dieser Schriftsatz ist einfach elektronisch signiert.

RAin Dr. Annette Neumann Fachanwältin für Verkehrsrecht · **RA Peter Huber** Fachanwalt für Erbrecht
In Zusammenarbeit mit **RAin Katharina Schuh** Fachanwältin für Familienrecht

RAe Dr. Neumann & Huber · Grainstr. 101 · 67434 Neustadt a. d. Wstr. · Telefon +49 6321 5632-0 · Fax +49 6321 5632-15
info@rae-neumann-huber.de · www.rae-neumann-huber.de
Registernummer PR 956 · Amtsgericht Neustadt a. d. Wstr. · USt-IdNr.: DE573964122

Commerzbank Neustadt a. d. Wstr. · IBAN DE41 5464 0035 0012 5832 19
Deutsche Bank Neustadt a. d. Wstr. · IBAN DE52 5467 0095 0096 7844 58

3.1.2 Der Einspruch

Situationsbeschreibung: Am 25.11.2024 wird Rechtsanwältin Katharina Schuh von Paul Reinhardt in dem Rechtsstreit Ludmilla Loose ./. Paul Reinhardt mandatiert (Az.: 251/2024). Paul Reinhardt legt in der Besprechung das Versäumnisurteil des Amtsgerichts Saarbrücken (Franz-Josef-Röder-Straße 13, 66119 Saarbrücken; gerichtliches Az.: 3 C 1131/2024) vom 11.11.2024 vor. Dieses wurde am 12.11.2024 zugestellt. Um die Frist zu wahren, soll Annika Sauer per beA Einspruch einlegen und die Anträge dahin gehend stellen, dass das Versäumnisurteil aufgehoben und die Klage abgewiesen wird. Weiterhin soll die Klägerin die Kosten des Rechtsstreits tragen. Da die Mandatierung erst kurz vor Ablauf der Frist erfolgte und der Mandant nicht alle Unterlagen vorlegen konnte, bittet Annika Sauer um Akteneinsicht. Nach erfolgter Akteneinsicht wird der Einspruch dann begründet. Das Schreiben wird am 26.11.2024 gefertigt.

Dr. Neumann & Huber
Rechtsanwälte Partnerschaft

RAe Dr. Neumann & Huber, Grainstr. 101, 67434 Neustadt a. d. Wstr.
Per beA
Amtsgericht Saarbrücken
Franz-Josef-Röder-Straße 13
66119 Saarbrücken

Ihr Zeichen: 3 C 1131/2024
Ihre Nachricht vom:
Unser Zeichen: 251/2024
Unsere Nachricht vom:

Name: RAin Katharina Schuh
Sekretariat: Annika Sauer
Telefon: +49 6321 5632-12
Telefax: +49 6321 5632-15

Datum: 26.11.2024

Az.: 3 C 1131/2024
In dem Rechtsstreit
Ludmilla Loose
gegen
Paul Reinhardt (RAin Katharina Schuh, 67434 Neustadt a. d. Wstr.)

zeigen wir an, dass wir den Beklagten Paul Reinhardt anwaltlich vertreten.

Namens und im Auftrag des Beklagten wird gegen das am 11.11.2024 verkündete Versäumnisurteil, dem Beklagten zugestellt am 12.11.2024,

Einspruch

eingelegt. In der Sache wird beantragt:

1. Das Versäumnisurteil vom 11.11.2024 wird aufgehoben und die Klage abgewiesen.
2. Die Kosten des Rechtsstreits, einschließlich etwaiger Säumniskosten, trägt die Klägerin.

Da die Unterfertigte erst am 25.11.2024 mandatiert wurde und nicht alle Unterlagen vorliegen, wird um Akteneinsicht gebeten.

Eine Begründung des Einspruchs wird noch erfolgter Akteneinsicht erfolgen.

Katharina Schuh
Rechtsanwältin

Dieser Schriftsatz ist einfach elektronisch signiert.

RAin Dr. Annette Neumann Fachanwältin für Verkehrsrecht · **RA Peter Huber** Fachanwalt für Erbrecht
In Zusammenarbeit mit **RAin Katharina Schuh** Fachanwältin für Familienrecht

RAe Dr. Neumann & Huber · Grainstr. 101 · 67434 Neustadt a. d. Wstr. · Telefon +49 6321 5632-0 · Fax +49 6321 5632-15
info@rae-neumann-huber.de · www.rae-neumann-huber.de
Registernummer PR 956 · Amtsgericht Neustadt a. d. Wstr. · USt-IdNr.: DE573964122

Commerzbank Neustadt a. d. Wstr. · IBAN DE41 5464 0035 0012 5832 19
Deutsche Bank Neustadt a. d. Wstr. · IBAN DE52 5467 0095 0096 7844 58

3.2 Rechtsmittelverfahren

Neben den Beschwerden gehören auch die Einlegung und ggf. die Rücknahme von Berufung und Revision zu den ständig wiederkehrenden Aufgaben im Sekretariat. Ein Teil der Schriftsätze fällt aufgrund der rechtlichen Ausführungen in der Regel in den Aufgabenbereich der Rechtsanwälte.

3.2.1 Die Einlegung einer Revision

Situationsbeschreibung: In dem Rechtsstreit Dietrich Fistler ./. Gudrun Nofz hat das Berufungsgericht mit Urteil vom 20.12.2024 dem Kläger Dietrich Fistler die volle Kaufpreisforderung in Höhe von 31.516,39 € zugesprochen. Gudrun Nofz, die bereits das erstinstanzliche Urteil des Landgerichts Stuttgart, Az.: 5 O 323/2023, mit der Berufung angegriffen hat, möchte auch dieses Urteil nicht akzeptieren, da ihrer Meinung nach ein Formfehler vorliegt. Sie beauftragt deshalb die beim BGH zugelassene Rechtsanwältin Dr. Doris Butschek damit, Revision gegen das Urteil des Oberlandesgerichts Stuttgart vom 20.12.2024, Az.: 3 U 15/2023, zugestellt am 27.12.2024, einzulegen. Die Revision wird am 21.01.2025 beim BGH eingelegt. Die Anträge sowie die Begründung werden fristgerecht in einem gesonderten Schriftsatz erfolgen.

Revision

In dem Rechtsstreit

Dietrich Fistler, *Anschrift,*

– Kläger, Berufungsbeklagter, Revisionsbeklagter –

Prozessbevollmächtigte: RAin Dr. Doris Butschek, *Anschrift,*

gegen

Gudrun Nofz, *Anschrift,*

– Beklagte, Berufungsklägerin, Revisionsklägerin –

Prozessbevollmächtigte II. Instanz: *Name, Anschrift,*

wegen Kaufpreisforderung,

lege ich hiermit namens und im Auftrag der Beklagten und Revisionsklägerin gegen das Urteil des Oberlandesgerichts Stuttgart vom 20.12.2024, Az.: 3 U 15/2023, zugestellt am 27.12.2024,

Revision

ein. Die Revision wurde vom Oberlandesgericht Stuttgart im Urteil vom 20.12.2024 zugelassen.

Anträge und Begründung bleiben einem gesonderten Schriftsatz vorbehalten.

Dr. Doris Butschek
Rechtsanwältin

Anlage
Urteilsabschrift

3.2.2 Die Rücknahme einer Berufung

Situationsbeschreibung: Jason Brockmeyer übergibt Rechtsanwalt Peter Huber in einem Besprechungstermin das Urteil des Amtsgerichts Mannheim vom 13.05.2025, Az.: 5 C 11/2025, zugestellt am 17.05.2025. Er ist mit der Entscheidung des Gerichts im Rechtsstreit Jason Brockmeyer ./. Lilly Vaustmann wegen einer Wohnraummietforderung in Höhe von 5.110,00 € nicht einverstanden und möchte hiergegen vorgehen. Rechtsanwalt Peter Huber hat deshalb am 17.06.2025 zunächst Frist wahrend Berufung beim Landgericht Mannheim eingelegt. Nach eingehendem Aktenstudium kommt er zu dem Ergebnis, dass eine Berufung keine Aussicht auf Erfolg hat. Nach einem Telefongespräch mit Jason Brockmeyer übergibt Rechtsanwalt Peter Huber die Akte an Annika Sauer. Er bittet diese, die eingelegte Berufung namens und im Auftrag des Mandanten zurückzunehmen. Annika Sauer fertigt den entsprechenden Schriftsatz am 24.06.2025 zum kanzleiinternen Az.: 101/2025 an. Informationen darüber, wer die Gegenseite im Berufungsverfahren vertritt, liegen noch nicht vor. Das Berufungsgericht hat zwischenzeitlich das Az.: 3 S 436/2025 vergeben.

Dr. Neumann & Huber
Rechtsanwälte Partnerschaft

Ihr Zeichen: 3 S 436/2025
Ihre Nachricht vom:
Unser Zeichen: 101/2025
Unsere Nachricht vom:

Name: RA Peter Huber
Sekretariat: Annika Sauer
Telefon: +49 6321 5632-12
Telefax: +49 6321 5632-15

Datum: 24.06.2025

RAe Dr. Neumann & Huber, Grainstr. 101, 67434 Neustadt a. d. Wstr.
Per beA
Landgericht Mannheim
A1, 1
68159 Mannheim

Az.: 3 S 436/2025
In dem Rechtsstreit
Jason Brockmeyer (RA Peter Huber, 67434 Neustadt a. d. Wstr.)
gegen
Lilly Vaustmann

nehmen wir die Berufung des Klägers und Berufungsklägers vom 17.06.2025 gegen das Urteil des Amtsgerichts Mannheim vom 13.05.2025, Az.: 5 C 11/2025, zurück.

Peter Huber
Rechtsanwalt

Dieser Schriftsatz ist einfach elektronisch signiert.

RAin Dr. Annette Neumann Fachanwältin für Verkehrsrecht · **RA Peter Huber** Fachanwalt für Erbrecht
In Zusammenarbeit mit **RAin Katharina Schuh** Fachanwältin für Familienrecht

RAe Dr. Neumann & Huber · Grainstr. 101 · 67434 Neustadt a. d. Wstr. · Telefon +49 6321 5632-0 · Fax +49 6321 5632-15
info@rae-neumann-huber.de · www.rae-neumann-huber.de
Registernummer PR 956 · Amtsgericht Neustadt a. d. Wstr. · USt-IdNr.: DE573964122

Commerzbank Neustadt a. d. Wstr. · IBAN DE41 5464 0035 0012 5832 19
Deutsche Bank Neustadt a. d. Wstr. · IBAN DE52 5467 0095 0096 7844 58

3.3 Der Antrag auf Wiedereinsetzung in den vorigen Stand

Beim Antrag auf Wiedereinsetzung in den vorigen Stand muss neben der Frist beachtet werden, dass der Vortrag, weswegen Wiedereinsetzung beantragt wird, glaubhaft gemacht wird, z. B. durch die Vorlage einer eidesstattlichen Versicherung, von ärztlichen Attesten oder Urkunden (z. B. Handakte, Termin- und Fristenkalender).

Situationsbeschreibung: Rechtsanwältin Dr. Annette Neumann vertritt Lilo Reimers in dem Rechtsstreit Kurt Lanzig (In den Birken 33, 66999 Hinterweidenthal; vertreten durch RA Michael Reitner, Landauer Straße 68, 67433 Neustadt an der Weinstraße) ./. Lilo Reimers (Ellerkopf 5 a, 66130 Saarbrücken) wegen einer Geldforderung (Az.: 189/2024). Das Urteil des Landgerichts Saarbrücken (gerichtliches Az.: 3 S 333/2024) vom 10.01.2025 wird am 14.01.2025 zugestellt. Zusammen mit der Handakte wurde es am Tag der Zustellung vorgelegt. Marion Webermann hatte bereits in der Handakte den Ablauf der Berufungsfrist am 14.02.2025 und die Vorfrist am 07.02.2025 notiert. Ebenso war ein Erledigungsvermerk über die Eintragung im Fristenkalender angebracht. Daraufhin wurde das Empfangsbekenntnis unterzeichnet und die Akte zum Abtragen gelegt, da alles für eine rechtzeitige Wiedervorlage getan war. Es stand auch schon fest, dass Berufung zum Oberlandesgericht Saarbrücken (Franz-Josef-Röder-Straße 15, 66119 Saarbrücken) eingelegt werden sollte. Die Handakte wurde Rechtsanwältin Dr. Annette Neumann jedoch erst am 04.03.2025 mit einem Telefonvermerk wieder vorgelegt, die die Fristversäumnis feststellte. Die Fristversäumnis beruhte darauf, dass Marion Webermann, die bereits seit zehn Jahren Bürovorsteherin in der Kanzlei ist, im Fristenkalender versehentlich Frist und Vorfrist auf den Monat März 2025 eingetragen hatte. Ihre Tätigkeit wird regelmäßig stichprobenartig überwacht, zuletzt am 03.12.2024, dabei sind bislang nie Beanstandungen nötig gewesen. Annika Sauer verfasst am 07.03.2025 zunächst den Wiedereinsetzungsantrag. Die Berufungsanträge sowie die -begründung werden dann noch von Rechtsanwältin Dr. Annette Neumann eingefügt. Der Schriftsatz wird per beA übersandt.

Dr. Neumann & Huber
Rechtsanwälte Partnerschaft

RAe Dr. Neumann & Huber, Grainstr. 101, 67434 Neustadt a. d. Wstr.
Per beA
Oberlandesgericht Saarbrücken
Franz-Josef-Röder-Straße 15
66119 Saarbrücken

Ihr Zeichen:
Ihre Nachricht vom:
Unser Zeichen: 189/2024
Unsere Nachricht vom:

Name: RAin Dr. Annette Neumann
Sekretariat: Annika Sauer
Telefon: +49 6321 5632-12
Telefax: +49 6321 5632-15

Datum: 07.03.2025

Antrag auf Wiedereinsetzung in den vorigen Stand

In dem Rechtsstreit

Kurt Lanzig, In den Birken 33, 66999 Hinterweidenthal,

– Kläger und Berufungsbeklagter –

Prozessbevollmächtigter: RA Michael Reitner, Landauer Straße 68, 67433 Neustadt a. d. Wstr.,

gegen

Lilo Reimers, Ellerkopf 5 a, 66130 Saarbrücken,

– Beklagte und Berufungsklägerin –

Prozessbevollmächtigte: RAe Dr. Neumann & Huber, RAin Dr. Annette Neumann, Grainstraße 101, 67434 Neustadt a. d. Wstr.,

wegen Geldforderung,

beantragen wir namens und in Vollmacht der Beklagten und Berufungsklägerin wegen der versäumten Frist zur Einlegung der Berufung gegen das Urteil des Landgerichts Saarbrücken vom 10.01.2025, Az.: 3 S 333/2024, zugestellt am 14.01.2025,

Wiedereinsetzung in den vorigen Stand.

Seite 1 von 2

RAin Dr. Annette Neumann Fachanwältin für Verkehrsrecht · **RA Peter Huber** Fachanwalt für Erbrecht
In Zusammenarbeit mit **RAin Katharina Schuh** Fachanwältin für Familienrecht

RAe Dr. Neumann & Huber · Grainstr. 101 · 67434 Neustadt a. d. Wstr. · Telefon +49 6321 5632-0 · Fax +49 6321 5632-15
info@rae-neumann-huber.de · www.rae-neumann-huber.de
Registernummer PR 956 · Amtsgericht Neustadt a. d. Wstr. · USt-IdNr.: DE573964122

Commerzbank Neustadt a. d. Wstr. · IBAN DE41 5464 0035 0012 5832 19
Deutsche Bank Neustadt a. d. Wstr. · IBAN DE52 5467 0095 0096 7844 58

Gleichzeitig legen wir namens und im Auftrag der Beklagten und Berufungsklägerin gegen das Urteil des Landgerichts Saarbrücken vom 10.01.2025 dessen Ausfertigung wir in der Anlage beifügen,

Berufung

ein.

Begründung:

I. Wiedereinsetzung in den vorigen Stand

Das Wiedereinsetzungsgesuch begründen wir wie folgt:

Das erstinstanzliche Urteil des Landgerichts Saarbrücken vom 10.01.2025 wurde am 14.01.2025 zugestellt. Es wurde der Unterfertigten zusammen mit der Handakte vorgelegt. Die Bürovorsteherin, Frau Marion Webermann, hatte in der Handakte bereits den Ablauf der Berufungsfrist am 14.02.2025 sowie die Vorfrist am 07.02.2025 notiert. Frau Marion Webermann hatte auch bereits einen Erledigungsvermerk über die entsprechende Eintragung im Fristenkalender angebracht.

Die Unterfertigte hat daraufhin das Empfangsbekenntnis unterschrieben und die Akte zum Abtragen gelegt, da aus ihrer Sicht alles für eine rechtzeitige Wiedervorlage getan war. Die Beklagte und Berufungsklägerin hatte auch bereits Weisung erteilt, Berufung einzulegen.

Erst am 04.03.2025 wurde der Unterfertigten die Akte mit einem Telefonvermerk wieder vorgelegt und sie stellte die Fristversäumung fest. Diese beruhte darauf, dass die seit zehn Jahren im Büro tätige Bürovorsteherin, Frau Marion Webermann, in den Fristenkalender versehentlich die Frist sowie die Vorfrist auf den Monat März 2025 eingetragen hatte.

Die Tätigkeit von Frau Marion Webermann hat die Unterfertigte regelmäßig stichprobenartig überwacht, zuletzt am 03.12.2024. Dabei sind bislang nie Beanstandungen nötig gewesen. Das versichert die Unterfertigte anwaltlich.

Zur Glaubhaftmachung des gesamten Vortrags wird auf die anliegende eidesstattliche Versicherung der Bürovorsteherin, Frau Marion Webermann, verwiesen. Weiterhin werden beglaubigte Ablichtungen aus der Handakte und dem Termin- und Fristenkalender zur Glaubhaftmachung vorgelegt.

Die Versäumung der Berufungsfrist ist damit weder der Partei noch der Unterzeichnerin zuzurechnen und damit unverschuldet i. S. v. § 233 ZPO. Aus dem glaubhaft gemachten Vortrag ergibt sich zugleich, dass die Wiedereinsetzungsfrist des § 234 Abs. 1 ZPO gewahrt ist.

Der Beklagten und Berufungsklägerin ist damit Wiedereinsetzung zu gewähren.

II. Berufung

...

3.4 Schreiben an Mandantschaften

Die Schreiben an Mandantschaften können sehr vielfältig sein. So kann es vorkommen, dass Mandantschaften z.B. über einen anberaumten Gerichtstermin informiert werden müssen oder über einzuzahlende Zeugenvorschüsse o.Ä. Die nachfolgenden Beispielschreiben stellen deshalb nur einen kleinen Auszug aus der Vielzahl anzufertigender Schreiben dar.

3.4.1 Mitteilung über einen Antrag auf Urteilsberichtigung

Situationsbeschreibung: Rechtsanwältin Dr. Annette Neumann vertritt Florian Hopp (Lessingstraße 1, 76887 Bad Bergzabern) im Berufungsverfahren Jasmin Bauer ./. Florian Hopp wegen Forderung vor dem Oberlandesgericht Stuttgart. Dieses hat mit Urteil vom 17.01.2025 die Forderung der Klägerin Jasmin Bauer zurückgewiesen. Laut dem Urteilstenor zu Ziff. 2. hat das Gericht jedoch Florian Hopp die Kosten des Verfahrens auferlegt. Hierbei handelt es sich um eine offensichtliche Unrichtigkeit, denn im Fall der Zurückweisung der Klageforderung hat die Klägerin die Kosten des Verfahrens zu tragen (§ 91 Abs. 1 ZPO). Rechtsanwältin Dr. Annette Neumann beantragt deshalb am 24.01.2025 die Berichtigung des Urteils gem. § 319 Abs. 1 ZPO. Anschließend übergibt sie die Akte (Az.: 201/2024) am 27.01.2025 an Annika Sauer mit der Bitte, den Mandanten hierüber zu informieren.

Dr. Neumann & Huber
Rechtsanwälte Partnerschaft

Ihr Zeichen:
Ihre Nachricht vom:
Unser Zeichen: 201/2024
Unsere Nachricht vom:

RAe Dr. Neumann & Huber, Grainstr. 101, 67434 Neustadt a. d. Wstr.
Herrn
Florian Hopp
Lessingstraße 1
76887 Bad Bergzabern

Name: RAin Dr. Annette Neumann
Sekretariat: Annika Sauer
Telefon: +49 6321 5632-12
Telefax: +49 6321 5632-15

Datum: 27.01.2025

Florian Hopp ./. Jasmin Bauer
wegen Forderung

Sehr geehrter Herr Hopp,

in der Anlage überreiche ich Ihnen das Urteil des Oberlandesgerichts Stuttgart vom 17.01.2025 zu Ihrer Kenntnisnahme.

Wie Sie sehen, hat das Oberlandesgericht Stuttgart die Forderung der Gegenseite zurückgewiesen, Ihnen aber unter Ziff. 2. des Urteilstenors die Kosten des Verfahrens auferlegt. Hierbei handelt es sich jedoch um eine offensichtliche Unrichtigkeit, denn im Falle der Zurückweisung der Klage hat die Klagepartei, in diesem Fall also Jasmin Bauer, die Kosten des Verfahrens zu tragen.

Daher haben wir die Berichtigung des Urteils beantragt, wie Sie beiliegendem Schriftsatz an das Oberlandesgericht Stuttgart vom 27.01.2025 entnehmen können.

Freundliche Grüße

Dr. Annette Neumann
Rechtsanwältin

Anlagen
Abschrift des Urteils
Antrag auf Urteilsberichtigung

RAin Dr. Annette Neumann Fachanwältin für Verkehrsrecht · **RA Peter Huber** Fachanwalt für Erbrecht
In Zusammenarbeit mit **RAin Katharina Schuh** Fachanwältin für Familienrecht

RAe Dr. Neumann & Huber · Grainstr. 101 · 67434 Neustadt a. d. Wstr. · Telefon +49 6321 5632-0 · Fax +49 6321 5632-15
info@rae-neumann-huber.de · www.rae-neumann-huber.de
Registernummer PR 956 · Amtsgericht Neustadt a. d. Wstr. · USt-IdNr.: DE573964122

Commerzbank Neustadt a. d. Wstr. · IBAN DE41 5464 0035 0012 5832 19
Deutsche Bank Neustadt a. d. Wstr. · IBAN DE52 5467 0095 0096 7844 58

3.4.2 Mitteilung über den weiteren Verfahrensablauf

Situationsbeschreibung: Robert Stelzinger (Hauptstraße 65, 76865 Rohrbach) wird im Rechtsstreit Michaela Sagasser ./. Robert Stelzinger wegen einer Kaufpreisforderung in Höhe von 2.600,00 € von Rechtsanwältin Katharina Schuh im Berufungsverfahren vor dem Landgericht Landau in der Pfalz anwaltlich vertreten. Im Termin zur mündlichen Verhandlung haben sich die Parteien auf Anraten des Gerichts dazu entschlossen, einen unwiderruflichen Vergleich zu schließen. Danach zahlt der Beklagte Robert Stelzinger bis spätestens 15.11.2024 einen Betrag in Höhe von 1.300,00 € auf das Konto der Klägerin und die Kosten des Rechtsstreits werden gegeneinander aufgehoben. Nach Erhalt des Sitzungsprotokolls vom 04.10.2024 übergibt Rechtsanwältin Katharina Schuh die Akte (Az.: 135/2024) am 14.10.2024 an Annika Sauer. Diese soll das Protokoll an den Mandanten senden, das Ergebnis der mündlichen Verhandlung kurz zusammenfassen und den Mandanten darauf hinweisen, dass er den Vergleichsbetrag fristgerecht bis 15.11.2024 zahlen sollte, um mögliche Zwangsvollstreckungsmaßnahmen zu vermeiden.

Dr. Neumann & Huber
Rechtsanwälte Partnerschaft

RAe Dr. Neumann & Huber, Grainstr. 101, 67434 Neustadt a. d. Wstr.
Herrn
Robert Stelzinger
Hauptstraße 65
76865 Rohrbach

Ihr Zeichen:
Ihre Nachricht vom:
Unser Zeichen: 201/2024
Unsere Nachricht vom:

Name: RAin Katharina Schuh
Sekretariat: Annika Sauer
Telefon: +49 6321 5632-12
Telefax: +49 6321 5632-15

Datum: 14.10.2024

Robert Stelzinger ./. Michaela Sagasser
wegen Kaufpreisforderung

Sehr geehrter Herr Stelzinger,

in der Anlage überreichen wir Ihnen das Sitzungsprotokoll des Landgerichts Landau in der Pfalz vom 04.10.2024 zu Ihrer Kenntnisnahme.

Wie Sie wissen, haben wir einen unwiderruflichen Vergleich mit folgendem Inhalt geschlossen:

1. Sie zahlen an Michaela Sagasser bis zum 15.11.2024 zur Abgeltung der streitgegenständlichen Kaufpreisforderung einen Betrag in Höhe von 1.300,00 €.
2. Die Kosten des Rechtsstreits werden gegeneinander aufgehoben.

Wir bitten Sie, den Betrag von 1.300,00 € fristgerecht auf das Ihnen bekannte Konto der Michaela Sagasser zu überweisen, um mögliche Zwangsvollstreckungsmaßnahmen zu vermeiden.

Für Rückfragen stehen wir Ihnen gerne telefonisch zur Verfügung.

Freundliche Grüße

Katharina Schuh
Rechtsanwältin

Anlage
Abschrift des Sitzungsprotokolls

RAin Dr. Annette Neumann Fachanwältin für Verkehrsrecht · **RA Peter Huber** Fachanwalt für Erbrecht
In Zusammenarbeit mit **RAin Katharina Schuh** Fachanwältin für Familienrecht

RAe Dr. Neumann & Huber · Grainstr. 101 · 67434 Neustadt a. d. Wstr. · Telefon +49 6321 5632-0 · Fax +49 6321 5632-15
info@rae-neumann-huber.de · www.rae-neumann-huber.de
Registernummer PR 956 · Amtsgericht Neustadt a. d. Wstr. · USt-IdNr.: DE573964122

Commerzbank Neustadt a. d. Wstr. · IBAN DE41 5464 0035 0012 5832 19
Deutsche Bank Neustadt a. d. Wstr. · IBAN DE52 5467 0095 0096 7844 58

3.5 Kostenrechnungen

Da gerichtliche Verfahren oft mehrere Monate oder Jahre dauern, sollte den Mandantschaften in jedem Fall ein Vorschuss in Rechnung gestellt werden. Nach Beendigung der Angelegenheit sind die ggf. bereits bezahlten Vorschüsse in der Kostenendabrechnung aufzuführen und vom Gesamtbetrag in Abzug zu bringen.

Situationsbeschreibung: Rechtsanwalt Peter Huber vertritt Martin Kubitza (Alex-Müller-Straße 43, 67657 Kaiserslautern) seit dem 25.06.2025 im Berufungsverfahren Leonore Leisner ./. Martin Kubitza wegen einer Kaufpreisforderung in Höhe von 6.300,00 €. In der mündlichen Verhandlung am 12.09.2025 einigen sich die Parteien auf Anraten des Pfälzischen Oberlandesgerichts dahin gehend, dass Leonore Leisner einen Betrag in Höhe von 3.150,00 € erhält. Die Kosten des Verfahrens werden gegeneinander aufgehoben. Annika Sauer erstellt die Kostenendabrechnung (Rechnungsnr.: 189/2025) zum Az.: 98/2025 am 26.09.2025. Dabei berücksichtigt sie die Vorschusszahlung des Mandanten vom 03.06.2025 in Höhe von 850,00 €.

Dr. Neumann & Huber
Rechtsanwälte Partnerschaft

RAe Dr. Neumann & Huber, Grainstr. 101, 67434 Neustadt a. d. Wstr.
Herrn
Martin Kubitza
Alex-Müller-Straße 43
67657 Kaiserslautern

Ihr Zeichen:
Ihre Nachricht vom:
Unser Zeichen: 98/2025
Unsere Nachricht vom:

Name: RA Peter Huber
Sekretariat: Annika Sauer
Telefon: +49 6321 5632-12
Telefax: +49 6321 5632-15

Datum: 26.09.2025

Kostenendabrechnung
Rechnungsnummer: 189/2025
Martin Kubitza ./. Leonore Leisner
wegen Kaufpreisforderung
Leistungszeitraum: 25.06.2024 – 26.09.2025

Streitwert: 6.300,00 €, § 47 Abs. 1 S. 1 GKG

1,6 Verfahrensgebühr, Nr. 3200 VV RVG	757,60 €
1,2 Terminsgebühr, Nr. 3202 VV RVG	568,20 €
1,3 Einigungsgebühr, Nrn. 1000, 1004 VV RVG	615,55 €
Pauschale Post und Telekommunikation, Nr. 7002 VV RVG	20,00 €
Zwischensumme	1.961,35 €
19 % Umsatzsteuer, Nr. 7008 VV RVG	372,66 €
Summe	2.334,01 €
abzgl. Ihrer Überweisung vom 03.06.2025 (darin enthalten 19 % Umsatzsteuer = 135,71 €)	850,00 €
Restforderung	1.484,01 €

Peter Huber
Rechtsanwalt

RAin Dr. Annette Neumann Fachanwältin für Verkehrsrecht · **RA Peter Huber** Fachanwalt für Erbrecht
In Zusammenarbeit mit **RAin Katharina Schuh** Fachanwältin für Familienrecht

RAe Dr. Neumann & Huber · Grainstr. 101 · 67434 Neustadt a. d. Wstr. · Telefon +49 6321 5632-0 · Fax +49 6321 5632-15
info@rae-neumann-huber.de · www.rae-neumann-huber.de
Registernummer PR 956 · Amtsgericht Neustadt a. d. Wstr. · USt-INr.: DE573964122

Commerzbank Neustadt a. d. Wstr. · IBAN DE41 5464 0035 0012 5832 19
Deutsche Bank Neustadt a. d. Wstr. · IBAN DE52 5467 0095 0096 7844 58

Zusammenfassung

Wiederholung und Vertiefung

1. Das Amtsgericht Speyer (Wormser Straße 41, 67346 Speyer; gerichtliches Az.: 8 C 783/2024) hat dem Kläger Hubert Liszt (Landwehrstraße 2, 67346 Speyer) mit Urteil vom 03.02.2025 die Klageforderung, eine Darlehensforderung in Höhe von 4.350,00 € zzgl. Zinsen in Höhe von fünf Prozentpunkten über dem Basiszinssatz seit 25.10.2024, nicht zugesprochen. Das Urteil wurde ihm am 07.02.2025 zugestellt. Hubert Liszt hat sich vor dem Amtsgericht Speyer selbst vertreten. Die gegnerische Partei, die Geschwister Gerit und Holger Meusert (Landwehrstraße 21, 67346 Speyer), wurden von Rechtsanwältin Dr. Sabine Kuckert (Landauer Straße 35, 67346 Speyer) anwaltlich vertreten.

a) Hubert Liszt beauftragt Rechtsanwalt Peter Huber am 17.02.2025 damit, Berufung gegen das Urteil einzulegen. Rechtsanwalt Peter Huber übergibt die Akte (Az.: 49/2025) am 21.02.2025 an Annika Sauer. Diese soll die Berufungsschrift an das zuständige Landgericht Frankenthal in der Pfalz (Bahnhofstraße 33, 67227 Frankenthal in der Pfalz) fertigen. Sie soll bereits die Anträge stellen. Die Berufungsbegründung soll einem gesonderten Schriftsatz vorbehalten sein. Erstellen Sie die Berufungsschrift mithilfe des Kanzleibriefbogens.

b) Annika Sauer erstellt am 21.02.2025 ein Schreiben an den Mandanten, um diesen über den aktuellen Stand der Angelegenheit zu informieren. Gleichzeitig legt sie dem Schreiben eine Kostenvorschussrechnung bei. Hubert Liszt soll den Rechnungsbetrag bis zum

09.03.2025 auf eines der Kanzleikonten überweisen. Erstellen Sie das Schreiben an den Mandanten. Verwenden Sie dabei den Kanzleibriefbogen.

c) Erstellen Sie die Kostenvorschussrechnung, die Annika Sauer dem Schreiben an den Mandanten beilegt. Annika Sauer stellt Hubert Liszt neben der Verfahrensgebühr die Postpauschale sowie die Umsatzsteuer in Rechnung. Erstellen Sie die Kostenvorschussrechnung (Rechnungsnr.: 31/2025) mithilfe des Kanzleibriefbogens.

2. Leonie Seidel (Obersülzer Straße 36, 67269 Grünstadt) übergibt Rechtsanwältin Dr. Annette Neumann in der Besprechung am 24.02.2025 neben dem gesamten Schriftwechsel mit dem Amtsgericht Grünstadt (Tiefenthaler Straße 8, 67269 Grünstadt; gerichtliches Az.: 3 C 601/2024) und dem Beklagten Lutz Bachert auch das Urteil des Amtsgerichts Grünstadt vom 17.02.2025, zugestellt am 21.02.2025. Im Urteil ist ein Fehler dahin gehend enthalten, dass Lutz Bachert unter Ziff. I. dazu verurteilt wird, einen Betrag in Höhe von 1.160,00 € an Leonie Seidel zu zahlen nebst Zinsen in Höhe von fünf Prozentpunkten über dem Basiszinssatz seit 23.12.2024. Dies ist jedoch nicht korrekt, da es sich eindeutig aus dem Tatbestand und den Entscheidungsgründen im Urteil ergibt, dass das Gericht der Klägerin Leonie Seidel den vollen Betrag in Höhe von 1.610,00 € zugesprochen hat. Leonie Seidel bittet Rechtsanwältin Dr. Annette Neumann, hiergegen vorzugehen. In der Besprechung erwähnt sie, dass sie gelesen hat, dass es die Möglichkeit gibt, Berufung gegen erlassene Gerichtsurteile einzulegen.

a) Ist es in diesem Fall erforderlich, Berufung gegen das Urteil des Amtsgerichts Grünstadt einzulegen, oder gibt es eine andere Möglichkeit, um die Angelegenheit richtigzustellen?

b) Annika Sauer erhält die Akte (Az.: 35/2025) von Rechtsanwältin Dr. Annette Neumann mit der Bitte um Erledigung. Sie erstellt am 24.02.2025 den entsprechenden Schriftsatz an das Gericht. Erstellen Sie diesen mithilfe des Kanzleibriefbogens.

3. Rechtsanwältin Katharina Schuh hat am 04.04.2025 für Stefanie Reusch (Eckenbertstraße 55, 67549 Worms) im Rechtsstreit Stefanie Reusch ./. Kuno Ditzsch wegen rückständiger Miete (Wert: 950,00 €) Berufung beim Landgericht Mainz (Postfach 30 20, 55020 Mainz, gerichtliches Az.: 3 U 203/2024) eingelegt. Aufgrund einer längeren Erkrankung kann sie erst am 29.04.2025, und somit nur fünf Tage vor Ablauf der Berufungsbegründungsfrist, wieder in der Kanzlei ihrer Arbeit nachgehen.

a) Rechtsanwältin Katharina Schuh übergibt die Akte (Az.: 75/2024) an Annika Sauer und bittet diese, bei Gericht aufgrund ihrer langen Erkrankung die Verlängerung der Berufungsbegründungsfrist bis zum 16.05.2025 zu beantragen. Annika Sauer erstellt den Schriftsatz noch am 29.04.2025. Informationen darüber, wer die Gegenseite nunmehr anwaltlich vertritt, liegen noch nicht vor. Erstellen Sie diesen Schriftsatz mithilfe des Kanzleibriefbogens.

b) Annika Sauer fertigt noch am gleichen Tag ein Schreiben an Stefanie Reusch, um diese über den Sachverhalt zu informieren. Erstellen Sie dieses Schreiben mithilfe des Kanzleibriefbogens.

4. Rechtsanwältin Katharina Schuh beantragt für Maik Beutner (Herzogstraße 55, 67435 Neustadt an der Weinstraße) im Rechtsstreit Maik Beutner ./. Hiltrud Ruben wegen einer Kaufpreisforderung in Höhe von 1.500,00 € Prozesskostenhilfe. Das Amtsgericht Neustadt an der Weinstraße (Robert-Stolz-Straße 20, 67433 Neustadt an der Weinstraße; gerichtliches Az.: 3 C 25/2025) entscheidet mit Beschluss vom 03.03.2025, zugestellt am 07.03.2025, dass Maik Beutner keine Prozesskostenhilfe zusteht, da er nach seinen persönlichen und wirtschaftlichen Verhältnissen in der Lage ist, die Kosten des Verfahrens selbst zu tragen. Nach Überprüfung der gerichtlichen Berechnung stellt Rechtsanwältin Katharina Schuh fest, dass das Amtsgericht Neustadt an der Weinstraße nicht alle Zahlungsverpflichtungen korrekt gewürdigt hat.

a) Rechtsanwältin Katharina Schuh übergibt die Akte (Az.: 18/2025) deshalb an Annika Sauer, die die Beschwerdeschrift erstellen soll, in der zunächst nur die Anträge gestellt werden. Die Begründung wird nachgereicht. Das Schreiben wird am 14.03.2025 versandt. Erstellen Sie die Beschwerdeschrift mithilfe des Kanzleibriefbogens.

b) Auf Bitten von Rechtsanwältin Katharina Schuh hin erstellt Annika Sauer am 17.03.2025 ein Schreiben an den Mandanten Maik Beutner. Sie übersendet ihm den gerichtlichen Beschluss sowie die Beschwerdeschrift und schildert ihm den weiteren Verfahrensablauf. Erstellen Sie dieses Schreiben. Verwenden Sie dafür den Kanzleibriefbogen.

Lernfeld 12 – Kompetenzen

In diesem Lernfeld lernen Sie:

Kapitel 1 **Die Vorbereitung der Zwangsvollstreckung**	• Anliegen der Mandantschaften zur Planung der Durchführung der Zwangsvollstreckung erfassen • zuständige Vollstreckungsorgane anhand ihrer Aufgabenbereiche auswählen • Titel, Klausel und Zustellung als Vollstreckungsvoraussetzung prüfen • zwei Insolvenzarten unterscheiden und ihre Bedeutung bei der Mandantschaft der Zwangsvollstreckung berücksichtigen

Kapitel 2 **Die Zwangsvollstreckung durchführen**	• wie eine Vermögensauskunft des Schuldners erlangt werden kann • wie die Pfändung einer beweglichen körperlichen Sache durch die Sachpfändung erfolgt • wie mittels Pfändungs- und Überweisungsbeschluss in Forderungen und Rechte des Schuldners vollstreckt werden kann • wie sich der pfändbare Betrag bei Pfändung des Arbeitseinkommens des Schuldners berechnet • welche Möglichkeiten bestehen, eine unbewegliche körperliche Sache des Schuldners zu pfänden • auf welche Art und Weise das Zwangsvollstreckungsverfahren gütlich erledigt werden kann • welche Maßnahmen ergriffen werden können, um noch vor dem Vorliegen der Vollstreckungsvoraussetzungen die Forderung der Mandantschaft sicherstellen zu können

Kapitel 3 **Einwendungen im Rahmen der Zwangsvollstreckung erheben**	• wie gegen eine fehlerhafte Art und Weise einer Vollstreckungsmaßnahme vorgegangen werden kann • welcher Unterschied zwischen einer Vollstreckungsentscheidung und einer Vollstreckungsmaßnahme besteht und welche Einwendungsmöglichkeit gegen eine Vollstreckungsentscheidung besteht • wie sich ein Dritter dagegen wehren kann, dass sein Eigentum gepfändet wird • unter welchen Voraussetzungen sich der Schuldner mittels Vollstreckungsabwehrklage gegen die Zwangsvollstreckung wenden kann

Kapitel 4 **Abrechnung**	• die Gegenstandswerte im zwangsvollstreckungsrechtlichen Mandat korrekt zu ermitteln • die abrechenbare Angelegenheit zu bestimmen • die Gebühren und Auslagen für die Vertretung des Gläubigers richtig abzurechnen

Kapitel 5 **Führen des erforderlichen Schriftverkehrs**	• Schreiben an Mandantschaften normgerecht zu erstellen und zu gestalten • Schriftsätze im Rahmen der Durchführung der Zwangsvollstreckung normgerecht zu erstellen und zu gestalten • Einwendungen gegen die Zwangsvollstreckung normgerecht zu erstellen und zu gestalten

Lernfeld 12: Vorgänge in der Zwangsvollstreckung wegen Geldforderungen bearbeiten

1 Die Vorbereitung der Zwangsvollstreckung

Mit dem Abschluss des Erkenntnisverfahrens und der Titulierung des Anspruchs der Mandantschaft ist zunächst die gerichtliche Prüfung abgeschlossen. Um die Ansprüche zwangsweise durchsetzen zu können, stellt die ZPO verschiedene Möglichkeiten zur Verfügung. Mithilfe staatlicher Vollstreckungsorgane kann dann die Realisierung der Ansprüche der Mandantschaft auch gegen den Willen des Schuldners erfolgen.

Einordnung in den Gesamtablauf und Begrifflichkeiten

Fragestellung	**Ablauf**	**Die Parteien heißen:**
Ist ein Anspruch der Mandantschaft entstanden?	Prüfung der Voraussetzungen für den Anspruch, vgl. z. B. LF 3, 8	Gläubiger und Schuldner
Spricht das Gericht der Mandantschaft den Anspruch zu?	gerichtliche Festsetzung im Erkenntnisverfahren, vgl. z. B. LF 9, 10, 11	Kläger und Beklagter Antragsteller und -gegner
Kann der Anspruch der Mandantschaft zwangsweise durchgesetzt werden?	Zwangsvollstreckung: staatliche Zwangsmittel zur Durchsetzung, vgl. LF 12	Gläubiger und Schuldner

Für Rechtsanwalts- und Notarfachangestellte bietet sich im Rahmen der Zwangsvollstreckung die Möglichkeit, selbstständig tätig zu werden. Es ist daher wichtig, die Voraussetzungen und Möglichkeiten, die die ZPO für die Zwangsvollstreckung bietet, genau zu kennen. Häufig muss eine Auswahl zwischen verschiedenen Maßnahmen getroffen werden. So stellt sich beispielsweise zuerst die Frage, ob bereits Kenntnisse über Vermögenswerte des Schuldners vorhanden sind. Fehlen diese, sollte zunächst die Abnahme eines Vermögensverzeichnisses veranlasst werden, damit nicht durch eine ziellose Sachpfändung unnötige Kosten entstehen. Es ist dabei erforderlich, sich einen Überblick über Vor- und Nachteile der Maßnahmen zu verschaffen und die Zweckmäßigkeit im konkreten Fall zu beachten.

vgl. LF 12, Kap. 2.1, 2.2, 2.8

Definition: Zwangsvollstreckung ist die zwangsweise Durchsetzung der Ansprüche des Gläubigers mit staatlichen Mitteln.

Die wesentlichen Regelungen zur Zwangsvollstreckung finden sich im 8. Buch der ZPO. Weiterhin sind aber auch das Gesetz über die Zwangsversteigerung und die Zwangsverwaltung (ZVG) sowie die Insolvenzordnung (InsO) je nach Problemstellung relevant.

Lernsituation

Rechtsanwältin Katharina Marschner hat für Volker Christow ein Urteil des Landgerichts Heidelberg erwirkt, wonach Ingo Prikelder verpflichtet ist, eine Kaufpreisforderung in Höhe von 15.000,00 € zu bezahlen. Das Urteil ist seit dem 14.03.2025 rechtskräftig. Hinsichtlich der Prozesskosten wurde ein KfB erwirkt und am 28.02.2025 zugestellt. Da weder die Kaufpreisforderung noch die Prozesskosten fristgerecht beglichen werden, erfolgt am 04.04.2025 der Auftrag von Volker Christow, die Zwangsvollstreckung in die Wege zu leiten. Nach Kenntnis von Volker Christow besitzt der Schuldner eine wertvolle Schwertsammlung im Wert von 6.700,00 € und bezieht regelmäßige Einkünfte aus seinem Arbeitsverhältnis bei der Andreas Kolb KG.

Gleichzeitig beauftragt Volker Christow am 04.04.2025 Rechtsanwältin Katharina Marschner mit der Durchführung von Zwangsvollstreckungsmaßnahmen wegen einer weiteren Kaufpreisforderung gegen Ingo Prikelder in Höhe von 5.400,00 €. Rechtsanwältin Katharina Marschner hat wegen dieser Forderung gegen Ingo Prikelder am 10.03.2025 ein Schuldanerkenntnis des Schuldners notariell beurkunden lassen, wonach dieser die Kaufpreisforderung über 5.400,00 € anerkennt und sich zur Zahlung bis zum 31.03.2025 verpflichtet. Für den Fall der Nichtleistung hat sich Ingo Prikelder der sofortigen Zwangsvollstreckung unterworfen.

Oxana Schuhmann soll wegen der Ansprüche gegen Ingo Prikelder die Zwangsvollstreckung vorbereiten. Sie unterhält sich mit Jana Seidel über die Angelegenheit. Diese rät ihr strukturiert vorzugehen. Oxana Schuhmann soll zunächst einmal die verschiedenen Ansprüche, die jeweils möglichen Zwangsvollstreckungsmaßnahmen und die Zuständigkeiten klären. Oxana Schuhmann ist insbesondere wegen des Schuldanerkenntnisses irritier und erkundigt sich bei Jana Seidel, ob nicht erst noch ein Urteil ergehen müsse. Jana Seidel verweist Oxana Schuhmann darauf, dass es verschiedene Arten von Vollstreckungstiteln gibt, welche in § 794 ZPO aufgeführt sind, und dass die jeweils erforderlichen Vollstreckungsvoraussetzungen beachtet werden müssen.

Arbeitsaufträge:

a) Erläutern Sie, welche Ansprüche des Mandanten in der Zwangsvollstreckung verfolgt werden sollen und welche Titel hierfür jeweils vorliegen.
b) Stellen Sie die möglichen Vollstreckungsmaßnahmen für diese Ansprüche zusammen.
c) Erstellen Sie eine Übersicht zu den vollstreckbaren Ansprüchen nebst Vollstreckungsmaßnahme und ordnen Sie jeweils das zuständige Vollstreckungsorgan zu.
d) Erstellen Sie in Zweiergruppen eine Mindmap, welche Vollstreckungsvoraussetzungen für die Ansprüche im Fall Christow ./. Prikelder erfüllt sein müssen, damit mit der Zwangsvollstreckung begonnen werden kann.
e) Klären Sie mithilfe der Insolvenzordnung, welche Auswirkung es für die Zwangsvollstreckung hat, wenn über das Vermögen des Ingo Prikelder das Insolvenzverfahren eröffnet wird.
f) Vergleichen Sie Ihre Ergebnisse untereinander.
g) Reflektieren Sie anschließend Ihr Wissen.

1.1 Die Ansprüche der Mandantschaft

Je nach der Art der Forderung kommen unterschiedliche Vollstreckungsmöglichkeiten in Betracht. Zu untersuchen ist daher zunächst, welche Ansprüche tituliert sind und zwangsweise durchgesetzt werden sollen, sofern der Schuldner auch nach der Titulierung nicht zu einer freiwilligen Leistung bereit ist.

1.1.1 Urteilsarten nach dem Rechtsschutzbegehren

vgl. LF 12, Kap. 2.2, 2.3, 2.4

vgl. LF 10, Kap. 1.2.6

Je nach Art des Rechtsschutzbegehrens können Leistungs-, Gestaltungs- und Feststellungsurteile unterschieden werden. Durch das **Gestaltungsurteil** gestaltet das Gericht in seiner Entscheidung die Rechtslage. So wird z. B. die Ehe durch Gerichtsbeschluss geschieden. Hierdurch wird das Rechtsschutzbegehren der Parteien bereits erfüllt, sodass keine zwangsweise Durchsetzung mehr erforderlich ist. Genauso verhält es sich mit dem **Feststellungsurteil**. Begehrt wird hier die Feststellung eines rechtlichen Sachverhalts, z. B. die Wirksamkeit einer Kündigung im Rahmen einer Kündigungsschutzklage. Mit der Feststellung, dass die Kündigung unwirksam und das Arbeitsverhältnis damit nicht beendet ist, erledigt sich das Rechtsschutzbegehren des Klägers. Feststellungs- und Gestaltungsurteile sind daher hinsichtlich des Haupttenors nicht vollstreckbar. Anders verhält es sich mit der Kosten(grund)entscheidung dieser Titel. Wenn die Gegenseite zur Kostentragung verpflichtet ist, so kann hier eventuell eine zwangsweise Durchsetzung erforderlich werden. Grundlage für die Zwangsvollstreckung ist dann der Kostenfestsetzungsbeschluss, in welchem die genaue Forderungshöhe festgelegt wird.

vgl. LF 10, Kap. 4

Merke: Feststellungs- und Gestaltungsurteile sind lediglich hinsichtlich der Kosten (tituliert im KfB), nicht aber hinsichtlich des Haupttenors vollstreckbar.

1.1.2 Zahlungsansprüche

Hauptanwendungsfall der Zwangsvollstreckung ist die Vollstreckung von Geldforderungen. Zu den Zahlungsansprüchen zählen die **Hauptforderung sowie die Nebenforderungen**, wie vorgerichtliche Mahnkosten, Zinsen, Gerichtskosten und die Rechtsanwaltsvergütung. Die vorgerichtlichen Mahnkosten nebst Zinsen werden im Haupttenor des Zahlungstitels tituliert. Rechtsanwaltsvergütung sowie Gerichtskosten werden im Regelfall im Kostenfestsetzungsbeschluss festgesetzt. Im Lauf der Zwangsvollstreckung kommen eventuell weitere Kosten für die Vollstreckungsorgane hinzu, wie z. B. für den Gerichtsvollzieher oder den Rechtsanwalt.

vgl. LF 10, Kap. 4; LF 12, Kap. 4

Hinweis: Damit bei Verwertung der Vermögensgegenstände des Schuldners alle noch offenen Forderungen befriedigt werden, ist es wichtig, sorgfältig ein **Forderungskonto** zu führen. Hier sind alle Forderungen und Zahlungen durch den Schuldner fortlaufend zu aktualisieren, um keine Ansprüche zu vergessen. Das Forderungskonto ist dem jeweiligen Antrag in der Zwangsvollstreckung beizufügen.

Wenn der Schuldner zur Zahlung eines bestimmten Betrags verurteilt wurde, ist der Gläubiger im Regelfall nicht an einem bestimmten konkreten Vermögenswert interessiert. Hier werden alle Vermögenswerte des Schuldners verwertet, um so den Zahlungsanspruch des Gläubigers zu befriedigen. Je nach Art des Vermögenswerts – bewegliche körperliche Sachen, Forderungen des Schuldners oder unbewegliche Sachen – werden verschiedene Zwangsvollstreckungsmaßnahmen unterschieden. Bei beweglichen körperlichen Sachen wird mittels Sachpfändung vorgegangen. Forderungen des Schuldners werden durch einen Pfändungs- und Überweisungsbeschluss (PfÜB) verfolgt. Sofern der Schuldner unbewegliches Vermögen besitzt, kommen die Eintragung einer Zwangssicherungshypothek, die Zwangsverwaltung oder die Zwangsversteigerung als Maßnahmen der Immobiliarvollstreckung in Betracht.

vgl. LF 12, Kap. 2.2, 2.3, 2.4

Merke: Bei einer Zwangsvollstreckung **wegen** Geldforderungen wird danach unterschieden, **in** welche Vermögenswerte des Schuldners vollstreckt werden soll.

1.2 Die Vollstreckungsorgane

Es sind jeweils unterschiedliche Vollstreckungsorgane für die einzelnen Vollstreckungsmaßnahmen zuständig. Dabei orientiert sich die sachliche Zuständigkeit im Wesentlichen daran, in welchem Umfang rechtliche Prüfungen durch das jeweilige Vollstreckungsorgan stattfinden müssen. Die örtliche Zuständigkeit richtet sich nach dem Ort, an dem die Vollstreckungshandlung erfolgt.

1.2.1 Der Gerichtsvollzieher

vgl. LF 1, Kap. 2.3.2

Der Gerichtsvollzieher ist im Regelfall ein Beamter des mittleren Justizdiensts in einer besonderen Laufbahn. Er wird nach § 753 Abs. 1 ZPO im Auftrag des Gläubigers tätig. Seine Rechte und Pflichten sind in den §§ 753 ff. ZPO sowie den Dienstanweisungen der Justizverwaltung und Gerichtsvollzieherverordnung (GVO) und der Geschäftsanweisung für Gerichtsvollzieher (GVGA) geregelt. Der Gerichtsvollzieher hat nach dem Gerichtsvollzieherkostengesetz (GvKostG) Anspruch auf Gebühren und Ersatz seiner Barauslagen. Kostenschuldner sind nach § 13 GvKostG sowohl der Gläubiger als Auftraggeber als auch der Vollstreckungsschuldner. Vom Gläubiger wird jedoch regelmäßig nach § 6 GvKostG ein Vorschuss gefordert.

Der Gerichtsvollzieher ist bei der Vollstreckung wegen Geldforderungen hauptsächlich für die Sachpfändung zuständig. Bei der Vollstreckung in Forderungen und Rechte des Schuldners beschränkt sich seine Zuständigkeit auf die Vorpfändung. Begleitend ist er im Rahmen der Vollstreckung wegen Geldforderungen für die Abnahme der Vermögensauskunft und die Erstellung des Vermögensverzeichnisses ebenso zuständig wie für die Durchführung des Haftbefehls oder eine eventuelle gütliche Erledigung. Bei der Vollstreckung wegen anderer Ansprüche ist er für die Vollstreckung von Herausgabeansprüchen zuständig. Daneben besteht noch eine Zuständigkeit für durchzuführende Zustellungen.

Insgesamt prüft der Gerichtsvollzieher vor allem die Vollstreckungsformalien. Tiefer greifende rechtliche Prüfungen finden nicht statt.

1.2.2 Das Vollstreckungsgericht

Das Vollstreckungsgericht ist das örtlich zuständige Amtsgericht. Hier ist noch nach der funktionellen Zuständigkeit zu unterscheiden. Der Rechtspfleger ist für das Vollstreckungsgericht für den Erlass des Pfändungs- und Überweisungsbeschlusses sowie die Zwangsversteigerung und Zwangsverwaltung zuständig. Seine Zuständigkeit liegt also im Rahmen der Zwangsvollstreckung wegen Geldforderungen in Forderungen und Rechte sowie in unbewegliches Vermögen. Auch hier beschränken sich die Prüfungsanforderungen eher auf formelle Kriterien.

Verstärkte rechtliche Prüfungen sind dem Richter beim Vollstreckungsgericht vorbehalten. Dieser ist zuständig für Entscheidungen über eingelegte Erinnerungen, den Erlass eines Haftbefehls sowie die Anordnung einer Wohnungsdurchsuchung. Er entscheidet weiterhin über Vollstreckungsschutzanträge und erlässt den entsprechenden Beschluss zur Zulassung einer Austauschpfändung.

Beim Zentralen Vollstreckungsgericht werden die Vermögens- und Schuldnerverzeichnisse geführt. So besteht die Möglichkeit, zentral Informationen über Vermögenswerte oder insolvente Schuldner zu erhalten.

Hinweis: Eine Liste der Zentralen Vollstreckungsgerichte der Länder nebst deren Anschrift erhalten Sie unter https://justiz.de/onlinedienste/vollstreckungsportal/index.php.

1.2.3 Das Prozessgericht I. Instanz

Für die Festsetzung von Zwangs- und Ordnungsmitteln sowie die Ersatzvornahme eines Dritten auf Kosten des Schuldners ist das Prozessgericht I. Instanz zuständig. Die Zuständigkeit liegt also hauptsächlich im Bereich der Zwangsvollstreckung wegen Ansprüchen auf Handlung, Duldung oder Unterlassung. Hinsichtlich der Zwangsvollstreckung wegen Geldforderungen ist das Prozessgericht I. Instanz für Klagen auf Erteilung der Vollstreckungsklausel und für Vollstreckungsabwehrklagen zuständig. Bei der Vollstreckungsabwehrklage wird gegen den zu vollstreckenden Anspruch an sich eingewendet, dass dieser mittlerweile z. B. durch Zahlung erloschen ist. Die konkrete sachliche und örtliche Zuständigkeit bestimmt sich dabei nach dem Rechtsstreit, in welchem die zu vollstreckende Forderung tituliert wurde.

▶ **Beispiel:** Lisa Klaibold klagt gegen Jutta Ignatz auf Rückzahlung eines Darlehens über 24.500,00 € vor dem Landgericht Köln. Eine rechtskräftige Entscheidung, welche der Klägerin Recht gibt, wird jedoch erst durch das OLG Köln getroffen. Für eine Klage auf Erteilung der Vollstreckungsklausel ist dann das Landgericht Köln als Prozessgericht I. Instanz zuständig.

1.2.4 Das Grundbuchamt

Das Grundbuchamt ist als Vollstreckungsorgan lediglich im Rahmen der Zwangsvollstreckung wegen Geldforderungen in unbewegliches Vermögen des Schuldners zur Eintragung einer Zwangssicherungshypothek zuständig. In diesem Fall prüft das Grundbuchamt, ob die grundbuchrechtlichen Voraussetzungen für eine Zwangssicherungshypothek vorliegen, und trägt ggf. diese Hypothek in das Grundbuch ein.

1.3 Die Vollstreckungsvoraussetzungen

Da bei der Zwangsvollstreckung zwangsweise in Rechte des Schuldners, wie z. B. das Recht auf Eigentum oder auch das Hausrecht, eingegriffen wird, sind nach der ZPO diese Maßnahmen nur unter Einhaltung strenger Formalien zulässig. Allgemeine Voraussetzungen sind das Vorliegen eines Vollstreckungstitels, die Vollstreckungsklausel sowie die Zustellung des Vollstreckungstitels an den Schuldner.

Allgemeine Voraussetzungen der Zwangsvollstreckung

- Vollstreckungstitel
- Vollstreckungsklausel
- Zustellung des Titels

Merke: TKZ – Titel, Klausel, Zustellung sind neben einem entsprechenden Antrag die Voraussetzungen für die Zwangsvollstreckung.

1.3.1 Vollstreckungstitel

Im Vollstreckungstitel ist der zu vollstreckende Anspruch des Gläubigers gegen den Schuldner in einer Urkunde niedergelegt. Neben dem Urteil gibt es nach § 794 ZPO noch weitere Vollstreckungstitel. Dabei handelt es sich häufig um Titel, die vor einem Gericht zustande kommen, wie z. B. ein Prozessvergleich, Kostenfestsetzungsbeschluss, Vollstreckungsbescheid sowie Arrest und einstweilige Verfügung. Daneben können noch andere Titel vor außergerichtlichen Stellen geschaffen werden, wie z. B. vor einem Notar oder zwischen Rechtsanwälten.

Vollstreckbarer Vergleich (§§ 794 Abs. 1 Nr. 1, 796 a ZPO)

Ein Vergleich ist durch gegenseitiges Nachgeben der Parteien geprägt. Um hieraus einen vollstreckbaren Titel zu erhalten, müssen bestimmte Anforderungen erfüllt sein.

Der **Prozessvergleich** ist ein vor einem deutschen Gericht geschlossener oder protokollierter Vergleich nach § 794 Abs. 1 Nr. 1 ZPO. Er stellt unter diesen Voraussetzungen einen Vollstreckungstitel dar. Der Vergleich ist dann vollstreckbar, wenn er entweder unwiderruflich geschlossen oder innerhalb einer vereinbarten Widerrufsfrist nicht widerrufen wurde. Ein bedingt geschlossener Vergleich, wie z. B. eine Scheidungsfolgenvereinbarung, ist dann vollstreckbar, wenn die Bedingung, also die Scheidung, eingetreten ist.

Ebenso kann ein zwischen Rechtsanwälten geschlossener Vergleich, der **Anwaltsvergleich** nach § 796 a ZPO, zur Vollstreckung herangezogen werden. Voraussetzung hierfür ist nach §§ 796 a ff. ZPO, dass sich der Schuldner im Vergleich der sofortigen Zwangsvollstreckung unterworfen hat. Die Formulierung der Vollstreckungsunterwerfung lautet: „Der Schuldner unterwirft sich hinsichtlich der ausgewiesenen Forderung einschließlich Zinsen und Kosten der Zwangsvollstreckung in sein gesamtes Vermögen.“ Außerdem ist der Vergleich beim Amtsgericht am allgemeinen Gerichtsstand einer der Parteien niederzulegen oder bei einem in diesem Amtsgerichtsbezirk ansässigen Notar in Verwahrung zu geben. Die Vollstreckbarerklärung erfolgt dann entweder durch das für den zu vollstreckenden Anspruch zuständige Prozessgericht oder durch den Notar, der den Vergleich in Verwahrung genommen hat (§§ 796 b, 796 c ZPO). Die Vollstreckbarerklärung ist bei Unwirksamkeit des Vergleichs oder bei Verstoß gegen die öffentliche Ordnung zu versagen (§ 796 a Abs. 3 ZPO).

▶ **Beispiel:** Theo Gasnow aus Köln, vertreten durch Rechtsanwältin Erika Beulter, macht eine Kaufpreisforderung über 12.350,00 € gegen Martina Xandow aus Hamburg, vertreten durch Rechtsanwältin Nora Dainer, geltend. Die Parteien einigen sich dahingehend, dass gegen Zahlung in Höhe von 9.880,00 € die Forderung erledigt ist. Martina Xandow unterwirft sich in dem zwischen den beiden Rechtsanwältinnen gefertigten Vergleich bei Nichtzahlung der sofortigen Zwangsvollstreckung. Der Anwaltsvergleich wird beim Amtsgericht Köln niedergelegt. Die Vollstreckbarerklärung wird durch das Landgericht Hamburg erteilt, da dieses für eine klageweise Geltendmachung der Forderung sachlich und örtlich zuständig gewesen wäre und daher Prozessgericht ist.

Vollstreckbare Urkunde (§ 794 Abs. 1 Nr. 5 ZPO)

Die vollstreckbare Urkunde nach § 794 Abs. 1 Nr. 5 ZPO muss verschiedene Kriterien aufweisen, wobei manche Inhalte ausgeschlossen sind. Voraussetzungen sind

- eine von einem Notar oder einem deutschen Gericht aufgenommene Urkunde,
- ein Anspruch, der einer vergleichsweisen Regelung zugänglich ist, also keiner zwingenden gesetzlichen Regelung unterliegt,
- in der sich der Schuldner der sofortigen Zwangsvollstreckung unterworfen hat.

▶ **Beispiel:** Rechtsanwältin Dr. Annette Neumann macht für Rita Jordan eine Kaufpreisforderung über 13.400,00 € gegen Cornelius Wigner geltend. Da sich Cornelius Wigner vergleichsbereit zeigt, wird vor Notarin Katharina Marschner eine vollstreckbare notarielle Urkunde erstellt. Diese beinhaltet folgende Unterwerfungsklausel: „Wegen der vorstehend übernommenen Kaufpreisforderung in Höhe von 13.400,00 € unterwirft sich Cornelius Wigner der sofortigen Zwangsvollstreckung aus dieser Urkunde in sein gesamtes Vermögen."

Ausgeschlossen sind jedoch folgende Inhalte:

- Abgabe einer Willenserklärung
- Bestehen eines Mietverhältnisses über Wohnraum, d. h., eine Mietaufhebungsvereinbarung ist also nicht möglich

Rechtskräftige Urteile (§ 704 ZPO)

Endurteile sind die Vollstreckungstitel, die am häufigsten einer Zwangsvollstreckung zugrunde liegen. Dabei ergeben sich je nach Art des Urteils Unterschiede in der Vollstreckbarkeit. Nach § 704 ZPO findet die Zwangsvollstreckung aus rechtskräftigen Urteilen statt.

vgl. LF 11, Kap. 1

Für die Zwangsvollstreckung ist die formelle Rechtskraft erforderlich. Diese tritt mit Ablauf der Rechtsbehelfsfristen ein, ohne dass ein Rechtsmittel oder Einspruch eingelegt wurde (§ 705 ZPO). Zu diesem Zeitpunkt ist das Urteil mit Rechtsbehelfen nicht mehr angreifbar. Insofern besteht eine hohe Wahrscheinlichkeit, dass dieses Urteil Bestand hat.

Für die Zwangsvollstreckung muss die formelle Rechtskraft nachgewiesen und dokumentiert werden. Mittels **Rechtskraftzeugnis** wird durch die Geschäftsstelle des Gerichts, an dem der Rechtsstreit gerade anhängig ist, auf Grundlage der Prozessakten die Rechtskraft auf dem Urteil vermerkt. Die Formulierung lautet beispielsweise: „Das vorstehende Urteil ist rechtskräftig."

Teilweise kann die Rechtskraft nur dadurch bestätigt werden, dass innerhalb der entsprechenden Frist weder ein Rechtsmittel noch Einspruch eingelegt wurde. Als Voraussetzung für ein Rechtskraftzeugnis ist daher ein entsprechendes **Notfristzeugnis,** auch Notfristattest genannt, erforderlich. Dieses wird durch die Geschäftsstelle des Rechtsmittelgerichts erteilt. Es enthält folgenden Wortlaut: „Gegen das Urteil des (Gerichts) vom (Datum) ist innerhalb der Notfrist (Alternativ: bis heute) keine Rechtsmittelschrift eingegangen."

Vorläufig vollstreckbare Urteile (§ 704 ZPO)

Nach § 704 ZPO kann die Zwangsvollstreckung auch aus vorläufig vollstreckbaren Urteilen stattfinden. Vorläufig vollstreckbar ist ein Urteil zwischen dessen Erlass und seiner Rechtskraft. Bei der Zwangsvollstreckung sind jedoch nach §§ 708 ff. ZPO verschiedene Besonderheiten zu beachten. Zu klären ist zunächst, welche Urteile gegen Sicherheitsleistung vollstreckbar sind, wie eine Sicherheitsleistung erbracht werden kann und wie eine Pfändung ohne erforderliche Sicherheitsleistung erreicht wird.

Vorläufig vollstreckbare Urteile mit oder ohne Sicherheitsleistung

Grundsätzlich sind Urteile vor Rechtskraft lediglich mit Sicherheitsleistung vorläufig vollstreckbar (§ 709 ZPO). Hiervon trifft § 708 ZPO jedoch Ausnahmen. Urteile nach § 708 Nrn. 1–3 ZPO sind generell ohne Sicherheitsleistung für vorläufig vollstreckbar zu erklären. Es handelt sich hierbei z. B. um Versäumnis- oder Anerkenntnisurteile. Insbesondere beim Anerkenntnisurteil ist nicht davon auszugehen, dass ein Rechtsmittelverfahren durchgeführt wird. Urteile nach § 708 Nrn. 4–11 ZPO sind zwar ebenfalls ohne Sicherheitsleistung für vorläufig vollstreckbar zu erklären, allerdings erhält der Schuldner die Möglichkeit, die Zwangsvollstreckung gegen eigene Sicherheitsleistung abzuwenden (§ 711 ZPO), sofern nicht wiederum der Gläubiger Sicherheit leistet. Ohne Sicherheitsleistung sind weiterhin auch Arrest, einstweilige Verfügungen sowie Arbeitsgerichtsurteile (§ 62 Abs. 1 Nr. 1 ArbGG) vorläufig vollstreckbar. Weiterhin hat auch der Gläubiger in Härtefällen die Möglichkeit, nach § 710 ZPO einen Antrag auf vorläufige Vollstreckbarkeit ohne Sicherheitsleistung zu stellen.

Unterscheidung vorläufig vollstreckbarer Urteile

	ohne Sicherheitsleistung, § 708 Nrn. 1–3 ZPO	**Abwendungsbefugnis des Schuldners § 708 Nrn. 4–11 ZPO**			**mit Sicherheitsleistung, § 709 ZPO**
Tenor	„Das Urteil ist vorläufig vollstreckbar."	„Das Urteil ist vorläufig vollstreckbar. Der Beklagte kann die Zwangsvollstreckung in Höhe von 110 % der jeweils beizutreibenden Forderung abwenden, wenn nicht der Kläger vor der Vollstreckung Sicherheit in gleicher Höhe leistet."			„Das Urteil ist gegen Sicherheitsleistung in Höhe von ... vorläufig vollstreckbar."
Wer leistet Sicherheit	keiner	keiner	nur der Schuldner	Schuldner und Gläubiger	Gläubiger
Zwangsvollstreckung	Zwangsvollstreckung ist möglich	Zwangsvollstreckung ist möglich	Zwangsvollstreckung ist nicht möglich	gegen Nachweis der Sicherheitsleistung durch den Gläubiger[1] ist Vollstreckung möglich	gegen Nachweis der Sicherheitsleistung ist die Zwangsvollstreckung möglich

1 Der Schuldner kann seine geleistete Sicherheit von der Hinterlegungsstelle zurückfordern.

Die Sicherheitsleistung

Die Sicherheitsleistung soll Schadenersatzansprüche des Schuldners durch eine Zwangsvollstreckung abdecken, die der Schuldner dadurch erleidet, dass vollstreckt wurde und in der nächsten Instanz das Urteil aufgehoben wird. Vollstreckt wurden neben der Hauptforderung auch Nebenforderungen, Kosten und Zinsen. Die Sicherheitsleistung wird daher auch nach der zu vollstreckenden Forderung bestimmt und ist der **Höhe** nach bereits im Urteil festzulegen. Die Festlegung der Höhe kann in einem bestimmten Betrag oder unter Angabe der Prozentzahl erfolgen. Um die durch die Vollstreckung verursachten Kosten zu erfassen, wird im Regelfall der zu vollstreckenden Forderung noch ein Aufschlag von 10 % hinzugefügt.

▶ **Beispiel:** Rechtsanwalt Peter Huber hat für Uwe Förderer einen Pflichtteilsanspruch gegen Franziska Baulik in Höhe von 40.000,00 € geltend gemacht und für seinen Mandanten das Verfahren vollumfänglich gewonnen. Der Tenor des Endurteils zur vorläufigen Vollstreckbarkeit lautet wie folgt:

...

3. Das Urteil ist gegen Sicherheitsleistung in Höhe von 110 % des jeweils zu vollstreckenden Betrags vorläufig vollstreckbar.

Auch die **Art der Sicherheitsleistung** kann im Urteil gerichtlich angeordnet werden. In Betracht kommen Kostbarkeiten, Geld in ausländischen Währungen oder Wertpapiere. Ohne gerichtliche Anordnung kann die Sicherheitsleistung nach § 108 Abs. 1 S. 1 ZPO durch

- schriftliche, unwiderrufliche, unbedingte und unbefristete Bankbürgschaft,
- Hinterlegung von inländischem Geld,
- Wertpapiere nach §§ 234 Abs. 1, 3 BGB

geleistet werden.

▶ **Beispiel:** Uwe Förderer hat in vorgenanntem Beispiel bei einer Zwangsvollstreckung gegen Franziska Baulik die Möglichkeit, z. B. die Sicherheitsleistung durch Hinterlegung des erforderlichen Geldbetrags (z. B. 44.000,00 € bei Vollstreckung der Hauptforderung) oder durch eine schriftliche, unwiderrufliche, unbedingte und unbefristete Bankbürgschaft zu erbringen.

Sofern die Sicherheit durch eine Barzahlung oder durch Wertpapiere erbracht werden soll, ist der Geldbetrag bzw. das Wertpapier bei der Hinterlegungsstelle an dem Ort, an dem die Zwangsvollstreckung stattfinden soll, zu hinterlegen. Hinterlegungsstellen sind die Amtsgerichte.

Gemäß § 751 Abs. 2 ZPO ist die Leistung der Sicherheit durch eine öffentliche oder öffentlich beglaubigte Urkunde **nachzuweisen** und spätestens gleichzeitig mit Beginn der Zwangsvollstreckung zuzustellen. Bei der Urkunde kann es sich um die entsprechende Bankbürgschaft handeln oder um den Hinterlegungsschein der Hinterlegungsstelle bei der Geldhinterlegung.

▶ **Beispiel:** Rechtsanwältin Katharina Schuh vertritt Judith Hunpol wegen einer Schadenersatzforderung in Höhe von 2.500,00 € gegen Steffen Kleinmeister. Da bereits aus dem vorläufig vollstreckbaren Amtsgerichtsurteil vollstreckt werden soll, veranlasst Rechtsanwältin Katharina Schuh die Hinterlegung eines Barbetrags bei der Hinterlegungsstelle des Amtsgerichts. Sie erhält vom Amtsgericht einen Hinterlegungsschein. Diesen fügt Rechtsanwältin Katharina Schuh im Original dem Zwangsvollstreckungsauftrag an den Gerichtsvollzieher bei.

Derjenige, der die Sicherheit geleistet hat – im Regelfall wird dies eher der Gläubiger sein –, kann die **Freigabe** der geleisteten Sicherheit nach Wegfall des Sicherungszwecks verlangen. Dies tritt für den Gläubiger dann ein, wenn das vorläufig vollstreckbare Urteil rechtskräftig wird. Gegen Vorlage eines Rechtskraftzeugnisses beim Prozessgericht kann die Freigabe nach § 715 ZPO verlangt werden. In anderen Fällen der Sicherheitsleistung gelten die Voraussetzungen des § 109 ZPO. Auf Antrag beim Gericht, welches die Sicherheitsleistung angeordnet hat, bestimmt dieses eine Frist, binnen derer die Partei, zu deren Gunsten die Sicherheit geleistet wurde, die Einwilligung in die Rückgabe der Sicherheit erklären oder die Erhebung einer Klage nachweisen muss. Dieses kommt z. B. dann in Betracht, wenn der Schuldner zwar durch Sicherheitsleistung die Zwangsvollstreckung abgewendet hat (bei Urteilen nach § 708 Nrn. 4–11 ZPO), aber der Gläubiger dieses nun durch eigene Sicherheitsleistung hinfällig macht. Der Schuldner kann dann die für ihn nutzlos gewordene Sicherheitsleistung zurückfordern.

Sicherungsvollstreckung

Der Gläubiger ist eventuell nicht in der Lage, eine Sicherheitsleistung zu erbringen. Außerdem dauert die Sicherheitsleistung Zeit und birgt damit die Gefahr, dass der Schuldner Vermögen beiseiteschafft oder in finanzielle Schwierigkeiten gerät. Die Sicherungsvollstreckung nach § 720 a ZPO bietet dem Gläubiger die Möglichkeit, diesen Zeitverlust zu vermeiden, indem er bereits **pfändet, aber noch nicht verwertet**. Das Vermögen des Schuldners wird in diesem Fall für eine spätere Zwangsvollstreckung lediglich gesichert. Dies bedeutet für die Zwangsvollstreckung in

- bewegliche körperliche Sachen: Pfändung, aber keine Versteigerung.
- Forderungen und Rechte: Pfändungsbeschluss, aber kein Überweisungsbeschluss; Vorpfändung.
- unbewegliches Vermögen: Sicherungshypothek, aber keine Zwangsversteigerung oder Zwangsverwaltung.

vgl. LF 12, Kap. 2.2, 2.3, 2.4

Ebenso ist nach herrschender Ansicht die Abnahme der Vermögensauskunft zulässig.

vgl. LF 12, Kap. 2.1

Erst mit Rechtskraft des Titels oder nach Sicherheitsleistung darf das gepfändete Vermögen verwertet werden.

Für die Zuständigkeiten gelten keine Besonderheiten. Auf dem Zwangsvollstreckungsantrag an den Gerichtsvollzieher ist jedoch deutlich zu machen, dass lediglich die Sicherungsvollstreckung vgl. LF 12, Kap. 1.3.2, 1.3.3

gem. § 720 a ZPO beantragt wird. Eine Vollstreckungsklausel ist als allgemeine Voraussetzung für eine Zwangsvollstreckung erforderlich. Der Schuldner kann die Sicherungsvollstreckung durch Sicherheitsleistung abwenden (§ 720 a Abs. 3 ZPO). Allerdings darf die Sicherungsvollstreckung erst nach einer **Wartefrist von mindestens zwei Wochen** seit Zustellung von Urteil und Vollstreckungsklausel beginnen (§ 750 Abs. 3 ZPO).

1.3.2 Vollstreckungsklausel

Die Vollstreckungsklausel bescheinigt die Vollstreckbarkeit. Sie ist für vorläufig vollstreckbare oder rechtskräftige Urteile ebenso erforderlich wie grds. auch für die Vollstreckungstitel nach § 794 ZPO. Im Klauselerteilungsverfahren wird die formelle Eignung (sog. Vollstreckungsreife) des Titels für die Zwangsvollstreckung geprüft.

▶ **Beispiele:**
- Unterschrift der im Urteil genannten Richter
- Rechtskraft oder vorläufige Vollstreckbarkeit des Titels
- Identität des Antragstellers mit demjenigen, dem der Titel ein Recht zuspricht
- vollstreckungsfähiger Inhalt des Titels
- wirksame Protokollierung des Prozessvergleichs

Unterschieden werden die **einfache Vollstreckungsklausel** nach § 724 ZPO und die qualifizierte nach §§ 726 ff. ZPO. Nach § 725 ZPO lautet die einfache Vollstreckungsklausel: „Vollstreckbare Ausfertigung wird dem Kläger/Beklagten zum Zwecke der Zwangsvollstreckung erteilt." Sie wird vom Urkundsbeamten der Geschäftsstelle des Prozessgerichts gem. § 724 Abs. 2 ZPO oder bei notariellen Urkunden vom Notar gem. § 797 Abs. 2 ZPO erteilt.

Eine **qualifizierte Vollstreckungsklausel** ist in folgenden Fällen erforderlich:
- bedingte Leistung gem. § 726 ZPO

  ▶ **Beispiel:** Der Gläubiger muss vor Vollstreckung eine Vorleistung erbringen.

- Rechtsnachfolge, Testamentsvollstrecker, Nacherbe gem. §§ 727, 728 ZPO

  ▶ **Beispiel:** Der Gläubiger möchte die titulierte Kaufpreisforderung gegen den Erben des verstorbenen Schuldners vollstrecken.

Vom Erfordernis der Vollstreckungsklausel bestehen jedoch folgende **Ausnahmen**:

vgl. LF 10, Kap. 4.2.1

- Vollstreckungsbescheid, § 796 ZPO
- Kostenfestsetzungsbeschluss im vereinfachten Verfahren nach § 105 ZPO, § 795 a ZPO
- Arrest, einstweilige Verfügung, §§ 936, 929 ZPO

Bei diesen Titeln ist eine Vollstreckungsklausel lediglich dann erforderlich, wenn gegen den Rechtsnachfolger vollstreckt werden soll.

1.3.3 Zustellung

Die letzte allgemeine Voraussetzung für den Beginn der Zwangsvollstreckung ist die Zustellung des Vollstreckungstitels. Grundsätzlich hat die Zustellung des in vollständiger Form abgefassten Vollstreckungstitels vor oder spätestens mit Beginn der Zwangsvollstreckung gem. § 750 Abs. 1 S. 1 ZPO zu erfolgen. Ausnahmen gelten jedoch für bestimmte Titel. So ist eine Wartefrist von zwei Wochen zwischen Zustellung und Beginn der Zwangsvollstreckung einzuhalten bei:

- (selbstständigen) Kostenfestsetzungsbeschlüssen (§ 798 ZPO)
- Anwalts- und Notarvergleichen
- vollstreckbaren Urkunden
- Sicherungsvollstreckung

Umgekehrt kann bei Arrest und einstweiliger Verfügung die Zustellung grds. auch innerhalb einer Woche seit Durchführung der Vollstreckung erfolgen.

Wartefrist von zwei Wochen vor Vollstreckung	Zwangsvollstreckung aus dem Titel	Bis zu einer Woche nach Vollstreckung
Zustellung von: • Kostenfestsetzungsbeschluss • Anwaltsvergleich • vollstreckbaren Urkunden • Sicherungsvollstreckung	Zustellung von: • Urteilen • Vollstreckungsbescheid • Prozessvergleich	Zustellung von: • Arrest • einstweiliger Verfügung

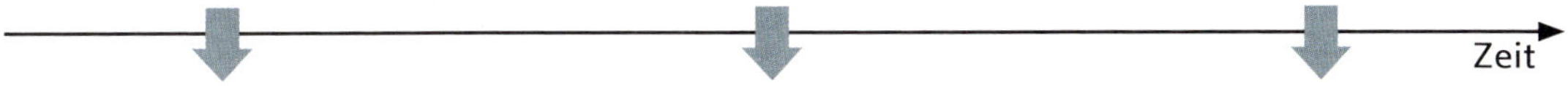

Die Zustellung der Vollstreckungsklausel ist grds. nicht erforderlich. Eine Ausnahme gilt jedoch dann, wenn eine Sicherungsvollstreckung nach § 720 a ZPO erfolgt. Hier muss die Vollstreckungsklausel mit zugestellt werden. Bei vorläufig vollstreckbaren Urteilen muss der Gläubiger auch die Leistung der eventuell erforderlichen Sicherheit nachweisen (§ 751 Abs. 2 ZPO).

Die Zustellung erfolgt bei Urteilen und Beschlüssen von Amts wegen (§§ 166 Abs. 1, 329 Abs. 3 ZPO). Die übrigen Vollstreckungstitel, also insbesondere Vergleiche (§§ 160 Abs. 4, 278 Abs. 6 ZPO), notarielle Urkunden (§ 794 Abs. 1 Nr. 5 ZPO) sowie Arrest oder einstweilige Verfügungen (§§ 916, 936 ZPO), sind im Parteibetrieb zuzustellen. Die Zustellung kann von Anwalt zu Anwalt, gegen Empfangsbekenntnis oder durch den Gerichtsvollzieher erfolgen. vgl. LF 9 (ReFa), Kap. 1.5

1.4 Der Vorrang des Insolvenzverfahrens

Nach § 89 InsO (Insolvenzordnung) sind während eines Insolvenzverfahrens weder in die Insolvenzmasse noch in sonstiges Vermögen des Schuldners Vollstreckungsmaßnahmen zulässig. Daher ist es sinnvoll, vor der Einleitung kostenpflichtiger Vollstreckungsmaßnahmen zu prüfen, ob über das Vermögen des Schuldners das Insolvenzverfahren eröffnet wurde.

Hinweis: Eine Prüfung kann über das Internetportal www.insolvenzbekanntmachungen.de erfolgen. Die Prüfung ist kostenlos möglich. Für eine Abfrage sind jedoch z. B. Name und Geburtsdatum des Schuldners oder sonstige Unterscheidungskriterien erforderlich.

Im Unterschied zur Einzelvollstreckung, die für einen Gläubiger in einzelne Vermögenswerte des Schuldners erfolgt, besteht die Zielsetzung eines Insolvenzverfahrens gem. § 1 InsO darin, für alle Gläubiger gemeinschaftlich das gesamte Vermögen des Schuldners einzubeziehen. Außerdem erfolgt die Verwertung der Insolvenzmasse nicht nach dem Rang, also dem Zeitpunkt der Zwangsvollstreckungsmaßnahme, sondern grds. quotenmäßig. Bei dieser Gesamtvollstreckung gilt also nicht der Grundsatz „wer zuerst kommt, mahlt zuerst".

1.4.1 Voraussetzungen

vgl. LF 2, Kap. 4

Insolvenzschuldner können sowohl natürliche als auch juristische Personen sowie Personengesellschaften ohne Rechtspersönlichkeit sein. **Zuständig** ist gem. §§ 2, 3 InsO das Amtsgericht als Insolvenzgericht, in dessen Bezirk der Schuldner seinen allgemeinen Gerichtsstand hat oder der Mittelpunkt seiner selbstständigen wirtschaftlichen Tätigkeit liegt.

Die Eröffnung eines Insolvenzverfahrens setzt einen **Eröffnungsgrund** voraus (§ 16 InsO). Im Unterschied zum Zwangsvollstreckungsverfahren genügt dabei nicht das Vorliegen einer titulierten Forderung. Der Eröffnungsantrag kann sowohl durch den Schuldner als auch durch den oder die Gläubiger gestellt werden.

Eröffnungsgründe sind die (eingetretene) **Zahlungsunfähigkeit** gem. § 17 InsO und die **drohende Zahlungsunfähigkeit** nach § 18 InsO. Der Gesetzgeber definiert die Zahlungsunfähigkeit so, dass der Schuldner nicht mehr in der Lage ist, die fälligen Zahlungspflichten pünktlich und vollständig zu erfüllen (§ 17 Abs. 2 S. 1 InsO). Die Einnahmen des Schuldners decken also nicht die bestehenden Ausgaben für offene Forderungen. Als Indiz dient dabei nach § 17 Abs. 2 S. 2 InsO die Zahlungseinstellung. Drohend ist die Zahlungsunfähigkeit dann, wenn voraussichtlich die laufenden, absehbaren Forderungen nicht erfüllbar sind. Im Unterschied zur Zahlungsunfähigkeit ist für den Antrag eines Gläubigers die drohende Zahlungsunfähigkeit kein Eröffnungsgrund. Außerdem ist bei juristischen Personen die **Überschuldung** für Gläubiger und Schuldner ein weiterer Eröffnungsgrund (§ 19 InsO). Überschuldung liegt vor, wenn das Vermögen des Schuldners die bestehenden Verbindlichkeiten nicht mehr deckt (§ 19 Abs. 2 S. 1 InsO).

Für den **Eröffnungsantrag** besteht Formularzwang nach der Verbraucherinsolvenzformularverordnung (VbrInsFV).

Hinweis: Unter https://justiz.de/service/formular/dateien/insolvenz.pdf;jsessionid=379CC8AD3080895E646EDD251D3326AA (Stand: Dezember 2024) finden Sie ein Muster eines Antrags auf Eröffnung eines Verbraucherinsolvenzverfahrens.

Der Antrag kann sowohl durch den Schuldner als auch durch einen der Gläubiger gestellt werden.

1.4.2 Arten und Ablauf

Natürliche Personen ohne oder mit überschaubaren Forderungen aus einer ehemaligen oder aktuellen selbstständigen Tätigkeit können die Eröffnung des **Verbraucherinsolvenzverfahrens** beantragen, § 304 InsO. Voraussetzung hierfür ist jedoch, dass zunächst erfolglos ein **außergerichtlicher Einigungsversuch** unternommen wurde und dies durch eine geeignete Person, z.B. Notar, oder eine geeignete Stelle nachgewiesen wird (§ 305 Abs. 1 Nr. 1 InsO). Sofern es nicht als aussichtslos betrachtet wird, wird durch das Gericht nach Stellung des Eröffnungsantrags ein **Schuldenbereinigungsverfahren** durchgeführt, also ein erneuter Versuch, eine Zahlungsvereinbarung zwischen Gläubiger und Schuldner zu erreichen. Der Eröffnungsantrag ruht in dieser Zeit (§ 306 InsO). Im Unterschied zum außergerichtlichen Einigungsversuch kann der gerichtliche Schuldenbereinigungsplan wirksam werden, wenn die Mehrheit der Gläubiger nach Anzahl und Betrag diesem zustimmt.

Beispiel: Der Schuldner Jörg Beringer hat die Eröffnung des Verbraucherinsolvenzverfahrens beantragt. Offen sind Forderungen aus einem Hauskauf in Höhe von insgesamt 300.000,00 € bei fünf Gläubigern. Die Zustimmung ablehnender Gläubiger kann auf Antrag ersetzt werden, wenn mindestens drei Gläubiger zugestimmt haben und deren Forderungen insgesamt mindestens 150.000,01 € betragen.

Wenn der Schuldenbereinigungsplan scheitert, wird das **Insolvenzverfahren eröffnet**. Die Eröffnung kann mangels Masse abgelehnt werden, wenn die Kosten des Verfahrens nicht gedeckt sind (§ 26 InsO). Dem Schuldner bleibt jedoch die Möglichkeit, nach § 4 a InsO die Stundung der Kosten des Insolvenzverfahrens zu beantragen. In diesem Fall wird dem Schuldner auf Antrag ein Rechtsanwalt zur Vertretung beigeordnet. Ab der Eröffnung besteht nach § 89 InsO ein Vollstreckungsverbot.

vgl. LF 2, Kap. 4

Selbstständig tätige natürliche Personen mit umfangreichem Einkommen aus dieser Tätigkeit, Personengesellschaften sowie juristische Personen können die Unternehmensinsolvenz beantragen. Im Unterschied zur Verbraucherinsolvenz ist kein außergerichtlicher Einigungsversuch Verfahrensvoraussetzung. Das Insolvenzverfahren wird durch einen Insolvenzverwalter durchgeführt, welcher durch das Insolvenzgericht bestimmt wird. Hierbei besteht durchaus die Möglichkeit, dass das Unternehmen saniert werden kann. Dies ist umso häufiger der Fall, wenn möglichst frühzeitig bei bereits drohender Zahlungsfähigkeit der Insolvenzantrag gestellt wird, um noch Vermögenswerte für einen Insolvenzplan zur Verfügung zu haben.

1.4.3 Die Restschuldbefreiung

Natürliche Personen, die ein Verbraucherinsolvenzverfahren durchführen oder nach der Unternehmensinsolvenz für dann noch offene Forderungen haften, können bereits mit Eröffnungsantrag Restschuldbefreiung beantragen. Mit dem Schluss des Insolvenzverfahrens wird die Restschuldbefreiung nach Ablauf einer **Wohlverhaltensphase** angekündigt. Voraussetzung ist, dass der Schuldner während der Wohlverhaltensperiode seinen Obliegenheiten nachkommt. Diese bestehen gem. § 295 InsO vor allem darin, zumutbare Arbeiten anzunehmen und die pfändbaren Beträge seines Einkommens abzutreten. Die Abtretung erfolgt an einen durch das Insolvenzgericht bestellten Treuhänder, der die Beträge an die Gläubiger verteilt. Die Wohlverhaltensperiode beträgt mittlerweile gem. § 287 Abs. 2 InsO **drei Jahre** und beginnt mit dem Tag der Eröffnung des Insolvenzverfahrens. Wenn der Schuldner seine Obliegenheiten erfüllt hat und keine Versagungsgründe nachträglich bekannt wurden, wirkt die Restschuldbefreiung grds. gegen alle Insolvenzgläubiger. Dies gilt sogar für die Gläubiger, die ihre Forderung nicht angemeldet haben (§ 301 Abs. 1 S. 2 InsO). Ausgenommen sind jedoch Forderungen nach § 302 InsO, wie z. B. Verbindlichkeiten aus einer vorsätzlich begangenen unerlaubten Handlung.

Hinweis: Um seine Rechte während eines Insolvenzverfahrens möglichst zu wahren, ist es für den Gläubiger sinnvoll, seine Forderung zum Insolvenzverfahren anzumelden. Aus- und Absonderungsrechte sollten gründlich geprüft werden. Zur Verhinderung der Restschuldbefreiung sollten Versagungsgründe sowie die Erfüllung der Obliegenheiten des Insolvenzschuldners während der Wohlverhaltensphase kontrolliert werden.

Zusammenfassung

Zwangsvollstreckung

Vollstreckung wegen
= welche Ansprüche?
insbesondere Zahlungsansprüche

Vollstreckung in
- bewegliche, körperliche Sachen
- Forderungen und Rechte
- unbewegliche Sachen

Vollstreckung durch
= Vollstreckungsorgane

kein Vollstreckungsverbot
= bei eröffnetem Insolvenzverfahren § 89 InsO

Titel
- (Leistungs-)Urteile
- sonstige Vollstreckungstitel nach § 794 ZPO

Vollstreckungsklausel
- einfache = Vollstreckungsreife bescheinigt
- qualifizierte

Zustellung
- grds. spätestens mit Beginn
- teilweise Wartefristen beachten

Wiederholung und Vertiefung

1. Auf welche Art und Weise können Zahlungsansprüche vollstreckt werden?
2. Welche Vollstreckungsorgane sind für die Zwangsvollstreckung zuständig und welche Aufgaben haben sie jeweils?
3. Welche Voraussetzungen müssen erfüllt sein, bevor mit der Zwangsvollstreckung begonnen werden kann?
4. Das Gericht hat die vorläufige Vollstreckbarkeit gegen Sicherheitsleistung bestimmt. Die Art der Sicherheitsleistung wurde nicht angeordnet. Wie kann die Sicherheitsleistung erbracht werden?
5. Nennen Sie zwei Urteile, die ohne Sicherheitsleistung für vorläufig vollstreckbar erklärt werden.
6. Erläutern Sie, wodurch sich Verbraucher- und Unternehmensinsolvenzverfahren unterscheiden.

2 Die Durchführung der Zwangsvollstreckung

Sofern alle Voraussetzungen für die Durchführung der Zwangsvollstreckung vorliegen, kommen je nach Einzelfall verschiedene Maßnahmen in Betracht. Es ist dabei wichtig, ausreichende Informationen über vorhandene Vermögenswerte des Schuldners zu besitzen, um mit der entsprechenden Vollstreckungsmaßnahme gezielt in den Vermögensgegenstand vollstrecken zu können. Die einzelnen Maßnahmen weisen weitere besondere Voraussetzungen auf, die zu beachten sind. Insgesamt ist vor allem Schnelligkeit wichtig. Im Unterschied zum Insolvenzverfahren gilt bei der (Einzel-)Vollstreckung:

vgl. LF 12, Kap. 1.4

„Wer zuerst kommt, mahlt zuerst."

Dieses sog. Prioritätsprinzip bedeutet, dass derjenige, der als Erster auf einen Vermögenswert zugreift, grds. auch bei der Verwertung vorrangig bedacht wird.

Nach der **Zwangsvollstreckungsformular-Verordnung** (ZVFV) vom 16.12.2022 ist für Vollstreckungsaufträge an den Gerichtsvollzieher nach § 1 Abs. 1 ZVFV ein verbindlich vorgeschriebenes Formular zu verwenden. Dieses ersetzt das alte Formular nach der Gerichtsvollzieherformular-Verordnung aus dem Jahre 2015 und ist ab dem 01.09.2024 verpflichtend. Die 2024 eingeführten Formulare sind ab 01.10.2025 verpflichtend. Solange können noch die im Jahre 2022 eingeführten Formulare weiter verwendet werden. Das Auftragsformular nach der ZVFV ist nach verschiedenen Modulen gegliedert.

Hinweis: Das aktuelle (Stand: Dezember 2024) Formular für Gerichtsvollzieheraufträge sowie die Forderungsaufstellung finden Sie auf der Seite des Bundesministeriums für Justiz: https://www.bmj.de/DE/service/formulare/form_zwangsvollstreckung/form_zwangsvollstreckung_node.html.

Lernsituation

Oxana Schuhmann liegt die Akte Brenda Micada ./. Kai Wehler zur weiteren Bearbeitung vor. Gegen Kai Wehler wurden per Vollstreckungsbescheid des Amtsgerichts – Zentrale Mahnabteilung – Hagen die Hauptforderung aus einem Kaufvertrag in Höhe von 10.000,00 € sowie 15,60 € Nebenforderungen tituliert und 1.252,79 € an Kosten festgesetzt.

Da der Vertragsabschluss online erfolgte, sind Vermögenswerte von Kai Wehler nicht bekannt. Oxana Schuhmann veranlasst daher zunächst die Einholung einer Vermögensauskunft. Der Gerichtsvollzieher leitet die eingeholte Vermögensauskunft am 22.05.2025 an die

Kanzlei weiter. Dabei informiert er darüber, dass er ein Ratenzahlungsangebot des Schuldners über 100,00 € monatlich abgelehnt hat. Das Angebot bestehe aber nach wie vor.

Aus der Vermögensauskunft ergeben sich folgende Daten:

- Kai Wehler ist verheiratet und arbeitet als fest angestellter Versicherungsberater.
- Sachwerte: verschiedene Jugendstilmöbel, ein Trauring im Wert von 1.500,00 €, ein Maserati (Schätzwert: 20.000,00 €), den Kai Wehler dringend für die Fahrten zu Kundinnen und Kunden benötigt
- Kai Wehler bezieht ein Gehalt in Höhe von 4.400,00 € brutto monatlich, die Abzüge betragen 1.326,23 €; außerdem erhält Kai Wehler Urlaubsgeld in Höhe von 300,00 € sowie eine Überstundenvergütung über 428,00 €.
- Immobilien: Kai Wehler ist Eigentümer eines vermieteten Einfamilienhauses.

Oxana Schuhmann soll nunmehr die Pfändung des Maserati sowie des Gehalts veranlassen. Sie holt außerdem Auskünfte über die Immobilie des Kai Wehler ein, um hier ein weiteres Vorgehen vorzubereiten.

Arbeitsaufträge:

a) Wie erfolgt generell die Einholung einer Vermögensauskunft? Erstellen Sie in Zweiergruppen ein Ablaufschema.

b) Laden Sie sich den Vollstreckungsauftrag an den Gerichtsvollzieher (z. B. über die Seite des Bundesjustizministeriums https://www.bmj.de/DE/service/formulare/form_zwangsvollstreckung/form_zwangsvollstreckung_node.html) herunter und kreuzen Sie in den Modulen H und I die Aufträge an, wenn folgende Vorgaben der Mandantin bestehen:
   - Es soll kostengünstig vorgegangen werden und Vollstreckungsmaßnahmen nur erfolgen, wenn konkrete Vermögensgegenstände bekannt sind.
   - Es soll bereits möglichst auf dem schnellsten Weg vorgegangen werden, wenn der Schuldner die Abgabe der Vermögensauskunft verweigert.

   Begründen Sie jeweils Ihre Entscheidung.

c) Erläutern Sie, weshalb der Gerichtsvollzieher das Ratenzahlungsangebot abgelehnt hat und ob der Mandantin zu raten ist, dieses doch anzunehmen.

d) Prüfen Sie, ob die beweglichen Sachwerte des Schuldners pfändbar sind.

e) Skizzieren Sie den Ablauf der Pfändung des Maserati und begründen Sie, weshalb diese Pfändung sinnvoll ist.

f) Erstellen Sie eine Übersicht, wer für die Gehaltspfändung zuständig ist, welche Unterlagen dem Antrag beizufügen sind, welche Aufforderungen an Schuldner und Drittschuldner ergehen und welche Pflichten der Drittschuldner hat.

g) Erklären Sie, was Oxana Schuhmann zusätzlich zur Gehaltspfändung noch veranlassen sollte und welche Frist hierbei zu beachten ist.

h) Berechnen Sie nachvollziehbar und übersichtlich die Höhe des pfändbaren Gehalts.

i) Begründen Sie, welchen Antrag Oxana Schuhmann stellen wird, wenn bekannt wird, dass die Ehefrau des Kai Wehler eigene Einkünfte in Höhe von 3.780,00 € brutto bezieht.
j) Erläutern Sie, welche Informationen Oxana Schumann zu der Immobilie des Schuldners einholen wird.
k) Stellen Sie zusammen, wie die Zwangsvollstreckung in die Immobilie des Schuldners erfolgen kann und welches Vollstreckungsorgan zuständig ist.
l) Vergleichen Sie Ihre Ergebnisse untereinander.
m) Reflektieren Sie anschließend Ihr Wissen.

2.1 Die Vermögensauskunft

Mit der Änderung der Zwangsvollstreckung im Jahr 2013 wurden die Möglichkeiten des Gerichtsvollziehers, sich Auskünfte zu beschaffen, nicht unwesentlich erweitert. Am wichtigsten ist hierbei die Vermögensauskunft, also die Auskunft über Vermögenswerte des Schuldners.

2.1.1 Antrag auf Erteilung der Vermögensauskunft

Sofern über den Schuldner keinerlei Erkenntnisse hinsichtlich verwertbarer Vermögenswerte vorliegen, bietet es sich an, bereits vor weiter gehenden Vollstreckungsmaßnahmen einen Antrag auf Abgabe der Vermögensauskunft zu stellen. So kann gezielt in angegebene Vermögenswerte, sofern vorhanden, vollstreckt werden. Nach § 802 a Abs. 2 ZPO kann der Antrag mit sonstigen Aufträgen, z. B. Sachpfändung, Einholung von Drittauskünften oder Vorpfändung, verknüpft werden.

Voraussetzungen und Zuständigkeit

Neben dem Auftrag und den allgemeinen Zwangsvollstreckungsvoraussetzungen sind keine weiteren Voraussetzungen erforderlich. Zuständiges Vollstreckungsorgan für die Abnahme der Vermögensauskunft ist nach § 802 e ZPO der Gerichtsvollzieher bei dem Amtsgericht, in dessen Bezirk der Schuldner zum Zeitpunkt der Auftragserteilung seinen Wohnsitz hat.

vgl. LF 12, Kap. 2.1

Verfahrensablauf

Nach § 802 f ZPO setzt der Gerichtsvollzieher dem Schuldner zunächst eine Frist von zwei Wochen, innerhalb derer die Forderung beglichen werden kann. Gleichzeitig bestimmt der Gerichtsvollzieher einen Termin zur Abgabe der Vermögensauskunft und lädt den Schuldner hierzu, sofern keine vollständige Begleichung der Forderung erfolgt. In der entsprechenden Terminsladung ist der Schuldner über seine Rechte und Pflichten sowie insbesondere die Folgen seines Nichterscheinens zu belehren. Der Gläubiger erhält eine Mitteilung über die Terminsbestimmung.

Wenn der Schuldner nicht vollständig bezahlt oder keine gütliche Einigung nach § 802 b ZPO getroffen wird, nimmt der Gerichtsvollzieher die Vermögensauskunft ab. Dies erfolgt entweder in den Räumlichkeiten des Gerichtsvollziehers oder nach § 802 f Abs. 2 ZPO in der Wohnung des Schuldners. Der Gerichtsvollzieher errichtet eine Aufstellung der Vermögenswerte und sonstige Angaben als elektronisches Dokument, das beim Zentralen Vollstreckungsgericht hinterlegt wird. Der Gläubiger erhält einen Ausdruck (§ 802 f Abs. 6 ZPO), auf Verlangen auch der Schuldner.

vgl. LF 12, Kap. 2.5

Die Vermögensauskunft

Nach § 802 c ZPO umfasst die Vermögensauskunft des Schuldners folgende Angaben:

- persönliche Verhältnisse des Schuldners
- alle aktuellen Vermögensgegenstände
- entgeltliche Veräußerungen an nahestehende Personen innerhalb der letzten zwei Jahre
- unentgeltliche Leistungen innerhalb der letzten vier Jahre
- Versicherung an Eides statt: Der Schuldner versichert die Vollständigkeit und Richtigkeit seiner Angaben an Eides statt.

Zwei-Jahres-Frist und weitere Vermögensauskunft

Grundsätzlich ist eine Vermögensauskunft nur beantragbar, wenn innerhalb der letzten zwei Jahre keine Vermögensauskunft abgegeben wurde (§ 802 d ZPO). Vor Ablauf der zwei Jahre sind nur folgende Maßnahmen möglich:

- **Korrektur/Ergänzung der Vermögensauskunft**

  Sofern die vom Schuldner abgegebene Vermögensauskunft fehlerhaft ist, kann jederzeit eine Korrektur verlangt werden. Lücken können sich insbesondere daraus ergeben, dass bei unterhaltsberechtigten Personen keine Angaben zu deren Einkünften gemacht wurden.

  ▶ **Beispiel:** Rechtsanwalt Karl Frantero stellt für den Gläubiger Martin Kenzik den Antrag auf Abgabe der Vermögensauskunft durch den Schuldner Samuel Schuster. Hierauf erhält er die Abschrift eines Vermögensverzeichnisses, welches vor zwei Wochen erstellt wurde. Danach ergibt sich lediglich ein Einkommen des Samuel Schuster, das unterhalb der Pfändungsgrenze liegt, da er gegenüber seiner Ehefrau unterhaltspflichtig ist. Rechtsanwalt Karl Frantero beantragt daher eine Ergänzung der Vermögensauskunft dahingehend, dass der Schuldner Angaben über die Höhe des Einkommens seiner Ehefrau macht. Sofern die Ehefrau eigene Einkünfte besitzt, kann beantragt werden, dass sie bei der Berechnung der Pfändungsgrenze beim Einkommen des Schuldners Samuel Schuster unberücksichtigt bleibt.

- **Weitere Vermögensauskunft nach § 802 d ZPO**

  Von der Korrektur eines vorhandenen Vermögensverzeichnisses ist die weitere Vermögensauskunft nach § 802 d ZPO zu unterscheiden. Diese kommt dann in Betracht, wenn **sich Veränderungen der Vermögensverhältnisse** des Schuldners ergeben haben. Eine Veränderung tritt z. B. ein, wenn der Schuldner eine Erbschaft macht, eine Arbeitsstelle antritt oder ihm ge-

vgl. LF 12, Kap. 2.3

kündigt wurde oder wenn die Ehe zum bislang unterhaltsberechtigten Ehepartner geschieden wurde. Hier bietet sich teilweise nicht nur die weitere Vermögensauskunft nach § 802 d ZPO an, sondern stattdessen oder gleichzeitig auch eine Drittauskunft nach § 802 l ZPO.

2.1.2 Das Vermögens- und das Schuldnerverzeichnis

Beim Zentralen Vollstreckungsgericht werden zwei verschiedene Verzeichnisse geführt, die insbesondere hinsichtlich Inhalt und Einsichtsmöglichkeit unterschieden werden.

Das Vermögensverzeichnis

vgl. LF 12, Kap. 2.1.4

Nach den Angaben des Schuldners errichtet der Gerichtsvollzieher eine Aufstellung der Vermögenswerte als elektronisches Dokument. Der Gläubiger, der die Abnahme der Vermögensauskunft veranlasst hat, erhält automatisch eine Abschrift. Im Übrigen erhalten der Gerichtsvollzieher und sonstige Vollstreckungsbehörden, wie z. B. Finanzämter oder das Hauptzollamt bei Steuerschuldnern, die Möglichkeit, die Vermögensverzeichnisse abzurufen (§ 802 k ZPO). Gläubiger können daher nicht direkt Einsicht nehmen oder einen Ausdruck erhalten. Sofern ein neuer Gläubiger innerhalb der Sperrfrist von zwei Jahren Antrag auf Abgabe der Vermögensauskunft stellt, leitet ihm der Gerichtsvollzieher eine Abschrift des Vermögensverzeichnisses zu (§ 802 d Abs. 1 S. 2 ZPO).

Das Vermögensverzeichnis wird nach zwei Jahren seit Abgabe der Auskunft gelöscht. Eine vorzeitige Löschung erfolgt lediglich dann, wenn ein neues Vermögensverzeichnis – entweder durch Korrektur oder eine weitere Vermögensauskunft nach § 802 d ZPO – vorliegt (§ 802 k Abs. 1 S. 4 ZPO).

Das Schuldnerverzeichnis

Im Unterschied zum Vermögensverzeichnis erhält ein erweiterter Personenkreis ein (kostenpflichtiges) **Einsichtsrecht** in das Schuldnerverzeichnis. Nach §§ 882 f. ZPO genügt bereits ein Interesse, wirtschaftliche Nachteile durch fehlende Zahlungen des Schuldners abzuwenden. Damit kommt eine Einsichtnahme in das Schuldnerverzeichnis in Betracht, insbesondere vor der Eingehung von Dauerschuldverhältnissen, wie z. B. ein Mietverhältnis. Hier besteht ein Interesse des Vermieters daran, sich über die Zahlungsfähigkeit des zukünftigen Mieters zu informieren. Dabei kann der Inhalt des Schuldnerverzeichnisses über eine zentrale und länderübergreifende Abfrage im Internet (Landesjustizportal) eingesehen werden. Im Unterschied zur früheren dezentralen Führung des Schuldnerverzeichnisses kann dadurch verhindert werden, dass bei einem Umzug des Schuldners Informationen für den Gläubiger nicht ersichtlich sind. Das Einsichtsrecht bedeutet nicht zugleich, dass ein Anspruch auf Erteilung eines Abdrucks besteht. Dies ist nach § 882 g ZPO z. B. nur dann der Fall, wenn der Gläubiger ein berechtigtes Interesse nachweist.

vgl. § 882 h Abs. 1 S. 2 ZPO

Voraussetzung für die Eintragung ins Schuldnerverzeichnis und gleichzeitig auch **Informationsmöglichkeiten** für Gläubiger sind nach § 882 c Abs. 1 ZPO:

- Der Schuldner hat die Abgabe einer Vermögensauskunft unberechtigt verweigert. Oder:
- Die Vollstreckung in die Vermögenswerte nach der Vermögensauskunft führt offensichtlich nicht zur vollständigen Befriedigung des Gläubigers. Oder:
- Innerhalb eines Monats nach Abgabe der Vermögensauskunft wird keine vollständige Befriedigung des Gläubigers nachgewiesen. Eine Ausnahme hiervon besteht jedoch dann, wenn ein Zahlungsplan gilt.

vgl. LF 12, Kap. 2.5.2

Nach § 882 c ZPO ordnet der Gerichtsvollzieher von Amts wegen die Eintragung des Schuldners in das Schuldnerverzeichnis an, wenn eine der genannten Voraussetzungen vorliegt. Gegen die **Eintragungsanordnung** kann der Schuldner binnen zweier Wochen Widerspruch beim Vollstreckungsgericht einlegen. Der Widerspruch verhindert jedoch nicht die Vollziehung.

Spätestens nach Ablauf von drei Jahren seit der Eintragungsanordnung des Gerichtsvollziehers löscht das Zentrale Vollstreckungsgericht die Eintragung (§ 882 e ZPO). Vor Ablauf dieser Frist ist eine Löschung insbesondere bei Nachweis der vollständigen Befriedigung der Forderung des Gläubigers möglich.

	Vermögensverzeichnis	**Schuldnerverzeichnis**
Information über	• persönliche Verhältnisse • Vermögenswerte • Veräußerungen der letzten Jahre	• Schuldner hat die Abgabe der Vermögensauskunft verweigert • Vollstreckung führt oder führte nicht zur vollständigen Befriedigung des Gläubigers
Einsichtsrecht	• Gerichtsvollzieher • sonstige Vollstreckungsbehörden	• jedermann mit berechtigtem Interesse nach § 882 f Abs. 1 ZPO
Löschung	• zwei Jahre seit Abgabe der Auskunft • bei Vorliegen eines neuen Vermögensverzeichnisses	• drei Jahre seit Eintragungsanordnung • vollständige Befriedigung des Gläubigers

2.1.3 Der Haftbefehl

Sofern der Schuldner zu dem Termin zur Abgabe der Vermögensauskunft grundlos nicht erscheint oder zwar erscheint, jedoch unbegründet die Abgabe der Vermögensauskunft verweigert, stehen dem Gläubiger verschiedene Varianten offen. Zum einen kann die Einholung einer Drittauskunft nach § 802 l ZPO beantragt werden. Dritte Stellen geben dann Auskunft über bestimmte Vermögenswerte, wie z. B. Einkommen oder Bankkonten. Zum anderen kann anstelle

vgl. LF 12, Kap. 2.1.4

oder auch neben der Drittstellenauskunft eine Erzwingungshaft beauftragt werden. Der Schuldner soll durch die Androhung und Vollziehung einer Haftstrafe zur Abgabe der Vermögensauskunft angehalten werden.

Für den Erlass des Haftbefehls ist das Amtsgericht – Vollstreckungsgericht – zuständig, in dessen Bezirk der Schuldner seinen Wohnsitz hat (§ 802 g Abs. 1 ZPO). Da in die Freiheitsrechte des Schuldners eingegriffen wird, ist eine richterliche Kontrolle der Voraussetzungen für den Haftbefehl erforderlich.

Für die Vollziehung des Haftbefehls, die innerhalb von zwei Jahren seit Erlass des Haftbefehls erfolgen muss, ist wiederum der Gerichtsvollzieher zuständig. Die Haft darf eine Dauer von sechs Monaten nicht übersteigen (§ 802 j Abs. 1 ZPO). Der Schuldner kann die Haft nach § 802 i ZPO jederzeit dadurch beenden, dass er die geforderte Vermögensauskunft abgibt. Die Kosten für die Erzwingungshaft werden vom Gläubiger als Vorschuss eingefordert.

2.1.4 Sonstige Auskünfte

Neben der Vermögensauskunft bieten sich dem Gerichtsvollzieher weitere Auskunftsmöglichkeiten.

Auskunft über den Aufenthaltsort des Schuldners

Nach § 755 ZPO ist es dem Gerichtsvollzieher gestattet, bei Vorliegen der gesetzlichen Voraussetzungen den Aufenthaltsort des Schuldners zu ermitteln. Generell wird vorausgesetzt, dass ein Vollstreckungsauftrag vorliegt, z. B. ein Sachpfändungsauftrag oder Antrag auf Abgabe der Vermögensauskunft. Außerdem darf der Wohnsitz des Schuldners nicht bekannt sein. Für die Aufenthaltsermittlung stehen verschiedene Stellen zur Verfügung:

Stelle für die Aufenthaltsermittlung	zu beachten
Meldebehörde	Es ist zu empfehlen diese Auskunft durch den Gläubiger einzuholen und dem Gerichtsvollzieher bereits vorzulegen, um Kosten zu sparen.
Ausländerzentrale	Bei Bürgern der EU besteht diese Möglichkeit nur, wenn ihre Freizügigkeit eingeschränkt ist.
Träger der gesetzlichen Rentenversicherung und berufsständische Versorgungseinrichtungen	Für die Auskunft bei einer berufsständischen Versorgungseinrichtung muss der Gläubiger Indikatoren für eine Mitgliedschaft des Schuldners bei dieser vortragen.
Kraftfahrt-Bundesamt	

Auskunft über bestimmte Vermögenswerte des Schuldners – Drittauskünfte

Im Zusammenhang mit dem Antrag auf Abgabe der Vermögensauskunft können nach § 802 l ZPO noch folgende Auskünfte bei Dritten eingeholt werden:

- beim Träger der gesetzlichen Rentenversicherung und berufsständischen Versorgungseinrichtungen: über mögliche Beschäftigungsverhältnisse des Schuldners
- beim Bundeszentralamt für Steuern: über Steuererstattungsansprüche oder z. B. über mögliche Bankkonten
- beim Kraftfahrt-Bundesamt: über mögliche Fahrzeuge des Schuldners

Diese Drittauskünfte, oder auch Drittstellenauskünfte genannt, sind jedoch nur möglich, wenn der Schuldner nicht zum Termin zur Abgabe der Vermögensauskunft erscheint, die Ladung nicht zustellbar ist oder die Abgabe verweigert. Der Gläubiger kann dann nicht nur den Erlass eines Haftbefehls beantragen, sondern die genannten Drittauskünfte einholen lassen. Diese Möglichkeit besteht auch dann, wenn der Schuldner zwar die Vermögensauskunft abgegeben hat, danach aber nicht mit einer vollständigen Befriedigung des Gläubigers zu rechnen ist.

vgl. LF 12, Kap. 2.1.3

Beispiel: Rechtsanwältin Sandra Selkic hat für den Gläubiger Markus Wenig die Abgabe der Vermögensauskunft durch die Schuldnerin Verena Hutzler veranlasst. Danach sind keine verwertbaren Vermögenswerte benannt. Nach Rücksprache mit ihrem Mandanten veranlasst Rechtsanwältin Sandra Selkic vorsorglich die Drittauskunft beim Bundeszentralamt für Steuern, um eventuell weitere Bankkonten zu ermitteln. Der Antrag auf Drittauskunft kann bereits mit dem Antrag auf Abgabe der Vermögensauskunft verknüpft werden.

2.2 Die Zwangsvollstreckung in bewegliche, körperliche Sachen des Schuldners

Wegen Geldforderungen in bewegliche körperliche Sachen kann mittels Sachpfändungsauftrag, auch Zwangsvollstreckungsauftrag genannt, gepfändet werden. Dabei erfolgt die Pfändung grds. unspezifisch, d. h., in alle beweglichen körperlichen Vermögenswerte des Schuldners wird vollstreckt. Zuständig ist der Gerichtsvollzieher am Wohnsitz des Schuldners. Der Antrag ist daher entweder an den Gerichtsvollzieher direkt zu richten, sofern dieser bekannt ist, oder an die Gerichtsvollzieher-Verteilerstelle beim zuständigen Amtsgericht zu adressieren.

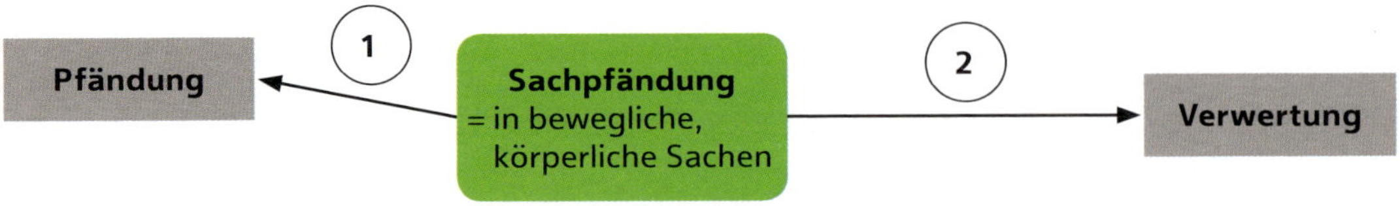

- zur rechten Zeit
- am rechten Ort
- Gewahrsam des Schuldners
- Verbot der Überpfändung
- Verbot der zwecklosen Pfändung
- Unpfändbarkeit

- Ort + Zeit (eine Woche seit Pfändung)
- öffentliche Versteigerung
- Zuschlag = Eigentumsübergang
- Beobachtung von Mindestgeboten

2.2.1 Die Pfändung

Gemäß § 808 Abs. 1 ZPO sind grds. alle beweglichen körperlichen Sachen im Gewahrsam des Schuldners pfändbar. Allerdings hat die Pfändung bestimmte Grenzen zu beachten. Durch die Pfändung entstehen zunächst die Pfandverstrickung und ein Pfändungspfandrecht des Gläubigers. Pfandverstrickung bedeutet, dass der Staat nun die Verfügungsgewalt über den gepfändeten Gegenstand besitzt. Eine Beschädigung oder Veräußerung des gepfändeten Vermögenswerts ist als Verstrickungsbruch gem. § 136 StGB (Strafgesetzbuch) mit Geldstrafe oder Freiheitsstrafe bis zu einem Jahr zu bestrafen.

Durchführung der Pfändung

Die Pfändung erfolgt nach § 808 Abs. 1 ZPO dadurch, dass der Gerichtsvollzieher die Vermögenswerte in Besitz nimmt. Die Inbesitznahme ist auf zwei verschiedene Arten möglich:

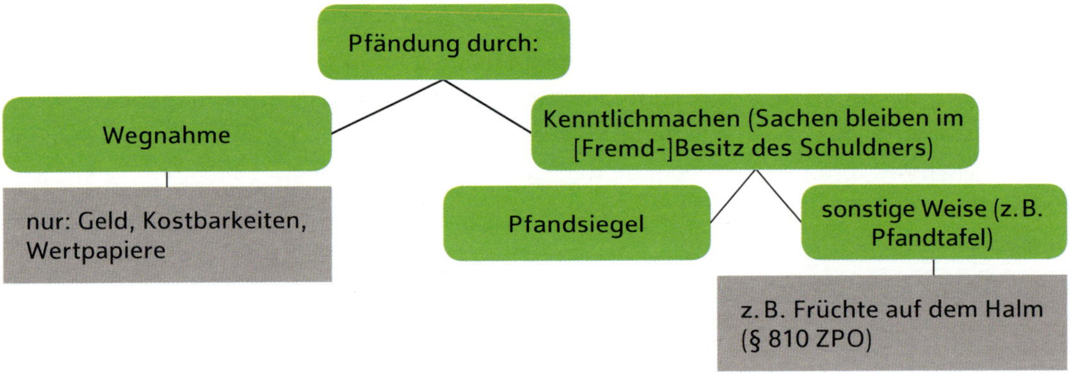

Gewahrsam

Dabei bezeichnet Gewahrsam den unmittelbaren Besitz des Schuldners. Ob der Schuldner auch Eigentümer der zu pfändenden Sache ist, wird grds. nicht geprüft. Folgende Fälle sind zu unterscheiden:

- **Gewahrsam des Schuldners, aber Eigentum eines Dritten**

  ▶ **Beispiel:** Der Schuldner Erik Wiesner hat sich den Beamer seines Bruders für eine private Filmvorführung geliehen.

  Nach § 808 Abs. 1 ZPO ist der Beamer beim Schuldner pfändbar. Der tatsächliche Eigentümer hat lediglich die Möglichkeit, sein Eigentum vom Gläubiger heraus zu verlangen und ggf. mit der Drittwiderspruchsklage (§ 711 ZPO) gegen ihn vorzugehen. vgl. LF 12, Kap. 3.2

- **Gewahrsam eines Dritten, aber Eigentum des Schuldners**

  ▶ **Beispiel:** Die Schuldnerin Karin Rowange hat ihren Laptop an ihre Freundin Lisa Fiehr verliehen.

  Eine Pfändung des Laptops bei Lisa Fiehr kommt nur in Betracht, wenn Lisa Fiehr zur Herausgabe bereit ist (§ 809 ZPO). Sollte dies nicht der Fall sein, besteht lediglich die Möglichkeit, den Herausgabeanspruch von Karin Rowange gegenüber Lisa Fiehr zu pfänden. Die entsprechende Vollstreckungsmaßnahme für die Pfändung dieses Anspruchs ist der Antrag auf Erlass eines Pfändungs- und Überweisungsbeschlusses (§ 886 ZPO). vgl. LF 12, Kap. 2.3

- **Mitgewahrsam von Schuldner und Ehegatte**

  ▶ **Beispiel:** Gerichtsvollzieherin Petra Los soll bei Karl Meinze eine Sachpfändung durchführen. Als sie an einer wertvollen Standuhr das Pfandsiegel anbringen möchte, behauptet die Ehefrau des Schuldners, Lea Meinze, dass sie Eigentümerin der Standuhr sei.

  Nach § 739 ZPO i. V. m. § 1362 BGB wird vermutet, dass der Schuldner Eigentümer der beweglichen Sachen ist. Er gilt im Rahmen der Zwangsvollstreckung als alleiniger Gewahrsamsinhaber, sofern nicht die Sache erkennbar der Ehefrau gehört. Dieses wäre z. B. dann der Fall, wenn es sich um Damenschmuck handelt. Die Pfändung ist im Beispielsfall daher rechtens. Lea Meinze bleibt lediglich die Möglichkeit, mittels Herausgabeverlangen und Drittwiderspruchsklage (§ 711 ZPO) vorzugehen. vgl. LF 12, Kap. 3.2

- **Mitgewahrsam von Schuldner und einem Dritten**

  ▶ **Beispiel:** Gerichtsvollzieher Ernst Wegrich findet im von der Schuldnerin Karin Bold und deren Schwester Marnie Bold gemeinsam bewohnten Haus ein wertvolles Gemälde vor. Marnie Bold behauptet Eigentümerin zu sein.

Da § 739 ZPO nur für den Ehegatten eine (negative) Ausnahme trifft, ist hier das Gemälde nicht pfändbar. Es ist nicht im alleinigen Gewahrsam des Schuldners. Dem Gläubiger verbleibt nur die Möglichkeit, über eine Vermögensauskunft die tatsächlichen Eigentumsverhältnisse klären zu lassen.

- **Gewahrsam des Schuldners, aber erkennbar Eigentum eines Dritten**

▶ **Beispiel:** Der Schuldner Heiko Clark ist als Meister in seiner Reparaturwerkstatt tätig. Die dort in Reparatur befindlichen Fahrzeuge sind offensichtlich nicht Eigentum des Schuldners.

Da klar ersichtlich ist, dass der Schuldner die Fahrzeuge lediglich während der Reparatur in Besitz hat, aber nicht Eigentümer ist, kommt eine Pfändung nicht in Betracht. Auch hier bleibt dem Gläubiger nur die Möglichkeit, eine Vermögensauskunft zu verlangen, sofern sich keine sonstigen pfändbaren Vermögenswerte finden.

Art und Weise der Pfändung sowie Pfändungsgrenzen

Neben der Beachtung des Gewahrsams des Schuldners muss die Sachpfändung auch in der korrekten Art und Weise erfolgen. Weiterhin sind Pfändungsgrenzen zu beachten.

Zur rechten Zeit erfolgt die Pfändung, wenn diese grds. werktags (also auch samstags) zwischen 06:00 Uhr und 21:00 Uhr stattfindet (§ 758 a ZPO). Der **rechte Ort** ist der Wohnsitz des Schuldners oder dessen Geschäftsräume. Grundsätzlich kann die Zwangsvollstreckung aber auch überall dort stattfinden, wo der Schuldner angetroffen wird. Grenzen bestehen dann, wenn zu diesem Zweck fremde Räumlichkeiten betreten werden müssen. Wegen der Unverletzlichkeit der Wohnung nach Art. 13 Abs. 2 GG muss hier der Wohnungseigentümer einverstanden sein. Dies betrifft auch den Schuldner selbst. Wenn dieser nicht in das Betreten und die Durchsuchung der Wohnung einwilligt, ist eine **richterliche Durchsuchungsanordnung** erforderlich (§ 758 a Abs. 1 ZPO). Eine solche ist auch für die Pfändung in Wohnungen zur Unzeit (also zwischen 21:00 Uhr und 06:00 Uhr oder an Sonn- oder Feiertagen) gem. § 758 a Abs. 4 ZPO nötig.

Pfändungsgrenzen werden durch den Gesetzgeber festgelegt. So ist das **Verbot der Überpfändung** nach § 803 Abs. 1 S. 2 ZPO zu beachten. Es dürfen nur so viele Vermögenswerte gepfändet werden, dass durch deren Verwertung die Forderungen des Gläubigers und die Kosten der Zwangsvollstreckung gedeckt werden können. Wenn also verschiedene Vermögensgegenstände beim Schuldner vorhanden sind, ist diese Grenze zu beachten. Dies gilt jedoch nicht in dem Fall, wenn lediglich ein – sehr hochwertiger – Vermögensgegenstand vorhanden ist.

▶ **Beispiel:** In der Wohnung des Schuldners ist ein sehr wertvolles Bild mit einem Verkehrswert von ca. 15.000,00 € vorhanden. Für eine Gesamtforderung eines Gläubigers über 1.000,00 €

ist dieses Bild nur dann pfändbar, wenn keine weiteren Vermögenswerte vorhanden sind. Gläubiger sehr kleiner Forderungen müssten andernfalls auf eine Befriedigung verzichten, wenn der Schuldner nur sehr hochpreisige Vermögenswerte besitzt.

Des Weiteren besteht das **Verbot der zwecklosen Pfändung** (§ 802 Abs. 2 ZPO). Es greift dann, wenn so geringwertige Pfändungsgegenstände aufgefunden werden, dass durch deren Verwertung noch nicht einmal die Kosten der Zwangsvollstreckung gedeckt werden können. Eine Pfändung macht in diesem Fall keinen Sinn.

Zum Schutz der Existenzgrundlage des Schuldners sind verschiedene Sachen nach § 811 ZPO **unpfändbar**. Es handelt sich dabei um Gegenstände für den persönlichen Gebrauch wie nach § 811 Abs. 1 Nr. 1 a ZPO, Gegenstände für die Erwerbstätigkeit nach § 811 Abs. 1 Nr. 1 b ZPO oder auch persönliche Gegenstände nach § 811 Abs. 1 Nrn. 1 d, 7 ZPO. Dadurch soll sichergestellt werden, dass dem Schuldner durch die Pfändung nicht die Möglichkeit genommen wird, seine eigene Lebensgrundlage zu erhalten. Als Motiv für diese Regelung gilt der Grundgedanke, dass dem Schuldner eine gewisse Lebensqualität erhalten bleiben soll und die Sicherung seiner Erwerbstätigkeit gegeben sein muss.

▶ **Beispiel:** Bettina Dolde arbeitet freiberuflich als Pelznäherin und wird von Modehäusern mit Änderungsarbeiten beauftragt. Sie erzielt durch diese Tätigkeit ihr einziges Einkommen. Für ihre Arbeit benötigt sie eine spezielle Nähmaschine. Eine Pfändung dieser Nähmaschine würde bedeuten, dass Bettina Dolde keine Einnahmen mehr hätte und auf staatliche Hilfe angewiesen wäre. Daher bestimmt hier der Gesetzgeber, dass solche Gegenstände nicht pfändbar sind.

vgl. LF 12, Kap. 2.2

Wirkung der Pfändung

Durch die Pfändung erwirbt der Gläubiger nach § 804 ZPO ein **Pfändungspfandrecht**, das ihn berechtigt, sich aus der Verwertung der Pfandsache zu befriedigen. Es tritt die sog. Pfandverstrickung ein, die **strafrechtlich geschützt** wird. Nach § 136 StGB kann der Schuldner zu einer Geld- oder sogar Freiheitsstrafe wegen Verstrickungs- bzw. Siegelbruch verurteilt werden, wenn er die gepfändete Sache oder das Pfandsiegel beschädigt. Der Schuldner ist nach der Pfändung nicht mehr befugt, über die gepfändeten Gegenstände zu verfügen.

vgl. LF 8, Kap. 1.5.1

Besondere Pfändungsarten

Um Ungerechtigkeiten zu vermeiden, wenn der Schuldner sehr teure unpfändbare Vermögenswerte besitzt, kann über Austauschpfändung und Vorwegpfändung trotz Unpfändbarkeit eine Zwangsvollstreckung stattfinden. Außerdem ist die Anschlusspfändung gesondert geregelt, wenn für mehrere Gläubiger gleichzeitig oder nacheinander vollstreckt wird. Die Besonderheiten sollen am Beispiel einer Austauschpfändung erläutert werden.

Nach § 811 a ZPO kann eine Austauschpfändung dann beantragt werden, wenn sehr teure unpfändbare Vermögenswerte nach **§ 811 Abs. 1 Nrn. 1 a und b, 2 ZPO** beim Schuldner vorgefunden werden. Grundprinzip der Austauschpfändung ist, dass dem Schuldner diese unpfändbaren Vermögensgegenstände dann genommen werden können, wenn er dafür ein Ersatzstück erhält. Das Ersatzstück ist zwar geringer im Wert, erfüllt jedoch dieselbe Funktion wie der gepfändete Gegenstand.

▶ **Beispiel:** Manuela Lundig ist freie Journalistin und besitzt einen sehr wertvollen PC. Dieser ist nach § 811 Abs. 1 Nr. 1 b ZPO unpfändbar. Im Weg einer Austauschpfändung kann der PC durch ein günstigeres Modell ersetzt werden. Voraussetzung ist allerdings, dass das Ersatzstück die entsprechende Funktionstüchtigkeit für die Arbeit von Manuela Lundig aufweist.

Diese Vorgehensweise ist lediglich dann sinnvoll, wenn eine große preisliche Differenz zwischen dem unpfändbaren Vermögensgegenstand und dem Ersatzstück besteht. Nach § 811 a Abs. 2 S. 1 ZPO soll das Vollstreckungsgericht die Austauschpfändung nur dann zulassen, wenn der zu erwartende Vollstreckungserlös den Wert des Ersatzstücks erheblich übersteigt.

Um dem Schuldner seine Erwerbsgrundlage zu belassen, kann eine Wegnahme des Vermögenswerts grds. erst erfolgen, wenn er zuvor den Ersatzgegenstand oder einen für seine Anschaffung erforderlichen Geldbetrag erhalten hat. Über die Art des Ersatzgegenstands bzw. den erforderlichen Geldbetrag entscheidet – grds. vor der Pfändung – das Vollstreckungsgericht. Erst nach Rechtskraft des Zulassungsbeschlusses kann die Wegnahme und die spätere Versteigerung des unpfändbaren Vermögenswerts erfolgen (§ 811 a Abs. 4 ZPO).

2.2.2 Die Verwertung

Auch bei der Verwertung sind verschiedene, gesetzlich vorgeschriebene Formalien einzuhalten.

Zeitpunkt, Ort, Art und Weise

Grundsätzlich ist eine **Frist von mindestens einer Woche** zwischen Pfändung und Versteigerung einzuhalten (§ 816 Abs. 1 ZPO). Hiervon kann aus verschiedenen Gründen abgewichen werden. So können sich Gläubiger und Schuldner über eine frühere Versteigerung einigen. Weiterhin kommt auch bei der Gefahr einer Wertverringerung ein früherer Termin in Betracht. Dies ist insbesondere bei Pfändung und Verwertung von Früchten oder Getreide auf dem Feld der Fall. Nicht zuletzt können auch unverhältnismäßig hohe Kosten für eine längere Aufbewahrung Grund für die Verkürzung der Frist sein.

Nach § 816 Abs. 2 ZPO erfolgt die Versteigerung in der Gemeinde, in der die Pfändung erfolgt ist, oder an einem anderen Ort im Bereich des Vollstreckungsgerichts. Aber auch über den Ort der Verwertung können Gläubiger und Schuldner eine davon abweichende Vereinbarung treffen.

Sofern keine andere Verwertungsart, wie z. B. ein freihändiger Verkauf, vereinbart wurde, erfolgt die Verwertung durch **öffentliche Versteigerung** (§ 814 ZPO). Dabei sind Ort und Zeitpunkt gem. § 816 Abs. 3 ZPO öffentlich bekannt zu machen. Dies erfolgt im Regelfall in der Tageszeitung. Bei der Versteigerung dürfen sowohl der Gläubiger als auch der Schuldner anwesend sei. Sie können beide mitsteigern.

▶ **Beispiel:** Rechtsanwalt Holger Zinser hat für Anja Wolgau die wertvolle Münzsammlung von Bernd Jugo in Speyer pfänden lassen. Die Sachpfändung erfolgte am 07.11.2025. Nach § 816 Abs. 1, 2 ZPO würde eine Zwangsversteigerung in Speyer nicht vor dem 15.11.2025 stattfinden. Anja Wolgau ist bekannt, dass bereits am 11.11.2025 eine Messe in Düsseldorf stattfindet, auf der Münzsammler höhere Preise für die Münzen zahlen als bei einer Versteigerung. Rechtsanwalt Holger Zinser wird daher versuchen, unverzüglich mit Bernd Jugo eine Einigung herbeizuführen, und beantragen, dass die Münzsammlung bereits am 11.11.2025 in Düsseldorf den Sachkundigen und Sammlern angeboten wird. Für Bernd Jugo bietet dieses Vorgehen den Vorteil, dass seine Münzsammlung nicht unter Wert versteigert wird. Seine Schuld reduziert sich dadurch stärker.

Ablauf

Der **Zuschlag** an den Meistbietenden erfolgt nach dreimaligem Aufruf (§ 817 Abs. 1 ZPO) und bewirkt den Eigentumsübergang an den Erwerber. Es müssen jedoch Mindestgrenzen für die Gebote beachtet werden. Nach § 817 a Abs. 1 ZPO beträgt das **Mindestgebot** die Hälfte des gewöhnlichen Verkehrswerts. Allerdings setzt bei Gold- und Silbersachen der Gold- oder Silberwert die absolute Mindestgrenze.

▶ **Beispiel:** Der Gerichtsvollzieher hat eine wertvolle Goldbrosche von Roma Braknak gepfändet. Ein Sachverständiger hat den Verkehrswert auf 1.500,00 € geschätzt. Der Goldwert liegt zum Zeitpunkt der Versteigerung bei 900,00 €. Die Hälfte des Verkehrswerts beträgt 750,00 €. Es muss jedoch ein Mindestgebot von 900,00 € eingehalten werden, um den Goldwert nicht zu unterschreiten.

Die Versteigerung mehrerer Sachen wird eingestellt, wenn der **Erlös** zur Befriedigung des Gläubigers und zur Deckung der Zwangsvollstreckungskosten ausreicht (§ 818 ZPO). Der Erlös wird in Höhe der Forderung an den Gläubiger ausgekehrt, ein überschießender Betrag dem Schuldner ausgezahlt.

In Betracht kommt auch die Versteigerung im Internet (§ 816 Abs. 5 ZPO). Außerdem können sich Gläubiger und Schuldner auf einen „Verkauf" an den Gläubiger einigen. Gepfändetes Geld wird nach § 815 ZPO an den Gläubiger abgeliefert.

2.3 Die Zwangsvollstreckung in Forderungen und Rechte des Schuldners

Wegen Geldforderungen können Forderungen des Schuldners über einen Drittschuldner gepfändet werden. Die Pfändung und Verwertung erfolgt mittels eines Pfändungs- und Überweisungsbeschlusses (PfÜB).

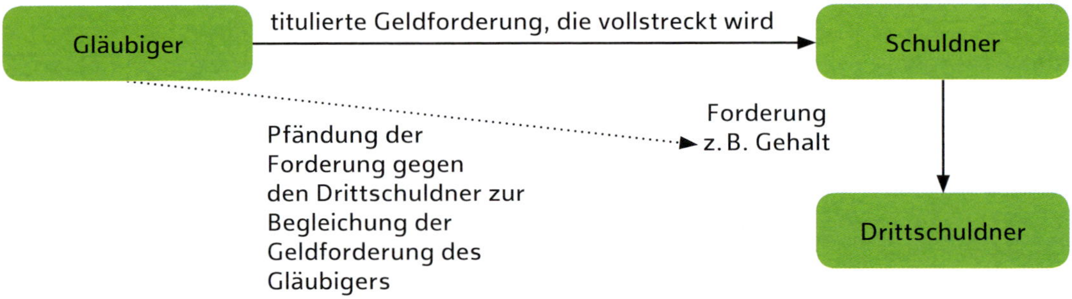

Gepfändet wird jeweils eine bestimmte Forderung gegen einen Drittschuldner. Allerdings können verschiedene Forderungspfändungen in einem Antrag zusammengefasst werden. Geregelt wird die Forderungspfändung in den §§ 828 ff. ZPO. Zu unterscheiden sind dabei der Pfändungsbeschluss, welcher die Beschlagnahme der Forderung bewirkt, und der Überweisungsbeschluss, wodurch eine Verwertung der Forderung durch Überweisung an den Gläubiger erfolgt.

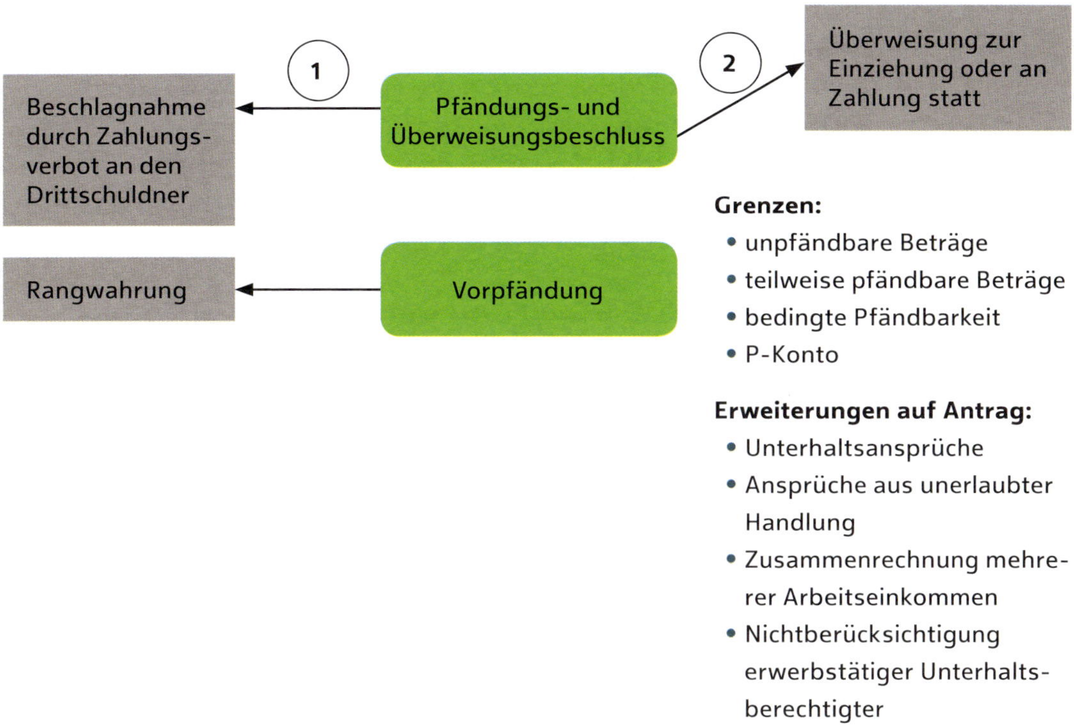

2.3.1 Die Grundlagen

Für den Erlass eines PfÜB ist sachlich das Amtsgericht als Vollstreckungsgericht zuständig (§ 828 Abs. 1 ZPO). Die örtliche **Zuständigkeit** richtet sich nach dem allgemeinen Gerichtsstand des Schuldners (§ 828 Abs. 2 ZPO). Funktionell ist der Rechtspfleger zuständig (§ 20 Abs. 1 Nr. 16 RPflG).

Der amtliche Antragsvordruck (https://www.bmj.de/DE/service/formulare/form_zwangsvollstreckung/form_zwangsvollstreckung_node.html – Stand: Dezember 2024) des Bundesministeriums der Justiz ist in einer Neufassung seit dem 01.09.2024 verbindlich zu verwenden. Er besteht aus drei Teilen:

- Antrag auf Erlass eines PfÜB,
- ausgefüllter Entwurf des PfÜB,
- Forderungsaufstellung für gewöhnliche Geldforderungen oder Unterhaltsforderungen.

Die Formulare können entweder in papiergebundener Fassung oder am PC ausgefüllt werden. In Zukunft besteht zudem die Möglichkeit, die Angaben elektronisch zu übermitteln. Hierfür sind die Landesjustizverwaltungen zuständig. Der Antrag wird in vierfacher Ausfertigung gestellt, da auch Ausfertigungen für Schuldner und Drittschuldner zu beachten sind.

Für den Antrag auf Erlass eines PfÜB müssen die allgemeinen **Vollstreckungsvoraussetzungen** – Titel, Klausel und Zustellung – vorliegen. Für Vollstreckungsbescheide über eine Geldforderung von bis zu 5.000,00 € genügt nach § 829 a ZPO ein vereinfachter Vollstreckungsantrag. Die Übermittlung einer Ausfertigung des Vollstreckungsbescheids ist unter den in § 829 a ZPO genannten Voraussetzungen entbehrlich. Ansonsten muss jedoch der Vollstreckungstitel im Original jeweils beigefügt werden. Zusätzlich ist eine Forderungsaufstellung beizufügen, um die durch die Zwangsvollstreckung bereits entstandenen Kosten zu vollstrecken.

Für den Antrag sind nach Nr. 2111 KV GKG **Gerichtskosten in Höhe von 24,00 €** zu begleichen. Diese können derzeit laut Antragsformular per elektronischer Kostenmarke oder SEPA-Lastschriftmandat entrichtet werden. Es besteht die Möglichkeit, für das Verfahren Prozesskostenhilfe auf dem entsprechenden Vordruck zu beantragen. Dem ist die entsprechende Erklärung über persönliche und wirtschaftliche Verhältnisse zusätzlich beizufügen.

Vor Erlass des PfÜB ist der Schuldner nicht zu hören (§ 834 ZPO). Die **Zustellung des PfÜB** kann durch das Vollstreckungsgericht oder den Gläubiger über den Gerichtsvollzieher veranlasst werden. In der Regel wählt der Gläubiger die Vermittlung der Zustellung durch das Gericht.

2.3.2 Die Pfändung mittels Pfändungsbeschluss

Pfändbar sind alle Forderungen und Vermögensrechte des Schuldners gegenüber einem Drittschuldner. Dabei handelt es sich im Wesentlichen um Folgende:

Forderungen und Rechte des Schuldners	Drittschuldner	Antragsformular
Arbeitsgehalt	Arbeitgeber des Schuldners	Anspruch E
pfändbare Sozialleistungen	Agentur für Arbeit oder Versicherungsträger	Anspruch F
Steuererstattungsansprüche	Finanzamt	Anspruch G
Bankguthaben	Banken und sonstige Kreditinstitute	Anspruch H
Lebens-/Rentenversicherungen	Versicherungsgesellschaften, Banken	Anspruch I
Bausparsummen	Bausparkassen	Anspruch J
Rentenansprüche	Rentenanstalten	Anspruch K
Mietforderungen	Mieter des Schuldners	Anspruch K
Herausgabeansprüche des Schuldners	Besitzer von Vermögenswerten des Schuldners, die nicht zur Herausgabe bereit sind (§ 809 ZPO)	Anspruch K

vgl. LF 12, Kap. 2.2

Die Pfändung ist mit der Zustellung des PfÜB an den Drittschuldner **bewirkt** (§ 829 Abs. 3 ZPO). Erst zu diesem Zeitpunkt ist die Pfändung wirksam. Das bedeutet, dass nunmehr für den Drittschuldner ein Zahlungsverbot besteht. Dem Drittschuldner ist die Zahlung an den Schuldner verboten (§ 829 Abs. 1 ZPO). Außerdem besteht für den Schuldner ein Verfügungsverbot (§ 829 Abs. 1 ZPO).

▶ **Beispiel:** Rechtsanwalt Rolf Nudorf beantragt für den Gläubiger Arndt Seefeld den Erlass eines Pfändungs- und Überweisungsbeschlusses zur Gehaltspfändung gegen die Schuldnerin Jana Bindner. Der PfÜB wird der Schuldnerin am 09.05.2025 und ihrem Arbeitgeber, der Münzig GmbH, am 08.05.2025 zugestellt. Mit Zustellung des PfÜB an den Arbeitgeber am Dienstag, den 08.05.2025, darf die Münzig GmbH das Gehalt ab Mai 2025 nicht mehr an Jana Bindner auszahlen. Außerdem darf Jana Bindner ab dem 08.05.2025 ihr Gehalt z. B. nicht mehr an jemand anderen abtreten. Bis zur vollständigen Begleichung der Forderung des Gläubigers Arndt Seefeld oder bis zur Aufhebung des PfÜB aus anderen Gründen entfaltet der PfÜB seine Wirksamkeit.

Mit Zustellung des PfÜB an den Drittschuldner entstehen für diesen noch weitere Pflichten. Er hat insbesondere die **Drittschuldnererklärung** nach § 840 ZPO abzugeben. Es handelt sich um die Erklärungen,

1. ob und inwieweit er die Forderung als begründet anerkenne und Zahlung zu leisten bereit sei;
2. ob und welche Ansprüche andere Personen an die Forderung machen;
3. ob und wegen welcher Ansprüche die Forderung bereits für andere Gläubiger gepfändet sei.

Bei einer Kontopfändung sind zusätzlich noch Erklärungen abzugeben, ob eine Unpfändbarkeit des Guthabens nach § 850 l ZPO angeordnet wurde oder ob es sich um ein Pfändungsschutzkonto gem. § 850 k ZPO handelt (§ 840 Abs. 1 Nrn. 4, 5 ZPO).

Diese Drittschuldnererklärung muss auf Verlangen des Gläubigers, sofern sie nicht bei der Zustellung abgegeben wurde, innerhalb von zwei Wochen seit Zustellung des PfÜB an den Drittschuldner erfolgen (§ 840 Abs. 1, 3 ZPO). Sollte der Drittschuldner dieser Verpflichtung nicht rechtzeitig nachkommen, haftet er nach § 840 Abs. 2 S. 2 ZPO für den dem Gläubiger hierdurch entstandenen Schaden. Zudem besteht bei fehlender Drittschuldnererklärung für den Gläubiger die Möglichkeit, **Drittschuldnerklage** zu erheben. Bei der Drittschuldnerklage klagt der Gläubiger gegen den Drittschuldner auf Zahlung des pfändbaren Teils der dem Schuldner gegen den Drittschuldner zustehenden Forderung. Dem Schuldner ist nach § 841 ZPO der Streit zu verkünden. Die Zuständigkeit des Gerichts richtet sich nach der eingeklagten Forderung.

▶ **Beispiel:** Da die Münzig GmbH (vgl. oben) die Drittschuldnererklärung verweigert, erhebt Rechtsanwalt Rolf Nudorf für Arndt Seefeld Drittschuldnerklage. Beklagte ist die Münzig GmbH, Jana Bindner wird nach § 841 ZPO der Streit verkündet. Streitgegenstand ist die Zahlung des pfändbaren Gehalts auf die titulierte Kaufpreisforderung des Gläubigers Arndt Seefeld gegen die Schuldnerin Jana Bindner in Höhe von 5.600,00 €. Zuständig ist das Arbeitsgericht am Gerichtsstand von Jana Bindner. Sollte sich im Verfahren herausstellen, dass Jana Bindner bei der Münzig GmbH lediglich Gehalt in unpfändbarer Höhe bezieht, ist die

Drittschuldnerklage für erledigt zu erklären. Die für das Verfahren entstandenen Kosten können dem Drittschuldner, der Münzig GmbH, als Schadenersatz nach § 840 Abs. 2 S. 2 ZPO auferlegt werden.

2.3.3 Die Verwertung mittels Überweisungsbeschluss

Mit der Zustellung des PfÜB an den Drittschuldner ist die Pfändung bewirkt, d.h., ab diesem Zeitpunkt besteht ein Pfändungspfandrecht des Gläubigers, aus dem er sich befriedigen kann. Die Befriedigung erfolgt durch die Überweisung der Forderung des Schuldners gegenüber dem Drittschuldner. Dabei kann die Überweisung nach § 835 Abs. 1 ZPO auf zwei Arten erfolgen:

Bei der **Überweisung an Zahlung statt** nach § 835 Abs. 2 ZPO geht die Forderung des Schuldners gegen den Drittschuldner auf den Gläubiger über. Dadurch wird der Schuldner mit diesem Forderungsübergang gegenüber dem Gläubiger von der Zahlung befreit.

▶ **Beispiel:** Sara Jäger vollstreckt eine Forderung über 1.000,00 € gegen Jessica Chirac. Da Jessica Chirac einen Abfindungsanspruch gegenüber ihrem Arbeitgeber, der Holzbauer GmbH, in Höhe von 1.500,00 € besitzt, veranlasst Sara Jäger einen Pfändungs- und Überweisungsbeschluss und wählt die Überweisung an Zahlung statt. Mit Zustellung des PfÜB an die Holzbauer GmbH erwirbt Sara Jäger die Abfindungsforderung bis zu einem Betrag von 1.000,00 €, und die Forderung gegenüber der (ehemaligen) Schuldnerin Jessica Chirac besteht nicht mehr. Sollte nun die Holzbauer GmbH in Insolvenz gehen, trägt Sara Jäger das Risiko, dass ihre Forderung nicht befriedigt wird.

Vorzuziehen ist daher eher die **Überweisung zur Einziehung**. In diesem Fall erlischt die Forderung des Gläubigers gegen den Schuldner erst dann, wenn tatsächlich eine Zahlung durch den Drittschuldner erfolgt. Geht also der Drittschuldner in Insolvenz und wird damit zahlungsunfähig, verbleibt dem Gläubiger weiterhin die Möglichkeit, gegen seinen Schuldner vorzugehen.

Hinweis: Achten Sie bei der Antragstellung darauf, die für Sie korrekte Überweisungsart zu wählen. Im Regelfall wird es sich dabei um die Überweisung zur Einziehung handeln.

2.3.4 Die Vorpfändung

Problematisch ist teilweise, dass der Erlass und die Zustellung eines Pfändungs- und Überweisungsbeschlusses oftmals einige Zeit in Anspruch nehmen. Da im Rahmen der Zwangsvollstreckung das Prioritätsprinzip gilt, kommt es maßgeblich darauf an, möglichst rasch Zwangsvollstreckungsmaßnahmen durchzuführen, um anderen Gläubigern zuvorzukommen. Hierfür bietet die Vorpfändung, auch als vorläufiges Zahlungsverbot bezeichnet, nach § 845 ZPO eine geeignete Möglichkeit, schnell Forderungen und Rechte des Schuldners zu beschlagnahmen.

vgl. LF 12, Kap. 1

Zuständig hierfür ist der Gerichtsvollzieher des Amtsgerichts, in dessen Bezirk der Schuldner seinen Wohnsitz hat. Voraussetzung ist lediglich ein vollstreckbarer Schuldtitel. Nach § 720 a ZPO ist die Vorpfändung auch mit einem lediglich vorläufig vollstreckbaren Urteil statthaft. Die Wartefrist, z. B. beim Kostenfestsetzungsbeschluss, muss nicht abgewartet werden.

vgl. LF 12, Kap. 1.3

Die Vorpfändung ist wie der Pfändungs- und Überweisungsbeschluss mit der Zustellung an den Drittschuldner bewirkt und hat die Wirkung eines Arrests (§ 825 Abs. 2 ZPO). Dies bedeutet, dass mit Zustellung der Vorpfändung an den Drittschuldner das Zahlungsverbot an diesen ergeht und auch der Schuldner nicht mehr über die Forderung verfügen darf. Die Forderung ist damit beschlagnahmt. Eine Zahlung an den Schuldner oder Dritte darf nicht mehr erfolgen. Allerdings erhält auch der Gläubiger noch keine Zahlung.

Diese Wirkung endet jedoch, wenn nicht innerhalb eines Monats ein Pfändungs- und Überweisungsbeschluss bewirkt, also an den Drittschuldner zugestellt wird (§ 825 Abs. 2 ZPO). Demnach muss der Gläubiger darauf achten, die Frist nicht zu versäumen, um nicht seinen durch die Vorpfändung erzielten Rang wieder zu verlieren.

Beispiel: Dem Arbeitgeber Bernd Staiger e. K. liegen verschiedene Pfändungen des Gehalts seines Arbeitnehmers Wilhelm Pünder vor. Die Gläubigerin Sarah Vonne hat am 25.07.2025 eine Vorpfändung zustellen lassen. Zwar liegt bereits eine Vorpfändung des Gläubigers Christian Goal vor, die am 18.07.2025 zugestellt wurde. Der Pfändungs- und Überweisungsbeschluss für Christian Goal wurde jedoch erst am 21.08.2025 zugestellt, sodass die Vorpfändung ihre Wirkung verloren hat. Sofern Sarah Vonne den Pfändungs- und Überweisungsbeschluss bis spätestens 25.08.2025 zustellen lässt, geht deren Pfändung rangmäßig der des Christian Goal vor. Sie erhält daher vorrangig Zahlungen aus dem Gehalt des Schuldners Wilhelm Pünder.

2.3.5 Die Grenzen der Pfändung

Wie bei der Sachpfändung besteht bei der Forderungspfändung grds. das Verbot der Kahlpfändung, d. h., je nach gepfändeter Forderung sind verschiedene Grenzen zu beachten.

Arbeitsentgelt

Das Arbeitseinkommen bildet im Regelfall die Existenzgrundlage für den Schuldner. Diese soll ihm und seinen unterhaltsberechtigten Angehörigen grds. nicht genommen werden. Der Gläubiger erhält lediglich den Teil, der über die Existenzgrundlage hinausgeht. Berechnet wird der pfändbare Anteil nach der Pfändungstabelle. Die Pfändungstabelle ist unterteilt nach dem regelmäßigen Einkommen (monatlich, wöchentlich, täglich) und der Anzahl der Unterhaltsberechtigten des Schuldners. Die pfändbaren Beträge steigen degressiv an, d. h., je mehr der Schuldner verdient, desto mehr verbleibt ihm trotz der Pfändung. Dadurch besteht für den Schuldner ein Anreiz, seine Arbeit nicht zu reduzieren.

vgl. Anlage zu § 850 c ZPO gem. jeweils aktueller Pfändungsfreigrenzenbekanntmachung

Zum Arbeitseinkommen zählen nach § 850 ZPO alle Vergütungen, die dem Schuldner aus Arbeits- und Dienstleistungen zustehen. Diese umfassen neben dem Nettoeinkommen (§ 850 e Abs. 1 Nr. 1 ZPO) auch die Renten sowie Zahlungen zum Ausgleich von Wettbewerbsbeschränkungen (§ 850 Abs. 2 ZPO).

Weiterhin sind Anteile des Arbeitseinkommens ganz oder teilweise gem. § 850 a ZPO unpfändbar oder nach § 850 b ZPO nur unter bestimmten Bedingungen pfändbar:

Unpfändbar: **§ 850 a Nrn. 2, 3, 5, 6, 7, 8 ZPO**	Urlaubsgelder, Zuwendungen, Treuegelder im üblichen Rahmen; Aufwandsentschädigungen, Auslösungsgelder, Gefahrenzulagen im üblichen Rahmen; Geburtsbeihilfen, Erziehungsgelder, Studienbeihilfen, Sterbe- und Gnadenbezüge, Blindenzulagen
Teilweise unpfändbar: **§ 850 a Nrn. 1, 4 ZPO**	Weihnachtsgelder bis zu der Hälfte des Betrags, dessen Höhe sich nach Aufrundung des monatlichen Freibetrags nach § 850 c Abs. 1 ZPO i. V. m. Abs. 4 auf den nächsten vollen 10-Euro-Betrag ergibt; 50 % der Mehrarbeitsstunden
Bedingt pfändbar: **§ 850 b ZPO**	Renten aus Verletzung von Körper oder Gesundheit; gesetzliche Unterhaltsrenten, Einkünfte aus Stiftungen oder Fürsorge; Bezüge aus Witwen-, Waisen-, Hilfs- und Krankenkasse; Ansprüche aus Lebensversicherungen, die auf den Todesfall abgeschlossen wurden und deren Versicherungssumme 5.400,00 € nicht übersteigt

Nach der Pfändungstabelle zu § 850 c ZPO wird berücksichtigt, wenn der Schuldner unterhaltspflichtig gegenüber Ehegatten oder Angehörigen ist. Dies betrifft insbesondere den Fall, dass Ehegatte und/oder Kinder im Haushalt des Schuldners leben. Hier müssen nicht unbedingt direkte Zahlungen an die Unterhaltsberechtigten erfolgen. Berücksichtigt werden vielmehr erhöhte Lebensunterhaltskosten, beispielsweise für die Anmietung größerer Wohnungen, Energiekosten und Lebensmittel.

Bankguthaben

Das Bankguthaben des Schuldners kann mittels Pfändungs- und Überweisungsbeschluss gepfändet werden. Die IBAN ist hierzu nicht erforderlich. Gepfändet wird die gesamte Geschäftsverbindung des Schuldners zur Bank, also alle dort bestehenden Konten.

Dem Schuldner bietet sich jedoch die Möglichkeit, ein **Pfändungsschutzkonto**, abgekürzt P-Konto, einzurichten. Bei dieser Kontenart kann der Schuldner über den Betrag der Pfändungsfreigrenze frei verfügen. Seit 01.07.2024 beträgt die Pfändungsfreigrenze gem. § 850 c Abs. 2 a ZPO i. V. m. Pfändungsfreigrenzenbekanntmachung 2024 (PfändfreiGrBek) (Stand Dezember 2024) 1.499,99 €. Der Betrag ändert sich jedes Jahr. Dabei berücksichtigt die

Bank bei einer Pfändung die Pfändungsfreigrenze von sich aus. Sofern der Schuldner Unterhaltsberechtigte zu versorgen hat, erhöht sich der Freibetrag. Jedem Schuldner darf lediglich **ein** P-Konto gewährt werden. Weiterhin kann der Schuldner nach § 850 k ZPO beantragen, dass das Guthaben auf dem P-Konto für eine Dauer von bis zu zwölf Monaten nicht gepfändet werden darf. Voraussetzung hierfür ist der Nachweis des Schuldners, dass auf das Konto überwiegend nur unpfändbare Beträge gutgeschrieben werden.

2.3.6 Erweiterte Pfändungsmöglichkeiten

Im Rahmen der Forderungspfändung bieten sich verschiedene Möglichkeiten, den Zugriff auf die Vermögenswerte zu erweitern. Um hier eine höhere Verwertungsquote zu erzielen, ist es wichtig, die wesentlichen Regelungen zu kennen.

Die Forderungen von **unterhaltsberechtigten** Gläubigern sind begünstigt. Sie gehen zwar rangmäßig nicht den übrigen Forderungen vor, aber die Pfändungsgrenzen der Pfändungstabelle (Anlage zu § 850 c ZPO) und des § 850 a ZPO finden keine Anwendung. Allerdings besteht auch in diesem Fall das Verbot der Kahlpfändung. Dem Schuldner ist seine Lebensgrundlage und die seiner unterhaltsberechtigten Angehörigen zu belassen (§ 850 d Abs. 1 ZPO).

Nach § 850 f Abs. 2 ZPO sind auch die Gläubiger bevorrechtigt, die **Forderungen aus unerlaubten Handlungen** besitzen. Im Titel muss jedoch klargestellt sein, dass der Anspruchsgrund eine unerlaubte Handlung ist. Auch für diese Gläubiger ist ein erweiterter Zugriff auf das Arbeitseinkommen des Schuldners gegeben. Weiterhin fallen diese Forderungen im Insolvenzverfahren nicht unter die Restschuldbefreiung. Der Gläubiger kann daher auch noch nach erteilter Restschuldbefreiung gegen den Schuldner vollstrecken.

vgl. LF 12, Kap. 1.4

Für die übrigen Gläubiger sind hinsichtlich des Arbeitseinkommens eventuell noch zwei Antragsmöglichkeiten von Bedeutung. Zum einen kann nach § 850 e Abs. 2 ZPO der Antrag gestellt werden, dass mehrere **Arbeitseinkommen zusammengerechnet** werden. Dies bietet sich vor allem dann an, wenn der Schuldner bei verschiedenen Arbeitgebern Einkünfte unterhalb der Pfändungsfreigrenze erzielt. Zum anderen kann der Gläubiger nach § 850 c Abs. 4 ZPO beantragen, dass **Unterhaltsberechtigte ganz oder teilweise nicht berücksichtigt** werden, wenn diese ein eigenes Einkommen erzielen.

Tipp: Achten Sie bei der Vermögensauskunft insbesondere darauf, ob Unterhaltsberechtigte ein eigenes Einkommen erzielen, um rasch den Antrag nach § 850 c Abs. 4 ZPO zu stellen. Ebenso sollte auf das Geburtsdatum der Kinder geachtet werden. Mit Erreichen des 18. Lebensjahrs endet unter bestimmten Umständen die Unterhaltspflicht. Hier bietet es sich an, eine weitere Vermögensauskunft nach § 802 d ZPO zu verlangen.

2.4 Die Zwangsvollstreckung in unbewegliches Vermögen des Schuldners

In das unbewegliche Vermögen des Schuldners kann nach § 866 Abs. 1 ZPO auf drei grds. verschiedene Arten vollstreckt werden:

1. Zwangsversteigerung
2. Zwangsverwaltung
3. Eintragung einer Zwangssicherungshypothek

Es bleibt dem Gläubiger überlassen, ob er nur eine dieser Maßnahmen oder zwei oder alle drei zusammen ergreift (§ 866 Abs. 2 ZPO). Als Grundlage für eine solche Immobiliarvollstreckung bietet sich die **Einholung eines Grundbuchauszugs** an. Hierin enthalten sind Informationen zu den rechtlichen Verhältnissen im Zusammenhang mit dem Grundstück, wie z. B. konkrete Eigentumsverhältnisse oder Belastungen des Grundstücks.

2.4.1 Die Zwangsversteigerung

Im Zug des Zwangsversteigerungsverfahrens wird dem Schuldner das Eigentum am Grundstück genommen. Hierfür sind jedoch strenge Formalien zu beachten. Diese werden im Gesetz über die Zwangsversteigerung und die Zwangsverwaltung (ZVG) geregelt.

Voraussetzungen

Zuständig ist das Amtsgericht – Vollstreckungsgericht – in dem Bezirk, in dem das Grundstück liegt (§ 1 Abs. 1 ZVG). Im Übrigen müssen die allgemeinen Vollstreckungsvoraussetzungen vorliegen, also Titel, Vollstreckungsklausel und Zustellung.

vgl. LF 8, Kap. 1.5.2

Allerdings gelten hinsichtlich des Titels Besonderheiten. Um aus Rangklasse 4 nach § 10 ZVG das Verfahren betreiben zu können, muss ein **Duldungstitel** i. S. d. § 1147 BGB vorliegen. Es handelt sich dabei um sog. dingliche Gläubiger, die ihre Rechte durch Eintragung einer Grundschuld oder einer Hypothek (auch in Form einer Zwangssicherungshypothek) gesichert haben. Die Klage und das entsprechende Urteil lauten demnach auf Duldung der Zwangsversteigerung aus den entsprechenden Rechten. Persönliche Gläubiger, also z. B. Gläubiger, die aus einem zur Zahlung einer Geldsumme lautenden Titel das Verfahren betreiben, weisen lediglich Rangklasse 5 nach § 10 ZVG auf. Dies bedeutet, dass sämtliche Rechte aus dem Grundbuch im Rang vorgehen und vor Auszahlung des Versteigerungserlöses zu bedienen sind.

▶ **Beispiel:** Rechtsanwalt Peter Huber hat für seine Mandantin Elvira Heimann-Wenig deren Kaufpreisforderung in Höhe von 23.500,00 € gegen Gerhard Vogler titulieren lassen. Der Schuldner ist im Besitz eines kleinen und sehr abseits gelegenen Einfamilienhauses aus dem Jahr 1986. Das Haus wurde zuletzt im Jahr 2010 renoviert und bedarf dringend eines neuen

Dachs. In Abteilung III sind Grundschulden und Hypotheken im Wert von insgesamt 200.000,00 € eingetragen. Rechtsanwalt Peter Huber rät in diesem Fall von einem Zwangsversteigerungsverfahren ab, da die eingetragenen Grundschulden und Hypotheken bestehen bleiben und vor Elvira Heimann-Wenig zu bedienen sind.

Ablauf des Verfahrens

Nach Prüfung des Antrags **ordnet** das Gericht per Beschluss **die Zwangsversteigerung an**. Zugleich ersucht es das Grundbuchamt um Eintragung dieser Anordnung in das Grundbuch, Abteilung II (§ 19 Abs. 1 ZVG). Hierdurch wird das Grundstück zugunsten des Gläubigers beschlagnahmt (§ 20 Abs. 1 ZVG). Die **Beschlagnahme** erfasst hierbei auch das Zubehör. Der Schuldner darf nun das Grundstück nicht mehr veräußern oder belasten (§ 23 ZVG). Die Einziehung von Mietzinsen ist dem Schuldner jedoch weiterhin möglich. Diese Nutzungsrechte werden von der Beschlagnahme nicht erfasst (§ 21 Abs. 2 ZVG). Hier kann jedoch der Gläubiger die Zwangsverwaltung beantragen.

vgl. LF 12, Kap. 2.4.2

Durch Einholung eines **Verkehrswertgutachtens** von einem öffentlich bestellten und vereidigten Sachverständigen wird es dem Gericht ermöglicht, einen Verkehrswert festzusetzen. Dieser ist für das gesamte weitere Verfahren (insbesondere auch für die Ermittlung der Gerichtskosten und Rechtsanwaltsgebühren) dann entsprechend maßgebend. Interessierte Bieter haben die Möglichkeit, das Verkehrswertgutachten auf der Geschäftsstelle des Gerichts einzusehen, um sich näher über das Objekt zu informieren.

vgl. LF 12, Kap. 4

Nach §§ 35 ff. ZVG bestimmt das Vollstreckungsgericht einen **Versteigerungstermin**. Dieser ist öffentlich bekannt zu machen, wobei mittlerweile in vielen Fällen eine Bekanntmachung über das Internet erfolgt.

Hinweis: Über www.zvg-portal.de können bei verschiedenen Gerichten Informationen über anstehende Zwangsversteigerungstermine eingeholt werden. Zum Stand Dezember 2024 sind jedoch noch nicht alle Gerichte vertreten.

Zum Versteigerungstermin sind mindestens vier Wochen vorher der Schuldner und alle Beteiligten **zu laden** (§ 41 ZVG). Beteiligte sind neben dem Gläubiger und dem Schuldner alle diejenigen, die ein Recht im Grundbuch eingetragen haben, sowie diejenigen, die ein gegen die Zwangsvollstreckung entgegenstehendes Recht angemeldet und glaubhaft gemacht haben (§ 9 ZVG).

Der Versteigerungstermin beginnt mit dem Aufruf der Sache (§ 66 ZVG). Den Anwesenden werden durch den Rechtspfleger Informationen zu dem Verkehrswert, Auflagen und Beschränkungen gegeben. Für die Bieter ist dabei insbesondere von Interesse, dass sie nicht notwendigerweise ein lastenfreies Grundstück erwerben. So bleiben Rechte, die dem Gläubiger vorgehen, bestehen. Außerdem können Rechte, die in Abteilung II des Grundbuchs eingetragen sind, bestehen bleiben.

▶ **Beispiel:** Jörg Chiuz betreibt das Zwangsversteigerungsverfahren in das Reiheneckhaus des Sam Hofer. In Abteilung III des Grundbuchs ist eine vorrangige Grundschuld über 150.000,00 € eingetragen. Abteilung II des Grundbuchs weist ein Wohnrecht zugunsten der Mutter von Sam Hofer auf. Der Erwerber wird darüber informiert, dass die Grundschuld und das Wohnrecht auch nach der Zwangsversteigerung noch bestehen bleiben und zulasten des ersteigerten Grundstücks gehen.

Weiterhin stellt der Rechtspfleger das **geringste Gebot** sowie die Versteigerungsbedingungen fest (§ 45 ZVG). Das geringste Gebot entspricht nicht dem Verkehrswert, sondern setzt sich aus den dem versteigernden Gläubiger vorangehenden Rechte sowie den Kosten des Verfahrens zusammen. Die bestehen bleibenden Rechte sowie die Kosten des Verfahrens müssen also mindestens gedeckt sein.

Die **Bietzeit** beginnt nach der Aufforderung zur Abgabe von Geboten. Sie beträgt mindestens 30 Minuten (§ 73 ZVG), kann aber entsprechend verlängert werden. In dieser Zeit können noch Fragen gestellt oder das Verkehrswertgutachten eingesehen werden. Wenn trotz Aufforderung des Rechtspflegers keine Gebote mehr abgegeben werden und die Mindestzeit von 30 Minuten abgelaufen ist, wird die Versteigerung geschlossen.

Das höchste abgegebene Gebot, das sog. Meistgebot, muss im ersten Termin die Hälfte des Verkehrswerts erreichen (§ 85 a ZVG). Sofern das Gebot zwischen 5/10 und 7/10 des Verkehrswerts liegt, kann ein Berechtigter einen Antrag auf Zuschlagsverweigerung nach § 74 a ZVG stellen. Erst in einem weiteren Versteigerungstermin gilt nur noch das geringste Gebot als unterste Grenze.

▶ **Beispiel:** Nele Lijan betreibt wegen einer Forderung in Höhe von 120.000,00 € die Zwangsversteigerung gegen Olaf Topner. Im Grundbuch ist lediglich eine vorrangige Hypothek über 50.000,00 € eingetragen. Der Verkehrswert der Immobilie wurde mit 200.000,00 € festgestellt. Im ersten Versteigerungstermin wird der Zuschlag nur dann erteilt, wenn mindestens 100.000,00 € geboten werden. Bei einem Meistgebot zwischen 100.000,00 € und 140.000,00 € kann Nele Lijan einen Antrag auf Zuschlagsversagung stellen. Sollte in diesem Termin kein Zuschlag erteilt werden, ist im zweiten Termin lediglich das geringste Gebot mit 50.000,00 € zzgl. der Verfahrenskosten als Untergrenze zu berücksichtigen. Nele Lijan könnte in diesem Fall höchstens noch eine Einstellung des Verfahrens beantragen, um einen Zuschlag bei einem sehr geringen Gebot zu verhindern.

Nach § 67 ZVG kann ein Beteiligter, der bei einer Nichterfüllung des Gebots benachteiligt wird, eine **Sicherheitsleistung** sofort nach Abgabe des Gebots verlangen. Die Höhe der Sicherheitsleistung beträgt 10 % des Verkehrswerts (§ 68 ZVG). Die Sicherheitsleistung kann gem.

§ 69 ZVG durch Bundesbankscheck, Verrechnungsscheck oder unbefristete, unbedingte und selbstschuldnerische Bürgschaft erbracht werden.

Der Bieter erwirbt durch den **Zuschlag** das Eigentum an dem Grundstück (§ 90 ZVG). Für den Eigentumsübergang kommt es demnach nicht auf die Eintragung im Grundbuch an. Nach § 93 ZVG ist der Zuschlagsbeschluss ein Vollstreckungstitel, mit welchem der neue Eigentümer gegenüber dem früheren Eigentümer zwangsweise die Räumung und Herausgabe vollstrecken kann. In andere Mietverhältnisse tritt der neue Eigentümer ein. Er besitzt jedoch nach § 57 a ZVG ein Sonderkündigungsrecht, das er unmittelbar nach Eigentumserwerb geltend machen muss. Allerdings muss ein berechtigtes Interesse des Erwerbers an der Kündigung vorliegen. Dies ist z. B. dann der Fall, wenn der neue Eigentümer in die ersteigerte Wohnung selbst einziehen möchte, also Eigenbedarf geltend macht.

Nach der Erteilung des Zuschlags bestimmt das Gericht einen **Termin zur Verteilung des Versteigerungserlöses** (§ 105 ZVG). Dabei wird der Erlös nicht nach Quoten, sondern nach der Rangordnung der Rechte gem. § 10 ZVG verteilt. Für den Gläubiger, der die Zwangsversteigerung betreibt, ist daher stets dieses Rangverhältnis zu beachten. Die Zwangsversteigerung selbst löst vielfältige Kosten für die Anordnung der Zwangsversteigerung, die Erstellung des Verkehrswertgutachtens und die Durchführung der Zwangsversteigerung aus. Wenn diese Kosten erbracht werden, aber vorrangige Gläubiger bei der Erlösverteilung hiervon profitieren, sind andere Vollstreckungsmöglichkeiten in die Überlegung einzubeziehen.

2.4.2 Die Zwangsverwaltung

Das Zwangsmittel der Zwangsverwaltung nimmt dem Schuldner nicht das Eigentum, sondern der Gläubiger wird aus den Erträgen eines Grundstücks befriedigt. Das Grundstück ist bis zur Befriedigung durch die Anordnung der Zwangsverwaltung beschlagnahmt. Die Zwangsverwaltung ist in den §§ 146–161 ZVG und in der Zwangsverwalterverordnung (ZwVwV) geregelt.

Zuständig ist der Rechtspfleger beim Vollstreckungsgericht (Amtsgericht) in dem Bezirk, in dem sich das Grundstück befindet. Dem Antrag auf Zwangsverwaltung ist der entsprechende Titel beizufügen. Das Gericht erlässt einen Beschluss über die Zwangsverwaltung, welcher in Abteilung II des Grundbuchs eingetragen wird. Zugleich bestellt das Gericht einen Zwangsverwalter.

Dadurch bleibt der Schuldner zwar Eigentümer seines Grundstücks, aber die Verwaltung und Nutzung sind ihm entzogen. Der **Zwangsverwalter** tritt diesbezüglich an die Stelle des Schuldners und führt die Erträge aus dem Grundstück, z. B. Miete, Pacht oder Versicherungsleistungen, nach Abzug der Verfahrens- und Verwaltungskosten sowie der öffentlichen Lasten, wie

z. B. Grundsteuer, an den Gläubiger zur Befriedigung ab. Erst nach vollständiger Befriedigung der Forderungen des Gläubigers wird die Zwangsverwaltung wieder aufgehoben.

▶ **Beispiel:** Zoé Lacroix hat wegen einer Unterhaltsforderung in Höhe von monatlich 365,00 € gegen Eike Franzen die Zwangsverwaltung seines Miethauses in Stuttgart veranlasst. Das Amtsgericht – Vollstreckungsgericht – Stuttgart hat als Zwangsverwalter den Immobilienfachwirt Lars Meisner bestellt. Lars Meisner zieht nun die Mieteinnahmen ein. Unter Abzug der Kosten, wie z. B. die Kosten der Zwangsverwaltung, leitet er die monatlichen Beträge an Zoé Lacroix weiter.

Die Verwaltung umfasst nicht nur die Einziehung der Miet- oder Pachtzinsen, sondern auch z. B. die Veranlassung erforderlicher Reparaturen, die Klärung rechtlicher Belange, wie z. B. die rechtzeitige Kündigung oder die Verfolgung von Mietansprüchen, und die Sorge für eine ausreichende Versicherung der Immobilie. Wichtig ist daher, dass eine geschäftskundige natürliche Person als Zwangsverwalter (§ 1 Abs. 2 ZwVwV) ausgewählt wird. Nach § 150 Abs. 1 ZVG wird der Verwalter vom Vollstreckungsgericht bestellt. In seiner Auswahl ist das Gericht dabei nicht an die Vorschläge der Beteiligten, also Gläubiger und Schuldner, gebunden. In Betracht kommen insbesondere Rechtsanwälte und -anwältinnen, Wirtschaftsprüfer/-innen, Steuerberater/-innen oder gewerbliche Hausverwalter/-innen, die eine entsprechende Qualifikation für die Aufgabenstellung aufweisen.

Der Schuldner hat nach § 149 ZVG das Recht, die Wohnung in der Immobilie weiterhin zu nutzen. Er muss allerdings bereit sein, die Nebenkosten für dieses Objekt zu übernehmen. Andernfalls besteht die Möglichkeit, dass der Zwangsverwalter die Räumlichkeiten des Schuldners räumen lässt.

Nach Nr. 2220 KV GKG entsteht für die Entscheidung über den Antrag auf Anordnung der Zwangsverwaltung eine Gerichtsgebühr in Höhe von 120,00 €.

2.4.3 Die Zwangssicherungshypothek

vgl. LF 12, Kap. 1.3

Die Zwangssicherungshypothek, auch Zwangshypothek oder Sicherungshypothek genannt, dient lediglich der Sicherung der Forderung eines Gläubigers. Eine Befriedigung erfolgt daraus – zunächst – nicht. Sie ist daher auch bei einer Sicherungsvollstreckung nach § 720 a ZPO zulässig.

Zuständig für den Antrag ist nach § 867 Abs. 1 ZPO, § 1 GBO der Rechtspfleger (§ 3 Nr. 1 h RPflG) beim Grundbuchamt, in dessen Bezirk sich das Grundstück befindet. Dort wird auch das entsprechende Grundbuch geführt. Die Zwangssicherungshypothek wird in Abteilung III des Grundbuchs eingetragen.

Neben den allgemeinen Voraussetzungen – Titel, Vollstreckungsklausel und Zustellung – bestimmt § 866 Abs. 3 ZPO eine **Forderungshöhe von mehr als 750,00 €**. Die bisherigen Vollstreckungskosten werden hierbei mit einberechnet. Das aktuelle Forderungskonto weist die konkrete Forderung zu diesem Zeitpunkt aus. Die durch die Eintragung der Zwangssicherungshypothek entstehenden Kosten werden ebenso wie die Zinsen nicht hinzugerechnet.

Die Zwangssicherungshypothek **bedeutet für den Gläubiger**, dass er bei einem freihändigen Verkauf des Grundstücks oder einer Zwangsversteigerung oder Zwangsverwaltung durch einen anderen Gläubiger beteiligt ist. Insbesondere bei einem freihändigen Verkauf des Grundstücks kann der Gläubiger die Löschungsbewilligung der Zwangssicherungshypothek davon abhängig machen, dass seine Forderung durch den Schuldner vorher beglichen wird. Vorrangige Gläubiger oder Eigentümergrundschulden kann der Gläubiger ablösen oder löschen lassen (§§ 268, 1150, 1179 a, b BGB). Dadurch kann er seine Rangposition verbessern. Weiterhin kann aus der Zwangssicherungshypothek die Zwangsversteigerung betrieben werden, ohne dass ein Duldungstitel i. S. d. § 1147 BGB vorliegen muss. Dieser Gläubiger nimmt dann den 4. Rang nach § 10 ZVG ein und geht damit den persönlichen Gläubigern vor, die die Zwangsversteigerung betreiben wollen.

vgl. LF 12, Kap. 2.4.1

Beispiel: Rolf Olsen hat aus Kostengründen zunächst nur eine Zwangssicherungshypothek wegen einer Forderung in Höhe von insgesamt 4.500,00 € gegenüber Sven Hansen eintragen lassen. Sven Hansen beabsichtigt nun, sein Hausgrundstück zu veräußern. Der Erwerber besteht auf einer lastenfreien Übergabe des Grundstücks. Sven Hansen wird hier gehalten sein, die noch offene Forderung bei Rolf Olsen zu begleichen, um die Löschungsbewilligung von diesem zu erhalten. Andernfalls besteht für Sven Hansen das Risiko, dass der Verkauf nicht zustande kommt.

2.5 Die gütliche Erledigung

Der Gerichtsvollzieher soll in jedem Stadium des Zwangsvollstreckungsverfahrens auf eine gütliche Erledigung hinwirken (§ 802 b Abs. 1 ZPO). Dabei entscheidet jedoch letztlich der Gläubiger, ob er einer Zahlungsvereinbarung in der entsprechenden Fassung zustimmen will.

2.5.1 Voraussetzungen

Für die gütliche Erledigung kann nach Modul G des Zwangsvollstreckungsauftrags der Gerichtsvollzieher durch den Gläubiger beauftragt werden. Dabei kann dieser Antrag sowohl isoliert als auch in Kombination mit weiteren Aufträgen, wie der Sachpfändung oder der Vorpfändung, gestellt werden.

Aber auch ohne Auftrag durch den Gläubiger kann der Gerichtsvollzieher einen Zahlungsplan mit dem Schuldner vereinbaren. Hierbei legt § 802 b Abs. 2 ZPO bestimmte Kriterien für die

Zahlungsvereinbarung fest. Inhaltlich kann eine Zahlungsfrist oder Ratenzahlung vereinbart werden. Vorausgesetzt wird jedoch jeweils, dass der Schuldner die Einhaltung der Vereinbarung glaubhaft macht. Allein auf das Wort des Schuldners hin, z. B. nach Ablauf einer Frist zahlen zu wollen, ist kein Zahlungsplan möglich. Hier besteht die Gefahr, dass der Schuldner lediglich eine Verzögerung der Zwangsvollstreckung erreichen will, um z. B. Vermögenswerte beiseitezuschaffen. Letztlich soll die Tilgung innerhalb von zwölf Monaten abgeschlossen sein. Es handelt sich hierbei um keine zwingende Bedingung, allerdings ist eine Abweichung von der Tilgungsfrist nur bei außerordentlichen Bedingungen angezeigt.

▶ **Beispiel:** Gerichtsvollzieher Werner Kinzig ist wegen einer Forderung in Höhe von insgesamt 15.000,00 € mit der Sachpfändung bei Karl Grotwitzig beauftragt. Der vollstreckende Gläubiger Markus Quilt hat keine Vorgaben zum Abschluss einer Zahlungsvereinbarung getroffen. Karl Grotwitzig legt dem Gerichtsvollzieher mittels Gehaltsbescheinigungen dar, dass aus seinem Einkommen lediglich ein Betrag in Höhe von monatlich 599,28 € pfändbar ist. Da ihm aber wichtig ist, dass sein Arbeitgeber über seine Schuldensituation keine Mitteilung erhält, erklärt sich der Schuldner zu einer monatlichen Zahlung in Höhe von 1.000,00 € bereit. Außerdem verpflichtet er sich zum Einsatz seines vollständigen Weihnachtsgelds in Höhe von 1.935,00 €. Hier kann davon ausgegangen werden, dass der Gläubiger mit diesen Konditionen einverstanden sein wird, da über einen Pfändungs- und Überweisungsbeschluss wesentlich geringere Beträge erzielbar sind.

Die Vereinbarung eines Zahlungsplans ist dem Gerichtsvollzieher jedoch verwehrt, wenn der Gläubiger einen solchen in seinem Auftrag (Modul G) ausdrücklich ausgeschlossen hat.

2.5.2 Der Zahlungsplan

Der abgeschlossene Zahlungsplan hat zur Wirkung, dass die Vollstreckung aufgeschoben wird. Weitere Vollstreckungsmaßnahmen sind für den Gläubiger daher während der Laufzeit des Zahlungsplans nicht zulässig. Dies betrifft jedoch nur den Gläubiger, für den der Zahlungsplan vereinbart wurde. Andere Gläubiger sind selbstverständlich durch die Zahlungsvereinbarung nicht an einer Zwangsvollstreckung gehindert.

vgl. LF 12, Kap. 2.1

Hinweis: Der Schuldner kann einen Eintrag ins Schuldnerverzeichnis vermeiden, wenn er innerhalb eines Monats nach Abgabe der Vermögensauskunft zwar keine vollständige Befriedigung des Gläubigers, aber eine Zahlungsvereinbarung nachweist.

Der Zahlungsplan wird jedoch hinfällig und der Vollstreckungsaufschub endet, wenn

- der Gläubiger dem Zahlungsplan unverzüglich nach Unterrichtung über den Abschluss widerspricht oder
- der Schuldner mit einer der vereinbarten Zahlungen ganz oder teilweise länger als zwei Wochen in Rückstand gerät.

In diesem Fall ist es dem Gläubiger dringend anzuraten, unverzüglich die Zwangsvollstreckung fortzusetzen, um seine Rechte zu wahren.

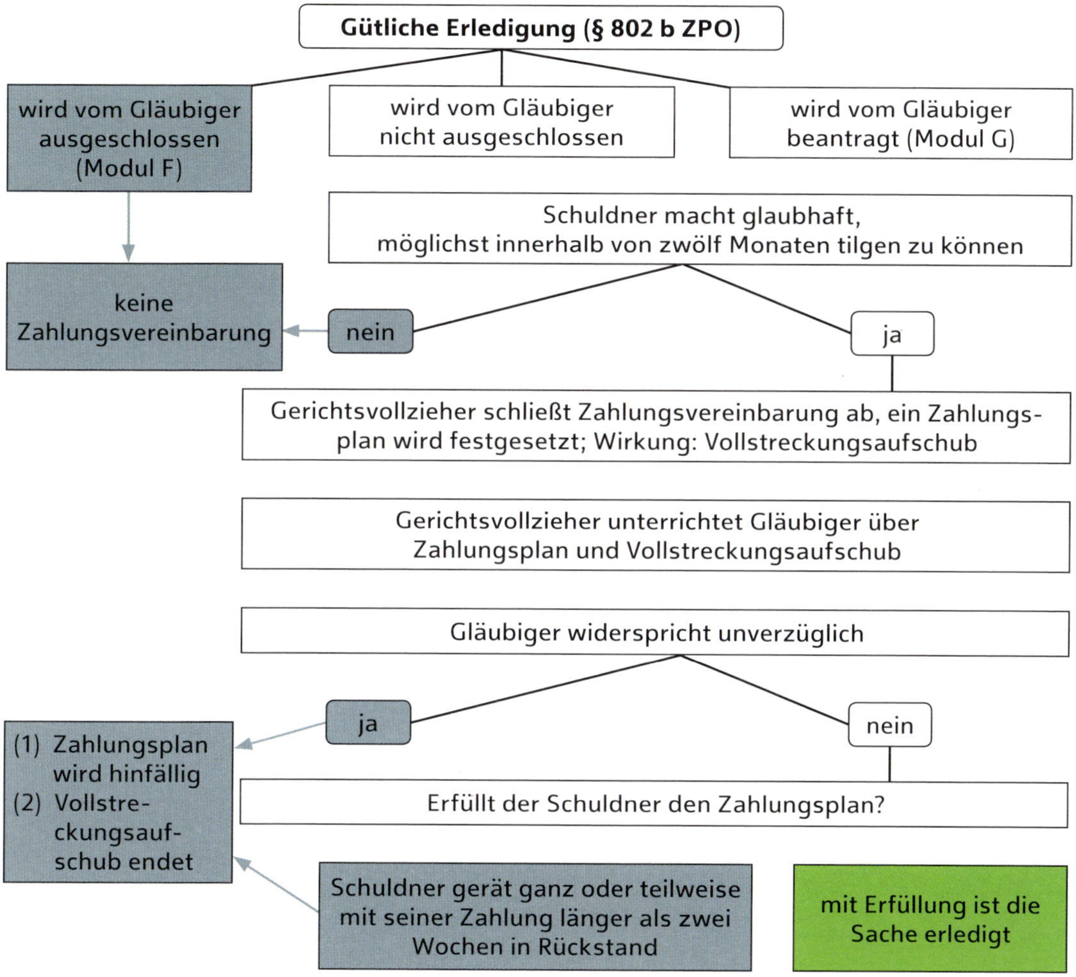

2.6 Der Arrest als einstweiliger Rechtsschutz

Der Gläubiger einer Geldforderung besitzt die Möglichkeit, sogar noch vor Einreichung einer Klage in einem Eilverfahren mit dem Arrestbefehl einen Vollstreckungstitel zu erhalten. Hiermit kann bereits gepfändet, aber noch nicht verwertet werden. Dieser Titel dient lediglich der Sicherung der Zwangsvollstreckung in das bewegliche oder unbewegliche Vermögen. Der Gläubiger hat nun die Zeit, seinen Anspruch im Klage- oder gerichtlichen Mahnverfahren titulieren zu lassen, ohne dass eine Verschlechterung der Vermögensverhältnisse beim Schuldner in der Zwischenzeit befürchtet werden muss.

Überblick im Zeitablauf

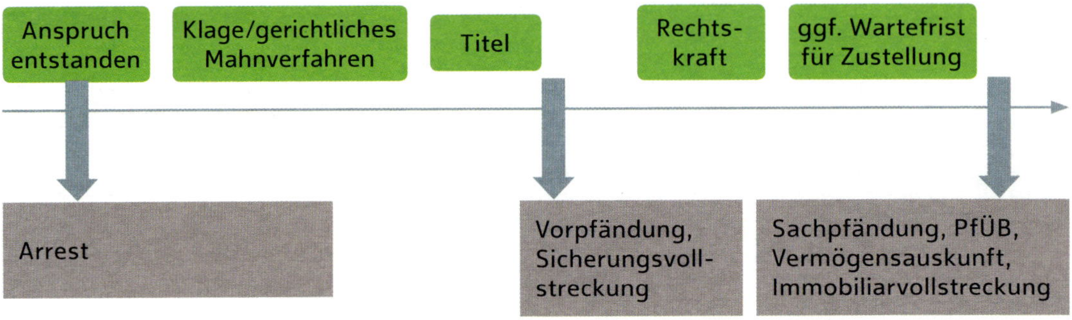

Hinweis: Bei sonstigen Leistungsansprüchen ist ein einstweiliger Rechtsschutz durch eine einstweilige Verfügung erreichbar. Nach § 936 ZPO sind hierfür die Regelungen zum Arrestverfahren entsprechend anwendbar, wenn keine Sonderregelungen gelten.

2.6.1 Voraussetzungen

Für das Arrestgesuch ist örtlich und sachlich das Gericht der Hauptsache **zuständig**, also das Gericht für die Geltendmachung des Anspruchs des Gläubigers (§ 919 ZPO). Daneben kann der Arrest auch bei dem Amtsgericht beantragt werden, in dessen Bezirk sich der mit dem Arrest zu belegende Gegenstand (bei dinglichem Arrest) oder der in seiner persönlichen Freiheit zu beschränkende Schuldner (bei persönlichem Arrest) befindet. Anwaltszwang besteht demnach nicht.

Drei Voraussetzungen sind erforderlich, um einen Arrestbeschluss zu erhalten:

1. Arrestanspruch
2. Arrestgrund
3. Glaubhaftmachung

Arrestanspruch

Nach § 916 ZPO muss es sich bei dem **Arrestanspruch** um eine Geldforderung oder einen Anspruch handeln, der in eine Geldforderung übergehen kann.

▶ **Beispiel:** Ole Pendovic hat die Toni Luando KG mit der Erstellung eines Einfamilienhauses beauftragt. Es zeigen sich nunmehr Mängel an der Fassade. Hier können die Gewährleistungsansprüche durch Rücktritt oder Minderung in eine Geldforderung übergehen. Sofern Ole Pendovic bereits die Werklohnforderung vollständig beglichen hat, verbleibt ihm nur die Möglichkeit, bei Vorliegen der entsprechenden Voraussetzungen einen Arrest zu beantragen.

Arrestgrund

Des Weiteren muss nach §§ 917, 918 ZPO ein **Arrestgrund** vorliegen. Dies ist dann der Fall, wenn der Gläubiger befürchtet, dass die Vollstreckung eines noch zu erwirkenden Vollstreckungstitels durch eine drohende Verschlechterung der Vermögensverhältnisse beim Schuldner ohne den Arrest gefährdet ist.

▶ **Beispiel:** Rechtsanwalt Arndt Reger hat für Bettina Flatow den Erlass eines Mahnbescheids wegen einer Kaufpreisforderung in Höhe von 53.800,00 € gegen Zirko Kirkec beantragt. Bettina Flatow erfährt, dass Zirko Kirkec beabsichtigt, seine Eigentumswohnung an seinen Bruder zu veräußern. Es steht zu befürchten, dass unter den Brüdern nicht der tatsächliche Wert der Wohnung beim Verkauf zugrunde gelegt wird. Außerdem sind Geldbeträge leichter beiseitezuschaffen als Immobilien. Es ist daher von einem Arrestgrund auszugehen.

Andere Gläubiger und deren Vollstreckungsmaßnahmen sowie eine generell schlechte Vermögenslage des Schuldners sind kein Arrestgrund, da es hier an einer Verschlechterung der Vermögenslage fehlt. Arrestgründe sind jedoch

- verschwenderische Lebensweise des Schuldners,
- Verschleierung des Aufenthalts, Aufgabe des Wohnsitzes, häufiger Wechsel des Wohnsitzes,
- Wegzug ins Ausland oder
- verdächtige Veräußerungen oder Belastungen des Vermögens durch den Schuldner.

Glaubhaftmachung

Sowohl der Arrestanspruch als auch der Arrestgrund sind nach § 920 Abs. 2 ZPO **glaubhaft zu machen**. Gemäß § 294 ZPO reicht bei der Glaubhaftmachung aus, dass eine Tatsache dem Gericht überwiegend wahrscheinlich erscheint. Es sind alle Beweismittel und darüber hinaus noch weitere Möglichkeiten zulässig, beispielsweise die eidesstattliche Versicherung. Der Arrestanspruch kann z. B. durch Vorlage einer Urkunde oder durch Zeugen belegt werden. Für den Arrestgrund bietet sich in der Praxis eher die Abgabe einer eidesstattlichen Versicherung an. Sofern eine Glaubhaftmachung nicht möglich ist oder dem Gericht nicht ausreicht, kann gem. § 921 ZPO auch die Leistung einer Sicherheit durch den Gläubiger angeordnet werden.

vgl. LF 10, Kap. 1.2.5

2.6.2 Verfahrensablauf

Das Arrestverfahren beginnt mit dem **Arrestgesuch** (§ 920 ZPO). Dieses soll die Bezeichnung des Anspruchs, unter Angabe des Geldbetrags, sowie die Bezeichnung des Arrestgrunds enthalten, welche beide glaubhaft zu machen sind. Der Verfahrensablauf wird danach unterschieden, ob eine mündliche Verhandlung stattfindet oder nicht:

- Die Entscheidung über das Arrestgesuch ergeht nach mündlicher Verhandlung durch **(Arrest-)Urteil**. Hiergegen kann als Rechtsmittel Berufung eingelegt werden.

- Ohne mündliche Verhandlung ergeht die Entscheidung durch **(Arrest-)Beschluss**. Hiergegen ist nach § 924 ZPO der Rechtsbehelf des Widerspruchs gegeben. Eine Frist ist hierfür nicht bestimmt, allerdings wird zum einen die Vollziehung des Arrests nicht gehemmt, zum anderen besteht Anwaltszwang, wenn der Arrestbeschluss durch ein Landgericht ergeht. Über den Widerspruch wird nach § 925 ZPO durch Endurteil entschieden. Hiergegen steht bei Vorliegen der entsprechenden Voraussetzungen das Rechtsmittel der Berufung zur Verfügung.

vgl. LF 11, Kap. 1.2, 1.4.1

- Gegen einen **zurückweisenden Beschluss** des Arrestgerichts kann der Gläubiger Beschwerde nach §§ 566 ff. ZPO innerhalb einer Notfrist von zwei Wochen einlegen.
- Daneben kann der Schuldner nach § 926 ZPO auch beantragen, dass die **Klageerhebung binnen einer bestimmten Frist angeordnet** wird, sofern die Hauptsache nicht anhängig ist. Dadurch kann der Schuldner sicherstellen, dass möglichst rasch über den Zahlungsanspruch des Gläubigers entschieden wird. Sollte der Anspruch des Gläubigers nicht tituliert werden, sind die durch Arrest gesicherten Vermögenswerte des Schuldners wieder freizugeben.

2.6.3 Vollziehung des Arrests

Im **Arrestbefehl** sind sowohl der Arrestgrund als auch die Höhe der durch den Arrest gesicherten Geldforderung anzugeben. Weiterhin wird nach § 923 ZPO die sog. **Lösungssumme** festgesetzt. Es handelt sich um einen Geldbetrag, durch dessen Hinterlegung der Schuldner die Aufhebung des vollzogenen Arrests beantragen kann. Eine Sicherung des Gläubigers ist mit Leistung dieser Lösungssumme nicht mehr erforderlich.

▶ **Beispiel:** Der Gläubiger Frank Nertlop hat wegen einer Kaufpreisforderung in Höhe von 2.500,00 € gegen die Schuldnerin Anika Kurz-Wagner einen Arrest erwirkt. Das Arrestgericht setzt eine Lösungssumme in Höhe von 3.000,00 € fest, da diese nicht nur nach der Forderung, sondern auch zusätzlich nach Zinsen und Kosten bemessen wird.

Im Arrestbefehl ist ferner anzugeben, ob der Arrest gegen das Vermögen des Schuldners gerichtet ist, sog. **dinglicher Arrest** gem. § 917 ZPO, oder gegen die Person des Schuldners, sog. **persönlicher Arrest** nach § 918 ZPO. Der dingliche Arrest richtet sich gegen das Vermögen des Schuldners. Hierdurch kann z. B. ein Konto des Schuldners gepfändet werden. Der persönliche Arrest ist nach § 918 ZPO nur zulässig, wenn der dingliche Arrest zur Sicherung des Anspruchs nicht ausreicht. Dies ist z. B. dann der Fall, wenn keine Vermögenswerte bekannt sind und der Schuldner versucht, sich der Abgabe der Vermögensauskunft zu entziehen. Hier kommen Haft oder andere freiheitseinschränkende Maßnahmen in Betracht, wie z. B. der Entzug des Reisepasses.

Der Arrestbefehl stellt einen Vollstreckungstitel dar. Nach § 929 Abs. 1 ZPO ist eine Vollstreckungsklausel nur in Sonderfällen erforderlich. Im Übrigen ist der Arrestbefehl sofort vollstreckbar. Die Vollstreckung erfolgt:

- in bewegliches Vermögen: durch Pfändung (§ 930 Abs. 1 ZPO); zuständig ist der Gerichtsvollzieher
- in Forderungen und Rechte: durch Pfändungsbeschluss (§ 930 Abs. 1 ZPO); zuständig ist das Arrestgericht als Vollstreckungsgericht
- in unbewegliches Vermögen: durch Arresthypothek (§ 932 Abs. 1 ZPO); zuständig ist das Grundbuchamt

Als Besonderheit sind bei der Vollstreckung zwei Fristen zu beachten:

1. **Vollziehungsfrist**
   Die Vollziehungsfrist beträgt längstens **einen Monat** seit Verkündung des Arresturteils (nach mündlicher Verhandlung) oder seit Zustellung des Arrestbeschlusses (ohne mündliche Verhandlung) an den Gläubiger. Bei einer Vollziehung in unbewegliches Vermögen gilt der Antrag auf Eintragung der Arresthypothek als Vollziehung (§ 932 Abs. 3 ZPO).
2. **Zustellfrist**
   Die Zustellung des Arrestbefehls muss durch den Gläubiger erfolgen. Allerdings ist eine Vollziehung bereits vor Zustellung zulässig, sofern die Zustellung innerhalb von **einer Woche** nach Vollziehung und vor Ablauf der Vollziehungsfrist erfolgt. Als Ausnahme zur Zustellungsfrist nach § 750 ZPO kann hier also die Zustellung der Vollziehung nachfolgen.

vgl. LF 12, Kap. 1.3

Zusammenfassung

Informationsbeschaffung

- Welche Vermögenswerte besitzt der Schuldner?
- Vermögensauskunft durch den Schuldner
- Erzwingungshaft zur Erlangung der Vermögensauskunft möglich
- Drittauskünfte über bestimmte Vermögenswerte
- Ermittlung des Aufenthaltsorts

Zwangsvollstreckung wegen Geldforderungen

bewegliche körperliche Sachen

- Sachpfändung
- Gewahrsam des Schuldners
- Unpfändbarkeit und Pfändungsverbote
- Verwertung, insbesondere Versteigerung
- besondere Pfändungsarten

Forderung und Rechte

- Pfändungs- und Überweisungsbeschluss
- Rangfolge der Pfändungen
- Vorpfändung zur Rangwahrung
- Verwertung mittels Überweisungsbeschluss
- Pfändungstabelle für Arbeitseinkommen

Immobilien

- Zwangsversteigerung der Immobilie
- Zwangsverwaltung = Erlöse, z. B. Mieteinnahmen aus der Immobilie
- Zwangssicherungshypothek

Eilverfahren

- Sicherungsvollstreckung, § 720 a ZPO
- Vorpfändung, § 845 ZPO
- Arrest, §§ 916 ff. ZPO

gütliche Erledigung

- Zahlungsplan
- einstweilen Ruhen der Vollstreckung

Wiederholung und Vertiefung

1. Unter welchen Voraussetzungen ist eine Drittauskunft möglich?
2. Beurteilen Sie, ob bzw. unter welchen Voraussetzungen eine wertvolle Uhr des Schuldners, die dieser seinem Vater ausgeliehen hat, gepfändet werden kann.
3. Am 12.08.2025 pfändet der Gerichtsvollzieher bei der Schuldnerin ein wertvolles Schmuckstück. Wann kann frühestens ein Versteigerungstermin angesetzt werden?
4. Erläutern Sie den Zweck einer Vorpfändung.
5. Welche Teile des Arbeitseinkommens des Schuldners sind unpfändbar oder nur teilweise pfändbar?
6. Welche Voraussetzung muss bei dem Antrag auf Eintragung einer Zwangssicherungshypothek erfüllt sein?
7. In welchen Fällen ist vom Antrag auf Zwangsversteigerung einer Immobilie eher abzuraten?
8. Welchen Inhalt kann ein Zahlungsplan haben und welche Wirkung hat er?
9. Am 10.07.2025 wird das Arresturteil verkündet und am 17.07.2025 dem Gläubiger zugestellt. Welche Fristen hat der Gläubiger bei der Vollziehung zu beachten?
10. Prüfen Sie, ob die eingeleiteten Zwangsvollstreckungsmaßnahmen in den jeweiligen Fällen sinnvoll und zulässig sind:
    a) Gläubiger Karl Zoal leitet die Pfändung von Mieteinnahmen gegen Schuldner Heinz Krausthal ein. Schuldner Heinz Krausthal hat seine Wohnung an seine gute Freundin Lisa Bewer zu einem Freundschaftspreis vermietet.
    b) Gläubigerin Sandra Paulsen hat die Vorpfändung gegen die Schuldnerin Jessica Letika aus einem vorläufig vollstreckbaren erstinstanzlichen Urteil veranlasst. Jessica Letika legt Berufung gegen das Urteil ein.
    c) Gläubiger Olaf Handsoon beauftragt den Gerichtsvollzieher mit der Sachpfändung bei der Schuldnerin Ute Wiegold und der Einholung einer Auskunft über die Schuldnerin beim Träger der gesetzlichen Rentenversicherung.

3 Die Einwendungen gegen Vollstreckungsmaßnahmen

Bei der Durchführung der Zwangsvollstreckung können verschiedene Fehler auftreten. Betroffene haben deshalb die Möglichkeit, sich hiergegen zu wehren. Die Abwehrmöglichkeiten unterscheiden sich danach, welche Art von Fehler aufgetreten ist. Wenn Formalien der Zwangsvollstreckung durch die Vollstreckungsorgane nicht beachtet wurden, kommen die Erinnerung oder die sofortige Beschwerde als Rechtsbehelfe in Betracht. Bei materiell-rechtlichen Einwendungen, also solchen, die sich gegen den titulierten Anspruch oder die Vollstreckung durch den Gläubiger richten, muss Klage erhoben werden.

Einwendungen gegen die Zwangsvollstreckung

formelle Einwendungen	materiell-rechtliche Einwendungen
• Erinnerung gegen Art und Weise der Zwangsvollstreckung, § 766 ZPO • sofortige Beschwerde, § 793 ZPO i. V. m. §§ 566 ff. ZPO	• Vollstreckungsabwehrklage, § 767 ZPO • Drittwiderspruchsklage, § 771 ZPO

Daneben bestehen für den Schuldner verschiedene Schutzvorschriften, unabhängig von Fehlern der Vollstreckungsorgane oder des Gläubigers, wie z. B. der Vollstreckungsschutzantrag gem. § 765 a ZPO. Für den vollstreckenden Gläubiger sind Kenntnisse über Einwendungsmöglichkeiten wichtig, um bei Einwendungen des Schuldners oder eines Dritten sachgerecht reagieren zu können.

Lernsituation

Rechtsanwältin Katharina Marscher hat für Selina Willgart einen Vollstreckungsbescheid über eine Darlehensforderung in Höhe von 13.500,00 € gegen Ingo Epler erwirkt. Hieraus wurde die Zwangsvollstreckung betrieben. Nach den Informationen aus der eingeholten Vermögensauskunft wird neben der Pfändung seines Arbeitsentgelts am 28.04.2025 auch die Sachpfändung eines wertvollen PC des Ingo Epler sowie eines E-Bikes eingeleitet. Ingo Epler, der im Angestelltenverhältnis in der Personalverwaltung als Industriekaufmann tätig ist, wendet gegen die Zwangsvollstreckung des PC ein, dass er darauf seine Berichte an seinen Arbeitgeber schreibe. Es handele sich demnach um einen unpfändbaren Gegenstand nach § 811 Abs. 1 Nr. 1 b) ZPO. Der Gerichtsvollzieher erklärt daraufhin die Sachpfändung des PC als gescheitert und pfändet am 19.05.2025 lediglich das E-Bike.

Am 20.05.2025 meldet sich Herbert Fuchs per E-Mail bei der Kanzlei. Er verweist darauf, dass die Pfändung des E-Bikes nicht rechtmäßig sei, da dieses nicht im Eigentum des Ingo Epler stehe. Er habe das E-Bike seinem Freund Ingo Epler verliehen. Darauf habe Ingo Epler den Gerichtsvollzieher auch hingewiesen, der aber dennoch die Pfändung durchgeführt habe. Herbert Fuchs verlangt nun von Selina Willgart, vertreten durch Rechtsanwältin Katharina Marschner, die Freigabe seines E-Bikes.

Oxana Schuhmann erhält am 20.05.2025 die Akte mit der Bitte, ein entsprechendes Vorgehen gegen die Zurückweisung der Pfändung des PC zu prüfen und ggf. den entsprechenden Schriftsatz zu entwerfen. Außerdem soll sie die E-Mail des Herbert Fuchs an die Mandantin Selina Willgart weiterleiten und diese über mögliche weitere Schritte von Herbert Fuchs informieren. Oxana Schuhmann setzt sich daraufhin mit Jana Seidel zusammen und beide klären mithilfe der ZPO die Rechtslage.

Arbeitsaufträge:

a) Prüfen Sie, ob es sich bei dem PC des Ingo Epler um einen unpfändbaren Gegenstand handelt.
b) Begründen Sie, welche Vorgehensweise für die Kanzlei nun möglich und wer hierfür zuständig ist.
c) Prüfen Sie, ob die Pfändung des E-Bikes durch den Gerichtsvollzieher rechtmäßig war.
d) Erläutern Sie, wie Herbert Fuchs bei einer Ablehnung der Freigabe weiter vorgehen kann und begründen Sie, weshalb er zuvor die Gläubigerin zur Freigabe aufgefordert hat.
e) Vergleichen Sie Ihre Ergebnisse untereinander.
f) Reflektieren Sie anschließend Ihr Wissen.

3.1 Formelle Einwendungen

Die Vollstreckungsorgane müssen die Formalien, insbesondere die der ZPO, bei Durchführung der Zwangsvollstreckung beachten. Je nachdem, ob eine Vollstreckungsmaßnahme oder eine Vollstreckungsentscheidung fehlerhaft ist, stehen die Rechtsbehelfe der Erinnerung oder der sofortigen Beschwerde zur Verfügung. Diese richten sich gegen die Art und Weise der Durchführung der Zwangsvollstreckung.

3.1.1 Die Erinnerung

Gegen fehlerhafte **Vollstreckungsmaßnahmen** eines Vollstreckungsorgans kann Erinnerung nach § 766 ZPO eingelegt werden. Die Vollstreckungsmaßnahme ist dadurch gekennzeichnet, dass **keine vorherige Anhörung des Schuldners** erfolgt.

vgl. LF 12, Kap. 2.2, 2.3

vgl. LF 12, Kap. 2.1, 2.2

▶ **Beispiele:** Die Sachpfändung erfolgt ohne vorherige Anhörung des Schuldners. Es handelt sich demnach um eine Vollstreckungsmaßnahme. Wenn der Gerichtsvollzieher ein Fernsehgerät als unpfändbaren Gegenstand nach § 811 Abs. 1 Nr. 1 ZPO pfändet, kann sich der Schuldner hiergegen mit der Erinnerung wehren. Dasselbe gilt, wenn der Rechtspfleger beim Vollstreckungsgericht einen Pfändungs- und Überweisungsbeschluss erlässt, wonach in ein P-Konto gepfändet wird. Ebenso kann der Gläubiger Erinnerung einlegen, wenn sich der Gerichtsvollzieher weigert, eine Drittauskunft einzuholen, obwohl die gesetzlichen Voraussetzungen vorliegen. Auch einem Dritten steht der Rechtsbehelf offen, wenn z. B. bei einem Dritten eine im Eigentum des Schuldners stehende Sache im Rahmen der Sachpfändung gepfändet wird, obwohl der Dritte nicht zur Herausgabe bereit ist.

Es kann sich um Vollstreckungsmaßnahmen folgender **Vollstreckungsorgane** handeln:
- des Gerichtsvollziehers bei Vornahme oder Ablehnung eines Vollstreckungsakts
- des Rechtspflegers beim Vollstreckungsgericht nach § 11 Abs. 1 RPflG i. V. m. § 766 Abs. 1 ZPO

Lediglich in Ausnahmefällen handelt es sich bei Vollstreckungsakten durch den Richter beim Vollstreckungsgericht um Maßnahmen i. S. v. § 766 ZPO. Im Regelfall wird eine Entscheidung vorliegen, sodass mit der sofortigen Beschwerde dagegen vorzugehen ist. Dasselbe gilt bei Vollstreckungsakten des Prozessgerichts I. Instanz. Bei Vollstreckungshandlungen des Grundbuchamts ist die Beschwerde nach der Grundbuchordnung (§§ 71 ff. GBO) der entsprechende Rechtsbehelf.

Zuständig für die Entscheidung über die Erinnerung ist sachlich gem. §§ 766 Abs. 1 S. 1, 764 Abs. 2 ZPO das Amtsgericht – Vollstreckungsgericht – und funktionell der Richter gem. § 20 Nr. 17 RPflG. Nach § 764 Abs. 2 ZPO ist örtlich das Amtsgericht zuständig, in dessen Bezirk das Vollstreckungsverfahren stattfindet. Vor der Entscheidung durch das Vollstreckungsgericht kann aber das Vollstreckungsorgan, welches die fehlerhafte Vollstreckungsmaßnahme durchgeführt hat, noch abhelfen, also seine eigene Maßnahme korrigieren. Das Vollstreckungsgericht entscheidet durch richterlichen Beschluss. Sofern die Erinnerung zulässig und begründet ist, wird die Vollstreckungsmaßnahme aufgehoben oder für unzulässig erklärt oder das Vollstreckungsorgan angewiesen, die vom Gläubiger beantragte Vollstreckungsmaßnahme durchzuführen.

Erinnerungsbefugt ist jedermann, der durch die Vollstreckungsmaßnahme betroffen ist. Hierbei kann es sich um den Gläubiger handeln, wenn eine Vollstreckungsmaßnahme abgelehnt wird. Wird eine Vollstreckungsmaßnahme durchgeführt, kann sowohl ein Dritter, z. B. bei Pfändung eines nicht zur Herausgabe bereiten Dritten (§ 809 ZPO), als auch der Schuldner sein.

Eine **Frist** ist für diesen Rechtsbehelf nicht bestimmt. Es sollte aber möglichst rasch reagiert werden, da z. B. durch Zuschlag in der Versteigerung das Eigentum an der Sache auf den Erwerber übergeht und dann nur noch Schadeneratzansprüche verbleiben. Die Erinnerung ist damit unzulässig, wenn die angefochtene Vollstreckungsmaßnahme beendet ist. Dies ist bei einer Sachpfändung der Fall, wenn der Versteigerungserlös an den Gläubiger ausgekehrt ist. Bei der Forderungspfändung ist die Erinnerung nach Zahlung durch den Drittschuldner an den Gläubiger unzulässig.

Die ZPO enthält keine Bestimmungen zur **Form** der Erinnerung. Sie kann daher formlos, z. B. zu Protokoll der Geschäftsstelle, eingelegt werden.

Begründet ist die Erinnerung des Gläubigers, wenn eine Vollstreckungsmaßnahme nicht durchgeführt wird, obwohl die Vollstreckungsvoraussetzungen vorliegen und keine Pfändungsgrenzen gegeben sind.

Beispiele:
- Weigerung des Gerichtsvollziehers, einen Vollstreckungsauftrag durchzuführen
- Gerichtsvollzieher erledigt einen Vollstreckungsauftrag nicht in angemessener Zeit

Die Erinnerung des Schuldners oder eines Dritten ist dann begründet, wenn Verfahrensfehler vorliegen.

Beispiele:
- Pfändung unpfändbarer Gegenstände
- Pfändung durch unzuständiges Vollstreckungsorgan

3.1.2 Die sofortige Beschwerde

Gegen **Entscheidungen** des Vollstreckungsgerichts, die ohne mündliche Verhandlungen ergehen, findet die sofortige Beschwerde nach § 793 ZPO statt. Die Entscheidung ist im Unterschied zur Vollstreckungsmaßnahme dadurch gekennzeichnet, dass der Schuldner vorher angehört wird.

vgl. LF 11, Kap. 1.4.1

Beschwerdeberechtigt sind, wie bei der Erinnerung, Schuldner, Gläubiger oder auch Dritte, sofern sie durch die Entscheidung beschwert sind.

▶ **Beispiele:**
- Das Vollstreckungsgericht lehnt eine durch den Gläubiger beantragte richterliche Durchsuchungsanordnung ab.
- Das Vollstreckungsgericht erlässt einen Haftbefehl gegen den Schuldner, der die Abgabe einer Vermögensauskunft verweigert.

Für die sofortige Beschwerde gelten die Voraussetzungen der §§ 567 ff. ZPO. Die sofortige Beschwerde kann demnach sowohl beim Vollstreckungsgericht als auch beim Beschwerdegericht **eingelegt** werden (§ 569 Abs. 1 S. 1 ZPO). Für die Einlegung besteht kein Anwaltszwang (§§ 569 Abs. 3, 78 Abs. 3 ZPO). Für eine – sehr selten stattfindende – mündliche Verhandlung vor der Beschwerdekammer müsste jedoch ein Rechtsanwalt gem. §§ 572 Abs. 4, 128 Abs. 4 ZPO herangezogen werden.

Zuständiges Beschwerdegericht ist nach § 72 Abs. 1 S. 1 GVG das Landgericht, da dieses dem Amtsgericht – Vollstreckungsgericht – übergeordnet ist.

Nach § 569 Abs. 2 ZPO ist bei der Beschwerde die **Form** einer Beschwerdeschrift zu beachten. Die Beschwerde kann unter bestimmten Voraussetzungen auch zu Protokoll der Geschäftsstelle eingelegt werden, beispielsweise wenn das Verfahren nicht als Anwaltsprozess zu führen war. Dies ist beim Zwangsvollstreckungsverfahren der Fall. Die Beschwerdeschrift muss Folgendes enthalten:
- Bezeichnung der angefochtenen Entscheidung
- Erklärung, dass Beschwerde eingelegt wird

Die sofortige Beschwerde ist fristgebunden. Für die Einlegung ist eine **Notfrist von zwei Wochen** seit Zustellung der Entscheidung zu beachten (§ 569 Abs. 1 S. 1 ZPO).

Tipp: Für den Schuldner oder einen Dritten empfiehlt es sich, die sofortige Beschwerde mit einem Antrag auf Aussetzung der Vollziehung der angefochtenen Entscheidung (§ 570 Abs. 2, 3 ZPO) zu verbinden. Dadurch kann verhindert werden, dass die Zwangsvollstreckung während der Durchführung der sofortigen Beschwerde weiter betrieben wird.

vgl. LF 11, Kap. 1.4.2

Gegen die Entscheidung über die sofortige Beschwerde ist die Rechtsbeschwerde zum Bundesgerichtshof nur dann möglich, wenn sie durch das Beschwerdegericht in der Entscheidung zugelassen wurde (§ 574 Abs. 1 Nr. 2 ZPO).

Hinweis: In LF 12, Kap. 5.3.1 finden Sie ein Formulierungsbeispiel für eine sofortige Beschwerde.

Merke: Vollstreckungsmaßnahmen erfolgen ohne Anhörung. Bei fehlerhaften Vollstreckungsmaßnahmen ist die Erinnerung gegeben.
Vollstreckungsentscheidungen erfolgen nach Anhörung. Hiergegen kann mit der sofortigen Beschwerde vorgegangen werden.

3.2 Materiell-rechtliche Einwendungen

Materiell-rechtliche Einwendungen richten sich nicht gegen Verfahrensvorschriften, sondern gegen den Anspruch an sich. Die Gegenseite ist hierbei jeweils der Gläubiger, der den entsprechenden Anspruch verfolgt bzw. die Zwangsvollstreckung betreibt.

3.2.1 Die Drittwiderspruchsklage

Zweck der Drittwiderspruchsklage nach § 771 ZPO ist, dass lediglich das Schuldnervermögen zugunsten des Gläubigers verwertet werden soll, nicht aber das Vermögen eines Dritten. Der Gerichtsvollzieher muss bei der Pfändung grds. nicht die Eigentumsverhältnisse prüfen. Wenn also der Gerichtsvollzieher Eigentum eines Dritten pfändet, welches sich im Gewahrsam des Schuldners befindet, so ist dies rechtlich zulässig. Die Erinnerung nach § 766 ZPO ist demnach nicht der richtige Rechtsbehelf, da die Art und Weise der Zwangsvollstreckung nicht zu beanstanden ist. Hier muss mit der Drittwiderspruchsklage nach § 771 ZPO gegen die Durchführung der Zwangsvollstreckung an sich geklagt werden.

vgl. LF 12, Kap. 2.2

Da die Zwangsvollstreckung durch Erhebung der Drittwiderspruchsklage nicht gehemmt wird, sollte die Klage mit dem Antrag auf vorläufige Einstellung der Zwangsvollstreckung nach §§ 771 Abs. 3, 769 ZPO verbunden werden. Entschieden wird über diesen Antrag durch ein Gestaltungsurteil.

Parteien dieser Klage sind der Eigentümer als Kläger gegen den vollstreckenden Gläubiger als Beklagten. Der Schuldner kann als Streitgenosse mit einbezogen werden (§ 771 Abs. 2 ZPO).

Hinweis: Die Streitgenossenschaft wird auch subjektive Klagehäufung genannt. In einem Rechtsstreit sind entweder auf Kläger- oder auf Beklagtenseite mehrere Personen beteiligt. Im Rahmen der Drittwiderspruchsklage können auf der Beklagtenseite Gläubiger und Schuldner beteiligt sein. Da der Dritte sein Eigentum geltend macht, welches sich im Gewahrsam des Schuldners befindet, ist es zweckmäßig, auch den Schuldner mit einzubeziehen.

Die sachliche **Zuständigkeit** richtet sich nach dem Verkehrswert des gepfändeten Gegenstands, höchstens aber nach dem Wert der zu vollstreckenden Forderung. Bei einem Wert bis zu 5.000,00 € ist demnach das Amtsgericht, ansonsten das Landgericht zuständig. Örtlich ist das Gericht zuständig, in dessen Bezirk die Zwangsvollstreckung erfolgt ist (§ 771 Abs. 1 ZPO).

Es besteht jedoch das Risiko, dass der Gläubiger den Anspruch des Eigentümers auf Freigabe des gepfändeten Gegenstands im Prozess sofort anerkennt und die Zwangsvollstreckung in diesen Vermögenswert nicht weiterverfolgt. Der klagende Eigentümer hätte dann nach § 93 ZPO die Kosten des Verfahrens zu tragen. Daher ist ihm dringend zu empfehlen, vor Klageerhebung eine **Freigabeaufforderung** an den Gläubiger zu richten, also diesen zunächst aufzufordern, den gepfändeten Gegenstand freizugeben.

Hinweis: Die Drittwiderspruchsklage nach § 771 ZPO ist nicht mit der Drittschuldnerklage zu verwechseln. Bei der Drittwiderspruchsklage klagt der Eigentümer (Dritter) auf Aufhebung der Zwangsvollstreckung in sein Eigentum. Im Unterschied dazu klagt bei der Drittschuldnerklage der Gläubiger gegen den Drittschuldner auf Begleichung seiner Forderung.

Sofern ein Dritter nicht Eigentümer des gepfändeten Gegenstands ist, daran aber ein vorrangiges Pfandrecht besitzt, steht ihm die Möglichkeit einer Klage auf vorzugsweise Befriedigung nach § 805 ZPO offen.

3.2.2 Die Vollstreckungsabwehrklage

Im Unterschied zur Drittwiderspruchsklage wendet sich bei der Vollstreckungsabwehrklage, auch Vollstreckungsgegenklage genannt, gem. § 767 ZPO der Schuldner gegen die Zwangsvollstreckung insgesamt. Die Einwendungen des Schuldners richten sich also gegen den titulierten Anspruch an sich.

▶ **Beispiele:**

- Zahlung oder Stundung der Forderung
- Aufrechnung gegen die titulierte Forderung

Zu beachten ist aber, dass diese Einwendungen erst nach dem Schluss der mündlichen Verhandlung entstanden sein dürfen (§ 767 Abs. 2 ZPO). Der Schuldner muss die Einwendungen also gegen den titulierten Anspruch und nicht gegen das Urteil erheben. Wenn also z. B. die Aufrechnungsmöglichkeit bereits vor dem Urteil bestand, kann sie nicht nach der Titulierung erst gegen die Zwangsvollstreckung vorgebracht werden. Zeitlich kann die Vollstreckungsabwehrklage daher nur zwischen Beginn und Beendigung der Zwangsvollstreckung erhoben werden.

Im Weg der einstweiligen Anordnung sollte nach § 769 Abs. 1 ZPO beantragt werden, dass die Zwangsvollstreckung während der Vollstreckungsabwehrklage eingestellt wird oder nur gegen Sicherheitsleistung fortgesetzt werden darf.

Parteien sind der Schuldner als Kläger gegen den Gläubiger als Beklagten.

Zuständig ist das Prozessgericht des ersten Rechtszugs (§ 767 Abs. 1 ZPO), also das Gericht, welches für die Titulierung der Forderung des Gläubigers in erster Instanz zuständig war. Es handelt sich also um das Gericht, das den Vollstreckungstitel geschaffen hat. Die sachliche und örtliche Zuständigkeit wird demnach durch die Forderung bestimmt, welche vollstreckt wird.

Zusammenfassung

	Formelle Einwendungen		**Materielle Einwendungen**	
Einwendungen	**Erinnerung, §§ 766, 732 ZPO**	**sofortige Beschwerde, § 793 ZPO**	**Drittwiderspruchsklage, § 771 ZPO**	**Vollstreckungsabwehrklage, § 767 ZPO**
zuständig	Vollstreckungsgericht (Richter)	Beschwerdegericht (LG)	AG/LG (Verkehrswert Gegenstand, höchstens Wert der gepfändeten Forderung)	Prozessgericht I. Instanz, also AG/LG (Wert der titulierten Forderung)
Zielsetzung	Vollstreckungsmaßnahme korrigieren	Vollstreckungsentscheidung korrigieren	Zwangsvollstreckung in bestimmten Gegenstand aufheben	Aufhebung der Zwangsvollstreckung insgesamt
Antragsteller/ Kläger	Schuldner, Gläubiger, Dritter	Schuldner, Gläubiger, Dritter	Dritter (Eigentümer)	Schuldner
gegen	Vollstreckungsmaßnahme eines Vollstreckungsorgans (Gerichtsvollzieher, Vollstreckungsgericht – Rechtspfleger)	Vollstreckungsentscheidung eines Vollstreckungsorgans (Vollstreckungsgericht – Rechtspfleger oder Richter; Prozessgericht I. Instanz)	Gläubiger; Schuldner eventuell als Streitgenosse	Gläubiger
Form/Frist	formlos; vor Beendigung der Zwangsvollstreckung	Beschwerdeschrift; Notfrist von zwei Wochen seit Zustellung	Klageschrift; vor Versteigung des Gegenstands	Klageschrift; vor Beendigung der Zwangsvollstreckung
Besonderheiten	einstweilige Einstellung der Zwangsvollstreckung nach § 732 Abs. 2 ZPO möglich	Antrag auf Aussetzung der Vollziehung nach § 570 Abs. 2, 3 ZPO möglich	zuerst Freigabeaufforderung; Antrag auf einstweilige Einstellung der Zwangsvollstreckung nach § 769 ZPO möglich	Antrag auf einstweilige Einstellung der Zwangsvollstreckung nach § 769 ZPO möglich

Wiederholung und Vertiefung

1. Nennen Sie jeweils ein Beispiel für formelle und materiell-rechtliche Einwendungen gegen Vollstreckungsmaßnahmen.
2. Der Gerichtsvollzieher pfändet beim Schuldner dessen goldenen und mit Brillanten besetzten Trauring. Prüfen Sie, ob und ggf. wie sich der Schuldner hiergegen zur Wehr setzen kann.
3. Wodurch unterscheiden sich Vollstreckungsmaßnahmen nach § 766 ZPO und Vollstreckungsentscheidungen?
4. Der Gerichtsvollzieher pfändet beim Schuldner eine wertvolle Erstausgabe von Goethes Faust. Ein Dritter behauptet Eigentümer dieser Erstausgabe zu sein.
   a) War die Pfändung rechtens?
   b) Wie kann der Dritte hiergegen vorgehen?
   c) Wie lautet ein entsprechender Antrag des Dritten?
   d) Welches Vorgehen ist dem Dritten zu empfehlen?

4 Die Abrechnung der Zwangsvollstreckungsmaßnahmen

Da die Zwangsvollstreckung relativ formalisiert abläuft, sind die entsprechenden Gebühren niedriger angesetzt als z. B. für die Tätigkeit im gerichtlichen Verfahren. Besonderheiten ergeben sich für die Gegenstandswerte. Zu berücksichtigen ist, dass im Verlauf der Zwangsvollstreckung eine Änderung des Gegenstandswerts eintreten kann. Es ist daher von besonderer Wichtigkeit, den aktuellen Gegenstandswert zu ermitteln, um keine Gebühren zu verschenken. Die Zahlungsein- und -ausgänge sind aus diesem Grund sorgfältig zu notieren und zu überwachen. vgl. LF 6, Kap. 6

Lernsituation

Oxana Schuhmann erhält die Akte Rolf Wirt ./. Eheleute Petra und Uwe Bader zur Betreibung der Zwangsvollstreckung und Abrechnung der jeweiligen Vollstreckungsmaßnahme vorgelegt. Aus einem Berufungsurteil des Landgerichts Köln soll eine Hauptforderung über 4.800,00 € vollstreckt werden. Tituliert wurden weiterhin Mahnkosten des Mandanten über 15,00 € sowie Zinsen in Höhe von fünf Prozentpunkten über dem Basiszinssatz seit dem 14.10.2024. Daneben liegt noch ein Kostenfestsetzungsbeschluss vor, in dem Kosten in Höhe von insgesamt 1.726,68 € nebst Zinsen von fünf Prozentpunkten über dem Basiszinssatz seit dem 20.12.2024 festgesetzt werden.

Zunächst beauftragt Oxana Schuhmann am 22.10.2025 den Gerichtsvollzieher mit der Durchführung einer Sachpfändung kombiniert mit dem Auftrag auf Erstellung des Vermögensverzeichnisses. Da die Zwangsvollstreckung keinen Erfolg bringt, wird am 12.11.2025 die Vermögensauskunft von Petra und Uwe Bader eingeholt. Für die Durchführung der Sachpfändung entstehen Gerichtsvollzieherkosten von jeweils 35,60 €, für die Abnahme der Vermögensauskunft jeweils 40,70 €.

Aus der Vermögensauskunft des Rentners Uwe Bader ist ersichtlich, dass dieser als pfändbaren Vermögenswert lediglich eine Kapitallebensversicherung mit einem Wert von 4.000,00 € besitzt. Diese lässt Oxana Schuhmann am 03.12.2025 mittels Pfändungs- und Überweisungsbeschluss pfänden. Es entstehen Gerichtsvollzieherkosten von 20,60 €.

Petra Bader ist laut Vermögensauskunft noch berufstätig. Oxana Schuhmann hat daher zunächst ebenfalls am 03.12.2025 ein vorläufiges Zahlungsverbot gegen Petra Bader veranlasst und zeitgleich auch einen Pfändungs- und Überweisungsbeschluss beantragt. Es entstehen Gerichtsvollzieherkosten für die Zustellung des vorläufigen Zahlungsverbots in Höhe von 22,40 € und für die Zustellung des Pfändungs- und Überweisungsbeschlusses in Höhe von 14,80 €.

Arbeitsaufträge:

a) Erstellen Sie eine Übersicht, welche Angelegenheiten im vorliegenden Fall jeweils abgerechnet werden können.
b) Bestimmen Sie die jeweiligen Gegenstandswerte für die Abrechnung der Angelegenheiten. Stellen Sie die Ermittlung des Gegenstandswerts übersichtlich zusammen.
c) Rechnen Sie die jeweiligen Zwangsvollstreckungsmaßnahmen ab.
d) Vergleichen Sie Ihre Ergebnisse untereinander.
e) Reflektieren Sie anschließend Ihr Wissen.

4.1 Die Gegenstandswerte ermitteln

Die Gegenstandswerte in der Zwangsvollstreckung richten sich für die Rechtsanwaltsgebühren nach dem RVG. Das GKG ist hier grds. nicht heranzuziehen, da kein gerichtliches Verfahren zugrunde liegt. Je nach Vollstreckungsmaßnahme sind unterschiedliche Gegenstandswerte zu beachten:

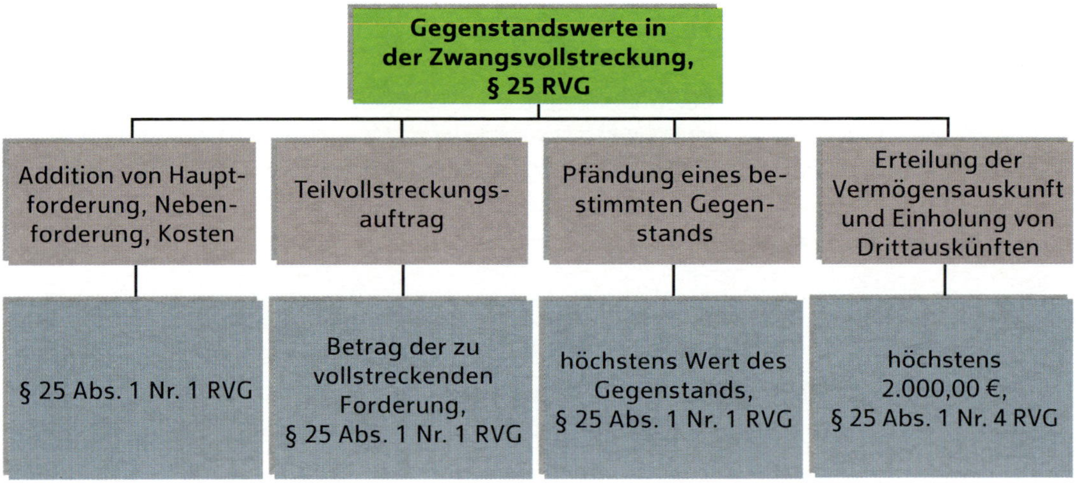

Grundsätzlich ist in der Zwangsvollstreckung wegen Geldforderungen der Wert zugrunde zu legen, wegen dem vollstreckt werden soll. Dieser umfasst nicht nur die Hauptforderung, sondern nach § 25 Abs. 1 Nr. 1 RVG auch sämtliche zu vollstreckende Nebenforderungen, Zinsen und Kosten. Die im laufenden Zwangsvollstreckungsverfahren immer weiter entstehenden Kosten für den Rechtsanwalt, den Gerichtsvollzieher oder das Vollstreckungsgericht erweitern somit laufend den Gegenstandswert.

Beispiel: Rechtsanwältin Linda Fieler vollstreckt für ihre Mandantin Sandra Weiskopf in das Vermögen des Schuldners Hans Ponski wegen einer Kaufpreisforderung über 1.400,00 €, vorgerichtlichen Mahnkosten in Höhe von 7,50 € sowie festgesetzten Kosten des Klageverfahrens in Höhe von 635,63 €. Zum Zeitpunkt der Antragstellung auf Sachpfändung sind zusätzlich Zinsen in Höhe von 14,92 € aufgelaufen. Der Gegenstandswert für die Sachpfändung beläuft sich somit auf 2.058,05 €. Für weitere Aufträge addieren sich hierzu grds. noch die durch die Sachpfändung entstandenen Rechtsanwaltsgebühren und Gerichtsvollzieherkosten.

Es ist wichtig, das Forderungskonto sorgfältig zu führen, um so den jeweils aktuellen Gegenstandswert einer Vollstreckungsmaßnahme bestimmen zu können.

Ein weiteres Kriterium für die Bestimmung des Gegenstandswerts in der Zwangsvollstreckung ist der Wert des Gegenstands, in welchen vollstreckt wird. Sofern also wegen einer Geldforderung ein bestimmter Vermögenswert gepfändet werden soll, z. B. im Rahmen einer Austauschpfändung oder die Pfändung eines Guthabenbetrags auf dem Bankkonto des Schuldners, ist der niedrigere der beiden Werte – Verkehrswert oder Addition aller Forderungen – als Gegenstandswert zugrunde zu legen. In der Rechtsprechung ist noch nicht abschließend geklärt, welcher Gegenstandswert heranzuziehen ist, wenn sich bei der Vollstreckung herausstellt, dass der Vermögenswert nicht werthaltig ist.

Beispiel: Rechtsanwalt Karl Mitka lässt für die Gläubigerin Karin Banz-Volk wegen einer Gesamtforderung in Höhe von 4.560,00 € das Bankkonto des Schuldners Arne Clowig pfänden. Es stellt sich heraus, dass das Bankkonto mit 20,00 € überzogen ist. Fraglich ist nun, welcher Gegenstandswert der Berechnung der Rechtsanwaltsgebühren zugrunde zu legen ist.

Teilweise wird die Ansicht vertreten, dass in den dargestellten Beispielen lediglich der Mindeststreitwert von 500,00 € heranzuziehen ist. Demgegenüber steht jedoch die Überlegung, dass hier mangels Wert des gepfändeten Gegenstands wieder die grundlegende Streitwertbestimmung, also die offene Gesamtforderung heranzuziehen ist. Im oben dargestellten Beispiel wären dies demnach 4.560,00 €. In der Praxis gilt – sofern keine Grundsatzentscheidung durch den BGH getroffen wurde –, dass die aktuelle Rechtsprechung des Landgerichts, in dessen Gerichtsbezirk sich das zuständige Gericht befindet, heranzuziehen ist.

Im Verfahren über die Erteilung der Vermögensauskunft wird nach § 25 Abs. 1 Nr. 4 RVG ein Höchstwert von 2.000,00 € festgelegt. Dies gilt auch für die Einholung von Drittauskünften, welche eine besondere Tätigkeit darstellt.

Nach § 25 Abs. 1 RVG gilt jeweils der geringere der aufgeführten Werte.

> **Hinweis:** Für Zwangsversteigerung, Zwangsverwaltung und das Insolvenzverfahren treffen die §§ 26, 27 und 28 RVG gesonderte Regelungen. Im Übrigen ist nach § 25 Abs. 2 RVG bei Anträgen des Schuldners der Gegenstandswert nach billigem Ermessen zu bestimmen.

4.2 Die Abrechnung der zwangsvollstreckungsrechtlichen Angelegenheit

Bei der Abrechnung ist zunächst zu prüfen, ob es sich um eine gesondert abrechenbare Angelegenheit handelt. Erst dann sind die Besonderheiten der jeweiligen Zwangsvollstreckungsmaßnahmen zu berücksichtigen.

4.2.1 Die abrechenbare Angelegenheit

Bei den Gebühren, die der Rechtsanwalt in einem Zwangsvollstreckungsmandat abrechnen kann, handelt es sich um Gebühren für besondere Verfahren, die in den Unterabschnitten 3 und 4 des Abschnitts 3.3 VV RVG geregelt sind. Bei der Abrechnung ist zu berücksichtigen, welche Maßnahmen als eine einheitliche Angelegenheit zählen und welche gesondert abgerechnet werden können. § 18 RVG trifft hier die maßgebliche Regelung:

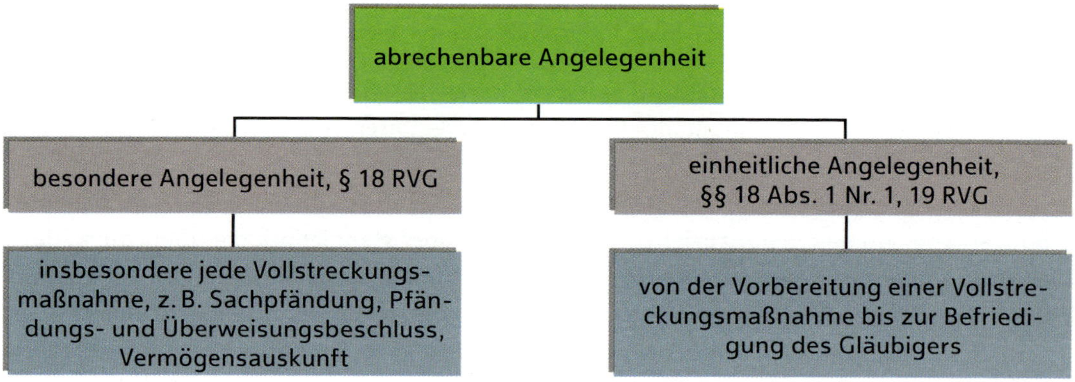

4.2.2 Die Abrechnung

Grundsätzlich können im Rahmen der Zwangsvollstreckung für Vollstreckung und Vollziehung nach Nrn. 3309, 3310 VV RVG und für Zwangsversteigerung und Zwangsverwaltung nach Nrn. 3311, 3312 VV RVG folgende Gebühren entstehen:

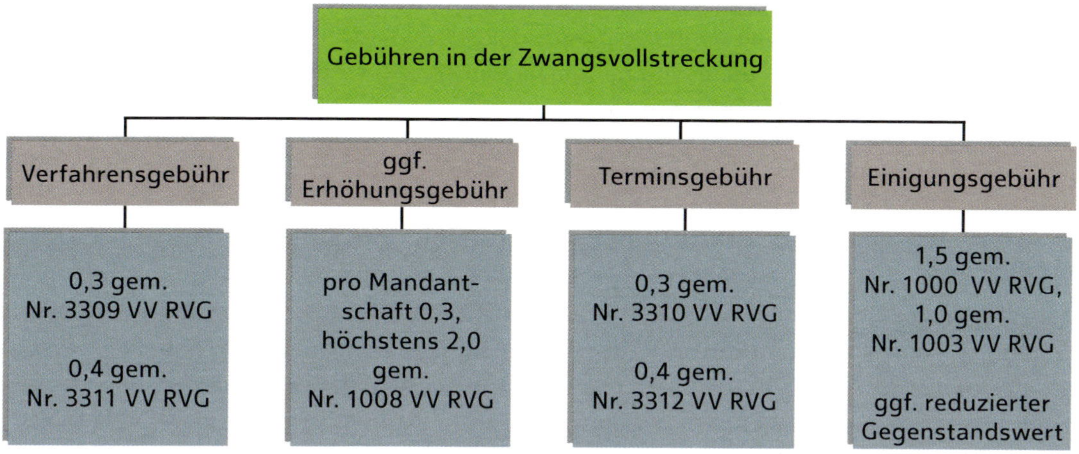

Für die Tätigkeit des Rechtsanwalts im Insolvenzverfahren können Gebühren nach den Nrn. 3313 ff. VV RVG abgerechnet werden.

Die Terminsgebühr entsteht im Rahmen der Zwangsvollstreckung nicht bereits bei Gesprächen mit der Gegenseite, sondern nur für die Teilnahme an einem gerichtlichen Termin oder einem Termin zur Abnahme der Vermögensauskunft.

Hinweis: Die Mindestgebühr von 15,00 € ist bei Streitwerten bis zu 500,00 € zu beachten.

Beantragt der Rechtsanwalt für mehrere Gläubiger als Gesamtgläubiger eine Vollstreckungsmaßnahme, so vertritt er mehrere Mandantschaften. Dadurch erhöhen sich die Verfahrensgebühren nach den Nrn. 3309 bzw. 3311 VV RVG je weiterer Mandantschaft um jeweils 0,3 bis höchstens 2,0 nach Nr. 1008 VV RVG.

Geht der Rechtsanwalt jedoch für seine Mandantschaft gegen mehrere Schuldner als Gesamtschuldner vor, so ist jeweils pro Schuldner die Vollstreckungsmaßnahme abzurechnen. Es ist wichtig, dabei zu beachten, gegen welchen Schuldner welche Maßnahme beantragt wird und welche Kosten für das Vollstreckungsgericht oder den Gerichtsvollzieher jeweils entstehen. Die Schuldner haften jedoch auch für die Kosten der Zwangsvollstreckung grds. als Gesamtschuldner.

Der Zwangsvollstreckungsauftrag

Beantragt der Rechtsanwalt eine Sachpfändung, so errechnet sich der Gegenstandswert grds. aus Hauptforderung, Nebenforderung, Kosten und Zinsen. Lediglich bei der Pfändung in bestimmte Sachwerte, wie z. B. bei einer Austauschpfändung, ist zu prüfen, ob nicht der Verkehrswert des Gegenstands niedriger ist und daher herangezogen werden muss. Die Kosten für die durchgeführte Sachpfändung nebst Gerichtsvollzieherkosten und die fortlaufenden Zinsen sind in die Forderungsaufstellung mit aufzunehmen und erhöhen den Gegenstandswert für weitere Vollstreckungsmaßnahmen.

Die Vermögensauskunft

Im Rahmen der Beantragung einer Vermögensauskunft ist die Höchstgrenze von 2.000,00 € für den Gegenstandswert zu beachten. Die Gebühren entstehen bei einem mit der Sachpfändung nach § 807 ZPO kombinierten Antrag erst dann, wenn der Antrag auf Abnahme der Vermögensauskunft durchgeführt wird. Dies ist dann der Fall, wenn die Sachpfändung gescheitert ist und dem Schuldner entweder die Vermögensauskunft abgenommen oder er bei Widerspruch gegen die sofortige Vermögensauskunft zu deren Abnahme geladen wird. Nimmt der Rechtsanwalt am Termin zur Abnahme der Vermögensauskunft teil, entsteht auch eine Terminsgebühr nach Nr. 3310 VV RVG. Weiterhin entstehen Gerichtsvollzieherkosten sowie bei Beantragung eines Haftbefehls Gerichtskosten in Höhe von 24,00 € nach Nr. 2113 KV GKG.

Hinweis: Zu beachten ist, dass die Beantragung und Durchführung des Haftbefehls keine besondere Maßnahme darstellen, sondern mit dem Antrag auf Vermögensauskunft ein einheitliches Verfahren bilden, das nicht gesondert abgerechnet wird.

Der Pfändungs- und Überweisungsbeschluss

Der Antrag auf Erlass eines Pfändungs- und Überweisungsbeschlusses stellt zusammen mit einer beantragten Vorpfändung lediglich eine abrechenbare Angelegenheit dar. Wird jedoch lediglich die Vorpfändung beantragt, kann diese Tätigkeit nach Nr. 3309 VV RVG gesondert abgerechnet werden. Der Gegenstandswert ermittelt sich im Regelfall aus der Hauptforderung zzgl. Nebenforderungen, Zinsen und Kosten.

Nur wenn in einen bestimmten Gegenstand, wie z. B. eine Steuerrückzahlung, gepfändet wird, stellt dessen Wert die Höchstgrenze für den Gegenstandswert dar. Wird wegen einer Unterhaltsforderung gepfändet, berechnet sich der Gegenstandswert aus Rückständen zzgl. des Jahresbetrags der Unterhaltsforderung nach § 25 Abs. 1 RVG i. V. m. § 51 Abs. 1 FamGKG.

Weiterhin entstehen Gerichtskosten nach Nr. 2111 KV GKG in Höhe von 24,00 € sowie eventuell Gerichtsvollzieherkosten für die Vorpfändung.

Die Ratenzahlungsvereinbarung – gütliche Erledigung

Nach Nr. 1000 Anmerkung 1.2 VV RVG entsteht eine Einigungsgebühr auch bei einer reinen Zahlungsvereinbarung, wenn also nur eine ratenweise Zahlung der Gesamtforderung vereinbart wird. Hier wird also auf das Kriterium des gegenseitigen Nachgebens verzichtet, das einen Vergleich kennzeichnet. Sofern es sich um eine reine (Raten-)Zahlungsvereinbarung handelt, reduziert sich der Gebührensatz für die Einigungsgebühr seit dem 01.10.2021 auf 0,7 und der Gegenstandswert beträgt nach § 31 b RVG lediglich 50 % des (zu vollstreckenden) Anspruchs. Diese Reduzierung tritt nur bei Einigungen ein, in denen die Höhe der Forderung nicht streitig ist, sondern nur ein Verzicht auf gerichtliche Geltendmachung oder auf die Vollstreckung erfolgt. Der Rechtsanwalt muss jedoch bei der Ratenzahlungsvereinbarung mitgewirkt haben. Eine Zahlungsvereinbarung durch den Gerichtsvollzieher löst daher grds. keine Einigungsgebühr aus.

Zusammenfassung

Anwaltsgebühren im Zwangsvollstreckungsmandat

Gegenstandswerte

Der jeweils niedrigere Wert von:

- Addition Hauptforderung, Nebenforderung, Zinsen, Kosten
- Wert eines bestimmten Vermögensgegenstands
- 2.000,00 € bei Abnahme Vermögensauskunft

Gebühren

- 0,3 Verfahrensgebühr, Nr. 3309 VV RVG
- 0,4 Verfahrensgebühr, Nr. 3311 VV RVG (Zwangsversteigerung/-verwaltung)
- 0,3 Terminsgebühr, Nr. 3310 VV RVG
- 0,4 Terminsgebühr, Nr. 3312 VV RVG (Zwangsversteigerung/-verwaltung)
- ggf. Erhöhungsgebühr, Nr. 1008 VV RVG
- ggf. 1,5 oder 1,0 Einigungsgebühr, Nrn. 1000, 1003 VV RVG

besondere Angelegenheiten

Insbesondere:

- Antrag auf Sachpfändung
- Antrag auf Abnahme der Vermögensauskunft
- Antrag auf Erlass eines Pfändungs- und Überweisungsbeschlusses oder Auftrag auf Vorpfändung
- Antrag auf Austauschpfändung

mitabgegolten sind

- vorbereitende Handlungen bis zur Befriedigung des Gläubigers
- Vorpfändung mit PfÜB
- Haftbefehl mit Vermögensauskunft

Wiederholung und Vertiefung

1. Rechtsanwalt Arndt Paulsen hat für seine Mandantin Susanne Fredou ein Urteil erstritten, wonach Thilo Tauber zur Rückzahlung einer Darlehensforderung in Höhe von 10.500,00 € bis zum 02.08.2025 verurteilt wurde. Da bis zu diesem Zeitpunkt keine Zahlung erfolgt ist, veranlasst Rechtsanwalt Arndt Paulsen am 08.08.2025 die Sachpfändung. Aufgelaufen sind zur Hauptforderung noch Zinsen in Höhe von 11,67 €. Außerdem liegt der vollstreckbare Kostenfestsetzungsbeschluss vor, wonach Gerichtskosten nebst Rechtsanwaltsgebühren in Höhe von 2.890,15 € tituliert sind. Welche Gebühren und Auslagen können für die Beantragung der Sachpfändung dem Schuldner Thilo Tauber gegenüber geltend gemacht werden?
2. Rechtsanwältin Franka Übalder liegt eine notarielle Urkunde ihres Mandanten Wildur Peters vor, wonach Sven Hausen Mietrückstände in Höhe von 3.400,00 € anerkennt und sich der sofortigen Zwangsvollstreckung unterwirft. Da über die Vermögensverhältnisse des Schuldners Sven Hausen keine Erkenntnisse bestehen, wird zunächst die Abnahme der Vermögensauskunft veranlasst. Daraus ergeben sich keine Vermögenswerte, sodass einstweilen der Auftrag endet. Welche Gebühren und Auslagen sind für die Tätigkeit von Rechtsanwältin Franka Übalder entstanden?
3. Die Eheleute Bernd und Elsa Heinze haben eine titulierte Forderung in Höhe von 6.250,00 € gegenüber Sarah Zinser. Sie beauftragen Rechtsanwältin Katja Herdegen mit der zwangsweisen Durchsetzung dieser Forderung. Diese veranlasst zunächst eine Vermögensauskunft der Schuldnerin. Daraus ergibt sich, dass Sarah Zinser bei der Gandor GmbH als Industriekauffrau arbeitet. Der Gerichtsvollzieher stellt Kosten in Höhe von 35,50 € für diesen Auftrag in Rechnung. Rechtsanwältin Katja Herdegen beauftragt den Gerichtsvollzieher mit der Vorpfändung, wodurch Kosten für den Gerichtsvollzieher in Höhe von 30,60 € entstehen. Zugleich wird der Erlass eines Pfändungs- und Überweisungsbeschlusses veranlasst. Welche Gebühren und Auslagen sind für die Aufträge insgesamt entstanden?
4. Rechtsanwalt Dr. Gerd Wiesner veranlasst für Jenny Landic die Abnahme der Vermögensauskunft wegen einer Gesamtforderung in Höhe von 5.780,00 € gegen Mark Slendar. Der Gerichtsvollzieher räumt dem Schuldner gem. § 802 f Abs. 1 S. 1 ZPO eine Zahlungsfrist von zwei Wochen ein. Mark Slendar wendet sich an Rechtsanwalt Dr. Gerd Wiesner. Mit diesem wird eine Ratenzahlungsvereinbarung geschlossen, wonach die Gesamtforderung in zehn Monatsraten beglichen werden soll. Im Namen seiner Mandantin verzichtet Rechtsanwalt Dr. Gerd Wiesner vorläufig auf weitere Vollstreckungsmaßnahmen. Welche Gebühren und Auslagen kann Rechtsanwalt Dr. Gerd Wiesner abrechnen?

5 Führen des erforderlichen Schriftverkehrs

Das zwangsvollstreckungsrechtliche Mandat ist vor allem durch eine formularmäßige Abwicklung geprägt. Über Anwaltsprogramme oder über die Justizportale der einzelnen Länder sind die dafür notwendigen Formulare abrufbar und können am PC ausgefüllt werden.

Wichtig ist dabei die Information der Mandantschaft, damit diese sachgerechte Entscheidungen über das Vorgehen treffen kann. Es ist darauf zu achten, dass der Inhalt einfach, verständlich und vollständig wiedergegeben wird. Dabei helfen der Mandantschaft vor allem kurze Sätze. Werden diese Hinweise eingehalten, lassen sich telefonische Nachfragen durch Mandantschaften häufig vermeiden.

Zusätzlich ist darauf zu achten, dass die Rechtschreib- und Grammatikregeln richtig angewandt werden, denn es gibt Mandantschaften, die Fehler suchen und finden.

Den Briefbogen der Kanzlei finden Sie unter dem vorne abgedruckten Webcode zum Buch. Grundlagen dieses Briefbogens sind die Form B und das Anschriftfeld mit Rücksendeangabe.

Im Folgenden werden einige Schreiben aus den verschiedenen Bereichen eines zwangsvollstreckungsrechtlichen Mandats beispielhaft vorgestellt. Diese Schreiben werden verkleinert dargestellt und stellen keine Musterlösung dar. Sie dienen lediglich der Anregung.

Tipp: Im (Kurz-)Rubrum von Schriftsätzen sollte in jedem Fall jeweils der sachbearbeitende Rechtsanwalt (Vor- und Nachname sowie Postleitzahl und Ort) der Parteien angegeben werden. Dadurch wird sichergestellt, dass man auf den ersten Blick sieht, wer Sachbearbeiterin bzw. Sachbearbeiter ist. Dies erleichtert die Zustellung per beA. Sinnvoll ist auch die Angabe am Briefende, ob der Schriftsatz einfach oder elektronisch signiert ist, damit einfach und schnell nachvollzogen werden kann, wie signiert wurde.

Hinweis: Seit 01.01.2022 sind alle Rechtsanwälte verpflichtet, Schriftsätze per beA elektronisch zu übermitteln. Eine postalische Übermittlung ist dann nicht mehr möglich.

vgl. LF 2, Kap. 2.3.4

Lernsituation

Rechtsanwältin Katharina Marschner hat für Roland Sieber ein Anerkenntnisurteil, zugestellt am 04.11.2025, erstritten, wonach die Brüder Sven und Jesse Konsen zur Zahlung von 14.500,00 € Schadenersatz verpflichtet sind. Weiterhin liegt ein Kostenfestsetzungsbeschluss, zugestellt am 25.11.2025, über 2.483,85 € vor. Über die Vermögensverhältnisse der Brüder Konsen ist zunächst nichts bekannt.

Da keine Zahlung erfolgt, übergibt Rechtsanwältin Katharina Marschner die Akte (Sieber ./. Konsen, 367/2025) am 28.11.2025 an Oxana Schuhmann mit der Bitte, die Mandanten über das weitere mögliche Vorgehen zur Verfolgung der Angelegenheit zu informieren.

Roland Sieber bespricht daraufhin mit Rechtsanwältin Katharina Marschner die Angelegenheit. Aus Kostengründen ist es ihm wichtig, dass zunächst ausschließlich eine Vermögensauskunft eingeholt wird. Erst dann sollen konkret Zwangsvollstreckungsmaßnahmen erfolgen.

Nachdem alle Zwangsvollstreckungsvoraussetzungen erfüllt sind, wird auftragsgemäß eine Vermögensauskunft über das Vermögen der Brüder Konsen eingeholt. Zum angesetzten Termin am 19.12.2025 erscheint Jesse Konsen nicht. Oxana Schuhmann informiert Roland Sieber am 22.12.2025 über die Nichtteilnahme und das in Betracht kommende weitere Vorgehen.

Aus der Vermögensauskunft vom 07.01.2026 von Sven Konsen (unverheiratet, ein zweijähriges Kind) ergibt sich, dass dieser in Darmstadt bei dem Unternehmen Graz KG, vertreten durch Heiner Graz, als Programmierer beschäftigt ist. Er bezieht nach den Angaben in der Vermögensauskunft ein monatliches Einkommen in Höhe von 4.404,30 € netto. Die Graz KG gibt auf den Pfändungs- und Überweisungsbeschluss vom 19.01.2026 (an die Graz KG am 21.01.2026 zugestellt) weder Auskunft noch erfolgt eine Auszahlung des pfändbaren Betrags. Am 06.02.2026 schreibt Oxana Schuhmann daher die Graz KG an.

Arbeitsaufträge:

a) Erstellen Sie eine Übersicht, welche Voraussetzungen für eine Zwangsvollstreckung in diesem Fall vorliegen müssen und welche Voraussetzungen am 28.11.2025 bereits erfüllt sind.

b) Erstellen Sie in Zweiergruppen das Informationsschreiben vom 28.11.2025 an den Mandanten.
c) Stellen Sie zur Vorbereitung des Informationsschreibens vom 22.12.2025 alle Maßnahmen zusammen, welche bei Nichtteilnahme eines Schuldners am Termin zur Abnahme der Vermögensauskunft in Betracht kommen.
d) Bestimmen Sie das sachlich, örtlich und funktionell zuständige Vollstreckungsorgan für den Erlass des Pfändungs- und Überweisungsbeschlusses.
e) Fertigen Sie den Brieftext des Anschreibens vom 06.02.2026 an die Graz KG. Gehen Sie dabei von folgenden Daten aus:
   - Sven Konsen, Jahrstraße 5, 64521 Groß-Gerau
   - Roland Sieber, Entengasse 1, 67471 Elmstein
f) Vergleichen Sie Ihre Ergebnisse untereinander.
g) Reflektieren Sie anschließend Ihr Wissen.

5.1 Schreiben an die Mandantschaft

Im Rahmen der Zwangsvollstreckung ist eine Information der Mandantschaft insbesondere vor Einleitung der Zwangsvollstreckung erforderlich, um das weitere – kostenpflichtige – Vorgehen abzusprechen. Weiterhin sind während des Ablaufs Informationsschreiben erforderlich sowie eine Abrechnung zum Abschluss eines Verfahrens.

Die folgenden Beispielschreiben stellen nur einen kleinen Auszug aus den vielfältigen anzufertigenden Schreiben dar.

5.1.1 Information vor der Einleitung der Zwangsvollstreckung

Situationsbeschreibung: Rechtsanwältin Katharina Marschner hat Claus Pölz (Mainzer Straße 1, 76829 Landau) im Mietrechtsstreit Claus Pölz ./. Karla Veser vertreten. Im Verfahren vor dem Amtsgericht Landau haben die Parteien am 12.01.2026 einen gerichtlich protokollierten Vergleich geschlossen. Einschließlich Kosten und Zinsen besteht eine Gesamtforderung in Höhe von 4.512,50 €. Karla Veser hat am 21.01.2026 telefonisch mitgeteilt, dass sie zu Zahlungen nicht in der Lage sei, da sie zu wenig verdiene. Der Arbeitgeber von Karla Veser ist ebenso wenig wie deren sonstige Vermögensverhältnisse bekannt. Rechtsanwältin Katharina Marschner übergibt die Akte (Az.: 228/2025) an Oxana Schuhmann mit der Bitte, den Mandanten über das Telefonat zu informieren und auf mögliche Zwangsvollstreckungsmaßnahmen hinzuweisen. Es soll ein Besprechungstermin zur konkreten Klärung des weiteren Vorgehens vereinbart werden. Oxana Schuhmann fertigt das Schreiben am 21.01.2026 an.

Katharina Marschner
Rechtsanwältin & Notarin

Wilhelminenplatz 220
64283 Darmstadt
Telefon: +49 621 9999999-0
Telefax: +49 621 9999999-1
E-Mail: kontakt@ra-marschner.de

Bankverbindung: Commerzbank Darmstadt
IBAN: DE41 5084 0005 0000 5638 12
USt-IdNr.: DE999999999

Datum: 21.01.2026

Anwaltsnotariat Marschner, Wilhelminenplatz 220, 64283 Darmstadt
Herrn
Claus Pölz
Mainzer Straße 1
76829 Landau

Claus Pölz ./. Karla Veser
wegen Mietzinsforderung
Unser Zeichen: 228/2025

Sehr geehrter Herr Pölz,

Frau Karla Veser hat mir heute telefonisch mitgeteilt, dass sie zu wenig verdiene, um die noch offene Forderung in Höhe von 4.512,50 € vollständig zu begleichen.

Es sollten daher Zwangsvollstreckungsmaßnahmen ergriffen werden, um Ihre Forderung durchzusetzen. Voraussetzungen für die Zwangsvollstreckung sind Titel, Vollstreckungsklausel und Zustellung. Mit dem gerichtlich protokollierten Vergleich vom 12.01.2026 haben Sie einen Titel. Ich werde die Erteilung der Vollstreckungsklausel auf diesem Vergleich veranlassen und diesen mit Einleitung der Zwangsvollstreckung durch den Gerichtsvollzieher an Frau Karla Veser zustellen lassen.

Sofern Ihnen keine konkreten Vermögenswerte von Frau Karla Veser bekannt sind, empfiehlt es sich, zunächst eine Vermögensauskunft einzuholen, um über ihre finanzielle Lage Informationen zu erhalten.

Ich bitte Sie, zur Klärung des konkreten Vorgehens einen Besprechungstermin zu vereinbaren.

Mit freundlichen Grüßen

Katharina Marschner
Rechtsanwältin

5.1.2 Vorschläge zum Vorgehen bei Einwendungen

Situationsbeschreibung: Rechtsanwältin Katharina Marschner hat einen Vollstreckungsbescheid für Gabi Taslier-Haupt (Albert-Pfeiffer-Straße 16, 67346 Speyer) gegen Heiner Übeler wegen einer Werklohnforderung über 4.850,00 € nebst Zinsen und Kosten erwirkt. Hieraus wurde mittels Sachpfändung vollstreckt und die Pfändung einer wertvollen Digitalkamera erwirkt. Rechtsanwältin Katharina Marschner erhält nun am 09.01.2026 eine Drittwiderspruchsklage der Lisa Nehmar vom 07.01.2026, die mittels Kaufvertrag und Benennung von Heiner Übeler als Zeuge nachweist, dass sie Eigentümerin der Digitalkamera ist und diese nur an Heiner Übeler verliehen habe. Zur Klagerwiderung hat das Gericht eine zweiwöchige Frist gesetzt. Rechtsanwältin Katharina Marschner legt die Akte Gabi Taslier-Haupt ./. Heiner Übeler (Az.: 128/2026) Oxana Schuhmann mit dem Auftrag vor, die Mandantin über die Drittwiderspruchsklage und das mögliche weitere Vorgehen zu informieren. Oxana Schuhmann fertigt das Schreiben am 09.01.2026 an.

Katharina Marschner
Rechtsanwältin & Notarin

Wilhelminenplatz 220
64283 Darmstadt
Telefon: +49 621 9999999-0
Telefax: +49 621 9999999-1
E-Mail: kontakt@ra-marschner.de

Bankverbindung: Commerzbank Darmstadt
IBAN: DE41 5084 0005 0000 5638 12
USt-IdNr.: DE999999999

Anwaltsnotariat Marschner, Wilhelminenplatz 220, 64283 Darmstadt

Frau
Gabi Taslier-Haupt
Albert-Pfeiffer-Straße 16
67346 Speyer

Datum: 09.01.2026

Gabi Taslier-Haupt ./. Heiner Übeler
wegen Werklohnforderung/Zwangsvollstreckung
Unser Zeichen: 128/2026

Sehr geehrte Frau Taslier-Haupt,

anliegend füge ich Ihnen eine Abschrift der Drittwiderspruchsklage von Lisa Nehmar vom 07.01.2026 bei. Frau Nehmar wendet sich gegen die veranlasste Pfändung einer Digitalkamera, die sich im Gewahrsam von Herrn Heiner Übeler befunden hat. Sie trägt vor, Eigentümerin der Digitalkamera zu sein, und belegt dieses mittels Kaufvertrag und Zeugenbeweis durch Heiner Übeler.

Angesichts der Beweislage ist davon auszugehen, dass Frau Nehmar tatsächlich Eigentümerin ist und die Drittwiderspruchsklage daher Erfolg haben wird. Ich rate Ihnen daher an, die Klageforderung von Frau Lisa Nehmar anzuerkennen. Da Frau Nehmar vor Klageeinreichung keine Herausgabeaufforderung an mich gerichtet hat, handelt es sich bei diesem Anerkenntnis um ein sog. sofortiges Anerkenntnis i. S. v. § 93 ZPO. Dieses hätte zur Folge, dass Frau Nehmar die Kosten für die Drittwiderspruchsklage tragen müsste.

Wegen der durch das Gericht gesetzten Frist bitte ich um Mitteilung bis zum 16.01.2026, ob Sie bereit sind, die Klageforderung anzuerkennen. Für telefonische Rückfragen stehe ich Ihnen gerne zur Verfügung.

Mit freundlichen Grüßen

Katharina Marschner
Rechtsanwältin

Anlage
Drittwiderspruchsklage vom 07.01.2026

5.1.3 Abrechnung des Vorgehens im Zwangsvollstreckungsverfahren

Situationsbeschreibung: Rechtsanwältin Katharina Marschner vertritt Verena Gravolski (Alex-Müller-Straße 43, 67657 Kaiserslautern) seit dem 26.01.2026 im Zwangsvollstreckungsverfahren gegen Daniela Lopa wegen einer Kaufpreisforderung in Höhe von 8.700,00 €. Auftragsgemäß wurde am 18.02.2026 eine Vermögensauskunft über das Vermögen von Daniela Lopa veranlasst. Hieraus ergibt sich jedoch, dass Daniela Lopa derzeit keinerlei pfändbare Vermögenswerte besitzt. Die Akte wird daher auf Wiedervorlage in zwei Jahren gelegt. Oxana Schuhmann erstellt die Kostenendabrechnung (Rechnungsnr.: 28/2026) zum Az.: 309/2026 am 20.03.2026. Dabei berücksichtigt sie die entstandenen Gerichtsvollzieherkosten vom 16.02.2026 in Höhe von 40,50 €.

Katharina Marschner
Rechtsanwältin & Notarin

Wilhelminenplatz 220
64283 Darmstadt
Telefon: +49 621 9999999-0
Telefax: +49 621 9999999-1
E-Mail: kontakt@ra-marschner.de

Bankverbindung: Commerzbank Darmstadt
IBAN: DE41 5084 0005 0000 5638 12
USt-IdNr.: DE999999999

Anwaltsnotariat Marschner, Wilhelminenplatz 220, 64283 Darmstadt
Frau
Verena Gravolski
Alex-Müller-Straße 43
67657 Kaiserslautern

Datum: 20.03.2026

Kostenendabrechnung
Rechnungsnummer: 28/2026
Verena Gravolski ./. Daniela Lopa, 309/2026
wegen Kaufpreisforderung/Einholung einer Vermögensauskunft
Leistungszeitraum: 26.01.2026 – 20.03.2026

Streitwert: 2.000,00 €, § 25 Abs. 1 S. 4 RVG

0,3 Verfahrensgebühr, Nr. 3309 VV RVG	52,80 €
Pauschale Post und Telekommunikation, Nr. 7002 VV RVG	10,56 €
Zwischensumme	63,36 €
19 % Umsatzsteuer, Nr. 7008 VV RVG	12,04 €
Zwischensumme	75,40 €
Gerichtsvollzieherkosten vom 16.02.2022	40,50 €
Summe	115,90 €

Katharina Marschner
Rechtsanwältin

5.2 Einleitung von zwangsvollstreckungsrechtlichen Maßnahmen

Verschiedene Anträge können über die Homepage der einzelnen Gerichte geladen und teilweise über das Internet gestellt werden. Sie wurden in LF 12, Kap. 2 bereits auszugsweise dargestellt und zum Download zur Verfügung gestellt. Es handelt sich um folgende Anträge:

- Zwangsvollstreckungsauftrag
- Antrag auf richterliche Durchsuchungsanordnung
- Erklärungen zur gütlichen Einigung
- Vorpfändung
- Pfändungs- und Überweisungsbeschluss, allgemein
- Pfändungs- und Überweisungsbeschluss wegen Unterhaltsforderungen

Das Gerichtsvollzieherformular umfasst die Möglichkeit, eine Vorwegpfändung sowie eine andere Verwertungsart (Modul O) zu beantragen. Auch insofern wird auf die entsprechenden Formulare verwiesen, die in Kap. 2 dieses Lernfelds teilweise abgedruckt sind.
Daneben gibt es weitere Anträge, die im Zusammenhang mit den Zwangsvollstreckungsmaßnahmen wichtig sind. Im Folgenden werden einige beispielhaft aufgeführt.

5.2.1 Zahlungsaufforderung an den Schuldner

Situationsbeschreibung: Rechtsanwältin Katharina Marschner hat für Edwin Kluge außergerichtlich wegen einer Kaufpreisforderung über 6.500,00 € gegenüber Jörg Weihrich (Ulmenstraße 3, 67661 Kaiserslautern, Stadtteil Hohenecken) am 07.01.2026 einen Vollstreckungsbescheid beim Amtsgericht – Mahngericht – Mayen (Az.: 25-3624917-0-6) erwirkt. Vor Einleitung von Zwangsvollstreckungsmaßnahmen soll nunmehr am 13.01.2026 Jörg Weihrich zur Zahlung der Hauptforderung nebst festgesetzter Kosten in Höhe von 921,41 € sowie Zinsen bis zum 13.01.2026 über 172,31 € aufgefordert werden. Dabei setzt Oxana Schuhmann eine angemessene Frist und droht bei deren Ablauf die Zwangsvollstreckung an. Weiterhin werden Jörg Weihrich die Kosten für das Aufforderungsschreiben in Rechnung gestellt. Dieses Schreiben zum Az.: 510/2025 geht am 13.01.2026 zur Post.

Katharina Marschner
Rechtsanwältin & Notarin

Wilhelminenplatz 220
64283 Darmstadt
Telefon: +49 621 9999999-0
Telefax: +49 621 9999999-1
E-Mail: kontakt@ra-marschner.de

Bankverbindung: Commerzbank Darmstadt
IBAN: DE41 5084 0005 0000 5638 12
USt-IdNr.: DE999999999

Anwaltsnotariat Marschner, Wilhelminenplatz 220, 64283 Darmstadt
Herrn
Jörg Weihrich
Hohenecken
Ulmenstraße 3
67661 Kaiserslautern

Datum: 13.01.2026

Edwin Kluge ./. Jörg Weihrich
wegen Kaufpreisforderung
Unser Zeichen: 510/2025

Sehr geehrter Herr Weihrich,

nach dem Vollstreckungsbescheid des Amtsgerichts – Mahngerichts – Mayen vom 07.01.2026 (Az.: 25-3624917-0-6) sind Sie zur Zahlung von

Hauptforderung	6.500,00 €
festgesetzte Kosten	921,41 €
Zinsen bis 13.01.2026	172,31 €

verpflichtet. Zur Zahlung der Gesamtforderung in Höhe von 7.593,72 € auf oben genanntes Konto werden Sie bis zum

27.01.2026

aufgefordert. Geldempfangsvollmacht liegt bei.

Sollte eine Zahlung innerhalb der genannten Frist nicht erfolgen, werde ich Zwangsvollstreckungsmaßnahmen gegen Sie einleiten.

Weiterhin sind Sie auch aufgrund Ihres Verzugs verpflichtet, die durch diese Aufforderung entstandenen Kosten zu erstatten. Diese ermitteln sich wie folgt:

Seite 1 von 2

Gegenstandswert: 7.593,72 €, § 25 Abs. 1 Nr. 1 RVG

0,3 Verfahrensgebühr, Nr. 3309 VV RVG	159,90 €
Pauschale Post und Telekommunikation, Nr. 7002 VV RVG	20,00 €
Zwischensumme	179,90 €
19 % Umsatzsteuer, Nr. 7008 VV RVG	34,18 €
Gesamtbetrag	214,08 €

Zur Begleichung dieser Forderung werden Sie ebenfalls innerhalb obiger Frist aufgefordert.

Mit freundlichen Grüßen

Katharina Marschner
Rechtsanwältin

Anlage
Geldempfangsvollmacht

5.2.2 Antrag auf Austauschpfändung

Situationsbeschreibung: In Sachen Traudel Walder (Altkirchenstraße 18, 68229 Mannheim) gegen Bernd Äldow (Gutenbergstraße 10, 69221 Dossenheim) hat Oxana Schuhmann die Sachpfändung wegen einer Kaufpreisforderung nebst Kosten und Zinsen in Höhe von insgesamt 34.173,25 € aus einem Vollstreckungsbescheid des Amtsgerichts – Mahnabteilung – Stuttgart vom 11.02.2026 (Az.: 26-9144730-0-5) veranlasst. Aus dem Pfändungsprotokoll des Gerichtsvollziehers Kurt Helm vom 13.04.2026 ergibt sich, dass Bernd Äldow Eigentümer eines neuwertigen Mercedes (B 220 d 4MATIC; Fahrgestell-Identifizierungsnummer WDD 187 007-1J-173291) mit einem aktuellen Verkehrswert von 40.988,00 € ist. Die Pfändung ist jedoch unterblieben, da Bernd Äldow als selbstständiger Immobilienmakler tätig und daher auf das Fahrzeug angewiesen ist. Traudel Walder besitzt einen Gebrauchtwagenhandel. Es wäre ihr möglich, ein wesentlich preisgünstigeres Modell (B 180 CDI als Erstzulassung 04/2022 im Wert von 12.400,00 €) als Ersatz zur Verfügung zu stellen. Oxana Schuhmann fertigt daher am 20.04.2026 zum Az.: 14/2026 einen entsprechenden Schriftsatz und legt ihn Rechtsanwältin Katharina Marschner zur Unterschrift vor.

Katharina Marschner
Rechtsanwältin & Notarin

Wilhelminenplatz 220
64283 Darmstadt
Telefon: +49 621 9999999-0
Telefax: +49 621 9999999-1
E-Mail: kontakt@ra-marschner.de

Bankverbindung: Commerzbank Darmstadt
IBAN: DE41 5084 0005 0000 5638 12
USt-IdNr.: DE999999999

Anwaltsnotariat Marschner, Wilhelminenplatz 220, 64283 Darmstadt
Per beA
Amtsgericht Heidelberg
Vollstreckungsgericht
Kurfürsten-Anlage 15
69115 Heidelberg

Datum: 20.04.2026

Antrag auf Gestattung der Austauschpfändung

In der Zwangsvollstreckungssache

Traudel Walder, Altkirchenstraße 18, 68229 Mannheim,

– Gläubigerin –

Verfahrensbevollmächtigte: Rechtsanwältin und Notarin Katharina Marschner, Wilhelminenplatz 220, 64283 Darmstadt,

gegen

Bernd Äldow, Gutenbergstraße 10, 69221 Dossenheim,

– Schuldner –

beantrage ich namens und in Vollmacht der Gläubigerin die Pfändung des Mercedes B 220 d 4MATIC, Fahrgestell-Identifizierungsnummer WDD 187 007-1J-173291, gegen Übereignung eines Mercedes B 180 CDI, Erstzulassung 04/2022, im Wert von 12.400,00 € an den Schuldner zuzulassen. Der Wert des Austauschgegenstands ist der Gläubigerin aus dem Vollstreckungserlös zu erstatten.

Begründung:

Aufgrund der beigefügten vollstreckbaren Ausfertigung des Vollstreckungsbescheids des Amtsgerichts – Mahnabteilung – Stuttgart vom 11.02.2026, Az.: 26-9144730-0-5, kann die Gläubigerin den aus der anliegenden Forderungsaufstellung ersichtlichen Gesamtbetrag von 34.173,25 € sowie die Kosten für diesen Antrag beanspruchen.

Die Gläubigerin hat mit der Durchführung der Sachpfändung den Gerichtsvollzieher Kurt Helm beauftragt. Dabei ist ausweislich des beigefügten Pfändungsprotokolls vom 13.04.2026 die Pfändung des Mercedes B 220 d 4MATIC unterblieben, da das Fahrzeug wegen der Geschäftstätigkeit des Schuldners nach § 811 Nr. 5 ZPO unpfändbar ist.

Seite 1 von 2

Der Gläubigerin steht das Recht zu, die Pfändung einer höherwertigen Sache gegen den Austausch einer geringwertigen Sache, die den Schutzzweck in gleicher Weise gewährleistet, zu veranlassen. Dieser Funktion entspricht das zum Austausch angebotene Fahrzeug, welches in seiner Leistungsfähigkeit dem gepfändeten Fahrzeug vergleichbar ist.

Der Wert des Austauschgegenstands ist der Gläubigerin nach § 811 a Abs. 2 S. 4 ZPO aus dem Versteigerungserlös zu erstatten.

Katharina Marschner
Rechtsanwältin

Anlagen
Vollstreckungsbescheid vom 11.02.2026
Pfändungsprotokoll vom 13.04.2026
Forderungsaufstellung

Dieser Schriftsatz ist einfach elektronisch signiert.

5.2.3 Arrestantrag

Situationsbeschreibung: Rechtsanwältin Katharina Marschner hat für ihre Mandantin Petra Kahlenfeld (Fliederweg 7, 67346 Speyer) am 12.06.2026 beim Landgericht Frankenthal eine Schadenersatzforderung gegen Karl Eklon e. K. (Johannesstraße 27, 67346 Speyer) in Höhe von 100.000,00 € eingeklagt. Karl Eklon hatte bei der Durchführung von Elektroarbeiten am Einfamilienhaus von Petra Kahlenfeld durch eine fehlerhafte Kabelverlegung einen Kabelbrand verursacht, sodass ein Teil des Dachstuhls ausbrannte und neu errichtet werden muss. Karl Eklon wurde zuvor mit Strafurteil des Amtsgerichts Speyer (Az.: 2 Ds 534/2026) vom 03.06.2026 zu einer Geldstrafe verurteilt. Im Rahmen des Strafverfahrens wurde der Schaden bereits auf 100.000,00 € durch Gutachter geschätzt. Im Zivilverfahren vor dem Landgericht Frankenthal erfährt Petra Kahlenfeld in der mündlichen Verhandlung vom 08.07.2026 durch Franz Black, einen mit ihr befreundeten Mitarbeiter des Karl Eklon, dass Karl Eklon durch die Schadenersatzforderung in finanzielle Schwierigkeiten geraten wird. Es laufen bereits Verhandlungen, das Unternehmen zu verkaufen. Daher steht zu befürchten, dass sich Karl Eklon mit seinem noch vorhandenen Vermögen, insbesondere mit seinem Bankguthaben bei der Sparkasse in Speyer, ins Ausland absetzen wird. Eine eidesstattliche Versicherung des Franz Black vom 08.07.2026 liegt vor. Oxana Schuhmann fertigt am 10.07.2026 zum Az.: 379/2026 den Arrestantrag an.

Katharina Marschner
Rechtsanwältin & Notarin

Wilhelminenplatz 220
64283 Darmstadt
Telefon: +49 621 9999999-0
Telefax: +49 621 9999999-1
E-Mail: kontakt@ra-marschner.de

Bankverbindung: Commerzbank Darmstadt
IBAN: DE41 5084 0005 0000 5638 12
USt-IdNr.: DE999999999

Datum: 10.07.2026

Anwaltsnotariat Marschner, Wilhelminenplatz 220, 64283 Darmstadt
Per beA
Amtsgericht Speyer
Wormser Straße 41
67346 Speyer

Antrag auf dinglichen Arrest und Arrestpfändung

In Sachen

Petra Kahlenfeld, Fliederweg 7, 67346 Speyer,

– Antragstellerin –

Verfahrensbevollmächtigte: Rechtsanwältin und Notarin Katharina Marschner, Wilhelminenplatz 220, 64283 Darmstadt,

gegen

Karl Eklon e. K., Johannesstraße 27, 67346 Speyer,

– Antragsgegner –

wegen Arrest und Arrestpfändung,

beantrage ich namens und in Vollmacht der Antragstellerin, gegen den Antragsgegner – wegen der Dringlichkeit ausschließlich ohne mündliche Verhandlung – folgenden Arrestbefehl und Arrestbeschluss zu erlassen:

1. Wegen einer Schadenersatzforderung des Antragstellers in Höhe von 100.000,00 € zzgl. Zinsen in Höhe von fünf Prozentpunkten über dem Basiszinssatz seit dem 18.03.2026 gegen den Antragsgegner wird der dingliche Arrest in das Vermögen des Antragsgegners angeordnet.
2. Die Kosten des Arrestverfahrens trägt der Antragsgegner.
3. Die Vollziehung des Arrests wird durch Hinterlegung in Höhe von 107.000,00 € durch den Antragsgegner gehemmt.
4. In Vollziehung des Arrests wird die Geschäftsbeziehung des Antragsgegners zur Sparkasse Speyer bis zum Höchstbetrag von 107.000,00 € gepfändet. Der Antragsgegner hat sich jeder Verfügung über die Forderung zu enthalten, die Sparkasse darf an den Antragsgegner nicht mehr leisten.

Seite 1 von 2

Begründung:

Die Antragstellerin hat am 09.02.2026 den Antragsgegner mit der Durchführung der Elektroarbeiten in ihrem Einfamilienhaus im Fliederweg 7, 67346 Speyer, beauftragt. Dabei verlegte der Antragsgegner die Leitungen im Dachgeschoss fehlerhaft, wodurch es zu einem Kabelbrand kam. Hierdurch brannte der Dachstuhl des Einfamilienhauses nahezu vollständig aus. Nach Mitteilung der im Strafverfahren tätigen Gutachter ist hierdurch ein Schaden von 100.000,00 € entstanden. Der Antragsgegner wurde wegen fahrlässiger Brandstiftung durch das Amtsgericht Speyer mit Urteil vom 03.06.2026 (Az.: 2 Ds 534/2026) zu einer Geldstrafe verurteilt. Am 12.06.2026 wurde Klage vor dem Landgericht Frankenthal auf Schadenersatz in Höhe des entstandenen Sachschadens gegen den Antragsgegner erhoben.

Glaubhaftmachung: Kopie der Klageschrift vom 12.06.2026 mit weiteren Nachweisen
– Anlagenkonvolut A1 –

Im Termin zur mündlichen Verhandlung vom 08.07.2026 vor dem Landgericht Frankenthal teilte Franz Black, ein Mitarbeiter des Antragsgegners der Antragstellerin mit, dass Karl Eklon wegen finanzieller Schwierigkeiten beabsichtige, sein Unternehmen zu verkaufen und sich ins Ausland abzusetzen. Verkaufsverhandlungen würden bereits laufen.

Glaubhaftmachung: Eidesstattliche Versicherung des Franz Black vom 08.07.2026
– Anlage A2 –

Dieses Verhalten des Antragsgegners gibt zu befürchten, dass er seine noch in Deutschland vorhandenen Vermögenswerte, und insbesondere seine Konten bei der Sparkasse Speyer, beiseiteschaffen wird.

Katharina Marschner
Rechtsanwältin

Anlagen
Kopie der Klageschrift
Eidesstattliche Versicherung

Dieser Schriftsatz ist einfach elektronisch signiert.

5.3 Einwendungen innerhalb des zwangsvollstreckungsrechtlichen Mandats

Im Wesentlichen werden Einwendungen gegen die Zwangsvollstreckung durch den Schuldner oder betroffene Dritte vorgebracht. Im Folgenden werden jeweils eine formelle und eine materiell-rechtliche Einwendung beispielhaft dargestellt.

5.3.1 Sofortige Beschwerde gegen eine vollstreckungsrechtliche Entscheidung

Situationsbeschreibung: Rechtsanwältin Katharina Marschner wird von Theo Lund (Alfred-Delp-Straße 4, 67433 Neustadt an der Weinstraße) beauftragt, gegen eine Entscheidung des Amtsgerichts – Vollstreckungsgericht – Neustadt an der Weinstraße vom 09.03.2026 (Az.: 2 K 31/2026) vorzugehen. Danach wurde im Rahmen einer Austauschpfändung des Dennis Windgas (Schelmenzeile 2, 67067 Ludwigshafen) der Kleinbus Renault Trafic (Fahrgestell-Nr. W-1-348125) von Theo Lund gepfändet und als Ersatzstück lediglich ein Mittelklassewagen (Opel Insignia) wegen dessen Geräumigkeit und Eignung als Geschäftsfahrzeug zugelassen. Da Theo Lund als Landschaftsgärtner selbstständig ist, muss er jeweils größere Werkzeuge transportieren. Hierzu ist ein Fahrzeug in der Größe eines VW-Busses dringend erforderlich. Im Übrigen weist der Kleinbus 80000 km an gefahrenen Kilometern auf und ist vier Jahre alt. Bei seiner Versteigerung ist zweifelhaft, ob der Versteigerungserlös die Kosten für das Ersatzstück wesentlich übersteigen wird. Die Austauschpfändung wurde am 02.03.2026 beantragt. Der Vollstreckung liegt der Vollstreckungsbescheid des Amtsgerichts – Mahngericht – Mayen vom 23.01.2026, Az.: 26-0159836-0-3, über eine Gesamtforderung von 14.560,00 € zugrunde. Oxana Schuhmann fertigt die Beschwerde am 13.03.2026 zum Az.: 162/2026 an.

Katharina Marschner
Rechtsanwältin & Notarin

Anwaltsnotariat Marschner, Wilhelminenplatz 220, 64283 Darmstadt
Per beA
Amtsgericht Neustadt an der Weinstraße
Robert-Stolz-Straße 20
67433 Neustadt an der Weinstraße

Wilhelminenplatz 220
64283 Darmstadt
Telefon: +49 621 9999999-0
Telefax: +49 621 9999999-1
E-Mail: kontakt@ra-marschner.de

Bankverbindung: Commerzbank Darmstadt
IBAN: DE41 5084 0005 0000 5638 12
USt-IdNr.: DE999999999

Datum: 13.03.2026

Sofortige Beschwerde gem. § 793 ZPO

In der Zwangsvollstreckungssache

Dennis Windgas, Schelmenzeile 2, 67067 Ludwigshafen,

– Gläubiger und Beschwerdegegner–

gegen

Theo Lund, Alfred-Delp-Straße 4, 67433 Neustadt an der Weinstraße,

Verfahrensbevollmächtigte: Rechtsanwältin und Notarin Katharina Marschner,
Wilhelminenplatz 220, 64283 Darmstadt,

– Schuldner und Beschwerdeführer –

lege ich namens und in Vollmacht des Schuldners gegen die Entscheidung des Amtsgerichts – Vollstreckungsgericht – Neustadt an der Weinstraße vom 09.03.2026, Az.: 2 K 31/2026,

sofortige Beschwerde

ein und beantrage

> die angefochtene Entscheidung aufzuheben und dem Gläubiger die Kosten des Beschwerdeverfahrens aufzuerlegen.

Seite 1 von 2

Begründung:

Gegen den Schuldner und Beschwerdeführer betreibt der Gläubiger die Zwangsvollstreckung auf der Grundlage eines Vollstreckungsbescheids des Amtsgerichts – Mahngericht – Mayen vom 23.01.2026, Az.: 26-0159836-0-3 wegen einer Gesamtforderung in Höhe von 14.560,00 €.

Am 02.03.2026 beantragte der Gläubiger beim Amtsgericht – Vollstreckungsgericht – Neustadt an der Weinstraße, die Austauschpfändung hinsichtlich eines Kleinbusses Renault Trafic (Fahrgestell-Nr. W-1-348125), welchen der Schuldner und Beschwerdeführer als Geschäftsfahrzeug nutzt.

Als Ersatzstück wurde durch das Amtsgericht – Vollstreckungsgericht – Neustadt an der Weinstraße mit Beschluss vom 09.03.2026 ein Mittelklassewagen (Opel Insignia) zugelassen. Begründet wurde dieses mit der Geräumigkeit des Ersatzfahrzeuges und dessen Tauglichkeit als Geschäftsfahrzeug.

Beweis: Kopie des Beschlusses vom 09.03.2026
– Anlage A1 –

Dieser Beschluss wird angefochten, da er fehlerhaft ist. Der Schuldner und Beschwerdeführer arbeitet als selbstständiger Landschaftsgärtner. Daher ist er für den Transport der Gärtnereiwerkzeuge dringend auf ein größeres Fahrzeug angewiesen. In den als Ersatzstück angebotenen Mittelklassewagen kann er die Arbeitsutensilien nicht verstauen. Zudem ist der Kleinbus mittlerweile vier Jahre alt und weist einen Tachostand von 80 000 km auf. Er wurde auch sehr intensiv für die Geschäftstätigkeit genutzt. Es ist daher zweifelhaft, ob der Versteigerungserlös den Wert des Ersatzstücks i. S. d. § 811 a Abs. 2 S. 2 ZPO wesentlich übersteigen wird.

Es wird gebeten, der Beschwerde durch die Aufhebung des angefochtenen Beschlusses abzuhelfen. Andernfalls wird gebeten, die sofortige Beschwerde dem Landgericht Frankenthal als Beschwerdegericht vorzulegen und die Nichtabhilfegründe mitzuteilen.

Katharina Marschner
Rechtsanwältin

Anlage
Beschluss des Amtsgerichts vom 09.03.2026

Dieser Schriftsatz ist qualifiziert elektronisch signiert.

5.3.2 Drittwiderspruchsklage

Situationsbeschreibung: Rechtsanwältin Katharina Marschner hat für Helga Fischer (Lahnstraße 28, 64646 Heppenheim) am 25.02.2026 den Gläubiger Erich Wiesner (Donaustraße 45, 64625 Bensheim) angeschrieben und zur Aufhebung der Zwangsvollstreckung in einen Laptop Lenovo AC (Verkehrswert: 1.450,00 €) bis spätestens 02.03.2026 aufgefordert. Die Sachpfändung in den Laptop erfolgte aufgrund eines Vollstreckungsbescheids des Amtsgerichts – Mahngericht – Stuttgart vom 29.04.2025 (Az.: 25-0695228-0-6) in das Vermögen des Schuldners Heinz Glaubnis. Die Gesamtforderung des Erich Wiesner beläuft sich auf derzeit 5.120,56 €. Helga Fischer hat ihrem arbeitslosen Nachbarn Heinz Glaubnis den Laptop ausgeliehen, damit dieser hierauf Bewerbungsschreiben fertigen kann. Für den Erwerb des Laptops liegt Helga Fleischer der Kaufvertrag vom 31.01.2026 vor. Versteigerungstermin ist auf den 16.03.2026 bestimmt. Die Drittwiderspruchsklage wird am 04.03.2026 erhoben, da auf die Freigabeaufforderung keine Reaktion erfolgte. Oxana Schuhmann fertigt zum Az.: 201/2026 den Schriftsatz an.

Katharina Marschner
Rechtsanwältin & Notarin

Wilhelminenplatz 220
64283 Darmstadt
Telefon: +49 621 9999999-0
Telefax: +49 621 9999999-1
E-Mail: kontakt@ra-marschner.de

Bankverbindung: Commerzbank Darmstadt
IBAN: DE41 5084 0005 0000 5638 12
USt-IdNr.: DE999999999

Datum: 04.03.2026

Anwaltsnotariat Marschner, Wilhelminenplatz 220, 64283 Darmstadt
Per beA
Amtsgericht Bensheim
Wilhelmstraße 26
64625 Bensheim

Drittwiderspruchsklage gem. § 771 ZPO

In Sachen

Helga Fischer, Lahnstraße 28, 64646 Heppenheim,

– Klägerin –

Prozessbevollmächtigte: Rechtsanwältin und Notarin Katharina Marschner,
Wilhelminenplatz 220, 64283 Darmstadt,

gegen

Erich Wiesner, Donaustraße 45, 64625 Bensheim,

– Beklagter –

wegen Unzulässigkeit der Zwangsvollstreckung,
Streitwert: 1.450,00 €,

werde ich namens und in Vollmacht der Klägerin beantragen:

1. Die Zwangsvollstreckung aus dem Vollstreckungsbescheid des Amtsgerichts – Mahngericht – Stuttgart vom 29.04.2025, Az. 25-0695228-0-6, wird für unzulässig erklärt und aufgehoben.
2. Der Beklagte trägt die Kosten des Verfahrens.
3. Das Urteil ist vorläufig vollstreckbar.

Seite 1 von 2

Ferner wird beantragt:

4. Die Zwangsvollstreckung aus dem Vollstreckungsbescheid des Amtsgerichts – Mahngericht – Stuttgart vom 29.04.2025, Az. 25-0695228-0-6, wird ohne Sicherheitsleistung bis zur Entscheidung über die Klage einstweilen eingestellt.

Begründung:

Der Beklagte betreibt gegen den Schuldner Heinz Glaubnis die Zwangsvollstreckung aus dem Vollstreckungsbescheid des Amtsgerichts – Mahngericht – Stuttgart vom 29.04.2025, Az. 25-0695228-0-6.

Die Gerichtsvollzieherin Sarah Lund hat am 24.02.2026 bei dem Schuldner den Laptop Lenovo AC gepfändet.

Beweis: Vollstreckungsprotokoll vom 24.02.2026
– Anlage K1 –

Die Klägerin macht an diesem Pfändungsgegenstand gem. § 771 Abs. 1 ZPO ein die Veräußerung hinderndes Recht geltend. Sie ist Eigentümerin des Laptops und kann ihr Eigentum anhand des Kaufvertrags vom 31.01.2026 nachweisen.

Beweis: Kopie des Kaufvertrags vom 31.01.2026
– Anlage K2 –

Die Klägerin hat den Laptop lediglich kurzfristig an ihren Nachbarn Heinz Glaubnis verliehen, damit dieser hierauf seine Bewerbungen fertigen kann.

Mit Schreiben vom 25.02.2026 wurde der Beklagte angeschrieben und zur Freigabe des Laptops bis zum 02.03.2026 aufgefordert.

Beweis: Kopie des Aufforderungsschreibens vom 25.02.2026
– Anlage K3 –

Nachdem innerhalb der gesetzten Frist keine Freigabe erfolgte, ist Klage erforderlich.

Die einstweilige Einstellung der Zwangsvollstreckung ist anzuordnen, da ein Versteigerungstermin bereits auf den 16.03.2026 bestimmt wurde.

Beweis: Vollstreckungsprotokoll vom 20.02.2026
– Anlage K1 –

Katharina Marschner
Rechtsanwältin

Anlagen

Dieser Schriftsatz ist einfach elektronisch signiert.

Seite 2 von 2

Zusammenfassung

Führen des Schriftverkehrs in der Zwangsvollstreckung

Schreiben an die Mandantschaft
- Information vor Einleitung der Zwangsvollstreckung
- Vorschläge zum Vorgehen nach Einwendungen
- Kostenabrechnung

Einleitung von Zwangsvollstreckungsmaßnahmen
- Zahlungsaufforderung an Schuldner
- Antrag auf Austauschpfändung
- Arrestantrag

Einwendungen im Rahmen der Zwangsvollstreckung
- sofortige Beschwerde
- Drittwiderspruchsklage

Wiederholung und Vertiefung

1. Rechtsanwältin Katharina Marschner hat den Kläger Volker Lomaus (Rappengasse 10, 67376 Harthausen) vor dem Amtsgericht Speyer (Wormser Straße 41, 67346 Speyer; gerichtliches Az.: 8 C 783/2025) wegen einer Darlehensforderung in Höhe von 4.350,00 €, zzgl. Zinsen in Höhe von fünf Prozentpunkten über dem Basiszinssatz seit 24.10.2025, gegen die Geschwister Gerit und Holger Meusert (beide wohnhaft in der Bitzstraße 17, 67105 Schifferstadt) vertreten. Mit Urteil vom 03.02.2026 wurde Volker Lomaus die Klageforderung vollumfänglich zugesprochen und das Urteil für vorläufig vollstreckbar erklärt. Das Urteil wurde der Partnerschaft am 06.02.2026 zugestellt. Am selben Tag wurde durch Rechtsanwältin Katharina Marschner die Kostenfestsetzung beantragt.

a) Rechtsanwältin Katharina Marschner übergibt die Akte (Az.: 49/2025) am 06.02.2026 an Oxana Schuhmann. Diese soll Volker Lomaus über den Sachstand (Urteilszustellung, Kostenfestsetzungsantrag) informieren und auf die Möglichkeit zur Einleitung der Zwangsvollstreckungsmaßnahmen hinweisen. Erstellen Sie das Schreiben an den Mandanten. Verwenden Sie dabei den Kanzleibriefbogen.

b) Die Gegenseite wird am 09.03.2026 mit 14-tägiger Fristsetzung aufgefordert, die Zahlung (Hauptforderung: 4.350,00 €, festgesetzte Kosten: 1.500,45 €; Zinsen: 83,01 €) zur Vermeidung von Zwangsvollstreckungsmaßnahmen vorzunehmen. Die Kosten für das Aufforderungsschreiben werden ihm in Rechnung gestellt. Erstellen Sie mithilfe des Kanzleibriefbogens das Schreiben, das Oxana Schuhmann anfertigt.

2. Timo Russo (Marie-Curie-Straße 56, 65189 Wiesbaden) hat einen Vollstreckungsbescheid (Amtsgericht – Mahngericht – Hünfeld vom 17.12.2025, Az.: 25-6193624-0-2) gegen Florian Endrizzi (Bleichgraben 4, 67269 Grünstadt) wegen einer Gesamtforderung über 7.250,00 € erwirkt und die Sachpfändung in das Vermögen des arbeitslosen Florian Endrizzi selbst veranlasst. Am 22.01.2026 erhält er das Pfändungsprotokoll der Gerichtsvollzieherin Sandra Eder, wonach Florian Endrizzi lediglich ein hochwertiges, neuwertiges LED-TV-Gerät im Wert von 9.500,00 € (Samsung OF94KS4317) besitzt. Weitere Vermögenswerte seien nicht vorhanden. Das TV-Gerät wurde vorläufig gepfändet, da die Gerichtsvollzieherin Sandra Eder davon ausging, dass eine Austauschpfändung erwartet werden könne. Ersatzstücke seien in einer Größenordnung von ca. 1.000,00 € durchaus möglich. Timo Russo wurde darauf hingewiesen, dass binnen einer Frist von zwei Wochen die Austauschpfändung beantragt werden müsse. Er wendet sich daher am 26.01.2026 an Rechtsanwältin Katharina Marschner und beauftragt diese, die entsprechende Maßnahme zu veranlassen. Rechtsanwältin Katharina Marschner übergibt die Akte (Az.: 75/2026) an Oxana Schuhmann und beauftragt diese, die Austauschpfändung zu beantragen. Es solle ein Ersatzgerät mit einem Wert von 1.000,00 € und einer geringeren Bildschirmgröße angeboten werden. Erstellen Sie mithilfe des Kanzleibriefbogens den Schriftsatz, den Oxana Schuhmann noch am 26.01.2026 erstellt.
3. Oxana Schuhmann hat in Sachen Joseph Pichler (Lautzkirchenstraße 13, 66482 Zweibrücken) gegen Franziska Mayr (Froelichstraße 31, 66482 Zweibrücken) (Az.: 518/2026) die Sachpfändung aus dem Urteil des Arbeitsgerichts Zweibrücken (Az.: 2 Ca 257/2026) wegen einer Lohnforderung in Höhe von 5.460,00 € veranlasst. Der Gerichtsvollzieher Mark Riegler teilt am 27.10.2026 mit (Az.: DR I 410/26), dass er den Zwangsvollstreckungsauftrag lediglich durchführen werde, wenn zuvor ein Vorschuss auf seine Kosten in Höhe von 1.000,00 € beglichen werde. Hintergrund sei die ihm bekannte Tatsache, dass die 65-jährige Franziska Mayr leicht erregbar und zudem herzkrank sei. Aus diesem Grund müsse er bei Durchführung des Zwangsvollstreckungsauftrags vorsorglich ärztliche Unterstützung anfordern. Nach Rücksprache mit Rechtsanwältin Katharina Marschner und Joseph Pichler legt Oxana Schuhmann gegen diese Maßnahme am 03.11.2026 Erinnerung ein. Begründet wird diese damit, dass Franziska Mayr während des arbeitsgerichtlichen Verfahrens durchaus körperlich in der Lage war, ihre Rechte angemessen zu vertreten, und keinerlei Erkrankungssymptome zeigte. Zum anderen könne nicht jegliches Lebensrisiko ausgeschlossen werden und die Rechte des Gläubigers nicht dadurch ausgehebelt werden. Erstellen Sie den Schriftsatz mithilfe des Kanzleibriefbogens.

Lernfeld 13 – Kompetenzen

In diesem Lernfeld lernen Sie:

Kapitel 1 **Ehe/Lebenspartnerschaft**	• was eine Eheschließung hindert • welche Rechtsfolgen eine Eheschließung hat • aus welchem Grund eine Ehe enden kann • dass es einen gesetzlichen Güterstand und vertragliche Güterstände gibt • was unter dem gesetzlichen Güterstand der Zugewinngemeinschaft zu verstehen ist • was unter dem vertraglichen Güterstand der Gütertrennung zu verstehen ist • was unter dem vertraglichen Güterstand der Gütergemeinschaft zu verstehen ist • was unter dem vertraglichen Güterstand der Wahl-Zugewinngemeinschaft zu verstehen ist

Kapitel 2 **Der Ehevertrag**	• welches Formerfordernis ein Ehevertrag hat • wie der Urkundeneingang sowie der Schluss eines Ehevertrags lauten • anhand einer Checkliste den Inhalt eines einfachen Ehevertrags zu ermitteln • dass in einem Ehevertrag der Güterstand geändert werden kann • anhand von Beispieltexten welche Möglichkeiten es gibt, den Güterstand zu modifizieren • anhand von Beispieltexten, welche Regelungen in Bezug auf Unterhalt in einem Ehevertrag vereinbart werden dürfen • anhand von Beispieltexten, dass in einem Ehevertrag Regelungen zum Versorgungsausgleich getroffen werden können • dass es auch Regelungsmöglichkeiten für Ehen mit Auslandsbezug gibt

Kapitel 3 **Notarkosten (Gebühren und Auslagen)**	• wie der Geschäftswert eines Ehevertrags festgestellt wird • wie sich das Beurkunden mehrerer Erklärungen in einem Ehevertrag auf den Geschäftswert auswirkt • welche Gebühr der Notar für die Beurkundung eines Ehevertrags berechnet • welche Auslagen der Notar neben der Gebühr in Rechnung stellen kann

Kapitel 4 **Führen des erforderlichen Schriftverkehrs**	• Schreiben an Mandantschaften sowie Dritte zur Übersendung von Urkunden/Unterlagen zu formulieren sowie normgerecht zu erstellen und zu gestalten • Kostenrechnungen normgerecht zu erstellen und zu gestalten

Lernfeld 13: Ehe- und Partnerschaftsverträge vorbereiten und abwickeln

1 Ehe/Lebenspartnerschaft

Sowohl beruflich als auch privat kommen Rechtsanwalts- und Notarfachangestellte immer wieder mit einer Heirat oder Eheschließung, aber auch mit der Scheidung einer Ehe in Berührung. Während eine Eheschließung ein freudiger Anlass ist, der gerne mit vielen Gästen groß gefeiert wird, bringt die Scheidung hohe Kosten und oft auch Streitigkeiten mit sich.

Neben der Ehe gab es in der Bundesrepublik Deutschland die eingetragene Lebenspartnerschaft, die es gleichgeschlechtlichen Paaren ermöglichte, ihrer Beziehung in der Zeit von August 2001 bis einschließlich September 2017 einen rechtlichen Rahmen zu geben. Seit Oktober 2017 ist die Gründung einer Lebenspartnerschaft nicht mehr möglich; gleichgeschlechtliche Paare können nun auch eine Ehe schließen. Die bis dahin geschlossenen Lebenspartnerschaften werden auf Antrag in eine Ehe umgewandelt oder behalten weiterhin als Lebenspartnerschaft ihre Gültigkeit.

Lernsituation

Thora Stein und Christian Path sind seit vier Jahren ein Paar. Thora Stein lebte zu Beginn ihrer Beziehung noch bei ihren Eltern. Christian Path war bereits aus dem Elternhaus ausgezogen und bewohnte eine eigene kleine Wohnung. Nach zwei Jahren lief die Beziehung immer noch super und daher entschloss sich das Paar, gemeinsam auf Wohnungssuche zu gehen. Die Wohnung von Christian Path erwies sich, wenn beide sie dauerhaft bewohnen sollen, als zu klein. Ein halbes Jahr später war es geschafft: Thora Stein und Christian Path unterzeichneten den Mietvertrag ihrer ersten gemeinsamen Dreizimmerwohnung. Nachdem auch das Zusammenleben in einer gemeinsamen Wohnung und somit die Bewältigung des Alltags ohne Schwierigkeiten positiv verlief, möchte das Paar den nächsten Schritt in ihrem Leben gehen und heiraten. Später sollen auch Kinder folgen, aber erst einmal möchten beide heiraten. Das Paar freut sich schon sehr auf die Feier, die mit vielen Freunden und natürlich der Familie geplant wird. Es gibt schon Pläne für die Zukunft und beide sind gespannt auf das weitere Leben miteinander.

Bevor sie zum Standesamt gehen, möchten sie sich erkundigen, was sich für sie durch die Eheschließung ändern wird. Keiner von beiden weiß, worin eigentlich der Unterschied zwischen einer nichtehelichen Lebensgemeinschaft und einer Ehe besteht. Sie haben gehört, dass sich die Steuerklassen ändern werden, aber darüber hinaus ist ihnen nichts bekannt.

Da die Eltern von Thora Stein langjährige Mandanten von Notarin Katharina Marschner sind, vereinbart sie bei dieser fernmündlich einen Beratungstermin. Notarin Katharina Marschner freut sich sehr, dass Thora Stein einen Lebenspartner gefunden hat und diesen heiraten möchte. Sie empfängt das Paar in der Anmeldung der Kanzlei und bittet beide herein. Der 25-jährige Christian Path ist Notarin Katharina Marschner sofort sympathisch. Das Paar möchte nun wissen, in welchen Lebensbereichen sich etwas nach der Eheschließung für sie ändern wird und ob es Dinge gibt, auf die sie vor aber auch nach der Eheschließung achten sollten.

Arbeitsaufträge:

a) Entwickeln Sie einen Dialog zwischen der Notarin Katharina Marschner und dem jungen Paar. Welche Fragen werden Christian Path und Thora Stein an die Notarin richten und was wird sie antworten? Recherchieren Sie ggf. ergänzend hierzu im Internet.

b) Vergleichen Sie untereinander Ihre Ergebnisse.

c) Reflektieren Sie anschließend Ihr Wissen.

1.1 Beginn und Beendigung einer Ehe/ Lebenspartnerschaft

In der Bundesrepublik Deutschland werden trotz der steigenden Zahl an Singlehaushalten jedes Jahr etwa 380 000 Ehen mit dem Ziel geschlossen, das Leben gemeinsam zu verbringen, vielleicht Kinder zu bekommen oder anzunehmen und auf diese Weise eine Familie zu gründen.

Da das Eingehen einer (neuen) Lebenspartnerschaft nach dem Lebenspartnerschaftsgesetz (LPartG) nicht mehr möglich ist – denn auch gleichgeschlechtliche Paare können heute die Ehe mit denselben Rechtsfolgen miteinander eingehen – wird nachfolgend lediglich über eine Ehe gesprochen.

Es gibt einige **Hindernisse**, die eine **Eheschließung** unmöglich machen. Beispiele hierfür sind:

Verwandtschaft in gerader Linie (§ 1307 BGB)	(Halb-) Geschwister (§ 1307 BGB)	Minderjährigkeit (§ 1303 BGB)
bereits verheiratet (§ 1306 BGB)	von künftigem Ehepartner adoptiert (§ 1308 BGB)	Geschäftsunfähigkeit (§ 1304 BGB)

Die **Ehe** wird in der Bundesrepublik Deutschland vor einem **Standesbeamten bzw. einer Standesbeamtin** geschlossen, dessen Aufgabe es ist, notarähnliche Tätigkeiten im Bereich Personenstand zu übernehmen. Hierzu gehört die Beurkundung von Geburten, Eheschließungen und Todesfällen. Jede Eheschließung wird in das Eheregister eingetragen.

Möchten die Ehepartner sich nicht nur standesamtlich, sondern auch kirchlich trauen lassen, können sie seit 2009 entscheiden, in welcher Reihenfolge dies getan wird. In der Regel wird zuerst die standesamtliche und dann die kirchliche Trauung vorgenommen. Die kirchliche Trauung allein führt im Sinn des Gesetzes nicht zu einer Ehe. Die kirchliche Trauung ist lediglich eine religiöse Zeremonie. Es bleibt bei einem Verlöbnis mit den entsprechenden Rechtsfolgen (§§ 1297–1302 BGB). Die Trauung vor dem Standesbeamten bzw. der Standesbeamtin führt im familienrechtlichen Sinn zu einer rechtsgültigen Ehe (§§ 1303–1588 BGB).

Eine **Ehe** bedeutet im **rechtlichen Sinn**, dass zwischen den Ehepartnern ein **privatrechtlicher Vertrag** geschlossen wird, der die bürgerlich-rechtliche Ehe (Zivilehe) zum Inhalt hat. Die Ehe gilt als eingegangen, wenn beide Partner auf die Frage des Standesbeamten bzw. der Standesbeamtin, ob sie die Ehe mit dem jeweils anderen eingehen wollen, mit einem (für den Standesbeamten bzw. die Standesbeamtin gut hörbaren) „ja" antworten.

Bei einer Eheschließung ist die gleichzeitige persönliche Anwesenheit beider Ehepartner erforderlich (§ 1311 BGB). Das Ehepaar erhält nach der Trauung von dem Standesbeamten bzw. der Standesbeamtin eine Eheurkunde.

Die Ehe wird auch durch das Grundgesetz geschützt. In Art. 6 GG steht, dass Ehe und Familie unter dem besonderen Schutz der staatlichen Ordnung stehen.

(Rechts-)Folgen einer **Eheschließung** sind z. B.

- Pflicht zur ehelichen Lebensgemeinschaft (§ 1353 BGB)
- Unterhaltspflicht (§ 1360 BGB)
- ggf. Namensänderung
- Änderung des Personenstands
- Erbschaft-, Schenkung- und Grunderwerbsteuer
- Ehegattentestament
- Familienversicherung
- Rentenanwartschaften/Witwenrente
- Beschränkung bei Geschäften (§ 1365 BGB)
- gesetzliche Erbquote/Pflichtteilsrecht
- Änderung des Güterstands
- Zeugnisverweigerungsrecht (§ 383 ZPO/§ 52 StPO)
- Änderung der Steuerklasse (III/V oder IV/IV)

Die **Ehe** (aber auch eine Lebenspartnerschaft) **endet** bei:

1.2 Die Güterstände und ihre Rechtsfolgen

Wer verheiratet ist, befindet sich in einem Güterstand, der entweder ohne weiteres Zutun (per Gesetz) oder durch vertragliche Vereinbarung entstanden ist.

vgl. LF 13, (ReNo), Kap. 1.2.1

Unternehmen die Ehepartner nichts, befinden sie sich automatisch nach der Eheschließung im gesetzlichen Güterstand der Zugewinngemeinschaft mit den entsprechenden Rechtsfolgen.

Soll der gesetzliche Güterstand verlassen werden, muss eine beurkundungspflichtige Erklärung beider Ehepartner protokolliert werden, die beispielsweise die Gütertrennung, Gütergemeinschaft oder eine Modifikation des Güterstands zum Inhalt hat.

Es gibt die verschiedensten Gründe, weshalb von den gesetzlichen Regelungen abgewichen werden soll. Die Ehepartner sind in ihrer Entscheidung frei, im gesetzlichen oder vertraglichen Güterstand zu leben. Wird ein vertraglicher Güterstand gewählt, bietet das BGB mittels Ehevertrags hierzu die Möglichkeit (§ 1408 BGB).

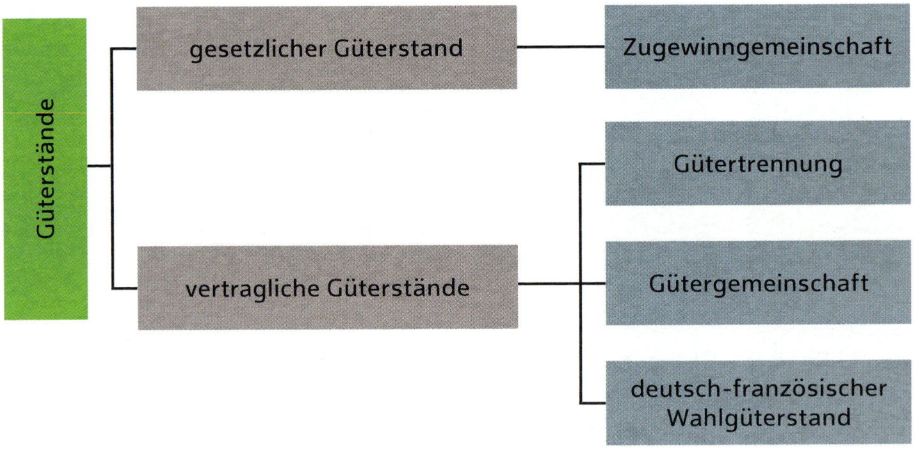

1.2.1 Die Zugewinngemeinschaft

Die **Zugewinngemeinschaft** (§ 1363 BGB, § 6 LPartG) ist der **gesetzliche Güterstand**, der stets bei einer Eheschließung vereinbart wird, wenn keine anderslautende vertragliche Vereinbarung erfolgt ist.

In der Zugewinngemeinschaft **bleibt** jeder Ehegatte Eigentümer der ihm bei Eheschließung gehörenden Vermögensgegenstände und **wird** ab Eheschließung Eigentümer der in der Ehezeit erworbenen Vermögensgegenstände. Es gibt in der Zugewinngemeinschaft kein gemeinschaftliches Vermögen. Jeder Ehepartner verwaltet sein Vermögen allein, kann aber z. B. nur mit Einwilligung des anderen Ehepartners über sein Vermögen im Ganzen verfügen (§ 1365 BGB).

▶ **Beispiel:** Die Ehefrau Lara Lauster ist Alleineigentümerin des gemeinsam bewohnten Einfamilienhauses. Diese Immobilie stellt den überwiegenden Teil ihres Vermögens dar. Obwohl sie Alleineigentümerin ist, kann sie das Haus ohne die Zustimmung ihres Ehemanns Jonas Lauster nicht verkaufen. Die Regelungen des § 1365 BGB schließen dies aus.

Ein Ehepartner haftet nicht (grds.) für die Verbindlichkeiten des anderen Ehepartners, unabhängig davon, ob sie vor oder während der Ehezeit entstanden sind. Eine Ausnahme hiervon bildet die sog. Schlüsselgewalt (§ 1357 Abs. 1 BGB). Hiervon werden Rechtsgeschäfte erfasst, die zur Deckung eines angemessenen Lebensbedarfs notwendig sind. Was unter einem angemessenen Lebensbedarf zu verstehen ist, kann individuell ganz unterschiedlich sein. Alle Geschäfte zur Führung des Haushalts sowie zur Befriedigung der familiären Bedürfnisse nach den üblichen Lebensverhältnissen der Ehepartner werden hiervon erfasst (z. B. Nahrung und Kleidung für die Familienmitglieder, Haushaltsgeräte für den gemeinsamen Haushalt usw.).

▶ **Beispiel:** Ingo und Ingrid Schwertfeger sind miteinander verheiratet. Sie leben in mittelständischen Verhältnissen. Ingrid Schwertfeger erledigt regelmäßig die Einkäufe für die Familie und kümmert sich um die Buchung des jährlichen Familienurlaubs. Eine von Ingrid Schwertfeger vorgenommen Buchung kann von dieser auch mit Wirkung auf Ingo Schwertfeger getätigt werden. Anders sähe die Sache aus, wenn Ingrid Schwertfeger einen neuen Porsche für die Familie erwerben würde. Dieses Geschäft würde keine Wirkung auf den Ehepartner entfalten, weil es den Rahmen der Deckung des angemessenen Lebensbedarfs dieser Ehe übersteigt.

Bei Beendigung der Ehe findet ein Ausgleich statt (= Zugewinnausgleich). Derjenige Ehepartner, der in der Ehezeit einen erheblichen Zuwachs an Vermögensgegenständen erworben hat, soll dem Ehepartner, der einen geringeren Zuwachs erworben hat, einen Ausgleich (= Geldzahlung) leisten.

Es gibt die Möglichkeit, durch vertragliche Vereinbarung den Güterstand der Zugewinngemeinschaft zu modifizieren. Das bedeutet, dass die Ehepartner grds. den gesetzlichen Güterstand beibehalten, aber für Teilbereiche die Regelungen der Gütertrennung vereinbaren. Ein Beispiel hierfür ist der Ausschluss des Zugewinnausgleichs bei der Beendigung der Ehe durch Scheidung. Wird die Ehe durch den Tod eines Ehepartners beendet, erfolgt ein Zugewinnausgleich. Eine solche Modifikation soll eine Ausgleichszahlung bei Scheidung ausschließen, sie jedoch im Todesfall zulassen.

Berechnungsbeispiel:

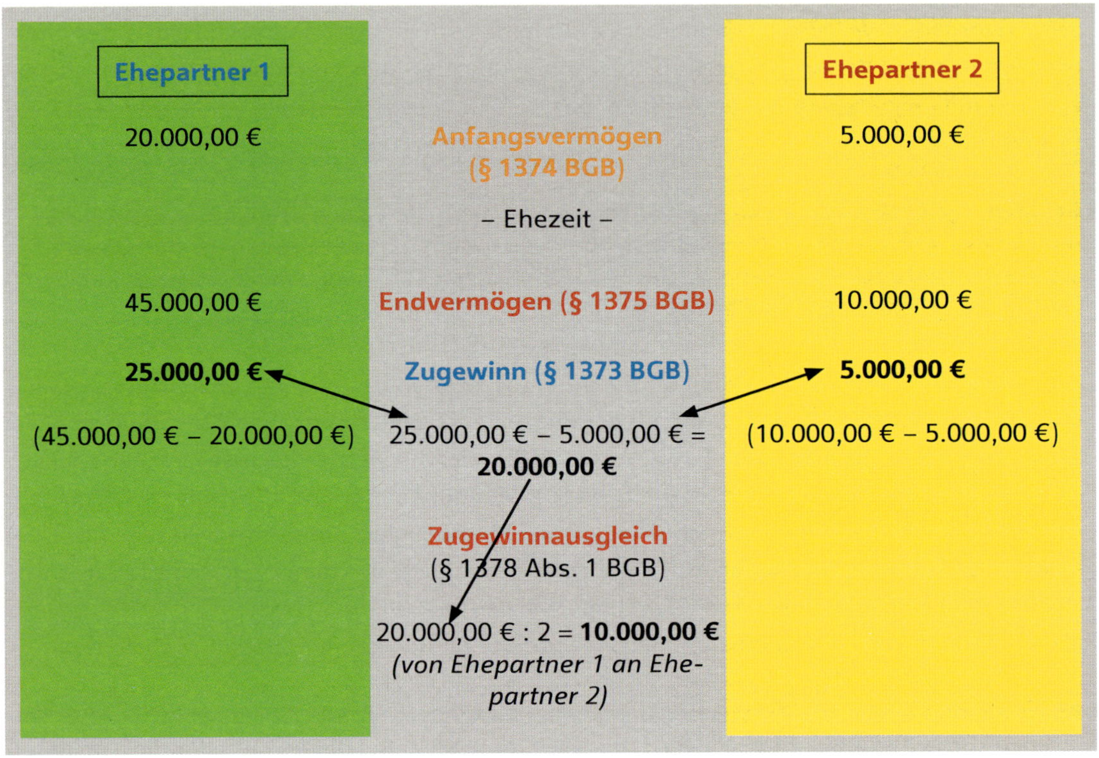

Anfangsvermögen ist Vermögen, das einem Ehepartner nach Abzug der Verbindlichkeiten bei Eintritt des Güterstands gehört.

Endvermögen ist Vermögen, das einem Ehepartner nach Abzug der Verbindlichkeiten bei Beendigung des Güterstands gehört.

Zugewinn ist der Betrag, um den das Endvermögen eines Ehepartners das Anfangsvermögen übersteigt.

Zugewinnausgleich: Übersteigt der Zugewinn des einen Ehepartners den Zugewinn des anderen, steht die Hälfte des Überschusses dem anderen Ehepartner als Ausgleichsforderung in Geld zu.

Verstirbt einer der **Ehepartner**, erhält der Überlebende einen **gesetzlichen Erbanteil** (= **Ehegattenerbrecht**, § 1931 BGB) von vgl. LF 14, (ReNo), Kap. 1.1.2

- einem Viertel des Nachlasses neben den Erben der ersten Ordnung (z. B. Kinder),
- der Hälfte des Nachlasses neben den Erben der zweiten Ordnung (z. B. Eltern oder Großeltern),
- dem vollständigen Nachlass, wenn weder Erben der ersten noch der zweiten Ordnung vorhanden sind.

Zusätzlich findet ein Zugewinnausgleich (§ 1371 Abs. 1 BGB) statt, der ein Viertel der Erbschaft beträgt.

1.2.2 Die Gütertrennung

Die **Gütertrennung** (§ 1414 BGB, § 7 LPartG) ist ein **vertraglicher Güterstand**, der durch einen Ehevertrag begründet wird, der bei **gleichzeitiger** Anwesenheit beider Ehepartner durch einen Notar **beurkundet** werden muss (§ 1410 BGB).

Wird die Gütertrennung vereinbart, **bleibt** jeder Ehepartner **Eigentümer** der ihm **bei Eheschließung** gehörenden Vermögensgegenstände. Er **wird ab Eheschließung Eigentümer** der in der Ehezeit erworbenen Vermögensgegenstände. Bei Beendigung der Ehe findet kein Ausgleich statt. Jeder der Ehepartner behält sein Vermögen. Es gibt kein Zustimmungserfordernis bei Immobilienerwerb und -verkauf; der Ehepartner haftet nicht für die Schulden des anderen.

Merke: Die Gütertrennung sieht eine vollständige Trennung der jeweiligen Vermögensmassen vor.

Berechnungsbeispiel:

Jeder Ehepartner behält am Ende der Ehe, was er an Vermögen besitzt.

vgl. LF 14, (ReNo), Kap. 1.1.2

Verstirbt einer der **Ehepartner, variiert** der **gesetzliche Erbteil** des Überlebenden je nach Anzahl der in diesem Zeitpunkt vorhandenen Erben der ersten Ordnung (Kinder/Enkel). Bei einem Kind/Enkel erbt jeder die Hälfte, bei zwei Kindern/Enkel erbt jeder ein Drittel usw. Sind lediglich noch Erben der zweiten Ordnung (Eltern sowie Großeltern) vorhanden, erhält der Ehepartner die Hälfte des Nachlasses.

1.2.3 Die Gütergemeinschaft

Die **Gütergemeinschaft** (§§ 1415 ff. BGB) ist ein **vertraglicher Güterstand**, der mittels Beurkundung eines Ehevertrags begründet werden muss. Dieser Güterstand wird in der Praxis außerordentlich selten vereinbart. Wird die Gütergemeinschaft vereinbart, fällt das Vermögen der Ehepartner in fünf unterschiedliche Massen auseinander:

- **Gesamtgut** (§ 1416 BGB) der Ehepartner:
  Das Vermögen der Ehepartner, das vor, aber auch in der Ehe erworben wird, wird gemeinschaftliches Vermögen beider Ehepartner. Das Gesamtgut wird von beiden Ehepartnern gemeinschaftlich verwaltet, wenn der Ehevertrag keine anderslautende Regelung enthält.
- **Sondergut** (§ 1417 BGB):
  - **Ehepartner 1:** Das Vermögen des Ehepartners 1 kann rechtsgeschäftlich nicht übertragen werden. Beispiele hierfür sind unpfändbare Gegenstände oder unpfändbares Gehalt sowie höchstpersönliche Rechte wie ein Nießbrauchsrecht aber auch der Anteil an einer Personengesellschaft oder eine Rente. Der Ehepartner 1 verwaltet das ihm zustehende Sondergut selbstständig.
  - **Ehepartner 2:** Das Vermögen des Ehepartners 2 kann rechtsgeschäftlich nicht übertragen werden. Der Ehepartner 2 verwaltet das ihm zustehende Sondergut selbstständig.
- **Vorbehaltsgut** (§ 1418 BGB):
  - **Ehepartner 1:** Es handelt sich um Vermögen, das durch vertragliche Vereinbarung (= Ehevertrag) zu Vorbehaltsgut des Ehepartners 1 erklärt wurde. Der Ehepartner 1 verwaltet das ihm zustehende Vorbehaltsgut selbstständig.
  - **Ehepartner 2:** Es handelt sich um Vermögen, das durch vertragliche Vereinbarung (= Ehevertrag) zu Vorbehaltsgut des Ehepartners 2 erklärt wurde. Der Ehepartner 2 verwaltet das ihm zustehende Vorbehaltsgut selbstständig.

Bei der Scheidung eines Ehepaars, das Gütergemeinschaft vereinbart hat, wird das Gesamtgut zwischen den Ehepartnern auseinandergesetzt, wobei davon ausgegangen wird, dass dies durch vertragliche Vereinbarung (§ 1474 BGB) erfolgt. Ist dies nicht möglich, entscheidet das Familiengericht auf Antrag und auf Grundlage eines alle Aktiva und Passiva enthaltenden Auseinandersetzungsplans, der den gesetzlichen Teilungsregeln (§§ 1475 ff. BGB) zu entsprechen hat. Sonder- und Vorbehaltsgut sind von einer Auseinandersetzung ausgenommen. Sie verbleiben bei dem jeweiligen Ehepartner.

Vereinfachtes Beispiel einer Auseinandersetzung:

Ermittlung des Gesamtguts durch Erstellung eines **Vermögensverzeichnisses** mit allen Vermögensgegenständen und Verbindlichkeiten = **250.000,00 €**

Ehepartner 1		Ehepartner 2
z. B. eigene Kleidung, Schmuck, Pkw, Fahrrad, Motorrad	Jeder Ehepartner übt sein **Übernahmerecht** dadurch aus, dass er **Gegenstände des persönlichen Bedarfs** entnimmt (§ 1477 Abs. 2 BGB).	z. B. eigene Kleidung, Schmuck, Pkw, Fahrrad, Motorrad
20.000,00 €	–20.000,00 € –10.000,00 €	10.000,00 €
	95.000,00 €	
z. B. Immobilie oder Geld	Jeder Ehepartner verlangt das zu Beginn der Gütergemeinschaft eingebrachte Vermögen während der Gütergemeinschaft durch Erbfolge, Vermächtnis oder Schenkung erworbene Vermögen heraus.	z. B. Immobilie oder Geld
5.000,00 €	–5.000,00 € –15.000,00 €	12.000,00 €
	75.000,00 €	
	ggf. Verkauf von Gegenständen, die nicht geteilt werden können (sind bereits zu Beginn im Vermögensverzeichnis bewertet worden)	
37.500,00 €	**75.000,00 €** *Überschuss* wird je zur Hälfte aufgeteilt (§ 1476 Abs. 1 BGB)	37.500,00 €
62.500,00 €		**59.500,00 €**

Der Überschuss, der nach Berichtigung der Verbindlichkeiten des Gesamtguts verbleibt, wird als **Teilungsmasse** bezeichnet. Die Teilungsmasse wird hälftig zwischen den Ehepartnern geteilt. Voraussetzung ist, dass sie nur noch aus Geld oder tatsächlich teilbaren Sachen besteht.

Verstirbt ein **Ehepartner** bei vertraglich vereinbarter Gütergemeinschaft, erbt der Überlebende

- ein Viertel des Nachlasses neben Erben der ersten Ordnung (Kinder, Enkel, Urenkel),
- die Hälfte des Nachlasses neben Erben der zweiten Ordnung (Eltern, Geschwister sowie Großeltern),
- den kompletten Nachlass, wenn weder Erben der ersten noch der zweiten Ordnung vorhanden sind. Der Nachlass besteht hier aus der Hälfte des Gesamtguts sowie dem Vorbehalts- und Sondergut des Erblassers.

Der deutsch-französische Wahlgüterstand (Wahl-Zugewinngemeinschaft)

Seit 01.05.2013 besteht in der Bundesrepublik Deutschland für folgende Paare die Möglichkeit, per **Vertrag** die **(deutsch-französische) Wahl-Zugewinngemeinschaft** (§ 1519 BGB) zu vereinbaren:

- deutsche Ehepartner, die in Frankreich oder Deutschland leben,
- französische Ehepartner, die in Deutschland oder Frankreich leben,
- deutsch-französische Ehepartner, die in Frankreich oder Deutschland leben,
- ausländische Ehepartner, die ihren gewöhnlichen Aufenthalt in Deutschland oder Frankreich haben.

Die Vereinbarung dieses Güterstands basiert auf einem bilateralen Abkommen zwischen der Bundesrepublik Deutschland und Frankreich vom 04.02.2010.

Der Güterstand orientiert sich an der **deutschen Zugewinngemeinschaft**, berücksichtigt aber auch französische Besonderheiten: Während der Ehe bleibt das Vermögen eines jeden Ehepartners getrennt. Bei Beendigung der Ehe erfolgt über den Zugewinn ein Ausgleich. Hiervon ausgenommen sind Schmerzensgeld, das ein Ehepartner während der Ehe erhalten hat, und die zufällige Wertsteigerung von Immobilien durch z. B. Umwandlung in Bauland.

Berechnungsbeispiel: vgl. Beispiel bei Kap. 1.2.1 zur Zugewinngemeinschaft mit lediglich dem Unterschied, dass Vermögen, das auf Schmerzensgeld und der zufälligen Wertsteigerung von Immobilien beruht, ausgenommen ist.

Verstirbt einer der **Ehepartner**, gilt das Erbrecht wie in Kap. 1.2.1 bei der **Zugewinngemeinschaft** angeführt.

Dieser Güterstand ist in der Praxis noch weitgehend unbekannt und wird daher nur selten vereinbart.

Merkmale der unterschiedlichen Güterstände im Überblick:

Zugewinngemeinschaft/ Wahl-Zugewinngemeinschaft*	**Gütertrennung**	**Gütergemeinschaft**
Ein Ausgleich des während der Ehe erworbenen Vermögens erfolgt am Ende der Ehe durch den Zugewinnausgleich. *) Bei der Wahl-Zugewinngemeinschaft ist Schmerzensgeld und die zufällige Wertsteigerung von Immobilien ausgenommen. → Die Aufstellung und Bewertung des Vermögens ist oft schwierig und streitträchtig.	Es gibt keinerlei Ausgleich des während der Ehe erworbenen Vermögens. → Die Ehepartner sollten während der Ehe auf eine angemessene Verteilung des Vermögens achten.	Soweit kein Vorbehaltsgut oder Sondergut eines Ehepartners betroffen ist, wird das während der Ehe erworbene Vermögen automatisch gemeinsames Vermögen beider Ehepartner. → Ohne besondere notarielle Regelung kann kein Ehegatte eigenes Vermögen erwerben.
Ein Ehepartner haftet nicht für die Verbindlichkeiten des anderen Ehepartners. Ausnahme: Eine Haftung besteht bei Rechtsgeschäften zur Deckung des angemessenen Lebensbedarfs (sog. Schlüsselgewalt, § 1357 Abs. 1 BGB). Beispiele: Nahrung, Kleidung, Haushaltsgeräte usw.	Ein Ehepartner haftet nicht für die Verbindlichkeiten des anderen Ehepartners. Die Ausnahme der Schlüsselgewalt gilt auch hier.	Für Verbindlichkeiten des Gesamtguts haftet der das Vermögen verwaltende Ehepartner auch persönlich. Bei gemeinsamer Verwaltung (Regelfall) haftet jeder für die Verbindlichkeiten des anderen Ehepartners (Gesamthaft).
Die Erbquote des Ehepartners bei gesetzlicher Erbfolge beträgt mindestens die Hälfte (ein Viertel gesetzlicher Erbteil + ein Viertel pauschaler Zugewinnausgleich).	Die Erbquote des Ehepartners ist in vielen Fällen im Vergleich zur Zugewinngemeinschaft niedriger, da der Ehepartner nicht in jedem Fall ein Viertel, sondern neben den Kindern den gleichen Erbteil wie diese erhält (mindestens aber ein Viertel).	Die Erbquote des Ehepartners ist immer im Vergleich zur Zugewinngemeinschaft vermindert (ein Viertel gesetzlicher Erbteil).

Zugewinngemeinschaft/ Wahl-Zugewinngemeinschaft*	**Gütertrennung**	**Gütergemeinschaft**
	→ Pflichtteilsansprüche von Kindern sind oft höher.	→ Pflichtteilsansprüche von Kindern sind regelmäßig höher, können aber eventuell durch eine fortgesetzte Gütergemeinschaft unterbunden werden.
Grundsätzlich kann zwar jeder Ehepartner über das eigene Vermögen verfügen und sich zu Verfügungen verpflichten, es gibt aber Beschränkungen durch §§ 1365, 1369 BGB, wenn das ganze oder wesentliche Vermögen oder Hausrat betroffen ist.	Jeder Ehepartner kann frei über sein gesamtes Vermögen verfügen.	Die Ehepartner können nur über ihr Vorbehalts- und Sondergut frei verfügen, über Gesamtgut können sie grds. nur gemeinsam verfügen.

Zusammenfassung

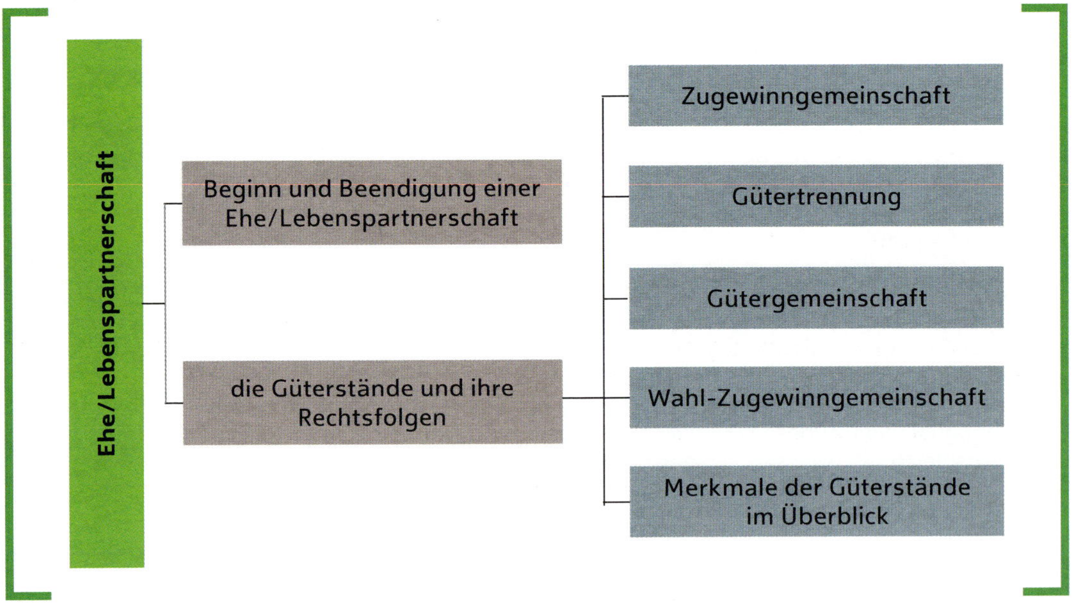

Wiederholung und Vertiefung

1. Nennen Sie vier Gründe, die eine Eheschließung unmöglich machen.
2. Wo wird die Ehe in der Bundesrepublik Deutschland geschlossen?
3. Welche Möglichkeiten gibt es, eine Ehe zu beenden?
4. Worin besteht der Unterschied zwischen dem gesetzlichen und einem vertraglichen Güterstand?
5. Welche Güterstände kennen Sie? Ordnen Sie Ihre Antwort jeweils dem gesetzlichen oder vertraglichen Güterstand zu.
6. Wo im Gesetz findet sich jeweils die Grundlage für den jeweiligen Güterstand bezogen auf die Ehe?
7. Kann ein Ehevertrag wie ein Ehegattentestament auch eigenhändig geschlossen werden und wo ist dies im Gesetz geregelt?

2 Der Ehevertrag

Wer verheiratet ist, befindet sich automatisch im gesetzlichen Güterstand der Zugewinngemeinschaft. Wer diesen Güterstand für seine Ehe nicht beibehalten möchte, muss aktiv werden.

Ehepartner haben mittels Ehevertrags die Möglichkeit, den gesetzlichen Güterstand ganz oder teilweise zu verlassen (§ 1408 BGB). Es gibt die Option, einen der vertraglichen Güterstände (z. B. Gütertrennung oder Gütergemeinschaft) zu wählen, aber auch die Vereinbarung eines modifizierten Güterstands ist möglich. Unter einem modifizierten Güterstand ist zu verstehen, dass für die eine Situation, z. B. bei Tod eines Ehepartners, die Regelungen der Zugewinngemeinschaft und für eine andere Situation, z. B. bei Scheidung, die Regelungen der Gütertrennung Anwendung finden soll.

Es gibt demgemäß vielfältige Gestaltungsmöglichkeiten, die je nach individuellem Fall gut durchdacht werden sollten. Die Ehepartner sind gut beraten, sich im Vorhinein zu überlegen, was sie mit welchem Ergebnis regeln möchten und dies im Anschluss mit einem Notar zu besprechen, der dann ggf. einen Ehevertrag für sie erstellt. Findet sich ein Notar, der zusätzlich Fachanwalt für Familienrecht ist, kann dieser die Ehepartner aufgrund seiner zusätzlichen Kenntnisse noch weitergehend beraten.

Lernsituation

Thora Stein und Christian Path heiraten am 07.07.2024 vor der Standesbeamtin der Stadtverwaltung Darmstadt. Es ist ein herrlicher Sommertag. Die Zeremonie beim Standesamt war sehr feierlich und die anschließende Party in einem Landgasthof hat allen, vor allem aber dem Brautpaar, sehr viel Freude bereitet. Alle Freunde und viele Verwandte waren eingeladen und haben großartige Geschenke mitgebracht. Seit diesem Tag hat Thora Stein einen Doppelnamen und heißt nun Thora Stein-Path und ist sehr froh, diesen großen Schritt gemeinsam mit ihrem Ehemann gemacht zu haben.

Es vergehen einige Monate und zu Beginn des Jahrs, das auf die Eheschließung folgt, fällt den jungen Ehepartnern das Beratungsgespräch sowie dessen Inhalt ein, das mit Notarin

Katharina Marschner geführt wurde. Thora Stein-Path und Christian Path nehmen sich Zeit und besprechen ihre aktuelle persönliche und berufliche Situation. Christian Path wird demnächst mit zwei Freunden ein Unternehmen gründen und sich damit selbstständig machen. Es werden für den Aufbau des Unternehmens Darlehen in nicht unerheblichem Umfang aufgenommen. Christian Path hat sich bereits gemeinsam mit seinen Freunden durch einen Steuerberater beraten lassen, der ihnen zur Gründung einer GmbH geraten hat.

Thora Stein-Path möchte noch einige Zeit in ihrem jetzigen Beruf als Krankenpflegerin arbeiten. Beide sind sich darüber einig, dass innerhalb der nächsten fünf Jahre auch die weitere Familienplanung erfolgen soll. Sie wünschen sich zwei Kinder, um die sich voraussichtlich die Ehefrau kümmern wird.

Die Ehepartner suchen Notarin Katharina Marschner erneut zu einem Gespräch auf, in dem sie festlegen, dass ein Ehevertrag geschlossen werden sollte, der erst einmal nur die Gütertrennung beinhaltet.

Arbeitsaufträge:

a) Entwerfen Sie unter Verwendung folgender Daten den Ehevertrag, den die Ehepartner Stein-Path/Path bei Notarin Katharina Marschner unterzeichnen werden:
   - Thora Stein-Path, geborene Stein, geboren am 17.03.1998
   - Christian Path, geboren am 15.01.1995
   - Beide Ehepartner sind wohnhaft in 64283 Darmstadt, Heidenreichstraße 13.
   - Beide sind deutsche Staatsangehörige und der Notarin von Person bekannt.
   - Für beide Ehepartner handelt es sich um die erste Ehe, beide sind bisher kinderlos.

b) Wie könnte die notwendige Urkunde aussehen, wenn die Ehepartner sich nach einigen Jahren entschließen, den Ehevertrag mit Wirkung auf den Beginn der Ehe aufzuheben und das jeweilige Anfangsvermögen auf 0,00 € zu setzen?

c) Wie müsste der Urkundeninhalt lauten, wenn die Ehepartner den gesetzlichen Güterstand nur für den Fall beibehalten möchten, dass die Ehe durch den Tod eines Ehepartners beendet wird, die Verfügungsbeschränkungen der §§ 1365, 1369 BGB nicht gelten sollen und ein wechselseitiger Verzicht auf Durchführung des Versorgungsausgleichs erklärt wird?

d) Vergleichen Sie untereinander Ihre Ergebnisse.

e) Reflektieren Sie anschließend Ihr Wissen.

2.1 Formerfordernis

Der **Ehevertrag** bedarf zu seiner Wirksamkeit der **notariellen Beurkundung (§ 1410 BGB).** Er ist bei gleichzeitiger Anwesenheit beider Ehepartner zu schließen. Er kann vor, aber auch jederzeit während der Ehe geschlossen werden.

Eine Ausnahme hiervon ist in § 1411 BGB geregelt, nämlich für den (eher seltenen) Fall, dass einer der Ehepartner unter Betreuung steht. Soll in dieser Situation ein Ehevertrag geschlossen werden, unterzeichnet der Betreuer die Urkunde anstelle des Betreuten. Die Erklärungen des Betreuers sind im Anschluss durch das Betreuungsgericht zu genehmigen.

2.2 Inhalte

Grundsätzlich besteht bei der Gestaltung eines Ehevertrags Vertragsfreiheit. Es gibt vielfältige Gestaltungselemente, die in einen Ehevertrag aufgenommen werden können. Jeder Notar hat entsprechende Formularsammlungen, die sich in der Regel aus möglichst aktueller Fachliteratur sowie bereits von ihm ausgearbeiteten und beurkundeten Erklärungen zusammensetzt, auf die er zurückgreifen kann.

Da die Rechtsprechung stets in Bewegung (also Veränderung) ist, sollten die Texte immer wieder auf den gegenwärtigen Stand gebracht werden, damit die Ehepartner nicht Gefahr laufen, unwirksame Vereinbarungen zu treffen, die z. B. im Fall einer Scheidung keinen Bestand haben.

Ein Notar muss die Ausgewogenheit eines Ehevertrags, der vielfältige Vereinbarungen vor allem für die Zukunft enthalten kann, im Auge behalten. Hiermit ist gemeint, dass nicht ein Ehepartner übermäßig benachteiligt wird. Der Notar sollte aus diesem Grund im Rahmen der Vertragsgestaltung durch Befragung beider Ehepartner in Erfahrung bringen, wie deren Lebensplanung angenommen wird und dies entweder in der Urkunde oder durch einen Aktenvermerk dokumentieren.

Stellt sich bei späteren Streitigkeiten der Ehepartner heraus, dass sich die Regelungen des Ehevertrags sehr zum Vorteil eines der Ehepartner auswirken, kann der Ehevertrag ganz oder teilweise unwirksam werden, was unbedingt zu vermeiden ist, weil damit der Bestand des gesamten Vertrags in Gefahr ist. Die Vertragsfreiheit stößt dort an ihre Grenzen, wo sich die einseitige Dominanz eines Ehepartners erkennen lässt.

Der Ehevertrag kann im Streitfall, also bei einer Trennung/Scheidung, einer **Wirksamkeits- und Inhaltskontrolle** unterzogen werden:

- **Wirksamkeitskontrolle:** Hier wird geprüft, ob die getroffenen Vereinbarungen **bereits bei Beurkundung** (die spätere Entwicklung der Ehepartner wird dabei außer Acht gelassen) des Vertrags offenkundig wegen einseitiger Lastenverteilung **gegen die guten Sitten verstößt**. Hierbei werden die Vermögens- und Einkommensverhältnisse beider Ehepartner einbezogen. Fällt diese Prüfung positiv aus, liegt ein Verstoß gegen die guten Sitten vor, was zur Unwirksamkeit der entsprechenden Vereinbarung oder des gesamten Vertrags (je nach Inhalt) führt. An die Stelle der unwirksamen Vereinbarung tritt die gesetzliche Regelung.

  ▶ **Beispiel:** Zum Zeitpunkt der Beurkundung des Ehevertrags, der die Gütertrennung und einen vollständigen Unterhaltsverzicht zum Inhalt hat, ist die erwerbslose Ehefrau schwanger.

- **Inhaltskontrolle:** Hier wird geprüft, ob die getroffenen Vereinbarungen unzumutbare und treuwidrige Einschränkungen enthalten, aufgrund unvorhersehbarer Entwicklungen **während der Ehe**. Fällt diese Prüfung positiv aus, bleibt der unterhaltspflichtige Ehepartner trotz im Ehevertrag erklärtem Verzicht auf Unterhalt zahlungspflichtig. Die Inhaltskontrolle soll im Ergebnis Vereinbarungen zum Nachteil eines Ehepartners ausgleichen.

  ▶ **Beispiel:** Fünf Jahre nach Beurkundung des Ehevertrags, der einen Unterhaltsverzicht zum Inhalt hatte, ist die Ehefrau wegen des in der Zwischenzeit geborenen gemeinsamen Kinds, das zwei Jahre alt ist, teilzeitbeschäftigt.

Wird ein Ehevertrag beurkundet, kommt es vor, dass daneben weitere Erklärungen der Ehepartner abgegeben werden. Beispiele hierfür sind letztwillige Verfügungen, aber auch die gleichzeitige Übertragung von Immobilien zur Angleichung/Veränderung der Vermögenswerte.

Der Urkundeneingang eines Ehevertrags könnte wie folgt aussehen:

Nr. *** des Urkundenverzeichnisses Jahrgang 2025

Verhandelt
zu
Darmstadt
am * *(Datum)***

Vor mir, der unterzeichnenden Notarin

Katharina Marschner
mit dem Amtssitz in Darmstadt

erschienen heute:

1. Herr ***, geboren am ***, wohnhaft in ***,
der Notarin ausgewiesen durch Bundespersonalausweis;
2. Frau ***, geboren am ***, wohnhaft in ***,
der Notarin von Person bekannt.

Die Notarin fragte nach einer Vorbefassung i. S. d. § 3 Abs. 1 Nr. 7 BeurkG die Frage wurde von den Beteiligten verneint.

Die Erschienenen ersuchten mich um die Beurkundung eines

Ehevertrags

und erklärten:

Allgemeines

Wir sind miteinander jeweils in erster Ehe verheiratet. Unsere Ehe haben wir am *** vor dem Standesbeamten in *** geschlossen. Wir sind beide deutsche Staatsangehörige.

Wir haben bisher keinen Ehevertrag geschlossen und sind insoweit im gesetzlichen Güterstand der Zugewinngemeinschaft verheiratet.

Wir sind derzeit beide voll berufstätig und haben in nächster Zeit nicht geplant, unsere berufliche Situation zu verändern.

Um möglichen Fehlern oder einer späteren (teilweisen) Nichtigkeit von getroffenen Vereinbarungen durch beispielsweise ungenügende Regelungen vorzubeugen, empfiehlt es sich, eine sog. salvatorische Klausel in den Ehevertrag aufnehmen. Diese kann verhindern, dass der gesamte Ehevertrag unwirksam wird. Diese Klausel kann z. B. in die Schlussbestimmungen des Ehevertrags eingearbeitet werden, wo auch Vereinbarungen zur Kostenverteilung geregelt werden können.

Der Abschluss eines Ehevertrags könnte wie folgt aussehen:

Schlussbestimmungen

Salvatorische Klausel

Sollte eine Bestimmung dieses Vertrags unwirksam oder undurchführbar sein oder werden, wird die Wirksamkeit der übrigen Bestimmungen davon nicht berührt. Die Parteien verpflichten sich, anstelle der unwirksamen Bestimmung eine dieser Bestimmung möglichst nahekommende wirksame/durchführbare Regelung zu treffen.

Abschriften

Wir beantragen die Erteilung je einer (beglaubigten) Abschrift/PDF-Datei dieser Urkunde.

Zentrales Testamentsregister

Der Notar benachrichtigt das Zentrale Testamentsregister.

Kosten

Die Kosten dieser Urkunde tragen wir zu gleichen Teilen.

Das Protokoll wurde vorgelesen, genehmigt und unterschrieben.

Eine Checkliste für den (allgemeinen) Inhalt eines Ehevertrags könnte wie folgt aussehen:

I. Vorbemerkung	Schilderung der Situation der Vertragspartner, z. B. wird erwähnt, • ob sie (bereits) verheiratet sind, • wo sie geheiratet haben, • welche Staatsangehörigkeit sie haben, • ob sie bisher schon einen Ehevertrag geschlossen haben, • ob es (gemeinsame) Kinder gibt. Diese Angaben können für die nachfolgend zu treffenden Regelungen Bedeutung haben.
II. Regelungen zum Güterstand	Vereinbarungen über den Wechsel oder die Modifikation des Güterstands. Bei einem Wechsel des Güterstands ist es wichtig, die Konsequenzen der Beendigung des bisherigen Güterstands zu regeln. Beispielsweise sollte geregelt werden, ob der bis dahin entstandene Zugewinn ausgeglichen oder auf den Zugewinnausgleich verzichtet wird.
III. Regelungen zum Versorgungsausgleich	Vereinbarungen zur Durchführung oder den (gänzlichen oder teilweisen) Verzicht eines Versorgungsausgleichs
IV. Regelungen zum nachehelichen Unterhalt	Vereinbarungen zur Zahlung oder den (gänzlichen oder unter bestimmten Bedingungen erklärten) Verzicht auf nachehelichen Unterhalt
V. Schlussbestimmungen	Hier werden häufig • die salvatorische Klausel, • die Angaben zur Benachrichtigung des Zentralen Testamentsregisters, wenn der Güterstand geändert wurde, und • die Kostenverteilung eingefügt.

Merke: Ein Ehevertrag sollte regelmäßig auf Aktualität überprüft und ggf. mittels Beurkundung eines Nachtrags den geänderten Lebensumständen angepasst werden.

Nicht für alle Ehepartner ist es angezeigt, einen Ehevertrag zu schließen. Beispiele für Lebenskonstellationen, bei denen der Abschluss eines Ehevertrags sinnvoll sein kann, sind:

- Jeder Ehepartner ist finanziell autark und es sind keine Kinder geplant.
- Die Ehepartner haben unterschiedliche Nationalitäten und/oder leben im Ausland.
- Zwischen den Vermögen der Ehepartner besteht ein erheblicher Unterschied.
- Einer der Ehepartner ist Unternehmer.

2.2.1 Änderung des Güterstands

Die Ehepartner können durch Abschluss eines Ehevertrags vom gesetzlichen Güterstand der Zugewinngemeinschaft in einen der vertraglichen Güterstände (z. B. Gütertrennung oder Gütergemeinschaft) wechseln. Wurde bereits ein Ehevertrag, der den Güterstandswechsel beinhaltete, geschlossen, führt dessen Aufhebung auch zu einem Güterstandswechsel.

Beispieltexte:

Güterstand

Als Güterstand für unsere Ehe soll die Gütertrennung nach Maßgabe des Bürgerlichen Gesetzbuchs gelten.

Güterstand

Wir vereinbaren für unsere Ehe den Güterstand der Gütergemeinschaft. Das Gesamtgut verwalten wir gemeinschaftlich.

Güterstand

Wir vereinbaren für unsere Ehe den Güterstand der Gütergemeinschaft. Das Gesamtgut verwalten wir gemeinschaftlich.

Das Vermögen eines jeden Ehepartners bei Eheschließung erklären wir zum Vorbehaltsgut. Das jeweilige Vermögen stellt sich wie folgt dar:

Ehefrau: ***
Ehemann: ***

Wir haben mit Ehevertrag vom *** (UVZ-Nr. ***/*** Notar ***) die Gütertrennung für unsere Ehe vereinbart. Wir heben diesen Ehevertrag hiermit auf, sodass künftig der gesetzliche Güterstand der Zugewinngemeinschaft für unsere Ehe gilt.

Durch die Änderung des Güterstands verändert sich das Erbrecht.

vgl. LF 14 (ReNo), Kap. 1.1.2

Enthält der Ehevertrag **erbrelevante Erklärungen**, hat der Notar – wie auch bei einem Testament oder Erbvertrag – eine **Eintragung beim Zentralen Testamentsregister (ZTR)** vorzunehmen. Der Wechsel des Güterstands ist eine erbrelevante Erklärung.

Soll der Güterstand nicht vollumfänglich gewechselt werden, gibt es auch die Möglichkeit, den **Güterstand** zu **modifizieren**. Hierbei können beispielsweise die Vorteile der Zugewinngemeinschaft genutzt werden (= der gesetzliche Güterstand wird grds. beibehalten) ohne dessen Nachteile in Kauf nehmen zu müssen. Auf welche Weise diese Modifikation erfolgt, hängt von der jeweiligen Lebenssituation der Ehepartner ab.

▶ **Beispiele:**

Sachverhalt	**Beispieltexte**
Herausnahme bestimmter Vermögensgegenstände aus dem Zugewinnausgleich	Ehevertraglich vereinbaren wir: Den gesetzlichen Güterstand der Zugewinngemeinschaft wollen wir für unsere Ehe ausdrücklich aufrechterhalten, ihn allerdings wie folgt modifizieren: Der Ehemann ist Inhaber des Elektroinstallationsbetriebs „die E-Mäuse“ in Hamburg-Altona. Dieser Betrieb soll beim Zugewinnausgleich bei Beendigung der Ehe aus anderen Gründen als dem Tod eines Ehepartners in keiner Weise berücksichtigt werden. **oder** Das gesamte Betriebsvermögen eines von uns beiden soll beim Zugewinnausgleich bei Beendigung der Ehe aus anderen Gründen als dem Tod eines Ehepartners in keiner Weise berücksichtigt werden.
Befristung/Bedingung bei Durchführung des Zugewinnausgleichs z. B. erst, wenn die Ehe eine bestimmte Zeit besteht mit Wertsicherungsklausel	Ehevertraglich vereinbaren wir: Den gesetzlichen Güterstand der Zugewinngemeinschaft wollen wir für unsere Ehe ausdrücklich aufrechterhalten, ihn allerdings wie folgt modifizieren: Endet der Güterstand auf andere Weise als durch den Tod eines Ehepartners, wird der Zugewinn wie folgt ausgeglichen: Dauerte unsere Ehe zwischen Eheschließung und Rechtshängigkeit eines Scheidungsantrags • nicht länger als drei Jahre, so findet ein Zugewinnausgleich nicht statt, • länger als drei Jahre, aber nicht länger als acht Jahre, so ist als Zugewinn höchstens ein Betrag von 150.000,00 € zu zahlen,

Sachverhalt	Beispieltexte
	• länger als acht Jahre, aber nicht länger als 15 Jahre, so ist als Zugewinn höchstens ein Betrag von 300.000,00 € zu zahlen, • länger als 15 Jahre, ist als Zugewinn höchstens ein Betrag von 800.000,00 € zu zahlen. Die oben genannten Höchstbeträge sollen wertbeständig sein. Die Höchstbeträge errechnen sich demnach wie folgt: Der Höchstbetrag wird vervielfacht um den Verbraucherpreisindex für Deutschland, wie dieser Index vom Statistischen Bundesamt in Wiesbaden für den Monat festgestellt wird, in dem der Scheidungsantrag rechtshängig wird, der zur Scheidung der Ehe führt, geteilt durch den Verbraucherpreisindex für Deutschland, wie er im Monat der heutigen Beurkundung bestimmt wird (Basis 2020 = 100).
Ausschluss des Zugewinnausgleichs bei Scheidung aber Beibehaltung in anderen Fällen (z. B. Tod eines Ehepartners)	Für den Fall der Beendigung der Ehe durch den Tod eines Ehepartners soll es beim Zugewinnausgleich durch Erbteilserhöhung oder güterrechtliche Lösung verbleiben. Wird die Ehe durch Scheidung oder Aufhebung beendet, findet kein Zugewinnausgleich statt. Auf den Ausgleich eines Zugewinns wird insoweit gegenseitig verzichtet. Den Verzicht nehmen wir hiermit gegenseitig an. Dies gilt auch für einen etwa bisher bereits entstandenen Zugewinn. Durch diese Vereinbarung soll ausdrücklich keine Gütertrennung eintreten.
Vereinbarungen zur Höhe des Anfangsvermögens	Wir sind uns darüber einig, dass für Zwecke des Zugewinnausgleichs das Anfangsvermögen des Ehemanns auf 200.000,00 € und das der Ehefrau auf 0,00 € festgelegt wird. Das im Eigentum des Ehemanns stehende Familienwohnheim in der Müllerstraße 13, München, das heute einschließlich des Grunds und Bodens einen Wert von 1.500.000,00 € hat, ist in einem etwaigen Zugewinnausgleich nur noch im Endvermögen anzusetzen, sodass der Gebäudewert und etwaige Wertsteigerungen in vollem Umfang in den Zugewinn fallen.
Aufhebung der Verfügungsbeschränkungen (§§ 1365, 1369 BGB)	Für unsere Ehe schließen wir die Verfügungsbeschränkungen der §§ 1365 ff. BGB hiermit gegenseitig aus. Den gesetzlichen Güterstand behalten wir im Übrigen bei.

2.2.2 Unterhalt

Ehepartner sind verpflichtet, mit ihrem Vermögen die Familie (also auch einander) angemessen zu unterhalten (§ 1360 BGB). Unterhalt erhält nur derjenige, der bedürftig ist und Unterhalt zahlen muss nur derjenige, der zahlungsfähig ist.

Es gibt verschiedene Arten von Unterhalt:
- Kindesunterhalt
- nachehelicher Unterhalt
- Trennungsunterhalt

Kann beispielsweise ein Elternteil keinen oder nicht den vollen Unterhalt für sein minderjähriges Kind zahlen, hat er die Verpflichtung, alles zu tun, um seiner Leistungspflicht nachzukommen. Das kann ggf. sogar bedeuten, dass der Elternteil einen Nebenjob annehmen muss.

Der zur Zahlung von Unterhalt Verpflichtete hat gegenüber dem Unterhaltsempfänger einen Selbstbehalt. Das ist der Betrag, der ihm nach Unterhaltszahlung mindestens noch verbleiben muss, um sein eigenes Leben zu finanzieren. Der Selbstbehalt wird gegenüber minderjährigen Kindern anders berechnet als gegenüber volljährigen Kindern oder Ehepartnern.

▶ **Beispiele:** Der Selbstbehalt gegenüber
- geschiedenen Ehe- oder Lebenspartnern beträgt:
  - bei Erwerbstätigkeit des Unterhaltsschuldners 1.600,00 €
  - ohne Erwerbstätigkeit des Unterhaltsschuldners 1.475,00 €
- minderjährigen Kindern/privilegierten volljährigen Kindern bis 21 Jahre beträgt:
  - bei Erwerbstätigkeit des Unterhaltsschuldners 1.450,00 €
  - ohne Erwerbstätigkeit des Unterhaltsschuldners 1.200,00 €

Anhand der vorstehenden Beispiele ist gut zu erkennen, dass ein zur Zahlung von Unterhalt Verpflichteter gegenüber Kindern einen deutlich geringeren Selbstbehalt als bei Unterhalt gegenüber dem Ehepartner hat.

Gibt es mehrere unterhaltspflichtige Personen, wird nach einer bestimmten Rangfolge vorgegangen, um eine Verteilung des zur Verfügung stehenden Gelds vorzunehmen, wenn der Unterhaltsverpflichtete nicht allen Unterhalt gewähren kann (§ 1609 BGB). Hier haben die minderjährigen Kinder z. B. Vorrang vor Ehepartnern.

Kann der Unterhaltspflichtige ohne den Unterhalt seinen Lebensunterhalt nicht bestreiten, erhält er Sozialleistungen des Staats. Der Staat wird versuchen, die bezahlten Sozialleistungen von dem Unterhaltsverpflichteten (bis zur Höhe des Unterhaltsanspruchs) zurückzubekommen. Für Kinder wurde mittels der Düsseldorfer Tabelle anhand des Bedarfs ein Mindestunterhalt festgelegt, der nach Altersstufen gegliedert ist. Einem Kind bis zur Vollendung des 6. Lebensjahrs steht danach ein Mindestunterhalt von 480,00 €, einem Kind vom 7. bis zur Vollendung des 12. Lebensjahrs ein Betrag von 551,00 € und einem Kind vom 13. Lebensjahr bis zur Volljährigkeit ein Betrag von 645,00 € zu. Je nach Einkommenshöhe des Unterhaltspflichtigen kann ein auch Anspruch auf höheren Unterhalt bestehen.

Gegenstand einer Unterhaltsvereinbarung ist zunächst immer **nur** der **nacheheliche Unterhalt**, also der nach Scheidung der Ehe zu leistende Unterhalt. **Solange die Ehe noch andauert, kann auf den zukünftig zu zahlenden (Trennungs-)Unterhalt nicht wirksam verzichtet werden (§ 1614 BGB)**. Einzelne Unterhaltstatbestände dürfen jedoch modifiziert werden.

Beispieltext bei Verzicht auf nachehelichen Unterhalt mit Ausnahme von Unterhaltung wegen der Kinderbetreuung:

Unterhalt

Für die Zeit nach einer etwaigen Scheidung unserer Ehe verzichten wir gegenseitig auf Unterhalt, auch für den Fall des Notbedarfs, gleichgültig, ob ein Unterhaltsanspruch gegenwärtig bereits erkennbar hervorgetreten ist oder nicht, jedoch mit Ausnahme des Unterhalts wegen Betreuung eines Kinds nach:
§ 1570 Abs. 1 S. 1 BGB (Basisunterhalt) oder
§ 1570 Abs. 1 S. 2 BGB (kindbezogene Verlängerung) oder
§ 1570 Abs. 2 BGB (ehebezogene Verlängerung) oder
§ 1573 Abs. 2 BGB.

Häufig soll aber vollständig auf Unterhalt verzichtet werden, sodass jeweils sorgfältig zu prüfen ist, ob eine solche Vereinbarung überhaupt Bestand haben kann. Der Unterhaltsverzicht kann sittenwidrig und damit unwirksam sein, wenn im Zeitpunkt der Vereinbarung erkennbar ist, dass der verzichtende Ehepartner seinen Lebensunterhalt nicht allein bestreiten kann.

Beispieltext für den vollständigen Verzicht auf nachehelichen Unterhalt:

Unterhalt

Für die Zeit nach einer möglichen Scheidung unserer Ehe verzichten wir gegenseitig auf Unterhalt, auch für den Fall des Notbedarfs, gleichgültig, ob ein Unterhaltsanspruch gegenwärtig bereits erkennbar hervorgetreten ist oder nicht.

Diesen Verzicht nehmen wir hiermit gegenseitig an.

Der Verzicht gilt auch im Fall einer Änderung der einschlägigen gesetzlichen Vorschriften oder der Rechtsprechung weiterhin.

+ Belehrungen des Notars über z. B. die mögliche Sittenwidrigkeit des Verzichts (vgl. hierzu auch die Ausführungen zur Wirksamkeits- und Inhaltskontrolle.)

2.2.3 Versorgungsausgleich

Unter dem Begriff „Versorgungsausgleich" ist der bei einer Scheidung stattfindende Ausgleich der während der Ehezeit von den Ehepartnern erworbenen Anwartschaften und Aussichten auf eine Versorgung wegen Alters oder verminderter Erwerbsfähigkeit zu verstehen.

Vergleichbar ist der Versorgungsausgleich mit dem Zugewinnausgleich. Die Anwartschaften beider Ehepartner, die während der Ehezeit erworben wurden, werden hälftig geteilt (= interne Teilung). Ist eine interne Teilung nicht möglich, wenn der Träger einer Versorgung aus dem öffentlich-rechtlichen Dienstverhältnis (Beamtenversorgung) nicht vorsieht, kann eine Anwartschaft bei einem anderen Versorgungsträger gewährt werden (= externe Teilung).

Erhält der ausgleichsverpflichtete Ehepartner bereits eine Rente, erhält der ausgleichsberechtigte Ehepartner eine Rente in Höhe des Ausgleichsbetrags (= schuldrechtliche Ausgleichsrente).

Bei einseitiger Benachteiligung kann die Vereinbarung des Ausschlusses des Versorgungsausgleichs ggf. sittenwidrig (§ 138 BGB) und damit unwirksam sein. In den Versorgungsausgleich einzubeziehen sind z. B. Anwartschaften der

- gesetzlichen Rentenversicherung,
- Beamtenversorgung,
- betrieblichen Altersversorgung,
- berufsständischen Altersversorgungen (z. B. beim Rechtsanwaltsversorgungswerk).

In einem Ehevertrag kann beispielsweise die Durchführung des Versorgungsausgleichs ganz ausgeschlossen werden, unter eine Bedingung gestellt oder eingeschränkt werden (z. B. an die Geburt eines Kinds geknüpft werden).

Beispieltexte zum Versorgungsausgleich:

Versorgungsausgleich

Wir schließen hiermit nach § 6 VersAusglG gegenseitig den Versorgungsausgleich vollständig und für die gesamte Ehezeit aus.

Diesen Verzicht nehmen wir hiermit gegenseitig an.

+ Belehrungen des Notars über z. B. die rechtliche und wirtschaftliche Tragweite des Ausschlusses

Versorgungsausgleich

Eine Vereinbarung zum Versorgungsausgleich im Fall einer Scheidung unserer Ehe wollen wir nicht treffen. Es soll insoweit bei der gesetzlichen Regelung verbleiben.

2.2.4 Elterliche Sorge

Unter elterlicher Sorge versteht man, dass Eltern das Recht, aber auch die Pflicht haben, sich um ihr Kind zu kümmern, es zu erziehen und nach der Volljährigkeit/Abschluss der Berufsausbildung als eigenständige, wirtschaftlich unabhängige Person „in das Leben zu entlassen".

Die elterliche Sorge beginnt mit der Geburt und endet mit der Volljährigkeit.

Grundsätzlich üben beide Elternteile die elterliche Sorge einvernehmlich und in Eigenverantwortung aus (= Sorgerecht, § 1626 BGB). Sind die Eltern bei der Geburt nicht verheiratet, ist die Mutter allein sorgeberechtigt. Der Kindsvater hat aber die Möglichkeit, die gemeinsame elterliche Sorge beim Familiengericht zu beantragen.

Hinweis: Ist das Kindeswohl (körperlich, geistig oder seelisch) gefährdet, kann das Familiengericht den Eltern die Sorge ganz oder teilweise entziehen.

Regelungen zur elterlichen Sorge in einem Ehevertrag sind sehr selten, da ein Ehevertrag in den allermeisten Fällen geschlossen wird, wenn die Ehe intakt ist, sodass eine vom Gesetz abweichende Vereinbarung zur elterlichen Sorge nicht notwendig ist, da die Ehepartner das Kind/die Kinder einvernehmlich erziehen und betreuen.

2.2.5 Rechtswahl

Neben den vorstehend angeführten Vereinbarungen in einem Ehevertrag können Ehepartner mit Bezug zum Ausland ferner eine Rechtswahl treffen.

Grundsätzlich gilt für die Ehe das Güterrecht des ständigen Aufenthalts. Leben die Ehepartner dauerhaft in Frankreich, gelten die französischen Gesetze, wenn keine anderslautenden Regelungen getroffen wurden. Lebt ein Ehepartner in der Bundesrepublik Deutschland und der andere in Frankreich, ist unklar, welches Recht Anwendung findet.

Eine Rechtswahl kann in Zusammenhang mit einem Ehevertrag oder separat getroffen werden. Der Notar muss hierzu eingehend prüfen, welche Normen auf das Ehegüterrecht Anwendung finden. Seit Januar 2019 gilt beispielsweise die Europäische Güterrechtsverordnung (EuGüVO), der nicht alle Mitgliedsstaaten der EU beigetreten sind.

Beispieltext für eine Rechtswahl für deutsches Recht (Kurzfassung):

> Einleitung:
>
> Der Ehemann besitzt die *** Staatsangehörigkeit. Die Ehefrau besitzt die *** Staatsangehörigkeit.
>
> Im Zeitpunkt der Eheschließung hatte der Ehemann seinen gewöhnlichen Aufenthalt in *** und die Ehefrau ihren gewöhnlichen Aufenthalt in ***.
>
> Wir planen, unseren gemeinsamen gewöhnlichen Aufenthalt kurzfristig nach Deutschland zu verlegen und dort unseren künftigen Lebensmittelpunkt zu haben.
>
> Rechtswahl:
>
> Sämtliche Rechtswirkungen unserer Ehe unterstellen wir ab sofort und auch für den Fall, dass unsere Staatsangehörigkeiten und/oder unser gewöhnlicher Aufenthalt wechselt, dem deutschen Recht, soweit dies gesetzlich zulässig ist.

Zusammenfassung

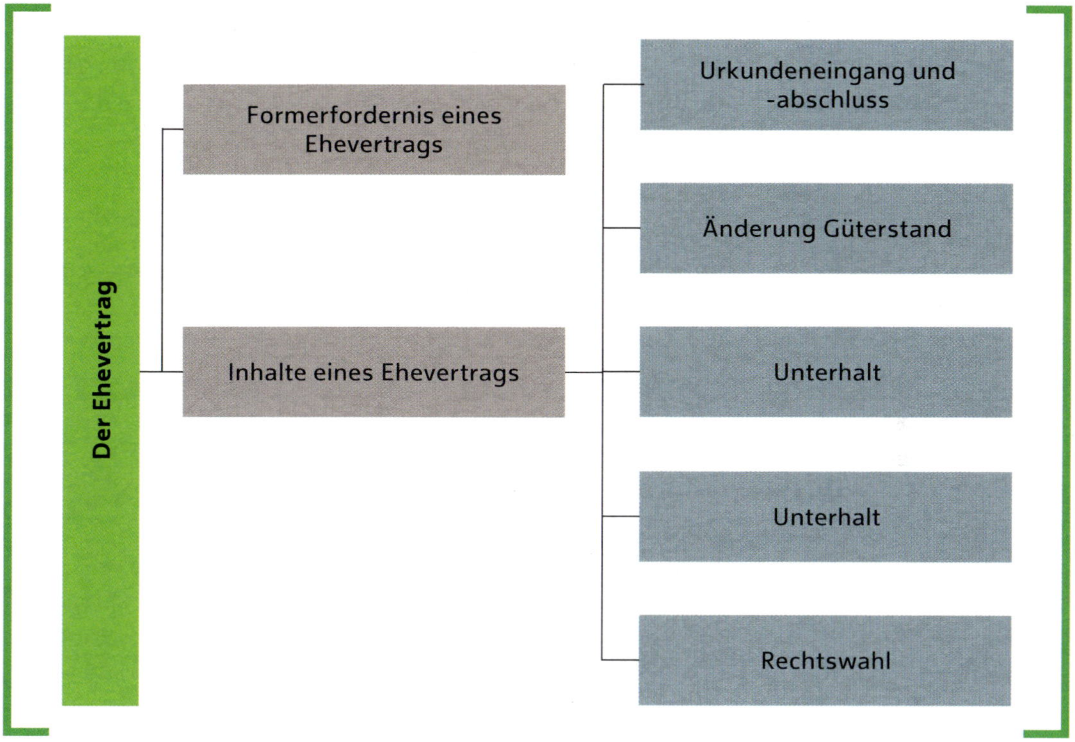

Wiederholung und Vertiefung

1. Auf welche Weise kann der gesetzliche Güterstand geändert werden und wo im Gesetz befindet sich die entsprechende Vorschrift?
2. Aus welchem Grund könnte es sinnvoll sein, einen Ehevertrag zu schließen? Finden Sie zu jeder Antwort einen Beispielfall.
3. Was ist unter dem Begriff „Versorgungsausgleich“ zu verstehen?
4. Aus welchem Grund könnte der in einem Ehevertrag abgegebene Verzicht auf nachehelichen Unterhalt unwirksam sein oder werden?
5. Welche Inhalte in Bezug auf das Familienrecht werden üblicherweise in einen Ehevertrag aufgenommen?

3 Notarkosten (Gebühren und Auslagen)

Eheverträge kommen in der notariellen Praxis regelmäßig vor. Die Ermittlung des Geschäftswerts kann sehr aufwändige Berechnungen erfordern, deren Grundlage verschiedene Vermögenswerte aber auch Verbindlichkeiten der Ehepartner sind. Darüber hinaus spielen die in der Niederschrift getroffenen Vereinbarungen eine Rolle bei der Wertermittlung.

Hinweis: Die nachfolgenden Ausführungen zur kostenmäßigen Behandlung von Eheverträgen sind analog auf einen Lebenspartnerschaftsvertrag anzuwenden.

Lernsituation

Notarin Katharina Marschner hat den Ehevertrag der Ehepartner Max und Moritz Baumann beurkundet. Die Urkunde wurde zur Bearbeitung Oxana Schuhmann übergeben. Sie erhält den Ehevertrag mit dem Auftrag, ein dazugehöriges Diktat, welches Notarin Katharina Marschner im Rahmen einer Besprechung mit den Ehepartnern Max und Moritz Baumann aufgenommen hat und einen Aktenvermerk zur Geschäftswertermittlung enthält, zu schreiben und auf dessen Basis die Kostenrechnung anzufertigen.

Oxana Schuhmann schreibt:

Aktenvermerk zu der ehevertraglichen Angelegenheit der Ehepartner Max Baumann, geboren am 18.03.1989, und Moritz Baumann, geboren am 25.09.1995, Akten-Nr. 1043/25

Die Ehepartner wohnen beide in 64283 Darmstadt, Luisenplatz 3. Die Ehe wurde am 05.05.2025 vor dem Standesbeamten der Stadtverwaltung Darmstadt geschlossen. Der von mir entworfene und am 19.09.2025 beurkundete Ehevertrag beinhaltet lediglich die Vereinbarung von Gütertrennung.

Ich habe die Ehepartner zu ihren wirtschaftlichen Verhältnissen befragt und Folgendes in Erfahrung bringen können:

Max Baumann ist angestellter Friseurmeister. Er hat vor vielen Jahren eine Eigentumswohnung zu einem Kaufpreis von 280.000,00 € erworben, die heute einen Verkehrswert von 350.000,00 € hat. Zur Finanzierung der Immobilie wurde ein Darlehen von 250.000,00 € bei der Sparkasse Darmstadt aufgenommen, dasderzeit noch mit 180.000,00 € valutiert. Max Baumann besitzt einen Pkw der Marke Audi, der einen Wert von 10.000,00 € hat, und vollständig bezahlt ist. Das Barvermögen von Max Baumann beträgt 15.000,00 €.

Moritz Baumann ist Podologe mit eigener Praxis. Das Praxisgebäude befindet sich in seinem Eigentum. Die Immobilie hat einen Verkehrswert von 320.000,00 € und ist mit Verbindlichkeiten von derzeit noch 100.000,00 € belastet. Moritz Baumann besitzt ebenso einen Pkw. Es handelt sich um einen VW-Bus, der einen Wert von 21.000,00 € hat. Ferner hat er Barvermögen von 28.000,00 € und eine Kapitallebensversicherung mit einem Rückkaufswert von derzeit 15.000,00 €.

Max und Moritz Baumann haben vor vier Wochen das gemeinsam bewohnte Einfamilienhaus am Luisenplatz 3 zu einem Kaufpreis von 350.000,00 € erworben und mit Darlehen in Höhe von insgesamt 260.000,00 € finanziert. Jeder der Ehepartner ist Miteigentümer jeweils zur Hälfte.

km/os
23.09.2025

Arbeitsaufträge:

a) Ermitteln Sie anhand des vorstehenden Aktenvermerks den Geschäftswert des Ehevertrags der Ehepartner Max und Moritz Baumann.

b) Fertigen Sie auf Basis des ermittelten Geschäftswerts die Kostenrechnung des Ehevertrags ohne Adressdaten und Rechtsmittelbelehrung mittels folgender ergänzender Angaben:
   - Rechnungs-Nr. 439/25
   - UVZ-Nr. 567/2025
   - Der Vertrag hat zwei Seiten; jeder Ehepartner erhält eine beglaubigte Ablichtung der Urkunde.
   - Die Post- und Telekommunikationsauslagen werden mit 8,40 € berechnet.

c) Vergleichen Sie untereinander Ihre Ergebnisse.

d) Reflektieren Sie anschließend Ihr Wissen.

3.1 Geschäftswertermittlung

Für die Beurkundung eines Ehevertrags, wozu auch die Aufhebung eines solchen Vertrags zählt, ist als **Geschäftswert** die **Summe** der **Werte** der **gegenwärtigen Vermögen (= Aktivvermögen) beider Ehepartner** zu bestimmen (§ 100 Abs. 1 GNotKG).

Wird im Ehevertrag lediglich die Modifikationen des Güterstands (= modifizierte Zugewinngemeinschaft, die z. B. eine Gütertrennung vorsieht aber beim Tod eines Ehepartners wieder in die Zugewinngemeinschaft zurückfällt) erklärt, gelten die Regelungen des § 100 GNotKG entsprechend.

Verbindlichkeiten dürfen **bis maximal** zur **Hälfte** des **Vermögens** abgezogen werden. Das Ergebnis dieser Berechnung wird als **modifiziertes Reinvermögen** bezeichnet.

Merke: Gesamtschuldnerische Verbindlichkeiten (= Verbindlichkeiten beider Ehepartner) werden entsprechend der Vermögensverteilung untereinander, alle anderen Verbindlichkeiten **getrennt** abgezogen. Sind gesamtschuldnerische Verbindlichkeiten nicht klar zuzuordnen, wird von einer hälftigen Verteilung ausgegangen. Es ist äußerst wichtig, zuerst die jeweilige Summe des Vermögens **eines jeden Ehepartners** zu ermitteln und erst dann die jeweiligen Verbindlichkeiten abzuziehen, da das Ergebnis ansonsten fehlerhaft ist.

Beispiele für **Vermögenswerte**, die als positiver Posten neben z. B. **Barvermögen** Relevanz für die Bewertung eines Ehevertrags haben sind:

Eigentum an Grundstücken	Anteile an Kapitalgesellschaften/Kommanditbeteiligungen	Kapitallebensversicherungen*)	Aktien
Bewertung nach dem Verkehrswert (§ 46 GNotKG)	Bewertung nach dem auf den Anteil entfallenden Eigenkapital (§ 54 GNotKG)	Bewertung nach dem aktuellen Rückkaufswert	Bewertung nach dem aktuellen Kurswert

* Ist von einer Risikolebensversicherung die Rede, erfolgt keine Bewertung. Begründung: Bei der Risikolebensversicherung wird kein Kapital angesammelt; es gibt keinen Rückkaufswert.

Ferner gilt bei der Geschäftswertermittlung:

Betrifft der Vertrag nur ...	**dann ...**
... das Vermögen eines Ehepartners,	... ist nur dessen Vermögen maßgebend.
... den Ausschluss der Verfügungsbeschränkung der §§ 1365, 1369 BGB,	... sind gem. § 51 Abs. 2 GNotKG 30 % des von der Beschränkung betroffenen Gegenstands zu ermitteln. Das modifizierte Reinvermögen darf hierbei nicht überschritten werden.
... bestimmte Vermögenswerte/güterrechtliche Ansprüche,	... sind nur diese maßgebend (§ 100 Abs. 2 GNotKG), jedoch nicht mehr als das modifizierte Reinvermögen beider Ehepartner, wenn Vermögenswerte beider Ehepartner betroffen sind, und nur eines Ehepartners, wenn lediglich dessen Vermögenswerte betroffen sind.

Ist im Vertrag **konkret bezeichnetes** Vermögen enthalten, das **noch nicht zum Vermögen** eines Ehepartners gehört, wird dieses mit **30 % des Werts** berechnet (§ 100 Abs. 3 GNotKG). Dieses Vermögen wird zu dem **zuvor** ermittelten modifizierten Reinvermögen hinzugerechnet.

Beispiele:

Der Ehemann erwartet in Kürze eine Erbschaft von 50.000,00 €.	konkret bezeichnetes Vermögen = 30 % des Werts (hier also 15.000,00 €) wird dem Vermögen des Ehemanns zugerechnet.
Die Ehefrau wird ihre Mutter beerben.	inkonkret bezeichnetes Vermögen = keine Bewertung

Wird der Güterstand in ...

... **einer Urkunde** mehrfach gewechselt, ist einmal das modifizierte Reinvermögen maßgebend.

... **verschiedenen Urkunden** gewechselt, ist **jeweils** (je Urkunde) das modifizierte Reinvermögen maßgebend.

Auch **verschiedene Vereinbarungen** innerhalb eines Ehevertrags haben Auswirkungen auf den Geschäftswert, weil sie zusätzlich (und nicht nach § 100 GNotKG) zu bewerten und dem **modifizierten Reinvermögen** hinzuzurechnen sind (§ 35 Abs. 1 GNotKG); sie sind gegenstandsverschieden. Nachfolgend werden einige Beispiele angeführt:

Vereinbarung	Bewertung	Rechenbeispiel
Regelungen zum Versorgungsausgleich	Wird ein wechselseitiger Verzicht vereinbart, liegt ein Austauschvertrag nach § 97 Abs. 3 GNotKG vor. Die Kapitalwerte beider Ehepartner werden gegenübergestellt; der höhere Wert ist maßgebend. Findet lediglich ein geringer Austausch statt, erfolgt kein Wertansatz (Bagatellklausel). Gibt es bzgl. des Werts keine Anhaltspunkte, kann der Notar eine Schätzung auf Basis des Auffangwerts von 5.000,00 € (§ 36 Abs. 3 GNotKG) vornehmen.	Der Versorgungsausgleich soll wechselseitig vollständig ausgeschlossen werden. Der Ehemann hat Anwartschaften von 25.000,00 €, die Ehefrau von 20.000,00 € sowie weitere 15.000,00 € aus einer betrieblichen Altersversorgung. Berechnung: 25.000,00 € werden 35.000,00 € gegenübergestellt; der höhere Betrag ist maßgebend.
Unterhaltsvereinbarung • der Ehepartner und/oder • zugunsten der Kinder	Wird eine Unterhaltsvereinbarung geschlossen, ist nach den Regeln des § 52 Abs. 2 S. 1 bzw. Abs. 3 S. 2 GNotKG zu bewerten. Wird auf Unterhalt bzw. Teile davon verzichtet, ist der Verzichtsbetrag hinzuzurechnen.	Nach Scheidung der Ehe erhält derjenige, der das gemeinsame Kind betreut und versorgt, monatlich für einen Zeitraum von mindestens fünf Jahren einen Betrag von 900,00 €. Berechnung: 12 · 900,00 € · 5 = 54.000,00 €
Rechtswahl	Wird eine Rechtswahl in Zusammenhang mit dem Güterrecht beurkundet, ist der Wert nach § 104 Abs. 1 GNotKG mit 30 % des nach § 100 GNotKG ermittelten Werts zu bestimmen. Wie der Ehevertrag ist auch die Rechtswahl ein besonderer Beurkundungsgegenstand (§ 111 Nr. 4 GNotKG).	Ehepartner vereinbaren neben der Gütertrennung, dass für ihre Ehe deutsches Recht Anwendung finden soll. Das modifizierte Reinvermögen der Ehepartner beträgt 455.000,00 €. Berechnung: 455.000,00 € · 30 % = 136.500,00 €

Bei einem Ehevertrag handelt es sich immer um einen **besonderen Beurkundungsgegenstand** i. S. d. § 111 Nr. 2 GNotKG, was bedeutet, dass er immer (bei Mitbeurkundung weiterer Erklärungen) gesondert zu bewerten ist (= stets gegenstandsverschieden). Demzufolge ist bei der Zusammenbeurkundung mehrerer Erklärungen, die gegenstandsverschieden sind und demselben Gebührensatz unterliegen (s. u.), eine Gebühr aus den addierten Werten (§ 35 Abs. 1 GNotKG) zu berechnen.

Beispiele für mehrere Erklärungen, die in derselben Urkunde und teilweise auch zusammen mit einem Ehevertrag protokolliert werden, und entsprechend vorstehender Regel zu bewerten sind:

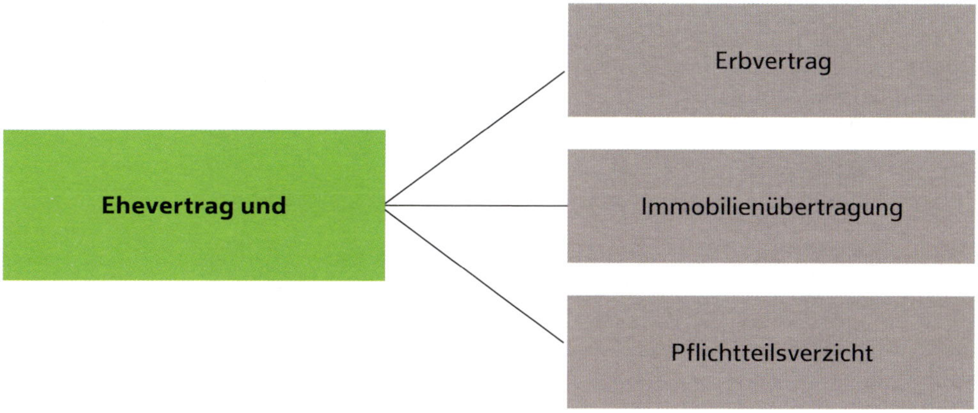

Hinweis: Ein Ehevertrag darf nicht mit einer Scheidungsfolgenvereinbarung verwechselt werden, in der ebenfalls häufig der Güterstand geändert wird, aber in der Regel auch viele weitere Vereinbarungen in Bezug auf die bevorstehende Scheidung getroffen werden.

▶ **Beispiel:**

Monika und Markus Bauer unterzeichnen einen Ehevertrag, der die Gütertrennung beinhaltet. Vermögen und Verbindlichkeiten der Ehepartner setzen sich wie folgt zusammen:

Die Ehepartner sind Eigentümer der von Ihnen bewohnten Immobilie (Einfamilienhaus). Das Einfamilienhaus hat einen Verkehrswert von 250.000,00 € und ist im Grundbuch mit einem Grundpfandrecht von 120.000,00 € belastet. Die Darlehensvaluta (Restschuld) beträgt **88.000,00** €.

Der Ehemann ist darüber hinaus Eigentümer einer Doppelhaushälfte mit einem Verkehrswert von **150.000,00** €. Die Doppelhaushälfte ist noch mit einem Grundpfandrecht von 140.000,00 € belastet. Das Darlehen valutiert mit **125.000,00** €. Der Ehemann hat ein Barvermögen von 12.000,00 € und eine Kapitallebensversicherung, die derzeit einen Rückkaufswert von 5.000,00 € hat.

Sie hat ein Barvermögen von **5.000,00** €, Aktien zu einem aktuellen Kurswert von **2.000,00** € und erwartet eine Schenkung von Ihrer Großmutter, die sich auf **50.000,00** € beläuft und konkret in den Ehevertrag einfließen soll. Die Ehefrau hat eine Risikolebensversicherung, die im Fall ihres Tods 100.000,00 € an den Ehemann zahlt.

Anmerkung: die in der obigen Beispielaufgabe farbig dargestellten Werte, sind in dem nachfolgenden Berechnungsbeispiel farbgleich wiedergegeben.

		€		€		€
Ehemann						
Aktivvermögen		125.000,00				
	+	**150.000,00**				
	+	**12.000,00**				
	+	5.000,00				
			=	292.000,00		
abzgl. Verbindlichkeiten	–	**44.000,00**				
		125.000,00				
			=	– 169.000,00	*)	
modifiziertes Reinvermögen Ehemann						**146.000,00**
Ehefrau						
Aktivvermögen		125.000,00				
	+	**5.000,00**				
	+	**2.000,00**				
	+	15.000,00 **)				
			=	147.000,00		
abzgl. Verbindlichkeiten	–	**44.000,00**				
			=	– 44.000,00		
modifiziertes Reinvermögen Ehefrau						**+ 103.000,00**
modifiziertes Reinvermögen beider Ehepartner						**249.000,00**

* Die Verbindlichkeiten des Ehemanns übersteigen die Hälfte seines Aktivvermögens und werden daher nur bis (in diesem Beispiel) max. 146.000,00 € abgezogen.

** Die in der Zukunft erwartete Schenkung ist mit 30 % des Werts anzugeben. Die in der Aufgabe ferner angeführte Risikolebensversicherung löst keinen Wert aus, da kein Kapital angehäuft wird.

Der Geschäftswert des Ehevertrags wurde mit 249.000,00 € (§ 100 Abs. 1 GNotKG) ermittelt.

Merke: Nie weniger als die Hälfte!

Wäre in dem vorstehenden Beispiel zusätzlich zu der Gütertrennung die im Eigentum des Ehemanns stehende Doppelhaushälfte zur Hälfte an die Ehefrau übertragen worden, wäre dem ermittelten Geschäftswert von 249.000,00 € (mit Rücksicht auf § 111 Nr. 2 GNotKG) ein Betrag von 75.000,00 € (= hälftiger Verkehrswert der Immobilie) hinzuzurechnen gewesen = 324.000,00 €. Die Berechnung des Geschäftswerts ist nicht Gegenstand der (späteren) Kostenrechnung. Es ist ausreichend, wenn das Endergebnis (nebst Wertvorschriften) in die Kostenrechnung übernommen wird.

Verbindlichkeiten, die bei der Geschäftswertermittlung als negative Posten zu berücksichtigen sind, sind z. B.

Kredite	dingliche Zahlungspflichten	Nießbrauch eines Dritten
z. B. lang-, mittel- oder kurzfristige Darlehen	z. B. eine Leibrente	z. B. an einem Grundstück, das dessen Verkehrswert reduziert
Bewertung erfolgt auf Basis der Ablösesumme	Bewertung erfolgt nach dem kapitalisierten Jahreswert (§ 52 GNotKG)	Bewertung erfolgt nach dem kapitalisierten Jahreswert (§ 52 GNotKG)

3.2 Beurkundungsgebühren

Bei einem **Ehevertrag** handelt es sich um ein **Beurkundungsverfahren**, das nach **KV-Nr. 21100** mit einer **2,0 Gebühr, mindestens 120,00 €,** berechnet wird.

Mit dieser Gebühr sind die
- Entwurfserstellung,
- Beschaffung der hierfür notwendigen Informationen,
- Vorbereitung und Durchführung der Beurkundung sowie
- Übermittlung von Anträgen an Gerichte/Behörden – wenn erforderlich – abgegolten.

Fertigt der Notar lediglich den vollständigen **Entwurf des Ehevertrags** (ohne Beurkundungsauftrag), erhält er nach KV-Nr. 24100 ebenso eine 2,0 Gebühr, mindestens 120,00 €, auf Basis des zuvor ermittelten Geschäftswerts.

Bei der Beurkundung der **Aufhebung eines Ehevertrags** ist auch nach KV-Nr. 21100 abzurechnen.

3.3 Auslagen

Neben der Gebühr für das Beurkundungsverfahren erhält der Notar bei einem Ehevertrag z. B.

- eine Dokumentenpauschale nach **KV-Nr. 32001** (innerhalb eines Beurkundungsverfahrens ohne besonderen Auftrag) von 0,15 €/Seite (s/w) bzw. 0,30 €/Seite (farbig),
- ein Entgelt für Post- und Telekommunikationsdienstleistungen nach
  - **KV-Nr. 32004** in Höhe der tatsächlich angefallenen Kosten für Porto/Telefon oder
  - **KV-Nr. 32005** in Höhe einer Pauschale von 20 % der Beurkundungsgebühr, maximal 20,00 €.

Schlussendlich ist die derzeit gültige Umsatzsteuer von 19 % auf die Summe der Gebühren und Auslagen nach **KV-Nr. 32014** zu berechnen.

Für die Registrierung im Zentralen Testamentsregister (bei Änderung des Güterstands = erbrelevante Urkunde) entstehen Auslagen von **12,50 € je registrierter Person**. Dieser Betrag ist nicht umsatzsteuerpflichtig, weil nicht der Notar diese Gebühr schuldet, sondern die Mandantschaft. Der Notar fungiert hier als „Durchlaufstation" für die Bundesnotarkammer, die das ZTR führt. Der Betrag wird demzufolge als Auslage ohne Umsatzsteuer nach **KV-Nr. 32015** an die Mandantschaft weitergegeben. Abschließend ist (ebenso nach KV-Nr. 32015) die Auslage für das Hochladen der Urkunde in die elektronische Urkundensammlung mit 4,50 € der Rechnung hinzuzufügen.

Tipp: Dass die Auslage für die Registrierung im ZTR **nach** der Umsatzsteuerberechnung (also ohne Umsatzsteuer) anzufügen ist, kann man sich gut merken, denn die KV-Nr. 32015 ist zahlenmäßig auch **nach** KV-Nr. 32014 (= Umsatzsteuer) angesiedelt.

vgl. LF 6

Hinweis: Nach dem Versand der Kostenrechnung an die Mandantschaft muss der Zahlungseingang durch eine angemessene Wiedervorlage überprüft und dies entsprechend notiert werden.

Zusammenfassung

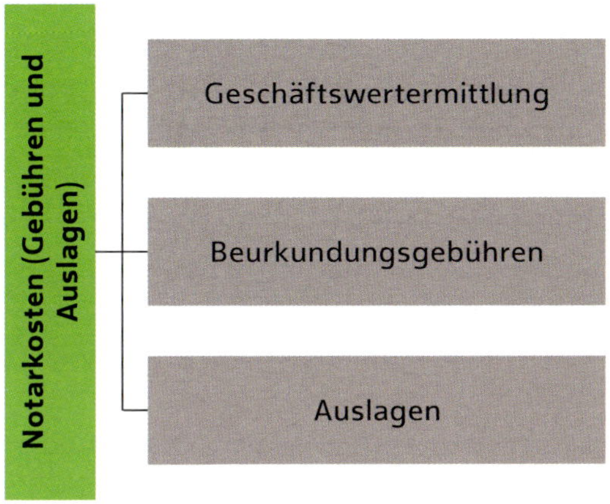

Wiederholung und Vertiefung

1. Welcher Paragraf des GNotKG ist zur Ermittlung des Geschäftswerts eines Ehevertrags einschlägig?
2. Was ist in Bezug auf die Geschäftswertermittlung unter dem modifizierten Reinvermögen zu verstehen?
3. Fertigen Sie eine Tabelle mit einer Auflistung von Vermögenswerten und Verbindlichkeiten an, die bei der Geschäftswertermittlung eines Ehevertrags relevant sind. Notieren Sie zu jeder Position die Bewertungsbasis.
4. Sie schreiben folgenden Aktenvermerk über das persönliche Gespräch zwischen der Notarin und den Ehepartnern Meyermann:
   Die Ehepartner Meyermann sind seit einigen Jahren verheiratet. Sie haben bereits zu Beginn ihrer Ehe einen Ehevertrag geschlossen, der die Gütergemeinschaft beinhaltete. Nun haben sie einen weiteren Ehevertrag durch mich beurkunden lassen, der diesen Güterstand wieder aufhebt und die Gütertrennung zum Inhalt hat.
   Ich habe die Ehepartner nach ihren wirtschaftlichen Verhältnissen befragt und Folgendes in Erfahrung gebracht: Herr Meyermann ist Eigentümer eines Einfamilienhauses (Verkehrswert: 290.000,00 €). Die Immobilie soll noch mit Verbindlichkeiten von 85.000,00 € belastet sein. Daneben hat er ein Sparguthaben von 15.000,00 €, Aktien zu einem Buchwert von 13.000,00 €, eine Kapitallebensversicherung mit einem Rückkaufswert von 45.000,00 € sowie ein Barvermögen von 13.000,00 €. Herr Meyermann besitzt einen Pkw (VW), der einen Wert von 15.000,00 € hat und einen weiteren Pkw (BMW) mit einem Wert von 19.000,00 €. Der VW ist finanziert und es stehen noch 8.000,00 € aus.

Frau Meyermann hat keinen Grundbesitz. Sie hat ein Barvermögen von 7.500,00 € und einen relativ neuen Pkw, der einen Wert von 35.000,00 € hat. Der Pkw (Audi) ist finanziert und es stehen noch 22.000,00 € aus. Frau Meyermann erwartet in Kürze eine Erbschaft, die konkret mit einem Betrag von 60.000,00 € angeführt wird.
Jeder Ehepartner möchte zwei beglaubigte Abschriften des Vertrags, der vier Seiten umfasst, übermittelt bekommen; ein weiteres Exemplar erhält der Steuerberater der Ehepartner. Die Kosten der Urkunde tragen die Ehepartner gemeinsam.
Post und Telekommunikation wird pauschal abgerechnet. Die Urkunde ist im ZTR zu registrieren.

a) Ermitteln Sie den Geschäftswert der Urkunde.
b) Fertigen Sie eine Kostenrechnung ohne Rechnungsempfänger, Rechnungsnummer und Rechtsbehelfsbelehrung.
c) Wie würden sich Geschäftswert und Kostenrechnung verändern, wenn innerhalb des Ehevertrags die Übertragung des hälftigen Einfamilienhauses von dem Ehemann auf die Ehefrau mitbeurkundet würde, der im Anschluss dem Grundbuchamt zum elektronischen Vollzug vorzulegen ist?
   Weitere Abweichungen zur Ursprungsaufgabe: Die Urkunde hat nun zehn Seiten, es werden sieben Exemplare erstellt, wovon eins für die Akte der Notarin bestimmt ist, der Betrag für Post und Telekommunikation wird mit 23,40 € in Rechnung gestellt und ein Grundbuchauszug wurde elektronisch abgerufen.
d) Nach welchem Geschäftswert wäre eine Rechnung zu erstellen, wenn innerhalb des in Aufgabe 4 angeführten Ehevertrags eine wechselseitige Erbeinsetzung beurkundet würde?

4 Führen des erforderlichen Schriftverkehrs

In Zusammenhang mit Ehe- und Partnerschaftsverträgen erfolgt der Schriftverkehr vorwiegend direkt mit den Mandantschaften. Lässt sich ein oder auch beide Ehepartner zusätzlich anwaltlich beraten, wird selbstverständlich auch mit dem jeweils beratenden Rechtsanwalt korrespondiert. Möglicherweise ist auch ein Steuerberater involviert.

Um einen Ehevertrag vollständig vorbereiten zu können, ist nach der Besprechung des Notars mit den Mandantschaften ein erster Urkundenentwurf zu fertigen. Dieser ist mit der Bitte um aufmerksame Prüfung auf Richtigkeit und Vollständigkeit der Mandantschaft zuzusenden.

Werden die Mandantschaften zusätzlich anwaltlich beraten, erhält auch der beratende Rechtsanwalt einen Urkundenentwurf und wird um Stellungnahme (ggf. nach erneuter Rücksprache mit der Mandantschaft) gebeten.

Nach der Beurkundung erhält jede Mandantschaft nach Wunsch eine (beglaubigte) Abschrift/eine Datei der beurkundeten Erklärung sowie die Kostenrechnung des Notars.

Enthält der Ehevertrag eine erbrelevante Erklärung (beispielsweise die Vereinbarung der Gütertrennung), ist er im Zentralen Testamentsregister zu registrieren. Darüber sollten Mandantschaften informiert werden. Eine entsprechende Eintragungsbestätigung wird automatisch vom ZTR generiert, kann heruntergeladen, ausgedruckt und den Mandantschaften übermittelt werden.

vgl. LF 14, Kap. 2.3.3

Im Folgenden werden Beispielschreiben anhand einer Situationsbeschreibung formuliert. Diese Schreiben werden verkleinert dargestellt und stellen keine Musterlösung dar. Sie dienen lediglich der Anregung.

Den Briefbogen der Kanzlei finden Sie unter dem vorne abgedruckten Webcode zum Buch. Grundlagen dieses Briefbogens sind die Form B, der gestaltete Informationsblock und das Anschriftfeld mit Rücksendeangabe.

Web

Lernsituation

Notarin Katharina Marschner hat aufgrund eines Beratungsgesprächs mit den Ehepartnern Kerstin und Dr. Maximilian Zarten am 01.05.2025 den Entwurf eines Ehevertrags diktiert. Da jeder der Ehepartner bereits einmal verheiratet war und beide nicht unvermögend sind, lassen sich beide ergänzend in dieser Angelegenheit durch einen eigenen Rechtsanwalt beraten.

Oxana Schumann erhält den Vorgang mit der Bitte, den Ehevertrag nach Diktat zu schreiben und ihn sowohl an die Ehepartner Zarten (zwei Kopien) als auch die beratenden Rechtsanwälte jeweils per E-Mail zu senden. Sie erhält von Notarin Katharina Marschner die Vorgabe, dass der Entwurf in allen Schreiben mit „erster Urkundenentwurf als Diskussionsgrundlage" zu bezeichnen ist, damit sowohl den Auftraggebern als auch den Rechtsanwälten deutlich gemacht wird, dass sehr wahrscheinlich noch Änderungen an der Urkunde vorgenommen werden.

Arbeitsaufträge:

a) Fertigen Sie die Schreiben zum Entwurfsversand anhand folgender Vorgaben:
   - Datum: 19.05.2025
   - Aktenbezeichnung: 40132/25, Zarten (Ehevertrag)
   - Die Ehepartner Kerstin und Dr. Maximilian Zarten wohnen in der Kirchstraße 7, 64283 Darmstadt.
   - Der Rechtsanwalt des Ehemanns, Herr Martin Sichel, hat seine Kanzlei in der Neckarstraße 1, 64283 Darmstadt (E-Mail-Adresse: RASichel@darmstadt.de) und die Rechtsanwältin der Ehefrau, Bärbel Schmidt-Schau, ist in der Luisenstraße 8, 64283 Darmstadt (E-Mail-Adresse: Schmidt-Schau@anwaelte-darmstadt.de) ansässig.

b) Vergleichen Sie untereinander Ihre Ergebnisse.

c) Reflektieren Sie anschließend Ihr Wissen.

4.1 Schreiben an die Mandantschaft

Situationsbeschreibung: Notarin Katharina Marschner hat am 12.06.2025 zur Urkundenverzeichnisnummer 154/2025 den Ehevertrag von Ina und Egon Triebel, Hauptstraße 12, 55116 Mainz, beurkundet. Der Vertrag enthält Regelungen zur Änderung des Güterstands sowie einen Verzicht von Ina Triebel auf die Durchführung eines Versorgungsausgleichs. Notarin Katharina Marschner übergibt Oxana Schuhmann die Akte und bittet diese, eine Registrierung im Zentralen Testamentsregister vorzunehmen, die Urschrift zu scannen und in die elektronische Urkundensammlung hochzuladen, und anschließend den Unterzeichnern je eine beglaubigte Abschrift der Urkunde nebst Kostenrechnung und Eintragungsbestätigung des ZTR zuzusenden. Oxana Schuhmann fertigt das Schreiben am 29.06.2025.

Katharina Marschner
Rechtsanwältin & Notarin

Wilhelminenplatz 220
64283 Darmstadt
Telefon: +49 621 9999999-0
Telefax: +49 621 9999999-1
E-Mail: kontakt@ra-marschner.de

Bankverbindung: Commerzbank Darmstadt
IBAN: DE41 5084 0005 0000 5638 12
USt-IdNr.: DE999999999

Datum: 29.06.2025

Anwaltsnotariat Marschner, Wilhelminenplatz 220, 64283 Darmstadt
Eheleute
Ina und Egon Triebel
Hauptstraße 12
55116 Mainz

Ehevertrag
Mein Zeichen: UVZ-Nr. 154/2025, Triebel (Ehevertrag)

Sehr geehrte Frau Triebel,
sehr geehrter Herr Triebel,

anliegend überreiche ich

- zwei beglaubigte Ablichtungen des am 12.06.2025 (UVZ 154/2025 Notarin Katharina Marschner) beurkundeten Ehevertrags sowie
- eine Ablichtung der Eintragungsbestätigung des Zentralen Testamentsregisters vom heutigen Tag

für Ihre Unterlagen.

Ich füge ferner in der Anlage meine für diese Angelegenheit entstandene Kostenrechnung mit der Bitte um Begleichung bei.

Mit freundlichen Grüßen

Katharina Marschner
Notarin

Anlagen

4.2 Übermittlung von Urkunden an den beratenden Rechtsanwalt

Situationsbeschreibung: Elfriede und Richard Grasegger, Bahnhofplatz 1, 55259 Mainz, haben von der Notarin Katharina Marschner am 23.06.2025 zur UVZ-Nr. 217/2025 einen Ehevertrag protokollieren lassen. Elfriede Grasegger hat sich zusätzlich bei der Formulierung des Vertrags durch einen Rechtsanwalt, der Fachanwalt für Familienrecht ist, beraten lassen, um sicherzustellen, dass die aus ihrer Sicht wichtigen Regelungen in korrekter Weise enthalten sind. Notarin Katharina Marschner bittet Jana Seidel, den Elfriede Grasegger beratenden Rechtsanwalt, Dr. Justus Mai, Weichselstraße 12, 55967 Mainz, über die erfolgte Beurkundung zu unterrichten. Ferner soll sie diesem eine beglaubigte Abschrift des Ehevertrags zusenden und ihn darüber informieren, dass Elfriede und Richard Grasegger entsprechende Unterlagen direkt erhalten haben. Jana Seidel verfasst das Schreiben am 26.06.2025. Das Zeichen des Rechtsanwalts lautet: Akten-Nr. 346/2025, Grasegger (Beratung Ehevertrag).

Katharina Marschner
Rechtsanwältin & Notarin

Wilhelminenplatz 220
64283 Darmstadt
Telefon: +49 621 9999999-0
Telefax: +49 621 9999999-1
E-Mail: kontakt@ra-marschner.de

Bankverbindung: Commerzbank Darmstadt
IBAN: DE41 5084 0005 0000 5638 12
USt-IdNr.: DE999999999

Datum: 26.06.2025

Anwaltsnotariat Marschner, Wilhelminenplatz 220, 64283 Darmstadt
Herrn Rechtsanwalt
Dr. Justus Mai
Weichselstraße 12
55967 Mainz

Ihr Zeichen: Akten-Nr. 346/2025, Grasegger (Beratung Ehevertrag)
Mein Zeichen: UVZ-Nr. 217/2025, Grasegger (Ehevertrag)

Sehr geehrter Herr Kollege Dr. Mai,

Frau Elfriede Grasegger wird durch Sie hinsichtlich der Unterzeichnung eines Ehevertrags beraten. Die Ehepartner Elfriede und Richard Grasegger haben den Ehevertrag nunmehr unterzeichnet.

Sie erhalten anliegend eine beglaubigte Ablichtung des am 23.06.2025 (UVZ-Nr. 217/2025 Notarin Katharina Marschner) beurkundeten Vertrags zur Kenntnisnahme und für Ihre Unterlagen.

Mit freundlichen kollegialen Grüßen

Katharina Marschner
Notarin

Anlage

4.3 Kostenrechnungen erstellen

Situationsbeschreibung: Ernst und Angela Walter, Kielmannsegg 119, 22043 Hamburg, haben durch die Notarin Katharina Marschner in der UVZ-Nr. 484/2025 Gütertrennung vereinbart. Neben dieser Vereinbarung wurde ein ½-Miteigentumsanteil an einer Immobilie von Ernst Walter auf Angela Walter übertragen. Die Übertragung der Immobilie soll lastenfrei erfolgen. Notarin Katharina Marschner wird mit dem Vollzug der Immobilienübertragung beauftragt. Sie soll dazu die Löschungsbewilligungen der im Grundbuch eingetragenen Gläubiger anfordern. Das modifizierte Reinvermögen von Ernst und Angela Walter beträgt 750.000,00 €, der Miteigentumsanteil an der übertragenen Immobilie hat einen Verkehrswert von 100.000,00 €. Jana Seidel erstellt am 17.09.2025 die Kostenrechnung zu dieser Urkunde unter der Rechnungsnummer: 574/2025. Sie hat 34 Seiten kopiert und berechnet das Entgelt für Post- und Telekommunikationsdienstleistungen pauschal sowie ferner die Auslagen für die Registrierungen im Zentralen Testamentsregister, das Einstellen der Urkunde in die elektronische Urkundensammlung und das Herunterladen eines Grundbuchauszugs. Der später an das Grundbuchamt zu richtende Antrag auf Eigentumsänderung ist postalisch einzureichen; die Grundakten werden noch nicht elektronisch geführt.

Katharina Marschner
Rechtsanwältin & Notarin

Wilhelminenplatz 220
64283 Darmstadt
Telefon: +49 621 9999999-0
Telefax: +49 621 9999999-1
E-Mail: kontakt@ra-marschner.de

Bankverbindung: Commerzbank Darmstadt
IBAN: DE41 5084 0005 0000 5638 12
USt-IdNr.: DE999999999

Datum: 17.09.2025

Anwaltsnotariat Marschner, Wilhelminenplatz 220, 64283 Darmstadt
Eheleute
Angela und Ernst Walter
Kielmannsegg 119
22043 Hamburg

Rechnungsnummer: 574/2025
Ehevertrag inkl. Immobilienübertragung
UVZ-Nr. 484/2025 Notarin Katharina Marschner
Leistungszeitraum ** *(Datum)* - ** *(Datum)*

Kostenrechnung der Notarin Katharina Marschner
gem. § 19 GNotKG

Bezeichnung	**Geschäftswert**	**KV-Nr.**	**Satz**	**Betrag**
Beurkundungsverfahren, § 35 Abs. 1 GNotKG	850.000,00 €	21100	2,0	2.990,00 €
Ehevertrag, § 100 Abs. 1 GNotKG	750.000,00 €			
Übertragung Miteigentumsanteil, §§ 97 Abs. 1, 46 GNotKG	100.000,00 €			
Vollzugsgebühr, § 112 GNotKG	850.000,00 €	22110	0,5	747,50 €
Dokumentenpauschale (34 Seiten s/w)		32001		5,10 €
Post und Telekommunikationspauschale		32005		20,00 €
Auslagen Grundbuchabruf		32011		8,00 €
Zwischensumme				3.770,60 €
19 % Umsatzsteuer		32014		716,41 €
Zwischensumme				4.487,01 €
Auslagen ZTR + eUrkundensammlung		32015		29,50 €
Summe				4.516,51 €

Rechtsbehelfsbelehrung
Fragen zu dieser Rechnung beantworte ich Ihnen jederzeit gerne. Sie haben auch die Möglichkeit, eine Entscheidung des Landgerichts Darmstadt, Mathildenplatz 13/15, 64283 Darmstadt, zu beantragen. Der Antrag bei Gericht muss schriftlich oder zur Niederschrift der Geschäftsstelle des Landgerichts gestellt werden und unterliegt keiner Frist. Er muss jedoch grundsätzlich bis zum Ablauf des Kalenderjahrs, das auf das Jahr folgt, in dem Ihnen die vollstreckbare Ausfertigung der Kostenrechnung zugestellt ist, dem Gericht vorgelegt werden.

Katharina Marschner
Notarin

Zusammenfassung

Führung des erforderlichen Schriftverkehrs

- Schreiben an Mandantschaften
- Übermittlung von Urkunden an den beratenden Rechtsanwalt
- Kostenrechnungen erstellen

Wiederholung und Vertiefung

1. Notarin Katharina Marschner hat für Ernst Joachim und Kurt Helling, die Ehepartner sind, einen Ehevertrag gefertigt. Der Vertrag wurde am 08.04.2025 unter der UVZ-Nr. 210/2025 von Notarin Katharina Marschner beurkundet. Eine Registrierung im ZTR ist nicht erforderlich. Sie übergibt die Akte Oxana Schuhmann und bittet diese um weitere Sachbearbeitung nach Aktenlage. Ernst Joachim und Kurt Helling wohnen in 64283 Darmstadt, Mühlenstraße 65.

a) Oxana Schuhmann sendet zwei beglaubigte Abschriften des Ehevertrags an Ernst Joachim und Kurt Helling.

b) Oxana Schuhmann fügt die Kostenrechnung (Rechnungsnummer: 243/2025) für die Beurkundung des Vertrags bei. Post- und Telekommunikationsdienstleistungen werden pauschal in Rechnung gestellt. Es wurden zehn Seiten kopiert. Das modifizierte Reinvermögen beläuft sich auf 243.000,00 €.

Erstellen Sie sowohl Schreiben als auch Kostenrechnung mithilfe des Briefbogens der Notarin Katharina Marschner unter dem Datum 12.04.2025.

2. Eric und Selina Schreckhagen, Siburgstraße 8, 29525 Uelzen, haben Notarin Katharina Marschner anlässlich einer Besprechung beauftragt, den Entwurf eines Ehevertrags zu fertigen. Der Ehevertrag soll die Gütertrennung sowie ferner die Übertragung einer Immobilie von Selina an Eric Schreckhagen zum Inhalt haben. Notarin Katharina Marschner wird beauftragt, die Übertragung der Immobilie zu vollziehen. Im Grundbuch ist ein Grundpfandrecht eingetragen. Das zugrunde liegende Darlehen wurde vollständig zurückgezahlt. Die

Ehepartner bitten die Notarin, die noch nicht vorliegende Löschungsbewilligung bei der Gläubigerin anzufordern. Der Vertrag wurde nach Entwurfsübersendung und Prüfung durch die Mandanten am 07.01.2025 unter der UVZ-Nr. 19/2025 beurkundet, im Anschluss beim Zentralen Testamentsregister registriert und in die elektronische Urkundensammlung eingestellt.

a) Notarin Katharina Marschner bittet Jana Seidel je eine beglaubigte Abschrift der Urkunde an Eric und Selina Schreckhagen zu schicken und diese über die erfolgte Registrierung im Zentralen Testamentsregister sowie den auf den Weg gebrachten Vollzug der Immobilienübertragung zu informieren.
b) Die Notarin beauftragt Jana Seidel ferner damit, die Kostenrechnung (Rechnungsnummer: 9/2025) für die Beurkundung des Vertrags einschließlich der Auslagen für die Registrierungen im Zentralen Testamentsregister sowie das Einstellen in die eUrkundensammlung und den Grundbuchabruf an Eric und Selina Schreckhagen zu senden. Post- und Telekommunikationsdienstleistungen werden in Höhe von 4,50 € in Rechnung gestellt. Es wurden zwölf Seiten kopiert. Das modifizierte Reinvermögen der Ehepartner beläuft sich auf 1.000.000,00 €. Die Immobilie hat einen Verkehrswert von 130.000,00 €. Die Grundakten werden nicht elektronisch geführt.

Erstellen Sie sowohl Schreiben als auch Kostenrechnung mithilfe des Briefbogens der Notarin Katharina Marschner unter dem Datum 10.01.2025.

Lernfeld 14 – Kompetenzen

In diesem Lernfeld lernen Sie:

Kapitel 1 **Das Erbrecht (allgemein)**	• welche Bereiche zu dem deutschen Erbrecht gehören • was unter der gesetzlichen Erbfolge zu verstehen ist • dass es unterschiedliche Erbordnungen gibt und welche Personen zu welcher Ordnung gehören • dass auch ein Ehepartner einen gesetzlichen Erbanspruch hat und welche Auswirkung der Güterstand bei Ehe- und Lebenspartnern auf die Erbquote hat • welchen Einfluss die Nichtehelichkeit/Adoption auf das Erbrecht hat • wer erbfähig und wer erbunwürdig ist • wann der Staat erbt • was unter dem Begriff „Pflichtteil“ zu verstehen ist • wer pflichtteilsberechtigt ist und wie hoch der Pflichtteil ist • wie sich das Pflichtteilsrecht eines Ehepartners darstellt • was ein Pflichtteilsergänzungsanspruch ist

Kapitel 2 **Verfügungen von Todes wegen**	• welche Fähigkeit eine Person benötigt, um wirksam eine letztwillige Verfügung von Todes wegen errichten zu können • welche Möglichkeiten es gibt, ein Testament zu errichten • welche Formerfordernisse ein Testament hat • was die Besonderheit eines Testaments von Ehepartnern ist • was der Inhalt eines Testaments sein kann (z. B. Erbe, Vermächtnis, Auflage, Testamentsvollstrecker) • wie ein eigenhändiges und wie ein öffentliches Testament aussieht • was unter einem Erbvertrag zu verstehen ist • welches Formerfordernis ein Erbvertrag hat und wer einen Erbvertrag schließen kann • was unter der Bindungswirkung zu verstehen ist • wie der Notar mit einer Verfügung von Todes wegen (öffentliches Testament oder Erbvertrag) nach der Beurkundung zu verfahren hat

Kapitel 3 **Eintritt des Erbfalls**	• welche Rechtswirkung ein Erbschein hat • welchen Inhalt ein Erbschein hat und wer ihn erteilt • welche Form und welchen Inhalt ein Erbscheinsantrag hat und wer diesen stellen kann • dass das Erben steuerpflichtig sein kann • was zu tun ist, wenn ein Erbe nicht erben möchte • welche Form und Wirkung eine Erbausschlagung hat • welche Fristen bei einer Erbausschlagung zu beachten sind • welchen Inhalt eine Erbausschlagung hat

Kapitel 4 **Die Notar- und Gerichtsgebühren in erbrechtlichen Angelegenheiten**	• welcher Gebührensatz zu den verschiedenen Beurkundungsvorgängen gehört • die Wertermittlung in Nachlasssachen • welche Gebühr/Auslage in verschiedenen Fällen abzurechnen ist • wie hoch die Kosten des Gerichts in den verschiedenen Fällen sind

Kapitel 5 **Führen des erforderlichen Schriftverkehrs**	• Schreiben an Mandantschaften/Gericht zur Übersendung von Urkunden/Unterlagen zu formulieren sowie normgerecht zu erstellen und zu gestalten • Kostenrechnungen normgerecht zu erstellen und zu gestalten

Lernfeld 14: Urkunden in erbrechtlichen Angelegenheiten bearbeiten

1 Das Erbrecht (allgemein)

Jeder wird wohl früher oder später mit dem Erbrecht in Berührung kommen. Entweder dadurch, dass ein naher Angehöriger verstirbt, oder durch Errichtung eines eigenen Testaments.

Auf der einen Seite gibt es den Erblasser, der über sein Vermögen zu Lebzeiten bestimmt, auf der anderen Seite den Erben, der sich innerhalb einer bestimmten Frist entscheiden muss, ob er das Erbe annehmen oder ablehnen möchte.

Daneben gibt es diejenigen Personen, die einen sog. Pflichtteil fordern können, und den Staat, der möglicherweise Erbschaftsteuer erhält.

Das Erbrecht ist ein verfassungsmäßiges Grundrecht und wird daher im Grundgesetz (GG) der Bundesrepublik Deutschland garantiert (Art. 14 GG). Eine weitere gesetzliche Grundlage des Erbrechts bildet das BGB. In den §§ 1922–2385 (5. Buch, Erbrecht) sind u. a. Regelungen zu der Erbfolge, dem Testament, dem Pflichtteil, dem Erbschein sowie der rechtlichen Stellung des Erben zu finden.

Das Erbrecht beinhaltet unterschiedliche Rechtsgebiete, die ineinandergreifen. Dabei handelt es sich um das Personen-, Schuld-, Sachen- und Steuerrecht.

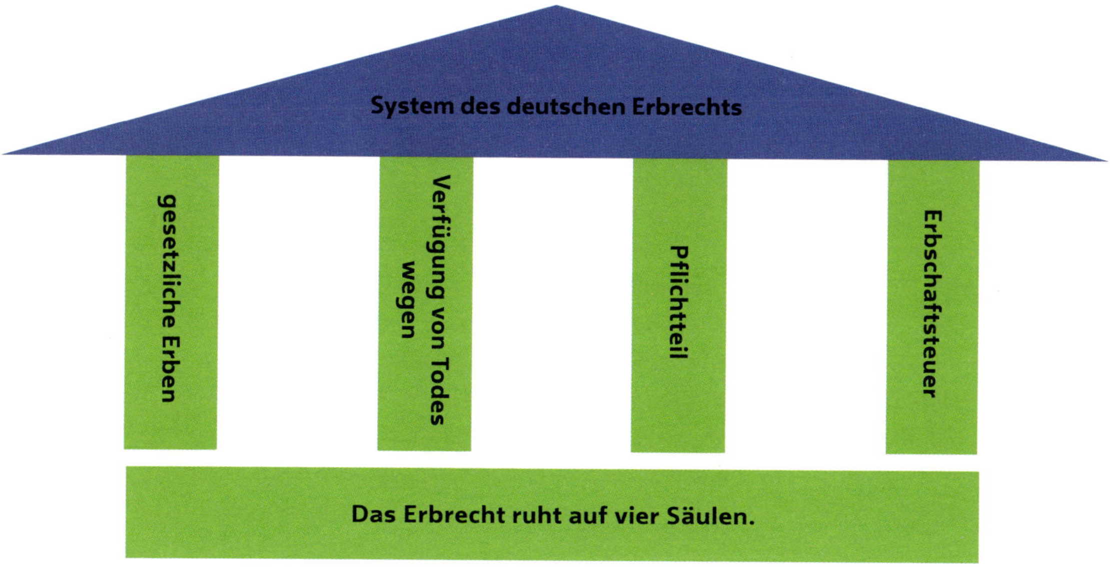

Lernsituation

Hermann Bahlke sucht Notarin Katharina Marschner zu einem Beratungsgespräch in ihrer Kanzlei auf. Aus dem Kalendereintrag entnimmt die Notarin, dass es sich bei dem Termin um eine erbrechtliche Angelegenheit handelt.

Hermann Bahlke schildert auf Nachfrage der Notarin Katharina Marschner seine persönlichen Verhältnisse wie folgt:

„Ich bin seit fünf Jahren verheiratet und lebe mit meiner Frau Karen im gesetzlichen Güterstand der Zugewinngemeinschaft. Wir haben zwei gemeinsame Töchter. Lene ist vier und Stine zwei Jahre alt. Zusammen mit meiner Frau habe ich vor ca. drei Jahren ein Einfamilienhaus erworben, in dem wir wohnen.

Aus meiner ersten Ehe habe ich ein weiteres Kind. Mein Sohn Hannes ist jetzt 14 Jahre alt. Hannes lebt bei seiner Mutter im selben Ort wie wir. Meine geschiedene Frau ist auch erneut verheiratet und hat ein weiteres Kind mit ihrem jetzigen Ehepartner bekommen, das heute sechs Jahre alt ist.

Zum Glück verstehen sich sowohl meine geschiedene als auch meine jetzige Frau sehr gut und auch die Kinder kommen blendend miteinander aus. Hannes besucht uns alle 14 Tage am Wochenende; er hat in unserem Haus ein eigenes Zimmer und ist froh, wenn er sich dort auch einmal zurückziehen kann oder wir gemeinsam einen ‚Männerabend' mit Chips und Cola vor der Spielekonsole gestalten.

Trotz der durchweg guten Verhältnisse möchte ich mich darüber informieren, wie sich die erbrechtliche Situation darstellt, wenn mir zum jetzigen Zeitpunkt etwas passieren würde. Ich habe innerhalb meines Freundeskreises wiederholt erlebt, dass es immer wieder Streit innerhalb der Familie gibt, wenn jemand verstirbt. Das möchte ich gerne vermeiden, wenn es möglich ist. Ich mache mir auch gerade in Bezug auf unsere Immobilie doch einige Gedanken, denn was macht meine Frau, wenn mir etwas zustößt? Meine Frau und ich haben bisher keine Regelungen bzgl. unseres Nachlasses getroffen. Wir müssen die Sache nun aber einmal angehen, um Klarheit zu schaffen."

Nachdem Notarin Katharina Marschner alle aufgetauchten Fragen des Hermann Bahlke beantworten konnte, richtet er eine weitere erbrechtliche Frage an sie:

„Kann meine Mutter mich gänzlich enterben? Ich habe kein besonders gutes Verhältnis zu meiner Mutter. Ich besuche sie zwar hin und wieder, aber leider nur sehr ungerne und immer wieder gibt es Streit. Es gab in der Vergangenheit in Zusammenhang mit der Scheidung von Hannes Mutter viele Einmischungen ihrerseits und das hat zu einer Abkühlung unseres Verhältnisses geführt. Meine Schwester hat mich in der letzten Woche besucht und mir erklärt, dass unsere Mutter mündlich angekündigt habe, mich zu enterben. Sie sei auch schon beim Notar gewesen und ich soll nichts bekommen. Ich würde mich nicht ausreichend um sie kümmern und daher soll meine Schwester alles erhalten. Meine Schwester war darüber sehr aufgebracht, konnte unsere Mutter aber nicht umstimmen. Ich bin froh, dass sie mir erzählt hat, was unsere Mutter von mir denkt und was mich erwarten wird, wenn sie verstirbt.

Vor einem halben Jahr hat meine Mutter der Tochter meiner Schwester einen Betrag von (meines Wissens) 60.000,00 € zum Erwerb eines Grundstücks mit den Worten geschenkt: „Dann bekommt dein Onkel es wenigstens nicht!“

Darf meine Mutter alles, was sie hat, einfach verschenken und mich enterben?“

Arbeitsaufträge:

a) Überlegen Sie gemeinsam, wie sich die gesetzliche Erbfolge nach dem Tod des Hermann Bahlke darstellt.
b) Notieren Sie die gesetzlichen Erben einschließlich der jeweils dazugehörigen Erbquote.
c) Welche Erbordnung ist dem jeweiligen Erben zuzuordnen?
d) Wie würde sich die Erbquote verändern, wenn Hermann Bahlke im vertraglichen Güterstand der Gütertrennung lebte?
e) Wie würden sich die Eigentumsverhältnisse in Bezug auf die Immobilie verändern, wenn Hermann Bahlke, dem ein halber ideeller Miteigentumsanteil zu eigen ist, verstirbt?
f) Was wird Notarin Katharina Marschner Hermann Bahlke wegen der drohenden Enterbung durch die Mutter sagen? Notieren Sie dies.
g) Wie hoch wäre der Pflichtteil des Hermann Bahlke am Nachlass seiner Mutter, wenn der Nachlasswert 250.000,00 € beträgt? Bitte notieren Sie neben dem Ergebnis den Rechenweg und wo die gesetzliche Grundlage zu finden ist.
h) Gibt es möglicherweise einen weiteren Anspruch des Hermann Bahlke, wenn seine Mutter innerhalb der nächsten Jahre verstirbt? Falls ja, welcher Wert ist der Berechnung zugrunde zu legen? Bitte notieren Sie auch hier den Rechenweg.

i) Vergleichen Sie untereinander Ihre Ergebnisse.
j) Reflektieren Sie anschließend Ihr Wissen.

1.1 Die gesetzliche Erbfolge (Verwandtenerbrecht)

Es wird stets davon ausgegangen, dass eine Person ihr Vermögen demjenigen vererben möchte, der ihr am nächsten steht. Das sind in der Regel die eigenen Kinder und/oder der Ehe- oder Lebenspartner (= bei eingetragener Lebenspartnerschaft). Sollte eine Person weder Kinder haben noch verheiratet sein, treten die entfernteren Verwandten nach festgelegten Regeln an deren Stelle (z. B. die Eltern/Großeltern).

Die gesetzliche Erbfolge tritt immer dann ein, wenn von der verstorbenen Person (= Erblasser) keine Verfügung von Todes wegen (= Testament/Erbvertrag) errichtet wurde, in der diese abweichende Anordnungen in Bezug auf seinen Nachlass getroffen hat (= gewillkürte Erbfolge). Das Vermögen (sowie die Verbindlichkeiten) gehen stets automatisch auf die Erben über. Wenn es mehrere Erben gibt, bilden diese eine Erbengemeinschaft. Darunter ist eine Gesamthandsgemeinschaft zu verstehen, der der Nachlass ungeteilt zusteht.

1.1.1 Die Einteilung der Erben in Ordnungen

Nach dem Bürgerlichen Gesetzbuch werden die Verwandten der verstorbenen Person (= Erben) in verschiedene Ordnungen eingeteilt.

Grundsätzlich gilt, dass nähere Verwandte, z. B. Abkömmlinge (= Kinder), entferntere Verwandte, z. B. Eltern und Geschwister, ausschließen (§ 1930 BGB). Es besteht also eine besondere Rangfolge. Innerhalb einer Ordnung erben zunächst die näheren Verwandten. Nachfolgend werden die wichtigsten Erbordnungen aufgezeigt:

Rangfolge der Erben	
1. Ordnung	**Abkömmlinge des Erblassers** Ist ein Abkömmling (= Kind) vorverstorben (also im Zeitpunkt des Ablebens des Erblassers bereits tot), treten dessen Abkömmlinge (= Enkel, Urenkel usw.) an seine Stelle, § 1924 BGB.
2. Ordnung	**Eltern des Erblassers und deren Abkömmlinge** Ist ein Elternteil vorverstorben, tritt dessen Abkömmling (= Bruder/Schwester) an seine Stelle. Sind keine Abkömmlinge vorhanden, erbt der überlebende Elternteil allein. Sind auch Bruder und Schwester vorverstorben, erben deren Abkömmlinge (Neffe/Nichte), § 1925 BGB.

Rangfolge der Erben	
3. Ordnung	**Großeltern des Erblassers und deren Abkömmlinge** Ist ein Großelternteil vorverstorben, tritt dessen Abkömmling (= Onkel/ Tante) an seine Stelle. Gibt es weder Onkel noch Tante, erben deren Abkömmlinge (Cousine/Cousin), § 1926 BGB.

Ist es nicht möglich, einen Erben (innerhalb einer bestimmten Frist) zu ermitteln, erbt der Fiskus (= Staat) (§ 1964 BGB). Er übernimmt jedoch nur die Vermögenswerte; Verbindlichkeiten gehen unter.

Beispiele:

- Emil Baumeyer (verwitwet) hinterlässt zwei Kinder (Martin und Magnus).
  Erbquoten: Jedes der Kinder erbt 1/2.
- Emil Baumeyer (verwitwet) hinterlässt ein Kind (Martin). Der weitere Sohn (Magnus) ist vorverstorben und hat selbst zwei Kinder (Luise und Linda) hinterlassen.
  Erbquoten: Martin (Sohn) erbt 1/2.
  Luise (Enkeltochter) erbt 1/4.
  Linda (Enkeltochter) erbt 1/4.
- Maria Müller verstirbt ledig und kinderlos. Die nächsten Verwandten sind ihre Eltern (Magda und Michael Müller).
  Erbquoten: Jedes der Elternteile erbt 1/2.
- Maria Müller verstirbt ledig und kinderlos. Die nächste Verwandte ist ihre Mutter (Magda Müller). Der Vater, Michael Müller, ist vorverstorben. Magda und Michael Müller haben zwei weitere Kinder (Monika und Moritz).
  Erbquoten: Magda (Mutter) erbt 1/2 (1/4 gesetzlicher Erbteil + 1/4 Zugewinn).
  Monika (Schwester) erbt 1/4.
  Moritz (Bruder) erbt 1/4.
- Maria Müller verstirbt ledig und kinderlos. Die nächste Verwandte ist ihre Mutter (Magda Müller). Der Vater, Michael Müller, ist vorverstorben. Magda und Michael Müller haben zwei weitere Kinder (Monika und Moritz), von denen eines (Monika) wiederum vorverstorben ist. Monika hat zwei Kinder (Maren und Miriam) hinterlassen.
  Erbquoten: Magda (Mutter) erbt 1/2 (1/4 gesetzlicher Erbteil + 1/4 Zugewinn).
  Moritz (Bruder) erbt 1/4.
  Maren (Nichte) erbt 1/8 .
  Miriam (Nichte) erbt 1/8 .

Die gesetzliche Erbfolge auf einen Blick
(das Verwandtschaftsverhältnis bezieht sich jeweils auf den Erblasser)

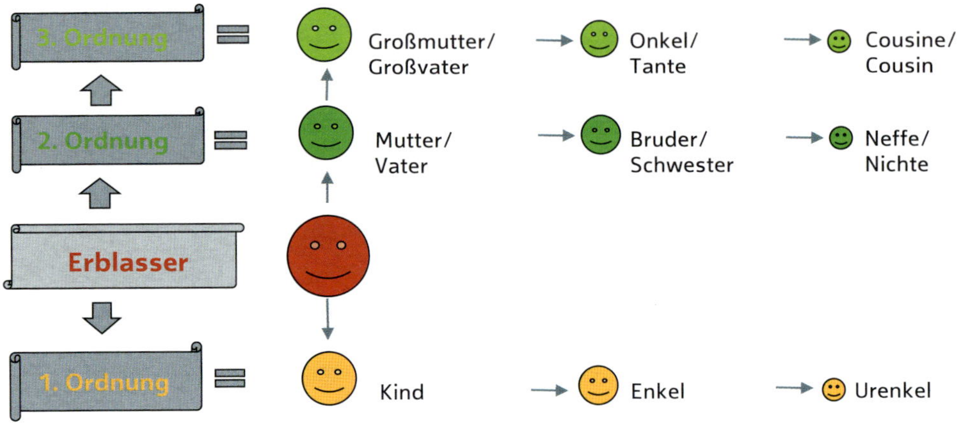

Wie bei einer Ampel geht der Nachlass von

ROT	dem **Erblasser** erst nach
GELB	den **Erben der ersten Ordnung** und nach
GRÜN	den **Erben der zweiten Ordnung** und ggf. den Erben der weiteren Ordnungen

Innerhalb der **1. Ordnung** gilt das **Stammesprinzip**. Nach diesem Prinzip bildet jeder Abkömmling des Erblassers einen eigenen Stamm, dem seine Abkömmlinge zugeordnet werden. Jeder Stamm erbt zu gleichen Teilen (= zwei Abkömmlinge zu je ½, drei Abkömmlinge zu je ⅓ usw.).

Ist ein Abkömmling vorverstorben, erben dessen Abkömmlinge (absteigend) den Erbteil (bei mehreren zu gleichen Teilen).

Die Abkömmlinge eines noch lebenden Erben erhalten keinen Erbteil. Es wird insoweit von dem **Repräsentationsprinzip** gesprochen. Danach schließen die im Zeitpunkt des Erbfalls lebenden Abkömmlinge (z. B. Kinder) die ferneren Verwandten (z. B. Enkel) aus. Anders herum treten entferntere Verwandte (z. B. Enkel) an die Stelle eines im Zeitpunkt des Erbfalls vorverstorbenen näheren Verwandten (z. B. Kind). Insoweit wird von Eintrittsrecht gesprochen.

Das Stammesprinzip (1. Ordnung)
(§ 1924 BGB)

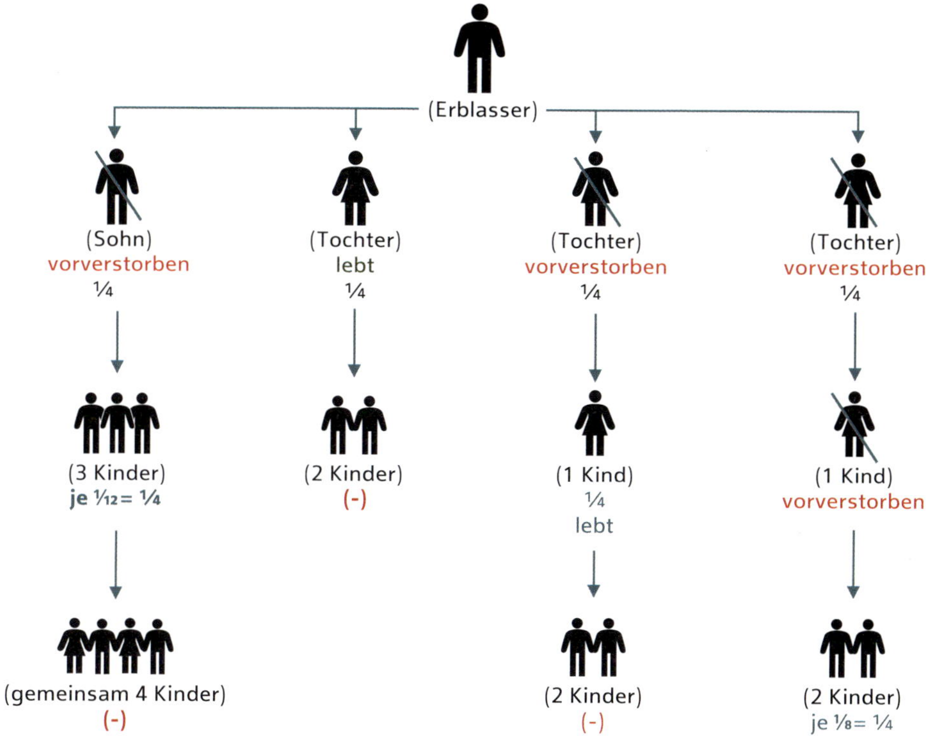

Innerhalb der **2. Ordnung** erben zunächst die Eltern zu gleichen Teilen. Jeder Elternteil bildet hier eine **Linie** (= es gibt also stets nur zwei Linien). Ist ein Elternteil vorverstorben, erben seine Abkömmlinge den Erbteil nach den Grundsätzen der ersten Ordnung. Der Ehepartner erbt diesen Anteil nicht, es sei denn, dass keine Abkömmlinge vorhanden sind. Dieses Prinzip gilt auch für die 3. Ordnung.

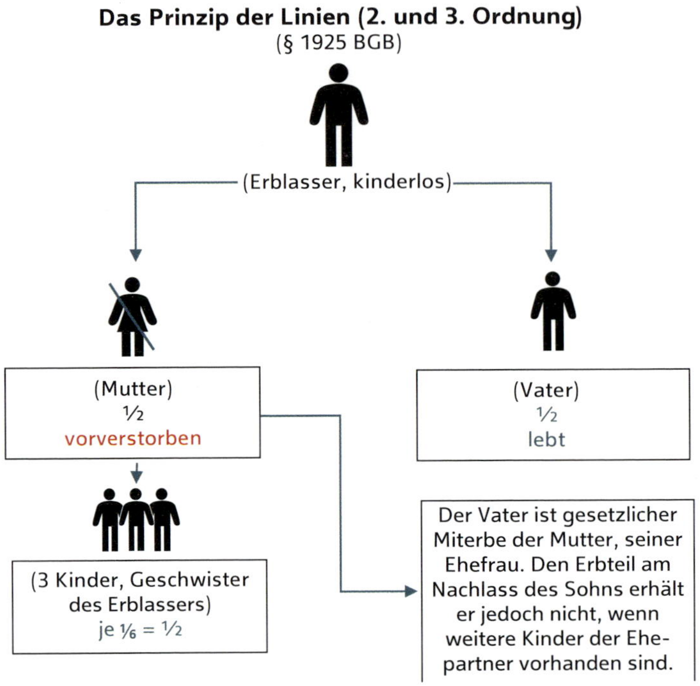

1.1.2 Das gesetzliche Erbrecht des Ehe- oder Lebenspartners

Ist der Erblasser im Zeitpunkt seines Tods rechtsgültig verheiratet, zählt der (überlebende) Ehepartner zu den gesetzlichen Erben des Erblassers. Der Lebenspartner (bei einer gleichgeschlechtlichen eingetragenen Lebenspartnerschaft) steht dem Ehepartner gleich (§ 10 LPartG). Eingetragene Lebenspartnerschaften konnten von August 2001 bis September 2017 geschlossen werden. Heute kann die Ehe von zwei Personen gleichen oder verschiedenen Geschlechts geschlossen werden (§ 1353 BGB).

Hinweis: Wenn im nachfolgenden Text vom Ehepartner die Rede ist, ist gleichzeitig stets der Lebenspartner einer eingetragenen Lebenspartnerschaft gemeint.

Merke: Ehepartner sind (nur) miteinander verheiratet, aber nicht miteinander (bluts-)verwandt.

Die Höhe des gesetzlichen Erbteils eines Ehepartners hängt von dem Güterstand der Ehe ab und davon, welche Verwandten neben dem Ehepartner erben.

	Erbquote des Ehepartners			
Güterstand	neben Verwandten der 1. Ordnung	neben Verwandten der 2. Ordnung	neben Großeltern (sofern alle am Leben sind)	wenn keine Verwandten der 1. oder 2. Ordnung oder Großeltern am Leben sind
Zugewinngemeinschaft	½ (¼ Erbteil [§ 1931 Abs. 1 S. 1 BGB] zzgl. ¼ pauschaler Zugewinnausgleich [§ 1371 BGB])	¾ (½ Erbteil [§ 1931 Abs. 1 S. 1 BGB] zzgl. ¼ pauschaler Zugewinnausgleich [§ 1371 BGB])	¾ (½ Erbteil [§ 1931 Abs. 1 S. 2 BGB] zzgl. ¼ pauschaler Zugewinnausgleich [§ 1371 BGB])	
Gütertrennung	• bei einem Kind • ⅓ bei zwei Kindern • ¼ bei drei und mehr Kindern *)	½ (§ 1931 Abs. 1 S. 1 BGB)	½ (§ 1931 Abs. 1 S. 2 BGB)	1/1
Gütergemeinschaft	¼ (§ 1931 Abs. 1 S. 1 BGB)	½ (§ 1931 Abs. 1 S. 1 BGB)	½ (§ 1931 Abs. 1 S. 2 BGB)	

*) (§ 1931 Abs. 4 BGB). Ist ein Kind vorverstorben, tritt an dessen Stelle dessen Abkömmling (= Enkel/Urenkel).

Merke: Wurde die Ehe vor dem Todeszeitpunkt geschieden, hat der geschiedene Ehepartner keinen Erbanteil mehr.

Während eines laufenden Scheidungsverfahrens hat der überlebende Ehepartner weiterhin seinen gesetzlichen Erbanspruch, wenn z. B. nur der überlebende Ehepartner den Scheidungsantrag gestellt und der Verstorbene diesem nicht zugestimmt hat.

Hat der Verstorbene den Scheidungsantrag gestellt, ist der überlebende (Noch-)Ehepartner von der Erbfolge ausgeschlossen.

Beispiele:

- Berta Bohnsack stirbt und hinterlässt ihren Ehemann Bernd Bohnsack sowie zwei Kinder (Bea und Benjamin). Die Ehepartner lebten im Zeitpunkt des Tods der Berta Bohnsack im gesetzlichen Güterstand der Zugewinngemeinschaft.

Erbquoten:	Bernd Bohnsack (Ehemann)	erbt ½ (¼ gesetzlicher Erbteil + ¼ Zugewinn).
	Bea (Kind)	erbt ¼.
	Benjamin (Kind)	erbt ¼.

- Berta Bohnsack stirbt und hinterlässt ihren Ehemann Bernd Bohnsack sowie zwei Kinder (Bea und Benjamin). Die Ehepartner lebten im Zeitpunkt des Tods der Berta Bohnsack im vertraglichen Güterstand der Gütertrennung.

Erbquoten:	Bernd Bohnsack (Ehemann)	erbt ⅓.
	Bea (Kind)	erbt ⅓.
	Benjamin (Kind)	erbt ⅓.

- Karsten Kornmann stirbt (kinderlos) und hinterlässt seine Ehefrau Korinna Kornmann. Die Ehepartner lebten im Zeitpunkt des Tods von Karsten Kornmann im gesetzlichen Güterstand der Zugewinngemeinschaft. Die Eltern des Karsten Kornmann, Kurt und Karen Kornmann, sind im Todeszeitpunkt beide noch am Leben.

Erbquoten:	Korinna Kornmann (Ehefrau)	erbt ¾.
	Kurt Kornmann (Vater)	erbt ⅛.
	Karen Kornmann (Mutter)	erbt ⅛.

- Karsten Kornmann stirbt (kinderlos) und hinterlässt seine Ehefrau Korinna Kornmann. Die Ehepartner lebten im Zeitpunkt des Tods von Karsten Kornmann im vertraglichen Güterstand der Gütertrennung. Die Eltern des Karsten Kornmann, Kurt und Karen Kornmann, sind im Todeszeitpunkt beide noch am Leben.

Erbquoten:	Korinna Kornmann (Ehefrau)	erbt ½.
	Kurt Kornmann (Vater)	erbt ¼.
	Karen Kornmann (Mutter)	erbt ¼.

vgl. LF 14, Kap. 2

Hinweis: Kinderlose Ehepartner beerben sich **nicht** automatisch wechselseitig allein. Sind noch Eltern, Geschwister, Neffen oder Nichten des verstorbenen Ehepartners vorhanden, erben diese nach dem Gesetz mit. Dies kann nur durch eine Verfügung von Todes wegen (z. B. ein Testament) geändert werden.

Dem Ehepartner steht neben seinem gesetzlichen Erbteil ein sog. „Voraus“ zu (§ 1932 BGB). Damit sind Haushaltsgegenstände (z. B. Küchengeräte, Möbel) und die Hochzeitsgeschenke gemeint.

Neben Erben der

- 2. Ordnung (z. B. Eltern) und neben Großeltern stehen diese Gegenstände dem Ehepartner allein zu,
- 1. Ordnung (z. B. Kinder) kann der Ehepartner diese Gegenstände nur dann für sich allein fordern, soweit er diese „zur Führung eines angemessenen Haushalts benötigt“.

1.1.3 Das Erbrecht von nichtehelichen Kindern, Adoptiv- und Stiefkindern

Nichteheliche Kinder haben gegenüber

- ihrer Mutter ein gesetzliches Erbrecht in demselben Umfang wie eheliche Kinder.

- ihrem Vater, wenn die Abstammung geklärt ist, für Erbfälle,
  - die vor dem 01.04.1998 eintraten, keinen Erbanspruch,
  - die nach dem 01.04.1998 eintraten, den gesetzlichen Erbteil (wie eheliche Kinder).

Allerdings sind nichteheliche Kinder (nach dem Vater) nicht erbberechtigt, wenn sie vor dem 01.07.1949 geboren wurden. Es sei denn, der Vater hatte seinen gewöhnlichen Aufenthalt am 02.10.1990 in der ehemaligen DDR. War das der Fall, besteht wiederum eine umfassende Erbberechtigung.

Adoptivkinder sind voll erbberechtigt, unabhängig davon, ob die Adoption eines Minderjährigen oder Volljährigen erfolgte.

Bei minder- und volljährigen Adoptivkindern unterscheidet sich die Wirkung lediglich bei den Verwandten/Nachkommen des Adoptierten:

- Bei der Adoption eines minderjährigen Kinds erlangt das Kind dieselbe Stellung wie ein eheliches Kind. Das bedeutet, dass in Bezug auf das Erbrecht ein Nachkomme des Adoptivkinds wie ein „normaler/leiblicher" Enkel erbt. Das Adoptivkind (und seine Nachkommen) hat ferner ein Erbrecht in Bezug auf die Verwandten der Adoptiveltern. Das ursprüngliche (von Geburt an) bestehende Verwandtschaftsverhältnis erlischt vollständig, sodass die leiblichen Eltern weder das adoptierte Kind noch umgekehrt beerben.
- Bei der Adoption eines Volljährigen erlangt lediglich der adoptierte Volljährige ein Erbrecht gegenüber den Adoptiveltern und umgekehrt. Die Nachkommen des Adoptierten haben keinen Erbanspruch gegenüber den Adoptiveltern (Großeltern). Der Adoptierte kann keinen Verwandten seiner Adoptiveltern beerben. Das (neue) Verwandtschaftsverhältnis bezieht sich ausschließlich auf die Adoptiveltern und den adoptierten Volljährigen.

Stiefkinder und Stiefeltern haben wechselseitig keinen Erbanspruch. Die geburtlichen Verwandtschaftsverhältnisse und damit die erbrechtlichen Ansprüche bleiben bestehen.

1.1.4 Erbfähigkeit und Erbunwürdigkeit

Definition: Erbfähigkeit ist die Fähigkeit, Erbe werden zu können.

Erbfähig ist

- jede natürliche Person, die im Zeitpunkt des Erbfalls lebt (§ 1923 Abs. 1 BGB) oder bereits gezeugt – aber noch nicht geboren – wurde (§ 1923 Abs. 2 BGB),
- jede juristische Person des
  - privaten Rechts, die rechtsfähig ist (z. B. Kapital- oder Personengesellschaften, Vereine),
  - öffentlichen Rechts (z. B. eine Gemeinde, der Bund oder eine Kirche).

Hinweis: Tiere sind nicht erbfähig. Sie sind i. S. d. Gesetzes eine Sache. Wer möchte, dass sein Tier „Erbe" wird, sollte eine Person als Erben bestimmen und diese mit einer Auflage belegen. Eine Auflage in diesem Zusammenhang könnte beispielsweise sein, dass der Hund „Wuffi" bis zu seinem natürlichen Tod liebevoll im eigenen Haushalt zu versorgen ist.

vgl. LF 14, Kap. 1.2

Wer **erbunwürdig** ist, erhält weder einen Erb- noch einen Pflichtteil. Er kann auch nicht testamentarisch als Erbe eingesetzt werden.

Erbunwürdig i. S. d. § 2339 BGB ist, wer
- den Erblasser (vorsätzlich/widerrechtlich) getötet hat oder versucht hat, diesen zu töten,
- den Erblasser an der Errichtung oder Aufhebung einer Verfügung von Todes wegen (z. B. durch Betäubung, Gewalt, widerrechtliche Drohung oder arglistige Täuschung) gehindert hat,
- den Erblasser durch z. B. widerrechtliche Drohung dazu gebracht hat, eine Verfügung von Todes wegen zu errichten,
- eine Verfügung von Todes wegen fälscht oder vernichtet.

Ob jemand erbunwürdig ist oder nicht, muss innerhalb eines Jahrs nach Kenntnis des Erbfalls durch Anfechtung und Klageerhebung festgestellt werden. Die Klage ist gegenüber dem erbunwürdigen Erben zu erheben und die Erbunwürdigkeit muss bewiesen werden. Hat die Klage Erfolg, erben die nächsten durch Verfügung von Todes wegen oder gesetzlicher Erbfolge berufenen Personen.

Hat der Erblasser, dem die Tatsache, die zur Erbunwürdigkeit führt, bekannt ist, dem Erbunwürdigen verziehen, ist eine Anfechtung nicht möglich (§ 2343 BGB). Dies gilt beispielsweise auch nach einer versuchten Tötung. Dass dem Erbunwürdigen verziehen wurde, muss dieser beweisen.

1.1.5 Das Erbrecht des Staats

Verstirbt eine Person und hinterlässt weder eine Verfügung von Todes wegen noch gesetzliche Erben oder einen Ehepartner, erbt das Land, in dem der Erblasser seinen Wohnsitz oder letzten gewöhnlichen Aufenthalt hatte (§ 1936 BGB). Gleiches gilt, wenn sämtliche vorhandenen gesetzlichen Erben die Erbschaft ausgeschlagen haben.

In der Praxis versucht das Nachlassgericht bei fehlenden Erben diese zu ermitteln. Dies erfolgt z. B. durch Anfragen bei Standesämtern, wo die Geburten registriert werden. Bleibt die Erbenermittlung erfolglos, wird das Nachlassgericht eine öffentliche Aufforderung zur Anmeldung des Erbrechts (§ 1965 BGB) machen. Erfolgt daraufhin innerhalb einer vom Gericht bestimmten Frist keine Anmeldung, ergeht ein Beschluss, wonach das Land mangels anderer Erben zum Alleinerben bestimmt wird.

Findet sich zu einem späteren Zeitpunkt doch noch ein Erbe, ist der Beschluss wieder aufzuheben, sodass auch später noch ein anderer als das Land erben kann.

1.2 Der Pflichtteil

Unter dem Begriff „Pflichtteil" ist eine bestimmte Mindestbeteiligung der gesetzlichen Erben am Nachlass zu verstehen, die dem jeweiligen Berechtigten nicht entzogen werden kann.

Hat eine Person eine Verfügung von Todes wegen errichtet, werden in der Regel bestimmte Personen, die nach dem Gesetz mindestens Miterben am Nachlass geworden wären, von der Erbfolge (erst einmal) ausgeschlossen.

Das Gesetz setzt hier gewisse Grenzen in Bezug auf die Verfügung über den Nachlass, die bei der Errichtung einer Verfügung von Todes wegen beachtet werden sollten (§§ 2303–2338 BGB). Es sollen nach dem Gesetz möglichst nahe Verwandte Erben werden.

Wird beispielsweise ein gesetzlicher Alleinerbe durch Testament/Erbvertrag von der Erbfolge ausgeschlossen, kann die Forderung seines Pflichtteils den testamentarisch eingesetzten Erben in erhebliche Schwierigkeiten bringen, denn der Pflichtteil ist, im Gegensatz zu dem Erbteil, ein Geldanspruch gegenüber dem/den Erben.

vgl. LF 14, Kap. 2

Der Pflichtteilsanspruch entsteht dadurch, dass ein gesetzlicher Erbe durch Verfügung von Todes wegen von der Erbfolge ausgeschlossen wird (§ 2303 Abs. 1 S. 1 BGB).

Merke: Durch den Pflichtteilsanspruch der gesetzlichen Erben ist eine vollständige Enterbung z. B. eines Abkömmlings nicht ohne Weiteres möglich.

1.2.1 Pflichtteilsberechtigung

Pflichtteilsberechtigt sind ausschließlich die nächsten Verwandten des Erblassers sowie der Ehepartner. Voraussetzung ist ferner, dass diese auch erbberechtigt gewesen wären.

Zu den Pflichtteilsberechtigten zählen
- die Abkömmlinge (§ 2303 Abs. 1 S. 1 BGB),
- der Ehe- oder Lebenspartner (§ 2303 Abs. 2 S. 1 BGB) sowie
- die Eltern (wenn es keine Abkömmlinge gibt, § 2303 Abs. 2 S. 1 BGB)

des Erblassers.

Entfernteren Verwandten, wie z. B. Großeltern, Geschwistern, Nichten/Neffen sowie Tanten/Onkeln, steht kein Pflichtteilsrecht zu.

▶ **Beispiel:** Timo Timmermann ist in zweiter Ehe verheiratet. Er hat aus der ersten Ehe einen Sohn, Tobias. Timo Timmermann hat gemeinsam mit seiner zweiten Ehefrau ein Testament errichtet, in dem sich beide wechselseitig zu Alleinerben einsetzen. Die zweite Ehe ist kinderlos geblieben. Die Eltern des Timo Timmermann sind im Zeitpunkt seines Tods beide am Leben.
Folge: Tobias (Kind aus erster Ehe) hat einen Pflichtteilsanspruch gegenüber der zweiten Ehefrau des Timo Timmermann, weil er nicht im Testament als Erbe eingesetzt wurde. Die Eltern von Timo Timmermann haben keinen Pflichtteilsanspruch.
Begründung: Tobias wäre ohne anderslautende Verfügung von Todes wegen neben der zweiten Ehefrau gesetzlicher Erbe nach seinem Vater geworden. Seine Großeltern sind dadurch von der Erbfolge und dem Recht, einen Pflichtteil zu fordern, ausgeschlossen.

Wer pflichtteilsberechtigt ist, hat einen Anspruch auf Auskunft (§ 2314 BGB) gegenüber dem Erben. Dieser muss den Pflichtteilsberechtigten über den vorhandenen Nachlass informieren. Dies kann z. B. durch die Auflistung in einem schriftlichen Nachlassverzeichnis erfolgen.

Hat der Pflichtteilsberechtigte Zweifel an der Richtigkeit der Auflistung, kann er die Beiziehung z. B. eines Notars verlangen. Notfalls besteht die Möglichkeit, den Anspruch auf Auskunft einzuklagen.

Merke: Schenkungen, die der Erblasser innerhalb der letzten zehn Jahre vor seinem Ableben getätigt hat, gehören (noch) zum Nachlass. Sie sind daher bei der Bewertung des Nachlasses zeitanteilig hinzuzurechnen (Pflichtteilsergänzung).

1.2.2 Pflichtteilshöhe/Frist

Die Höhe eines Pflichtteils beträgt stets die Hälfte des Werts des gesetzlichen Erbanspruchs (§ 2303 Abs. 1 S. 2 BGB). Der gesetzliche Erbteil ist wiederum von der Anzahl der gesetzlichen Miterben abhängig.

Ferner ist zu berücksichtigen, wer
- die Erbschaft ausgeschlagen hat,
- wegen Erbunwürdigkeit nicht Erbe geworden ist oder
- auf seinen Pflichtteil (durch notarielle Urkunde) verzichtet hat.

Die Pflichtteilsquote eines Einzelnen sinkt, wenn es viele gesetzliche Miterben gegeben hätte.

Merke: Ein (durch notarielle Urkunde) erklärter Erbverzicht kommt bei der Berechnung der Pflichtteilsquote nicht zum Tragen, da der Verzichtende in der Regel zu Lebzeiten des Erblassers (aus dessen Vermögen) abgefunden wurde. Das spätere Erbe wurde durch die Abfindung gemindert, die der Verzichtende erhalten hat.

Beispiel: Harriet Hansen ist verwitwet und hat im Zeitpunkt ihres Tods drei Kinder. Harriet Hansen setzt zu ihrer Alleinerbin testamentarisch ihre jüngste Tochter, Sonja Hansen, ein, weil diese sie zeitlebens besucht und liebevoll betreut hat. Der ältere Sohn, Karsten Hansen, hat zu Lebzeiten der Harriet Hansen eine Eigentumswohnung geschenkt bekommen. Er hat im Gegenzug in der notariellen Schenkungsurkunde auf seinen Erbteil verzichtet. Der jüngere Sohn, Konrad Hansen, soll nach dem Willen von Harriet Hansen nichts erben, weil er sich bei seiner Mutter nur blicken lässt, wenn er knapp bei Kasse ist. Jedes der drei Kinder hat (nach dem Gesetz) eine Pflichtteilsquote von 1/6, was der Hälfte des gesetzlichen Erbteils von je 1/3 entspricht. Bei der Berechnung des Pflichtteils von Konrad Hansen werden jedoch nur zwei Kinder zugrunde gelegt, da sein Bruder, Karsten Hansen, einen Erbverzicht erklärt hat. Das bedeutet, dass die Pflichtteilsquote von Konrad Hansen 1/4 beträgt, denn sein gesetzlicher Erbteil entspräche 1/2.
Variante: Hätte der ältere Sohn, Karsten Hansen, keinen Erbverzicht, sondern lediglich einen Pflichtteilsverzicht erklärt, entspräche die Pflichtteilsquote von Konrad Hansen 1/6 statt 1/4. Konrad Hansen hätte auf diese Weise einen geringeren Anspruch gegenüber seiner Schwester, die aufgrund der testamentarischen Einsetzung Alleinerbin ist. Für Karsten Hansen hätte sich nichts geändert, da er nicht Erbe geworden ist.

Der Anspruch auf einen Pflichtteil verjährt innerhalb von drei Jahren nach Kenntnis des Pflichtteilsberechtigten von dem Erbfall (§ 2332 BGB). Nach 30 Jahren ist eine Geltendmachung, gleich wann der Pflichtteilsberechtigte Kenntnis erlangt hat, nicht mehr möglich.

1.2.3 Besonderheit beim Pflichtteil des Ehepartners (Güterrechtliche Lösung bei Zugewinngemeinschaft)

Leben Ehepartner im gesetzlichen Güterstand und hat der verstorbene Ehepartner während der Ehe einen Vermögenszuwachs erlangt, der über 1/4 des gesamten Nachlasses hinausgeht, würde der Ehepartner mit dem 1/4 pauschalen Zugewinnausgleich weniger erhalten als bei einer konkreten Berechnung.

Der überlebende Ehepartner hat daher die Möglichkeit, die Erbschaft auszuschlagen und folgende Forderungen gegenüber dem bzw. den Erben geltend zu machen:

- Berechnung des konkreten Zugewinnausgleichs (= errechneter Betrag, § 1378 BGB) +
- Pflichtteil des Ehepartners (= 1/8, § 2303 Abs. 2 S. 1 BGB).

Der vorstehend angeführte Pflichtteil eines Ehepartners wird auch als „kleiner“ Pflichtteil bezeichnet. Der „große“ Pflichtteil wird unter Einbeziehung des Viertels aus dem pauschalen Zugewinnausgleich berechnet (= ¼).

Diese Möglichkeit wird auch als „güterrechtliche Lösung“ bezeichnet. Der überlebende Ehepartner kann auch bei testamentarischer Erbfolge diese Vorgehensweise wählen.

▶ **Beispiel:** Karen Kernig verstirbt und hinterlässt ihren Ehemann, Konrad Kernig, sowie eine Tochter. Karen und Konrad Kernig haben im gesetzlichen Güterstand der Zugewinngemeinschaft gelebt. Das Vermögen von Karen Kernig beläuft sich im Zeitpunkt ihres Tods auf 400.000,00 €.

Die gesetzliche Erbfolge stellt sich wie folgt dar:

Ehemann = ½ (¼ gesetzlicher Erbteil + ¼ als Zugewinnausgleich)	= 200.000,00 €
Tochter = ½ gesetzlicher Erbteil	= 200.000,00 €

Der „kleine“ Pflichtteil des Ehemanns beträgt ⅛
(= die Hälfte des gesetzlichen Erbteils von ¼ ohne Zugewinnausgleich) = 50.000,00 €

Der „große“ Pflichtteil des Ehemanns beträgt ¼ = 100.000,00 €

Zum „kleinen“ Pflichtteil kommt der konkret zu berechnende Zugewinnausgleichsbetrag hinzu.

1.2.4 Die Pflichtteilsergänzung (nach Schenkung)

Hat der Erblasser zu Lebzeiten Teile seines Vermögens (mit oder ohne eine Gegenleistung) verschenkt, mindert sich naturgemäß der Wert des Nachlasses. In einem solchen Fall besteht neben dem Pflichtteilsanspruch ein Pflichtteilsergänzungsanspruch.

Liegt zwischen dem Zeitpunkt der Schenkung und dem Ableben des Schenkers ein Zeitraum von

- mehr als zehn Jahren, gibt es keinen Anspruch mehr auf den Wert des geschenkten Guts (z. B. eines Grundstücks).
- weniger als zehn Jahren, ist der Wert des geschenkten Guts dem Nachlass wie folgt hinzuzurechnen:
  - innerhalb eines Jahrs vor dem Erbfall = in voller Höhe
  - innerhalb jedes weiteren Jahrs vor dem Erbfall = je Jahr ⅒ weniger
- Eine Ausnahme bilden Schenkungen an den Ehepartner: Die Frist beginnt während der Ehe nicht zu laufen! Dies geschieht erst, wenn die Ehe durch rechtskräftigen Scheidungsbeschluss geschieden ist.

Hinweis: Das Entstehen eines Pflichtteilsergänzungsanspruchs bedeutet nicht, dass die Schenkung rückgängig zu machen ist. Der Pflichtteilsberechtigte hat einen Ergänzungsanspruch gegenüber dem Erben, der wiederum den Beschenkten in Anspruch nehmen könnte. Der Pflichtteilsergänzungsanspruch soll verhindern, dass der Erblasser vor seinem Tod alles verschenkt und den Pflichtteil reduziert.

Beispiel: Gertrud Stein schenkt ihrem Neffen Herbert Henrichs im Oktober 2024 ein Grundstück im Wert von 100.000,00 €. In dem Schenkungsvertrag wurde keine Gegenleistung vereinbart. Im Juni 2025 verstirbt Gertrud Stein und wird von ihrer Nachbarin, die sie die letzten Jahre gepflegt und betreut hat, aufgrund testamentarischer Verfügung allein beerbt. Gertrud Stein ist im Zeitpunkt ihres Tods verwitwet und hat einen Sohn, Günther Stein (Onkel von Herbert Henrichs). Der Nachlasswert beläuft sich auf 250.000,00 €. Günther Stein (= einziger Abkömmling) hat zunächst einen Anspruch auf seinen Pflichtteil, der sich auf 125.000,00 € beläuft ($\frac{1}{2}$ des gesetzlichen Erbteils von $\frac{1}{1}$). Ferner kann er $\frac{1}{2}$ des Werts des verschenkten Grundstücks (= 50.000,00 €) verlangen, sodass ihm als einzigem gesetzlichen Erben der Gertrud Stein insgesamt ein Anspruch von 175.000,00 € zusteht. Die Schenkung an Herbert Henrichs liegt weniger als ein Jahr nach dem Ableben der Gertrud Stein zurück, sodass der Wert dem Nachlass voll hinzuzurechnen ist. Er kann seinen Anspruch gegenüber der Alleinerbin (= die Nachbarin) geltend machen.

Zusammenfassung

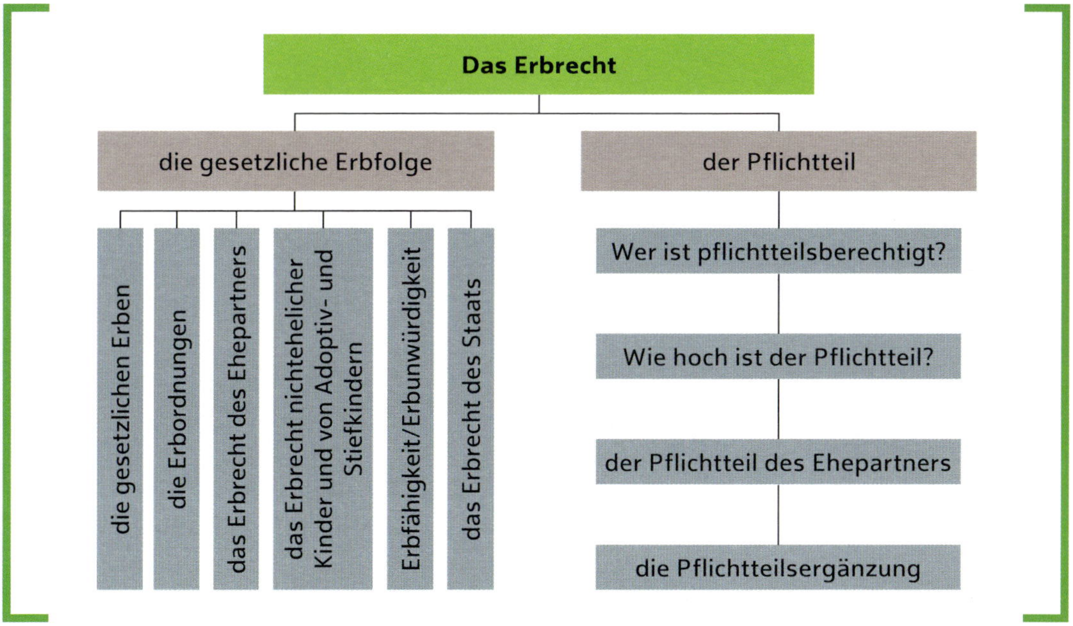

Wiederholung und Vertiefung

1. Teilen Sie die folgenden Verwandten in die verschiedenen Erbordnungen ein: Kind, Tante, Neffe, Mutter, Enkel, Großmutter, Vater, Schwester, Großvater, Stiefkind, Adoptivkind.
2. Überlegen Sie, wer Sie im Fall Ihres Ablebens beerben würde. Notieren Sie, wie hoch der Anteil am Nachlass (Erbquote) jeweils wäre.
3. Bei welchem Güterstand erbt der Ehepartner am meisten?
4. Skizzieren Sie mithilfe eines Schaubilds die Erben der 1. Ordnung unter Nennung der Unterschiede bei den Nachkommen.
5. Skizzieren Sie mithilfe eines Schaubilds die Erben der 2. Ordnung.
6. Erklären Sie, worin der Unterschied bei der Weitervererbung innerhalb eines Stamms oder einer Linie besteht.
7. Was ist unter dem Begriff „Pflichtteil“ zu verstehen?
8. Wer hat (allgemein) einen Pflichtteilsanspruch?
9. Wie hoch ist (allgemein) der Pflichtteil?
10. Erläutern Sie die Begriffe „Repräsentationsprinzip“ sowie „Eintrittsprinzip“ und nennen Sie jeweils ein konkretes Beispiel.

2 Verfügungen von Todes wegen

Möchte eine Person oder möchten mehrere Personen (z. B. Ehepartner oder nichteheliche Lebenspartner) nicht, dass nach ihrem Ableben die gesetzliche Erbfolge eintritt, muss eine Verfügung von Todes wegen errichtet werden. Hierzu gibt es unterschiedliche Möglichkeiten. Wird von „Verfügungen von Todes wegen" gesprochen, ist hierunter ein Sammelbegriff zu verstehen, der Testamente und Erbverträge umfasst.

Für alle Personen gilt, dass sie in ihrer Entscheidung über den eigenen Nachlass frei (= Testierfreiheit) sind, solange es kein (zuvor errichtetes) bindend gewordenes Testament oder keinen bindend gewordenen Erbvertrag gibt. In einer Verfügung von Todes wegen wird die Person, die Erklärungen bzgl. des eigenen Nachlasses abgibt auch als Erblasser oder Testierer bezeichnet.

Sind die Familienverhältnisse nicht ohne Weiteres zu überblicken und/oder besteht der Nachlass in einem großen Vermögen, sollte in jedem Fall der Rat eines Notars, eines auf Erbrecht spezialisierten Anwalts und/oder eines Steuerberaters eingeholt werden. Mit ihrer Hilfe kann der spätere Erblasser feststellen, ob die Vorstellungen über die Verteilung des Nachlasses erreichbar sind, was zu tun ist, um diese zu verwirklichen und was die steuerlichen Folgen sind.

Grundlage der Errichtung einer Verfügung von Todes wegen ist die **Testierfähigkeit** (§ 2229 BGB). Testierfähig ist jede (natürliche) Person, die volljährig und ferner in der Lage ist, sich ein klares Urteil darüber bilden zu können, welche Auswirkungen seine in der Verfügung von Todes wegen enthaltenen Anordnungen haben. Testierfähig zu sein bedeutet, eine wirksame Verfügung von Todes wegen errichten, aufheben oder ändern zu können.

Eine Ausnahme bilden Minderjährige, die das 16. Lebensjahr vollendet haben. Sie benötigen zum Testieren allerdings die Zustimmung der gesetzlichen Vertreter (meistens also der Eltern). Sie können nur ein notarielles Testament durch Erklärung gegenüber dem Notar oder Übergabe einer offenen Schrift errichten (§ 2229 Abs. 1, 2 BGB).

Merke: Bei der **Errichtung** einer **Verfügung von Todes wegen** ist eine **Vertretung ausgeschlossen**. Der letzte Wille ist stets höchstpersönlich zu erklären.

Lernsituation

Oxana Schuhmann nimmt im Notariat den Anruf von Mathilda Schmeiser entgegen. Die Anruferin ist etwas aufgeregt, denn sie wird in voraussichtlich zwei Wochen operiert, was sie sehr belastet. Mathilda Schmeiser hat einen Tumor in der Brust, der zum Glück noch recht klein, aber sehr wahrscheinlich bösartig ist. Oxana Schuhmann hört sich das Anliegen von Mathilda Schmeiser in Ruhe an, um festzustellen, weshalb sie anruft und wie sie ihr weiterhelfen kann.

Mathilda Schmeiser macht sich große Sorgen, dass bei dem Eingriff Komplikationen auftreten könnten und möchte daher zuvor unbedingt ihren Nachlass regeln. Oxana Schuhmann verbindet Mathilda Schmeiser mit der Notarin Katharina Marschner, die Mathilda Schmeiser erklärt, welche unterschiedlichen Möglichkeiten sie grds. in Bezug auf eine Verfügung von Todes wegen bezogen auf eine Person hat.

Zwei Tage nach dem ersten Anruf meldet sich Mathilda Schmeiser erneut und schildert Notarin Katharina Marschner ihre persönliche Situation wie folgt:

> *„Wir haben uns nach unserem ersten Telefonat zu Hause eingehend besprochen und sind übereingekommen, dass wir, wenn überhaupt möglich, eine gemeinschaftliche Lösung für unseren Nachlass finden möchten. Ich lebe seit vielen Jahren mit Martin Maibaum zusammen. Wir haben keine gemeinsamen Kinder. Vor einiger Zeit haben mein Lebenspartner und ich eine Immobilie erworben, die jedem von uns zur Hälfte gehört. Martin war schon einmal verheiratet, die Ehe wurde jedoch, lange bevor wir uns kennenlernten, geschieden. Aus der Ehe ist seine Tochter Isali, die volljährig ist, hervorgegangen, zu der wir einen sehr engen Kontakt haben.*
>
> *Sowohl Martin als auch ich haben kein Bedürfnis zu heiraten. Wir möchten aber unseren jeweiligen Nachlass möglichst unter Einbeziehung von Isali regeln, wenn dies überhaupt realisierbar ist. Gibt es hierfür vielleicht eine Lösung für uns?“*

Arbeitsaufträge:

a) Was wird Notarin Katharina Marschner Mathilda Schmeiser erst einmal in Bezug auf die Errichtung einer Verfügung von Todes wegen erläutern?
b) Welche Vor- und Nachteile haben aus Ihrer Sicht die unterschiedlichen Varianten?

c) Wonach sollte die Notarin unbedingt fragen, bevor sie die Alternativen erläutert?
d) Was kann für Mathilda Schmeiser neben einer Verfügung von Todes wegen in Bezug auf die bevorstehende Operation vielleicht noch wichtig sein?
e) Überlegen Sie, weshalb es für Mathilda Schmeiser und Martin Maibaum sinnvoll sein könnte, den Nachlass gemeinsam mit der Tochter Isali zu regeln und notieren Sie Ihre Einschätzung.
f) Welche Möglichkeit haben Mathilda Schmeiser und Martin Maibaum, den Nachlass gemeinsam zu regeln?
g) Wie sähe die Sachbearbeitung nach Beurkundung der Verfügung von Todes wegen aus, um die sich Oxana Schuhmann zu kümmern hätte? Listen Sie die einzelnen Punkte (möglichst chronologisch) auf.
h) Vergleichen Sie untereinander Ihre Ergebnisse.
i) Reflektieren Sie anschließend Ihr Wissen.

2.1 Das Testament

Es gibt verschiedene Möglichkeiten, ein Testament zu errichten. Es besteht die Wahl zwischen dem privatschriftlichen Testament, das auch als eigenhändiges Testament bezeichnet wird, und dem öffentlichen Testament, das zu notarieller Urkunde erklärt wird.

Wichtig ist, dass der letzte Wille immer wieder überdacht und ggf. im Lauf der Jahre angepasst wird. Die Lebensumstände ändern sich immer wieder. Vielleicht erfolgt die Trennung vom Lebenspartner, eine Ehe wird geschieden oder jemand möchte plötzlich nicht mehr, dass die Freundin die CD-Sammlung der „Drei ???“ erhält, weil die Freundschaft zerbrochen ist.

Die einmal niedergelegten Anordnungen in Bezug auf den eigenen Nachlass können in der Regel zu Lebzeiten immer wieder neu getroffen werden.

Hinweis: Bei der Beratung in Bezug auf die Errichtung einer Verfügung von Todes wegen ist in einem Notariat häufig etwas Fingerspitzengefühl notwendig, denn nur die wenigsten Personen befassen sich gern mit den Folgen des eigenen Ablebens. Dies ist ein sehr sensibles Thema, das stets mit der gebotenen Sachlichkeit, aber auch mit Einfühlungsvermögen angegangen werden sollte.

2.1.1 Die Testamentsformen

Wie in der Einleitung bereits erwähnt, gibt es die Möglichkeit, ein Testament
- **eigenhändig** (privatschriftlich) bzw.

- **öffentlich** (durch notarielle Urkunde)

zu errichten.

Bei dem **eigenhändigen Testament** schreibt die testierende Person ihren letzten Willen mit der (**eigenen**) Hand auf und zwar vollständig.

Die Verwendung einer Schreibmaschine oder eines Computers führt zur Unwirksamkeit des Testaments.

Das eigenhändige Testament unterliegt einer gewissen Mindestanforderung, die sich aus § 2247 Abs. 1, 2 BGB ergibt: eigenhändig den vollständigen Text möglichst gut lesbar schreiben, Ort und Datum notieren und unterschreiben (zur Sicherheit mit Vor- und Nachnamen).

Wenn Ehepartner ein eigenhändiges Testament errichten wollen, gelten dieselben Anforderungen, wobei **einer** der Ehepartner den Text schreibt und **beide** unterzeichnen.

Wer ein eigenhändiges Testament errichtet, sollte sich im Zweifel rechtlich beraten lassen, damit es später für den/die Erben keine böse Überraschung gibt.

Er muss ferner wissen, dass ggf. nach seinem Ableben die Beantragung eines Erbscheins notwendig ist, damit der/die von ihm bestimmte/-n Erbe/-n sich als solche/-r gegenüber Dritten ausweisen kann/können.

Das eigenhändige Testament sollte gut verwahrt werden, z. B. in einem Safe oder Bankschließfach, damit es bei Eintritt des Erbfalls gefunden wird. Es besteht ferner die Möglichkeit, das eigenhändige Testament bei einem Nachlassgericht zu hinterlegen, um es dem Zugriff und der Vernichtung durch unbefugte Personen zu entziehen und um sicherzustellen, dass es im Erbfall gefunden wird.

Ob die testierende/-n Person/-en im Zeitpunkt der Errichtung des eigenhändigen Testaments testierfähig war/waren, ergibt sich aus dem Dokument nicht.

Das **öffentliche Testament** wird mündlich zu Protokoll eines Notars erklärt, der eine Urkunde errichtet, die von dem/den Erblasser/-n unterzeichnet wird. Es ist ferner möglich, dem Notar eine offene oder verschlossene Schrift zu übergeben, über die dieser eine Niederschrift anfertigt (§ 2232 BGB, § 30 BeurkG). Der letzte Wille kann auch durch Zeichen, Gebärden (z. B. mithilfe eines Gebärdendolmetschers) oder Kopfnicken dem Notar gegenüber erklärt werden. In der Praxis wird der letzte Wille meist protokolliert.

Der Notar, der ein öffentliches Testament protokolliert, berät die Testierenden in Bezug auf ihren letzten Willen. Eine separate Gebühr für diese Beratung fällt nicht an. Der Notar erhält für die Beurkundung eine Gebühr, die die Beratung einschließt.

Wenn der letzte Wille eindeutig formuliert ist, kann nach Eintritt des Erbfalls bei Vorliegen eines öffentlichen Testaments häufig auf die Vorlage eines Erbscheins verzichtet werden. Als Erbnachweis dient dann eine beglaubigte Abschrift der Verfügung von Todes wegen nebst Eröffnungsprotokoll.

Bei der Errichtung eines öffentlichen Testaments prüft der Notar stets, ob der/die Testierende/-n auch testierfähig ist/sind und macht diese Prüfung zum Inhalt des Testaments. (Er schreibt in die Urkunde, dass der/die Erschienene/-n nach seiner Überzeugung geschäftsfähig ist/sind.) Diese Prüfung erschwert eine spätere Anfechtung des Testaments.

Das öffentliche Testament muss durch den Notar in einen Umschlag gelegt, mittels Prägesiegel verschlossen und in die Verwahrung des Nachlassgerichts (= besondere amtliche Verwahrung) gegeben werden (§ 34 Abs. 1 BeurkG). Der Testierer erhält einen Hinterlegungsschein, der gut zu verwahren ist.

Wird ein öffentliches Testament wieder aus der besonderen amtlichen Verwahrung genommen, wird es unwirksam. Es gilt wieder die gesetzliche Erbfolge/eine zeitlich früher errichtete Verfügung von Todes wegen, wenn nicht neu testiert wird.

Abschließend ist zu erwähnen, dass auch die Errichtung eines **Nottestaments** möglich ist. Insoweit kann der letzte Wille, wenn wegen der Kürze der verbleibenden Lebenszeit oder des persönlichen Aufenthalts (z. B. auf See) kein Notar mehr erreicht werden kann,

- vor dem Bürgermeister (§ 2249 BGB),
- vor drei Zeugen oder auf See vor drei Zeugen (§§ 2250, 2251 BGB)

errichtet werden.

Das Nottestament verliert jedoch nach drei Monaten seine Gültigkeit, wenn der Erblasser zu diesem Zeitpunkt noch lebt.

Ein Nottestament wird sehr selten errichtet, weil meist ein Notar zu erreichen ist, der auch sehr kurzfristig (z. B. durch Aufsuchen zu Hause oder im Krankenhaus bzw. Pflegeheim) ein Testament protokolliert, oder das Errichten eines eigenhändigen Testaments noch möglich ist.

2.1.2 Das Ehegattentestament

Ehe- oder Lebenspartner entscheiden sich häufig dafür, sich wechselseitig zu Alleinerben einzusetzen. Die Erbeinsetzung kann sowohl privatschriftlich als auch öffentlich erfolgen.

Wenn gemeinsame Kinder oder Kinder aus einer früheren Beziehung vorhanden sind, kann es für den überlebenden Ehepartner von großem Nachteil sein, wenn er nicht als Alleinerbe eingesetzt wird. Es ist demzufolge sehr wichtig, über die erbrechtlichen Folgen der eigenen Familienverhältnisse gut unterrichtet zu sein.

Haben die Ehepartner z. B. ein Wohngebäude erworben, in dem sie gemeinsam leben, werden ohne eine (wechselseitige) Erbeinsetzung die Kinder durch den gesetzlichen Erbteil Miteigentümer des Wohngebäudes. Dies kann den überlebenden Ehepartner in seiner Verfügung erheblich behindern, da eine Veräußerung ohne Zustimmung der Miterben nicht möglich ist.

Ist ein Kind minderjährig und wird gesetzlicher Miterbe, ist z. B. bei der Verfügung über eine Immobilie das Familiengericht anzurufen. Dieses hat einem notariellen Kaufvertrag zuzustimmen und wird sich den Wert der Immobilie beispielsweise durch ein Gutachten nachweisen lassen, um (für das minderjährige Kind) sicherzustellen, dass der Verkauf nicht unter Wert erfolgt.

Schwierig kann es auch bei Kinderlosigkeit werden: Leben die Eltern des erstversterbenden Ehepartners noch, sieht sich der überlebende Ehepartner (ohne Testament) mit seinen Schwiegereltern als Miterben konfrontiert. Er muss sich künftig mit diesen im Hinblick auf den Nachlass auseinandersetzen.

Setzen sich die Ehepartner gegenseitig in einem gemeinsamen Testament zu Alleinerben ein, bezeichnet man dieses Testament auch als **Berliner Testament**. Der überlebende Ehepartner kann als Vollerbe (= Alleinerbe) und die Kinder als Schlusserben mit der Folge bestimmt werden, dass der überlebende Ehepartner den gesamten Nachlass des Verstorbenen erbt und hierüber frei verfügen kann. In einer anderen Variante des Berliner Testaments wird der überlebende Ehepartner Vorerbe und die Kinder Nacherben. Im Unterschied zum Vollerben (s. o.) darf der Vorerbe die Substanz des Nachlasses nicht verbrauchen. Er darf den Nachlass lediglich nutzen und muss ihn für die Nacherben erhalten.

In einem Ehegattentestament wird häufig vereinbart, dass, wenn eines der Kinder beim Ableben des Erstversterbenden seinen Pflichtteil fordert, dieses Kind von der weiteren Erbfolge ausgeschlossen wird. Diese Klausel, die auch Pflichtteilsstrafklausel genannt wird, soll die Kinder dazu bringen, den Nachlass nach dem Tod des ersten Elternteils durch Forderung des Pflichtteils nicht zu beeinträchtigen, da eine solche Forderung den überlebenden Elternteil in finanzielle Schwierigkeiten bringen könnte.

Fordert ein Kind dennoch (trotz entsprechender Klausel im Testament) seinen Pflichtteil am Nachlass nach dem Ableben des erstversterbenden Elternteils, wird es nicht mehr Erbe (Nach- oder Schlusserbe) des längstlebenden Elternteils. Das hat zur Folge, dass das Kind nach dem Tod des Längstlebenden seiner Eltern insgesamt voraussichtlich weniger erben wird, weil es dann auf den Pflichtteil herabgesetzt wird.

Hinweis: Ein Ehegattentestament (Berliner Testament) ist ausschließlich Ehe- und Lebenspartnern vorbehalten. Wenn Personen einer nichtehelichen Lebensgemeinschaft gemeinsame/wechselseitige Verfügungen von Todes wegen errichten wollen, haben sie die Möglichkeit, (jeder) ein Einzeltestament zu errichten oder einen Erbvertrag (miteinander) zu schließen.

Merke: Ein Ehegattentestament wird bei rechtskräftiger Scheidung/Aufhebung einer eingetragenen Lebenspartnerschaft automatisch unwirksam.

2.1.3 Anordnungen in einer Verfügung von Todes wegen

In einer Verfügung von Todes wegen kann der Erblasser verschiedene Anordnungen treffen. So kann er bestimmen, wer was erben oder ein Vermächtnis erhalten soll, ob der Erbe Auflagen erfüllen muss oder ob ein Testamentsvollstrecker eingesetzt wird.

Erbeinsetzung (§ 1937 BGB)

Erbe wird derjenige, der als solcher im Testament/Erbvertrag eingesetzt wurde (= Alleinerbe). Sollen mehrere Personen Erben sein, geschieht dies stets zu Bruchteilen am Nachlass. Der Erblasser kann jedoch bestimmen, welcher Erbe welchen Bruchteil erhalten soll (= die Bruchteile müssen nicht identisch sein). Bestimmt der Erblasser keinen Bruchteil, werden mehrere Personen zu gleichen Teilen Erben. Sie bilden dann (gemeinsam) eine Erbengemeinschaft. Die Erbeinsetzung in Bezug auf einen einzelnen Gegenstand (z. B. ein Gebäude oder eine Büchersammlung) ist nicht möglich.

Wer **Erbe ist**, ist **der Gesamtrechtsnachfolger des Verstorbenen**. Das kann bedeuten, dass der Erbe sowohl Vermögen als auch Schulden erbt. Es gilt also stets, gut zu überlegen, ob ein Erbe angetreten wird oder nicht. Um Erbe (gesetzlich oder gewillkürt) zu sein, braucht der Erbe nichts zu unternehmen (es geschieht automatisch). Möchte er kein Erbe werden, muss er (innerhalb einer bestimmten Frist) die Erbschaft ablehnen (ausschlagen). vgl. LF 14, Kap. 3.2

Ist ein testamentarisch (= gewillkürt) bestimmter Erbe vor Eintritt des Erbfalls verstorben oder hat er die Erbschaft ausgeschlagen, wird sein Erbteil unter den anderen Erben aufgeteilt. Diese Umverteilung wird als Anwachsung bezeichnet (§ 2094 BGB). Der Erblasser hat die Möglichkeit, eine Anwachsung auszuschließen. Dies muss er allerdings explizit im Testament bestimmen.

Beispiele:

- **Variante 1:** Birte Block setzt ihren Lebenspartner Bernd Kolling sowie ihre Freundin Felicitas Assmann zu ihren Erben (zu je ½) ein. Nach dem Tod der Birte Block schlägt die Freundin die Erbschaft aus. Alleinerbe wird nunmehr Bernd Kolling, dem der Erbteil der Felicitas Assmann anwächst.
- **Variante 2:** Birte Block setzt ihren Lebenspartner Bernd Kolling sowie ihre Freundin Felicitas Assmann zu ihren Erben (zu je ½) ein. Zum Ersatzerben wird die Tochter einer anderen Freundin, Wilma Meister, bestimmt. Im Zeitpunkt des Tods der Birte Block ist die Freundin Felicitas Assmann bereits verstorben. Bernd Kolling und Wilma Meister erben zu je ½. Wilma Meister tritt als Ersatzerbin an die Stelle der vorverstorbenen Felicitas Assmann. Eine Anwachsung erfolgt in diesem Fall durch die Bestimmung eines Ersatzerben nicht.

Der Erblasser hat ferner die Möglichkeit, im Falle des Vorversterbens/der Erbschaftsausschlagung eines/des Erben (einen) Ersatzerben (§ 2096 BGB) zu bestimmen. Dieser tritt dann an die Stelle des Erben.

Nach § 2100 BGB ist der Erblasser zudem berechtigt, Vor- und Nacherbschaft anzuordnen, was bedeutet, dass die Erben zeitlich nacheinander erben (z. B. in einem Berliner Testament erst der Ehepartner und dann das Kind/die Kinder). Hiermit kann der Erblasser langfristig bestimmen, wer sein Vermögen erhalten soll.

Tritt die Nacherbfolge ein, wird der Nacherbe Erbe. Der Nacherbe hat bereits vor Eintritt des Nacherbfalls einen gesicherten Anspruch auf die Erbschaft. Er kann die Erbschaft jedoch auch ausschlagen oder einen Verzicht erklären.

Bis zum Eintritt des Nacherbfalls hat der Vorerbe sämtliche Rechte und Pflichten am Nachlass. Er kann grds., mit einigen Ausnahmen, über alle Nachlassgegenstände frei verfügen (§ 2012 BGB), ist jedoch verpflichtet, den Nachlass zu verwalten und alles zu tun, um ihn zu erhalten. Hierfür etwa anfallende Unkosten dürfen dem Nachlass entnommen werden.

Der Vorerbe darf insbesondere über Grundstücke aus dem Nachlass nicht verfügen, wenn die Rechte des Nacherben beeinträchtigt würden (§ 2113 Abs. 1 BGB). Er darf auch keine Schenkungen aus dem Nachlass vornehmen, es sei denn, es handelt sich um sog. Anstandsschenkungen (z. B. ein Geburtstagsgeschenk). Von diesen Pflichten – mit Ausnahme des Schenkungsverbots – kann der Erblasser den Vorerben jedoch auch befreien (§§ 2136, 2137 BGB). Bei einer Befreiung wird auch von einer „befreiten“ Vorerbschaft gesprochen.

Vermächtnis (§ 1939 BGB)

Wenn der Erblasser einzelne Vermögenswerte nach seinem Ableben einer oder mehreren bestimmten Person/-en zukommen lassen möchte, kann er in seinem Testament/Erbvertrag ein **Vermächtnis** zugunsten dieser Person/-en anordnen.

Das **Vermächtnis ist ein Anspruch** (des Vermächtnisnehmers) auf **Übertragung des** ihm **zugedachten Vermögensvorteil** (z. B. ein Gegenstand). Das bedeutet, dass der Vermächtnisnehmer bei Eintritt des Erbfalls nicht automatisch Eigentum an der vermachten Sache erhält, sondern lediglich den schuldrechtlichen Anspruch auf Herausgabe gegen z. B. die/den (mit dem Vermächtnis beschwerten) Erben. Diesen Anspruch muss er innerhalb einer bestimmten Frist (variiert je nach Art des Vermächtnisses) geltend machen. Erhält er den ihm zugedachten Vermögensvorteil nicht übereignet, kann er diesen einklagen.

Vermächtnisnehmer kann jede natürliche oder juristische Person werden. Ist der Vermächtnisnehmer bei Eintritt des Erbfalls bereits verstorben, wird das Vermächtnis unwirksam.

Vermächtnisgegenstand kann alles sein, z. B. ein Grundstück, ein Tier, Mieteinnahmen, ein ganzer Betrieb oder ein Nießbrauchs-/Vorkaufsrecht. Es ist auch möglich, als Vermächtnis auf die Rückzahlung eines durch den Erblasser zu Lebzeiten gewährten Darlehens (Forderung) zu verzichten. Auch ein Vermächtnis kann ausgeschlagen werden.

Der Erblasser kann auch einem seiner Erben ein Vermächtnis zukommen lassen. Eine solche Anordnung wird Vorausvermächtnis genannt. Auf diese Weise erhält ein Erbe (als Mitglied der Erbengemeinschaft) einen wertmäßigen Vorteil gegenüber den anderen (Mit-)Erben.

Auflage (§ 1940 BGB)

Ein Erblasser kann durch die Erteilung einer **Auflage** seinen Erben oder den Vermächtnisnehmer bei Eintritt des Erbfalls in seinem Handeln beeinflussen und ihn zu einer Leistung verpflichten. Eine typische Auflage ist die Grabpflege oder die Pflege eines Haustiers des Erblassers.

Anders als beim Vermächtnis erhält der Begünstigte der Auflage keinen schuldrechtlichen Anspruch aus dieser, d. h., die Erfüllung einer Auflage kann nicht eingeklagt werden. Der Erbe/Vermächtnisnehmer hat die Auflage jedoch zu erfüllen und kann hierzu von den Miterben oder den (vielleicht) übergangenen gesetzlichen Erben aufgefordert werden. Es gibt die Möglichkeit, eine Erbeinsetzung unter der Bedingung vorzunehmen, dass eine bestimmte Auflage erfüllt wird.

Testamentsvollstrecker (§ 2197 BGB)

Möchte ein Erblasser sichergehen, dass sein letzter Wille befolgt wird, hat er die Möglichkeit, dies durch Einsetzung eines **Testamentsvollstreckers** überwachen und vollziehen zu lassen.

Ein Testamentsvollstrecker wird im Testament/Erbvertrag berufen. Eine Berufung zum Testamentsvollstrecker neben der Verfügung von Todes wegen (durch z. B. mündliche Auftragserteilung) ist unwirksam. Der Testamentsvollstrecker hat die Aufgabe, den Nachlass nach den Vorgaben der Verfügung von Todes wegen zu verteilen und/oder für eine bestimmte Zeit zu verwalten. Es ist sinnvoll, eine neutrale Person als Testamentsvollstrecker zu benennen. Im günstigsten Fall ist diese Person bereits beruflich mit der Materie vertraut (z. B. Notar, Rechtsanwalt oder Vermögensverwaltungsgesellschaft).

Die Verfügung von Todes wegen sollte mit dem berufenen Testamentsvollstrecker vorab besprochen und abgestimmt werden. Für den Fall, dass der berufene Testamentsvollstrecker bei Eintritt des Erbfalls nicht bereit oder in der Lage sein sollte, das Amt zu übernehmen, kann in der Verfügung von Todes wegen gleich ein Ersatztestamentsvollstrecker berufen werden.

Es gibt ferner die Möglichkeit,
- einem Dritten oder dem Nachlassgericht die Berufung eines Testamentsvollstreckers bei Eintritt des Erbfalls zu überlassen oder
- einen Erben (z. B. den Ehepartner) als Testamentsvollstrecker

zu berufen.

Der Testamentsvollstrecker hat umfassende Befugnisse, sodass vor der Berufung sehr genau zu bedenken ist, ob die Person das Vertrauen des Erblassers genießt. Er nimmt den Nachlass in Besitz und führt die Verfügungen des Erblassers aus. Die Verfügungen beziehen sich in der Regel auf die Ausführung von Vermächtnissen, Erfüllung von Auflagen, Bezahlung von Schulden und die anschließende Verteilung des Nachlasses unter den Erben. Er kann aber auch beispielsweise ein im Nachlass befindliches Grundstück veräußern oder für Rechnung des Nachlasses ein Grundstück erwerben.

Der Testamentsvollstrecker hat die ggf. anfallende Erbschaftsteuer zu begleichen.

Er erhält zu seiner Legitimation auf Antrag durch das Nachlassgericht ein Testamentsvollstreckerzeugnis.

Ein Testamentsvollstrecker darf keine Schenkung aus dem Nachlass vornehmen.

Hinweis: Alle vorbeschriebenen Elemente können sowohl in einem Testament als auch in einem Erbvertrag enthalten sein.

2.1.4 Beispiele für ein eigenhändiges und ein öffentliches Testament

Eigenhändiges (Einzel-)Testament

Erpelstein, 05.12.2025

Testament

Hiermit setze ich, Gitta Jacobs, geborene Petersen, geboren am 13.03.1953, meine Tochter, Minna Wacker, geborene Jacobs, geboren am 14.04.1984, zu meiner Alleinerbin ein.

Minna war stets mein Ein und Alles; ich habe sie sehr geliebt.

Mein Sohn, Gustav Jacobs, soll lediglich seinen Pflichtteil bekommen, wenn er ihn verlangt. Gustav hat sich leider im Lauf seines Lebens zu einem schwierigen Charakter entwickelt und dadurch sehr weit von mir entfernt. Ich möchte nicht, dass er meinen Nachlass durch seine Lebensweise leichthin verschwendet, was ich befürchte.

Sollte meine Tochter im Zeitpunkt meines Ablebens bereits verstorben sein, setze ich als Ersatzerben ihren Sohn, meinen Enkel, Mick Wacker, geboren am 15.05.2002, ein. Sollte Mick weitere Geschwister haben, sollen alle zu gleichen Teilen Ersatzerben werden.

Ich vermache meiner Freundin Henriette Grötsch, geborene Fuchs, meine Bildersammlung „Gänsefüßchen" und wünsche ihr damit viel Freude. Sie hat die Bilder stets bewundert und ich hoffe, dass diese sie an mich erinnern, wenn ich selbst nicht mehr da bin.

Gitta Jacobs

Öffentliches Ehegattentestament (Berliner Testament)

Nr. 1234 des Urkundenverzeichnisses Jahrgang 2025

Verhandelt
zu Hamburg
am 28.12.2025

Vor mir, dem unterzeichnenden Notar

Norbert Notenmann
mit dem Amtssitz in Hamburg

erschienen heute:

Karina Schwaminger, geborene Ziese, geboren am 13.03.1987, und Selim Schwaminger, geboren am 15.04.1989, beide wohnhaft in 20095 Hamburg, Klosterberg 13.

Die Erschienenen wiesen sich dem Notar durch Bundespersonalausweise aus.

– nachstehend „Testierer“ genannt –

Der Notar fragte nach einer Vorbefassung i. S. d. § 3 Abs. 1 Nr. 7 BeurkG; die Frage wurde von den Testierern verneint.

Karina Schwaminger ist nach eigenen Angaben in Hamburg geboren und deutsche Staatsbürgerin. Die Geburt wurde von dem Geburtsstandesamt in Hamburg-Mitte unter der Geburtenregisternummer 321/1987 beurkundet.

Selim Schwaminger ist nach eigenen Angaben in Lübeck geboren und deutscher Staatsbürger. Die Geburt wurde von dem Geburtsstandesamt in Lübeck unter der Geburtenregisternummer 444/1989 beurkundet.

Der Notar überzeugte sich durch die Unterhaltung von der erforderlichen Geschäfts- und Testierfähigkeit der Testierer.

Die Testierer wünschten die Errichtung eines

gemeinschaftlichen Testaments

und erklärten dem Notar Folgendes mündlich als ihren letzten Willen:

Familienverhältnisse

Wir sind seit dem 06.06.2016 miteinander in erster Ehe verheiratet und haben derzeit ein Kind: Karl Schwaminger, geboren am 17.02.2017.

§ 1 Erster Erbfall

Wir, Karina Schwaminger, geborene Ziese, geboren am 13.03.1987, und Selim Schwaminger, geboren am 15.04.1989, setzen uns hiermit gegenseitig zu alleinigen und ausschließlichen Vollerben ein. Eine Nacherbfolge findet nicht statt.

§ 2 Zweiter Erbfall

Schlusserben beim Tod des Überlebenden von uns und Erben von uns beiden im Fall unseres gleichzeitigen Versterbens sind unsere gemeinsamen Abkömmlinge.

§ 3 Schluss

Den Wert unseres reinen Vermögens geben wird zur Kostenberechnung mit 50.000,00 € an.

Wir beantragen die Erteilung einer beglaubigten Abschrift des Testaments.

Das Protokoll wurde vorgelesen, genehmigt und eigenhändig unterschrieben:

K. Schwaminger
S. Schwaminger
(LS) Notenmann, Notar

Hinweis: Um ein Testament/einen Erbvertrag korrekt, wirksam und den exakten Willen des Erblassers wiedergebend fertigen zu können, bedarf es umfassender Kenntnisse im Erbrecht. Es ist stets erforderlich, mit dem/den Erblasser/-n ein Beratungsgespräch zur Erforschung des letzten Willens und zur Ermittlung der familiären Verhältnisse zu führen. In der Praxis tut der Notar dies persönlich und fertigt einen Aktenvermerk an, auf dessen Basis ggf. die bzw. der fachkundige Rechtsanwalts- und Notarfachangestellte einen Urkundenentwurf erstellen kann. Häufig wird das Testament aber auch durch den Notar persönlich (per Diktat) verfasst.

Es ist sinnvoll (aber nicht zwingend erforderlich), darauf zu achten, dass in der Urkunde stets angeführt wird, wo der/die Erblasser geboren ist/sind, welches Standesamt die Geburt (sofern im Inland geboren) registriert hat und unter welcher Registernummer dies erfolgte. Der/Die Erblasser können diese Angaben beispielsweise dem Stammbuch der (eigenen) Eltern oder der eigenen (einzelnen) Geburtsurkunde entnehmen.

Die Angaben zu Geburtsstandesamt und Registernummer sind nach Unterzeichnung der Verfügung von Todes wegen bei der Registrierung im Zentralen Testamentsregister (ZTR) einzutragen, um die testierende Person zweifelsfrei zu identifizieren. Enthält die Urkunde nicht die vorstehend aufgezählten Angaben und werden diese auch nicht neben der Urkunde notiert, was ebenso möglich ist, beginnt im Anschluss möglicherweise eine zeitaufwendige Korrespondenz mit dem Testierer/den Testierern, um die Daten zu ermitteln und eine vollständige Registrierung im ZTR zu bewirken.

Wurde eine Person im Ausland geboren, ist möglichst das Geburtsland anzuführen und im ZTR einzutragen. Darüber hinaus bedarf es keiner weiteren Angaben.

2.2 Der Erbvertrag

Wie der Begriff bereits vermuten lässt, ist der Erbvertrag (§ 1941 BGB) ein Dokument, an dem mindestens zwei Personen beteiligt sind. Von den beteiligten Personen erklärt mindestens eine Person eine Verfügung von Todes wegen.

Ein Erbvertrag wird häufig zwischen bestimmten Personengruppen geschlossen, um zu Lebzeiten Dinge verbindlich zu regeln, die den künftigen Nachlass betreffen.

Im Gegensatz zu einem Einzeltestament ist ein Erbvertrag einseitig nicht abänderbar, wenn eine Bindung eingetreten ist. Ob die Unterzeichnung eines Erbvertrags sinnvoll ist, kommt auf den Einzelfall an.

2.2.1 Formerfordernis

Der Erbvertrag bedarf zu seiner Wirksamkeit der notariellen Beurkundung (§ 2276 BGB). Er kann im Gegensatz zu einem Einzel- oder Ehegattentestament nicht eigenhändig (privatschriftlich) abgefasst werden.

Um einen Erbvertrag (wirksam) zu errichten, muss mindestens derjenige, der eine Verfügung von Todes wegen erklärt, voll geschäftsfähig sein. Erklären beide (oder mehrere) Personen in einem Erbvertrag Verfügungen von Todes wegen, müssen beide/alle voll geschäftsfähig sein.

Lediglich die Person, die keine Verfügungen erklärt und demzufolge lediglich einen rechtlichen Vorteil erhält, muss nicht unbedingt voll geschäftsfähig sein. Hier reicht die beschränkte Geschäftsfähigkeit aus.

Der Erbvertrag muss von (vor) einem Notar bei (möglichst) gleichzeitiger Anwesenheit der Vertragschließenden verlesen werden. Die Person/-en, die eine Verfügung von Todes wegen erklärt/erklären, muss/müssen persönlich anwesend sein. Eine Vertretung ist nicht möglich. Personen, die (lediglich) einen rechtlichen Vorteil erhalten, können durch eine Vollmacht vertreten werden.

2.2.2 Vertragschließende Personen

Ein Erbvertrag wird häufig zwischen Ehepartnern, verwandten Personen oder unverheirateten Partnern geschlossen. Beispielsweise schließen Ehepartner einen Erbvertrag gemeinsam mit ihren Kindern, um bereits zu Lebzeiten eine für alle Beteiligten (weitgehend) verbindliche und offene Anordnung über den künftigen Nachlass zu treffen.

Für nichteheliche Lebenspartner und alle anderen Personen ist der Abschluss eines Erbvertrags die einzige Möglichkeit, gemeinsam eine Verfügung von Todes wegen zu errichten.

2.2.3 Bindungswirkung bei einem Erbvertrag

In einem Erbvertrag können bindende Verfügungen erklärt werden. Bei diesen Verfügungen muss es sich aber zwingend um eine Erbeinsetzung, ein Vermächtnis, eine Auflage oder die Wahl des anzuwendenden Erbrechts handeln.

Aber nicht jede Erbeinsetzung, Auflage oder jedes Vermächtnis im Erbvertrag ist automatisch bindend. Allein der Erblasser erklärt in dem Erbvertrag, welche Erbeinsetzung oder welches Vermächtnis bindend und damit einseitig nicht widerrufbar werden soll. Diese Erklärung sollte stets klar und unmissverständlich formuliert werden, damit es bei Eintritt des Erbfalls zu keinen Auslegungsschwierigkeiten kommt.

▶ **Beispiel:** Jörg Meier und Maria Schmidt leben in einer nichtehelichen Lebensgemeinschaft zusammen. Sie setzen sich gegenseitig in einem Erbvertrag zu Alleinerben ein. Ferner verfügen sie, dass nach dem Tod des Längstlebenden die Schwester von Maria Schmidt und der Bruder von Jörg Meier je zur Hälfte erben sollen. Nach dem Tod des Jörg Meier wird Maria Schmidt Alleinerbin. Sie kann aufgrund der vertraglichen Vereinbarung nun lediglich über ihren eigenen Nachlass (neu) verfügen. Sie könnte für ihr Vermögen z. B. andere Erben bestimmen. Die Einsetzung des Bruders von Jörg Meier ist jedoch bindend, weil anzunehmen ist, dass Jörg Meier ein Interesse daran hat, einen Verwandten zu seinem Schlusserben zu bestimmen.

Wurde in einem Erbvertrag bindend verfügt, kann über den Nachlass (oder den betroffenen Teil) nicht (noch einmal) anderweitig verfügt werden. Wird trotzdem eine neue (andere) Verfügung errichtet, ist diese unwirksam. Sofern vor Abschluss des Erbvertrags eine Verfügung von Todes wegen anderen Inhalts errichtet wurde, wird auch diese mit Abschluss des Erbvertrags unwirksam.

Hinweis: Der Notar sollte die Vertragschließenden (bzw. die letztwillig Verfügenden) vor Errichtung eines Erbvertrags stets befragen, ob es eine frühere Verfügung gibt. Er sollte die Beteiligten über die Wirkung des Erbvertrags belehren und dies in dem Erbvertrag protokollieren, um es ggf. später durch Einsicht der Urkunde nachweisen zu können.

Wurde ein Erbvertrag geschlossen, ist der Erblasser dennoch frei, zu Lebzeiten über sein Vermögen zu verfügen (§ 2286 BGB). Er kann (Teile) seines Vermögens verbrauchen oder veräußern.

Haben sich die Lebensumstände nach Abschluss eines Erbvertrags geändert und möchte der Erblasser den Vertrag aufheben oder abändern, kann dies bei bindenden Verfügungen ausschließlich durch eine (einvernehmliche) Aufhebung des Vertrags unter Mitwirkung aller Vertragschließenden erfolgen. Weitere Voraussetzung ist naturgemäß, dass alle Beteiligten noch am Leben sind und somit noch keine Bindung eingetreten ist.

Verfügungen, die nicht bindend geworden sind, können einseitig durch anderweitige Verfügung aufgehoben/abgeändert werden.

Ist eine einvernehmliche Aufhebung nicht möglich, weil eine am Vertrag beteiligte Person nicht bereit ist, an dieser mitzuwirken, hat der Erblasser die Möglichkeit, von dem Vertrag zurückzutreten, wenn
- er sich den Rücktritt im Erbvertrag vorbehalten hat oder
- ein gesetzliches Rücktrittsrecht besteht.

Merke: Eine Bindungswirkung kann bei einem Ehegattentestament eintreten, wenn einer der Ehepartner verstirbt, sofern nicht eine Öffnungsklausel vereinbart wurde.

2.2.4 Beispiel für einen Erbvertrag nichtehelicher Lebenspartner

Nr. 567 des Urkundenverzeichnisses Jahrgang 2025

Verhandelt
zu Lübeck
am 23.11.2025

Vor mir, dem unterzeichnenden Notar im Bezirk des Schleswig-Holsteinischen Oberlandesgerichts

Tim Weidemann
mit dem Amtssitz in Lübeck

erschienen heute:

1 Torsten Borstel, geboren am 12.11.1952, wohnhaft in 20095 Hamburg, Landungsbrücke 18,

2 Tanja Kistenmacher, geboren am 04.09.1961, wohnhaft wie zu 1.

Die Erschienenen wiesen sich dem Notar durch Bundespersonalausweise aus.

Der Notar fragte nach einer Vorbefassung i. S. d. § 3 Abs. 1 Nr. 7 BeurkG; die Frage wurde von den Erschienenen verneint.

Torsten Borstel ist nach eigenen Angaben in Lübeck geboren und deutscher Staatsbürger. Die Geburt wurde von dem Geburtsstandesamt in Lübeck beurkundet: Geburtenregisternummer 321/1952.

Tanja Kistenmacher ist nach eigenen Angaben in Neustadt i. H. geboren und deutsche Staatsbürgerin. Die Geburt wurde von dem Geburtsstandesamt in Neustadt i. H. beurkundet: Geburtenregisternummer 123/1961.

Der Notar überzeugte sich durch die Unterhaltung von der erforderlichen Geschäfts- und Testierfähigkeit der Erschienenen.

Die Erschienenen wünschten die Protokollierung eines

Erbvertrags

und erklärten übereinstimmend:

Vorbemerkungen

Jeder der Erschienenen ist kinderlos.
Die Erschienenen leben in nichtehelicher Lebensgemeinschaft zusammen.

An dem Abschluss dieses Erbvertrags sind wir durch frühere Verfügungen von Todes wegen nicht gehindert. Zeugen sollen bei der Beurkundung nicht hinzugezogen werden.

§ 1
Frühere Verfügungen

Alle Verfügungen von Todes wegen, die die Erschienenen bisher errichtet haben, werden hiermit vorsorglich aufgehoben.

§ 2
Erbeinsetzungen

Ich, Torsten Borstel, geboren am 12.11.1952, setze Tanja Kistenmacher, geboren am 04.09.1961, zu meiner alleinigen Vollerbin ein.

Ich, Tanja Kistenmacher, geboren am 04.09.1961, setze Torsten Borstel, geboren am 12.11.1952, zu meinem alleinigen Vollerben ein.

§ 3
Ersatzerbenregelung

Für den Fall unseres gleichzeitigen Versterbens oder nach dem Ableben des Längstlebenden von uns beiden, setzen wir als Ersatzerben den Förderverein Jugendgelände Neustadt e. V. (AG Lübeck, VR 123 OL) ein.

§ 4
Vermächtnis

Ich, Torsten Borstel, geboren am 12.11.1952, vermache meinem Neffen, Bernd Borstel, das Wohnungsrecht – unter Ausschluss des Eigentümers – an dem Grundbesitz Markt 14, 23730 Neustadt i. H., eingetragen im Grundbuch von Neustadt i. H., Blatt 1234. Dazu gehört auch das Recht der alleinigen Nutzung des Grundstücks und der darauf befindlichen Nebengebäude. Das Wohnungsrecht kann Dritten nicht überlassen werden.

Das Vermächtnis ist höchstpersönlich, ein Ersatzvermächtnisnehmer wird nicht bestimmt. Die mit dem Anfall des Vermächtnisses sowie der Vermächtniserfüllung verbundenen Kosten und Steuern trägt der Vermächtnisnehmer.

§ 5
Bindungswirkung

Die vorstehenden Verfügungen zu §§ 2, 3 und 4 sind vertragsmäßig.

In Kenntnis dieser Bindungswirkung dieses Erbvertrags behalten sich die Erschienenen jeweils ein Rücktrittsrecht hiervon vor.

Wir wurden darauf hingewiesen, dass der Rücktritt der notariellen Beurkundung bedarf. Das Rücktrittsrecht erlischt mit dem Tod eines der Erschienenen.

§ 6
Anfechtungsausschluss

Die Verfügungen von Todes wegen gelten unabhängig davon, ob und welche Pflichtteilsberechtigten beim Tod des Verfügenden vorhanden sein sollten.

§ 7
Schlussbestimmungen, Hinweise

Der Notar hat die Bestimmungen des gesetzlichen Erb- und Pflichtteilsrechts erläutert und auf die Bedeutung der erbvertraglichen Bindung hingewiesen.

Weitere Bestimmungen wollen wir heute nicht treffen.

Wir beantragen die Erteilung einer beglaubigten Abschrift des Erbvertrags.

Der Wert der Urkunde beträgt 140.000,00 €.

Das Protokoll wurde vorgelesen, genehmigt und unterschrieben:

Torsten Borstel
Tanja Kistenmacher
(LS) Weidemann, Notar

2.3 Bearbeitung einer Verfügung von Todes wegen

Um eine Verfügung von Todes wegen vollständig bearbeiten zu können, ist es notwendig, umfassende Kenntnisse über die Abläufe im Notariat zu erwerben.

Auf den ersten Blick wird ein Einzeltestament genauso bearbeitet wie ein Ehegattentestament oder ein Erbvertrag. Dennoch gibt es kleine Unterschiede, die die Mitarbeitenden im Notariat kennen müssen, um jede Verfügung von Todes wegen nach der Beurkundung korrekt bearbeiten zu können.

2.3.1 Das elektronische Urkundenverzeichnis/die Urkundensammlung/die Erbvertragssammlung/die elektronische Urkundensammlung

Alle öffentlich errichteten Verfügungen von Todes wegen sind in das elektronische Urkundenverzeichnis des beurkundenden Notars nach den Grundsätzen der Urkundenverzeichnisführung einzutragen (§§ 7 ff. NotAktVV). Beispiel für eine Eintragung im Urkundenverzeichnis (Auszug Exportdatei, vgl. Ehegattentestament in Kap. 2.1.4):

Jahresexport – Urkundenverzeichnis

Notar: Notar Norbert Notenmann
Übersichtszeitraum: vom 01.01.2025–31.12.2025
Exportdatum: 09.01.2026

UVZ-Nr. Datum Ort	**Beteiligte**	**Gegenstand des Geschäfts (Art der Urkunde)**	**Erteilung von Ausfertigungen**	**Bemerkungen**	**Anzeigen/ Registrierungen**	**Verbindungen**
1 - 1233						
1234/2025 28.12.2025 Geschäftsstelle	Schwaminger, Karina (im eigenen Namen), geb. Ziese, 13.03.1987 Schwaminger, Selim (im eigenen Namen), 15.04.1989	Testament (Ehegatten-) (Verfügungen von Todes wegen)		1. Das Testament wurde am 30.12.2025 in die besondere amtliche Verwahrung des Amtsgerichts Hamburg gegeben.	(30.12.2025) ZTR-Nr. 32432805 (30.12.2025) ZTR-Nr. 32432806	
...						

Anmerkung: Wegen der besseren Darstellbarkeit wurden die Spalte *„Urkundsperson“* und *„Vermerke“* ausgespart.

Bei der Errichtung eines **Erbvertrags** kann durch die Vertragschließenden bestimmt werden, ob dieser in die besondere amtliche Verwahrung (beim Amtsgericht – Nachlassgericht) zu verbringen ist oder das Original bei dem beurkundenden Notar (= notarielle Verwahrung) verwahrt werden soll. Das bei dem Notar verbleibende Original wird in die Erbvertragssammlung (§ 32 NotAktVV) aufgenommen, die der Notar isoliert neben der Urkundensammlung aufzubewahren hat. Wird der Erbvertrag aus der notariellen Verwahrung zurückgegeben, ist anstelle des Erbvertrags ein Vermerk in der Erbvertragssammlung sowie dem elektronischen Urkundenverzeichnis anzubringen (§ 33 NotAktVV).

Da Verfügungen von Todes wegen immer zwingend in die besondere amtliche Verwahrung zu verbringen sind, findet sich in der Urkundensammlung des Notars

- eine beglaubigte Abschrift des Testaments wenn die Beteiligten dies wünschen (§ 31 NotAktVV),

und

- der Ausdruck der Bestätigung/-en über die Registrierung im Zentralen Testamentsregister.

Die Dokumente sollten möglichst fest mit der Verfügung von Todes wegen verbunden werden, damit sie stets zusammenbleiben.

Seit Juli 2022 sind die vorstehenden Dokumente auch in die **elektronische Urkundensammlung** (§§ 34 ff. NotAktVV, § 56 BeurkG) aufzunehmen.

Die Bundesnotarkammer als Urkundenarchivbehörde stellt hierzu über die XNP-Plattform der NotarNet GmbH ein Modul zur (cloudbasieren) Speicherung der Dokumente zur Verfügung. Das elektronische Dokument muss dabei zu 100 % demjenigen der (Papier-)Urkundensammlung entsprechen, im Dateiformat (derzeit) PDF/A erstellt und vom Notar in einem Vermerk bestätigt (signiert) werden (Spiegelbildprinzip).

vgl. LF 9 (ReNo), Kap. 3.1.1, 3.1.2, 3.1.3

Im Fall eines

- Testaments wird also eine elektronisch beglaubigte Abschrift der Urkunde,
- Erbvertrags, wenn er in der Erbvertragssammlung des Notars verbleibt, wird also eine Abschrift der Urschrift

jeweils inklusive Registrierungsbestätigung des ZTR in die **elektronische Urkundensammlung** geladen.

Besonderheit: Wird die beglaubigte Abschrift einer Verfügung von Todes wegen aus der Urkundensammlung den Beteiligten ausgehändigt, ist die Datei in der elektronischen Urkundensammlung zu löschen und anstelle dessen ein Vermerk aufzunehmen (§ 38 NotAktVV).

> **Hinweis:** Für die Aufnahme des Dokuments wird von der NotarNet GmbH eine Gebühr von 4,50 € erhoben, die über die KV-Nr. 32015 als Auslage dem/den Auftraggeber/-n in Rechnung gestellt werden kann.

2.3.2 Die Hinterlegung

Der Notar hat grds. jedes Ehegatten- oder Einzeltestament in die besondere amtliche Verwahrung des (für seinen Amtsbezirk) zuständigen Nachlassgerichts (als Verwahrstelle) zu geben.

Nur die Personen, die einen Erbvertrag schließen, haben die Möglichkeit, eine abweichende Anordnung zu treffen und den Erbvertrag in der Verwahrung des Notars zu belassen. Dieser nimmt die Urschrift des Erbvertrags dann zu seiner Erbvertragssammlung (§ 32 NotAktVV). Er hat regelmäßig zu prüfen, ob in der Zwischenzeit ein Erbfall eingetreten ist. Ist das der Fall, hat der Notar die Urschrift des Erbvertrags an das Nachlassgericht zur Eröffnung abzugeben. Das Abgabedatum und das Nachlassgericht sind im Urkundenverzeichnis, in der Erbvertragssammlung und der elektronischen Urkundensammlung (durch Anfertigung eines Vermerks) einzutragen.

Der Notar hat die zu hinterlegende Verfügung von Todes wegen (nach dem Siegeln) in einen Umschlag zu legen, der mittels eines Prägesiegels (Lacksiegel oder Siegelpresse) zu verschließen ist. Auf dem Umschlag sind die Personalien der Erblasser (Vorname/-n, Nachname, Geburtsdatum, Geburtsort), das Geburtsstandesamt und die Geburtenregisternummer sowie die Daten der errichteten Verfügung von Todes wegen (Tag der Beurkundung, Name des beurkundenden Notars, UVZ-Nr.) einzutragen. Das ZTR generiert nach der Registrierung automatisch eine entsprechende Vorlage.

Beispiel für die Beschriftung eines (Einzel-) Testamentsumschlags (Dokumentenvorlage aus dem ZTR):

ZENTRALES TESTAMENTSREGISTER
BUNDESNOTARKAMMER

VERWAHRUNGSBUCH-NUMMER

AmtsgerichtAachen
--
ZTR-VERWAHRNUMMER

ERBLASSER ZU 1: ZTR-REG-NR 19341422

Herr	ANREDE
Winfried	VORNAME
Bleifuß	FAMILIENNAME
Bleifuß	GEBURTSNAME
01.01.1980	GEBURTSDATUM
HEUTIGER KREIS: Berlin, Stadt - PLZ: 10587 Berlin-Charlottenburg, heute Berlin-Charlottenburg-	GEBURTSORT
Charlottenburg von Berlin, heute Charlottenburg-	GEBURTSSTANDESAMT
73/1980	GEBURTENREGISTERNUMMER

URKUNDE / DATUM / UVZ-Nr.
Notarielles Testament vom 01.01.2025, UVZ-Nr. 1/2025
NOTAR / AMTSSITZ
Anton Test-ZTR, Berlin

UNTERSCHRIFT DES MELDERS

NACH ABLEBEN DES ERBLASSERS ZU ...	ERÖFFNET AM ... UND WIEDERVERSCHL.	AMTSGERICHT ...	UNTERSCHRIFT
		Aachen	

300-121022

Muster

Der versiegelte Umschlag wird postalisch (ggf. per Einschreiben/Rückschein) an das Gericht, in dessen Bezirk der Notar seinen Amtssitz hat (= Amtsgericht – Nachlassgericht – als Verwahrgericht, § 344 FamFG) mit der Bitte um Aufnahme in die besondere amtliche Verwahrung geschickt. Ein entsprechendes Schreiben wird automatisch im ZTR zum Download generiert:

Notar

ZENTRALES TESTAMENTSREGISTER
BUNDESNOTARKAMMER

ZTR-VERWAHRNUMMER
--/--

Amtsgericht

Besondere amtliche Verwahrung
Meine UVZ-Nr .../2025

Ort, Datum

Sehr geehrte Damen und Herren,

die verschlossen beiliegende Urschrift meiner Urkunde Nr. --/2025 vom Datum beantrage ich in die besondere amtliche Verwahrung zu nehmen. Die Kosten der Verwahrung trägt der Erblasser, dem Sie bitte auch den Hinterlegungsschein übersenden.

Bitte bestätigen Sie den Eingang der Urkunde und deren Inverwahrnahme elektronisch im Zentralen Testamentsregister (§ 3 Abs. 3 Satz 2 ZTRV), damit ich die daraufhin von der Registerbehörde erzeugte Empfangsbestätigung zu meinen Akten nehmen kann.

Für Rückfragen stehe ich jederzeit gern zur Verfügung.

Mit freundlichem Gruß

Notar

ANLAGE...
Notarielles Testament vom Datum meine UVZ-Nr. --/2025

Name des Erblassers . ERBLASSER

Zentrales Testamentsregister | Notar
Telefon: 0800.35.50.600 | Telefon:
Telefax: 030.38.38.66.88 | Telefax:
www.testamentsregister.de | E-Mail:

400-130812

3237356431333334-381780292 10.01.2024 16:21:25

Abweichend kann der Erblasser die Verwahrung bei einem anderen Gericht verlangen. Dies könnte beispielsweise erwünscht werden, wenn der Erblasser in einem anderen Gerichtsbezirk als der beurkundende Notar lebt. Der Notar hat dies unverzüglich nach der Beurkundung einer Verfügung von Todes wegen zu tun (§ 34 Abs. 1 BeurkG).

Jeder Erblasser erhält im Anschluss von dem Amtsgericht – Nachlassgericht –

- einen Hinterlegungsschein, der die Hinterlegung dokumentiert (er ist gut aufzubewahren), und
- die Kostenrechnung des Gerichts für die Hinterlegung.

Das Amtsgericht – Nachlassgericht – bestätigt ferner (über eine Eintragung im Zentralen Testamentsregister) den Erhalt und die Inverwahrnahme der Verfügung von Todes wegen. Der Notar kann diese Empfangsbestätigung über das Internet aus dem ZTR herunterladen, ausdrucken und zur Akte nehmen.

Hinweis: Nur der Erblasser (persönlich!) kann unter Vorlage seines Ausweises beim Nachlassgericht die Herausgabe einer (bereits amtlich verwahrten) Verfügung von Todes wegen verlangen (§ 2256 Abs. 2 BGB). Bei einem Ehegattentestament müssen beide Ehepartner persönlich die Herausgabe bei Gericht fordern. Sie haben sich auszuweisen und eine Heiratsurkunde vorzulegen. Die Vorlage des Hinterlegungsscheins ist nicht (zwingend) erforderlich, sie erleichtert dem Gericht allerdings durch die enthaltenen Daten das Auffinden der Verfügung von Todes wegen. Nach der Herausgabe durch das Amtsgericht – Nachlassgericht – verliert die Verfügung von Todes wegen ihre Gültigkeit. Sie ist also nicht mehr wirksam.

Eine andere Möglichkeit, eine bereits amtlich verwahrte Verfügung von Todes wegen abzuändern oder aufzuheben, ist die Errichtung einer anderen Verfügung von Todes wegen, sofern noch keine Bindung eingetreten ist.

Das Amtsgericht – Nachlassgericht – nimmt auch ein privatschriftliches (eigenhändiges) Testament in die besondere amtliche Verwahrung. Der Erblasser kann dazu das Testament persönlich, unter Vorlage seines Ausweises, bei Gericht abgeben und um Inverwahrnahme bitten oder den Notar hiermit durch Übergabe einer offenen oder verschlossenen Schrift beauftragen.

Hinweis: Anders als beim öffentlichen Testament verliert das privatschriftliche Testament seine Gültigkeit nicht, wenn es wieder aus der Verwahrung genommen wird.

Das Amtsgericht – Nachlassgericht – (als Verwahrstelle) erhält eine Pauschale von 75,00 € für die Hinterlegung (KV-Nr. 12100 GNotKG). Dieser Betrag beinhaltet auch eine (etwaige) spätere Herausgabe.

2.3.3 Das Zentrale Testamentsregister (ZTR)

Die Bundesnotarkammer führt seit 01.01.2012 das Zentrale Testamentsregister (§§ 78 Abs. 2, 78 c ff. BNotO), welches Angaben zu allen erbfolgerelevanten Urkunden enthält, die sich in besonderer amtlicher Verwahrung in der Bundesrepublik Deutschland befinden. Es ist im Internet unter www.testamentsregister.de zu finden.

Der Zugang für Notare erfolgt über über dieselbe Seite. Der Reiter „Fachanwender Notarinnen und Notare" ermöglicht den Login mittels Eingabe von Benutzername und Kennwort.

Die Homepage der Bundesnotarkammer für das Zentrale Testamentsregister (ZTR) bietet vielfältige Informationen rund um die Registrierung und den Nachlass allgemein.

BUNDESNOTARKAMMER
ZENTRALES TESTAMENTSREGISTER

In dem ausschließlich elektronisch geführten Register werden alle erbfolgerelevanten Urkunden registriert, die sich in besonderer amtlicher Verwahrung befinden. Zur Registrierung gehören neben den urkundenbezogenen Daten die persönlichen Daten inklusive Geburtsort, Geburtsstandesamt und Geburtenregisternummer **jedes** Erblassers.

Diese Daten hat
- der Notar (bei öffentlichen Verfügungen von Todes wegen) bzw.
- das Nachlassgericht (bei eigenhändigen Verfügungen, die hinterlegt werden)

verpflichtend im Rahmen der Registrierung einzugeben.

Das ZTR wird über jeden Sterbefall im Inland informiert und prüft, ob entsprechende Verwahrangaben zu einer erbfolgerelevanten Urkunde vorhanden sind. Ist das der Fall, erhalten die Verwahrstelle (= das Amtsgericht – Nachlassgericht – / der Notar, wo die Verfügung von Todes wegen in die amtliche Verwahrung genommen wurde) sowie das zuständige Nachlassgericht (= Amtsgericht – Nachlassgericht –, welches aufgrund des gewöhnlichen Aufenthalts des Erblassers gem. § 343 FamFG zuständig ist) eine Ablieferungsaufforderung bzw. entsprechende Informationen (§ 7 ZTRV). Auf diese Weise wird sichergestellt, dass amtlich verwahrte erbfolgerelevante Urkunden rasch gefunden und dem Nachlassgericht zugeleitet werden.

Unter erbfolgerelevanten Urkunden sind nicht ausschließlich Verfügungen von Todes wegen zu verstehen. Das Erbrecht ändert sich ebenso, wenn beispielsweise
- Ehepartner in einem Ehevertrag oder einer Scheidungsfolgenvereinbarung den Güterstand ändern, was in der Praxis häufig vorkommt, oder
- eine Person die Erklärung über einen Erbverzicht protokollieren lässt.

Auch diese Urkunden sind durch den Notar im Zentralen Testamentsregister zu registrieren.

Hinweis: Auch die Rücknahme aus der amtlichen Verwahrung ist registerpflichtig.

Der Notar kann (ebenso wie das Amtsgericht – Nachlassgericht) das Zentrale Testamentsregister (zu Lebzeiten des Erblassers mit dessen Einwilligung) einsehen und einen Auszug aus dem Testamentsregister downloaden, um zu prüfen, welche Eintragungen vorliegen. Das kann beispielsweise hilfreich sein, wenn

- eine Person eine (neue) Verfügung von Todes wegen errichten möchte und keine exakten Angaben zu einer bereits registrierten Verfügung machen kann oder
- bei der Vorbereitung eines Erbscheinsantrags geprüft werden soll, ob es eine (registrierte) erbfolgerelevante Urkunde gibt, die zu beachten und/oder deren Eröffnung zu beantragen ist.
- Jede Abfrage wird aus Datenschutzgründen protokolliert.

Hinweis: Ein Pflichtteilsverzicht ist nicht im ZTR zu registrieren, weil sich die Erbfolge aufgrund dieser Erklärung nicht ändert.

Die Verknüpfungen rund um das Zentrale Testamentsregister

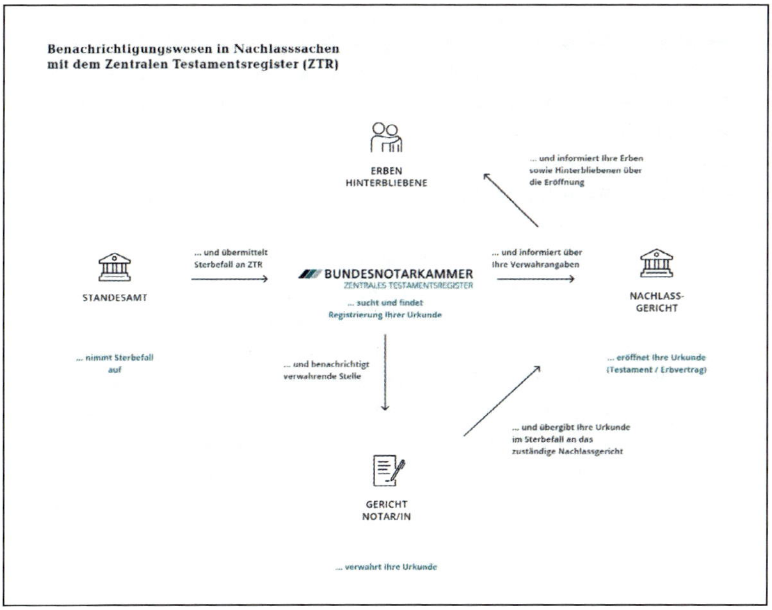

Es ist stets besonders darauf zu achten, dass die beim ZTR vorzunehmenden Angaben richtig und möglichst vollständig sind, damit bei einem späteren Sterbefall eine Zuordnung zur Registrierung erfolgen kann.

Konkret sind folgende Verwahrangaben zu machen (§ 1 ZTRV):
- Art der Urkunde
- Urkundendatum
- Urkundenverzeichnisnummer
- Bezeichnung des Notars (wird vom ZTR automatisch eingefügt)
- Verwahrstelle (Gericht/Notar)
- Familienname
- Geburtsname
- Vorname/-n (alle)
- Geburtenregisternummer
- Geburtsort
- Geburtsstandesamt (wird vom ZTR automatisch ermittelt, wenn Angaben vorhanden)
- Geburtsland
- Geburtsdatum

Hinweis: Die Homepage der Bundesnotarkammer für das ZTR bietet eine Onlinehilfe mit detaillierten Informationen für Notare zur Verwendung des Registers. Hat sich nach durchgeführter Registrierung herausgestellt, dass diese fehlerhaft ist, kann eine Berichtigung vorgenommen werden. Einige Zeit nach der Registrierung sollte das ZTR erneut (zu jedem Fall) auf den vom Nachlassgericht zu bestätigenden Empfang der Urkunde (also die Inverwahrnahme) überprüft werden. Es wird dann ein weiteres Dokument zum Herunterladen und Ausdrucken vom ZTR zur Verfügung gestellt.

2.3.4 Unterlagen für den/die Testierenden

Jede Person, die eine öffentliche Verfügung von Todes wegen errichtet, sollte vom Notar

vgl. LF 14, Kap. 5.1.2

- eine (beglaubigte) Abschrift der Urkunde,
- eine Kopie der Eintragungsbestätigung des ZTR und
- die Kostenrechnung erhalten.

Ein Beispielschreiben finden Sie in LF 14, Kap. 5.

Ferner wird das Amtsgericht – Nachlassgericht –, wenn die Verfügung von Todes wegen in die besondere amtliche Verwahrung gegeben wurde, jedem Testierenden einen Hinterlegungsschein sowie eine Gerichtskostenrechnung für die Inverwahrnahme zusenden.

Nach dem Geldeingang, für dessen Kontrolle eine angemessene Wiedervorlage zu notieren ist, kann der Vorgang archiviert und nach Ablauf der Aufbewahrungsfrist vernichtet werden.

Zusammenfassung

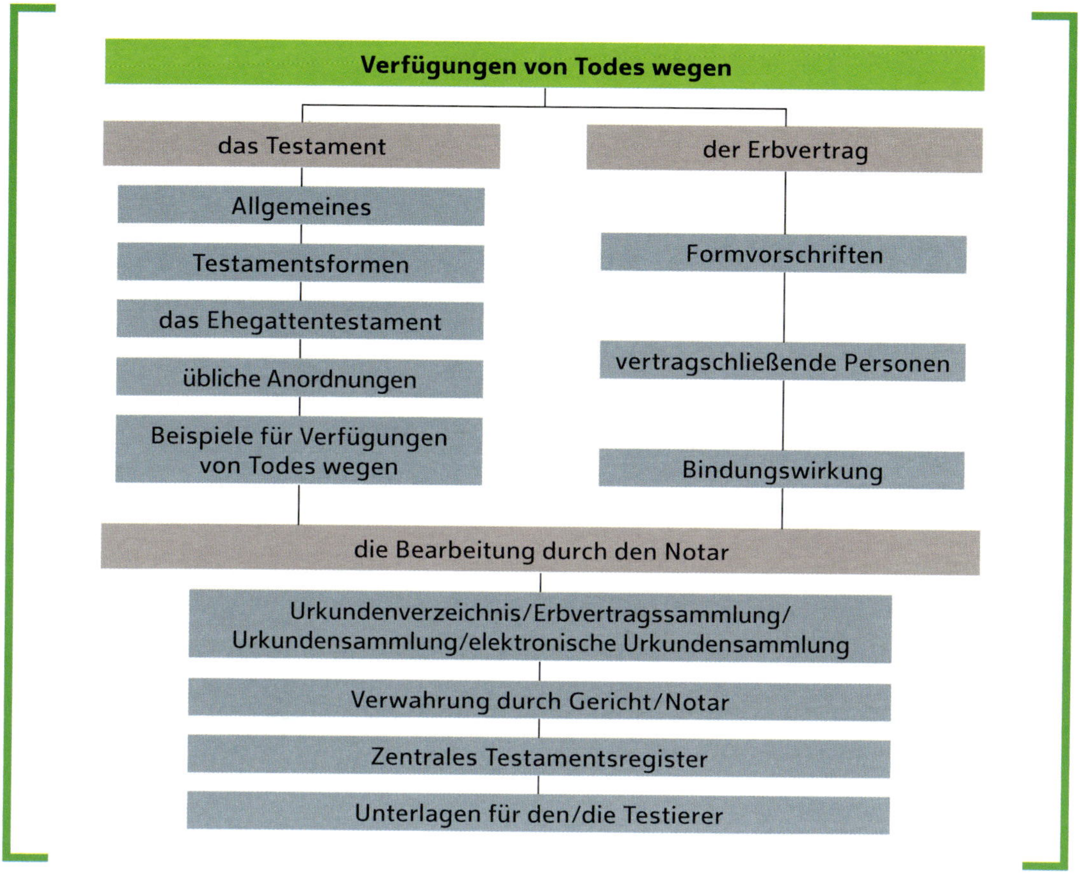

Wiederholung und Vertiefung

1. In welcher Form kann ein Einzeltestament wirksam errichtet werden?
2. Welche Form ist bei einem Erbvertrag einzuhalten?
3. Können die Partner einer nichtehelichen Lebensgemeinschaft ein Berliner Testament errichten? Begründen Sie Ihre Antwort.
4. Was muss der Notar mit der Urschrift eines Ehegattentestaments machen?
5. Wozu dient (im Kern) das Zentrale Testamentsregister?
6. In welcher Akte bzw. welchem Verzeichnis hat der Notar einen Erbvertrag einzutragen/ abzulegen?
7. Gibt es die Möglichkeit, ein privatschriftliches Testament beim Nachlassgericht hinterlegen zu lassen?
8. Kann ein privatschriftliches Testament im ZTR registriert werden?
9. Wie kann verhindert werden, dass die gesetzliche Erbfolge eintritt?

3 Eintritt des Erbfalls

Der Erbfall tritt mit dem Tod einer (natürlichen) Person ein.

Üblicherweise erhalten die Verwandten und/oder der Ehepartner davon unverzüglich Kenntnis. Es ist aber auch möglich, dass der Erbfall erst später bekannt wird, beispielsweise wenn der Verstorbene oder der Erbe im Ausland lebt oder kein Kontakt zwischen den Verwandten besteht.

Es gibt für die Angehörigen eines Verstorbenen viele Dinge zu regeln. Beispielsweise ist die Beerdigung zu organisieren, wozu ein Bestattungsunternehmen beauftragt werden kann. Daneben ist zu klären, wer der/die Rechtsnachfolger (Erbe/-n) der verstorbenen Person ist/sind. Dies erfolgt entweder über

vgl. LF 14, Kap. 1, 2

- das Auffinden oder die Kenntnis einer testamentarischen Verfügung oder
- die gesetzliche Erbfolge.

Sobald feststeht, wer Erbe ist, muss dieser entscheiden, ob er die Erbschaft annehmen oder ausschlagen will. In der Regel wird das Erbe nicht angenommen, wenn der Nachlass überschuldet ist.

Die Annahme einer Erbschaft muss nicht, kann aber ausdrücklich erklärt werden. Sie erfolgt in der Regel automatisch, wenn der Erbe innerhalb einer bestimmten Frist keine anderslautende Erklärung (Erbausschlagung) abgibt.

Lernsituation

Am 08.10.2025 sucht Ulrike Schlichting die Kanzlei der Notarin Katharina Marschner auf. Sie wird am Empfang von Jana Seidel begrüßt und gefragt, was ihr Anliegen ist. Ulrike Schlichting berichtet:

„Mein Mann Peter ist vor einem Monat plötzlich verstorben. Ich war völlig von der Rolle, aber nun habe ich endlich alle Formalitäten erledigt und die Beerdigung

auch schon hinter mich gebracht. Es war eine schöne Trauerfeier. Peter ist auf dem städtischen Friedhof in Darmstadt in einem Urnengrab beigesetzt worden. Ich habe eine ruhige Stelle unter einer Trauerweide für ihn ausgesucht. Den letzten Monat habe ich wie in einem Film wahrgenommen, aber nun kann ich wieder klar denken und möchte mich bei einer Fachfrau erkundigen, was ich in Bezug auf die Erbschaft meines verstorbenen Manns im Allgemeinen und hinsichtlich des gemeinsamen Hausgrundstücks im Besonderen zu tun habe. Meine Nachbarin hat mir erzählt, dass sie schon einmal zur Beratung in dieser Kanzlei war und hat Sie empfohlen."

Jana Seidel spricht Ulrike Schlichting erst einmal ihr Beileid aus und bittet sie, im Wartezimmer einen Augenblick Platz zu nehmen. Sie fragt bei Notarin Katharina Marschner nach, ob sie bereit ist, eine Mandantin in einer neuen Nachlasssache, die gerade ohne Termin persönlich in der Kanzlei erschienen ist, zu beraten. Jana Seidel schildert der Notarin kurz die ihr mitgeteilte Situation der Mandantin. Notarin Katharina Marschner willigt ein. Jana Seidel führt Ulrike Schlichting daraufhin in das Besprechungszimmer und bittet sie, dort erneut Platz zu nehmen. Sie bietet ihr ein Glas Wasser an, was Ulrike Schlichting dankend annimmt. Im Besprechungszimmer begrüßt Notarin Katharina Marschner Ulrike Schlichting und spricht ihr ebenfalls zu Beginn der Unterhaltung ihr Beileid aus.

Auf Nachfrage der Notarin Katharina Marschner erklärt Ulrike Schlichting, dass sie gemeinsam mit ihrem Ehemann ein privatschriftliches Berliner Testament errichtet hat, das, soweit sie sich erinnern kann, bei dem örtlich zuständigen Nachlassgericht hinterlegt wurde. Die Ehe von Ulrike und Peter Schlichting ist kinderlos geblieben; der verstorbene Ehemann hat nach ihrer Kenntnis keine weiteren Kinder aus vorangegangenen Beziehungen. Ulrike Schlichting lebte mit ihrem Ehemann im gesetzlichen Güterstand. Die Eltern des Peter Schlichting sind bereits verstorben; Peter Schlichting war das einzige Kind seiner Eltern.

Notarin Katharina Marschner diktiert einen Vermerk über den Sachverhalt und bittet im Anschluss, Oxana Schuhmann, das Diktat zu schreiben und die notwendigen Schritte einzuleiten.

Arbeitsaufträge:

a) Überlegen und notieren Sie, wie der Aktenvermerk der Notarin Katharina Marschner aussehen könnte. Welche Angaben sind für die weitere Sachbearbeitung wichtig?
b) Wie könnte die Urkunde aussehen, die Oxana Schuhmann aufgrund des Aktenvermerks fertigt?
c) Was würde Notarin Katharina Marschner Ulrike Schlichting raten, wenn der Nachlass des verstorbenen Ehemanns überschuldet wäre?

d) Worauf muss die Notarin Katharina Marschner in Zusammenhang mit der in c) angeführten Urkunde ganz genau achten?
e) Vergleichen Sie untereinander Ihre Ergebnisse.
f) Reflektieren Sie anschließend Ihr Wissen.

3.1 Der Erbschein/Erbscheinsantrag

Hat sich eine Person entschieden, ein Erbe anzunehmen, muss sie häufig ihre Erbenstellung (= Gesamtrechtsnachfolger des Verstorbenen) gegenüber Behörden, Gerichten, Banken oder Versicherungen nachweisen, wenn sie über Nachlassgegenstände verfügen möchte. Dieser Nachweis kann durch Vorlage eines Erbscheins erfolgen.

Bevor der Erbschein beantragt wird, sollte stets geklärt werden, wofür er benötigt wird.

Die Erbfolge kann in den Fällen, in denen sie auf einer öffentlichen (= notariellen) Verfügung von Todes wegen beruht, in den meisten Fällen durch diese Verfügung in Verbindung mit der Eröffnungsniederschrift nachgewiesen werden. Ein Erbschein ist dann entbehrlich. Auch ein eröffnetes privatschriftliches Testament kann bei eindeutigem Text je nach Verwendungsart genügen.

Einige Kreditinstitute verlangen, um einen möglichen Schadenersatz zu vermeiden, die Vorlage eines Erbscheins, sind hierzu aber nicht immer berechtigt.

3.1.1 Rechtswirkung des Erbscheins

Der Erbschein ist ein auf Antrag erteiltes Zeugnis des Nachlassgerichts über das Erbrecht der Erben (§ 2353 BGB). Durch Vorlage des Erbscheins weist sich der Erbe als solcher gegenüber Dritten aus. Er dient der Legitimation des/der Erben (§ 2365 BGB).

Der Erbschein genießt im Rechtsverkehr öffentlichen Glauben, sodass ein gutgläubiger Dritter, mit dem ein im Erbschein ausgewiesener Erbe ein Verfügungsgeschäft (z. B. einen Kaufvertrag) abschließt, aufgrund dessen geschützt ist (§§ 2366, 2367 BGB).

Wird ein Erbschein unrichtig, ist das Nachlassgericht, das den Erbschein erteilt hat, verpflichtet, alle bis dahin erteilten Urschriften/Ausfertigungen einzuziehen (§ 2361 BGB). Die Unrichtigkeit kann beispielsweise dadurch entstehen, dass ein bisher unbekanntes Testament oder ein weiterer Erbe auftaucht. Das Nachlassgericht kann nötigenfalls die Herausgabe gem. § 883 ZPO vollstrecken.

Mit der Einziehung/Rückgabe der Urschriften/Ausfertigungen wird der Erbschein kraftlos. Das hat zur Folge, dass keine Legitimation des/der Erben mehr möglich ist und die Wirkung des öffentlichen Glaubens entfällt.

3.1.2 Inhalt des Erbscheins, Zuständigkeit für die Erteilung

Der Erbschein muss folgende Angaben enthalten:
- Namen, Geburts- und Todestag sowie den letzten Aufenthaltsort des Erblassers
- den/die Erben (möglichst genau bezeichnet)
- die Erbquoten
- eventuelle Anordnungen (z. B. Verfügungsbeschränkungen)

Es gibt verschiedene Erbscheinsarten:
- Alleinerbschein (wenn nur ein Erbe vorhanden ist)
- gemeinschaftlicher Erbschein (wenn es eine aus mehreren Personen bestehende Erbengemeinschaft gibt, vgl. das nachfolgende Beispiel)
- gegenständlich beschränkter Erbschein (z. B. bei Erbfällen mit Auslandsberührung)
- Teilerbschein (wenn es mehrere Erben gibt und nur das Erbrecht eines oder einiger Miterben zu bezeugen ist)
- Hoffolgezeugnis (wenn der Nachlass in einem Hof besteht – wird vom Landwirtschaftsgericht erteilt)
- Sammelerbschein (wenn mehrere Erbscheine über mehrere aufeinander folgende Erbfälle zusammengefasst werden sollen)

In der Praxis kommen am häufigsten der Alleinerbschein und der gemeinschaftliche Erbschein vor.

▶ **Beispiel:** Gemeinschaftlicher Erbschein

1. Ausfertigung

Geschäftszeichen: 51 VI 101/25

Amtsgericht Braunschweig

Gemeinschaftlicher Erbschein

Die am 10.11.2024 in Braunschweig verstorbene, zuletzt in 38106 Braunschweig, Mittelweg 3, wohnhaft gewesene Gertraut Listig, geborene Burgmann, geboren am 21.04.1951, ist

a) von ihrem Ehemann,
Herbert Listig, geboren am 13.05.1949,
wohnhaft in 38106 Braunschweig, Mittelweg 3,
zu ½ des Nachlasses und

b) von ihrem Sohn,
Theo Listig, geboren am 21.06.1979,
wohnhaft in 38122 Braunschweig, Theodor-Heuss-Straße 9,
zu ½ des Nachlasses

beerbt worden.

Braunschweig, 18.02.2025

Marquardt
Richter am Amtsgericht

Ausgefertigt am
19.03.2025 (Siegel des Amtsgerichts)

gez. Schwimmborn
Justizangestellte
als Urkundsbeamtin der Geschäftsstelle

Sachlich ist für die Erteilung eines Erbscheins das **Amtsgericht – Nachlassgericht** – zuständig.

Örtlich bestimmt sich die Zuständigkeit nach dem **Amtsgericht – Nachlassgericht** –, in dessen Bezirk der Erblasser seinen letzten **gewöhnlichen Aufenthalt** hatte (§ 343 FamFG).

Ist der Erblasser Deutscher, lebte aber im Zeitpunkt seines Tods nicht im Inland, ist das Amtsgericht Schöneberg in Berlin zuständig. Das Amtsgericht Schöneberg kann die Angelegenheit an ein anderes Nachlassgericht verweisen, wenn ein wichtiger Grund vorliegt.

Beim Nachlassgericht ist für die Erteilung eines Erbscheins
- der Rechtspfleger zuständig, wenn der Erbschein auf der gesetzlichen Erbfolge beruht,
- der Richter zuständig, wenn eine Verfügung von Todes wegen vorliegt oder die Anwendung ausländischen Rechts in Betracht kommt.

3.1.3 Form und Inhalt des Erbscheinsantrags, Antragsberechtigung

Merke: Ein **Erbschein** wird nur **auf Antrag erteilt** (§ 2353 BGB).

Eine bestimmte Frist zur Antragstellung gibt es nicht. Es ist möglich, einen Erbschein noch Jahre nach Eintritt des Erbfalls zu beantragen. Dies kann beispielsweise nötig sein, wenn sich viele Jahre nach dem Tod einer Person, für deren Nachlassabwicklung bis dato kein Erbschein erforderlich war, herausstellt, dass sie Miteigentum an einer Immobilie hat, was bis dahin unbekannt war.

Der Erbscheinsantrag hat grds. kein **Formerfordernis**. Da aber der Antragsteller neben dem Antrag auf Erbscheinserteilung an Eides statt zu versichern hat, dass ihm nichts bekannt ist, was der Richtigkeit seiner in dem Antrag gemachten Angaben entgegensteht, bedarf er der **notariellen Beurkundung** (§ 38 Abs. 1 BeurkG).

Der Antrag und die eidesstattliche Versicherung können nicht nur vor einem Notar, sondern auch vor dem Nachlassgericht abgegeben werden.

Der Erbscheinsantrag kann bis zur Erbscheinserteilung jederzeit zurückgenommen oder geändert werden. Durch die Rücknahme des Antrags wird das Verfahren beim Nachlassgericht beendet, sofern diesem nicht in gleicher Sache ein anderer Antrag vorliegt.

Verstirbt der Antragsteller vor Erteilung des Erbscheins, wird dieser trotzdem erteilt werden.

Das Nachlassgericht hat den Erbschein auf der Grundlage des gestellten Antrags (deckungsgleich) zu erteilen. Es liegt nicht in dem Ermessen des Gerichts, den Inhalt des Erbscheins zu bestimmen.

Jeder, der ein berechtigtes Interesse hat, kann die Erteilung eines Erbscheins verlangen.

Antragsberechtigt sind
- der Erbe/Miterbe,
- der Erbeserbe (wenn der Erbe vorverstorben ist),
- der Testamentsvollstrecker,
- der Nachlassverwalter,
- der Nachlassinsolvenzverwalter,

- der Nachlassgläubiger/Eigengläubiger (wenn er einen vollstreckbaren Titel gegen den Erblasser/Erben hat),
- der gesetzliche Vertreter einer antragsberechtigten Person (z. B. Betreuer),
- der Ersatzerbe (bei Eintritt der Ersatzerbfolge),
- der Nacherbe (mit Eintritt des Nacherbfalls),
- der Vorerbe (bis zum Eintritt des Nacherbfalls),
- der Erbschaftskäufer,
- der Abwesenheitspfleger.

Nicht antragsberechtigt sind
- der Vermächtnisnehmer,
- der Pflichtteilsberechtigte/Auflagenbegünstigte,
- der Nachlasspfleger,
- der Vorerbe/Nacherbe (bei Eintritt des Nacherbfalls),
- der Käufer eines Nachlassgegenstands und
- der Nacherbe (vor Eintritt des Nacherbfalls).

Folgende Angaben sind in den Erbscheinsantrag aufzunehmen, die auch dem § 352 FamFG zu entnehmen sind:
- genaue Bezeichnung des Erblassers (Name, Geburtsdatum, Todestag, letzter gewöhnlicher Aufenthalt)
- Staatsangehörigkeit des Erblassers
- genaue Bezeichnung des/der Erben (Name, Geburtsdatum, Anschrift)
- der Sachverhalt, auf dem die Erbfolge beruht (Ehepartner, Abkömmling)
- Größe des Erbteils (Alleinerbe; Erben zu einem bestimmten Bruchteil)
- Erklärung des Antragstellers, dass sowohl er als auch die Miterben die Erbschaft angenommen haben
- ob und welche Verfügung von Todes wegen der Erblasser errichtet hat
- ob ein Rechtsstreit über das Erbrecht anhängig ist
- ob mögliche gesetzliche Erben durch Tod vor dem Erblasser weggefallen sind
- die Versicherung des Antragstellers an Eides statt, dass ihm nichts bekannt ist, was der Richtigkeit seiner Angaben entgegensteht
- der Antrag auf Erteilung eines Erbscheins
- der Wert des Nachlasses im Zeitpunkt des Erbfalls

Zur Vorbereitung eines Erbscheinsantrags ist es stets erforderlich zu prüfen, ob dieser aufgrund
- gesetzlicher oder
- gewillkürter (= es gibt eine Verfügung von Todes wegen)

Erbfolge zu beantragen ist. Der Erbscheinsantrag ist keine höchstpersönliche Erklärung, so dass eine Vertretung möglich ist (§ 10 Abs. 2 FamFG). Dies gilt jedoch nicht für die eidesstattliche Versicherung, die stets persönlich abzugeben ist. Eine Ausnahme bildet die eidesstattliche Versicherung eines Geschäftsunfähigen, der natürlich vertreten wird.

Das nachfolgende Schema kann als Erbscheinsantrag-Checkliste für die jeweils notwendigen Prüfungen und Elemente bei den verschiedenen Erbfolgen verwendet werden:

gesetzliche Erbfolge
(es gibt **keine** Verfügung von Todes wegen)

gewillkürte Erbfolge
(es gibt **eine** Verfügung von Todes wegen)

- Aufnahme der personenspezifischen Daten des Antragstellers (Vor- und Familienname, Geburtsdatum, Geburtsname, Anschrift)
- Prüfung, ob der Antragsteller antragsberechtigt ist
- Prüfung, ob der Antragsteller für seine Zwecke einen Erbschein benötigt (z. B. wenn lediglich ein Bankkonto umzuschreiben ist)
- Angabe des Erblassers (Vorname, Name, ggf. Geburtsname) inklusive Todestag
- Angabe des letzten gewöhnlichen Aufenthalts des Erblassers

Gibt es eine Verfügung von Todes wegen?

nein

- Prüfung des Güterstands (Zugewinngemeinschaft, Gütertrennung oder Gütergemeinschaft)
- Ist eine Ehesache anhängig?
- Wer sind die gesetzlichen Erben?
- Sind gesetzliche Erben (durch z. B. Vorversterben oder Ausschlagung) weggefallen?
- Die Erbausschlagungsfrist beträgt sechs Wochen ab Kenntnis des Erbfalls, wenn es keine Verfügung von Todes wegen gibt, bzw. ab Eröffnung der Verfügung von Todes wegen oder sechs Monate, wenn der Erblasser oder der Erbe im Ausland wohnt.
- Gibt es Personen, durch die der/die angeführte/-n Erbe/-n von der Erbfolge ausgeschlossen würde/-n oder durch die der Erbteil gemindert werden würde?

ja

- Angabe der Verfügung/-en von Todes wegen (z. B. privatschriftliches oder notarielles Testament/Erbvertrag)
- Eröffnung beantragen, falls noch nicht erfolgt
- Verfügung ggf. auslegen (sofern nicht eindeutig) und feststellen, wer Erbe ist
- Wer wäre ggf. gesetzlicher Erbe geworden?

- Haben die Erben die Erbschaft angenommen?
- Ist ein Rechtsstreit über die Erbschaft anhängig? – Erben inkl. Erbquote anführen
- eidesstattliche Versicherung des Antragstellers, dass diesem nichts bekannt ist, was seinen in dem Erbscheinsantrag gemachten Angaben entgegensteht (Belehrung über die Bedeutung einer eidesstattlichen Versicherung und die Strafbarkeit falscher Angaben)
- Antrag auf Erteilung eines (ggf. gemeinschaftlichen) Erbscheins
- Nachlasswert ermitteln

Der **Urkundeneingang** ist bei **beiden Varianten** (gesetzliche/gewillkürte) Erbfolge stets derselbe:

> Nr. *** des Urkundenverzeichnisses Jahrgang ***
>
> **Verhandelt**
> **zu *(Ort)***
> **am *(Datum)***
>
> Vor mir, dem unterzeichnenden Notar
> *(Name)*
> mit dem Amtssitz in *(Ort)*
> erschien/-en heute:
>
> Herr/Frau *** *(Vorname, Nachname)*, geborene/-r *** *(Geburtsname)*, geboren am *** *(Geburtsdatum)*, wohnhaft in *** *(Straße, Haus-Nr., PLZ, Ort)*
> + *(ggf. weitere Person/-en)*
>
> – nachstehend „Antragsteller“ genannt –
>
> Der Notar fragte nach einer Vorbefassung i. S. d. § 3 Abs. 1 Nr. 7 BeurkG; die Frage wurde von dem Antragsteller verneint.
>
> Der Antragsteller ersuchte mich um Beurkundung einer **eidesstattlichen Versicherung** und eines Antrags auf Erteilung eines **Erbscheins** und erklärte:
>
> Herr/Frau *** *(Vorname, Nachname)*, geborene/-r *** *(Geburtsname)*, geboren am *** *(Geburtsdatum)*, – nachstehend „Erblasser“ genannt – ist am *** *(Datum)* in *** *(Ort)* verstorben.
>
> Der Erblasser hatte die deutsche Staatsangehörigkeit und seinen gewöhnlichen Aufenthalt im Zeitpunkt seines Todes gem. § 343 FamFG in *** *(Ort)*.

Tipp: Die Bezeichnungen „Antragsteller“ und „Erblasser“ können und sollten auch bei weiblichen oder mehreren Personen beibehalten werden, da ansonsten die Artikel im weiteren Text immer anzupassen sind. Die nachfolgenden Angaben sind stets auf den vorliegenden Sachverhalt anzupassen. Der Antragsteller ist insoweit hierzu zu befragen.

Bei dem gewöhnlichen Aufenthalt nach § 343 FamFG ist nicht in jedem Fall der Ort der letzten Wohnung maßgebend. Befand sich der Erblasser beispielsweise die letzten sechs Monate vor seinem Ableben in einem Pflegeheim, ist das für diesen Bezirk zuständige Nachlassgericht für den Antrag zuständig.

Liegt **gesetzliche Erbfolge** vor, ist folgender Text einzufügen:

Der Erblasser hat keine Verfügung von Todes wegen hinterlassen.

Er war zur Zeit seines Todes verheiratet/verwitwet/geschieden und hat im gesetzlichen Güterstand der Zugewinngemeinschaft/im Güterstand der Gütertrennung/Gütergemeinschaft gelebt.

Es ist eine/keine Ehesache (Scheidungsverfahren bzw. Aufhebungsklage, § 1933 BGB) anhängig.

Somit ist der Erblasser nach gesetzlicher Erbfolge beerbt worden von:

1. Herrn/Frau *** *(Vorname, Nachname)*, geborene/-r ***, geboren am ***, wohnhaft in *** *(Straße, Haus-Nr., PLZ, Ort)* *** *(Verwandtschaftsverhältnis)* des Erblassers zu *** *(Bruchteil)* des Nachlasses
2. *** *(ggf. weitere)*

Weggefallen sind/ist folgende Person/-en, durch welche die/der vorbezeichnete Erbe/-n von der Erbfolge ausgeschlossen würde/-n oder durch welche sein/ihr Erbteil gemindert werden würde, und zwar durch Tode vor dem Erblasser:

1. Herrn/Frau *** *(Vorname, Nachname)*, geborene/-r ***, geboren am ***, verstorben am ***
   *** *(Verwandtschaftsverhältnis)* des Erblassers
2. *** *(ggf. weitere)* oder eben keine.

Andere Personen, durch die der/die oben bezeichnete/-n Erbe/-n von der Erbfolge ausgeschlossen würde/-n oder durch die sein/ihr Erbteil gemindert werden würde, sind und waren nicht vorhanden. Der Erblasser hat keine ehelichen, nichtehelichen und keine an Kindes statt angenommenen Kinder hinterlassen.

Liegt **gewillkürte Erbfolge** vor, ist folgender Text einzufügen:

Der Erblasser hat folgende Verfügung/-en von Todes wegen hinterlassen:

Notarielle/-s Testament/-e vom *** (UVZ-Nr. ***/20*** Notar ***) / Privatschriftliche/-s Testament/-e vom ***.
Das Amtsgericht hat diese Verfügung/-en in den Akten (AZ: ***) eröffnet.

– *alternativ* –

Die Eröffnung der Verfügung/-en ist noch nicht erfolgt, sie wird hiermit beantragt.

Danach hat der Erblasser als Erben eingesetzt:

1. Herrn/Frau *** *(Vorname, Nachname)*, geborene/-r ***, geboren am ***, wohnhaft in *** *(Straße, Haus-Nr., PLZ, Ort)*
2. *** *(ggf. weitere)*

Als gesetzliche Erben wären in Betracht gekommen:

1. Herr/Frau *** *(Vorname, Nachname)*, geborene/-r ***, geboren am ***, verstorben am ***
   *** *(Verwandtschaftsverhältnis)* des Erblassers
2. *** *(ggf. weitere)*

Weitere Verfügungen von Todes wegen sind nicht vorhanden.

Das **Urkundenende (inkl. eidesstattlicher Versicherung)** ist für beide Varianten gleich:

Ein Rechtsstreit über das Erbrecht der oben bezeichneten Erben ist nicht anhängig. Der/Die Antragsteller/Erben hat/haben die Erbschaft angenommen.

Über die Bedeutung einer eidesstattlichen Versicherung und über die Strafbarkeit unrichtiger eidesstattlich versicherter Angaben belehrt, versichere ich, der Antragsteller, hierdurch an Eides statt, dass mir nichts bekannt ist, was der Richtigkeit meiner Angaben entgegensteht.

Den nicht erschienenen Miterben bitte ich die Abgabe einer eidesstattlichen Versicherung zu erlassen. *(= falls vorhanden, sonst streichen)*

Der Antragsteller beantragt bei dem zuständigen Amtsgericht die Erteilung eines Erbscheins *(korrekte Form einsetzen)* vorstehenden Inhalts zu Händen des beurkundenden Notars. Der Wert des Reinnachlasses zum Zeitpunkt des Erbfalls nach Abzug der Verbindlichkeiten, die durch den Erblasser veranlasst waren, beträgt *** €. Der Antragsteller bevollmächtigt den Notar, Personenstandsurkunden von Standesämtern anzufordern und entgegenzunehmen. Die Kosten des Erbscheins sind vom Antragsteller zu erheben. Das Protokoll wurde vorgelesen, genehmigt und unterschrieben:

Sofern sich im Nachlass eine Immobilie befindet, wird in der Praxis gerne (z. B. im letzten Teilbereich der Urkunde) zusätzlich der Antrag auf Grundbuchberichtigung aufgenommen, der wie folgt lauten könnte:

Zum Nachlass gehört u. a. folgender Grundbesitz: Amtsgericht *** *(Ort)*, Grundbuch von *** *(Ort)*, Blatt *** *(Grundbuchblattnummer)*. **Die Grundbuchberichtigung wird hiermit beantragt.** Nach erfolgter Grundbuchberichtigung wird das Grundbuchamt gebeten, Nachricht an den Notar zu geben.

Wird ein Grundbuchberichtigungsantrag zusammen mit dem Erbscheinsantrag beurkundet, führt das zu einer Erhöhung der Notarkosten, weil die Anträge gegenstandsverschieden sind.

Der Antrag auf Grundbuchberichtigung kann alternativ auch privatschriftlich von dem Antragsteller gestellt werden.

3.1.4 Die Erbschaftsteuer

Wenn Vermögen vererbt wird, ist es möglich, dass für dieses Erbschaftsteuer zu entrichten ist. Die Erbschaftsteuer berechnet sich nach dem Vermögenswert; Nachlassverbindlichkeiten werden abgezogen.

Grundlage der Erbschaftsteuerberechnung ist das Erbschaftsteuergesetz (ErbStG) in Verbindung mit dem Bewertungsgesetz (BewG).

Bei der Wertermittlung wird grds. der Verkehrswert einer Sache zugrunde gelegt. Dabei handelt es sich um den Wert, der bei der Veräußerung einer Sache zu erzielen ist. Gibt es keinen Anhaltspunkt für die Bewertung einer Sache, kann ein Sachverständiger (z. B. bei Antiquitäten) hinzugezogen werden. Aktien und Wertpapiere sind mit dem niedrigsten an einer deutschen Börse am Todestag notierten Wert anzusetzen.

Eine Immobilie kann von der Besteuerung ausgenommen sein, wenn beispielsweise der überlebende Ehepartner sie als Familienheim (selbst dauerhaft) nutzt. Der Verkehrswert der Immobilie ist in diesem Fall unerheblich.

Es gibt drei Steuerklassen, die die Grundlage der Erbschaftsteuer bilden (I–III). Ehepartner, Lebenspartner nach dem LPartG, Kinder und Stiefkinder bzw. deren Abkömmlinge unterliegen beispielsweise der Steuerklasse I, die den geringsten Abzug verursacht. Der Steuersatz (in Prozent) richtet sich nach dem zu versteuernden Betrag. Je höher der Betrag ist, desto höher fällt der steuerliche Prozentsatz aus.

Darüber hinaus gibt es Freibeträge für die Erbschaftsteuer in unterschiedlicher Höhe. Diese sind von dem Verwandtschaftsverhältnis zum Erblasser abhängig. Ehepartner, Kinder und Enkel haben einen höheren Freibetrag als Eltern und entferntere Verwandte. Der Freibetrag eines Ehepartners/Lebenspartners nach dem LPartG beträgt derzeit 500.000,00 €, Kinder, Stiefkinder und Enkel (wenn die Eltern bereits verstorben sind) können jeweils 400.000,00 € steuerfrei erben.

Gegenüber dem Finanzamt bestehen umfangreiche Anzeigepflichten. Das Standesamt beispielsweise hat jeden Sterbefall an das Finanzamt zu melden. Kreditinstitute sind verpflichtet, dem Finanzamt nach Kenntnis eines Erbfalls anzuzeigen, welche Vermögenswerte für den Erblasser vorhanden sind.

Hinweis: Besteht der Nachlass in einem Vermögen, das zur Zahlung von Erbschaftsteuern führt, sollte dem/den Erben in jedem Fall geraten werden, sich steuerlich beraten zu lassen. Der Notar sollte keinen steuerlichen Rat erteilen, da eine fehlerhafte Beratung zu einer Haftung führen kann. Für diesen Fachbereich gibt es Steuerberater, die sich ausschließlich mit dem Steuerrecht befassen.

3.2 Die Erbausschlagung

Mit dem Tod einer Person geht deren Vermögen (insgesamt) automatisch auf den/die Erben als Gesamtrechtsnachfolger über. Möchte eine Person nicht Erbe bleiben, hat sie die Möglichkeit, die Erbschaft auszuschlagen. Die Ausschlagung kann erst nach Eintritt des Erbfalls (also nicht zu Lebzeiten des Erblassers) erfolgen.

Eine Erbausschlagung kommt in der notariellen Praxis häufig vor. Sie erfolgt meist, weil der Nachlass überschuldet ist. Ein anderer Beweggrund, ein Erbe nicht antreten zu wollen, kann ein familiärer und/oder persönlicher Umstand sein (*„Von dem/der will ich nichts haben."*) oder aber die Erbausschlagung wird als Gestaltungsinstrument zur Steuerung der Nachfolge eingesetzt (Vater schlägt aus – Sohn wird als Nächster Erbe).

Der ausschlagende (vorläufige) Erbe kann die Erklärung über die Erbausschlagung nicht an eine Bedingung knüpfen (*„Ich schlage die Erbschaft nur aus, wenn ..."*). Ferner kann die Erbschaft nur als Ganzes angenommen oder abgelehnt werden. Sie ist formbedürftig (= öffentliche Beglaubigung oder zur Niederschrift des Nachlassgerichts, § 1945 BGB und muss dem Amtsgericht – Nachlassgericht –, in dessen Bezirk der Erblasser seinen letzten gewöhnlichen Aufenthalt (§ 343 FamFG) hatte, innerhalb eines bestimmten Zeitraums zugeleitet werden. Meist ist mit dem letzten gewöhnlichen Aufenthalt der letzte Wohnsitz gemeint. Befindet sich der Erblasser vor seinem Ableben jedoch beispielsweise nicht zur vorübergehend (z. B. länger als sechs Monate) in einem Pflegeheim, ist das für den Ort des Pflegeheims zuständige Amtsgericht – Nachlassgericht – zu ermitteln.

Erbt der Staat als gesetzlicher Zwangserbe, steht diesem kein Ausschlagungsrecht zu (§ 1942 Abs. 2 BGB).

3.2.1 Frist, Form und Wirkung einer Erbausschlagung

Die **Frist** einer Erbausschlagung beträgt gem. § 1944 BGB
- sechs Wochen, wenn der Erblasser im Inland verstorben ist,
- sechs Monate, wenn der Erblasser seinen letzten Wohnsitz im Ausland hatte oder der Erbe sich bei Eintritt des Erbfalls im Ausland aufhielt,

und **beginnt zu laufen**, wenn der Erbfall eingetreten ist und der Erbe
- von dem Anfall der Erbschaft sowie dem Grund (gesetzliche Erbfolge) oder
- von seiner Erbenstellung durch Bekanntgabe einer Verfügung von Todes wegen durch das Nachlassgericht (gewillkürte Erbfolge) zuverlässig Kenntnis erlangt hat. Dies gilt auch bei gemeinschaftlichen Testamenten oder Erbverträgen.

Beispiele:
- Martin Schmidt wohnt in Mainz und erfährt am 07.06.2025 von seiner Mutter Rosi Schmidt, dass sein Vater Bernhard Schmidt am 06.06.2025 verstorben ist. Seine Mutter erklärt, dass der Vater den Nachlass zu Lebzeiten nicht geregelt habe, sodass sowohl sie als auch er erben werden. Martin Schmidt ist bekannt, dass der Vater kein Vermögen, sondern vielmehr einen großen Schuldenberg angehäuft hat. Er möchte daher, wie auch die Mutter, die Erbschaft ausschlagen. Die Ausschlagungsfrist für Martin Schmidt beginnt am 07.06.2025 zu laufen und endet sechs Wochen später, also am 19.07.2025. Das bedeutet,

dass die Erbausschlagung von Martin Schmidt spätestens am 19.07.2025 beim zuständigen Amtsgericht – Nachlassgericht – eingehen muss.

- Hätte der Vater von Martin Schmidt eine Verfügung von Todes wegen hinterlassen, in der Martin Schmidt als Erbe eingesetzt ist, begänne die Ausschlagungsfrist erst mit Bekanntgabe der Verfügung von Todes wegen durch das Nachlassgericht zu laufen. Die Bekanntgabe erfolgt in der Regel durch Übersendung einer Abschrift der Verfügung von Todes wegen an den/die Erben. Erhält Martin Schmidt die Bekanntgabe beispielsweise am 05.07.2025, beginnt die Ausschlagungsfrist an diesem Tag zu laufen und endet sechs Wochen später, also am 16.08.2025.

Es gibt zwei Möglichkeiten, eine Erbausschlagung (wirksam) zu erklären:

1. direkt beim Nachlassgericht zur dortigen Niederschrift oder
2. vor einem Notar, der die Unterschrift/-en des/der ausschlagenden Erben beglaubigt und die Urschrift der öffentlichen Urkunde
   - an das zuständige Nachlassgericht schickt bzw.
   - dem/den Erben zur Weitergabe an das Nachlassgericht übergibt.

Eine Erbausschlagung per E-Mail oder mit einfachem Brief ist nicht möglich.

Die Erbausschlagung ist eine einseitige, höchstpersönliche, form- und fristgebundene, amtsempfangsbedürftige Willenserklärung des/der Erben.

Hinweis: Erfolgt die Erbausschlagung direkt beim Nachlassgericht, kann diese entweder bei dem für den Erben **oder** für den Erblasser zuständigen Nachlassgericht erklärt werden. Dies bietet einen entscheidenden Vorteil im Gegensatz zu einer Ausschlagungserklärung bei einem Notar, der die Urkunde erst dem Nachlassgericht zuleiten muss, um die Frist zu wahren.

Merke: Wer die Erbschaft nicht rechtzeitig ausschlägt, nimmt sie an.
Eine Fristverlängerung ist nicht möglich. Es kann allerdings die Möglichkeit bestehen, dass der (ungewollte) Erbe zur Anfechtung der Annahme berechtigt ist.

Für einen Minderjährigen erklärt der gesetzliche Vertreter (meist die sorgeberechtigten Eltern) die Ausschlagung einer Erbschaft. Die Ausschlagung der gesetzlichen Vertreter ist vom Familiengericht zu genehmigen, es sei denn, die Erbschaft ist dem Minderjährigen nur zugefallen, weil beispielsweise ein Elternteil zuvor eine Erbschaft ausgeschlagen hat, was die allermeisten Fälle betrifft.

Für eine betreute Person kann der Betreuer als dessen gesetzlicher Vertreter die Erbschaft ausschlagen, wenn dies zu seinem Aufgabenkreis gehört. Daneben kann auch der Betreute, wenn er geschäftsfähig ist, eine Erbausschlagung erklären. Eine Ausschlagungserklärung des Betreuers bedarf der betreuungsgerichtlichen Genehmigung.

Kommt es mit Rücksicht darauf, dass das Betreuungs- und/oder Familiengericht die erforderliche Zustimmung zur (innerhalb der Frist erklärten) Erbausschlagung eines gesetzlichen Vertreters nicht innerhalb der 6-Wochen-Frist erteilt, zur Überschreitung der Frist, kann diese Verzögerung als höhere Gewalt gelten, was zu einer Hemmung der Frist führt (§ 206 BGB).

Beispiele:

- Eric Harms schlägt die Erbschaft nach seiner verstorbenen Ehefrau aus. Der gemeinsame minderjährige Sohn ist (aufgrund der gesetzlichen Erbfolge) **neben ihm** Erbe (Miterbe) geworden, sodass Eric Harms auch für diesen als (nunmehr) alleiniger gesetzlicher Vertreter die Erbschaft ausschlägt. Die Erbausschlagung für den minderjährigen Sohn bedarf der familiengerichtlichen Genehmigung, da der Vater **neben** dem Kind Erbe ist.
- Niklas Hose schlägt die Erbschaft nach seinem Vater aus, da der Nachlass überschuldet ist. Seine minderjährigen Kinder, Norbert und Nils, treten jetzt als gesetzliche Erben an die Stelle des Niklas Hose. Da natürlich auch die Kinder nicht erben sollen, schlägt Niklas Hose gemeinsam mit seiner Ehefrau Nora (als gemeinsame Inhaber der elterlichen Sorge) die Erbschaft auch für Norbert und Nils aus. Die Erbausschlagung für die minderjährigen Kinder bedarf in diesem Fall nicht der familiengerichtlichen Genehmigung, da den Kindern Norbert und Nils die Erbschaft **erst nach** Ausschlagung durch den Vater zugefallen ist.

Merke: Wenn ein Erbe die ihm zugefallene Erbschaft form- und fristgerecht ausgeschlagen hat, fällt diese der Reihe nach den (gesetzlich) folgenden Erben zu.

Ansonsten ist die Vertretung bei einer Erbausschlagung aufgrund einer in vermögensrechtlicher Hinsicht uneingeschränkten General- und Vorsorgevollmacht geregelt.

Ist die Erbschaft bereits

- angenommen oder
- ausgeschlagen

worden und es stellt sich später heraus, dass

- die Annahme voreilig war, da z. B. der Nachlass überschuldet ist, oder
- die Ausschlagung der Erbschaft doch nicht gewollt war,

gibt es die Möglichkeit, die

- Annahme,
- Ausschlagung und
- die Fristversäumnis

anzufechten, wenn ein Anfechtungsgrund besteht.

Ein Anfechtungsgrund ist beispielsweise gegeben, wenn der Erbe sich
- im Erklärungsirrtum (§ 119 Abs. 1 1. Alt. BGB) oder
- im Inhaltsirrtum (§ 119 Abs. 1 2. Alt. BGB) befand oder
- durch Täuschung oder Drohung eine Erklärung abgegeben oder nicht abgegeben hat.

▶ **Beispiele:**
- **Erklärungsirrtum:** Maria Martens ist verstorben. Alleinerbe ist ihr Ehemann Mark Martens, dem bekannt ist, dass der Nachlass einzig in einem Einfamilienhaus besteht, das überschuldet ist. Mark Martens möchte aus diesem Grund die Erbschaft ausschlagen. Er hat jedoch nach dem Tod seiner Ehefrau einige Gespräche mit den Gläubigern und Kaufinteressenten der Immobilie geführt. Aus diesem Verhalten wurde geschlossen, dass Mark Martens der Erbe geworden ist. Er hat sich gegenüber den Gläubigern/Kaufinteressenten entsprechend schlüssig (konkludent) verhalten. Dieses Verhalten hat zur Folge, dass Mark Martens die Erbschaft nach Maria Martens nicht mehr ausschlagen kann. Wenn er nicht Erbe sein möchte, hat er nun lediglich noch die Möglichkeit, die Erklärungen bzw. Annahme der Erbschaft wegen Erklärungsirrtums anzufechten.
- **Inhaltsirrtum:** Mark Martens aus dem obigen Fall hat die Erbschaft nach seiner Frau Maria Martens form- und fristgerecht ausgeschlagen. Drei Wochen nach der Ausschlagung stellt er fest, dass die Schulden seiner verstorbenen Frau durch eine Risikolebensversicherung zurückgezahlt wurden, sodass das Einfamilienhaus anders als gedacht schuldenfrei ist. Mark Martens kann nun die bereits erklärte Erbausschlagung wegen Inhaltsirrtums anfechten. Wird nach frist- und formgerecht erfolgter Erbausschlagung ein zuvor für wertlos gehaltenes Bild aus dem Nachlass für beispielsweise 150.000,00 € verkauft, liegt kein Anfechtungsgrund vor, da der ausschlagende Erbe sich nur hinsichtlich des Werts geirrt hat.

Ob die Anfechtung möglich ist, muss von Fall zu Fall geprüft werden. Eine Anfechtung kann innerhalb von sechs Wochen ab Kenntnis des Anfechtungsgrunds erfolgen (§ 1954 Abs. 1 BGB).

Erfolgt die Erklärung oder Nichterklärung aufgrund einer Drohung, beginnt die Frist mit dem Wegfall der Zwangslage zu laufen.

Die Anfechtung ist gegenüber dem zuständigen Nachlassgericht zu erklären. Hierfür gelten die Formvorschriften der Ausschlagung (§ 1945 BGB).

Merke: Die Anfechtung einer Erbschaftsannahme gilt als Erbausschlagung.

3.2.2 Inhalt einer Erbausschlagung

Situationsbeschreibung: Elisabeth Pingel, geborene Lockmann, geboren am 25.06.1975, wohnhaft in 80145 München, Starkbierstiege 8, erhält vom Nachlassgericht München am 15.01.2025 (Az.: 11 VI 13/2025) die Information, dass sie Erbin nach ihrem kürzlich verstorbenen Vater Lukas Lockmann geworden ist. Elisabeth Pingel ist bekannt, dass ihr Vater Schulden hatte, sodass der Nachlass überschuldet ist. Elisabeth Pingel hat gemeinsam mit ihrem Ehemann, Peter Pingel, geboren am 17.02.1973, zwei Kinder (Thorsten, geboren am 02.09.2012, und Tabea, geboren am 09.11.2016). Die entsprechende Erbausschlagungserklärung könnte wie folgt aussehen:

München, 25.01.2025

Amtsgericht München
Nachlassgericht
80097 München

In der Nachlasssache nach dem verstorbenen Lukas Lockmann
Az.: 11 VI 13/2025

schlage ich die mir zugefallene Erbschaft nach meinem Vater aus.

Durch meine Ausschlagung kommen meine Kinder
Thorsten Pingel, geboren am 02.09.2012, und
Tabea Pingel, geboren am 09.11.2016,
beide wohnhaft in 80145 München, Starkbierstiege 8,
als gesetzliche Erben in Betracht.

Wir, Elisabeth Pingel, geborene Lockmann, geboren am 25.06.1975, und Peter Pingel, geboren am 17.02.1973, schlagen hiermit aufgrund unserer gemeinsamen elterlichen Sorge auch für unsere vorgenannten minderjährigen Kinder die Erbschaft nach Lukas Lockmann aus.

München, 25.01.2025

Elisabeth Pingel
Peter Pingel

Nr. 123 des Urkundenverzeichnisses Jahrgang 2025

Vorstehende, heute vor mir gefertigte Unterschriften der mir von Person bekannten Elisabeth Pingel, geborene Lockmann, geboren am 25.06.1975, und Peter Pingel, geboren am 17.02.1973, beide wohnhaft in 80145 München, Starkbierstiege 8, beglaubige ich hiermit.

Die Notarin fragte nach einer Vorbefassung i. S. d. § 3 Abs. 1 Nr. 7 BeurkG; die Frage wurde von den Unterzeichnern verneint.

München, 25.01.2025

Katharina Marschner
Katharina Marschner
Notarin

Katharina Marschner
Notarin in Darmstadt

Tipp: Es ist in der Praxis sehr hilfreich, für die Erfassung einer Erbausschlagung eine Checkliste zu benutzen.

Zusammenfassung

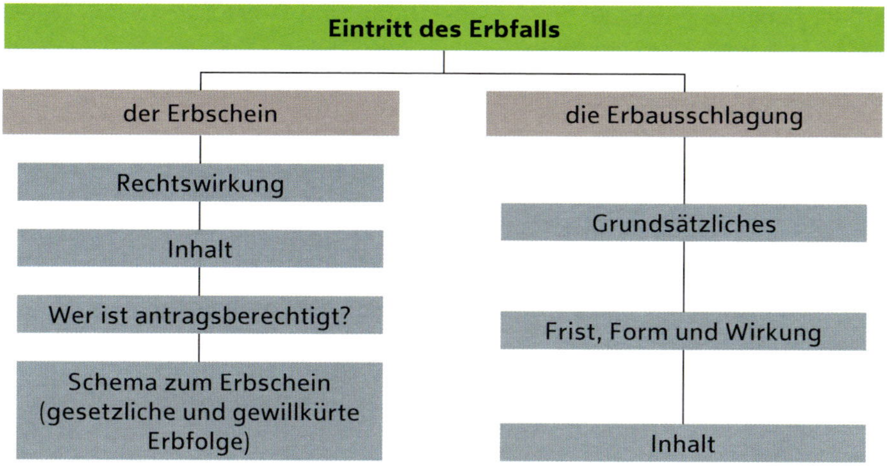

Wiederholung und Vertiefung

1. Welche Entscheidung muss ein Erbe bei Eintritt des Erbfalls stets treffen?
2. Welche Unterlage wird (häufig) benötigt, wenn man sich entschieden hat, die Erbschaft anzunehmen und wie kann die Unterlage i. S. d. Gesetzes ferner beschrieben werden?
3. Was muss ein Erbe tun, wenn er die Erbschaft nicht annehmen möchte?
4. Gibt es eine Frist, in der ein Erbe die Erklärung, dass er nicht erben möchte, abgeben muss?
5. Welches Formerfordernis ist bei den in Fragen 2. und 3. gemeinten Unterlagen zu beachten?
6. Welche Behörde ist sachlich für die Erteilung eines Erbnachweises zuständig?
7. Wer schlägt die Erbschaft für einen Minderjährigen aus und was muss hierbei unbedingt beachtet werden?

4 Notar- und Gerichtskosten in erbrechtlichen Angelegenheiten

Der Notar ist im Rahmen seiner Tätigkeit an vielen Vorgängen beteiligt, die erbrechtliche Angelegenheiten betreffen.

Seine Beurkundungs- und Vollzugstätigkeit löst Notar- und Gerichtskosten sowie Registergebühren aus, die teilweise über den Notar, teilweise direkt von Seiten des Gerichts dem jeweiligen Auftraggeber (Kostenschuldner) in Rechnung gestellt werden.

Um die verschiedenen Kosten dem jeweiligen Vorgang korrekt zuordnen und damit abrechnen zu können, ist ein umfassendes Wissen zu kostenauslösenden Tatsachen sowie der dazugehörigen Wertermittlung erforderlich.

Hinweis: Nach dem Versand einer Kostenrechnung muss der Zahlungseingang nach sinnvoll gesetzter Wiedervorlage überprüft und entsprechend verbucht werden. Gegebenenfalls ist bei Nichtzahlung eine Zahlungserinnerung anzufertigen.

Lernsituation

Notarin Katharina Marschner ist bereits seit einiger Zeit im Amt und hat daher schon viel Erfahrung im Umgang mit Mandanten sammeln können. Sie muss immer wieder feststellen, dass es gerade in Nachlasssachen häufig direkt an sie gerichtete Fragen zu den anfallenden Kosten bei Notar, Gericht und ZTR/elektronischem Urkundenarchiv gibt. Notarin Katharina Marschner ist in solchen Fällen immer wieder gezwungen, diese Informationen bezogen auf den Einzelfall mühsam zu ermitteln, was wiederholt unnötige Arbeitszeit in Anspruch nimmt.

Notarin Katharina Marschner hat daher den Einfall, eine möglichst übersichtliche tabellarische Aufstellung in Bezug auf Gebühren und Auslagen zu erbrechtlichen Urkunden anzufertigen, auf die sie immer wieder schnell zurückgreifen kann, um ihre Mandanten während eines persönlichen Besprechungstermins sofort informieren zu können. Die Notarin stellt sich vor, dass diese Aufstellung zulässt, Gebühren und Auslagen auf einen Blick zu erkennen. Um dieses Sachgebiet kostenmäßig zu vervollständigen, möchte sie ferner eine schriftliche Vorlage zur vereinfachten Ermittlung des Geschäftswerts bei Verfügungen von Todes wegen haben. Denn auch diesbezüglich ist es wiederholt zu Schwierigkeiten und Fehlern gekommen, die sie vermeiden möchte.

Notarin Katharina Marschner bittet Oxana Schuhmann, sich der Sache anzunehmen.

Arbeitsaufträge:

a) Ermitteln Sie zu unterschiedlichen erbrechtlichen Vorgängen die entsprechenden Gebührensätze inkl. KV-Nr. für Notargebühren, Gerichtskosten und die sonstigen Auslagen des ZTR unter Zuhilfenahme des GNotKG. Fertigen Sie hierzu eine übersichtliche Tabelle an.
b) Fertigen Sie eine tabellarische Vorlage zur Ermittlung des Geschäftswerts bei Verfügungen von Todes wegen an.
c) Vergleichen Sie Ihre Ergebnisse untereinander.
d) Reflektieren Sie anschließend Ihr Wissen.

4.1 Allgemeines zu Notarkosten in erbrechtlichen Angelegenheiten

Im Erbrecht sind in dem GNotKG folgende Gebührensätze für Urkunden zu finden:

2,0	**1,0**	**0,5**	**0,3**
• Erbvertrag • gemeinschaftliches Testament (Ehegattentestament, Berliner Testament) • Verzichtsverträge (z. B. Erb- oder Pflichtteilsverzicht)	• (Einzel) Testament • eidesstattliche Versicherung (z. B. in einem Erbscheinsantrag)	• Widerruf (z. B. eines Testaments) • Rücktritt (z. B. von einem Erbvertrag) • Anfechtung (z. B. eines Testaments) • Erbausschlagung	Rücknahme eines Erbvertrags aus der notariellen Verwahrung

Darüber hinaus können auch Vollzugsgebühren für beispielsweise die

- Einholung einer familien- oder betreuungsgerichtlichen Genehmigung — KV-Nr. 22110 oder 22111
- Anforderung von Personenstandsurkunden — KV-Nr. 22112
- Erzeugung von XML-Strukturdaten — KV-Nr. 22114 oder 22115

anfallen. Als Wertvorschrift ist jeweils § 112 GNotKG anzuwenden.

Voraussetzungen für den Anfall einer Vollzugsgebühr sind der Vollzugsauftrag und das Erfordernis einer Vollzugstätigkeit. Dies gilt bei zwingend elektronischer Einreichung nicht für die Erzeugung der XML-Strukturdaten.

Wird in einer Verfügung von Todes wegen über den **Nachlass als Ganzes** verfügt, ist das **modifizierte Reinvermögen** als Wertgrundlage zu ermitteln (§ 102 Abs. 1 GNotKG): Bruttowert im Zeitpunkt der Verfügung abzgl. der Verbindlichkeiten (jedoch nur bis zu Hälfte des Bruttowerts).

▶ **Beispiel:** Martin und Martina Schmidt setzen sich in einem gemeinschaftlichen Testament wechselseitig zu Alleinerben ein. Die Wertermittlung erfolgt folgendermaßen:

Vermögensverhältnisse		**Wert in Euro**
Ehefrau	Grundstück Sparguthaben Verbindlichkeiten	100.000,00 40.000,00 150.000,00
Ehemann	Grundstück Aktien Sparguthaben Verbindlichkeiten	250.000,00 50.000,00 50.000,00 180.000,00

Wertermittlung		**Wert in Euro**
Ehefrau	Vermögen (Grundstück + Sparguthaben) – Verbindlichkeiten	140.000,00 150.000,00
	= modifiziertes Reinvermögen	**70.000,00*)**
Ehemann	Vermögen (Grundstück + Aktien + Sparguthaben) – Verbindlichkeiten	350.000,00 180.000,00
	= modifiziertes Reinvermögen	**175.000,00**

*) Verbindlichkeiten werden lediglich bis max. zur Hälfte des Vermögens abgezogen = es verbleibt immer mind. das hälftige Vermögen.

Wird über **Teile am Nachlass** verfügt (z. B. durch ein Vermächtnis), ist lediglich der Wert des Teils zu ermitteln (§ 102 Abs. 3 GNotKG).

Hinweis: Ausführlichere Informationen zur Geschäftswertermittlung sind in LF 13, Kap. 3.1 zu finden. Die Vorgehensweise ist hier dieselbe.

▶

4.2 Verschiedene Notar- und Gerichtskosten in erbrechtlichen Angelegenheiten

Kostenschuldner ist stets derjenige, der die Tätigkeit des Notars veranlasst hat (§ 29 Abs. 1 GNotKG). Insbesondere bei Beurkundungen schuldet jeder die Kosten, dessen Erklärungen beurkundet sind (§ 30 Abs. 1 GNotKG).

Der Notar erlangt gegenüber dem Kostenschuldner einen öffentlich-rechtlichen Anspruch.

Gibt es mehrere Kostenschuldner, haften diese gesamtschuldnerisch (§ 32 Abs. 1 GNotKG). Die gesamtschuldnerische Haftung kann nicht durch Vereinbarung ausgeschlossen oder verändert werden.

4.2.1 Erbausschlagung

Bei der Erbausschlagung handelt es sich um eine vermögensrechtliche Erklärung. Als Geschäftswert wird der Nachlass nach Abzug der Verbindlichkeiten zugrunde gelegt (§ 103 Abs. 1 GNotKG). Bezieht sich die Erbausschlagung auf einen Bruchteil am Nachlass, ist der Wert des Bruchteils maßgebend.

Meist wird eine **Erbausschlagung wegen Überschuldung** des Nachlasses erklärt, sodass der Geschäftswert 0,00 € beträgt.

Schlagen mehrere Personen, die nebeneinander oder nacheinander zu Erben berufen sind, in derselben Urkunde die Erbschaft aus, liegen mehrere Beurkundungsgegenstände vor (§ 86 Abs. 2 GNotKG), sodass die Werte zu addieren sind (§ 35 Abs. 1 GNotKG).

Ist im Zeitpunkt der Erbausschlagung ein Nachlasswert ungeklärt oder unsicher, kann als Geschäftswert der Auffangwert von 5.000,00 € (§ 36 Abs. 3 GNotKG) genommen werden.

Welche Gebühr auf Basis des zuvor ermittelten Geschäftswerts bei der Erbausschlagung zu erheben ist, hängt davon ab, ob der Notar die Erbausschlagung ...

	KV-Nr.	**Gebührensatz**
... entworfen hat und die Unterschrift eines Erben beglaubigt.	24102	0,5 mind. 30,00 €
... nicht entworfen hat und die Unterschrift eines Erben beglaubigt.	25100	0,2 mind. 20,00 € max. 70,00 €
... beurkundet hat.	21201 Nr. 7	0,5 mind. 30,00 €

Hat der Notar lediglich die Unterschrift (ohne Entwurfsanfertigung) beglaubigt und wird er ferner zur Weitergabe der Urkunde an das zuständige Nachlassgericht beauftragt, erhält er neben der Gebühr nach KV-Nr. 25100 eine Festgebühr von 20,00 € nach KV-Nr. 22124 GNotKG.

Holt der Notar im Auftrag der Beteiligten zu einer von ihm beurkundeten oder entworfenen Erbausschlagung die familien- oder betreuungsgerichtliche Genehmigung ein, handelt es sich um eine Vollzugstätigkeit nach KV Vorbem. 2.2.1.1 Abs. 1 S. 2 Nr. 4 GNotKG. Er erhält hierfür eine Vollzugsgebühr von 0,3 nach KV-Nr. 22111 aus dem Geschäftswert der Erbausschlagung (§ 112 GNotKG).

Hinweis: Die familiengerichtliche Genehmigung zu einer Erbausschlagung ist notwendig, wenn ein Elternteil **neben** dem minderjährigen Kind Erbe geworden ist und die Ausschlagung der Erbschaft erklärt hat. Einer betreuungsgerichtlichen Genehmigung bedarf es stets, wenn ein Betreuer für den Erben das Erbe ausschlägt.

▶ **Beispiel:** Notar Kevin Schulz wird von Stefanie Kirchhof beauftragt, die gemeinsam mit ihren drei Geschwistern das Erbe ihres verstorbenen Vaters wegen Überschuldung nicht annehmen möchte, den Entwurf einer Erbausschlagung zu fertigen und die Unterschriften aller Geschwister zu beglaubigen. Stefanie Kirchhof und jedes der drei Geschwister erhält von Notar Kevin Schulz im Anschluss an die Unterzeichnung eine Abschrift der Urkunde (zwei Seiten). Post und Telekommunikation sind mit 5,75 € zu berechnen. Die Urschrift der Erbausschlagung sendet der Notar per Einwurf-Einschreiben an das zuständige Nachlassgericht. Die **Kosten des Notars** sind wie folgt abzurechnen:

Verfahren/Gegenstand/Wertvorschrift	Geschäftswert	KV-Nr.	Satz	Betrag
Erbausschlagung mit Entwurfsfertigung, §§ 35 Abs. 1, 103 Abs. 1, 119 GNotKG	0,00 €	24102	0,5	30,00 €
Ausschlagungserklärungen der drei Geschwister	0,00 €	-/-	-/-	0,00 €
Dokumentenpauschale (8 Seiten s/w)		32001		1,20 €
Post- und Telekommunikationsentgelt		32004		5,75 €
Zwischensumme				37,25 €
19 % Umsatzsteuer		32014		7,08 €
Auslagen Registrierung eUrkundensammlung		32015		4,50 €
Summe				**48,83 €**

Hinweis: Die Beglaubigung der Unterschriften ist mit der Entwurfsgebühr abgegolten (KV Vorbem. 2.4.1 Abs. 2 GNotKG).

Das vorstehende Rechenbeispiel bezieht sich auf die Unterschriftsbeglaubigung mehrerer Erben, die bei gleichzeitiger Anwesenheit die Urkunde unterzeichnen (= eine gemeinsame Unterschriftsbeglaubigung, eine Urkundenverzeichnisnummer). Hätte jeder Erbe einzeln an verschiedenen Tagen unterzeichnet, würde die Beglaubigungsgebühr (KV-Nr. 25100) für jede Unterschrift (= jede Urkunde/UVZ-Nr.) einzeln anfallen, sodass es für die Erben sehr sinnvoll ist, den Termin gemeinsam wahrzunehmen.

Merke: Das **Gericht** erhebt für die Entgegennahme der Erbausschlagung **keine Kosten**.

4.2.2 Erbvertrag

Die Wertermittlung bei der Abrechnung eines Erbvertrags erfolgt, wie eingangs dieses Kapitels dargestellt.

Bei Zusammenbeurkundung von Erbverträgen und weiteren Erklärungen (z. B. ein Erbvertrag nebst Grundstücksübertragung oder Erb- und Pflichtteilsverzicht) liegt stets ein besonderer Beurkundungsgegenstand vor (§ 111 Nr. 1 GNotKG), sodass gesondert zu bewerten ist (= die Werte sind zu addieren, § 35 Abs. 1 GNotKG).

Eine Besonderheit gibt es jedoch bei der Zuwendung und Fortführung eines land- oder forstwirtschaftlichen Betriebs samt Hofstelle. Hier ist gem. § 48 GNotKG das land- und forstwirtschaftliche Vermögen mit dem vierfachen Einheitswert zu ermitteln. Der Einheitswert wird durch die Finanzbehörde in einem Einheitswertbescheid festgestellt.

In Zusammenhang mit dem Erbvertrag fallen folgende Gebühren für das Beurkundungsverfahren an:

Beurkundung ...	**Satz**	**KV-Nr.**
... eines Erbvertrags	2,0	21100
... eines Nachtrags zu einem Erbvertrag	2,0	21100
... der Aufhebung eines Erbvertrags	1,0	21102 Nr. 2
... des Rücktritts von einem Erbvertrag	0,5	21201 Nr. 2

Wird ein in notarieller Verwahrung befindlicher Erbvertrag auf Ersuchen der Beteiligten zurückgegeben, ist eine 0,3 Verfahrensgebühr nach KV-Nr. 23100 auf Basis der Wertvorschrift des § 114 i. V. m. § 102 Abs. 1–3 GNotKG zu berechnen. Die Rücknahme ist im ZTR zu registrieren, was sowohl beim Notar als auch beim ZTR keine Gebühr auslöst.

Der Erbvertrag ist – wie jede erbfolgerelevante Urkunde – beim Zentralen Testamentsregister zu registrieren, wofür der Notar keine Gebühr erhält. Nähere Ausführungen sind im nachfolgenden Kostenteil für Testamente enthalten, die entsprechend für den Erbvertrag gelten.

▶ **Beispiel:** Gudrun Wölkchen und Siegfried von Oldenburg wollen einen Erbvertrag schließen. Das modifizierte Reinvermögen von Gudrun Wölkchen beträgt 100.000,00 €, das von Siegfried von Oldenburg 190.000,00 €. Notar Björn Felix fertigt den Entwurf und beurkundet den Erbvertrag. Er lässt die Urkunde beim Zentralen Testamentsregister registrieren und gibt sie in die amtliche Verwahrung des Nachlassgerichts. Jeder der Vertragschließenden erhält eine beglaubigte Abschrift des Erbvertrags. Die Urkunde besteht aus fünf Seiten. Ferner erhält jeder eine Kopie der Eintragungsbestätigung des ZTR (eine Seite) und des Testamentsregisterauszugs (eine Seite). Post- und Telekommunikationsentgelte werden pauschal in Rechnung gestellt. Die **Kosten des Notars** sind wie folgt abzurechnen:

Verfahren/Gegenstand/ Wertvorschrift	Geschäftswert	KV-Nr.	Satz / Anzahl	Betrag
Beurkundungsverfahren, Erbvertrag, § 102 Abs. 1 GNotKG	290.000,00 €	21100	2,0	1.170,00 €
Dokumentenpauschale		32001	10	1,50 €
Dokumentenpauschale		32000	4	2,00 €
Post- und Telekommunikationspauschale		32005		20,00 €
Zwischensumme				1.193,50 €
19 % Umsatzsteuer		32014		226,77 €
Auslagen Registrierung im ZTR (2 Personen)		32015		25,00 €
Auslagen Registrierung eUrkundensammlung		32015		4,50 €
Summe				**1.449,27 €**

Hinweis: Wegen der Auslagen/Dokumentenpauschale gem. KV-Nr. 32000 s. folgendes Kap. 4.2.3.

Merke: Das **Amtsgericht – Nachlassgericht – erhebt** für die Annahme einer Verfügung von Todes wegen (hier ein Erbvertrag) in die besondere amtliche Verwahrung eine Gebühr von 75,00 € gem. KV-Nr. 12100.

4.2.3 Testament (Einzeltestament/gemeinschaftliches Ehegattentestament)

Die Grundsätze der Wertbestimmung sind dieselben wie die beim Erbvertrag. Dabei sind folgende Gebührensätze maßgeblich:

Gegenstand der Beurkundung	Gebührensatz	KV-Nr.
Einzeltestament	1,0	21200
gemeinschaftliches Testament	2,0	21100
gemeinschaftlicher Widerruf einer letztwilligen Verfügung	2,0	21100
Anfechtung einer Verfügung von Todes wegen	0,5	21201 Nr. 3
(einseitiger) Widerruf einer wechselbezüglichen Verfügung (gemeinschaftliches Testament)	0,5	21201

Sucht der Notar die Testierer zur Testamentserrichtung auf deren Wunsch zu Hause auf, erhält er nach KV-Nr. 26003 eine Zusatzgebühr von 50,00 € **je Auftraggeber** und zwar unabhängig (!) von dem Zeitaufwand. Es handelt sich hierbei um ein **privilegiertes Rechtsgeschäft**. Darüber hinaus erhält er Fahrtkosten in Höhe von 0,42 €/Kilometer nach KV-Nr. 32006 erstattet. Werden neben dem Testament weitere/andere Urkunden errichtet, fällt die Privilegierung weg und die „normale" Zusatzgebühr nach KV-Nr. 26002 (50,00 € je angefangene halbe Stunde der Abwesenheit) ist (zeitanteilig verteilt auf die Urkunden) zu berechnen.

Für die Überlassung von Kopien der Eintragungsbestätigungen des ZTR/eines ZTR-Auszugs wird die Dokumentenpauschale nach KV-Nr. 32000 erhoben.

Für das **Registrieren im Zentralen Testamentsregister** erhebt die Registrierungsbehörde (Bundesnotarkammer) eine Gebühr. Diese beträgt **12,50 €** je Person (bei einem Ehegattentestament erfolgen zwei Registrierungen), wenn sie über den Notar abgerechnet wird. Soll die Abrechnung direkt mit dem Kostenschuldner (Testierer) erfolgen, werden 15,50 € je Person fällig. Die **ZTR-Gebühren** unterliegen **nicht** der **Umsatzsteuer**.

In der Regel nimmt der Notar die Gebührenrechnung der Registrierungsbehörde in Form einer Sammelabrechnung entgegen und gibt sie (ohne Umsatzsteuer) an den jeweiligen Kostenschuldner weiter. Die gesammelten Gebühren werden durch die Registrierungsbehörde vom Notar eingezogen. Erhält der Notar trotz Mahnung die Gebühr vom Kostenschuldner nicht erstattet, wird ihm der Betrag auf Antrag von der Registrierungsbehörde erstattet. Diese zieht dann unmittelbar beim Kostenschuldner ein.

Für die Löschung, Berichtigung oder Ergänzung von Verwahrdatensätzen und eine Nacherfassung von Daten werden keine Registrierungsgebühren erhoben.

▶ **Beispiel:** Birgit Pastor möchte ein Testament errichten. Sie beauftragt Notarin Kerstin Sieglieb, den Entwurf des Testaments zu fertigen, dieses nach Beurkundung beim Nachlassgericht in die besondere amtliche Verwahrung zu geben und die Registrierung im Zentralen Testamentsregister (ZTR) vorzunehmen. Birgit Pastor gibt an, ein Vermögen von 150.000,00 € zu haben. Verbindlichkeiten sind nicht vorhanden. Sie erhält eine beglaubigte Abschrift des Testaments (drei Seiten) sowie eine Kopie der Eintragungsbestätigung des ZTR (eine Seite) und des Testamentsregisterauszugs (eine Seite) für ihre Unterlagen. Post- und Telekommunikationsentgelte werden mit 5,55 € in Rechnung gestellt. Die **Kosten der Notarin** sind wie folgt abzurechnen:

Verfahren/Gegenstand/ Wertvorschrift	Geschäftswert	KV-Nr.	Satz/ Anzahl	Betrag
Beurkundungsverfahren, Testament, § 102 Abs. 1 GNotKG	150.000,00 €	21200	1,0	354,00 €
Dokumentenpauschale		32001	3	0,45 €
Dokumentenpauschale		32000	2	1,00 €
Post- und Telekommunikationsentgelt		32004		5,55 €
Zwischensumme				361,00 €
19 % Umsatzsteuer		32014		68,69 €
Auslagen Registrierung im ZTR		32015		12,50 €
Auslagen Registrierung eUrkundensammlung		32015		4,50 €
Summe				**446,59 €**

Hinweis: Hätten in diesem Beispiel Ehepartner testiert, wäre eine 2,0 Gebühr gem. KV-Nr. 21100 und 25,00 € für die Registrierung abzurechnen.

Merke: Das **Amtsgericht – Nachlassgericht – erhebt** für die Annahme einer Verfügung von Todes wegen (hier ein Testament) in die besondere amtliche Verwahrung eine Gebühr von 75,00 € gem. KV-Nr. 12100.

4.2.4 Erbscheinsantrag (samt Versicherung an Eides statt)

Für einen Erbscheinsantrag, der stets eine eidesstattliche Versicherung enthält, wird der Wert des Reinnachlasses im Zeitpunkt des Erbfalls abzgl. der in diesem Zeitpunkt bestehenden Verbindlichkeiten, die **durch den Erblasser** veranlasst wurden, zugrunde gelegt (§ 40 Abs. 1 S. 1 GNotKG).

Wird ein Erbschein lediglich zur Berichtigung des Grundbuchs benötigt, ist der Geschäftswert ebenso wie vorstehend beschrieben anzunehmen und zwar auch, wenn der Verkehrswert der Immobilie geringer als der Reinnachlass ist.

Bezieht sich der **Erbscheinsantrag** lediglich auf einen **Teil am Nachlass**, ist nur dieser Teil zu bewerten (§ 40 Abs. 1 GNotKG).

Wird ein **Erbscheinsantrag für mehrere Erbfälle** abgegeben, liegen mehrere Beurkundungsgegenstände vor (§ 86 Abs. 2 GNotKG). Die **Werte** sind in diesem Fall zu **addieren** (§ 35 Abs. 1 GNotKG).

Ist im Erbscheinsantrag ferner der Antrag auf Berichtigung des Grundbuchs enthalten, ist dieser gesondert zu bewerten und eine Vergleichsberechnung vorzunehmen (§ 94 Abs. 1 GNotKG).

Berechnungsbeispiel:
Notarin Katharina Marschner beurkundet einen Erbscheinsantrag. Da sich im Nachlass u. a. eine Immobilie befindet, wird in derselben Urkunde ein Grundbuchberichtigungsantrag erklärt.

Der gesamte Nachlasswert beträgt 320.000,00 €. Die Verbindlichkeiten, die vom Erblasser herrühren, betragen 20.000,00 €. Die im Nachlass befindliche Immobilie hat einen Verkehrswert von 255.000,00 €.

Verfahren/Gegenstand/Wertvorschrift	Geschäftswert	KV-Nr.	Satz	Betrag
Beurkundungsverfahren, Erbscheinsantrag, § 40 Abs. 1 GNotKG	300.000,00 €	23300	1,0	635,00 €
Grundbuchberichtigungsantrag, §§ 46, 97 Abs. 1 GNotKG	255.000,00 €	21201	0,5	267,50 €
Summe				**902,50 €**

Vergleichsberechnung nach § 94 Abs. 1 GNotKG:

Aus der Summe der vorstehenden Geschäftswerte (300.000,00 € + 255.000,00 €) ist der höchste Gebührensatz (hier 1,0) zu berechnen: 1,0 Gebühr aus 555.000,00 € = 1.095,00 €.

Der günstigere Betrag (hier getrennte Berechnung) ist maßgebend.

Erbscheinsantrag mit eidesstattlicher Versicherung und Grundbuchberichtigung sind gegenstandsverschieden (§ 86 Abs. 2 GNotKG). Mit Rücksicht auf die unterschiedlichen Gebührensätze (1,0/0,5) ist eine Vergleichsberechnung (§ 94 Abs. 1 GNotKG) erforderlich.

Hinweis: Da der Grundbuchberichtigungsantrag stets privatschriftlich von dem/den Erben gestellt werden kann, empfiehlt es sich, dem/den Erben im Kosteninteresse stets zu raten, diesen selbst zu stellen. Innerhalb der ersten zwei Jahre nach dem Erbfall wird das Grundbuch auf Antrag kostenfrei berichtigt. Wer den Antrag persönlich beim Grundbuchamt stellen möchte, erhält dort vielleicht sogar das dazu notwendige Antragsschreiben vorbereitet.

Fordert der Notar im Rahmen des Beurkundungsverfahrens eines Erbscheinsantrags mit eidesstattlicher Versicherung (auftragsgemäß) eine Personenstandsurkunde (z. B. eine Sterbeurkunde) an, liegt eine Tätigkeit (Vollzug) nach der Vorbem. 2.2.1.1 Abs. 1 S. 2 Nr. 1 GNotKG vor, die nach KV-Nr. 22112 auf 50,00 € je angeforderter Urkunde bzw. max. insgesamt auf einer 0,3 Gebühr (KV-Nr. 22111) begrenzt ist.

▶ **Beispiel:** Hermine Leichtfuss ist nach gesetzlicher Erbfolge Alleinerbin nach ihrem verstorbenen Ehemann geworden. Die Richtigkeit dieser Angaben versichert sie an Eides statt und beauftragt die Notarin Norina Weidinger, diese Erklärungen zu beurkunden und den Antrag im Anschluss auf elektronischem Weg an das Nachlassgericht zu senden. Der Nachlasswert beträgt 150.000,00 €. Die Nachlassverbindlichkeiten im Zeitpunkt des Erbfalls betragen 10.000,00 €. Dem Antrag sind folgende elektronisch beglaubigten Dokumente beizufügen:

- Sterbeurkunde des Erblassers (eine Seite) und
- Heiratsurkunde des Erblassers und der Hermine Leichtfuss (eine Seite).

Die beglaubigten Abschriften der vorbezeichneten Personenstandsurkunden fertigt die Notarin an; Hermine Leichtfuss übergibt der Notarin die zum Termin mitgebrachten Originalpersonenstandsurkunden. Sie erhält von Notarin Norina Weidinger eine Abschrift des Erbscheinsantrags (zwei Seiten). Post- und Telekommunikationsentgelte werden mit 2,60 € in Rechnung gestellt. Die **Kosten der Notarin** sind wie folgt abzurechnen:

Verfahren/Gegenstand/ Wertvorschrift	**Geschäftswert**	**KV-Nr.**	**Satz/Anzahl**	**Betrag**
Beurkundungsverfahren, Erbscheinsantrag, § 40 Abs. 1 GNotKG	140.000,00 €	23300	1,0	327,00 €
Beglaubigungsgebühr		25102	2	20,00 €
Dokumentenpauschale		32001	2	0,30 €
XML-Strukturdaten, § 112 GNotKG	140.000,00 €	22114	0,2	65,40 €
Post- und Telekommunikations-entgelt		32004		2,60 €
Zwischensumme				415,30 €
19 % Umsatzsteuer		32014		78,91 €
Auslagen Registrierung eUrkun-densammlung		32015		4,50 €
Summe				**498,71 €**

Hinweis: Bei der Beglaubigungsgebühr nach KV-Nr. 25102 wird 1,00 € je angefangene Seite, aber mindestens 10,00 € je Dokument abgerechnet. Daneben gibt es keine Dokumentenpauschale.

Merke: Das **Amtsgericht – Nachlassgericht – erhebt** für eine **Erbscheinserteilung** eine 1,0 Gebühr gem. KV-Nr. 12210. Als Wert ist der Nachlasswert zugrunde zu legen. Für eine **Testamentseröffnung**, die im Rahmen der Erbscheinserteilung häufig gleichzeitig beantragt wird, werden pauschal 100,00 € nach KV-Nr. 12121 berechnet. Verauslagt der Notar diese Gerichtsgebühr, wird sie als steuerfreie Auslage nach KV-Nr. 32015 in Rechnung gestellt.

Zusammenfassung

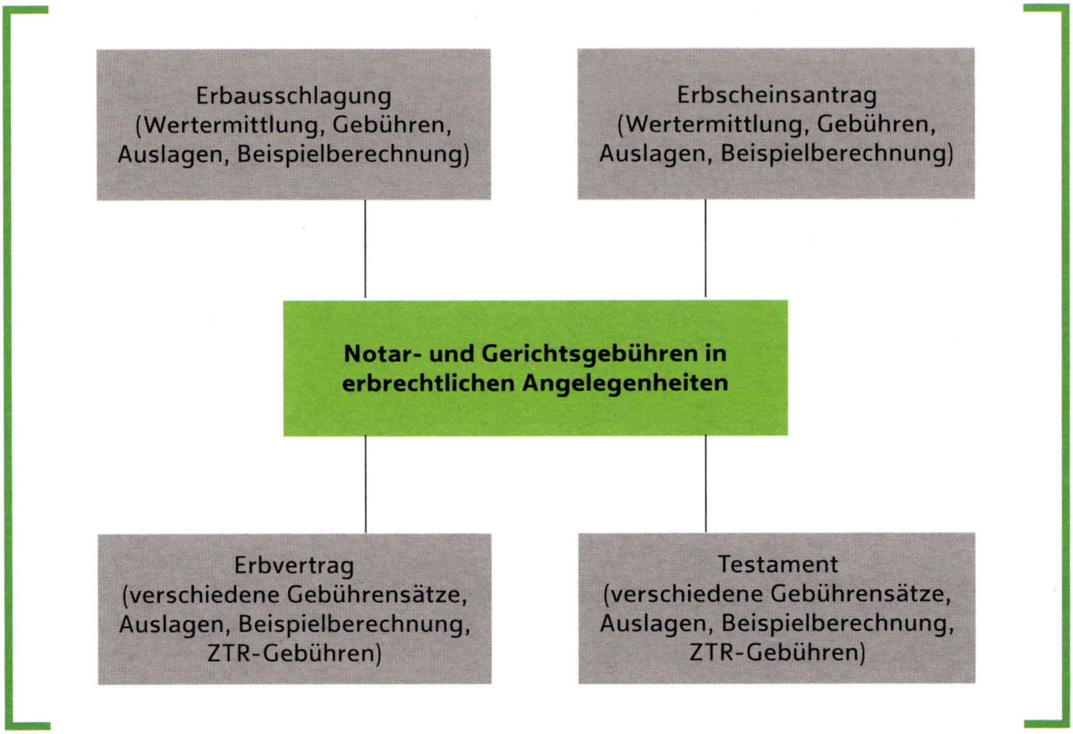

Wiederholung und Vertiefung

1. Wie werden Verbindlichkeiten bei der Geschäftswertermittlung einer Verfügung von Todes wegen behandelt?

2. Sind die Gebühren des Zentralen Testamentsregisters als Auslagen mit oder ohne Umsatzsteuer abzurechnen? Begründen Sie Ihre Antwort.

3. Notarin Bärbel Martens hat eine Erbausschlagung entworfen und beglaubigt die Unterschrift des Erben. Der Nachlass ist überschuldet. Die Erbausschlagung wird dem Erben im Original ausgehändigt.
   a) Welche Kosten (Gebühren und Auslagen) kann Notarin Bärbel Martens abrechnen?
   b) Wie sähe die Rechnung (ohne Dokumentenpauschale sowie Post- und Telekommunikationsdienstleistung) aus, wenn zusätzlich die Einholung einer familiengerichtlichen Genehmigung zur Erbausschlagung erforderlich wäre?
   c) Wie wäre abzurechnen, wenn der Nachlasswert 10.000,00 € betrüge?

4. Renate und Wolfgang Kuhling beauftragen Notar Tim Grocholl, ein Berliner Testament für sie zu entwerfen. Nach Prüfung des Urkundenentwurfs erfolgt die Beurkundung. Das modifizierte Reinvermögen von Renate Kuhling beträgt 150.000,00 €, das modifizierte

Reinvermögen von Wolfgang Kuhling beträgt 250.000,00 €. Im Rahmen der Abwicklung wird das Testament im Zentralen Testamentsregister registriert und die Testierer erhalten eine beglaubigte Ablichtung des Testaments (vier Seiten) für ihre Unterlagen. Die Gebühren des Testamentsregisters werden direkt bei Notar Tim Grocholl eingezogen. Das Post- und Telekommunikationsentgelt wird pauschal in Rechnung gestellt.

a) Wie sieht die Kostenrechnung des Notars Tim Grocholl aus?

b) Wie hoch sind die Gerichtskosten, die Renate und Wolfgang Kuhling für die Aufnahme des Testaments in die besondere amtliche Verwahrung durch das Nachlassgericht in Rechnung gestellt bekommen und welche KV-Nr. im GNotKG regelt dies?

5. Carsten und Peter Schöning vereinbaren durch notarielle Urkunde einen wechselseitigen Erbverzicht. Das Aktivvermögen des Carsten Schöning beläuft sich auf 200.000,00 € und das Aktivvermögen des Peter Schöning auf 100.000,00 €. Carsten Schöning hat Verbindlichkeiten in Höhe von 150.000,00 € und Peter Schöning von 30.000,00 €. Es werden acht Kopien und eine per E-Mail versandte Datei in Rechnung gestellt, Post und Telekommunikation werden pauschal berechnet. Die Urkunde ist im ZTR zu registrieren. Die Ehepartner leben im gesetzlichen Güterstand. Sie haben ein adoptiertes Kind.

a) Berechnen Sie in nachvollziehbarer Weise den Geschäftswert unter Beachtung des § 97 Abs. 3 GNotKG.

b) Erstellen Sie die notarielle Kostenrechnung.

6. Svenja Häsing setzt ihren Neffen Niklas als ihren Erben zu einem Drittel ein. Sie verfügt insgesamt über ein Aktivvermögen von 190.000,00 € und hat Verbindlichkeiten von 100.000,00 €. Die Verfügung von Todes wegen wird durch den Notar im ZTR registriert und in die besondere amtliche Verwahrung des Amtsgerichts – Nachlassgericht gegeben. Svenja Häsing erhält eine beglaubigte Kopie der zwei Seiten umfassenden Urkunde für ihre Unterlagen; Post- und Telekommunikationsentgelte werden mit 5,40 € berechnet. Ermitteln Sie das modifizierte Reinvermögen der Erblasserin, den daraus resultierenden Geschäftswert und erstellen Sie die Kostenrechnung des Notars.

5 Führen des erforderlichen Schriftverkehrs

In Nachlasssachen erfolgt die Korrespondenz meist nur mit dem Nachlassgericht oder den Mandantschaften, die entweder Testierer oder Erbe sind.

Eine auf der Grundlage einer Besprechung gefertigte Verfügung von Todes wegen wird in der Regel vor der Unterzeichnung zur Durchsicht und Prüfung an die Mandantschaft geschickt. In dem Zusammenhang können weitere vom Notar benötigte Daten bei der Mandantschaft erbeten werden.

Nach der Beurkundung erhält die Mandantschaft eine (beglaubigte) Abschrift der Urkunde und wird darüber informiert, was der Notar in der konkreten Angelegenheit veranlasst hat. Das kann beispielsweise die Hinterlegung einer Verfügung von Todes wegen beim Nachlassgericht, eine Antragstellung beim Nachlassgericht (= beim Erbscheinsantrag) oder die Registrierung im Zentralen Testamentsregister sein.

Die Korrespondenz mit der Mandantschaft sollte immer möglichst übersichtlich und gut verständlich formuliert werden. Dass die geltenden Rechtschreib- und Grammatikregeln zu beachten sind, versteht sich von selbst.

Tipp: Zur Arbeitserleichterung bietet es sich an, für jeden Sachverhalt „Testament", „Erbschein" usw. Musterschreiben oder Schnellbausteine anzulegen, die bei Bedarf zeitsparend eingesetzt werden können. Die Verwendung von Shortcuts ermöglicht eine zügige Textformatierung.

Web

Hinweis: Den Briefbogen der Kanzlei finden Sie unter dem vorne abgedruckten Webcode zum Buch. Grundlagen dieses Briefbogens sind die Form B und das Anschriftfeld mit Rücksendeangabe.

Lernsituation

Anja und Max Tischbein haben Notarin Katharina Marschner beauftragt, den Entwurf eines Ehegattentestaments zu fertigen. Sie sind seit acht Jahren ein Paar und seit vier Jahren verheiratet. Nun wollen sie ihren Nachlass vor allem im Hinblick darauf, dass Anja Tischbein schwanger ist und in einigen Wochen das erste gemeinsame Kind zur Welt bringen wird, durch notarielle Erklärung regeln.

Jana Seidel hat nach Diktat der Notarin einen ersten Entwurf des Testaments geschrieben und diesen Anja und Max Tischbein übermittelt. Das Ehepaar vereinbart telefonisch im Anschluss einen weiteren Besprechungstermin in der Kanzlei der Notarin. Es sind seitens des Ehepaars noch weitere Fragen aufgetaucht, die vor endgültiger Unterzeichnung der Urkunde zu klären sind.

Die Notarin macht sich nach der Besprechung erneut Gedanken über den Testamentsinhalt und diktiert eine entsprechende Überarbeitung. Da Jana Seidel sich jetzt im Urlaub befindet, wird Oxana Schuhmann gebeten, das Diktat möglichst rasch zu schreiben und die neue Fassung des Testaments per E-Mail an Anja und Max Tischbein zu senden. Anja und Max Tischbein werden um erneute Überprüfung des Entwurfs gebeten. Der geänderte Entwurfstext wird von beiden Ehepartnern akzeptiert und ein Beurkundungstermin vereinbart. In der Nacht vor dem Termin wird einige Tage zu früh das Kind des Ehepaars geboren, sodass die Unterzeichnung bis zur Rückkehr von Anja Tischbein aus dem Krankenhaus verschoben werden muss. Notarin Katharina Marschner wird im Anschluss gebeten, die Beurkundung im Hause der Ehepartner vorzunehmen. Die Unterzeichnung des Ehegattentestaments findet am Samstag, den 15.03.2025 um 13:30 Uhr bei Anja und Max Tischbein zu Hause statt, wohin die Notarin mit dem eigenen Pkw fährt.

Am Montag findet Oxana Schuhmann, die Jana Seidel während deren Urlaubs im Notariat vertritt, die beurkundete Verfügung von Todes wegen zur Eintragung im Urkundenverzeichnis und weiteren Bearbeitung vor. Sie vergibt die nächste Urkundenverzeichnisnummer der Notarin, registriert die Urkunde im ZTR, fertigt eine beglaubigte Abschrift für die Urkundensammlung sowie zum Scannen für die elektronische Urkundensammlung an und reicht die Urschrift bei dem zuständigen Amtsgericht – Nachlassgericht – ein. Anja und Max Tischbein erhalten jeder eine beglaubigte Abschrift des Testaments sowie die Kostenrechnung der Notarin. Notarin Katharina Marschner hat als Grundlage der Kostenberechnung folgende Notizen angefertigt:

Max Tischbein

Vermögen	**Euro**
Guthaben Konten	10.000,00
Pkw (Marktwert)	30.000,00
Immobilie (Verkehrswert)	250.000,00
Kapitallebensversicherung Rückkaufswert)	2.000,00
Verbindlichkeiten	**Euro**
Kredit Pkw	20.000,00
Kredit Immobilie	185.000,00

Anja Tischbein

Vermögen	**Euro**
Guthaben Konten	25.000,00
Pkw (Marktwert)	30.000,00
Immobilie 1 (Verkehrswert)	350.000,00
Immobilie 2 (Verkehrswert)	150.000,00
Schmuck (geschätzter Marktwert)	15.000,00
Risikolebensversicherung	0,00
Verbindlichkeiten	**Euro**
Kredit Pkw	12.000,00
Kredit Immobilie 1	185.000,00
Kredit Immobilie 2	0,00

Arbeitsaufträge:

a) Erstellen Sie das Schreiben an Anja und Max Tischbein, mit dem diese den ersten Urkundenentwurf mit der Bitte erhalten, diesen umfassend zu prüfen und Änderungswünsche mitzuteilen, mithilfe folgender Daten:
- Anja und Max Tischbein, Sandkuhle 6 a, 64295 Darmstadt
- Jana Seidel erstellt das Schreiben am 03.02.2025.

b) Fertigen Sie das zweite Schreiben an Anja und Max Tischbein, mit dem diese den überarbeiteten Urkundenentwurf mit der Aufforderung erhalten haben, den Inhalt des Entwurfs erneut zu prüfen und einen Beurkundungstermin abzustimmen, mithilfe folgender ergänzender Daten:
- E-Mail-Adresse: AnjaMaxTisch@gmx.net
- Oxana Schuhmann erstellt das Schreiben am 24.02.2025.

c) Erstellen Sie das an das Nachlassgericht zu sendende Schreiben, mit dem das Original der Verfügung von Todes wegen in die besondere amtliche Verwahrung gegeben wird. Oxana Schuhmann erstellt dieses Schreiben am 21.03.2025.

d) Erstellen Sie das an Anja und Max Tischbein zu richtende Schreiben, mit dem diese das beurkundete Testament mit der Urkundenverzeichnisnummer 359/2025 sowie die Kostenrechnung erhalten unter demselben Datum, wie den Brief zu c). Informieren Sie die Ehepartner ergänzend über die vorgenommene Registrierung beim ZTR sowie die Hinterlegung der Urschrift beim Amtsgericht – Nachlassgericht.

e) Ermitteln Sie in nachvollziehbarer Weise den Geschäftswert, der bei der Berechnung der Gebühren maßgeblich ist.

f) Fertigen Sie die Kostenrechnung der Notarin Katharina Marschner mithilfe folgender ergänzender Daten:
   - Oxana Schuhmann erstellt die Kostenrechnung am 21.03.2025.
   - Notarin Katharina Marschner sucht die Ehepartner auf deren Wunsch hin zur Beurkundung an einem Freitag zu Hause nach 18:30 Uhr auf. Die einfache Entfernung zwischen der Kanzlei der Notarin und dem Haus des Ehepaars beträgt 14 km.
   - Die Abwesenheitszeit der Notarin für Hin- und Rückfahrt sowie für die Beurkundung beträgt 2,5 Stunden.
   - Die nächste Rechnungsnummer lautet: 705/2025.
   - Oxana Schuhmann hat das insgesamt fünf Seiten umfassende Testament dreimal kopiert, wovon eine Kopie für die Akte der Notarin bestimmt ist.
   - Post und Telekommunikation werden pauschal berechnet.

g) Vergleichen Sie untereinander Ihre Ergebnisse.

h) Reflektieren Sie anschließend Ihr Wissen.

5.1 Schreiben an Mandantschaften/das Nachlassgericht

In gewöhnlichen Nachlasssachen wird im Gegensatz zu anderen Angelegenheiten, beispielsweise einem Immobilienkauf, durch das Notariat wenig Korrespondenz geführt. Sie beschränkt sich vorwiegend auf Anträge/Schreiben an das Nachlassgericht und informativen Schriftverkehr mit der Mandantschaft. Im Auftrag der Mandantschaft können darüber hinaus Personenstandsurkunden (z. B. eine Sterbeurkunde) bei dem zuständigen Standesamt angefordert und nach Erhalt beim Nachlassgericht vorgelegt werden.

Es ist bei dem Entwurf einer Verfügung von Todes wegen vielfach der Fall, dass diese mehrmals zu überarbeiten ist. Häufig bemerken Mandantschaften erst bei näherer Beschäftigung mit der Materie, dass sowohl die erste als auch die zweite oder dritte Fassung ihres Testaments noch nicht alles beinhaltet, was aus ihrer Sicht notwendig ist, um ihren Nachlass umfassend zu regeln.

5.1.1 Übersendung einer Erbausschlagung an das Nachlassgericht

Situationsbeschreibung: Notarin Katharina Marschner hat am 04.03.2025 unter der Urkundenverzeichnisnummer 92/2025 die Unterschrift des Eckhard Kabus auf einer Erbausschlagung beglaubigt. Sie bittet Oxana Schuhmann, das Original der Erbausschlagung unverzüglich dem zuständigen Amtsgericht – Nachlassgericht – in 23758 Oldenburg in Holstein, Göhler Straße 90, zuzusenden. Das Nachlassgericht soll um Eingangsbestätigung gebeten werden. Das Aktenzeichen des Nachlassgerichts ist unbekannt. Die Erbausschlagung betrifft den Nachlass der Else Kabus, geborene Langbehn, geboren am 17.02.1946, die am 21.02.2025 verstorben ist. Else Kabus lebte zuletzt in 23743 Grömitz. Oxana Schuhmann fertigt das Schreiben am 05.03.2025.

Katharina Marschner
Rechtsanwältin & Notarin

Anwaltsnotariat Marschner, Wilhelminenplatz 220, 64283 Darmstadt
Amtsgericht Oldenburg
Nachlassgericht
Göhler Straße 90
23758 Oldenburg in Holstein

Wilhelminenplatz 220
64283 Darmstadt
Telefon: +49 621 9999999-0
Telefax: +49 621 9999999-1
E-Mail: kontakt@ra-marschner.de

Bankverbindung: Commerzbank Darmstadt
IBAN: DE41 5084 0005 0000 5638 12
USt-IdNr.: DE999999999

Datum: 05.03.2025

In der Nachlasssache
nach Else Kabus, geb. Langbehn, geb. am 17.02.1946, gest. am 21.02.2025
zuletzt wohnhaft in 23743 Grömitz,

überreiche ich anliegend das Original der Erbausschlagung vom 04.03.2025 (UVZ-Nr. 92/2025 Notarin Katharina Marschner).

Bitte bestätigen Sie den Erhalt der vorbezeichneten Urkunde durch Rückgabe des beigefügten Doppels dieses Schreibens.

Katharina Marschner
Notarin

Anlage

5.1.2 Übersendung von Urkunden/Dokumenten (nach Beurkundung) an Mandantschaften

Situationsbeschreibung: Karina und Richard Hausmann, Am Gericht 7, 64345 Mühltal, haben vor der Notarin Katharina Marschner am 15.12.2025 zur UVZ-Nr. 459/2025 ein Berliner Testament erklärt. Diese bittet Oxana Schuhmann, eine beglaubigte Abschrift der Urkunde an Karina und Richard Hausmann zu senden. Ferner soll eine Abschrift der Eintragungsbestätigung des

Zentralen Testamentsregisters vom 17.12.2025 zur Kenntnisnahme beigefügt werden. Oxana Schuhmann verfasst das Schreiben am 19.12.2025 und fügt die Kostenrechnung für die Beurkundung des Testaments einschließlich Auslagen für die Registrierung im Zentralen Testamentsregister bei. Sie informiert Karina und Richard Hausmann ferner über die erfolgte Hinterlegung und kündigt die Hinterlegungsscheine sowie die Kostenrechnung des Nachlassgerichts an.

Katharina Marschner
Rechtsanwältin & Notarin

Wilhelminenplatz 220
64283 Darmstadt
Telefon: +49 621 9999999-0
Telefax: +49 621 9999999-1
E-Mail: kontakt@ra-marschner.de

Bankverbindung: Commerzbank Darmstadt
IBAN: DE41 5084 0005 0000 5638 12
USt-IdNr.: DE999999999

Anwaltsnotariat Marschner, Wilhelminenplatz 220, 64283 Darmstadt
Ehepartner
Karina und Richard Hausmann
Am Gericht 7
64345 Mühltal

Datum: 19.12.2025

Ihr Testament
Unser Zeichen: UVZ-Nr. 459/2025, Hausmann (Testament)

Sehr geehrte Frau Hausmann,
sehr geehrter Herr Hausmann,

anliegend überreiche ich

- eine beglaubigte Ablichtung des gemeinschaftlichen Testaments vom 15.12.2025 (UVZ-Nr. 459/2025 Notarin Katharina Marschner) sowie
- den Beleg über die Registrierung der Urkunde beim Zentralen Testamentsregister

für Ihre Unterlagen. Bitte bewahren Sie die Dokumente sorgfältig auf.
Das Original des Testaments habe ich bei dem hiesigen Amtsgericht – Nachlassgericht – in die besondere amtliche Verwahrung gegeben. Die hierfür bei Gericht anfallenden Hinterlegungskosten wird dieses in nächster Zeit direkt bei Ihnen anfordern. Die Hinterlegungsscheine werden Ihnen ebenso unmittelbar vom Nachlassgericht übermittelt werden.

Meine für die Beurkundung des Testaments entstandenen Gebühren sowie die Auslagen für die Registrierung im Zentralen Testamentsregister der Bundesnotarkammer entnehmen Sie bitte der beigefügten Abrechnung.

Mit freundlichen Grüßen

Katharina Marschner
Notarin

Anlagen

5.2 Kostenrechnungen erstellen

Die Erstellung von Kostenrechnungen nach der Beurkundung von Willenserklärungen in Nachlasssachen gehört zu einem wichtigen Aufgabenbereich einer bzw. eines Rechtsanwalts- und Notarfachangestellten.

Situationsbeschreibung: Fritz Flink, Konradweg 15, 64123 Darmstadt, hat am 04.02.2025 die Erbschaft nach seinem verstorbenen Vater, Ferdinand Flink, vor der Notarin Katharina Marschner zur UVZ-Nr. 85/2025 ausgeschlagen. Die Unterschrift des Fritz Flink wurde beglaubigt. Der Nachlass ist überschuldet. Notarin Katharina Marschner händigt Fritz Flink das Original der Erbausschlagung sofort nach der Beurkundung aus, weil dieser es wegen der fast abgelaufenen Ausschlagungsfrist persönlich zum Nachlassgericht bringen möchte. Jana Seidel erstellt am Tag der Beurkundung die Kostenrechnung unter der Rechnungsnummer 123/2025.

Katharina Marschner
Rechtsanwältin & Notarin

Wilhelminenplatz 220
64283 Darmstadt
Telefon: +49 621 9999999-0
Telefax: +49 621 9999999-1
E-Mail: kontakt@ra-marschner.de

Bankverbindung: Commerzbank Darmstadt
IBAN: DE41 5084 0005 0000 5638 12
USt-IdNr.: DE999999999

Anwaltsnotariat Marschner, Wilhelminenplatz 220, 64283 Darmstadt
Herrn
Fritz Flink
Konradweg 15
64123 Darmstadt

Datum: 04.02.2025

Rechnungsnummer: 123/2025
Erbausschlagung
UVZ-Nr. 85/2025 Notarin Katharina Marschner

Kostenrechnung der Notarin Katharina Marschner
gem. § 19 GNotKG

Bezeichnung	Geschäftswert	KV-Nr.	Satz	Betrag
Erbausschlagung mit Entwurfsfertigung, §§ 103 Abs. 1, 119 Abs. 1GNot KG	0,00 €	24102	0,5	30,00 €
19 % Umsatzsteuer		32014		5,70 €
Auslagen eUrkundensammlung		32015		4,50 €
Summe				40,20 €

Rechtsbehelfsbelehrung
Fragen zu dieser Rechnung beantworte ich Ihnen jederzeit gerne. Sie haben auch die Möglichkeit, eine Entscheidung des Landgerichts Darmstadt, Mathildenplatz 13/15, 64283 Darmstadt, zu beantragen. Der Antrag bei Gericht muss schriftlich oder zur Niederschrift der Geschäftsstelle des Landgerichts gestellt werden und unterliegt keiner Frist. Er muss jedoch grundsätzlich bis zum Ablauf des Kalenderjahrs, das auf das Jahr folgt, in dem Ihnen die vollstreckbare Ausfertigung der Kostenrechnung zugestellt ist, dem Gericht vorgelegt werden.

Katharina Marschner
Notarin

Zusammenfassung

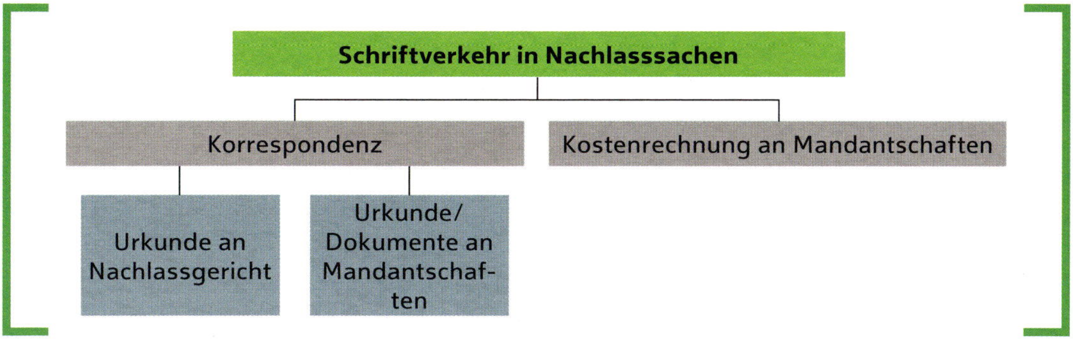

Wiederholung und Vertiefung

1. Notarin Katharina Marschner hat den Erbvertrag der Lebenspartner Thorsten Schön und Martin Schick am 07.01.2025 unter der UVZ-Nr. 12/2025 beurkundet. Sie übergibt die Akte Oxana Schuhmann und bittet diese, auftragsgemäß den Erbvertrag beim zuständigen Amtsgericht – Nachlassgericht – in die besondere amtliche Verwahrung zu geben. Ferner soll sie die Registrierung beim Zentralen Testamentsregister vornehmen und eine beglaubigte Abschrift für die Urkundensammlung/elektronische Urkundensammlung anfertigen. Thorsten Schön und Martin Schick wohnen in 64401 Groß-Bieberau in der Bergmannstraße 7.

a) Notarin Katharina Marschner bittet Oxana Schuhmann, zwei beglaubigte Abschriften des Erbvertrags an Thorsten Schön und Martin Schick zu senden und diese über die vorgenommene Registrierung im Zentralen Testamentsregister sowie die erfolgte Hinterlegung beim Nachlassgericht zu informieren.

b) Die Notarin beauftragt Oxana Schuhmann ferner, die Kostenrechnung (Rechnungsnummer: 9/2025) für die Beurkundung des Erbvertrags einschließlich der Auslagen für die Registrierung im Zentralen Testamentsregister (2 · 12,50 €) an Thorsten Schön und Martin Schick zu senden. Post- und Telekommunikationsdienstleistungen werden pauschal in Rechnung gestellt. Es wurden zehn Seiten kopiert.

Erstellen Sie sowohl Schreiben als auch Kostenrechnung mithilfe des Briefbogens der Notarin Katharina Marschner unter dem Datum 13.01.2025. Der Geschäftswert des Erbvertrags beträgt 200.000,00 €.

2. Thomas von Böse, wohnhaft in 64405 Fischbachtal, Dorschplatz 5, hat sein Testament durch Notarin Katharina Marschner beurkunden lassen. Die Urkunde wurde am 10.10.2025 unter der UVZ-Nr. 432/2025 beim Zentralen Testamentsregister registriert und in die Verwahrung des Nachlassgerichts gegeben.

a) Notarin Katharina Marschner bittet Jana Seidel, eine beglaubigte Abschrift des Testaments an Thomas von Böse zu schicken und ihn über die erfolgte Registrierung im Zentralen Testamentsregister sowie die Hinterlegung beim Nachlassgericht zu informieren.
b) Die Notarin beauftragt Jana Seidel ferner damit, die Kostenrechnung (Rechnungsnummer: 543/2025) für die Beurkundung des Testaments einschließlich der Auslagen für die Registrierung im Zentralen Testamentsregister (12,50 €) an Thomas von Böse zu senden. Post- und Telekommunikationsdienstleistungen werden in Höhe von 4,50 € in Rechnung gestellt. Es wurden sechs Seiten kopiert.

Erstellen Sie sowohl Schreiben als auch Kostenrechnung mithilfe des Briefbogens der Notarin Katharina Marschner unter dem Datum 16.10.2025. Der Geschäftswert des Testaments beträgt 55.000,00 €.

Lernfeld 15 – Kompetenzen

In diesem Lernfeld lernen Sie:

Kapitel 1 **Das Grundstück/ Eigentumserwerb**	• dass es verschiedene Arten von Grundstücken gibt • was der Unterschied zwischen materiellem und formellem Liegenschaftsrecht ist • welche Rechtsgrundlagen das Liegenschaftsrecht bilden • wie ein Grundstück entsteht • welche Aufgaben das Katasteramt/Vermessungsamt hat • wie eine Flurkarte gelesen wird • Beispiele von Eigentumserwerb an einem Grundstück kennen • wer Eigentümer eines Grundstücks werden kann • dass es einen Unterschied zwischen schuldrechtlichem Verpflichtungsgeschäft und dinglichem Verfügungsgeschäft gibt

Kapitel 2 **Das Grundbuch/ die Grundakten**	• wer für die Führung des Grundbuchs sachlich und örtlich zuständig ist • welche Organe der Rechtspflege für die Grundbuchführung verantwortlich sind • dass Grundbücher papiermäßig, aber auch elektronisch geführt werden können • wer berechtigt ist, das Grundbuch einzusehen • wie das Grundbuch aufgebaut ist • dass die im Grundbuch eingetragenen Rechte untereinander ein Rangverhältnis haben

Kapitel 3 **Besondere Formen des Eigentums**	• dass es besondere Grundstücke gegenüber dem allgemeinen Recht gibt • was unter dem Begriff „Wohnungseigentum" zu verstehen ist • wie ein Wohnungsgrundbuch aufgebaut ist • wie Wohnungseigentum gebildet wird • was unter dem Begriff „Erbbaurecht" zu verstehen ist • wie ein Erbbaugrundbuch sowie das dazugehörige Grundstücksgrundbuch aufgebaut sind • wie ein Erbbaurecht gebildet wird

Kapitel 4 **Belastungen des Grundstücks**	• welche Belastungen es im Grundbuch in Abteilung II gibt • dass die Belastungen der Abteilung II in Lasten und Beschränkungen unterteilt werden • wie die jeweilige Belastung in Abteilung II entsteht, welchen Inhalt sie hat, wer Berechtigter ist und auf welche Weise sie zur Löschung gelangt • wie der Eintrag einer Belastung in Abteilung II im Grundbuch aussieht • welche Belastungen es im Grundbuch in Abteilung III gibt • dass die Belastungen der Abteilung III in Grund- und Rentenschulden sowie Hypotheken unterteilt sind • auf welche Weise die jeweilige Belastung in Abteilung III entsteht und welchen (Mindest-)Inhalt sie hat • welche Belastungen eines Grundstücks außerhalb des Grundbuchs existieren • was unter einer Baulast zu verstehen und wo sie zu finden ist • was eine Altlast ist und wo sie registriert wird • was Erschließungskosten sind

Kapitel 5 **Der Immobilienkaufvertrag**	• welches Formerfordernis es beim Abschluss eines Immobilienkaufvertrags einzuhalten gilt • dass es unterschiedliche Möglichkeiten gibt, einen Immobilienkaufvertrag zu schließen • was unter dem Begriff „Verbrauchervertrag" zu verstehen ist und welche Konsequenz daraus folgt • wie ein einfacher Immobilienkaufvertrag aufgebaut sein kann • welchen Inhalt ein einfacher Immobilienkaufvertrag haben kann • wie ein einfacher Immobilienkaufvertrag abgewickelt werden kann

Kapitel 6 **Grundpfandrechte**	• welche Formerfordernisse es bei der Bestellung eines Grundpfandrechts gibt • welchen Inhalt eine Grundschuldbestellungsurkunde hat • dass es unterschiedliche Möglichkeiten gibt, ein Grundpfandrecht zu bestellen • was ein Grundpfandrechtsbrief ist • welchen Inhalt eine Hypothekenbestellungsurkunde hat • welchen Inhalt eine Rentenschuldbestellungsurkunde hat • wie ein Grundpfandrecht abgewickelt wird

Kapitel 7 **Notar- und Gerichtsgebühren im Liegenschaftsrecht**	• wie der Geschäftswert eines Immobilienkaufvertrags ermittelt wird und welche Faktoren Einfluss auf diesen haben • wie der Geschäftswert einer Grundpfandrechtsbestellung ermittelt wird • welche Beurkundungsgebühren bei einem Immobilienkaufvertrag/einer Grundpfandrechtsbestellung in Rechnung zu stellen sind • dass es sowohl bei einem Immobilienkaufvertrag als auch einer Grundpfandrechtsbestellung Vollzugs- und Betreuungsgebühren gibt und wann diese auf welche Weise berechnet werden • wann und auf welcher Grundlage eine Treuhand- und Verwahrungsgebühr berechnet wird • welche Auslagen und Zusatzgebühren der Notar in Rechnung stellen kann • welche Gerichtsgebühren im Liegenschaftsrecht anfallen

Kapitel 8 **Führen des erforderlichen Schriftverkehrs**	• wie der Antrag auf Eigentumsänderung an das Grundbuchamt gestellt wird und welche Dokumente beizufügen sind • wie der Antrag auf Eintragung eines Grundpfandrechts aussieht • wie die Kostenrechnung eines Grundpfandrechts erstellt wird • wie die erste Kostenrechnung eines Immobilienkaufvertrags aussieht und dass die Abrechnung/-en auf unterschiedliche Weise abgefasst werden kann/können

Lernfeld 15: Liegenschaftsrechtliche Angelegenheiten vorbereiten und abwickeln

1 Das Grundstück (die Immobilie/Liegenschaft)/ Eigentumserwerb

Jeder von uns lebt an einem anderen Ort. Ein junger Student lebt vielleicht gern in einer Großstadt, weil es dort eine gute Universität und viele kulturelle Angebote gibt. Die vielköpfige Großfamilie lebt lieber auf dem Land, weil es dort in der Regel viel Platz für die Kinder zum Spielen gibt und wenig Verkehr herrscht. Die Mehrgenerationenfamilie lebt gern in einem Einfamilienhaus, der Single vielleicht in einer Wohnung. Egal an welchem Ort wir uns aufhalten bzw. wie und wo wir leben, sind wir von Grundstücken umgeben.

Es gibt unbebaute Grundstücke, die noch auf eine Bebauung warten oder z. B. land- oder forstwirtschaftlich bewirtschaftet werden, aber auch Grundstücke, die unterschiedlich bebaut sind, z. B. mit einem Einfamilienhaus, einer großen Wohnanlage mit vielen Wohnungen und Geschäften, einem Geschäftsgebäude, einem Freizeitpark, einem Bauernhof oder einer Kirche. Einige Grundstücke befinden sich in Lagen, die sie preislich teurer machen (z. B. mit direktem Zugang zu einem See), andere wiederum sind günstiger zu erwerben, weil sie sich vielleicht in einer weniger begehrten Lage (z B. in einem kleinen Dorf) befinden.

Grundstücke sind verschieden groß und unterschiedlich geschnitten. Sie können einen oder fünfhundert Quadratmeter, aber auch mehrere Hektar umfassen und quaderförmig sein, aber auch völlig unsymmetrische Abmessungen haben.

Das Grundstück wird auch als **Immobilie** oder **Liegenschaft** bezeichnet. Wenn von einer Immobilie oder Liegenschaft die Rede ist, ist meist der Verbund von Grundstück und Gebäude/-n gemeint.

Das Grundstück ist eine unbewegliche Sache im Sinn des Gesetzes. Jedes Grundstück ist entweder einzeln oder mit anderen Grundstücken gemeinsam im Grundbuch verzeichnet.

Es gibt verschiedene Möglichkeiten, Eigentum an einem Grundstück zu erwerben. Nicht immer muss eine Immobilie mittels notariellen Kaufvertrags erworben werden. Unter **Eigentumserwerb** im Bereich des Liegenschaftsrechts **ist die rechtliche Aneignung von Eigentum an einer unbeweglichen Sache** zu verstehen.

Lernsituation

Notarin Katharina Marschner hat den Auftrag erhalten, einen Immobilienkaufvertrag anzufertigen. Jana Seidel hat ihr bereits das elektronische Grundbuch heruntergeladen und ausgedruckt. In diesem sind einige Flurstücke verzeichnet, die unter mehreren Nummern im Bestandsverzeichnis eingetragen sind. Notarin Katharina Marschner benötigt daher ergänzend eine Flurkarte, denn der Grundbesitz soll im Anschluss an den Kauf geteilt werden. Sie muss sich daher über die genaue Lage der Grundstücke ein Bild machen, um festzustellen, ob die Zuwegung gesichert ist oder Dienstbarkeiten bestellt werden müssen, um die Versorgung mit Strom, Wasser o. Ä. zu gewährleisten. Da Notarin Katharina Marschner ohnehin noch etwas in der Stadt zu erledigen hat, möchte sie die benötigte Flurkarte selbst beim örtlichen Katasteramt abholen und den kleinen Ausflug dazu nutzen, Oxana Schuhmann mitzunehmen, um ihr das Katasteramt zu zeigen.

Oxana Schuhmann hat schon einige Male den Begriff „Grundstück" im Notariat aufgeschnappt und möchte wissen, was darunter zu verstehen ist.

Arbeitsaufträge:

a) Überlegen Sie, welche verschiedenen Grundstücksnutzungen/Bebauungsarten ihnen bekannt sind. Notieren Sie mindestens zehn Beispiele.
b) Welche Merkmale hat das materielle und das formelle Liegenschaftsrecht?
c) Welche Gesetze bilden die rechtlichen Grundlagen des Liegenschaftsrechts? Fertigen Sie eine Tabelle an und ordnen diese in materielles und formelles Liegenschaftsrecht.
d) Finden Sie anhand verschiedener Grundbuchauszüge heraus, ob im jeweiligen Bestandsverzeichnis Grundstücke im katasterlichen Sinn und/oder im Rechtssinn zu finden sind und ob auch beide Möglichkeiten innerhalb eines Grundbuchs denkbar sind. Notieren Sie sich hierzu einen Merksatz.
e) Nehmen Sie sich eine beliebige Flurkarte vor und recherchieren ggf. unter Zuhilfenahme des Internets, welche Elemente Sie finden können.
f) Vergleichen Sie untereinander Ihre Ergebnisse.
g) Reflektieren Sie anschließend Ihr Wissen.

1.1 Rechtsgrundlagen des Grundstücks-/ Liegenschaftsrechts

Das Liegenschaftsrecht ist ein Rechtsgebiet, das viele unterschiedliche Gesetze beinhaltet. Es wird auch als Grundstücks- oder Immobilienrecht bezeichnet. Zum Liegenschaftsrecht gehören auch Regelungen zum Kataster-, Bau-, Architekten- und Steuerrecht.

Beim Liegenschaftsrecht muss zwischen dem materiellen und dem formellen Recht unterschieden werden:
- materielles Liegenschaftsrecht: Rechtsnormen, die den Inhalt, das Entstehen sowie Änderungen/Aufhebungen von Rechten an Grundstücken beinhalten.
- formelles Liegenschaftsrecht: gesetzliche Regelungen, die Durchsetzung von Rechten an Grundstücken, ihrer Veränderung, Übertragung oder Löschung ihrer Belastung beinhalten.

Die wichtigste Rechtsnorm des **materiellen** Liegenschaftsrechts im Sachenrecht ist das **Bürgerliche Gesetzbuch (BGB)**; in §§ 873 ff. BGB sind ausschließlich Regelungen zu Rechten an Grundstücken und grundstücksgleichen Rechten (= Wohnungs- und Teileigentum, Erbbaurecht) enthalten.

▶ **Beispiele:**

Rechtsnorm	Bedeutung
§ 892 BGB – Öffentlicher Glaube des Grundbuchs	Der Inhalt des Grundbuchs ist stets als richtig anzusehen.
§ 902 BGB – Unverjährbarkeit eingetragener Rechte	Ansprüche aus im Grundbuch eingetragenen Rechten verjähren nicht, es sei denn, sie sind auf Rückstände wiederkehrender Leistungen (z. B. einer Rente) oder Schadenersatz gerichtet.
§ 925 BGB – Auflassung	Zur Übertragung von Eigentum an einem Grundstück ist eine unbedingte Einigung zwischen Veräußerer und Erwerber (= Auflassung) zu erklären.
§ 1010 BGB – Sondernachfolger eines Miteigentümers	Die Miteigentümer eines Grundstücks können den Ausschluss der Aufhebung der Miteigentümergemeinschaft vereinbaren. Diese Vereinbarung wirkt auch gegen etwaige Rechtsnachfolger (z. B. einen Erben) eines Eigentümers.

vgl. LF 15, Kap. 3

Neben den genannten Abschnitten des BGB finden sich im **Erbbaurechtsgesetz (ErbbauRG)** und dem **Wohnungseigentumsgesetz (WEG)** weitere Regelungen für besondere Arten des Eigentums an Grundstücken, die auch als grundstücksgleiche Rechte bezeichnet werden.

Beispiele:

Rechtsnorm	Bedeutung
§ 8 WEG	Der Eigentümer eines Grundstücks kann nach Maßgabe des WEG Wohneigentums- oder Teileigentum begründen.
§ 1 ErbbauRG	Ein Grundstück kann zugunsten einer anderen Person durch ein Recht, auf oder unter der Oberfläche ein Bauwerk zu errichten, belastet werden.

Die wichtigsten Rechtsgrundlagen des **formellen** Grundstücksrechts sind die **Grundbuchordnung (GBO)** sowie die **Verordnung zur Durchführung der Grundbuchordnung (GBV)**. Diese Gesetze beinhalten das Verfahren zu Eintragungen im Grundbuch.

Beispiele:

Rechtsnorm	Bedeutung
§ 1 GBO	Grundbücher werden von dem Amtsgericht geführt, in dessen Bezirk das einzutragende Grundstück liegt.
§ 4 GBV	Jedes Grundbuchblatt besteht aus der Aufschrift, dem Bestandsverzeichnis und drei Abteilungen.

Neben der GBO und der GBV bilden die **Verordnung über die Anlegung und Führung der Wohnungs- und Teileigentumsgrundbücher (WGV)** sowie das **Gesetz über die Angelegenheiten der freiwilligen Gerichtsbarkeit (FamFG)** gesetzliche Grundlagen des formellen Grundstücksrechts. In den neuen Bundesländern gehört hierzu ferner die **Grundstücksverkehrsordnung (GVO)**.

Beispiel: für den Unterschied von **materiellem** und **formellem** Grundstücksrecht:
- materielles Grundstücksrecht: Zum wirksamen Eigentumserwerb an einem Grundstück ist die Auflassung und Eintragung im Grundbuch erforderlich (§ 925 BGB).
- formelles Grundstücksrecht: Die Eintragung des Eigentums im Grundbuch erfolgt aufgrund von Bewilligung und Antrag (§§ 13, 19 GBO).

1.2 Das Grundstück im Rechtssinn und im katasterlichen Sinn

Der Begriff Grundstück kann auf unterschiedliche Weise interpretiert werden. Es ist zwischen dem Grundstück im **Rechtssinn** und im **katasterlichen Sinn** zu unterscheiden.

Diese Unterscheidung ist wichtig, wenn Rechte an Grundstücken bestellt, verändert oder gelöscht werden.

- Grundstück im **Rechtssinn**:
  - Unter einem Grundstück im Rechtssinn ist **ein katastermäßig vermessener, räumlich abgegrenzter Teil** der Erdoberfläche, der im **Bestandsverzeichnis** des Grundbuchblatts **unter einer eigenen Nummer** eingetragen ist, zu verstehen.
  - Dieser räumlich abgegrenzte Teil kann aus mehreren Flurstücken bestehen.
- Grundstück im **katasterlichen Sinn**: Unter einem Grundstück im katasterlichen Sinn ist ein Flurstück zu verstehen.

drei Grundstücke im **katasterlichen Sinn**

Amtsgericht Musterhausen		Grundbuch von Musterstadt		Blatt 100	Bestandsverzeichnis			Einlegebogen 1
lfd. Nr. der Grundstücke	bisherige lfd. Nr. der Grundstücke	Bezeichnung der Grundstücke und der mit dem Eigentum verbundenen Rechte				Größe		
		Gemarkung (Vermessungsbezirk)	Karte: Flur	Karte: Flurstück	Wirtschaftsart und Lage	ha	a	m²
		a	b		e			
1	2	3				4		
1		Hamburg	7	7/134	Gebäude- und Freifläche, Bahnhofstraße 14		12	13
2		Hamburg	7	8/233	Gebäude- und Freifläche, Bahnhofstraße			88
		Hamburg	7	8/234	Verkehrsfläche, Bahnhofstraße 13 a		13	24

zwei Grundstücke im **Rechtssinn**

Merke: Mehrere Flurstücke können ein Grundstück, nicht aber mehrere Grundstücke ein Flurstück bilden.

1.3 Die Grundstücksentstehung

Für die Vermessung eines Grundstücks ist u. a. das Katasteramt, das auch als Vermessungsamt, Amt für Geoinformation oder Bodenmanagement bezeichnet wird, zuständig. Neben dem Katasteramt, das je nach Bundesland eine kommunale oder staatliche Behörde ist, können auch Vermessungsingenieure Grundstücksvermessungen vornehmen, die ihre Ergebnisse dem zuständigen Katasteramt vorlegen.

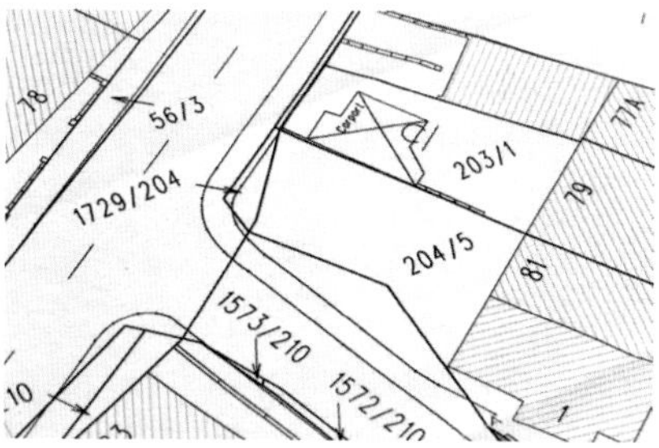

Das beim Katasteramt geführte Liegenschaftskataster setzt sich aus einem digitalen Liegenschaftsbuch (= Beschreibung des Grundstücks) und der digitalen Liegenschaftskarte (= grafische Darstellung) zusammen. Im Liegenschaftsbuch wird die Einteilung eines Grundstücks in Gemarkung, Flur und Flurstück vorgenommen. Auf dieser Grundlage wird auch der Eintrag eines Grundstücks im Grundbuch vorgenommen. Das **Katasteramt meldet Änderungen** (z. B. eine Teilung) in Bezug auf Grundstücke **an das Grundbuchamt**, das eine Katasterberichtigung im Bestandsverzeichnis des entsprechenden Grundbuchs vornimmt.

Beim Katasteramt werden alle Grundstücke im Liegenschaftskataster katalogisiert und Liegenschafts- oder Flurkarten erstellt. Aus einer Flurkarte ist die räumliche Lage eines Grundstücks sowie der umliegenden Flächen (Grundstücke, Straßen, Wasserläufe etc.) inkl. Bebauungen ersichtlich. Das Katasteramt erteilt ferner **Auskünfte aus dem Liegenschaftskataster** über Grundstücke, z. B. den exakten Grenzverlauf auf einem Grundstück oder die genaue Größe eines Grundstücks, und erteilt auf Antrag **Nichtbetroffenheitsbescheinigungen** und **Unschädlichkeitszeugnisse**.

In einem Unschädlichkeitszeugnis bescheinigt das Katasteramt, dass der Teil eines Grundstücks frei von Lasten (in Abteilung II und/oder III) übertragen werden kann, auch wenn dieses Grundstück insgesamt belastet ist. Das Zeugnis wird erteilt, wenn die Abtrennung des Teils für den Berechtigten des Rechts unschädlich also unbedenklich ist und das Recht durch die Abtrennung nicht gemindert wird.

Beispiel für den Sachverhalt eines Unschädlichkeitszeugnisses: Das Grundstück B (Flurstück 7/1 und grün umrandet) ist 5 ha groß und mit einem Grundpfandrecht über 150.000,00 € belastet. Der orange eingezeichnete Grundstücksstreifen in Größe von ca. 250 m^2 soll an den Eigentümer des Grundstücks A (Flurstück 7/2 und rot umrandet) veräußert und daher vom Grundstück B lastenfrei abgetrennt werden. Der abzutrennende Grundstücksstreifen stellt keinen wesentlichen Sicherheitenverlust für den Grundpfandgläubiger dar, denn er hat weiterhin eine Sicherheit auf der Restfläche von mehr als 4 ha und kann daher auch mittels Unschädlichkeitszeugnis lastenfrei abgeschrieben und dem Grundstück A zugeschrieben werden. Die Berechtigte des Grundpfandrechts (z. B. ein Kreditinstitut) muss für diesen Vorgang nicht kontaktiert werden.

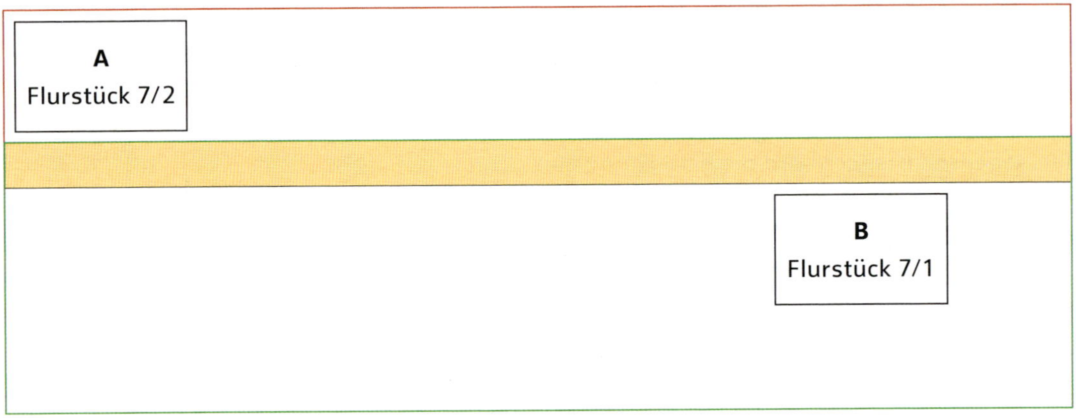

Eine Nichtbetroffenheitsbescheinigung kann beantragt werden, wenn der Teil eines Grundstücks, das z. B. mit einer Grunddienstbarkeit belastet ist, ohne dieses Recht übertragen und dazu von dem belasteten Grundstück abgeschrieben werden soll (§ 1026 BGB). Dies ist möglich, wenn der Ausübungsbereich der Grunddienstbarkeit nicht beeinträchtigt wird.

▶ **Beispiel Sachverhalt für eine Nichtbetroffenheitsbescheinigung:** Das Grundstück A (Flurstück 1/2) ist mit einem Wegerecht (grün) zugunsten des jeweiligen Eigentümers des Grundstücks B (Flurstück 7/2) belastet. Der Eigentümer des Grundstücks A verkauft eine Teilfläche (rot) an den Eigentümer des Grundstücks C (Flurstück 8/2). Die Abtrennung der roten Teilfläche ist in Bezug auf das Wegerecht unerheblich, sodass zur lastenfreien Übertragung an den Eigentümer des Grundstücks C (ohne Wegerecht) eine Nichtbetroffenheitsbescheinigung ausgestellt werden kann.

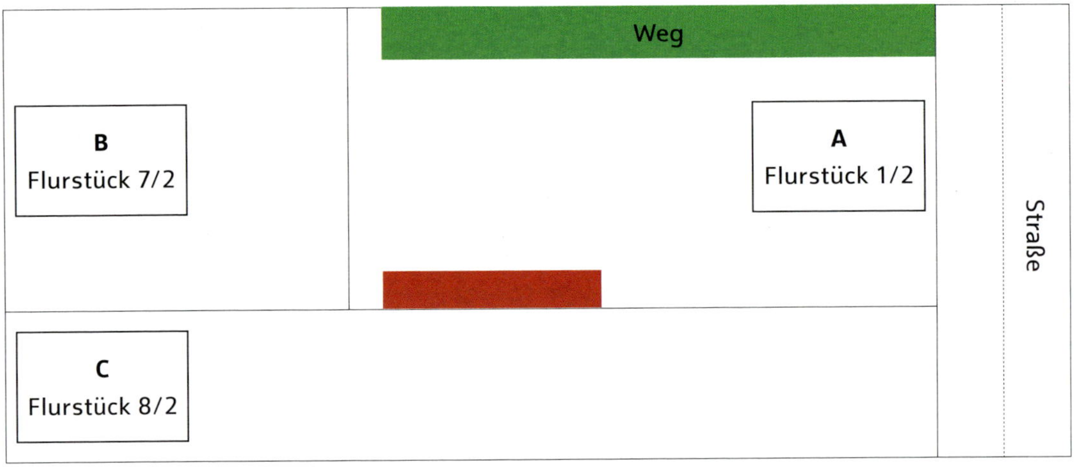

▶ **Beispiel:** einer Flurkarte, die auch automatisierte Liegenschaftskarte (ALK) bezeichnet wird:

Auszug aus dem Liegenschaftskataster

Liegenschaftskarte 1:1000

Landesamt für
Vermessung und Geoinformation
Schleswig-Holstein

Erstellt am 11.11.2025

Flurstück: 18/13
Flur: 6
Gemarkung: Rothensande

Gemeinde: Malente
Kreis: Ostholstein

Erteilende Stelle: ÖbVI Dipl.-Ing. Timon Behrend
Geologenstraße 20
23758 Oldenburg in Holstein
Telefon: ***
E-Mail: ***

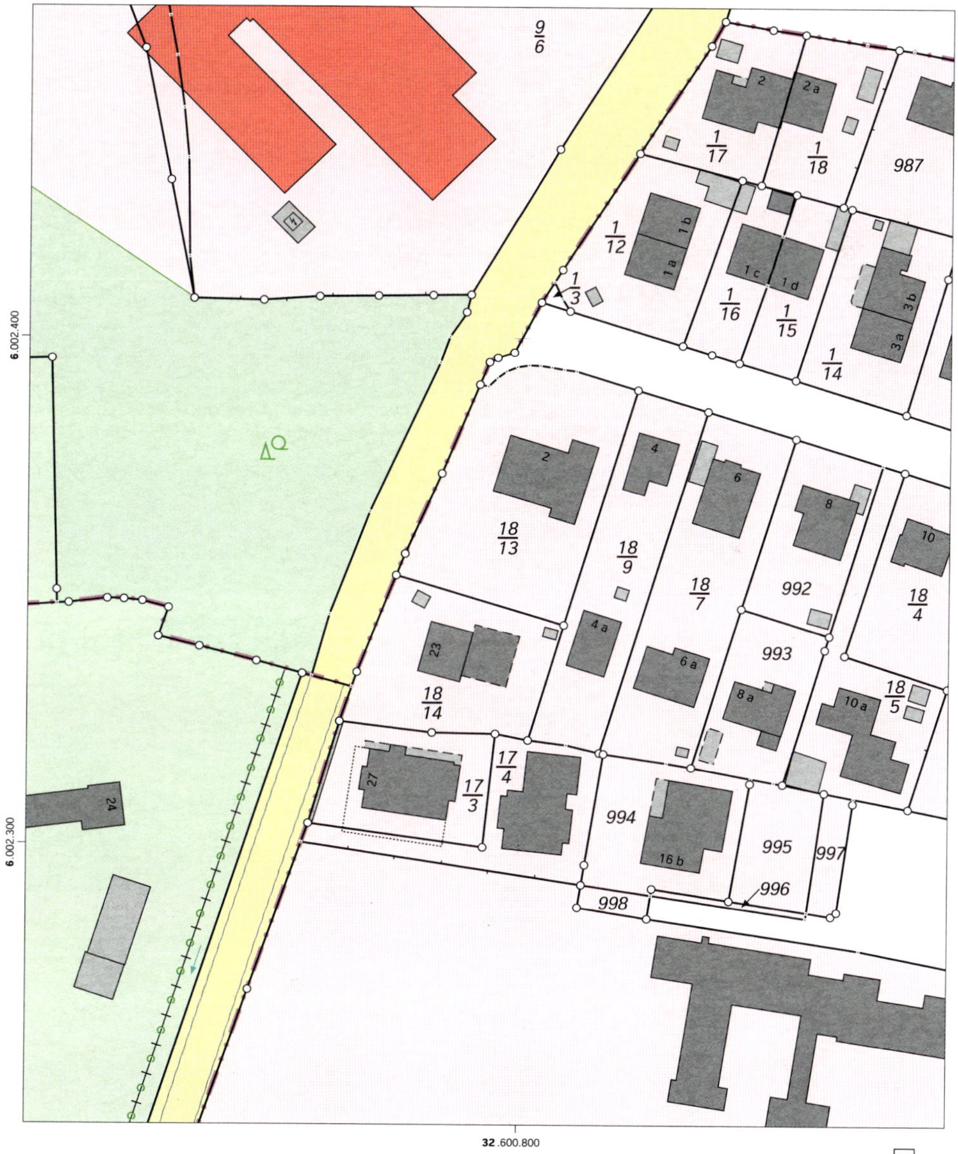

Maßstab: 1:1000 — 0 10 20 30 Meter

Für den Maßstab dieses Auszugs aus dem Liegenschaftskataster ist der ausgedruckte Maßstabsbalken maßgebend.
Dieser Auszug ist maschinell erstellt und wird nicht unterschrieben. Vervielfältigung, Umarbeitung, Veröffentlichung und Weitergabe an Dritte nur mit Zustimmung des Landesamtes für Vermessung und Geoinformation Schleswig-Holstein oder zum eigenen Gebrauch (§9 Vermessungs- und Katastergesetz i.d.F. vom 12.05.2004, zuletzt geändert durch Verordnung vom 16.01.2019).

1.4 Beispiele von Eigentumserwerb an einem Grundstück

Um Eigentümer eines Grundstücks/einer Immobilie werden zu können, gibt es verschiedene Möglichkeiten:

Erwerb vom Berechtigten (= rechtsgeschäftlicher Eigentumserwerb, §§ 873 Abs. 1, 925 Abs. 1 BGB)

Der Eigentümer eines Grundstücks (Veräußerer) veräußert dieses an einen Dritten (Erwerber) **gegen Entgelt**.
Voraussetzungen:
- unbedingte Einigung (= notariell beurkundete Auflassung, §§ 873 Abs. 2, 925 Abs. 1 BGB)
- Eintragung (Rechtsänderung im Grundbuch, § 873 Abs. 1 BGB)

gutgläubiger Erwerb vom Nichtberechtigten (= rechtsgeschäftlicher Eigentumserwerb, § 892 Abs. 1 BGB)

Der im Grundbuch eingetragene Eigentümer eines Grundstücks (Veräußerer) veräußert dieses an einen gutgläubigen Dritten (Erwerber) gegen Entgelt oder ohne Gegenleistung. Es stellt sich später heraus, dass der Eigentümer geschäftsunfähig war.
Voraussetzungen:
- gutgläubiger Erwerber (Erwerber wusste nichts von der Geschäftsunfähigkeit des Veräußerers), unbedingte Einigung (= notariell beurkundete Auflassung, §§ 873 Abs. 2, 925 BGB)
- Eintragung (Rechtsänderung im Grundbuch, § 873 Abs. 1 BGB)

Schenkung (= rechtsgeschäftlicher Eigentumserwerb)

Der Eigentümer eines Grundstücks (Veräußerer) veräußert dieses an einen Dritten (Erwerber) ohne entgeltliche Gegenleistung.
Voraussetzungen:
- unbedingte Einigung (= notariell beurkundete Auflassung, §§ 873 Abs. 2, 925 BGB) und
- Eintragung (im Grundbuch, § 873 Abs. 1 BGB)

Erbschaft (= originärer Eigentumserwerb)

Der Eigentümer eines Grundstücks verstirbt und wird von einem Dritten (Erben, Gesamtrechtsnachfolger) **beerbt**.
Voraussetzungen:
- Erbnachweis durch Erbschein oder eindeutiges notarielles Testament mit beglaubigter Eröffnungsniederschrift
- Eintragung (im Grundbuch, § 873 Abs. 1 BGB)

Ersteigerung (= originärer Eigentumserwerb)

Der Grundbesitz wird von einem Dritten durch Zuschlag im Zwangsversteigerungsverfahren erworben.
Voraussetzung:
Zuschlag (§ 90 Abs. 1 ZVG)

Eigentumsaufgabe (§ 928 BGB)

Der Eigentümer eines Grundstücks kann durch Verzicht gegenüber dem Grundbuchamt sein Eigentum aufgeben. Der Verzicht wird in das Grundbuch eingetragen. Der Fiskus des Lands, in dem sich das Grundstück befindet, kann sich im Anschluss als Eigentümer in das Grundbuch eintragen lassen (§ 928 Abs. 2 BGB).

Unter dem Begriff **rechtsgeschäftlicher Eigentumserwerb** ist erst einmal ein **schuldrechtliches Verpflichtungsgeschäft** zur Übertragung des Eigentums an einem bestimmten Grundstück zu verstehen. Es kann sich dabei um einen Kauf-, Schenkungs- aber auch Tauschvertrag handeln. Dieses Geschäft bedarf der notariellen Beurkundung (§ 311 b BGB) und muss ferner eine Einigung (= **dingliches Verfügungsgeschäft**) enthalten, die auch als Auflassung bezeichnet wird (§ 925 BGB).

Beispiel:

Nr. *** des Urkundenverzeichnisses Jahrgang 2025

Verhandelt zu
***** (Ort)**
am * *(Datum)***

Vor mir, dem unterzeichnenden Notar im Bezirk des *** (Bundesland) Oberlandesgerichts,

****** (Notar)***
mit dem Amtssitz in *** *(Ort)*

erschienen heute:

1. Herr/Frau ***, geboren am ***, wohnhaft in ***, dem Notar ausgewiesen durch Bundespersonalausweis/von Person bekannt,

– nachstehend „Veräußerer“ genannt –

2. Eheleute ***, geboren am ***, und ***, geborene ***, geboren am ***, wohnhaft in ***, dem Notar ausgewiesen durch Bundespersonalausweis/von Person bekannt,

– nachstehend „Erwerber“ genannt –

Der Notar fragte nach einer Vorbefassung i. S. d. § 3 Abs. 1 Nr. 7 BeurkG; die Frage wurde von den Beteiligten verneint.

Die Erschienenen ersuchten mich um die Beurkundung eines

Kaufvertrags

und erklärten:

§ 1 Grundbuchstand

***

§ 2 Veräußerung

Der Veräußerer veräußert den in § 1 näher bezeichneten Vertragsgegenstand an den Erwerber – als Miteigentümer zu gleichen ideellen Teilen – zu den nachfolgenden Bedingungen.

Beispiel für einen Teil des schuldrechtlichen Verpflichtungsgeschäfts

[weiterer Urkundentext]

§ 4 Kaufpreis

Der Kaufpreis beträgt 150.000,00 € (in Worten: Euro einhundertfünfzigtausend).

§ 8 Auflassung

Veräußerer und Erwerber sind sich darüber einig, dass das Eigentum an dem in § 1 bezeichneten Vertragsgegenstand vom Veräußerer auf den Erwerber – als Miteigentümer zu gleichen ideellen Teilen – übergeht und bewilligen und beantragen die Eintragung der Eigentumsänderung im Grundbuch.

dingliches Verfügungsgeschäft

[weiterer Urkundentext]

Das Protokoll wurde vorgelesen, genehmigt und unterschrieben.

*gez. *** (Unterschriften der Erschienenen)*
*(LS) gez. *** (Unterschrift Notar, Siegel)*

Der **originäre Eigentumserwerb** ist das Gegenteil von einem rechtsgeschäftlichen Erwerb, denn er bezeichnet den Eigentumserwerb durch Gesetz (= Erbschaft) oder Hoheitsakt (= Ersteigerung) ohne das Zutun eines anderen.

Merke: Eigentum kann sowohl eine natürliche als auch eine juristische Person des privaten oder öffentlichen Rechts erwerben.

Eigentümer können also beispielsweise Marco Müller, die Eheleute Thomas und Carina Gärtner, die Kartonage Schmidt GmbH, die Rosenheim KG, die Stadt Darmstadt oder die Kirchengemeinde Darmstadt sein.

Zusammenfassung

Grundstück/Eigentumserwerb

- Rechtsgrundlagen des Grundstücks-/Liegenschaftsrechts
- das Grundstück im Rechtssinn und im katasterlichen Sinn
- die Grundstücksentstehung
- Beispiele von Eigentumserwerb an einem Grundstück

Wiederholung und Vertiefung

1. Wie entsteht ein Grundstück?
2. Auf welchem Dokument ist die genaue Lage und Größe eines Grundstücks ersichtlich?
3. Nennen Sie Beispiele für Möglichkeiten des Eigentumserwerbs an einem Grundstück.
4. Was ist unter dem Begriff „rechtsgeschäftlicher Eigentumserwerb“ in Zusammenhang mit einer Immobilie zu verstehen?
5. Wer ist für die Vermessung eines Grundstücks zuständig?
6. Wer kann allgemein Eigentum an einem Grundstück erwerben?
7. Fertigen Sie eine Tabelle an, in der Sie für die Antworten aus Aufgabe 6 jeweils zwei konkrete Beispiele nennen.

2 Das Grundbuch/die Grundakten

Das Grundbuch ist ein öffentliches Buch über Rechtsverhältnisse an Grundbesitz. Es hat die Aufgabe, für den Immobilienverkehr eine sichere Grundlage zu schaffen und regelt Beziehungen zwischen dem Grundstückseigentümer und den dinglich Berechtigten.

Merke: Es gibt keinen Eigentumserwerb, keine Veränderung oder Aufhebung von Eigentum oder anderen Rechten an Grundstücken ohne Eintragung im Grundbuch. Daher bildet es die Grundlage eines gutgläubigen Erwerbs von Grundstücken (§§ 892, 893 BGB).

▶ **Beispiel:** Nora Biedermann ist im Grundbuch von Schönhausen, Blatt 250 als Eigentümerin eingetragen. Sie veräußert den Grundbesitz an Martin Schuster. Martin Schuster ist lediglich der Eintrag im Grundbuch bekannt; weitere Informationen zu Nora Biedermann liegen ihm nicht vor. Er hat keinen Anlass, am Eigentum der Nora Biedermann zu zweifeln. Der notarielle Kaufvertrag zwischen Nora Biedermann und Martin Schuster wird geschlossen, die Einigung wird formgerecht (= notarielle Beurkundung) erklärt und die Eigentumsänderung nach Zahlung des Kaufpreises und unter Vorlage der zur Umschreibung weiterhin erforderlichen Unterlagen im Grundbuch eingetragen. Einige Zeit später stellt sich heraus, dass Nora Biedermann unter Betreuung steht und der Vertrag daher der Zustimmung des Betreuers/Gerichts bedurft hätte. Martin Schuster hat gleichwohl wirksam Eigentum an dem Grundbesitz Schönhausen, Blatt 250 erworben, weil er gutgläubig war. Unter dem Begriff „gutgläubig" ist in diesem Beispiel zu verstehen, dass Martin Schuster in dem (guten) Glauben seine Willenserklärung als Erwerber in dem Kaufvertrag abgegeben hat, dass Nora Biedermann Eigentümerin der Immobilie ist und über diese auch frei verfügen kann, was sich auch aus dem Grundbuch ergab. Es gab für Martin Schuster keinen Anlass, an der Geschäftsfähigkeit der Nora Biedermann zu zweifeln (und auch der Notar hat dies während der Beurkundung nicht bemerkt!).

Aus dem Grundbuch ergibt sich klar und übersichtlich der dingliche Rechtszustand (= das absolute Recht/die unmittelbare Herrschaft) an einem Grundstück (Eigentum, Pfandrecht, Dienstbarkeit, Erbbaurecht).

Merke: Eintragungen im Grundbuch haben eine rechtsbegründende (konstitutive) Wirkung.

Lernsituation

Jana Seidel soll im Auftrag der Notarin Katharina Marschner den Inhalt eines Grundbuchs feststellen und auch eine Eintragungsbewilligung aus den Grundakten besorgen. Sie geht regelmäßig zum Grundbuchamt, um dort Recherchen für ihre Chefin vorzunehmen. Notarin

Katharina Marschner ist froh, dass sie diese Arbeit delegieren und sich auf Jana Seidel verlassen kann. Da Jana Seidel schon einige Jahre im Notariat tätig ist, kennt sie sich beim Grundbuchamt mittlerweile gut aus. In diesem Fall hat Notarin Katharina Marschner den Auftrag der Maklerfirma Muckelmann Immobilien erhalten, einen Kaufvertrag über ein Wohnungseigentum zu entwerfen und an die Vertragsparteien zu senden. Das betroffene Wohngebäude befindet sich in der Nähe der Kanzlei.

Die Maklerfirma hat Notarin Katharina Marschner nur wenige Informationen über das Wohngebäude zur Verfügung gestellt und bereits vorab mitgeteilt, dass die zugrunde liegende Teilungserklärung nicht vorliegt. Laut Notarauftrag sollen im Wohnungsgrundbuch verschiedene Belastungen sowohl in Abteilung II als auch Abteilung III eingetragen sein. Die in Abteilung III eingetragenen Belastungen sind im Rahmen der Abwicklung des Kaufvertrags zu löschen. Jana Seidel packt an einem Vormittag ihre Sachen zusammen und fährt los, um die notwendigen Einsichten vorzunehmen.

Arbeitsaufträge:

a) Welche Behörde wird Jana Seidel grds. aufsuchen, um ihren Arbeitsauftrag auszuführen?
b) Welche verschiedenen Akten/Bücher wird Jana Seidel grds. bei der zuständigen Behörde vorfinden und auf welche Weise können diese geführt werden?
c) Welche/-s Information/Dokument wird Jana Seidel welcher/welchem Akte/Buch entnehmen können?
d) Wer wird voraussichtlich Jana Seidels Ansprechpartner bei Gericht sein?
e) Darf Jana Seidel ohne Weiteres Einsicht in die Akten/Bücher nehmen und wenn ja, welcher Paragraf regelt die Einsichtnahme?
f) Auf welche Weisen wäre eine Einsichtnahme in diesem Fall ggf. auch möglich?
g) Vergleichen Sie untereinander Ihre Ergebnisse.
h) Reflektieren Sie anschließend Ihr Wissen.

2.1 Führung des Grundbuchs (Zuständigkeit, Methoden, Einsichtnahme)

Grundbücher werden stets bei dem Amtsgericht – Grundbuchamt – geführt (= **sachliche Zuständigkeit**) (§ 1 Abs. 1 S. 1 GBO). **Örtlich zuständig** ist das Amtsgericht – Grundbuchamt –, in dessen Bezirk das Grundstück liegt (§ 1 Abs. 1 S. 2 GBO).

In **Grundbuchsachen ist der Rechtspfleger zuständig**. Er prüft die Anträge, verfügt die Eintragungen und erlässt ggf. Zwischenverfügungen, wenn Anträge zu beanstanden sind.

Ferner sind **Urkundsbeamte der Geschäftsstelle oder Justizangestellte** bei Gericht beschäftigt, die für die Vorbereitung und **Ausführung** der **Eintragungen im Grundbuch, Gestattung von Grundbucheinsichten, Erteilung von (beglaubigten) Grundbuchblattabschriften und allgemeinen Auskünften** zuständig sind.

Hinweis: Die von der bei Gericht zuständigen Person verfasste Eintragung im Grundbuch wird mit deren Namen versehen.

Das Grundbuch kann papiermäßig, aber auch elektronisch geführt werden. In einigen Bundesländern (Schleswig-Holstein, Baden-Württemberg, Bayern, Rheinland-Pfalz und Sachsen) ist die **elektronische Grundbuchführung** bereits flächendeckend etabliert, in anderen werden Eintragungen im Grundbuch noch auf die herkömmliche Weise vorgenommen.

Notare, die das elektronische Grundbuch einsehen/abrufen möchten, müssen sich hierzu anmelden und erhalten entsprechende Zugangsdaten (Benutzerkennung und Passwort) für den Onlineabruf. Die Zulassung zum elektronischen Abruf ist häufig auf die in dem jeweiligen Bundesland zugelassenen Notare beschränkt, kann aber auf Antrag auch auf andere Bundesländer ausgeweitet werden.

Die Einsicht eines papiergeführten Grundbuchs kann entweder persönlich vor Ort (= bei dem zuständigen Amtsgericht – Grundbuchamt –) oder durch postalische Anforderung einer Grundbuchblattabschrift erfolgen.

Merke: Wird das Grundbuch elektronisch geführt, sind Notare verpflichtet, alle Anträge in digitaler Form einzureichen. Banken und Eigentümer sind dagegen von der Pflicht der elektronischen Antragstellung ausgenommen. Sie können Anträge weiterhin papiermäßig stellen.

Wird der Notar gebeten, einen **elektronischen Grundbuchabruf** vorzunehmen und den (gesamten oder auszugsweisen) Inhalt mitzuteilen, muss er, wie auch das Grundbuchamt, stets

- prüfen, ob die auskunftssuchende Person ein **berechtigtes Interesse** hat, den Grundbuchinhalt zu erfahren oder eine entsprechende schriftliche Beauftragung (z. B. eine Vollmacht) des eingetragenen Eigentümers vorlegt, denn nicht jeder ist befugt, sich über den Grundbuchinhalt zu informieren (§ 12 GBO) und
- ein **Protokoll über die Mitteilung des Grundbuchinhalts** anfertigen (§ 133 a GBO), **wenn**
  - es sich um eine isolierte Einsicht (= wenn die Einsicht nicht zur Vorbereitung eines Geschäfts dient, z. B. Immobilienkaufvertrag) handelt und
  - der Auftrag nicht vom Grundstückseigentümer, Wohnungseigentümer oder Erbbauberechtigten stammt.

Ein Protokoll nach § 133 a Abs. 3 GBO, welches nach Ablauf von zwei Jahren nach Erstellung zu vernichten ist, könnte wie folgt aussehen:

Protokoll gem. § 133 a Abs. 3 GBO
Auf Ersuchen des/der *** wurde am heutigen Tag ein Abdruck des Grundbuchs Amtsgericht *** von ***, Blatt *** abgerufen und per *** (Post/Telefax/elektronischer Datei) übermittelt. Der Abdruck umfasst den gesamten Inhalt des Grundbuchs/folgende Teile: ***.   Das berechtigte Interesse des Antragstellers stütze ich darauf, dass dieser glaubhaft versichert hat, dass ***/ eine Vollmacht des Eigentümers vorgelegt hat.   Ort, Datum, Unterschrift Notar

Jeder elektronische Grundbuchabruf wird bei Gericht automatisch protokolliert, sodass ein Eigentümer jederzeit ermitteln kann, wer wann sein Grundbuch eingesehen hat. Auf sein Verlangen hin sind ihm die seine Immobilie/-n betreffenden Protokolle vorzulegen.

Der Abruf des elektronischen Grundbuchs durch den Notar löst eine Gebühr von 8,00 € je Grundbuchabruf (KV-Nr. 1151 JVKostG) aus, die diesem direkt in Rechnung gestellt werden.

In der Regel erstellt die Landesbezirkskasse (= Abrechnungsstelle des Gerichts) eine monatliche Sammelrechnung, die direkt beim Notar eingezogen wird. Die einzelnen Abrufe sind in der Sammelrechnung aufgelistet und werden durch die Buchhaltung nach Rechnungserhalt dem jeweiligen Vorgang zugeteilt (= in dem jeweiligen Aktenkonto gebucht). Bei Abruf aus dem elektronischen Grundbuch wird stets die Eingabe eines Aktenzeichens (des Notars) verlangt; dieses erscheint später auf der Rechnung. Auf diese Weise wird eine Vorgangszuordnung durch die Buchhaltung ermöglicht.

Hinweis: Der Notar ist gegenüber dem Grundbuchamt Kostenschuldner des Abrufs. Er kann diese Gerichtskosten bei dem Auftraggeber/Kostenschuldner der Sache als Auslage (KV-Nr. 32011) in Rechnung stellen. Eine Auslage nach KV-Nr. 32011 ist umsatzsteuerpflichtig.

Erfolgt die Grundbucheinsicht persönlich vor Ort bei dem zuständigen Amtsgericht – Grundbuchamt –, ist sie kostenlos. Ein einfacher Grundbuchauszug (Papier), der postalisch durch das Grundbuchamt versandt wird, kostet 10,00 € (KV-Nr. 17000 GNotKG), ein beglaubigter Grundbuchauszug (Papier) kostet 20,00 € (KV-Nr. 17001 GNotKG).

Auch der Notar kann Mitteilungen über den Inhalt des Grundbuchs machen.

Eigentümer und Berechtigte des Grundbuchs sind gegenüber unbefugten Einsichten zu schützen.

Wer darf den Inhalt des Grundbuchs erfahren:

Wenn jemand ein berechtigtes Interesse zur Grundbucheinsicht hat, bedeutet das **nicht**, dass dieser uneingeschränkte Informationen, d. h., einen vollständigen Grundbuchauszug erhält. Ein Mieter oder der Eigentümer eines angrenzenden Grundstücks erhält, z. B. zur Ermittlung des benachbarten Eigentümers lediglich eine Information aus Abteilung I, wo der Eigentümer namentlich eingetragen ist. Die Inhalte der weiteren Abteilungen bleiben ihm verborgen.

Die Vorlage eines Ausweises ist zur Legitimation in der Regel erforderlich. Es müssen ferner sachliche Gründe vorliegen, die unredliche Zwecke oder Neugier ausschließen.

2.2 Der Aufbau des Grundbuchs

Der Aufbau eines jeden Grundbuchs ist bundesweit einheitlich geregelt. Grundlage ist die Verordnung zur Durchführung der Grundbuchordnung (GBV).

Jedes Grundbuchblatt besteht danach aus der Aufschrift, dem Bestandsverzeichnis und drei Abteilungen (§ 4 GBV).

In der **Aufschrift** (= Deckblatt) sind das Amtsgericht, der Grundbuchbezirk und die Blattnummer anzugeben (§ 5 GBV).

Beispiel:

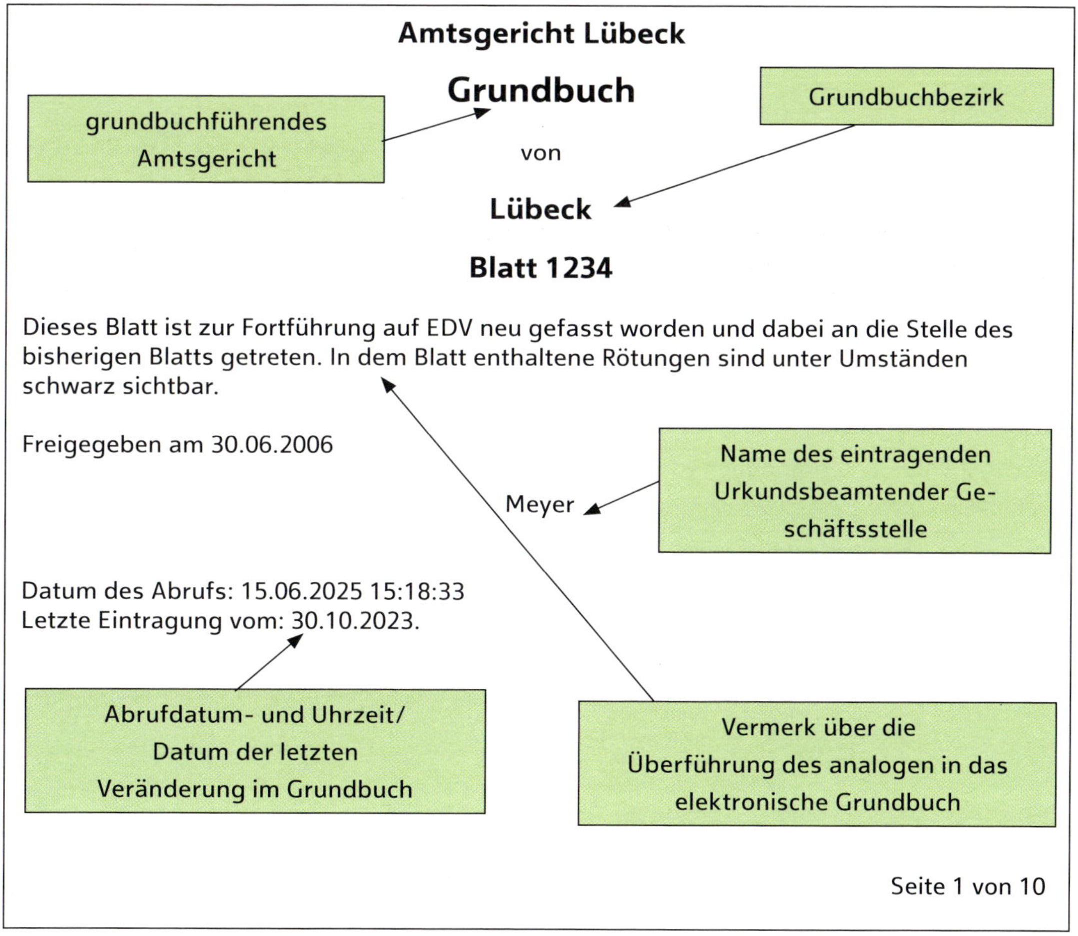

Seite 2 zur Aufschrift enthält keine relevanten Angaben.

Das **Bestandsverzeichnis** besteht aus acht Spalten und ist wie folgt aufgebaut:

▶ **Beispiel:**

Dieses Flurstück existiert nicht mehr. Es ist durch Neuvermessung in die Flurstücke 17/2 und 17/3 verlegt worden.

Amtsgericht Lübeck	Grundbuch von Lübeck	Blatt 1234	Bestandsverzeichnis	Einlegebogen 1

lfd. Nr. der Grundstücke	bisherige lfd. Nr. der Grundstücke	Bezeichnung der Grundstücke und der mit dem Eigentum verbundenen Rechte				Größe		
		Gemarkung (Vermessungsbezirk)	Karte		Wirtschaftsart und Lage	ha	a	m²
			Flur	Flurstück				
		a	b		e			
1	2	3				4		
1		Lübeck	2	17/1	Gebäude- und Freifläche, Schlossbauplatz 14		11	99
2	1	Lübeck	2	17/2	Gebäude- und Freifläche, Schlossbauplatz 14		11	50
		Lübeck	2	17/3	Gebäude- und Freifläche, Schlossbauplatz			49

Datum des Abrufs: 15.06.2025 15:18:33 Seite 3 von 10

Das ursprüngliche Grundstück lfd. 1 (Flurstück 17/1), das nach Neuvermessung und Zerlegung in die Flurstücke 17/2 und 17/3 unter lfd. Nr. 2 neu vorgetragen wurde, ist in diesem Bestand gelöscht (= unterstrichen).

Das 17/3 wurde vom Bestand Lübeck Blatt 1234 abgeschrieben und dem Bestand Lübeck Blatt 459 zugeschrieben. Das Flurstück 17/3 ist in diesem Bestand gelöscht (= unterstrichen).

Amtsgericht Lübeck	Grundbuch von Lübeck	Blatt 1234	Bestandsverzeichnis	Einlegebogen 1

Bestand und Zuschreibungen		Abschreibungen	
zur lfd. Nr. der Grundstücke		zur lfd. Nr. der Grundstücke	
5	6	7	8
1, 2	Nr. 1 der Neufassung des Bestandsverzeichnisses unter gleichzeitiger Berichtigung der Spalte 3c nach dem Liegenschaftskataster als Bestand eingetragen am 30.06.2006. Meyer Bestandsangaben nach dem Liegenschaftskataster berichtigt und neu vorgetragen am 25.01.2019. Klott	2	Flurstück 17/3 der Flur 2 nach Lübeck Blatt 459 BV-Nr. 6 übertragen am 14.03.2019. Klott

Datum des Abrufs: 15.06.2025 15:18:33 Seite 4 von 10

Name des eintragenden Urkundsbeamten der Geschäftsstelle

Vermerk über die Überführung des analogen in das elektronische Grundbuch

Merke: <u>Unterstrichener</u> **und/oder** <u>geröteter</u> **Text im Grundbuch ist gegenstandslos/gelöscht.**

Die **erste Abteilung** ist ebenfalls in verschiedene Spalten aufgeteilt. Sie enthält Angaben zu dem/den Eigentümer/n sowie die Grundlage der Eintragung sowie die Eigentumsverhältnisse (z. B. ½ oder in Erbengemeinschaft). Sie besteht aus vier Spalten.

Beispiel:

Margarete Meyer war die erste eingetragene Eigentümerin in der elektronischen Fassung dieses Grundbuchs. Sollte es bereits zuvor andere Eigentümer gegeben haben, ist dies nur noch anhand des archivierten papiergeführten Grundbuchs zu ermitteln. Sie war Alleineigentümerin (= 1/1 Anteil).

Name verfügender (= eintragender) Rechtspfleger

Amtsgericht Lübeck | Grundbuch von Lübeck | Blatt 1234 | Erste Abteilung | Einlegebogen 1

zur lfd. Nr. der Eintragungen	Eigentümer/Eigentümerin	zur lfd. Nr. der Grundstücke im Bestandsverzeichnis	Grundlage der Eintragung
1	2	3	4
<u>1</u>	<u>Margarete Meyer, geb. am 01.10.1967</u>	<u>1</u>	<u>Nr. 1 bei Neufassung der Abteilung ohne Eigentumswechsel eingetragen am 30.06.2006.</u> <u>Markmann</u>
<u>2</u>	<u>Maria Schmidt, geb. Schönfrau, geb. am 05.07.1974</u> <u>Norman Schmidt, geb. am 26.04.1971</u> <u>– in Erbengemeinschaft –</u>	<u>1</u>	<u>Aufgrund Erbfolge (Erbschein Amtsgericht Lübeck vom 23.12.2017 – Az.: 62 VI 502/16) berichtigt am 27.05.2017.</u> <u>Markmann</u>
3	Maria Schmidt, geb. Schönfrau, geb. am 05.07.1974 – Anteil 1/1 –	1	Auflassung vom 05.01.2020; eingetragen am 27.05.2020. Gitsch

Datum des Abrufs: 15.06.2025 15:18:33 Seite 5 von 10

Maria und Norman Schmidt sind die Erben (= Rechtsnachfolger) von Margarete Meyer. Sie haben den Grundbesitz geerbt. Sie sind in Erbengemeinschaft eingetragen, was bedeutet, dass der tatsächliche Anteil an dem Grundbesitz aus dem Grundbuch nicht ersichtlich ist. Die Erbquote und damit auch der Anteil jedes Erben am Grundbesitz ergeben sich aus dem Erbschein.

Maria Schmidt ist die aktuelle Alleineigentümerin des Grundbesitzes. Sie hat diesen durch einen Vertrag (z. B. eine Erbteilsübertragung) vom 05.01.2020 erworben.

Seite 6 zur ersten Abteilung enthält keine relevanten Angaben.

In der **zweiten Abteilung** sind alle Belastungen und Beschränkungen des Grundstücks mit Ausnahme von Hypotheken, Grund- und Rentenschulden eingetragen. Abteilung II besteht aus insgesamt sieben Spalten:

Beispiel:

Amtsgericht	Grundbuch von	Blatt	Zweite Abteilung	Einlegebogen
Lübeck	Lübeck	1234		1

zur lfd. Nr. der Eintragungen	lfd. Nr. der betroffenen Grundstücke im Bestandsverzeichnis	Lasten und Beschränkungen
1	2	3
1	1	Vorkaufsrecht für alle Verkaufsfälle für Carsten Schmidt, geb. am 07.04.1973 gem. Bewilligung vom 11.12.2012 Bruhse
2	2	Auflassungsvormerkung für Maria Schmidt, geb. Schönfrau, geb. am 05.07.1974 gem. Bewilligung vom 05.01.2020 (Notarin Katharina Marschner in Darmstadt, UR-Nr. 45/2020); eingetragen am 25.02.2020. Schmahl
3	2	Grunddienstbarkeit (Leitungsrecht) für den jeweiligen Eigentümer Lübeck, Blatt 137 gem. Bewilligung vom 09.10.2021 (Notarin Katharina Marschner in Darmstadt, UR-Nr. 431/2021); eingetragen am 30.10.2021. Schmahl

Datum des Abrufs: 15.06.2025 15:18:33 Seite 7 von 10

Unter Nr. 3 ist eine Grunddienstbarkeit (Leitungsrecht) eingetragen. Da die Rechte Nrn. 1 und 2 gelöscht sind, hat die Grunddienstbarkeit Nr. 3 den 1. Rang in Abteilung II.

Sowohl das unter Nr. 1 eingetragene Vorkaufsrecht als auch die unter Nr. 2 eingetragene Auflassungsvormerkung wurden gelöscht.

Amtsgericht	Grundbuch von	Blatt	Zweite Abteilung	Einlegebogen
Lübeck	Lübeck	1234		1

lfd. Nr. der Spalte 1		lfd. Nr. der Spalte 1	
4	5	6	7
		1	Gelöscht am 04.11.2018. Meyer
		2	Gelöscht am 27.05.2020 Gitsch

Datum des Abrufs: 15.06.2025 15:18:33 Seite 8 von 10

Name verfügender (= eintragender) Rechtspfleger

In der **dritten Abteilung** sind Hypotheken, Grund- und Rentenschulden eingetragen. Sie besteht aus insgesamt zehn Spalten.

Beispiel:

Amtsgericht Lübeck	Grundbuch von Lübeck	Blatt 1234	Dritte Abteilung Einlegebogen 1
zur lfd. Nr. der Eintragungen	lfd. Nummer der belasteten Grundstücke im Bestandsverzeichnis	Betrag	Hypotheken, Grundschulden, Rentenschulden
1	2	3	4
1	1	150.000,00 EUR	Einhundertfünfzigtausend Euro Grundschuld; für die Deutsche Bank Privat- und Geschäftskunden Aktiengesellschaft Filiale Deutschlandgeschäft, Frankfurt am Main; 15 % Jahreszinsen; vollstreckbar nach § 800 ZPO; gem. Bewilligung vom 27.09.2008 (UR 419/2008 Notar Carsten Bastian, Lübeck); brieflos; eingetragen am 04.11.2011 Boller
2	2	85.000,00 EUR	Fünfundachtzigtausend Euro Grundschuld; für die DSL Bank – Ein Geschäftsbereich der Deutsche Postbank AG – Zweigniederlassung der Deutsche Postbank AG – Bonn; 15 % Jahreszinsen; 10 % einmalige Nebenleistung vollstreckbar nach § 800 ZPO; gem. Bewilligung vom 05.01.2020 (Notarin Katharina Marschner in Darmstadt, UR-Nr. 46/2020); eingetragen am 26.02.2020. Persefeld

Seite 9 von 10

Das unter Nr. 2 eingetragene Grundpfandrecht hat durch die Löschung des Rechts Nr. 1 in Abteilung III den 1. Rang. Es handelt sich um ein Briefrecht, was bedeutet, dass für dieses Recht ein Grundpfandrechtsbrief gebildet wurde.

Das unter Nr. 1 eingetragene Grundpfandrecht wurde gelöscht. Es handelte sich um ein Buchrecht (= es steht dort brieflos), was bedeutet, dass kein Grundpfandrechtsbrief gebildet wurde.

Amtsgericht Lübeck	Grundbuch von Lübeck	Blatt 1234	Dritte Abteilung		Einlegebogen 1
lfd. Nr. der Spalte 1	Betrag		lfd. Nr. der Spalte 1	Betrag	
5	6	7	8	9	10
			1	150.000,00 EUR	Gelöscht am 14.03.2018. Barsfeld

Seite 10 von 10

In den Spalten 5–7 erfolgen Eintragungen, wenn beispielsweise ein Grundpfandrecht ganz oder teilweise an einen anderen Gläubiger abgetreten wird oder sich die Rangverhältnisse ändern.

2.3 Die Rangverhältnisse im Grundbuch

Jedes im Grundbuch eingetragene Recht hat einen bestimmten Rang. Der Rang hat eine große Bedeutung für die Sicherheit/Verwertbarkeit und damit den Wert des Rechts.

Der Inhaber eines Grundpfandrechts, das im Grundbuch den ersten Rang hat, hat beispielsweise im Fall einer Versteigerung die besten Aussichten, die eigene Forderung aus dem Erlös befriedigen zu können. Rechtsinhaber nachrangiger Rechte gehen hierbei ggf. leer aus.

Merke: Rechte, die in derselben Abteilung eingetragen sind, erhalten den Rang nach der Reihenfolge der Eintragung.

▶ **Beispiel:**

Abteilung II Nr. 1 = 1. Rang in Abteilung II

Amtsgericht Darmstadt | Grundbuch von Darmstadt-Mitte | Blatt 567 | Zweite Abteilung | Einlegebogen 1

zur lfd. Nr. der Eintragungen	lfd. Nr. der betroffenen Grundstücke im Bestandsverzeichnis	Lasten und Beschränkungen
1	2	3
1	1	Reallast (Zahlung einer lebenslänglichen monatlichen Rente) für die Witwe Lotte Dosemann, geb. Schmidt, geb. am 09.02.1934, gem. Bewilligung vom 20.12.1972; eingetragen am 05.01.1973. Gitsch
2	2	Grunddienstbarkeit (Wegerecht) für den jeweiligen Eigentümer Darmstadt-Mitte, Blatt 3156 gem. Bewilligung vom 20.10.1985; eingetragen am 05.11.1985. Gitsch
3	2	Beschränkte persönliche Dienstbarkeit (Recht auf Verlegung und Unterhaltung einer Gasleitung, einer Stromversorgungsleitung und einer Schmutzwasserleitung nebst Kontrollschächten, Baubeschränkung, Bepflanzungsbeschränkung) für die Stadt Darmstadt (Stadtwerke); gem. Bewilligung vom 11./19.08.1986; eingetragen am 24.11.1986. Pompi

Seite *** von ***

Abteilung II Nr. 2 = 2. Rang in Abteilung II

Abteilung II Nr. 3 = 3. Rang in Abteilung II

Der Eigentümer eines Grundstücks hat die Möglichkeit bei Begründung eines Rechts einen **Rangvorbehalt** eintragen zu lassen und auf diese Weise auch später noch eine bessere Rangstelle für sich oder einen anderen Rechtsinhaber zu beanspruchen/reservieren. Ein Rangvorbehalt wird häufig eingetragen, wenn ein zweitrangiges Recht zeitlich vor dem erstrangigen Recht zur Eintragung in das Grundbuch gelangt.

▶ **Beispiel:** Max Kruse kauft von der ein Baugebiet erschließenden Firma, der Baumeister GmbH, einen Bauplatz. Die Baumeister GmbH vereinbart mit Max Kruse, dass dieser den Bauplatz innerhalb von zwei Jahren ab Erwerb zur Eigennutzung bebauen muss und ihn nicht an einen Dritten veräußern darf. Zur Absicherung dieser Vereinbarung wird ein Wiederkaufsrecht zugunsten der Baumeister GmbH bestellt, das im Grundbuch eingetragen wird. Das Wiederkaufsrecht wird mit einem Rangvorbehalt in Höhe von 350.000,00 € nebst bis zu 20 % Zinsen seit dem Tag der Eintragung des Rechts bestellt, der es Max Kruse ermöglicht, die zur Finanzierung des Kaufpreises/Bauvorhabens notwendige Grundpfandrechtseintragung zu einem **späteren** Zeitpunkt ohne erneute Mitwirkung der Baumeister GmbH im Rang **vor** dem Wiederkaufsrecht unter Ausnutzung des Rangvorbehalts eintragen zu lassen.

Es gibt die Möglichkeit, das Rangverhältnis in der Eintragungsbewilligung, aber auch später noch zu ändern. Zu einer späteren Änderung ist eine Erklärung des Berechtigten/Gläubigers des zurücktretenden Rechts (= Bewilligung) und die Zustimmung des Grundstückseigentümers (= Antrag) erforderlich. Rechte können auch denselben Rang haben.

Beispiel: Zusammen mit dem Recht Abteilung II Nr. 2 im 2. Rang in dieser Abteilung

Amtsgericht	Grundbuch von	Blatt	Zweite Abteilung	Einlegebogen
Darmstadt	Darmstadt-Mitte	567		1

zur lfd. Nr. der Eintragungen	lfd. Nr. der betroffenen Grundstücke im Bestandsverzeichnis	Lasten und Beschränkungen
1	2	3
1	1	Beschränkte persönliche Dienstbarkeit (Wegemitbenutzungsrecht) für die Stadt Darmstadt; gem. Bewilligung vom 20.03.1999; im gleichen Rang mit Abt. II Nr. 2; eingetragen am 06.04.1999. Sonnenberg
2	2	Beschränkte persönliche Dienstbarkeit (Überwegungsrecht) für die Stadt Darmstadt gem. Bewilligung vom 09.02.2018 (Notarin Katharina Marschner in Darmstadt, UR-Nr. 99/2018); im gleichen Rang mit Abt. II Nr. 1. eingetragen am 04.03.2018. Sonnenberg
3	2	Beschränkte persönliche Dienstbarkeit (Immisionsduldungsrecht) für die DB Netz Aktiengesellschaft, Frankfurt am Main gem. Bewilligung vom 07.04.2019 (Notar Norbert Struck in Berlin, UR-Nr. 499/2019); eingetragen am 16.04.2019. Morgenstern

Seite *** von ***

Zusammen mit dem Recht Abteilung II Nr. 1 im 2. Rang in dieser Abteilung

1. Rang in Abteilung II

Amtsgericht	Grundbuch von	Blatt	Zweite Abteilung	Einlegebogen
Darmstadt	Darmstadt-Mitte	567		1

lfd. Nr. der Spalte 1		lfd. Nr. der Spalte 1	
4	5	6	7
3	Rang vor Abteilung II Nrn. 1 + 2; eingetragen am 16.04.2019. Morgenstern		

Seite *** von ***

Merke: Soll das Rangverhältnis nicht ausschließlich nach der Reihenfolge bestimmt werden, erfolgt eine entsprechende Eintragung bei dem jeweiligen Recht.

Der Text einer Erklärung zur Rangänderung, die auch Vorrangseinräumung oder Rangrücktritt genannt wird, inkl. Eigentümerzustimmung könnte wie folgt lauten:

Vorrangseinräumung

Im Grundbuch von Darmstadt-Nord, Blatt 123 steht in Abteilung II unter Nr. 1 für die Stadtwerke Darmstadt eine beschränkte persönliche Dienstbarkeit eingetragen. Mit diesem Recht räumt die Berechtigte der in Abteilung II unter Nr. 2 eingetragenen beschränkten persönlichen Dienstbarkeit den Vorrang ein und bewilligt und beantragt gleichzeitig die Eintragung dieser Rangänderung im Grundbuch. Der Eigentümer stimmt dieser Rangänderung zu und beantragt deren Eintragung im Grundbuch.

Ort: ***　　　　Datum: ***

Unterschriften Vertreter der Stadtwerke Darmstadt und Grundstückseigentümer zzgl. Unterschriftsbeglaubigung

Merke: Rechte, die in verschiedenen Abteilungen eingetragen sind, erhalten ohne ergänzende Erklärungen den Rang nach dem Eintragungsdatum.

Beispiel:

Amtsgericht München	Grundbuch von Schwabing	Blatt 111	Zweite Abteilung	Einlegebogen 1

zur Lfd. Nr. der Eintragungen	lfd. Nr. der betroffenen Grundstücke im Bestandsverzeichnis	Lasten und Beschränkungen
1	2	3
1	1, 2, 3	Sanierungsverfahren wird durchgeführt (Sanierungsgebiet Altstadt); eingetragen am 24.03.2015. Kloth
2	1, 2, 3	Auflassungsvormerkung für Inge Straatmann, geb. Meyer, geb. am 28.01.1931 gem. Bewilligung vom 11.11.2017 (Notarin Katharina Marschner in Darmstadt, UR-Nr. 417/2017); eingetragen am 05.12.2017. Nagler
3	3	Grunddienstbarkeit (Leitungsrecht) für den jeweiligen Eigentümer München, Blatt 997 gem. Bewilligung vom 10.05.2021 (Notarin Katharina Marschner in Darmstadt, UR-Nr. 345/2021); eingetragen am 22.05.2021. Rodling

Seite *** von ***

1. Rang (Eintragungsdatum: 04.11.2011)

2. Rang (Eintragungsdatum: 24.03.2015)

3. Rang (Eintragungsdatum: 26.06.2017)

4. Rang (Eintragungsdatum: 05.12.2017)

5. Rang (Eintragungsdatum: 22.05.2021)

Amtsgericht München	Grundbuch von Schwabing	Blatt 111	Dritte Abteilung	Einlegebogen 1

zur Lfd. Nr. der Eintragungen	lfd. Nummer der belasteten Grundstücke im Bestandsverzeichnis	Betrag	Hypotheken, Grundschulden, Rentenschulden
1	2	3	4
1	1, 2, 3	33.000,00 EUR	Dreiunddreißigtausend Euro Grundschuld; für die Sparkasse München in München; 18 % Jahreszinsen; 5 % einmalige Nebenleistung; vollstreckbar nach § 800 ZPO; gem. Bewilligung vom 17.03.2011 (UR 216/2011 Notar Dr. Guido Beyer, München); brieflos; eingetragen am 04.11.2011. Winkelmoser
2	2	195.000,00 EUR	Einhundertfünfundneunzigtausend Euro Grundschuld; für BHW Bausparkasse Aktiengesellschaft Bausparkasse für den öffentlichen Dienst, Hameln; 15 % Jahreszinsen; vollstreckbar nach § 800 ZPO; gem. Bewilligung vom 24.06.2017 (Notarin Katharina Marschner in Darmstadt, UR-Nr. 398/2020); eingetragen am 26.06.2017. Winkelmoser

Seite *** von ***

2.4 Führung und Inhalt der Grundakte

Neben dem Grundbuch, das lediglich die Aufschrift (das Deckblatt), das Bestandsverzeichnis sowie die Abteilungen I.–III. enthält, wird eine Grundakte geführt. Auch die Grundakte kann sowohl elektronisch als auch analog verwaltet werden. Für die Grundaktenführung ist der Urkundsbeamte der Geschäftsstelle zuständig.

In der Grundakte werden alle **Dokumente** chronologisch gesammelt, die z. B. von Behörden, Banken, Notaren usw. dem Grundbuchamt eingereicht werden. Beispiele solcher Dokumente sind:

- notarielle Kauf- oder Schenkungsverträge
- Erbnachweise (Erbscheinsausfertigung/Testament mit beglaubigter Kopie des Eröffnungsprotokolls)
- Löschungsbewilligungen und -anträge, Grundpfandrechtsbriefe
- Veräußerungsvollmachten
- Teilungserklärungen (z. B. nach dem WEG)
- Abgeschlossenheitsbescheinigungen (bei WEG-Anlagen)
- Erbbaurechtsverträge (bei Erbbaurechtsgründung)
- Verfügungen der Grundbuchrechtspfleger
- Zahlungsanzeigen
- notarielle Grundpfandrechtsbestellungsurkunden
- Eintragungsanträge
- Fortführungsmitteilungen und Flurkarten des Katasteramts (bei Neuvermessung)
- Verzichtserklärungen der Gebietskörperschaft auf das gesetzliche Vorkaufsrecht
- Eigentümer- und Verwalterzustimmungen
- Unbedenklichkeitsbescheinigungen

Merke: Wer eine Berechtigung hat, das Grundbuch einzusehen, kann dasselbe Recht bei den Grundakten für sich beanspruchen.

▶ **Beispiel:** Kerstin Heise ist Eigentümerin einer Eigentumswohnung, für die ein Wohnungsgrundbuch nebst entsprechender Grundakte gebildet wurde. Sie möchte die Wohnung an Hermann Neubauer veräußern. Kerstin Heise weiß, dass die Teilungserklärung Grundlage des Wohnungsgrundbuchs ist, die sie Hermann Neubauer für dessen Unterlagen übergeben möchte. Leider findet sie ihr Exemplar in den eigenen Unterlagen nicht mehr. Sie hat nun die Möglichkeit, das zuständige Grundbuchamt aufzusuchen und um Einsicht der entsprechenden Grundakte oder Erstellung einer Ablichtung der bei den dortigen Grundakten befindlichen Ausfertigung der Teilungserklärung zu bitten.

Wird die Grundakte elektronisch geführt, ist jeder durch einen in diesem Bereich ansässigen Notar zu stellende Antrag auch auf elektronischem Weg (z. B. via XNP) an das Grundbuchamt zu senden. Eine herkömmliche Antragstellung auf Papier ist nicht mehr gestattet. Dies gilt derzeit für folgende Bundesländer: Baden-Württemberg, Hessen, Niedersachsen, Rheinland-Pfalz, Bayern, Sachsen und Schleswig-Holstein. In allen anderen Bundesländern werden die Grundakten noch analog geführt.

Zusammenfassung

Das Grundbuch/die Grundakte

- Führung des Grundbuchs
- Aufbau und Inhalt des Grundbuchs
- Rangverhältnisse im Grundbuch
- Führung und Inhalt der Grundakte

Wiederholung und Vertiefung

1. Auf welche Weisen kann das Grundbuch geführt werden?
2. Wie ist das Bestandsverzeichnis aufgebaut?
3. Welche Rechte werden in Abteilung II des Grundbuchs eingetragen?
4. Welche Rechte werden in Abteilung III des Grundbuchs eingetragen?
5. Unterscheiden Sie das Rangverhältnis innerhalb einer Abteilung und in Bezug auf die Abteilungen II und III.
6. Worin besteht der Unterschied zwischen Grundbuch und Grundakte?
7. Wer führt die Grundakte?
8. Welche Dokumente werden beispielsweise in der Grundakte abgelegt?

3 Besondere Formen des Eigentums (grundstücksgleiche Rechte)

Jeder hat bestimmt schon einmal die Begriffe „Eigentumswohnung“ oder „Erbbaurecht“ gehört. Hinter jedem der beiden Begriffe steckt die besondere Form eines Eigentums an Grundstücken bzw. eine Besonderheit gegenüber dem allgemeinen Recht.

Sieht man das für eine Eigentumswohnung gebildete Grundbuch ein, findet sich in der Regel ein Wohnungsgrundbuch, das mit anderen Wohnungsgrundbüchern in Zusammenhang steht. Man spricht hier vom Wohnungseigentum.

Bei der Einsicht eines mit dem Begriff „Erbbaurecht“ in Zusammenhang stehenden Grundbuchs ist immer der Hinweis auf ein weiteres Grundbuch zu finden, das mit diesem Grundbuch eine bestimmte Verbindung hat. Hier wird vom Erbbaurecht (Erbbaugrundbuch und Grundstücksgrundbuch) gesprochen.

Im Folgenden erhalten Sie einen ersten Einblick, was unter den Begriffen **Wohnungseigentum** und **Erbbaurecht** zu verstehen ist, wie ein Wohnungsgrundbuch und ein Erbbaugrundbuch aufgebaut sind, welche Verbindungen mit anderen Grundbüchern bestehen und was Grundlage der jeweiligen Bildung ist.

Lernsituation

Stephanie Hermann hat im Schaufenster der LBK Immobilien ein Exposé gesehen, in dem eine Wohnung zum Verkauf angeboten wird:

Mit viel Freude wohnen

Objektanschrift: Strandallee 5, 23669 Timmendorfer Strand
Besichtigungstermine nach telefonischer Vereinbarung mit LBK Immobilien unter 04561 5127-99

Daten der Immobilie:

Objekt	Eigentumswohnung
Lage im Objekt	Erdgeschoss
Ort	Timmendorfer Strand
Übergabe möglich ab	unverzüglich
Zustand	gebraucht, Baujahr 2005
Wohnfläche	80 m^2
monatliches Wohngeld	288,00 €
Anzahl Zimmer	3 ½
Anzahl Badezimmer	1
Balkon/Terrasse	Südterrasse mit Meerblick
Pkw-Stellplatz	1
Sonstiges	Kellerraum
Heizungsart	Gasheizung
Energieausweis	Bedarfsausweis vorhanden
Provision	je 3,5 % zzgl. Umsatzsteuer Veräußerer und Erwerber
Kaufpreis	455.000,00 €

Objektbeschreibung/Ausstattung: Die zum Verkauf stehende Eigentumswohnung befindet sich in einer gepflegten Wohnanlage mit direktem Zugang zur Ostsee. Die Außenflächen wurden besonders schön im Stil der Region angelegt.

Die Aufteilung der Wohnung ist gut durchdacht und macht viel Freude. Sie bietet ausreichend Platz für mindestens zwei Personen. In dem dazugehörenden Kellerraum ist Platz für Fahrräder oder andere Dinge, die nicht täglich gebraucht werden. Die Küche wurde kaum benutzt und befindet sich daher in einem sehr guten Zustand. Sie enthält moderne Einbaugeräte und ist hell gefliest. Sowohl Wohn- als auch Schlafzimmer sind mit Parkett ausgelegt. Im Flur befindet sich eine eingebaute Garderobe. Das Badezimmer ist farbenfroh und modern gestaltet und hat sowohl Dusche als auch Badewanne.

Bilder der Wohnanlage finden Sie auf unserer Homepage:
www.LBK-Immobilien.de

Bevor Stephanie Hermann die Maklerfirma LBK um eine Besichtigung bittet, sucht sie die Notarin Katharina Marschner auf und stellt ihr viele Fragen zu einer Eigentumswohnung.

Arbeitsaufträge:

a) Überlegen Sie gemeinsam mit Ihren Mitschülerinnen und Mitschülern, worüber Notarin Katharina Marschner Stephanie Hermann informieren wird. Welche Fragen würden Sie stellen?

b) Notieren Sie dies in einem Gesprächsprotokoll.

c) Vergleichen Sie untereinander Ihre Ergebnisse

d) Reflektieren Sie anschließend Ihr Wissen.

3.1 Wohnungseigentum

Bei beinahe jedem Wohngebäude kann sich bei Einsicht des Grundbuchs herausstellen, dass es sich um ein Wohnungseigentum handelt. Der Eigentümer eines Grundstücks, der auch in der Regel Eigentümer des auf dem Grundstück errichteten Gebäudes ist, kann Wohnungseigentum bilden. Grund und Boden, einschließlich der aufstehenden Gebäude, bilden eine Einheit. Eine Trennung ist grds. unzulässig.

Es gibt aber die Möglichkeit, diesen Grundsatz dadurch zu umgehen, dass eine praktische Benutzungs- und Verwaltungsregelung getroffen wird, sodass jedem Miteigentümer das Recht zur ausschließlichen (unter Ausschluss aller anderen Miteigentümer) Nutzung eines bestimmten Gebäudeteils (= Wohnung) eingeräumt wird.

Häufig wird Wohnungseigentum (beispielsweise durch einen Bauträger) gebildet, wenn ein Gebäude errichtet wird, das aus mehreren (vielen) Wohnungen besteht, die an verschiedene Personen verkauft (= Bauträgervertrag mit Errichtungsverpflichtung) werden sollen.

Möglich ist allerdings ebenso die Teilung eines Einfamilienhauses in zwei Wohnungseigentumseinheiten, wenn es abgeschlossene (= nicht miteinander verbundene) Wohnungen gibt. Manche Gebäude beherbergen zwei Wohnungseigentumseinheiten, andere können zweihundert Einheiten unter einem Dach zusammenfassen. Auch mehrere (verschiedene) Gebäude können eine Wohnungseigentumsanlage bilden. Je nach Gebäudeart ist das individuell regelbar.

Von außen ist nicht erkennbar, ob ein Wohnungseigentum besteht oder nicht. Erst der Blick in das Grundbuch und die Grundakten legt die Rechtsverhältnisse offen.

Merke: Grundlage des Wohnungseigentums ist das Wohnungseigentumsgesetz (WEG).

Skizze eines (kleinen) Gebäudes vor Gründung von Wohnungseigentum

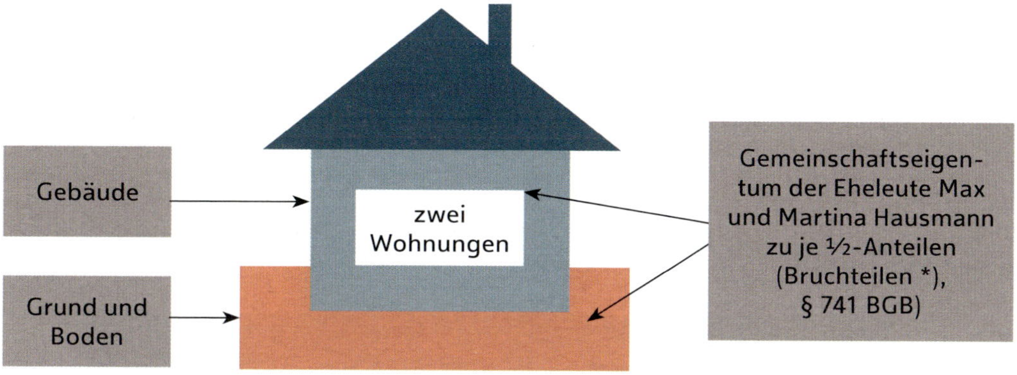

Skizze eines (kleinen) Gebäudes nach Gründung von Wohnungseigentum

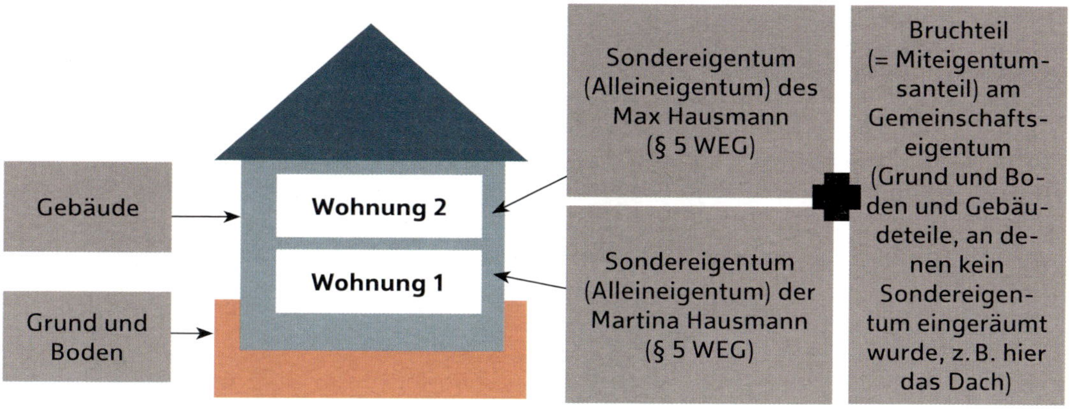

* Die Größe des Bruchteils richtet sich in der Regel nach der Wohnfläche im Verhältnis zur anderen Einheit/zu den anderen Einheiten. In diesem Fall könnten es je ½ oder, wenn Wohnung 2 kleiner ist, auch ⅓ zu ⅔ Bruchteilen sein.

Wenn der Begriff „Wohnungseigentum" definiert werden soll, gibt es zwei Unterformen und eine Mischform:

- Wohnungseigentum:
  - Das Wohnungseigentum wird durch die Verbindung des Miteigentumsanteils am gemeinschaftlichen Grundstück und Gebäude/-n mit Sondereigentum an einer **Wohnung** begründet.
  - In der Praxis handelt es sich hier um **Wohnraum**.
  - Seit dem 01.12.2020 können auch **Gartenanteile, Terrassen oder Zufahrtsflächen zu einem Stellplatz** dem Sondereigentum zugeordnet werden.
- Teileigentum:
  - Teileigentum wird durch Verbindung des Miteigentumsanteils am gemeinschaftlichen Grundstück und Gebäude/-n mit Sondereigentum an **nicht zu Wohnzwecken** dienenden Räumen begründet.
  - In der Praxis handelt es sich hier häufig um einen **Laden** oder auch eine **Garage**.

  - Seit dem 01.12.2020 kann ein Teileigentum auch aus einem **Abstellplatz für Fahrzeuge, Fahrräder oder Mülltonnen** bestehen.
- Wohnungs- und Teileigentum:
  - Dies ist eine Mischform von Wohnungs- und Teileigentum.
  - Sie wird durch Verbindung des Miteigentumsanteils am gemeinschaftlichen Grundstück und Gebäude/-n mit Sondereigentum an einer Wohnung **und** nicht zu Wohnzwecken dienenden Räumen begründet inkl. Erweiterungen seit dem 01.12.2020, wie angeführt.

Neben der grundsätzlichen Begriffsbestimmung gibt es viele weitere Ausdrücke, die in Zusammenhang mit dem Wohnungseigentum stehen:

Miteigentum und Sondereigentum (= Alleineigentum an einer Wohnung)

Das Bruchteilseigentum (Miteigentum) am Grundstück und den übrigen Einrichtungen der/des Gebäude/-s (beispielsweise Treppenhaus, Flur oder Hauswirtschaftsraum) ist verbunden mit dem Sondereigentum (= Alleineigentum) an einer Wohnung (s. Wohnungseigentum oder nicht zu Wohnzwecken dienenden Räumen (s. Teileigentum). Sowohl eine Wohnung als auch die nicht zu Wohnzwecken dienenden Räume sind im Grundbuch genau bezeichnet (z. B. Wohnung 1 oder Laden 5), sodass unstreitig ist, worum es sich handelt. Es wird dort stets auf den Aufteilungsplan (Grundrisse, Schnitte und Ansichten des Gebäudes) verwiesen, der sich in der Teilungserklärung oder der Abgeschlossenheitsbescheinigung findet.

Gemeinschaftseigentum

Das Grundstück und alle Einrichtungen der/des Gebäude/-s, für die kein Sondereigentum (s. o.) gebildet wurde (beispielsweise das Treppenhaus), gehören zum Gemeinschaftseigentum also allen Mitgliedern der Wohnungseigentümergemeinschaft im Verhältnis der Miteigentumsanteile.

Sondernutzungsrecht

Dem Eigentümer einer Wohnung kann das Recht eingeräumt werden, Teile vom Grundstück und/oder Gebäude unter Ausschluss aller anderen Miteigentümer zu nutzen. Das kann beispielsweise die einer Erdgeschosswohnung vorgelagerte Grundstücksfläche (= Terrasse/Garten) sein oder ein Pkw-Stellplatz, wenn diese nicht zum Sondereigentum gehören.
Der mit dem Sondernutzungsrecht belegte Bereich bleibt Gemeinschaftseigentum, gehört also weiterhin der Gemeinschaft.

Miteigentümergemeinschaft

Alle Eigentümer der Wohnungs- und Teileigentumseinheiten bilden eine Miteigentümergemeinschaft. Sie treffen sich regelmäßig zu Eigentümerversammlungen und beschließen (gemeinsam), wenn beispielsweise das Dach des Gebäudes neu gedeckt werden soll, ein neuer Verwalter bestellt wird oder die Teilungserklärung zu ändern ist. Für verschiedene Beschlüsse, gibt es unterschiedliche Vorgaben, was die Mehrheiten angeht. Diese ergeben sich aus dem Gesetz (= Wohnungseigentumsgesetz) und der Teilungserklärung.

Teilungserklärung

Die Teilungserklärung ist eine notarielle Urkunde (= Bewilligung), die Grundlage der Begründung von Wohnungs- und Teileigentum ist. In ihr erfolgen z. B. die Zuweisung der Miteigentumsanteile und des Sondereigentums sowie die Antragstellung auf Bildung neuer Wohnungs- und Teileigentumsgrundbücher.

Wenn es sich um eine größere Wohnungseigentumsanlage handelt, gibt es häufig eine Wohnungsverwaltung, die sich um die Führung der Anlage kümmert. Je mehr Einheiten eine Wohnanlage hat, desto wahrscheinlicher ist es, dass ein Verwalter bestellt wurde. Eine Verpflichtung zur Verwalterbestellung gibt es nicht.

Der Verwalter kümmert sich im Auftrag der Wohnungseigentümergemeinschaft beispielsweise um

- die Koordination von Instandhaltungs- und Instandsetzungsmaßnahmen (= z. B. die Pflege der Außenanlagen, das Streichen der Flure oder die Sanierung der Außenfassade),
- die Kostenverteilung und jährliche Abrechnung an die Mitglieder der Wohnungseigentumsanlage:
  - der Verbrauchskosten (z. B. Strom, Wasser, Abwasser, Schornsteinfeger),
  - die Instandhaltungskosten,
  - die Kosten der Verwaltung.
- die Einbringlichmachung rückständiger Zahlungen an die Wohnungseigentümergemeinschaft.

Ist in der Teilungserklärung bestimmt worden, dass der Verwalter dem Verkauf einer Wohnung zuzustimmen hat, ist er auch hierzu verpflichtet. Ob eine solche Zustimmung notwendig ist, ergibt sich aus dem Bestandsverzeichnis eines jeden Wohnungsgrundbuchs.

Hinweis: Die Verwalterzustimmung bedarf der öffentlichen Beglaubigung und ist dem Grundbuchamt einzureichen. Ein Verwalter kann diese Zustimmung nur aus wichtigem Grund (= ihm ist beispielsweise verlässlich bekannt, dass der Erwerber „völlig bankrott" ist) versagen.

3.1.1 Das Wohnungsgrundbuch

Für jedes Wohnungseigentum/Teileigentum wird ein eigenes Grundbuchblatt gebildet. Dem Bestand können viele Dinge entnommen werden, die im Allgemeinen aber auch für die Gestaltung eines Kauf- und/oder Schenkungsvertrags über ein Wohnungseigentum/Teileigentum wichtig sind.

Das Bestandsverzeichnis eines Wohnungsgrundbuchs könnte wie folgt aussehen:

Die Größe des Miteigentumsanteils lässt Rückschlüsse auf die Größe der Wohnung zu. Hat das Gebäude beispielsweise 20 Wohnungen, hätte jede Wohnung 1/20 Miteigentumsanteil, wenn alle dieselbe Größe hätten. Gibt es unterschiedlich große Wohnungen, kann durch einen größeren Nenner (= /100) eine Wohnung 20/100 und eine andere beispielsweise 5/100 haben. Es kann dann angenommen werden, dass die Wohnung mit 20/100 deutlich größer ist als die mit 5/100. Ferner wird der Nenner des Miteigentumsanteils größer, wenn die Wohnungseigentumsanteile viele Einheiten haben (s. u.).

Die WEG-Anlage befindet sich auf einem Grundstück (im Rechtssinn), das insgesamt 6 918 m² groß ist.

Amtsgericht Eutin | Grundbuch von Timmendorfer Strand | Blatt 2444 | Bestandsverzeichnis | Einlegebogen 1

lfd. Nr. der Grundstücke	bisherige lfd. Nr. der Grundstücke	Bezeichnung der Grundstücke und der mit dem Eigentum verbundenen Rechte				Größe		
		Gemarkung (Vermessungsbezirk)	Karte: Flur	Karte: Flurstück	Wirtschaftsart und Lage	ha	a	m²
		a	b		e			
1	2	3				4		
1	–	13354/100000 Miteigentumsanteil an dem Grundstück						
		Timmendorfer Strand	005	5/8	Gebäude- und Freifläche, Strandallee 5		54	44
		Timmendorfer Strand	005	5/10	Gebäude- und Freifläche, Strandallee		13	99
		Timmendorfer Strand	005	5/11	Gebäude- und Freifläche, Strandallee			75
		verbunden mit dem Sondereigentum an der im Aufteilungsplan mit Nr. 16 bezeichneten Wohneinheit (Wohnung).						
		Für jeden Miteigentumsanteil ist ein besonderes Grundbuch angelegt (Blatt 2428 – 2503); der hier eingetragene Miteigentumsanteil ist durch die zu den anderen Miteigentumsanteilen gehörenden Sondereigentumsrechte beschränkt.						
		Veräußerungsbeschränkung: Zustimmung durch Verwalter; Ausnahme: • Veräußerung – im Weg der Zwangsvollstreckung – durch den Insolvenzverwalter – an Ehegatten, – an Verwandte.						
		Wegen Gegenstand und Inhalt des Sondereigentums Bezugnahme auf die Bewilligung vom 25. Juni 1984 und 05. Juni 1986 von Timmendorfer Strand, Blatt 213 übertragen; eingetragen am 16. November 1984 und am 2. September1986.						

Seite *** von ***

Durch die eingetragene Beschränkung (Für jeden Miteigentumsanteil ist ein besonderes Grundbuch angelegt.) ist errechenbar, wie viele Wohnungen insgesamt zur Wohnungseigentumsgemeinschaft gehören, denn alle Wohnungsgrundbuchblätter sind in jedem Bestandsblatt angeführt (hier 76 Einheiten).

Dieses Bestandsverzeichnis gehört zur Wohnung Nr. 16.

Durch die Erwähnung der Bewilligung kann das Datum der zugrundeliegenden Teilungserklärung nebst etwaigen Ergänzungen ermittelt werden. In den Grundakten des Grundbuchamts befindet sich stets im archivierten „Muttergrundbuch“, das ebenso dem Bestand zu entnehmen ist (... von ... übertragen), oder bei der ersten Wohnungsgrundakte der Wohnanlage (je nach Gericht unterschiedlich) eine Ausfertigung der Teilungserklärung sowie der möglichen Ergänzungen, die dort eingesehen und/oder kopiert werden kann. Wurde die Teilungserklärung nach Bildung der Wohnungsgrundbücher geändert, ergibt sich dies auch aus dem Bestand, der dann unter Verweis auf die Änderungsbewilligung (= Urkunde) neu vorgetragen wird.

Ist bei einer Veräußerung die Zustimmung des Verwalters – wenn bestellt – erforderlich, ergibt sich dies auch immer aus dem Bestand. Der Verwalter wird namentlich allerdings nicht erwähnt. Der Verwalter muss seine Bestellung (= Verwaltereigenschaft, § 26 WEG) stets gegenüber dem Grundbuchamt nachweisen, und zwar spätestens, wenn er seine erste Zustimmung zu einem Veräußerungsvertrag abgibt. Dies erfolgt durch Einreichung eines Protokolls der Eigentümerversammlung, in der der Verwalter bestellt wurde. Dass Protokoll ist öffentlich zu beglaubigen. Welche Unterschriften zu beglaubige sind, ergibt sich aus § 24 Abs. 6 WEG in Verbindung mit der Te lungserklärung. Es wird meist zur ersten Grundakte einer Wohnanlage genommen, sodass durch Einsicht dieser geprüf werden kann, wer aktuell Verwalter ist und ob ein wirksamer Verwalternachweis vorliegt. Diese Information kann auch durc schriftliche Anfrage beim Grundbuchamt beschafft werden.

Wurde die Teilung zum elektronischen Grundbuch beantragt, stehen die eingereichten Unterlagen in digitaler Form in der elektronischen Grundakte zur Verfügung.

In den Abteilungen I-III eines Wohnungsgrundbuchs gibt es keine Besonderheiten gegenüber „einfachen“ Grundbüchern.

Ist es nötig, ein Wegerecht zulasten der Wohnungseigentumsanlage zu bestellen, wird dieses in **alle** Wohnungseigentumsgrundbücher eingetragen und bedarf je nach Rangstelle (nach Gründung von Wohnungseigentum) der Zustimmung **aller** Eigentümer und dinglich Berechtigten (= z. B. Banken).

3.1.2 Die Gründung von Wohnungseigentum

Es gibt die Möglichkeit, Wohnungseigentum auf vertraglichem Weg (= es gibt mehrere Eigentümer, die eine Teilung erklären und vertraglich vereinbaren, welcher Eigentümer nach Teilung welche Wohnung erhält, § 3 WEG) oder durch Erklärungen eines einzelnen Eigentümers (§ 8 WEG) zu gründen.

Hinweis: In der Praxis erfolgt die Teilung häufig durch einen Bauträger, der ein Wohngebäude zum Weiterverkauf errichtet.

Die Erklärung zur Gründung von Wohnungseigentum wird **Teilungserklärung** genannt. Sie beinhaltet das zu teilende Grundstück sowie die Eigentumsverhältnisse, die Bildung und den Umfang von Sondereigentum sowie die Gemeinschaftsordnung, die das Verhältnis der Wohnungseigentümer untereinander regelt (beispielsweise die Zweckbestimmung des Gebäudes, Nutzungsbeschränkungen, Instandhaltung und Instandsetzung, Lastentragung, Versicherungen, Verwaltung oder Stimmrecht) und die Eintragungsbewilligung zum Vollzug der Teilungserklärung im Grundbuch.

Eine Teilungserklärung (auszugsweise und ohne Gemeinschaftsordnung) nach § 8 WEG könnte wie folgt aussehen:

Nr. *** des Urkundenverzeichnisses Jahrgang 2025

Verhandelt
zu Lübeck
am 21.04.2025

Vor mir, dem unterzeichnenden Notar im Bezirk des Schleswig-Holsteinischen Oberlandesgerichts

Tim Claus Walther
mit dem Amtssitz in Lübeck

erschien heute:

Herr Tom Swörs, geboren am 28.09.1967,
Geschäftsadresse Holstentorstrasse 10, 23576 Lübeck,

dem Notar von Person bekannt,
nachstehend handelnd als alleinvertretungsberechtigter Geschäftsführer der Firma

SCHWEDEN-HAUS GmbH,
Holstentorstrasse 10, 23576 Lübeck,
eingetragen im Handelsregister des Amtsgerichts Lübeck
unter HRB 1272.

Hierzu bescheinige ich gem. § 21 Abs. 1 Nr. 1 BNotO aufgrund Einsicht in das Handelsregister des Amtsgerichts Lübeck vom 19.04.2025, dass die vorgenannte Gesellschaft dort unter HRB 1272 eingetragen ist und durch Herrn Tom Swörs als Geschäftsführer einzeln und von den Beschränkungen des § 181 BGB befreit vertreten werden kann.

Der Notar fragte nach einer Vorbefassung i. S. d. § 3 Abs. 1 Nr. 7 BeurkG; die Frage wurde von dem Erschienenen verneint.

Der Erschienene erklärte folgende

Teilung nach § 8 WEG:

Der Eigentümer des im Grundbuch des Amtsgerichts Eutin von Eutin, Blatt 2734 vorgetragenen Grundbesitzes der Gemarkung Eutin, Flur 3, Flurstück 156 (Müllerstraße 12) verweist zunächst auf die Abgeschlossenheitsbescheinigung nach § 7 Abs. 4 Nr. 2 WEG des Kreis Ostholstein vom 07.03.2024 (Az.: 02185-16-42/16.291) und teilt sodann nach § 8 WEG das Eigentum am vorbezeichneten Grundbesitz in der Weise auf, dass mit jedem Miteigentumsanteil das Sondereigentum an einer bestimmten Wohnung – Wohnungseigentum – verbunden ist gem. folgender Tabelle:

Wohnungseigentum Nr.	Miteigentumsanteil in Zehntausendstel	Beschrieb des Wohnungseigentums je unter Bezugnahme auf die zitierte Abgeschlossenheitsbescheinigung	Sonstiges/Anmerkungen
1.	1 681	Wohnung im Erdgeschoss, die in den zitierten Plänen mit der Nr. 1 beziffert ist	dazugehörig: Sondernutzungsrecht an Terrasse und Garten sowie Pkw-Stellplatz 1
2.	1 404	Wohnung im Erdgeschoss, die in den zitierten Plänen mit der Nr. 2 beziffert ist	dazugehörig: Sondernutzungsrecht an Terrasse und Garten sowie Pkw-Stellplatz 2
3.	1 681	Wohnung im 1. Obergeschoss, die in den zitierten Plänen mit der Nr. 3 beziffert ist	dazugehörig: Sondernutzungsrecht an Pkw-Stellplatz 3
4.	......		

Der Erschienene macht sodann die in Anlage 1 beiliegende Gemeinschaftsordnung zum Inhalt des Sondereigentums und bewilligt und beantragt zur Eintragung im Grundbuch:

- die Teilung des in dieser Urkunde bezeichneten Grundbesitzes nach den Bestimmungen des WEG und den Erklärungen in dieser Urkunde;
- die Bestimmungen der Gemeinschaftsordnung samt Sondernutzungsrechten gem. Anlage zu dieser Urkunde als Inhalt des Wohnungs-/Teileigentums.

Weitere Bestimmungen

Der Eigentümer ist darüber unterrichtet, dass der grundbuchliche Vollzug dieser Urkunde erst erfolgen kann, wenn die Abgeschlossenheitsbescheinigung der zuständigen Baubehörde oder Stelle vorliegt.

Vollzug

Der beurkundende Notar wird mit dem Vollzug dieser Urkunde beauftragt.

Kosten und Abschriften

Der Bauwert der Immobilie wird mit 750.000,00 € beziffert.

Die Kosten trägt die Schweden-Bau GmbH.

Das Amtsgericht – Grundbuchamt – erhält eine Ausfertigung/elektronisch beglaubigte Abschrift, die Schweden-Bau GmbH eine beglaubigte Ablichtung dieser Urkunde.

Das Protokoll wurde vorgelesen, nebst zur Durchsicht vorgelegter Anlage genehmigt und unterschrieben.

gez. Tom Swörs
(LS) gez. Tim Claus Walther, Notar

Die Teilungserklärung wird dem Grundbuchamt zum Vollzug in Ausfertigung oder, wenn das Grundbuch elektronisch geführt wird, in elektronisch beglaubigter Abschrift vorgelegt.

Das Grundbuch, zu dem die Teilungserklärung eingereicht wird („Muttergrundbuch"), wird mit Vollzug der Teilung und Anlegung der (neuen) Wohnungsgrundbuchblätter geschlossen/archiviert. Die Unterlagen sind bei Gericht dauerhaft aufzubewahren und bleiben stets zugänglich.

Neben der Ausfertigung/elektronisch beglaubigten Abschrift der Teilungserklärung ist dem Grundbuchamt die **Abgeschlossenheitsbescheinigung** vorzulegen. Bei diesem Dokument handelt es sich um eine Genehmigung der Baubehörde, die bestimmte Bauzeichnungen, aus denen u. a. die Grenzen (Trennwände) und damit die Abgeschlossenheit des jeweiligen Sondereigentums (= Wohnung) ersichtlich sind, enthalten muss: Lageplan von Grundstück und Gebäude, Grundriss jedes Stockwerks, Ansichtszeichnung aus jeder Richtung (= Nord, Süd usw.) sowie Querschnitte des Gebäudes.

Die Zeichnungen werden häufig in DIN A3 oder größer erstellt, sodass die Abgeschlossenheitsbescheinigung eines großen Gebäudes naturgemäß deutlich umfangreicher ist als die eines Einfamilienhauses mit zwei Einheiten. Gleiches gilt im Übrigen für die Teilungserklärung. Je mehr Einheiten, desto mehr Regelungsbedarf.

Die Abgeschlossenheitsbescheinigung wird dem Gericht im Original übermittelt. Bei umfangreichen Exemplaren ist dies weiterhin auch bei elektronischer Grundaktenführung möglich. Ferner kann sie per CD-ROM an das Grundbuchamt gesandt werden.

Die Zeichnungen werden in der Regel von dem beauftragten Architekten erstellt und gesammelt bei der zuständigen Baugenehmigungsbehörde (beispielsweise der Kreisverwaltung) eingereicht. Dort werden sie geprüft und zu einem Dokument (der Abgeschlossenheitsbescheinigung) zusammengefasst, das gesiegelt wird.

In manchen Gebieten (mit viel Fremdenverkehr) wird zur Teilung ferner die Teilungsgenehmigung nach § 22 BauGB benötigt, die auch die zuständige Baugenehmigungsbehörde in Absprache mit der Gemeinde erteilt. Ob eine solche Genehmigung erforderlich ist, ist aus dem für das jeweilige Gebiet zugrundeliegenden Bebauungsplan ersichtlich oder bestimmt sich nach der Satzung der Gemeinde.

Merke: Bei der Veräußerung von Wohnungseigentum wird keine Vorkaufsrechtsverzichtserklärung der zuständigen Gemeinde benötigt, da es für ein Wohnungsgrundbuch kein gesetzliches Vorkaufsrecht gibt.

Die erste Seite einer Abgeschlossenheitsbescheinigung könnte wie folgt aussehen:

KREIS OSTHOLSTEIN
Der Landrat
Fachdienst Bauordnung

Schweden-Haus GmbH
Holstentorstrasse 10
23576 Lübeck

Geschäftszeichen	Auskunft erteilt	Telefon	Datum
02185-16-42/16.291	Herr Clausen	04521 780-123	07.03.2024

BESCHEINIGUNG § 7 Abs. 4 Nr. 2/§ 32 Abs. 2 Nr. 2 WEG vom 15.03.1952 (Bundesgesetzblatt I S. 175) in der geltenden Fassung
Die im beiliegenden Aufteilungsplan mit Ziffer 01 bis 08 bezeichneten Wohnungen einschließlich der dazugehörigen nicht zu Wohnzwecken dienenden Nebenräume in dem zu errichtenden Gebäude auf dem Grundstück in Eutin, Müllerstraße 12 Gemarkung: Eutin Flur: 3 Flurstück: 156 Grundbuch von Eutin, Blatt 1438 sind in sich abgeschlossen. Sie entsprechen daher dem Erfordernis der §§ 3 Abs. 2, 32 Abs. 1 WEG. Im Auftrag *gez. Clausen* (Siegel Kreis Ostholstein)

▶ **Beispiel: für den Lageplan einer Wohnungseigentumsanlage bestehend aus zwei Gebäuden:**

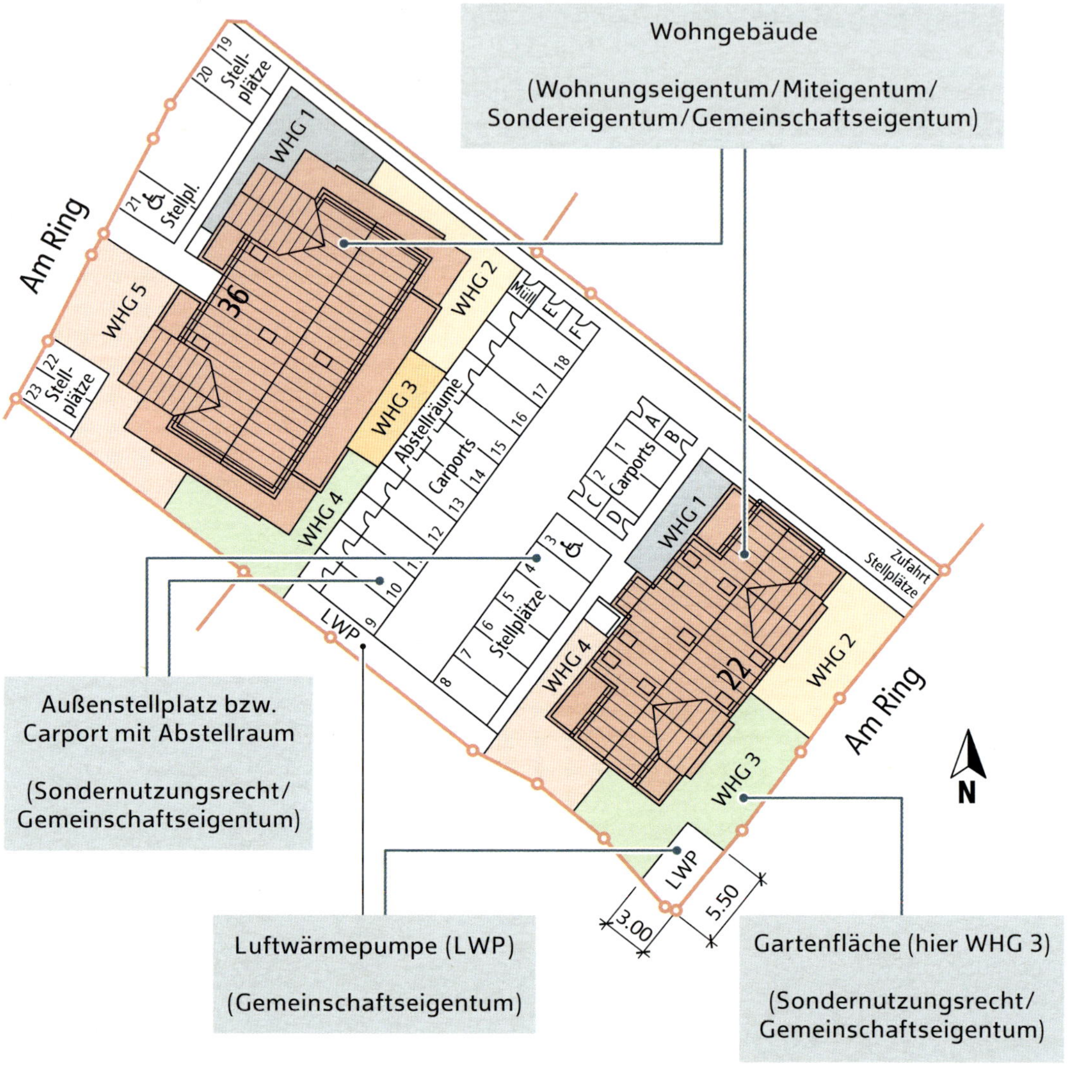

Beispieleintragung im Grundbuch Wohnung 8 (Bestand):

358/10 000 Miteigentumsanteile an dem Grundstück der Gemarkung xy, Flur xy, Flurstück xy, Gebäude- und Freifläche, Straße xy, 2 456 m² verbunden mit dem Sondereigentum an der im Aufteilungsplan mit Nr. 22/8 bezeichneten Wohneinheit mit dazugehörigem Balkon (im Haus 22 im Obergeschoss). Diesem Sondereigentum ist ein Sondernutzungsrecht an dem Carport mit Abstellraum 11 zugeordnet.

3.2 Das Erbbaurecht

Das **Erbbaurecht ist die Belastung eines Grundstücks in der Weise, dass dem Berechtigten** (= Eigentümer des Erbbaugrundbuchs) **das veräußerliche und vererbliche Recht** (häufig gegen Zahlung eines Erbbauzinses) **zusteht, auf oder unter der Oberfläche des Grundstücks ein Bauwerk** (beispielsweise ein Wohngebäude) **zu haben** (§ 1 Abs. 1 ErbbauRG).

Wenn von Erbbaurecht gesprochen wird, ist immer sicher, dass zwei Gruppen an diesem beteiligt sind = der Grundstückseigentümer und der (künftige) Erbbauberechtigte (= Eigentümer des Gebäudes). Aus Sicht des Grundstückseigentümers ist das Erbbaurecht ein beschränktes dingliches Recht, das auf seinem Grundstück lastet.

Merke: Grundlage des Erbbaurechts ist das Erbbaurechtsgesetz (ErbbauRG).

Ein Erbbaurecht wird in der Regel von dem Eigentümer einer größeren Grundstücksfläche (beispielsweise Kirche oder Kommune), für die eine Bebauung zulässig ist, gegründet. Durch die Gründung von Erbbaurecht werden Grundstück und Gebäude grundbuchlich getrennt (= es gibt künftig zwei Grundbücher).

Der Erbbauberechtigte erhält auf diese Weise die Möglichkeit, ein Bauwerk (z. B. ein Gebäude) zu errichten und auch zu nutzen, ohne das Grundstück selbst erwerben zu müssen. Bei dem Bauwerk muss es sich nicht zwingend um ein Wohngebäude handeln. Meist zahlt er dafür einen zwischen ihm und dem Grundstückseigentümer vereinbarten Geldbetrag (= Erbbauzins), der sich im Lauf der Jahre durch Anpassungen die über den Verbraucherpreisindex (Warenkorb des statistischen Bundesamts zu Preisveränderungen von Dienstleistungen und Waren in Deutschland) gesteuert wird, nach oben oder unten verändert.

Der Erbbauberechtigte (= Eigentümer des/der Gebäude) ist mit dem Grundstückseigentümer durch den Erbbaurechtsvertrag, der alle Regelungen in Bezug auf das Erbbaurecht enthält, verbunden.

Häufig erhält der Eigentümer des Grundstücks ein Vorkaufsrecht an dem Gebäude, das im Grundbuch des Gebäudes (Erbbaugrundbuch) in Abteilung II eingetragen wird.

Skizze eines Grundstücks mit Gebäude ohne Erbbaurecht

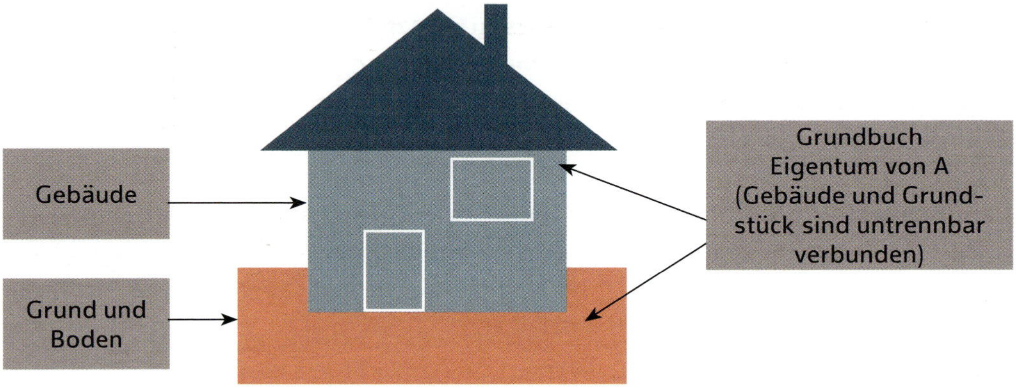

Skizze desselben Grundstücks mit Gebäude nach Gründung eines Erbbaurechts

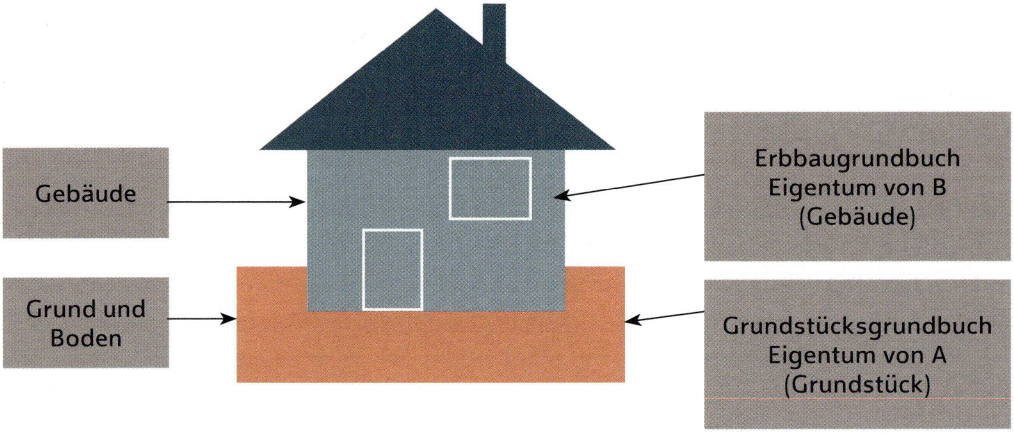

3.2.1 Das Erbbau- und das Grundstücksgrundbuch

Wer ein Erbbaugrundbuch einsieht, sollte auch stets das Grundstücksgrundbuch prüfen, denn beide sind eng miteinander verbunden. Jedes Grundbuch enthält einen Verweis zum jeweils anderen.

Wird ein Erbbaurecht gegründet, erfolgt im Grundstücksgrundbuch der Eintrag des Erbbaurechts in Abteilung II. Das Erbbaurecht erhält zwingend die erste Rangstelle, was nicht veränderbar ist.

Das Erbbaugrundbuch (für das Gebäude) wird mit Vollzug der Erbbaurechtsbegründung neu gebildet und dort erfolgt der Eintrag des Erbbaurechts im Bestandsverzeichnis. Ferner wird der Erbbauzins in Abteilung II des Grundstücksgrundbuchs eingetragen. Häufig ist zur Veräußerung und Belastung (mit beispielsweise Grundpfandrechten) eines Erbbaurechts die Zustimmung des Grundstückseigentümers erforderlich. Ob die Zustimmung benötigt wird, ergibt sich aus dem Bestand.

Hat der Eigentümer daneben ein (dingliches) Vorkaufsrecht, ist dieses in Abteilung II des Erbbaugrundbuchs vermerkt.

Dem Bestand kann durch den Hinweis auf die Bewilligung das Datum des zugrundeliegenden Erbbaurechtsvertrags entnommen werden. Dieser befindet sich in Ausfertigung/elektronisch beglaubigter Ablichtung bei den Grundakten/elektronischen Grundakten und kann dort eingesehen/kopiert/gedruckt werden.

Wichtig ist zugleich das Datum des Ablaufs, denn ein Erbbaurecht wird immer auf eine bestimmte Dauer (häufig zwischen 75 und 99 Jahren) bestellt, denn ansonsten würde der Grundstückseigentümer bei einer unbegrenzten Laufzeit für immer die Nutzung des eigenen Grundstücks aufgeben.

Bei Ablauf kann der Grundstückseigentümer die Übertragung des Erbbaurechts auf sich gegen Entschädigungszahlung (beispielsweise zwei Drittel des Verkehrswerts des Gebäudes, was im Erbbaurechtsvertrag geregelt wird) verlangen.

Sind Erbbauberechtigter und Grundstückseigentümer identisch, wenn beispielsweise der Grundstückseigentümer nach Erbbaurechtsbestellung auch das Grundstück an den Erbbauberechtigten veräußert, kann dieser die Aufhebung/den Untergang des Rechts beantragen, sodass das Erbbaugrundbuch wieder geschlossen wird und beide Teile (Grundstück und Gebäude) zusammenfallen.

Das Bestandsverzeichnis eines Erbbaugrundbuchs könnte wie folgt aussehen:

Amtsgericht Darmstadt	Grundbuch von Darmstadt	Blatt 111	Bestandsverzeichnis	Einlegebogen 1				
lfd. Nr. der Grundstücke	bisherige Lfd. Nr. der Grundstücke	Bezeichnung der Grundstücke und der mit dem Eigentum verbundenen Rechte				Größe		
		Gemarkung (Vermessungsbezirk)	Karte: Flur	Karte: Flurstück	Wirtschaftsart und Lage	ha	a	m²
		a	b		e			
1	2	3				4		
1	–	Erbbaurecht an dem Grundstück Darmstadt Blatt 777, BV Nr. 1						
		Darmstadt-Mitte	004	62/2	Gebäude- und Freifläche, Ostpreußenring 790		5	30
		in Abt. II Nr. 1 auf die Dauer bis 30.04.2054. Eigentümerzustimmung ist erforderlich zur: a) Veräußerung b) Belastung mit: • einer Hypothek, • einer Grund- oder Rentenschuld, • einer Reallast. Eigentümer: Stadt Darmstadt. Unter Bezugnahme auf die Bewilligung vom 07.08.1958, vermerkt am 04.06.1959 in Darmstadt-Mitte, Band 12, Blatt 49 und hierher umgeschrieben am 16.05.2002.						

Seite *** von ***

Abteilung I enthält die üblichen Einträge: Eigentümer: Else Brauer, geb. am 01.02.1959.

Abteilung II könnte wie folgt aussehen:

Amtsgericht Darmstadt	Grundbuch von Darmstadt	Blatt 111 – Zweite Abteilung – Einlegebogen 1
zur lfd. Nr. der Eintragungen	lfd. Nr. der betroffenen Grundstücke im Bestandsverzeichnis	Lasten und Beschränkungen
1	2	3
1	1	Ein Erbbaurecht auf die Dauer bis zum 30.04.2054 für die Stadt Darmstadt. Unter Bezugnahme auf den Inhalt des Erbbaurechts gebucht in Darmstadt Blatt 777 BV Nr. 1; eingetragen am 04.05.1959 in Darmstadt, Band 21, Blatt 49 und hierher umgeschrieben am 16.05.2002. Kloth

Seite *** von ***

Abteilung III enthält die üblichen Einträge.

Das Bestandsverzeichnis des dazugehörigen Grundstücksgrundbuchs könnte wie folgt aussehen:

Amtsgericht Darmstadt	Grundbuch von Darmstadt	Blatt 777	Bestandsverzeichnis	Einlegebogen 1

lfd. Nr. der Grundstücke	bisherige lfd. Nr. der Grundstücke	Bezeichnung der Grundstücke und der mit dem Eigentum verbundenen Rechte				Größe		
		Gemarkung (Vermessungsbezirk)	Karte		Wirtschaftsart und Lage	ha	a	m²
			Flur	Flurstück				
		a	b		e			
1	2	3				4		
1		Darmstadt-Mitte	004	62/2	Gebäude- und Freifläche, Ostpreußenring 790		5	30

Seite *** von ***

Abteilung I des Grundstücksgrundbuchs:

Amtsgericht Darmstadt	Grundbuch von Darmstadt	Blatt 777	Erste Abteilung	Einlegebogen 1

zur lfd. Nr. der Eintragungen	Eigentümer/Eigentümerin	zur lfd. Nr. der Grundstücke im Bestandsverzeichnis	Grundlage der Eintragung
1	2	3	4
1	Stadt Darmstadt	1	Nr. 1 bei Neufassung der Abteilung ohne Eigentumswechsel eingetragen am 16.05.2002. Markmann

Seite *** von ***

Abteilung II des Grundstücksgrundbuchs:

Amtsgericht Darmstadt	Grundbuch von Darmstadt	Blatt 777	Zweite Abteilung	Einlegebogen 1

zur lfd. Nr. der Eintragungen	lfd. Nr. der betroffenen Grundstücke im Bestandsverzeichnis	Lasten und Beschränkungen
1	2	3
1	1	Gelderbbauzins für den jeweiligen Eigentümer von Darmstadt, Blatt 111 gemäß Bewilligung vom 07.08.1958; Gleichrang mit Abt. II Nr. 2; eingetragen am 05.06.1959 in Darmstadt, Band 21, Blatt 49 und hierher umgeschrieben am 16.05.2002.
2	1	Vorkaufsrecht für den jeweiligen Eigentümer von Darmstadt, Blatt 111 Gleichrang mit Abt. II Nr. 1; eingetragen am 05.06.1959 in Darmstadt, Band 21, Blatt 49 und hierher umgeschrieben am 16.05.2002.

Seite *** von ***

Abteilung III enthält die üblichen Einträge.

3.2.2 Die Gründung eines Erbbaurechts

Um ein Erbbaurecht zu bestellen, ist die Beurkundung eines **Erbbaurechtsvertrags** erforderlich, der dem Grundbuchamt in Ausfertigung/elektronisch beglaubigte Ablichtung zum Vollzug einzureichen ist.

In einem Erbbaurechtsvertrag treffen zwei Parteien aufeinander: der Erbbauberechtigte (Eigentümer der/des Gebäude/-s) und der Grundstückseigentümer.

Der Inhalt eines Erbbaurechtsvertrags ist vielfältig und höchst unterschiedlich. Bei der Gestaltung eines solchen Vertrags ist größte Sorgfalt an den Tag zu legen.

Beispiele für Vereinbarungen in einem Erbbaurechtsvertrag

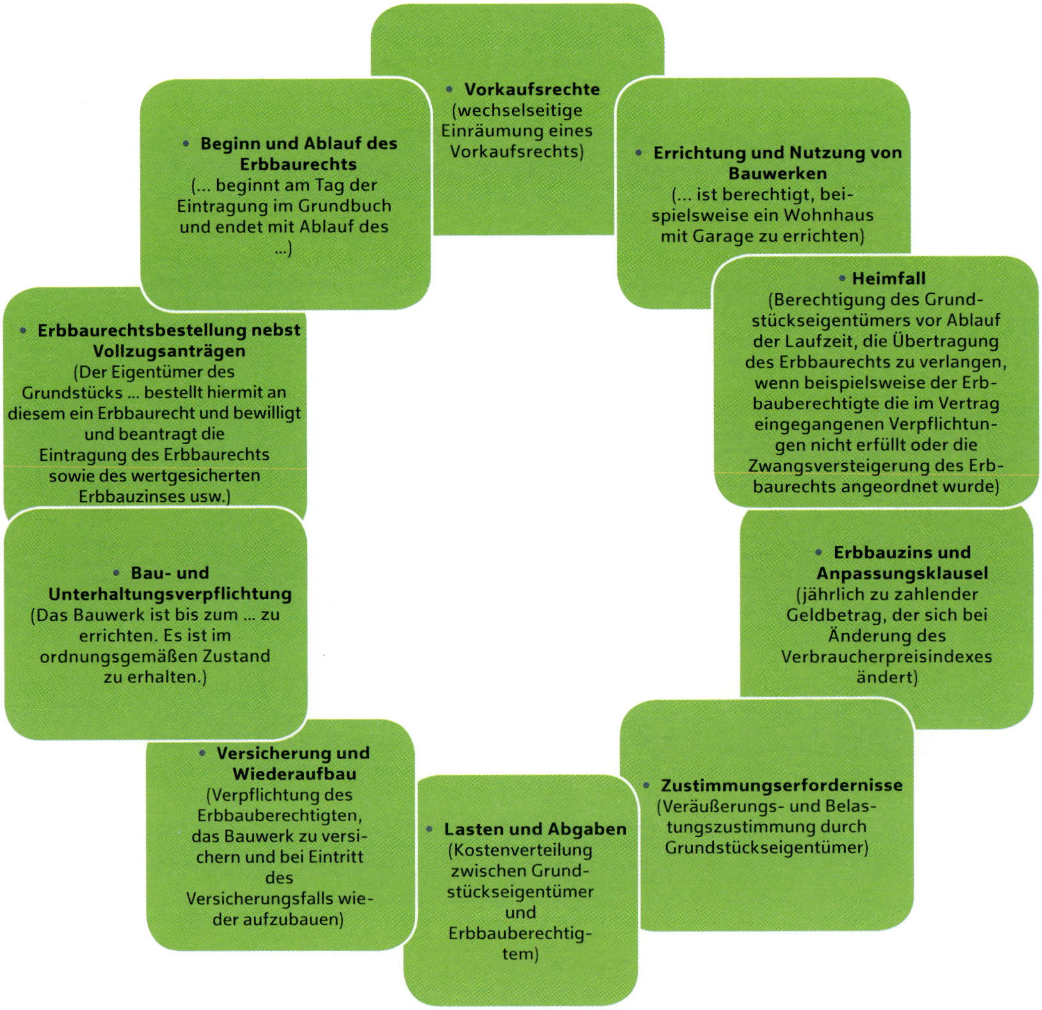

Zusammenfassung

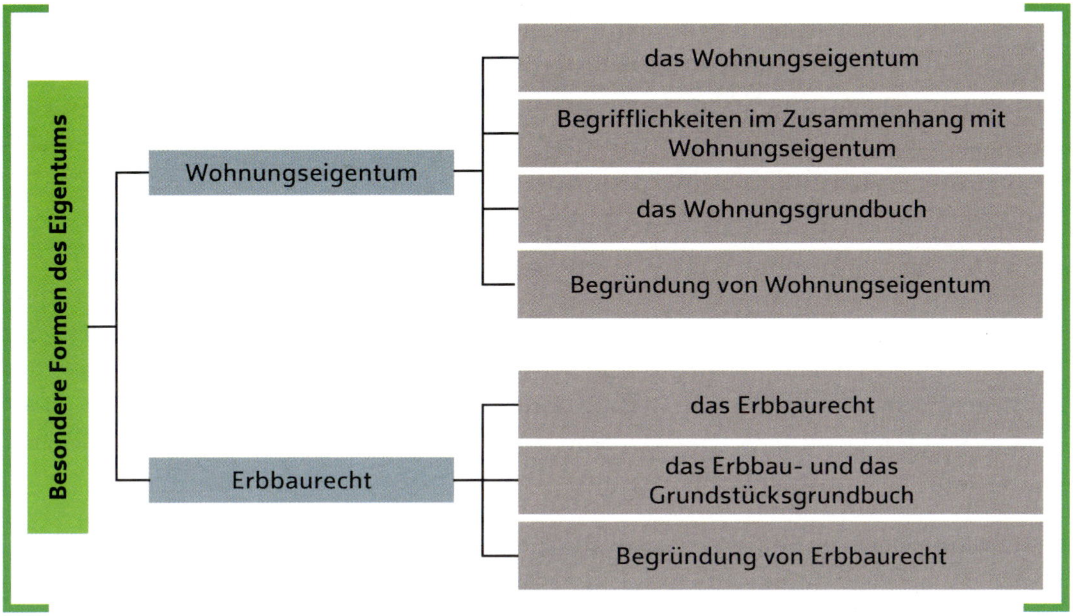

Wiederholung und Vertiefung

1. Erläutern Sie den Begriff „Wohnungseigentum“.
2. Welche Dokumente/Erklärungen werden benötigt, um Wohnungseigentum zu gründen und im Grundbuch eintragen zu lassen?
3. Was ist ein Teileigentum?
4. Welche Unterlage wird bei der Veräußerung eines Wohnungseigentums häufig benötigt und wie stellen Sie fest, ob sie benötigt wird?
5. Erläutern Sie den Begriff „Erbbaurecht“.
6. Welche Grundbücher werden bei Gründung eines Erbbaurechts gebildet?
7. Was ist Grundlage einer Erbbaurechtsgründung?
8. Welche Unterlagen sind bei der Veräußerung eines Erbbaurechts dem Grundbuchamt vorzulegen?

4 Belastungen des Grundstücks

Es gibt sehr unterschiedliche Belastungen eines Grundstücks. Von einer Grundstücksbelastung wird gesprochen, wenn zugunsten eines Dritten ein bestimmtes Recht an einem Grundstück besteht. Die Art des Rechts ergibt sich aus der zwischen dem Grundstückseigentümer und dem Dritten getroffenen Vereinbarung. Ist beispielsweise ein im Grundbuch eingetragenes Recht gemeint, wird die Vereinbarung über die Begründung eines Rechts auch als Bewilligung oder Eintragungsbewilligung bezeichnet.

Wenn ein Grundstück veräußert werden soll, ist es für den Erwerber außerordentlich wichtig, die mit dem Grundstück verbundenen Belastungen zu kennen. Der Notar ist insoweit lediglich gesetzlich verpflichtet, den Inhalt des Grundbuchs zu prüfen und diesen in die Gestaltung des Vertrags einzubeziehen. Die nicht im Grundbuch eingetragenen Belastungen eines Grundstücks hat der Notar nicht zwingend zu ermitteln, er sollte den Erwerber aber im Rahmen der Vertragshinweise und/oder Belehrungen auf diese aufmerksam machen.

Lernsituation

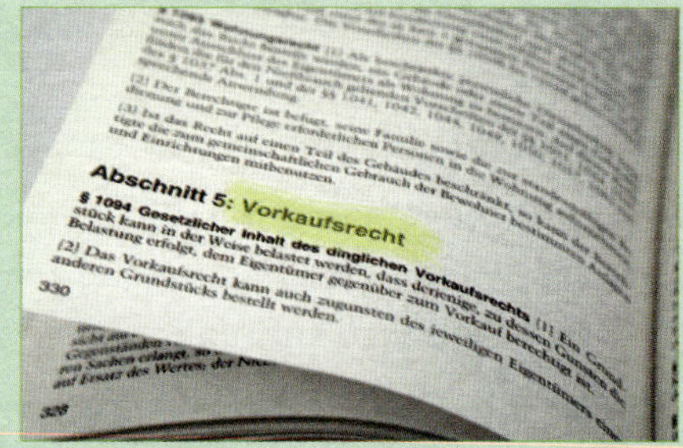

In der Berufsschule wird in der Oberstufenklasse gerade das Thema „Grundstücksbelastungen" durchgenommen. Oxana Schuhmann kommt am Tag nach der Berufsschule in die Kanzlei und hat ihre Aufzeichnungen vom Vortag mitgenommen. Sie hat in der Berufsschule so viele unterschiedliche Begriffe zum Thema Grundstücksbelastungen gehört und hat jetzt viele Fragen zu diesem Thema.

In der Kanzlei hat sie schon einige Male die Begriffe „Grundschuldbestellung" und „Vorkaufsrecht" gehört, konnte sie aber bisher nicht einem bestimmten Thema zuordnen, was sich nun ändern soll. Oxana Schuhmann war überrascht, welche Vielzahl von Belastungen es gibt und wie unterschiedlich diese sind.

Oxana Schuhmann spricht ihre Kollegin Jana Seidel nach der Frühstückspause an und bittet sie, ihr die möglichen Belastungen eines Grundstücks noch einmal so aufzuzählen und einzuordnen, dass sie diese gut verstehen und behalten kann. Jana Seidel freut sich sehr über das Interesse der Auszubildenden und bittet sie, ein großes Stück hellen Tonkarton und Stifte in unterschiedlichen Farben zu besorgen. Sie hat die Idee, ein Schema, das die unterschiedlichen Belastungen eines Grundstücks übersichtlich darstellt, anzufertigen. Oxana Schuhmann kann dieses im Anschluss entweder im Büro oder zu Hause zum Nachlesen an die Wand hängen.

Jana Seidel macht es viel Spaß, ihr Wissen an Oxana Schuhmann weiterzugeben, denn auf diese Weise werden auch ihre Kenntnisse immer wieder aufgefrischt. Jana Seidel hat in der Praxis auch bemerkt, dass eine gut informierte Auszubildende eine gute Abschlussprüfung ablegt und die ihr übertragenen Arbeiten in der Kanzlei korrekt und mit Freude erledigen kann.

Arbeitsaufträge:

a) Erstellen Sie gemeinsam mit Ihren Mitschülerinnen und Mitschülern ein übersichtliches Schema, das die verschiedenen Grundstücksbelastungen unter Verwendung der Oberbegriffe anschaulich darstellt.
b) Fertigen Sie zu jedem der Oberbegriffe ein weiterführendes Schema, in dem der jeweilige Begriff weiter zergliedert und/oder beschrieben wird.
c) Vergleichen Sie untereinander Ihre Ergebnisse.
d) Reflektieren Sie anschließend Ihr Wissen.

4.1 Im Grundbuch eingetragene Belastungen

Die im Grundbuch eingetragenen Belastungen eines Grundstücks können durch Einsichtnahme desselben ermittelt werden. Sie werden auch als dingliche Rechte bezeichnet. Ein dingliches Recht (wird auch als absolutes Recht bezeichnet) an einem Grundstück ermöglicht dem Berechtigten (= demjenigen, zu dessen Gunsten das Recht besteht) die unmittelbare Herrschaft über eine Sache mit Wirkung gegenüber z. B. dem Eigentümer.

Sie werden in der Regel in einen Immobilienkaufvertrag aufgenommen. Dies kann durch Abschreiben des Grundbucheintrags aber auch durch Kopieren des Eintragungstexts (bei elektronisch geführtem Grundbuch) erfolgen. Das Kopieren verhindert Fehler bei der Übertragung, die später eine aufwändige Korrektur nach sich zieht, führt allerdings häufig zu weiterhin notwendigen Textformatierungen, um ein einheitliches Textbild innerhalb des Vertrags zu erzielen.

Sowohl die Gestaltung des Vertrags als auch die spätere Zeitschiene der Abwicklung hängen maßgeblich von den grundbuchlichen Belastungen ab, denn der Berechtigte eines im Grundbuch eingetragenen Vorkaufsrechts hat nach dem Gesetz (§ 469 BGB) zwei Monate Zeit, dieses ab Empfang der Mitteilung über den Verkaufsfall auszuüben, sodass eine Zahlung und Übergabe bei solchen Verträgen innerhalb einer kürzeren Frist nicht möglich/sinnvoll sind, es sei denn der Vorkaufsberechtigte verzichtet frühzeitig auf die Ausübung seines Vorkaufsrechts.

Das Grundbuch bzw. dessen Inhalt könnte man auch als Vermögensausweis des Eigentümers bezeichnen.

4.1.1 Belastungen der Abteilung II (Lasten und Beschränkungen)

In Abteilung II des Grundbuchs sind Lasten und Beschränkungen vermerkt. Eintragungsfähig sind lediglich Belastungen, die die Grundbuchordnung erlaubt. Die eintragungsfähigen Rechte sind vielfältig und werden im Rahmen des Gesetzes häufig an die Vereinbarungen des Grundstückseigentümers mit dem Berechtigten des Rechts (= z. B. Dienstbarkeiten) angepasst, aber auch ohne dessen Zutun (= z. B. Zwangsversteigerungsvermerk) eingetragen.

Eine große Gruppe der dinglichen Rechte, die in Abteilung II eingetragen werden, stellen die Dienstbarkeiten dar, die wiederum in verschiedene Zweige unterteilt sind. Daneben gibt es weitere Rechte, die nachfolgend gesammelt, zur Veranschaulichung in Lasten und Beschränkungen unterteilt, grafisch dargestellt werden.

Eintragungen in Abteilung II

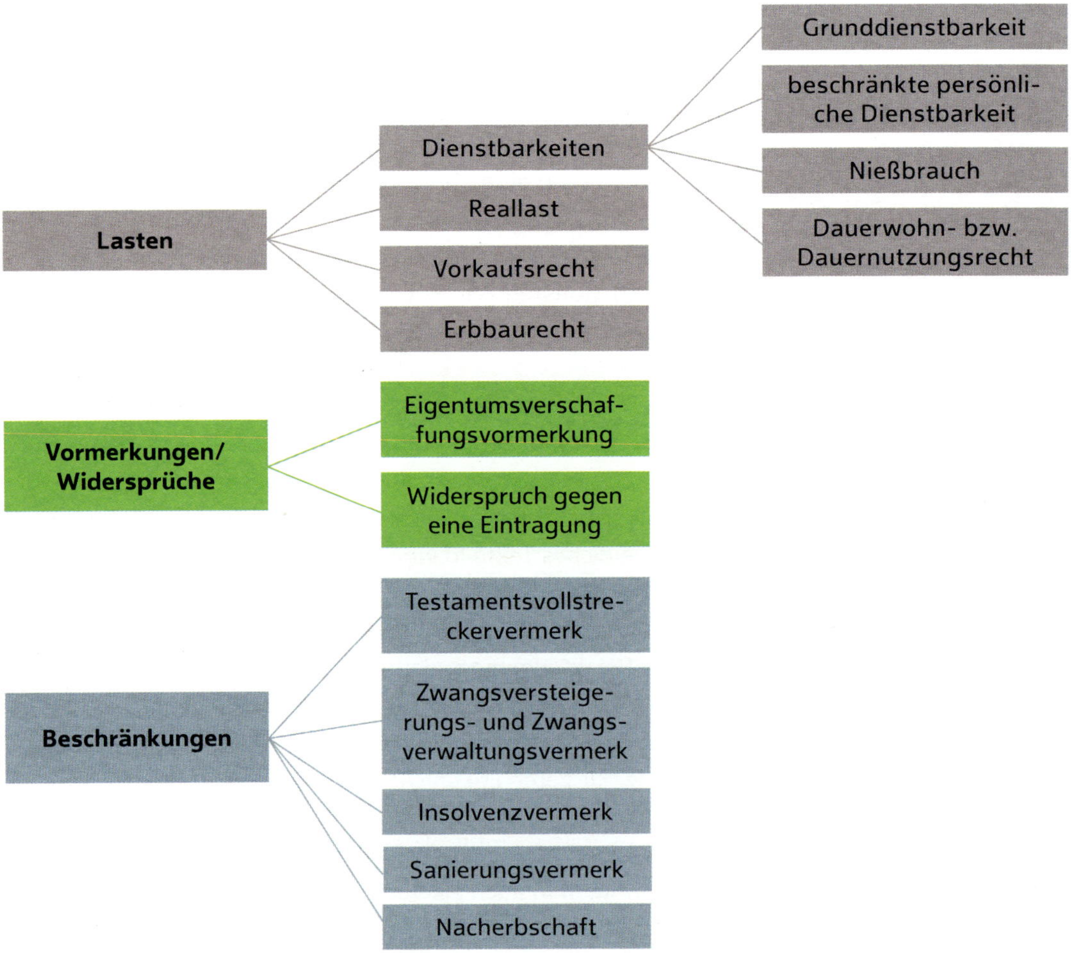

Die vorstehend dargestellten Lasten und Beschränkungen der Abteilung II werden nachfolgend noch einmal einzeln aufgegriffen, um die unterschiedlichen Inhalte und Besonderheiten zu erläutern.

Die in dem vorstehend angeführten Schema enthaltenen Farben, werden bei den nachfolgenden Ausführungen zur Unterscheidung von

- Lasten (A–G)
- Vormerkungen/Widersprüchen (H–I)
- Beschränkungen (J–N)

beibehalten.

Zu den Lasten wird jeweils ein Urkundenbeispiel nebst grundbuchlicher Eintragung angeführt; die Vormerkungen, Widersprüche und Beschränkungen werden lediglich um das Beispiel einer grundbuchlichen Eintragung ergänzt.

A. Grunddienstbarkeit

Beispiele

- Wegerecht oder Leitungsrecht ...
- Recht auf Entnahme von Bodenschätzen, z. B. Kies/Sand, ...
- Bauverbot, Wettbewerbsverbot ...
- Baubeschränkung ...

... zugunsten des jeweiligen Eigentümers eines Grundstücks

- Die Grunddienstbarkeit regelt nachbarschaftliche Grundstücksbeziehungen, aber auch wettbewerbliche Interessen.

- **Belastungsgegenstand** kann ein Grundstück oder grundstücksgleiches Recht (z. B. Erbbaurecht) sein. Ein Miteigentumsanteil (Bruchteil) kann kein Belastungsgegenstand sein, weil die tatsächliche Ausübung unmöglich ist.

Die Grunddienstbarkeit ist weder übertrag- noch belastbar.

Inhalt

Ein Grundstück wird zugunsten des jeweiligen Eigentümers eines anderen Grundstücks in der Weise belastet, dass

- dieser das belastete Grundstück in einzelnen Beziehungen benutzen darf oder
- der Eigentümer des dienenden Grundstücks auf dem Grundstück gewisse Handlungen zu unterlassen hat oder
- die Ausübung eines Rechts ausgeschlossen ist, das sich aus dem Eigentum an dem belasteten Grundstück dem anderen Grundstück gegenüber ergibt.

Der Hauptinhalt einer Grunddienstbarkeit ist daher stets die Duldung oder Unterlassung des Eigentümers des belasteten Grundstücks, nicht jedoch das positive (aktive) Tun. Eine Grunddienstbarkeit kann befristet oder bedingt werden und muss einen Vorteil für die Benutzung des herrschenden Grundstücks darstellen.

Grunddienstbarkeit
§§ 1018–1029 BGB

Zur **Löschung** einer Grunddienstbarkeit ist die Bewilligung aller von dem Recht betroffenen Beteiligten erforderlich. Sie erlischt mit der Aufgabeerklärung des Berechtigten (Eigentümer des herrschenden Grundstücks) und Eintragung im Grundbuch.

- Ist die Grunddienstbarkeit befristet, erlischt sie mit Erreichen des Fristdatums.
- Ist die Grunddienstbarkeit bedingt, erlischt sie mit Eintritt der Bedingung. Sie erlischt ferner, wenn sie im Rahmen der Zwangsversteigerung wegfällt.
- Ist das herrschende Grundstück mit einem Grundpfandrecht belastet, ist zur Löschung auch die Zustimmung der Gläubigerin erforderlich, da dieser der Vorteil des belasteten Grundstücks am dienenden Grundstück verloren geht.
- Findet ein Eigentumswechsel statt, ergibt sich eine automatische Rechtsnachfolge, da das Recht mit dem Grundstück verbunden ist und nicht mit der Person.

Entstehung

Das Recht entsteht (materiell) durch eine wirksame **Einigung** zwischen den Eigentümern des zu belastenden und des berechtigten Grundstücks und **Eintragung** im Grundbuch (§ 873 BGB).

Formvorschrift: mindestens öffentliche Beglaubigung (§ 29 GBO).

Das berechtigte Grundstück wird auch **herrschendes** und das belastete Grundstück **dienendes** Grundstück genannt. Die Eintragung in das Grundbuch erfolgt (formell) auch zugunsten des jeweiligen Eigentümers eines Grundstücks, der nicht an der Bestellung mitgewirkt hat.

Merke: **Die Grunddienstbarkeit** wird auch als **subjektiv dingliches Recht** bezeichnet.

Diese Bezeichnung zielt darauf ab, dass das Recht am belasteten Grundstück zugunsten des jeweiligen Eigentümers eines anderen Grundstücks bestellt wird (§ 96 BGB) und somit mit dem belasteten Grundstück fest verbunden ist (= Bestandteil).

Die Urkunde zur Bestellung einer Grunddienstbarkeit (= Bewilligung) am Beispiel eines Wegerechts könnte wie folgt aussehen:

Grunddienstbarkeit (Wegerecht)

Im Grundbuch von ***, Blatt 100, Gemarkung ***, Flur 1, Flurstück 1/6 ist als Eigentümer eingetragen: Tatjana Scholz, geboren am 25.06.1972. Dieses Grundstück grenzt an das Grundstück der Gemarkung ***, Flur 1, Flurstück 1/7 eingetragen im Grundbuch von ***, Blatt 200, Eigentümer: Thomas Smith.

Die vorbezeichneten Grundstückseigentümer vereinbaren folgendes Wegerecht:

Der Eigentümer des Grundstücks Gemarkung ***, Flur 1, Flurstück 1/6 räumt dem jeweiligen Eigentümer des Grundstücks Gemarkung ***, Flur 1, Flurstück 1/7 das Recht ein, den Teil des Flurstücks 1/6, der auf dem dieser Urkunde beigefügten Lageplan, auf den verwiesen wird, grün dargestellt ist, zum Gehen und Fahren zu benutzen.

Der jeweilige Eigentümer des Grundstücks Gemarkung ***, Flur 1, Flurstück 1/7 ist verpflichtet, den auf dem dienenden Grundstück (Grundstücks 1/6) befindlichen Weg in gutem Zustand zu erhalten und die Wegeanlage zu unterhalten. Die Kosten der Unterhaltung trägt der jeweilige Eigentümer des herrschenden Grundstücks. Der Umfang der Nutzungsrechte am dienenden Grundstück richtet sich im Übrigen nach dem für eine Wohnanlage mit Einfamilienhäusern Üblichen.

Der Eigentümer des dienenden Grundstücks (Gemarkung ***, Flur 1, Flurstück 1/6) bewilligt, der Eigentümer des herrschenden Grundstücks (Gemarkung ***, Flur 1, Flurstück 1/7) beantragt die Eintragung einer Grunddienstbarkeit für ein Wegerecht gem. vorstehendem Inhalt zu Lasten des Grundstücks Gemarkung ***, Flur 1, Flurstück 1/6 und zugunsten des jeweiligen Eigentümers des jeweils berechtigten Grundstücks sowie den Vermerk dieser Grunddienstbarkeiten auf dem Grundbuchblatt des berechtigten Grundstücks. Das Recht erhält die nächstoffene Rangstelle im Grundbuch.

Die Kosten dieser Urkunde und ihres Vollzugs im Grundbuch trägt ***.

Der Jahreswert des Rechts wird mit *** € angegeben.

Ort: ***　　　　Datum: ***

Unterschriften Tatjana Scholz und Thomas Smith

zzgl. Unterschriftsbeglaubigung

vgl. LF 9 (ReNo), Kap. 2.2.5

– Anlage –

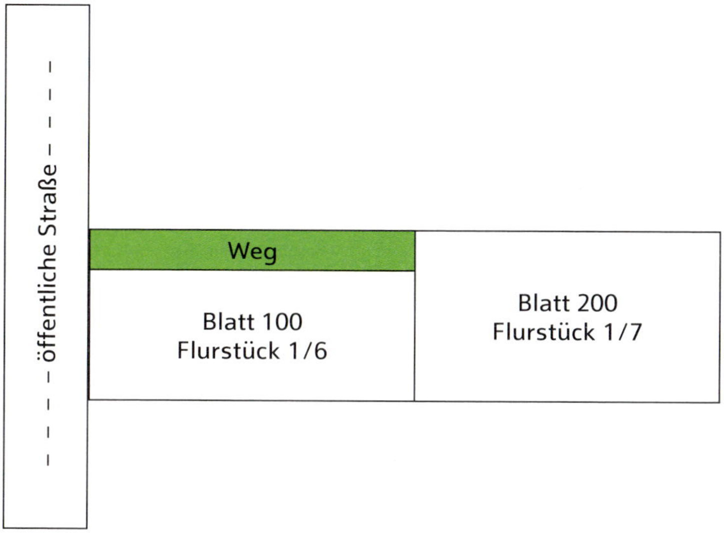

Die Eintragung in den betroffenen Grundbüchern auf Grundlage der vorstehend dargestellten Urkunde erfolgt wie folgt:

Grundbuch von *, Blatt 100, Abteilung II**

Nr. *** Grunddienstbarkeit (Geh- und Fahrrecht) für den jeweiligen Eigentümer des Grundstücks Gemarkung ***, Flur 1, Flurstück 1/7 (derzeit Blatt 200). Unter Bezugnahme auf die Bewilligung vom *** (UVZ-Nr. ***/*** Notar ***) hier eingetragen und auf dem Blatt des herrschenden Grundstücks vermerkt am ***.

Grundbuch von *, Blatt 200, Bestandsverzeichnis:**

2/zu 1 Geh- und Fahrrecht an dem Grundstück Gemarkung ***, Flur 1, Flurstück 1/6 (derzeit Blatt 100) Abteilung II Nr. 1.

B. Beschränkte persönliche Dienstbarkeit

Beschränkte persönliche Dienstbarkeit
§§ 1090–1093 BGB

Beispiele

Wohnungsrecht nach § 1093 BGB
Der Berechtigte erhält das Recht, ein bestimmtes Gebäude oder einen bestimmten Teil eines Gebäudes unter Ausschluss des Eigentümers (d. h. ohne den Eigentümer) als Wohnung zu benutzen.

Mitbenutzungsrecht nach §§ 1090–1092 BGB
Der Berechtigte erhält das Recht zur Mitbenutzung zum Wohnen ohne Ausschluss des Eigentümers (d. h. neben/gemeinsam mit dem Eigentümer).

Leitungsrecht (§ 1090 BGB)
zugunsten eines Dritten (= Person)

Wegerecht (§ 1090 BGB)
zugunsten eines Dritten (= Person)

Belastungsgegenstand kann ein Grundstück oder grundstücksgleiches Recht (z. B. Erbbaurecht) sein. Ein Miteigentumsanteil (Bruchteil) kann kein Belastungsgegenstand sein, weil die tatsächliche Ausübung unmöglich ist.

Inhalt

Die beschränkte persönliche Dienstbarkeit belastet ein Grundstück in der Weise, dass derjenige (= eine Person), zu dessen Gunsten die Belastung erfolgt, berechtigt ist,

- das Grundstück in einzelnen Beziehungen zu nutzen oder
- eine sonstige Befugnis hat, die den Inhalt einer Grunddienstbarkeit bildet.

Das Recht kann für eine oder mehrere Personen bestellt werden. Mehrere Personen sind dann Gesamtberechtigte gem. § 428 BGB, was bedeutet, dass jedem das Recht vollständig zusteht.

Das Recht ist weder vererb- noch veräußerlich. Die Ausübung kann jedoch an einen anderen überlassen werden, wenn dies gestattet wurde.

Das Recht kann auf die Lebenszeit des Berechtigten, aufschiebend oder auflösend bedingt oder befristet bestellt werden. Berechtigter des Rechts kann eine natürliche oder juristische Person sein.

Entstehung

Das Recht entsteht (materiell) durch eine wirksame **Einigung** der Beteiligten (= Eigentümer des zu belastenden Grundstücks und Berechtigter) und **Eintragung** im Grundbuch (§ 873 BGB).

Formvorschrift: mindestens öffentliche Beglaubigung (§ 29 GBO)

Die Eintragung in das Grundbuch erfolgt (formell) auch zugunsten des Berechtigten, der nicht an der Bestellung mitgewirkt hat.

Zur **Löschung** einer beschränkt persönlichen Dienstbarkeit ist die Aufgabeerklärung aller Berechtigten, der Antrag des Grundstückseigentümers und die Eintragung im Grundbuch erforderlich.

Das Recht erlischt mit dem Tod des/der Berechtigten, Eintritt der auflösenden Bedingung oder Eintritt eines bestimmten Zeitpunkts bei Befristung.

Das Recht erlischt ferner, wenn es im Rahmen der Zwangsversteigerung wegfällt.

Findet ein Eigentumswechsel bei dem belasteten Grundstück statt, ergibt sich eine automatische Rechtsnachfolge, da das Recht mit dem Grundstück verbunden ist und nicht mit der Person.

Merke: Die beschränkte persönliche Dienstbarkeit wird auch als **subjektiv persönliches Recht** bezeichnet. Diese Bezeichnung zielt darauf ab, dass das Recht am belasteten Grundstück zugunsten einer bestimmten Person bestellt wird.

Die Urkunde zur Bestellung einer beschränkt persönlichen Dienstbarkeit (= Bewilligung) am Beispiel eines Wohnungsrechts gem. § 1093 BGB könnte wie folgt aussehen:

Wohnungsrecht gem. § 1093 BGB

Ich, Ilse Bergmann, geboren am 01.03.1969, räume meinen Eltern, Ines Bergmann, geborene Beimer, geboren am 09.08.1948, und Eckbert Bergmann, geboren am 13.05.1942, als Gesamtberechtigte gem. § 428 BGB das lebenslange Wohnungsrecht an dem Grundstück der Gemarkung ***, Flur 1, Flurstück 3/15, eingetragen im Grundbuch von ***, Blatt 666, ein.

Das Wohnungsrecht umfasst unter Ausschluss des Eigentümers alle Räume im Ober- und Dachgeschoss des auf dem Grundstück befindlichen Gebäudes. Die Berechtigten sind auch befugt, den Keller sowie alle sonstigen dem gemeinsamen Gebrauch dienenden Einrichtungen und Anlagen mitzunutzen. Sie dürfen ferner die zu ihrer standesgemäßen Bedienung und Pflege erforderlichen Personen in ihre Wohnung aufnehmen. Die Ausübung des Wohnungsrechts kann dritten Personen nicht überlassen werden.

Der Eigentümer hat das Gebäude und die dem Wohnungsrecht unterliegenden Räume und Einrichtungen dauernd in ordnungsgemäßem, gut bewohnbarem und beheizbarem Zustand zu erhalten.

Eigentümer und Berechtigte bewilligen und beantragen die Eintragung des Wohnungsrechts als beschränkte persönliche Dienstbarkeit (§ 1093 BGB). Das Recht erhält die nächstoffene Rangstelle im Grundbuch.

Die Kosten dieser Urkunde und ihres Vollzugs im Grundbuch trägt ***.

Der Jahreswert des Rechts wird mit *** € angegeben.

Ort: *** Datum: ***

Unterschriften Ilse, Ines und Eckbert Bergmann

zzgl. Unterschriftsbeglaubigung

vgl. LF 9 (ReNo), Kap. 2.2.5

Die Eintragung in dem betroffenen Grundbuch auf Grundlage der vorstehend dargestellten Urkunde erfolgt wie folgt:

Grundbuch von *, Blatt 666, Abteilung II**

Nr. *** Beschränkte persönliche Dienstbarkeit (Wohnrecht, § 1093 BGB) für
1. Ines Bergmann, geborene Beimer, geboren am 09.08.1948,
2. Eckbert Bergmann, geboren am 13.05.1942,
als Gesamtberechtigte gem. § 428 BGB unter Bezugnahme auf die Bewilligung vom *** (UVZ-Nr. ***/*** Notar ***) eingetragen am ***.

Weitere Beispiele für Inhalte von Grunddienstbarkeiten und beschränkten persönlichen Dienstbarkeiten:

Unterlassungsdienstbarkeit: Dem jeweiligen Eigentümer des Grundbesitzes ist es untersagt,
- Bier zu vertreiben,
- das dienende Grundstück zu bebauen,
- Ansprüche aus Lärmbelästigung geltend zu machen,
- mit der auf seinem Grundstück vorhandenen Bebauung einen Grenzabstand von fünf Metern zu unterschreiten.

Duldungsdienstbarkeit: Der jeweilige Eigentümer des Grundbesitzes hat zu dulden, dass
- auf der Grenze seines Grundstücks Laubbäume stehen,
- wesentliche Immissionen (§ 906 BGB) auf ihn einwirken,
- sein Grundstück durch die auf dem Flurstück *** vorhandene Garage überbaut wurde,
- eine gefährliche Anlage (§ 907 BGB) innerhalb eines Radius von 500 m betrieben wird,
- unter seinem Grundstück Leitungen geführt und genutzt werden.

Die Duldungsdienstbarkeit kann auch als **Benutzungsdienstbarkeit** bezeichnet werden, denn das Recht erteilt einem Dritten die Befugnis, das Grundstück in einzelnen Beziehungen zu nutzen (s. o.).

Merke: Der Unterschied zwischen einer Grunddienstbarkeit und einer beschränkt persönlichen Dienstbarkeit besteht lediglich in der Person des Berechtigten.

C. Nießbrauch

Nießbrauch
§§ 1030–1089 BGB

Belastungsgegenstand kann
- ein Grundstück,
- grundstücksgleiches Recht (z. B. Erbbaurecht, Wohnungseigentum),
- Erbteil,
- Grundpfandrecht,
- Dauerwohn- und Nutzungsrecht,
- Miteigentumsanteil (ideeller Bruchteil)

sein.

Inhalt

Ein Nießbrauch räumt dem Berechtigten das Recht ein, **sämtliche Nutzungen** aus dem belasteten Grundstück zu ziehen. Der Eigentümer des mit einem Nießbrauch belegten Grundstücks ist nur zur Duldung der Nutzungen verpflichtet; aktives oder positives Tun kann ihm nicht auferlegt werden.

Das Recht kann für **eine oder mehrere Personen** bestellt werden. Mehrere Personen sind Gesamtberechtigte gem. § 428 BGB.

Der Nießbrauch kann auf die **Lebenszeit** des Berechtigten, **aufschiebend oder auflösend bedingt oder befristet** bestellt werden.

Berechtigter des Rechts kann eine **natürliche oder juristische** Person, aber nicht der jeweilige Eigentümer eines Grundstücks sein.

Das Recht ist **nicht übertragbar oder vererblich**, die Ausübung kann aber durch den Berechtigten an einen Dritten übertragen werden. Diese Übertragung kann nicht im Grundbuch eingetragen werden.

Ein Nießbrauch ist **pfändbar**, weil die Ausübung (nicht aber das Recht!) an einen Dritter übertragen werden kann.

Zur **Löschung** des Nießbrauchs ist die Bewilligung aller Berechtigten und die Eintragung im Grundbuch erforderlich. Der Grundstückseigentümer muss der Löschung nicht zustimmen.

- Das Recht erlischt mit dem Tod des/der Berechtigten, mit dem Eintritt der auflösenden Bedingung oder Eintritt eines bestimmten Zeitpunkts bei Befristung.
- Das Recht erlischt ferner, wenn es im Rahmen der Zwangsversteigerung wegfällt.
- Findet ein Eigentumswechsel bei dem belasteten Grundstück statt, ergibt sich eine automatische Rechtsnachfolge, da das Recht mit dem Grundstück verbunden ist und nicht mit der Person.
- Da es bei Erlöschen eines Nießbrauchs zu Rückständen (= rückständigen Leistungen) gekommen sein könnte (§ 23 Abs. 1 GBO), kann das Recht auf Antrag des Eigentümers unter Vorlage der Sterbeurkunde in einem Zeitraum von einem Jahr nach dem Tod des Nießbrauchers nur gelöscht werden, wenn eine Vorlöschungsklausel vereinbart wurde (= „*Zur Löschung des Rechts genügt der Nachweis des Todes des Berechtigten.*“).
- Gibt es keine Vorlöschungsklausel, bedarf es innerhalb des Jahrs zusätzlich der Bewilligung des/der Rechtsnachfolger/-s des Nießbrauchers.

Entstehung

Das Recht entsteht durch eine wirksame **Einigung** der Beteiligten (= Eigentümer des zu belastenden Grundstücks und Berechtigter) und eine **Eintragung** im Grundbuch (§ 873 BGB).

Formvorschrift: mindestens öffentliche Beglaubigung (§ 29 GBO)

Die Eintragung in das Grundbuch erfolgt (formell) auch zugunsten des Berechtigten, der nicht an der Bestellung mitgewirkt hat.

Merke: Der Nießbrauch ist nach dem Eigentum das „stärkste Recht“ im Grundbuch.

Der Nießbrauch lässt die Benutzung des belasteten Grundstücks in sämtlichen Beziehungen zu, was bedeutet, dass der Berechtigte des Nießbrauchs zu **allen** Nutzungen (z. B. der Eigennutzung, aber auch der Vermietung oder Verpachtung inklusive Vereinnahmung von Miete/Pacht), die auch dem Eigentümer zustehen, außer der Veräußerung und Belastung, befugt ist.

Die Urkunde zur Bestellung (= Bewilligung) eines Nießbrauchs könnte wie folgt aussehen:

Nießbrauch

Ich, Eric Pfau, räume meiner Mutter, Susanne Pfau, geborene Vogel, geboren am 18.02.1959, wohnhaft in 23738 Nest, Volieren Weg 51, den lebenslänglichen Nießbrauch an meinem Grundstück Grundbuch von ***, Blatt 2461, Flur 3, Flurstück 100 ein, für dessen Inhalt die gesetzlichen Bestimmungen gelten, soweit nachstehend nichts Abweichendes bestimmt ist.

In Abweichung von den gesetzlichen Bestimmungen hat der Nießbraucher für sämtliche Ausbesserungen und Erneuerungen auf eigene Kosten zu sorgen, auch insoweit, als sie die gewöhnliche Unterhaltung der Sache überschreiten.

Weiter hat der Nießbraucher auch sämtliche auf dem Belastungsgegenstand ruhenden öffentlichen Lasten, einschließlich der außerordentlichen Lasten, die als auf den Stammwert der Sache gelegt anzusehen sind, zu tragen, ebenso sämtliche privatrechtlichen Lasten, die zur Zeit der Bestellung des Nießbrauchs auf der Sache ruhen, einschließlich der Tilgung von Grundschulden.

Eigentümer und Berechtigter bewilligen und beantragen die Eintragung dieses Nießbrauchs auf dem Grundstück Grundbuch von ***, Blatt 2461 mit dem Vermerk, dass zur Löschung des Rechts der Nachweis des Tods der Berechtigten genügen soll. Das Recht erhält die nächstoffene Rangstelle im Grundbuch.

Der Jahreswert des Nießbrauchs wird mit *** € angegeben.

Ort: ***   Datum: ***

Unterschriften Eric und Susanne Pfau

zzgl. Unterschriftsbeglaubigung

vgl. LF 9 (ReNo), Kap. 2.2.5

Die Eintragung in dem betroffenen Grundbuch auf Grundlage der vorstehend dargestellten Urkunde erfolgt wie folgt:

Grundbuch von *, Blatt 2461, Abteilung II**

Nr. ***	Nießbrauch für Susanne Pfau, geborene Vogel, geboren am 18.02.1959. Zur Löschung genügt der Nachweis des Todes der Berechtigten. Gemäß Bewilligung vom *** (UVZ-Nr. ***/*** Notar ***) eingetragen am ***.

Merke: Ein Nießbrauch wird häufig in Schenkungsverträgen vereinbart, um dem Veräußerer die Eigennutzung oder Vermietung der Immobilie trotz Eigentumsänderung auf den Erwerber zu ermöglichen.

D. Dauerwohn- und Dauernutzungsrecht

Belastungsgegenstand kann
- ein Wohnungseigentum,
- ein Teileigentum,
- ein Erbbaurecht

sein.

Inhalt

Ein Dauerwohnrecht befugt den Berechtigten (= eine Person) zum **Bewohnen** oder zur **Nutzung in anderer Weise** einer bestimmten Wohnung in einem Gebäude **unter Ausschluss des Eigentümers**.
Handelt es sich bei dem Belastungsgegenstand um ein Teileigentum, wird von **Dauernutzungsrecht** gesprochen, weil das Teileigentum nicht zu Wohnzwecken dient.
Die Erstreckung des Rechts auf außenliegende Gebäudeteile ist möglich.
Der Berechtigte darf den Belastungsgegenstand vermieten oder verpachten.
Das Recht ist **übertragbar und vererblich**.
Das Recht darf **nicht bedingt**, jedoch **befristet** werden.
Berechtigter des Rechts kann eine natürliche oder juristische Person sein.

Dauerwohn- bzw. Dauernutzungsrecht
§§ 31 ff. WEG

Löschung

Ist das Recht auf bestimmte Zeit bestellt, erlischt es, wenn das Datum des Ablaufs erreicht ist.
Ist das Recht auf unbestimmte Zeit bestellt, ist zur Löschung die Aufgabeerklärung des Berechtigten erforderlich.
Der Eigentümer hat in jedem Fall jeweils die Löschung zu beantragen.
Das Recht erlischt ferner, wenn es im Rahmen der Zwangsversteigerung wegfällt.

Entstehung

Das Recht entsteht (materiell) durch eine wirksame **Einigung** der Beteiligten (= Eigentümer des zu belastenden Grundstücks und Berechtigter) und **Eintragung** im Grundbuch (§ 873 BGB).

Formvorschrift: mindestens öffentliche Beglaubigung (§ 29 GBO)

Die Eintragung in das Grundbuch erfolgt (formell) auch zugunsten des Berechtigten, der nicht an der Bestellung mitgewirkt hat.

Hinweis: Eine Urkunde zur Bestellung eines Dauerwohn- bzw. Nutzungsrechts sowie die grundbuchliche Eintragung wird an dieser Stelle wegen der Seltenheit in der Praxis nicht eingefügt.

E. Reallast

Reallast
§§ 1105-1112 BGB

Möglichkeiten der Leistungserbringung
Bei den aus der Reallast zu erbringenden Leistungen kann es sich um
- Geldleistungen (monatliche Rente, z. B. Leibrente),
- Sachleistungen (jährlich zwei Hühner und drei Schweine) oder
- Dienstleistungen (Unterhaltung eines Zauns)

handeln.

Belastungsgegenstand kann
- ein Grundstück,
- ein grundstücksgleiches Recht,
- ein ideeller Miteigentumsanteil

sein.

Inhalt
Die Reallast verpflichtet den Eigentümer eines Grundstücks, **wiederkehrende Leistungen** an den Berechtigten zu entrichten.

Dies bedeutet nicht, dass die Leistungen auch aus dem Grundstück erwirtschaftet werden müssen. Der **Grundstückseigentümer haftet** für die Leistungserbringung sowohl mit dem Grundstück, als auch persönlich (§ 1108 BGB), allerdings nur während der Zeit seines Eigentums.

Die Reallast ist **übertragbar**, kann **bedingt und befristet** werden, wenn dies vereinbart wurde. Sie ist **vererblich**, wenn dies nicht ausgeschlossen oder auf die Lebenszeit des Berechtigten beschränkt wurde.

Um den Wert einer Reallast stabil zu halten, kann eine **Preisklausel** vereinbart werden, die an den Verbraucherpreisindex für Deutschland gekoppelt wird. Der Verbraucherpreisindex ist ein Preisindex der durchschnittlichen prozentualen Veränderung des Preisniveaus bestimmter Waren und Dienstleistungen, die von privaten Haushalten für Konsumzwecke gekauft werden.

Zwangsvollstreckung
Wird die vereinbarte Leistung durch den Eigentümer des Grundstücks nicht erbracht, muss der Eigentümer die Zwangsvollstreckung in sein Grundstück dulden. Insoweit hat die Reallast **Ähnlichkeit mit einem Grundpfandrecht.**

Löschung
Die Reallast erlischt durch
- Aufgabeerklärung des Berechtigten,
- Tod des Berechtigten (bei subjektiv persönlicher Reallast),
- Zuschlag in der Zwangsversteigerung,
- Fristablauf,
- Eintragung im Grundbuch.
- Ist der Berechtigte verstorben, bedarf es zur Löschung auch der Bewilligung des Rechtsnachfolgers des Berechtigten, weil es bei einer Reallast zu (Zahlungs- und/oder Leistungs-) Rückständen kommen kann.

Berechtigter einer Reallast kann
- eine natürliche oder juristische Person (= subjektiv persönliche Reallast, § 1105 Abs. 1 BGB),
- der jeweilige Eigentümer eines anderen Grundstücks (= subjektiv dinglichen Reallast, § 1105 Abs. 2 BGB)

sein.
Das Recht kann auch für mehrere Personen als Gesamtgläubiger (§ 428 BGB) eingetragen werden.

Entstehung
Das Recht entsteht (materiell) durch eine wirksame **Einigung** der Beteiligten (= Eigentümer des zu belastenden Grundstücks und Berechtigter) und eine **Eintragung** im Grundbuch (§ 873 BGB).

Formvorschrift: mindestens öffentliche Beglaubigung (§ 29 GBO)

Die Eintragung in das Grundbuch erfolgt (formell) auch zugunsten des Berechtigten, der nicht an der Bestellung mitgewirkt hat.

Hinweis: Eine Reallast verbirgt sich auch hinter dem Begriff „Altenteil“. Hier werden z. B. ein Wohnrecht und eine monatliche Geldrente zusammengefasst. Solche Regelungen finden sich häufiger in Übergabeverträgen von landwirtschaftlichen Betrieben.

Die Urkunde zur Bestellung einer Reallast (= Bewilligung) könnte wie folgt aussehen:

Reallast

Zwischen den Grundstücken

- ***, Blatt 300, Gemarkung ***, Flur 1, Flurstück 6/7
- ***, Blatt 400, Gemarkung ***, Flur 1, Flurstück 6/8

befindet sich (auf der gemeinsamen Grundstücksgrenze) ein Holzzaun, der jedem Grundstückseigentümer hälftig gehört. Dieser Zaun ist von den jeweiligen Grundstückseigentümern der vorgenannten Grundstücke je zur Hälfte auf eigene Kosten zu unterhalten.

Um diese Vereinbarung auch für etwaige Rechtsnachfolger abzusichern, wird von jedem Eigentümer zulasten seines Grundstücks die Eintragung einer Reallast, bestehend in der Verpflichtung zur gemeinschaftlichen Unterhaltung des Zauns gem. vorstehender Vereinbarung bewilligt und beantragt. Das Recht soll die nächste Rangstelle erhalten.

Die Kosten dieser Urkunde und ihres Vollzugs im Grundbuch tragen die Eigentümer der Grundstücke je zur Hälfte.

Der Jahreswert des Rechts wird mit *** € angegeben.

Ort: ***   Datum: ***

Unterschriften beider Eigentümer

zzgl. Unterschriftsbeglaubigung

vgl. LF 9 (ReNo), Kap. 2.2.5

Die Eintragung in den betroffenen Grundbüchern auf Grundlage der vorstehend dargestellten Urkunde erfolgt wie folgt:

Grundbuch von *, Blatt 300, Abteilung II**

Nr. ***	Reallast für den jeweiligen Eigentümer des Flurstücks 6/8 der Gemarkung ***, Flur 1 (derzeit ***, Blatt 400) bestehend in der Pflicht zur gemeinsamen Unterhaltung eines Zauns gem. Bewilligung vom *** (UVZ-Nr. ***/*** Notar ***) eingetragen am ***.

Grundbuch von *, Blatt 400, Abteilung II**

Nr. ***	Reallast für den jeweiligen Eigentümer des Flurstücks 6/7 der Gemarkung ***, Flur 1 (derzeit ***, Blatt 300) bestehend in der Pflicht zur gemeinsamen Unterhaltung eines Zauns gem. Bewilligung vom *** (UVZ-Nr. ***/*** Notar ***) eingetragen am ***.

Merke: Eine Reallast ist eine langfristige Verpflichtung des Grundstückseigentümers, die eine erhebliche Auswirkung auf den Wert der Immobilie haben kann.

F. Vorkaufsrecht

Vorkaufsrecht
§§ 1094–1104 BGB

Ausübung

Mit der Ausübung des Vorkaufsrechts kommt ein Kaufvertrag zwischen dem Verpflichteten (= Eigentümer des Grundstücks) und dem Vorkaufsberechtigten zustande.
Der Berechtigte hat bei Ausübung seines Rechts die Kosten des ursprünglichen Kaufvertrags zu tragen und den Kaufpreis zu zahlen.
Es bedarf keines neuen Vertrags, sondern lediglich der Auflassung (§ 925 BGB).
Der Berechtigte eines dinglichen Vorkaufsrechts hat eine gesetzliche Ausübungsfrist von zwei Monaten zu beachten (§ 469 Abs. 2 BGB). Die Frist beginnt mit Zugang der Mitteilung, dass ein wirksamer Kaufvertrag geschlossen wurde, der einen Vorkaufsfall auslöst, beim Berechtigten zu laufen.
Sie kann durch vertragliche Vereinbarung verkürzt oder verlängert werden.

Belastungsgegenstand kann
- ein Grundstück,
- ein grundstücksgleiches Recht,
- ein ideeller Miteigentumsanteil

sein.
Ein Vorkaufsrecht kann nicht an mehreren Grundstücken einheitlich bestellt werden. Es müssen Einzelrechte vereinbart werden.

Inhalt

Ein Vorkaufsrecht gibt demjenigen, zu dessen Gunsten es eingeräumt wurde, die **Befugnis**, den belasteten **Gegenstand** zu **denselben Bedingungen** zu **kaufen**, zu denen ihn der Verpflichtete (= Eigentümer des Grundstücks) rechtswirksam an einen Dritten verkauft hat.

Ein Vorkaufsrecht kann
- für **alle oder mehrere Verkaufsfälle** eingeräumt,
- für den **ersten Verkaufsfall** (nach Bestellung des Rechts) eingeräumt
- **befristet** oder **bedingt**

werden.
Es kann **vererblich** und **übertragbar** sein, wenn dies vereinbart **und** im Grundbuch eingetragen wurde.

Löschung

Ist ein Vorkaufsrecht weder vererblich, noch übertragbar, erlischt es mit dem Tod des Berechtigten.
Es gelten hierfür dieselben Vorschriften wie bei einem Nießbrauch in Bezug auf eine Löschung vor Ablauf eines Jahrs nach dem Tod des Berechtigten.
Es kann ferner jederzeit durch Erklärung des Berechtigten (= Aufgabe des Rechts) aufgehoben werden.
Ist ein Vorkaufsrecht nur für den ersten Verkaufsfall bestellt, erlischt es mit der Nichtausübung. Der Berechtigte hat in diesem Fall die Löschung zu bewilligen, da das Grundbuch unrichtig geworden ist.
Ist ein Vorkaufsrecht für alle Verkaufsfälle bestellt, erlischt es bei einmaliger Ausübung.
Bei Zwangsversteigerung erlischt das Recht, wenn es für lediglich einen Verkaufsfall bestellt wurde.
Wurde es für mehrere Fälle bestellt, bleibt es ggs. bestehen.

Berechtigter

Ein Vorkaufsrecht kann zugunsten
- einer natürlichen oder juristischen Person (subjektiv-persönliches Vorkaufsrecht) oder
- des jeweiligen Eigentümers eines anderen Grundstücks (subjektiv-dingliches Vorkaufsrecht),
- mehrerer Berechtigter gemeinschaftlich

bestellt werden.
Bei **mehreren Berechtigten** können diese ihr Recht nur **gemeinschaftlich** ausüben. Übt ein Berechtigter sein Recht nicht aus oder ist dieses erloschen, können die übrigen Berechtigten es im Ganzen ausüben.

Entstehung

Das Recht entsteht (materiell) durch eine wirksame **Einigung** der Beteiligten (= Eigentümer des zu belastenden Grundstücks und Berechtigter) und eine **Eintragung** im Grundbuch (§ 873 BGB).
Formvorschrift: mindestens öffentliche Beglaubigung (§ 29 GBO)
Die Eintragung in das Grundbuch erfolgt (formell) auch zugunsten des Berechtigten, der nicht an der Bestellung mitgewirkt hat.

Die Urkunde zur Bestellung eines subjektiv-persönlichen Vorkaufsrechts (= Bewilligung) für alle Verkaufsfälle könnte wie folgt aussehen:

Vorkaufsrecht

Der Eigentümer des Grundbesitzes, eingetragen im Grundbuch von ***, Blatt 5000 bestellt zugunsten des Erwin Stresemann, geboren am 17.02.1969, ein subjektiv-persönliches Vorkaufsrecht an dem vorgenannten Grundbesitz.

Das Vorkaufsrecht ist für alle Verkaufsfälle bestellt, bindet also auch künftige Eigentümer, selbst wenn bei deren eigenem Erwerb das Vorkaufsrecht nicht ausgeübt wurde oder ausgeübt werden konnte.

Ort: *** Datum: ***

Unterschrift Eigentümer

zzgl. Unterschriftsbeglaubigung

vgl. LF 9 (ReNo), Kap. 2.2.5

Die Eintragung in dem betroffenen Grundbuch auf Grundlage der vorstehend dargestellten Urkunde erfolgt wie folgt:

Grundbuch von *, Blatt ***, Abteilung II**

Nr. ***	Vorkaufsrecht für Erwin Stresemann, geboren am 17.02.1969, für alle Verkaufsfälle gem. Bewilligung vom *** (UVZ-Nr. ***/*** Notar ***) eingetragen am ***.

G. Erbbaurecht

Zum Erbbaurecht vgl. LF 15, Kap. 3.2

H. Vormerkung

Vormerkung
§§ 883–885 BGB

Wesen

Die Vormerkung ist kein dingliches Recht im üblichen Sinn, sondern ein **besonderes Sicherungsmittel eigener Art**, das dem schuldrechtlichen Anspruch auf dingliche Rechtsänderung in gewissem Umfang dingliche Wirkung verleiht.

Die Vormerkung schützt vor
- einem anderweitigen Verkauf,
- Zwangsvollstreckung,
- Eröffnung des Insolvenzverfahrens.

Der **Anspruch** aus der Vormerkung kann
- gepfändet oder
- verpfändet

werden.

Inhalt

Eine (Auflassungs-) Vormerkung ist eine **Sicherung des Anspruchs auf Eigentumsübertragung**. Grundlage ist in der Regel ein schuldrechtlicher Vertrag über eine Immobilie.

- Eine Vormerkung kann **bedingt** und **befristet** werden.
- Berechtigte/-r kann **eine oder mehrere Personen** sein (Gesamtberechtigte gem. § 428 BGB).
- Eine Vormerkung kann **übertragbar** oder **vererblich** sein.

Belastungsgegenstand kann ein/e
- Grundstück,
- grundstücksgleiches Recht,
- nicht vermessene Teilfläche des Grundstücks,
- ein ideeller Miteigentumsanteil

sein.

Löschung

Die Vormerkung erlischt
- durch Aufhebungserklärung des Berechtigten und Löschung im Grundbuch oder
- wenn der gesicherte Anspruch erlischt (z. B. durch Rücktritt).

Der Zustimmung des Grundstückseigentümers bedarf es zur Löschung nicht.

Entstehung

Das Recht entsteht durch
- einseitige **Bewilligung** des Eigentümers des zu belastenden Grundstücks und **Eintragung** im Grundbuch,
- **einstweilige Verfügung** (§ 885 BGB) und Antrag des Berechtigten oder Verpflichteten.

Einer Einigung bedarf es zur Eintragung einer Vormerkung nicht.

Formvorschrift: mindestens öffentliche Beglaubigung (§ 29 GBO)

Die Eintragung einer Vormerkung am Beispiel einer Auflassungsvormerkung könnte wie folgt lauten:

Grundbuch von *, Blatt ***, Abteilung II**

Nr. ***	Vormerkung zur Sicherung des Anspruchs der Erna Stresemann, geborene Baumann, geboren am 05.10.1988, auf Übertragung des Eigentums unter Bezugnahme auf die Bewilligung vom *** (UVZ-Nr. ***/*** Notar ***) eingetragen am ***.

I. Widerspruch

Widerspruch
§§ 894, 899 BGB

Eintragung
Der Widerspruch hat den Berechtigten und den Berichtigungsanspruch anzugeben.

Zweck
Der Widerspruch ist ein grundrechtlicher Schutzvermerk. Er soll die Gefahren des öffentlichen Glaubens des Grundbuchs dadurch beseitigen, dass ein Recht für den Fall, dass es außerhalb des Grundbuchs besteht, gegen spätere Verfügungen gesichert wird.
Ist ein Widerspruch im Grundbuch eingetragen, ist ein gutgläubiger Erwerb des Grundstücks nicht mehr möglich.

Löschung
Der Widerspruch erlischt durch formlosen Antrag des von der Löschung Betroffenen oder desjenigen, zu dessen Gunsten sie erfolgt unter Vorlage der aufhebenden Entscheidung.

Entstehung
Das Recht entsteht
- durch einen schriftlichen Antrag aus einer einstweiligen Verfügung,
- von Amts wegen, wenn das Grundbuchamt eine unrichtige Eintragung vorgenommen hat,
- durch Bewilligung desjenigen, dessen Recht betroffen ist.

Die Eintragung eines Widerspruchs könnte wie folgt lauten:

Grundbuch von *, Blatt ***, Abteilung II**

Widerspruch gegen die Eintragung des Eigentums des *** zugunsten des ***, geboren am ***, unter Bezugnahme auf das vorläufig vorstreckbare Urteil des Landgerichts *** (Az.: ***) eingetragen am ***.

J. Testamentsvollstreckervermerk

Eintragung
Ein Testamentsvollstreckervermerk wird von Amts wegen gleichzeitig mit der Eintragung der Erben vorgenommen (§ 52 GBO).
Gemäß § 2208 BGB gibt es hiervon eine Ausnahme, nämlich, wenn das Amt des Testamentsvollstreckers sich nicht auf den gesamten Nachlass bezieht, sodass Grundbesitz nicht betroffen ist.

Wirkung
Der Erbe/Die Erben kann/können **nicht über** den **Grundbesitz verfügen** (= Grundbuchsperre), wenn in der letztwilligen Verfügung eine Testamentsvollstreckung angeordnet wurde, es sei denn, der Testamentsvollstrecker hat seine Einwilligung hierzu erteilt.
Der **Testamentsvollstrecker darf** Grundbesitz **nicht unentgeltlich veräußern**. Dies überwacht der Grundbuchrechtspfleger.

Testamentsvollstreckervermerk
§§ 2211 ff. BGB

Löschung
Der Testamentsvollstreckervermerk ist auf Antrag des Erben/der Erben oder des Testamentsvollstreckers zu löschen, wenn z. B. das Amt geendet hat oder das Grundstück durch den Testamentsvollstrecker veräußert wurde.
Formvorschrift: mindestens öffentliche Beglaubigung (§ 29 GBO)

Eintragungsgrundlage
Die Eintragung erfolgt aufgrund
- Erbscheins (§ 2364 BGB) oder
- eines öffentlich beurkundeten Testaments nebst Eröffnungsprotokoll **sowie** eines Testamentsvollstreckerzeugnisses (§ 2368 BGB).

Die Eintragung eines Testamentsvollstreckervermerks könnte wie folgt lauten:

Grundbuch von *, Blatt ***, Abteilung II**

Nr. *** Testamentsvollstreckung ist angeordnet; eingetragen am ***.

oder

Nr. *** Testamentsvollstreckung für den Erbteil des Miterben *** ist angeordnet; eingetragen am ***.

K. Zwangsversteigerungs- und Zwangsverwaltungsvermerk

Zwangsversteigerungs- und Zwangsverwaltungsvermerk
§§ 15–34, 146 ZVG

Eintragung
Das Amtsgericht – Vollstreckungsgericht – ersucht das Grundbuchamt zur Eintragung eines Zwangsversteigerungs- und/oder Zwangsverwaltungsvermerks.

Wirkung
Durch die Eintragung des Zwangsversteigerungs- und/oder Zwangsverwaltungsvermerks erfolgt zugunsten des vollstreckenden Gläubigers die **Beschlagnahme des Grundstücks**.
Dies hat die Wirkung eines relativen **Veräußerungsverbots** (§ 23 ZVG), eine Grundbuchsperre tritt jedoch nicht ein.

Löschung
Das Amtsgericht – Vollstreckungsgericht – ersucht das Grundbuchamt zur Löschung des Zwangsversteigerungs- und/oder Zwangsverwaltungsvermerks, wenn das Verfahren aufgehoben wurde.

Eintragungsgrundlage
Anordnung des Zwangsversteigerungsgerichts.

Unterschied Zwangsversteigerung/Zwangsverwaltung:

- **Zwangsversteigerung:** Das Zwangsversteigerungsverfahren, das zur Eintragung eines Zwangsversteigerungsvermerks führt, dient der Verwertung des belasteten Grundstücks. Das Grundstück wird durch das Zwangsversteigerungsgericht versteigert und der Erlös (nach Abzug der Ausgaben) an die Gläubiger verteilt.
- **Zwangsverwaltung:** Das Zwangsverwaltungsverfahren, das zur Eintragung eines Zwangsverwaltungsvermerks führt, dient der Vereinnahmung von Geld, das aus dem belasteten Grundstück erzielt wird (z. B. Miete oder Pacht) durch den Zwangsverwalter. Das vereinnahmte Geld wird anschließend von dem Zwangsverwalter (nach Abzug der Ausgaben) an die Gläubiger verteilt. Eine Verwertung des Grundstücks findet in diesem Verfahren nicht statt.

Hinweis: Bei beiden Verfahren handelt es sich um Einzelzwangsvollstreckungsmaßnahmen, die im Gesetz über die Zwangsversteigerung und die Zwangsverwaltung (ZVG) geregelt sind.

Die Eintragung eines Zwangsversteigerungs- und Zwangsverwaltungsvermerks könnte wie folgt lauten:

Grundbuch von *, Blatt ***, Abteilung II**

Nr. *** Die Zwangsversteigerung ist angeordnet; eingetragen am ***.

oder

Nr. *** Die Zwangsverwaltung ist angeordnet; eingetragen am ***.

L. Insolvenzvermerk

Insolvenzvermerk
§ 32 InsO

Eintragung
Die Eintragung erfolgt auf
- Ersuchen des Insolvensgerichts oder
- Antrag des Insolvenzverwalters beim Grundbuchamt.

Die Eintragung erfolgt
- bei Grundstücken des Schuldners in Abteilung II,
- bei für den Schuldner eingetragenen Rechten in der Spalte „Veränderungen" der Abteilungen II oder III.

Wirkung
Ein im Grundbuch eingetragener Insolvenzvermerk ist als (relatives) Veräußerungsverbot zu behandeln.
Der Grundbuchrechtspfleger hat von Amts wegen zu prüfen, ob ein gestellter Antrag gegen das Verfügungsverbot verstößt und hat ihn ggf. zurückzuweisen.
Der Insolvenzverwalter kann bereits gestellte Anträge genehmigen.

Löschung
Die Löschung erfolgt
- wenn ein Grundstück vom Insolvenzverwalter freigegeben oder veräußert wurde,
- auf Ersuchen des Insolvenzgerichts, wenn das Verfahren aufgehoben wurde oder
- auf Antrag des Insolvenzverwalters.

Eintragungsgrundlage
Die Eintragung erfolgt aufgrund
- Erbscheins (§ 2364 BGB) oder
- eines öffentlich beurkundeten Testaments nebst Eröffnungsprotokoll sowie eines Testamentsvollstreckerzeugnisses (§ 2368 BGB).

Die Eintragung eines Insolvenzvermerks könnte wie folgt lauten:

Grundbuch von *, Blatt ***, z. B. Abteilung II**

Nr. ***	Über das Vermögen des Eigentümers *** ist das Insolvenzverfahren eröffnet (Amtsgericht ***, Az.: ***); eingetragen am ***.

M. Sanierungsvermerk

Eintragungsgrundlage
Die Gemeinde kann durch **Beschluss** ein bestimmtes Gebiet zum **Sanierungsgebiet** bestimmen. Grundlage hierfür ist eine Sanierungssatzung, mit der die Gemeinde beschließt, städtebauliche Sanierungsmaßnahmen durchzuführen. Einzelne Grundstücke können ganz oder teilweise davon ausgenommen werden.

Wirkung
Ist ein Sanierungsvermerk eingetragen, bedürfen einige **Rechtsgeschäfte** zur Wirksamkeit **der schriftlichen Genehmigung** der zuständigen Gemeinde (§ 144 BauGB):
- Bestellung eines **Grundpfandrechts**,
- **Verkauf** des Grundstücks,
- **Verkauf** der Teilfläche eines Grundstücks,
- **Teilung** eines Grundstücks.

Sanierungsvermerk
§§ 136 ff. BauGB

Löschung
Die Löschung des Vermerks erfolgt auf **Antrag** der Gemeinde.

Eintragung
Das Grundbuchamt hat in Abteilung II in den betroffenen Grundbüchern einzutragen, dass eine Sanierung durchgeführt wird. Das Grundbuchamt hat die Gemeinde und den Grundstückseigentümer über die Eintragung zu informieren.

Die Eintragung eines Sanierungsvermerks könnte wie folgt lauten:

Grundbuch von *, Blatt ***, Abteilung II**

Nr. *** Ein Sanierungsverfahren wird durchgeführt; eingetragen am ***.

N. Nacherbschaft

Nacherbschaft
§§ 2100 ff. BGB

Eintragung
Die Eintragung erfolgt
- von Amts wegen auf Grundlage eines Erbscheins,
- aufgrund eines notariellen Testaments mit Eröffnungsprotokoll.

Die Eintragung erfolgt bei
- Grundstücken des/der Erben in Abteilung II,
- Rechten zugunsten des/der Erben in der Spalte „Veränderungen" in Abteilung II oder III.

Wirkung
- Der Vorerbe kann über die Erbschaft verfügen, allerdings ist die Wirksamkeit seiner Verfügung zum Schutz des Nacherben beschränkt (§ 2112 BGB).
- Der Vorerbe darf nicht unentgeltlich über ein Grundstück verfügen (= unwirksam). Soll eine unentgeltliche Verfügung wirksam werden, ist sie von dem/den Nacherben zu genehmigen. Eine entgeltliche Verfügung ist möglich, wenn der Vorerbe von dieser Beschränkung befreit wurde.
- Wurde der Vorerbe nicht befreit, ist auch eine entgeltliche Verfügung unwirksam (§ 2113 Abs. 1 BGB).
- Ist ein Ersatznacherbe bestimmt, muss dieser nicht zustimmen.

Vor- und Nacherbe sind in zeitlicher Reihenfolge die Erben (Rechtsnachfolger) des Erblassers. Der Vorerbe ist lediglich Erbe auf Zeit.

Löschung
Die Löschung des Vermerks erfolgt
- vor Eintritt des Nacherbfalls auf Antrag, wenn sie vom Nacherben und dem/-n Ersatznacherben bewilligt ist,
- nach Eintritt des Nacherbfalls auf Antrag/Bewilligung des Nacherben. Der Ersatznacherbe muss nicht mehr einwilligen, weil die Ersatznacherbschaft bei Eintritt des Nacherbfalls nicht mehr eintreten wird.

Eintragungsinhalt
Die Eintragung muss enthalten:
- Anordnung der Nacherbfolge
- Voraussetzungen des Eintritts der Nacherbfolge
- Bezeichnung des Nacherben/Ersatznacherben
- ggf. Nennung des Testamentsvollstreckers
- ggf. Befreiung der Vorerben

Die Eintragung eines Nacherbenvermerks könnte wie folgt lauten:

Grundbuch von *, Blatt ***, Abteilung II**

Nr. *** Nacherbfolge ist angeordnet. Befreiter Vorerbe ist ***, geboren am ***; eingetragen am ***.

4.1.2 Belastungen der Abteilung III (Grund- und Rentenschulden, Hypotheken)

In Abteilung III des Grundbuchs sind Grundpfandrechte eingetragen, die in Hypotheken, Grund- und Rentenschulden gegliedert werden. Auch hier richtet sich die Eintragungsfähigkeit nach den Regeln der Grundbuchordnung.

Die in Abteilung III eingetragenen Belastungen eines Grundstücks dienen in den meisten Fällen
- der Finanzierung des Erwerbs
- des Bauens/Renovierens/Sanierens

Den Rechten liegt meist ein Darlehen (= eine Forderung) zugrunde. Der Begriff „Grundpfandrecht“ stammt aus dem Sachenrecht. Wer Berechtigter eines Grundpfandrechts ist, hat ein Pfandrecht an einem Grundstück oder grundstücksgleichen Recht (z. B. Erbbaurecht). Bekommt die Berechtigte (meist eine Bank oder Sparkasse) ihr Darlehen nicht in der vereinbarten Weise zurückgezahlt, hat sie die Möglichkeit, das mit dem Grundpfandrecht belastete Grundstück beispielsweise durch Einleitung eines Zwangsversteigerungsverfahren zu verwerten und den Erlös zur Tilgung des Darlehens heranzuziehen.

Der **Verpflichtete eines Grundpfandrechts** (= Eigentümer) wird auch als **Kreditnehmer, Schuldner, Darlehensnehmer** und **Sicherungsgeber** bezeichnet. Der **Berechtigte eines Grundpfandrechts** (= Bank/Sparkasse o. Ä.) wird auch als **Kreditgeber**, **Gläubiger**, **Darlehensgeber** und **Sicherungsnehmer** bezeichnet.

Die häufigste Form eines Grundpfandrechts ist heute die Grundschuld; Rentenschulden werden sehr selten eingetragen und Hypotheken prägen das Bild auch nicht mehr in dem Ausmaß wie in der Vergangenheit.

Eintragungen in Abteilung III

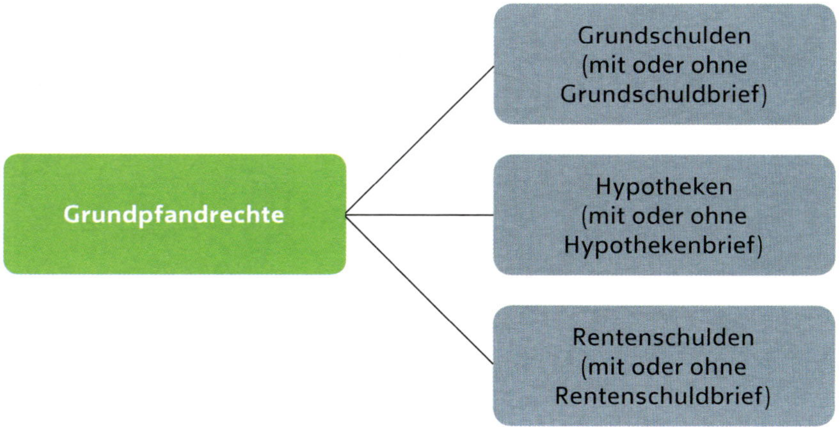

A. Grundschuld

Die Grundschuld ...

B. Hypothek

Die Hypothek ...

C. Rentenschuld

Die Rentenschuld ...

4.2 Nicht im Grundbuch eingetragene Belastungen

Es gibt Grundstücksbelastungen, die nicht im Grundbuch eingetragen sind, aber für die Beteiligen – und insbesondere den Erwerber eines Immobilienkaufvertrags – von großer Wichtigkeit sein können.

Diese Belastungen stellen z.B. Beziehungen zwischen Grundstückseigentümer und Baubehörde dar, können aber auch in der Lage des Grundstücks selbst begründet sein.

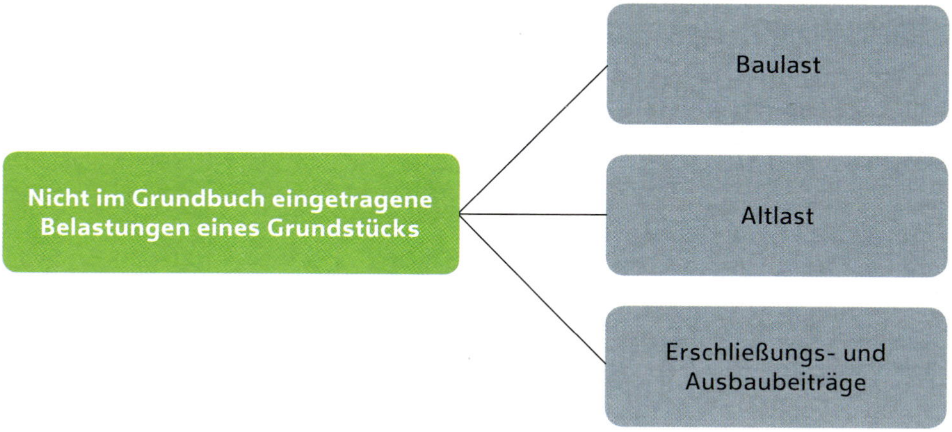

I. Baulast

Eine Baulast ist die öffentlich-rechtliche Verpflichtung eines Grundstückseigentümers gegenüber der Baubehörde.

Inhalt einer Baulast kann das aktive Handeln, die Unterlassung eines Handelns oder die Duldung eines Handelns sein.

Eine **Baulast schränkt das Eigentum** an einem Grundstück **ein**. Es besteht hier – anders als bei z. B. einer Grunddienstbarkeit – eine **Rechtsbeziehung zwischen dem Grundstückeigentümer und der Baubehörde**.

Über das Bestehen und den Inhalt einer Baulast kann man sich durch Einsicht des **Baulastenverzeichnisses** Kenntnis verschaffen. Das Baulastenverzeichnis wird bei der zuständigen Baugenehmigungsbehörde geführt. Es kann bei einem berechtigten Interesse eingesehen werden.

Die Eintragung einer Baulast erfolgt durch Abgabe einer Erklärung gegenüber der Baubehörde. Die Erklärung ist zu beglaubigen oder vor der Baubehörde abzugeben. Die Rechtsgrundlage ist Ländersache und somit von Bundesland zu Bundesland verschieden.

Die Eintragung einer Baulast ermöglicht vielfach erst die Erteilung einer Baugenehmigung. Folgende Baulasten können bestellt werden:

Bezeichnung der Baulast	Pflicht des Eigentümers ...
Anbaubaulast	... das Gebäude, das direkt an die Straße grenzt, in einer vorhandenen geschlossenen Front aller Gebäude zu bauen.
Abstandsflächenbaulast	... bestimmte Flächen auf dem eigenen oder einem angrenzenden Grundstück nicht zu bebauen, um den Abstand zu anderen Immobilien einzuhalten.
Vereinigungsbaulast	... zwei unterschiedliche Grundstücke (Flurstücke) baurechtlich gesehen als Einheit zu behandeln, um ein Gebäude zu errichten, das auf zwei Grundstücken steht.
Erschließungsbaulast	... ein nicht an das öffentliche Straßenverkehrsnetz oder an die Wasser-, Strom- oder Abwasserversorgung angeschlossenes Grundstück vor der Bebauung über ein anderes Grundstück zu erschließen.
Überfahrbaulast	... auf einem Grundstück Freiflächen zu erhalten, die als Zufahrtwege für Feuerwehr oder Krankenwagen für ein anderes Grundstück dienen. Die Freiflächen dürfen nicht bebaut werden, es darf dort auch keine Tore oder Türen geben.
Kinderspielflächenbaulast	... wenn er mehr als fünf vermietbare Wohnungen zu eigen hat, eine Spielfläche für die Kinder der Mieter bereitzustellen und zu unterhalten.
Stellplatzpflichtbaulast	... zur Duldung von Stellplätzen zugunsten Dritter (z. B. für den Nachbarn).

Zur Löschung einer Baulast bedarf es der Zustimmung bzw. des Verzichts der Baubehörde. Der Eigentümer allein kann eine Baulast nicht löschen lassen.

Das Baulastenverzeichnis genießt – anders als das Grundbuch – keinen öffentlichen Glauben. Eine Baulast ist mit dem Grundstück verwunden und hat bei einer Rechtsnachfolge (durch z. B. Veräußerung oder Vererbung) dieselbe Wirkung auf den Rechtsnachfolger.

Der Notar ist nicht verpflichtet, das Baulastenverzeichnis im Rahmen der Vorbereitung oder Abwicklung eines Immobilienkaufvertrags einzusehen und die Parteien über den Inhalt zu informieren.

Er sollte jedoch auf das Baulastenverzeichnis hinweisen und, wenn eine Partei ihn hierzu auffordert, einen Auszug aus dem Baulastenverzeichnis beschaffen. Die hierfür entstehenden Gebühren der Behörde kann der Notar dem Auftraggeber als Auslage in Rechnung stellen.

Merke: Eintragungen im Baulastenverzeichnis können sich wertmindernd auf das Grundstück auswirken.

Ein Auszug aus dem Baulastenverzeichnis könnte wie folgt aussehen:

<table>
<tr><td colspan="2">Baulastenverzeichnis von Darmstadt</td><td>Baulastenblatt Nr. 123 Seite 1</td></tr>
<tr><td colspan="2">Grundstück Bahnhof 13 Grundbuchblatt Nr. 1357</td><td></td></tr>
<tr><td colspan="2">Gemarkung Darmstadt Flur 11</td><td>Flurstück 134</td></tr>
<tr><td>lfd. Nr.</td><td>lfd. Nummer der belasteten Grundstücke im Bestandsverzeichnis</td><td>Bemerkung</td></tr>
<tr><td>1</td><td>2</td><td>3</td></tr>
<tr><td>2</td><td>Der/die jeweilige Eigentümer/-in des Grundstücks in Darmstadt, Bahnhof 13, verpflichtet sich, zur Übernahme der fehlenden Abstandsfläche (gem. § 8 LBO) in einer Breite von ca. 2,00 m und einer Länge von ca. 4,50 m zu Gunsten der Grundstücks der Flur 11, Flurstück 135 und zu Lasten des Grundstücks der Flur 11, Flurstück 134, Gemarkung Darmstadt.

Eingetragen am ***
aufgrund Verpflichtungserklärung vom ***

gez. Unterschrift
Stadtamtsinspektorin</td><td></td></tr>
</table>

II. Altlast

Im **Altlastenkataster** werden Daten verwaltet, die auf altlastenverdächtige Flächen oder schädliche Bodenveränderungen hinweisen. Es wird durch die **kreisfreien Städte** oder die jeweilige **Kreisverwaltung** geführt.

Unter Altlasten sind **Altablagerungen** auf Grundstücken zu verstehen, die die **menschliche Gesundheit** oder **die Umwelt schädigen**. Ein Beispiel hierfür wäre ein Grundstück, dass einmal für die Ablagerung von Abfällen oder umweltgefährdenden Stoffen genutzt wurde. Dies können z. B. Industrie- und Gewerbegrundstücke sein. Rechtliche Grundlagen hierfür sind das Gesetz zum Schutz vor schädlichen Bodenveränderungen und zur Sanierung von Altlasten (Bundesbodenschutzgesetz – BBodSchG), die Bundesbodenschutzverordnung (BBodSchVO) sowie das jeweilige Landesbodenschutzgesetz (LBodSchG).

Um herauszufinden, ob sich auf einem Grundstück eine Altlastverdachtsfläche oder Altlast befindet, kann eine Auskunft aus dem Altlastenkataster beantragt werden. Die zuständige Behörde erhebt hierfür je nach Aufwand Gebühren, die dem Auftraggeber als Auslage in Rechnung gestellt werden können.

III. Erschließungs- bzw. Ausbaubeitrag

Befindet sich ein Grundstück im Bereich eines **Erschließungsgebiets** oder werden bzw. wurden weiterführende oder erneuernde Erschließungs- bzw. Ausbaumaßnahmen durchgeführt, ist es sehr wahrscheinlich, dass den Eigentümern der angrenzenden Grundstücke hierfür ein **Erschließungs- bzw. Ausbaubeitrag** in Rechnung gestellt wird.

Der **Erschließungsbeitrag** wird für die **erstmalige Herstellung eines Baugrundstücks**, der **Ausbaubeitrag** für eine **spätere** **Erneuerung** erhoben.

Es handelt sich hierbei jeweils um eine Kommunalabgabe, die auf die Eigentümer der Anrainergrundstücke umgelegt werden kann. Welche Maßnahmen umlagefähig sind, bestimmt die jeweilige Gemeindesatzung.

Unter dem Begriff „Erschließungskosten" ist z. B. der Anschluss eines Grundstücks an die Ver- und Entsorgungsleitungen für Gas, Wasser, Abwasser und Strom sowie an die öffentlichen Straßen zu verstehen. Zu den Straßen gehören wiederum neben der Fahrbahn, die Fuß- und Radwege, Grün- und Parkflächen sowie die Straßenbeleuchtung.

Ob und, falls ja, wann ein solcher Beitrag zu zahlen ist, kann durch eine Anfrage bei der zuständigen Baugenehmigungsbehörde also der Gemeinde- oder Kreisverwaltung ermittelt werden.

Zusammenfassung

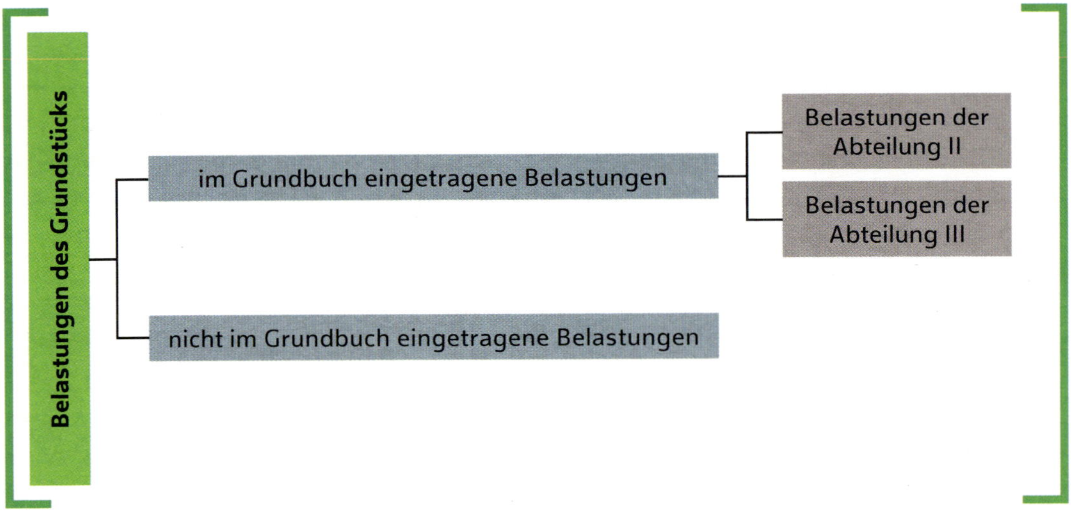

Wiederholung und Vertiefung

1. Notieren Sie, was unter einer Grunddienstbarkeit zu verstehen ist und welche Paragrafen des BGB diese regelt.
2. Aus welchem Grund wird die Grunddienstbarkeit auch als subjektiv dingliches Recht bezeichnet?
3. Notieren Sie, was unter einer beschränkt persönlichen Dienstbarkeit zu verstehen ist und welche Paragrafen des BGB diese regelt.
4. Aus welchem Grund wird die beschränkte persönliche Dienstbarkeit auch als subjektiv persönliches Recht bezeichnet?
5. Welcher Unterschied besteht zwischen einer Grunddienstbarkeit und einer beschränkt persönlichen Dienstbarkeit?
6. Wozu berechtigt ein dingliches Vorkaufsrecht?
7. Welche Rechte hat der Berechtigte eines Nießbrauchs?
8. Die Eintragung welchen Rechts ist erforderlich, wenn eine monatliche Rente dinglich gesichert werden soll?
9. In welcher Abteilung wird eine Auflassungsvormerkung im Grundbuch eingetragen?
10. Welche grundbuchliche Eintragung liegt vor, wenn Sie zum Vollzug eines Vertrags eine Genehmigung nach § 144 BauGB einholen müssen?
11. Welche Belastungen des Grundstücks außerhalb des Grundbuchs kennen Sie?
12. Welcher Unterschied besteht zwischen einer Grundschuld und einer Hypothek?

5 Der Immobilienkaufvertrag

Der Grundstückskaufvertrag wird auch als Immobilienkaufvertrag bezeichnet und ist ein Vertrag, der den Erwerb von Grundstücken, Grundstücksteilen oder grundstücksgleichen Rechten beinhaltet.

Der Immobilienkaufvertrag kommt in der notariellen Praxis sehr häufig vor, sodass jeder, der für einen Notar tätig ist, umfassende Kenntnisse zur Vorbereitung und Abwicklung eines solchen Vertrags benötigt.

Die Gestaltungsmöglichkeiten eines Immobilienkaufvertrags sind vielfältig und hängen meist von

- dem Grundbuchinhalt,
- den beteiligten Personen aber auch
- den Wünschen der Beteiligten zur zeitlichen Abfolge

ab.

vgl. LF 9, (ReNo), Kap. 2

Es gibt gesetzliche Vorschriften (beispielsweise die des BeurkG), die der Notar zu beachten hat. Es bestehen aber im Rahmen der Gesetze auch Freiheiten (= Vertragsfreiheit) bei den Vereinbarungen zwischen den Vertragsparteien. Der Notar hat stets darauf zu achten, dass der Vertrag ausgewogen abgefasst wird, was bedeutet, dass nicht erheblich bevorzugende Regelungen zugunsten einer Partei protokolliert werden. Der Notar muss stets den Erwerber-, aber auch der Veräußererschutz im Auge behalten.

Lernsituation

Wie jeden Morgen ruft Jana Seidel die neuen E-Mails ab. Sie findet im Posteingang Ihres E-Mail-Postfachs einige Anfragen von Mandanten in verschiedenen Angelegenheiten, für die sie zuständig ist. Jana Seidel beantwortet diese E-Mails zuerst, druckt Anfrage und Antwort für die Handakte aus, heftet diese dort ab und speichert beides zusätzlich in der elektronischen Akte.

Eine E-Mail enthält den Auftrag zur Erstellung eines neuen Kaufvertrags. Sie lautet wie folgt:

Baumann Immobilien GmbH

Per E-Mail
Notarin Katharina Marschner

Auftrag zur Erstellung eines Kaufvertrags

Sehr geehrte Frau Notarin,

wir bitten Sie um Erstellung eines Kaufvertrags mit folgenden Eckdaten:

Erwerber		Erwerber		Veräußerer	
Name:	Müller	Name:	Müller	Name:	Stahlknecht
Vorname:	Karina	Vorname:	Markus	Vorname:	Bernhard
Geburts-datum:	05.02.1980	Geburts-datum:	17.02.1978	Geburts-datum:	25.06.1965
Geburts-name:	Hildmann	Geburts-name:	./.	Geburts-name:	./.
Straße/ Nr:	Groß-Gerauer-Weg 2	Straße/ Nr:	Groß-Gerauer-Weg 2	Straße/ Nr:	Hagenstraße 19
Wohnort:	64295 Darmstadt	Wohnort:	64295 Darmstadt	Wohnort:	64297 Darmstadt
Mobil:	0172 1943790	Mobil:	0152 4109443	Mobil:	0172 0815000
E-Mail:	Kari80@web.de	E-Mail:	Mueller19Markus@ gmail.com	E-Mail:	Stahlknecht. Bernhard@web.de
Staatsan-gehörigkeit:	deutsch	Staatsan-gehörigkeit:	deutsch	Staatsan-gehörigkeit:	deutsch
Steuer-ID:	11 444 666 345	Steuer-ID:	91 846 735 945	Steuer-ID:	71 234 873 945

Objektbeschreibung	EFH mit Nebengebäude
Grundbuchbezeichnung	Grundbuch von Darmstadt, Blatt 34761, Gemarkung Darmstadt, Flur 5, Flurstück 14/9, Lindenweg 18, 988 m^2
Belastungen der Immobilie	Ja. II: Nr. 1 Grunddienstbarkeit (WegeR) zugunsten des jeweiligen Eigentümers des Flurstücks 14/8, Gemarkung Darmstadt, Flur 5. III: lastenfrei. Die Belastung in II wird übernommen.
Kaufpreis in Euro	355.700,00
Fälligkeitsdatum/Übergabe	20.09.2025
Wird der Kaufpreis finanziert?	Nein, er wird vollständig aus Eigengeld beglichen.
Werden bewegliche Sachen mitverkauft?	Nein
Ist die Immobilie vermietet?	Nein
Makler	Baumann Immobilien GmbH, Bahnhofstraße 14, 64295 Darmstadt
Entwürfe bitte an	Veräußerer/Erwerber/Makler (per E-Mail)
Entwurfsauftrag erteilt von	Makler

Mit freundlichen Grüßen
gez. Carsten Baumann

Arbeitsaufträge:

a) Stellen Sie anhand der vorstehenden Angaben einen Immobilienkaufvertrag aus den verschiedenen Elementen (Paragrafen) dieses Kapitels zusammen.

b) Wie sähe die erste Seite des Kaufvertrags aus, wenn der Veräußerer durch den Makler bei Abschluss des Vertrags vollmachtlos vertreten würde? Welche Auswirkung hat dies auf die Wirksamkeit des Vertrags?

c) Welche Unterlage hat Notarin Katharina Marschner von wem zu dem Vertrag aus Arbeitsauftrag b) anzufordern? Welcher Form bedarf diese Unterlage und welche Wirkung hat sie nach Erteilung auf den Vertrag?

d) Wer schuldet die Kosten der Notarin, wenn der Vertrag nach Entwurfserstellung und Versand nicht unterzeichnet wird?

e) Beschaffen Sie sich das für Ihr Bundesland gültige Formular einer Veräußerungsanzeige und füllen dieses für den im Arbeitsauftrag a) angeführten Vertrag aus.

f) Vergleichen Sie untereinander Ihre Ergebnisse

g) Reflektieren Sie anschließend Ihr Wissen.

5.1 Formerfordernis/verschiedene Möglichkeiten des Vertragsschlusses

Der Immobilienkaufvertrag unterliegt der strengsten Formvorschrift, die wir in Deutschland kennen, nämlich der **notariellen Beurkundung** (§ 311 b Abs. 1 BGB). Das liegt daran, dass der Abschluss eines solchen Vertrags erhebliche rechtliche Auswirkungen auf die Beteiligten hat. Der Veräußerer beispielsweise verliert das Eigentum an einer Immobilie, die in der Regel einen Großteil seines Vermögens darstellt, und erhält den Kaufpreis. Der Erwerber erhält Eigentum an einer Immobilie und zahlt den Kaufpreis, der häufig finanziert wird. Daneben gehen die Vertragsparteien vielfach weitere Verpflichtungen (z. B. den Zeitpunkt der Übergabe) ein, die es zu erfüllen gilt.

Wird die gesetzlich vorgeschriebene **Form nicht eingehalten**, ist der Vertrag **nichtig** (§ 125 BGB), was bedeutet, dass er zu keiner Zeit eine Rechtswirkung entfaltet hat. Die **Heilung** eines nichtigen Vertrags ist **nicht möglich**.

Der Notar trägt bei dieser Vertragsform erhebliche Verantwortung. Er entwirft den Text unter Einbeziehung der Angaben der Beteiligten und den gesetzlichen Rahmenbedingungen, hat ihn den Beteiligten vollständig vorzulesen und alle Fragen der Beteiligten zu beantworten. Der Notar muss darauf achten, dass alle Erklärungen auch dem Willen **aller** Beteiligter entsprechen und hat vor der Unterzeichnung zu erforschen, was dem Willen jeder Seite entspricht. Der Notar muss die Beteiligten über die rechtliche Tragweite des Vertrags unterrichten.

Ein Immobilienkaufvertrag kann auf unterschiedliche Weise geschlossen werden. Der Notar sollte stets darauf hinwirken, dass alle wirtschaftlich Beteiligten (Veräußerer und Erwerber) bei der Beurkundung anwesend sind.

Ist dies nicht möglich, weil es eine Vertragspartei zeitlich nicht einrichten kann oder die Vertragschließenden an weiter voneinander entfernten Orten leben, kann auch ohne die zeitgleiche persönliche Anwesenheit beider beurkundet werden. Es gibt hierfür folgende Möglichkeiten:

- **Vollmachtlose Vertretung:** Der oder die nicht anwesende/-n Beteiligte/-n wird/werden durch eine Person bei der Beurkundung vollmachtlos vertreten und genehmigt/genehmigen deren Handeln später durch Unterzeichnung einer Genehmigungserklärung. Die Genehmigungserklärung muss mindestens öffentlich beglaubigt sein, da sie in dieser Form (§ 29 GBO) für den grundbuchlichen Vollzug benötigt wird. Die Genehmigungserklärung wird in der Praxis auch häufig als Nachgenehmigung oder Zustimmung bezeichnet. vgl. LF 9 (ReNo), Kap. 2.2.3
  Die Erteilung der Genehmigungserklärung erfolgt **nach** Beurkundung des Vertrags, was zur **Folge** hat, dass der Immobilienkaufvertrag erst rechtswirksam wird, wenn die Genehmigungserklärung/en des/der vollmachtlos vertretenen Person/-en vorliegt/vorliegen.
- **Vollmachtserteilung:** Der oder die nicht anwesende/-n Beteiligte/-n bevollmächtigt/bevollmächtigen eine Person, ihn/sie bei der Beurkundung zu vertreten. Die Vollmacht muss mindestens öffentlich beglaubigt sein, da sie in dieser Form (§ 29 GBO) für den grundbuchlichen Vollzug benötigt wird. Soll sie unwiderruflich sein, ist sie sogar zu beurkunden. vgl. LF 9, (ReNo), Kap. 2.2.3
  Die Erteilung der Vollmacht erfolgt **vor** Beurkundung des Vertrags, was zur **Folge** hat, dass der Immobilienkaufvertrag nach Unterzeichnung sofort rechtswirksam wird.
- **Angebot und Annahme:** Ein Beteiligter (z. B. Veräußerer) gibt ein notarielles Kaufangebot ab, das an die andere Vertragspartei (z. B. Erwerber) gerichtet ist. Der Angebotsempfänger nimmt das Kaufangebot an. Es werden bei dieser Konstellation in der Regel aufgrund der räumlichen Trennung zwei Notare tätig. Beide Erklärungen sind notariell zu beurkunden.
  Folge: Aus Kaufangebot und Annahme wird bei Annahme ein rechtswirksamer Immobilienkaufvertrag.

Da jede Urkunde (zusätzliche) Kosten auslöst, sollten die Beteiligten vorab über die Kostenfolgen der angestrebten Konstellation informiert werden. Die Variante „Angebot und Annahme" sollte aus Kostengründen nur auf ausdrücklichen Wunsch gewählt werden.

Eine Besonderheit gibt es beim **Verbrauchervertrag**. Von Verbrauchervertrag wird gesprochen, wenn ein Beteiligter (egal, ob Veräußerer oder Erwerber) ein Unternehmer (z. B. eine Firma, eine Gemeinde oder die Kirche) ist. Diese Vertragsform unterliegt den besonderen Vorschriften des **§ 17 Abs. 2 a BeurkG**. Bei diesen Verträgen ist dringend darauf hinzuwirken, dass der Verbraucher (also die Privatperson) bei der Beurkundung **persönlich anwesend** ist.

Eine vollmachtlose Vertretung ist bei einem Verbrauchervertrag nur ausnahmsweise zulässig, nämlich wenn der Verbraucher eine Vertrauensperson (z. B. den Ehemann oder Sohn) hiermit beauftragt. Weder die Mitarbeiterinnen und Mitarbeiter des Notars noch der Makler sind hier eine Vertrauensperson i. S. d. Gesetzes.

Wird ein Verbrauchervertrag beurkundet, soll der **Vertragsentwurf 14 Tage vor der Beurkundung** beim **Verbraucher vorliegen**. Erst dann soll der Notar beurkunden. Mit dieser gesetzlichen Vorschrift soll der Verbraucher geschützt und ihm ausreichend Gelegenheit gegeben werden, sich mit dem Gegenstand des Vertrags und seiner Finanzierung (wenn er erwirbt) auseinanderzusetzen. Die Unterschreitung der Frist führt nicht zur Unwirksamkeit des Vertrags, könnte aber bei späteren Streitigkeiten/Problemen auf den Notar zurückfallen und ggf. einen Regress verursachen und sollte daher unbedingt unterlassen werden.

Um die Einhaltung der gesetzlichen Frist zu dokumentieren, sollte in jeden Verbrauchervertrag folgender Text (Beispiel: Erwerber ist Verbraucher) in ähnlicher Form aufgenommen werden:

> Der Erwerber erklärt, dass er gem. § 17 Abs. 2 a BeurkG mindestens zwei Wochen vor der heutigen Beurkundung, nämlich am *** (Datum) den in Aussicht genommenen Vertragstext durch den Notar zur Durchsicht und Prüfung erhalten hat. Er hatte somit ausreichend Gelegenheit, sich mit dem Gegenstand der Urkunde und der geplanten Investition auseinanderzusetzen.

5.2 Inhalte eines einfachen Immobilienkaufvertrags

Der Immobilienkaufvertrag sollte stets übersichtlich gestaltet werden, denn jeder Vertrag folgt sehr ähnlichen Abwicklungskriterien und je übersichtlicher dieser gestaltet ist, desto besser ist er für die Vertragsparteien nachvollziehbar und für die Mitarbeiter des Notars abwickelbar.

Der Notar hat häufig mit Beteiligten zu tun, die nicht jeden Tag eine Immobilie erwerben oder veräußern, sodass der Text – soweit möglich – gut und für einen Leihen unmissverständlich abgefasst werden sollte. Jeder juristische Begriff kann auch für einen Nichtjuristen verständlich gemacht werden. An den Stellen, an denen dies nicht möglich ist, sind Erläuterungen vor oder während der Beurkundung erforderlich, um sicherzustellen, dass die Beteiligten den Vertragsinhalt verstehen.

Jeder Notar hat eigene Vertragsmustertexte, die je nach Art des Vertragsschlusses (z. B. Angebot und Annahme) und der Immobilienart (z. B. bebautes Grundstück oder Wohnungseigentum) überarbeitet werden.

Alle Vertragsmuster sollten laufend den gesetzlichen Vorgaben, die sich immer wieder ändern können, angepasst werden.

Es ist sehr zu empfehlen, jedes Vertragselement als Baustein abzuspeichern, um wiederkehrend darauf zurückgreifen zu können. Dies kann z. B. über eine Schnellbausteinfunktion oder die jeweilige Individualsoftware in der Kanzlei erfolgen.

Aufbau eines Immobilienkaufvertrags (Beispiel)

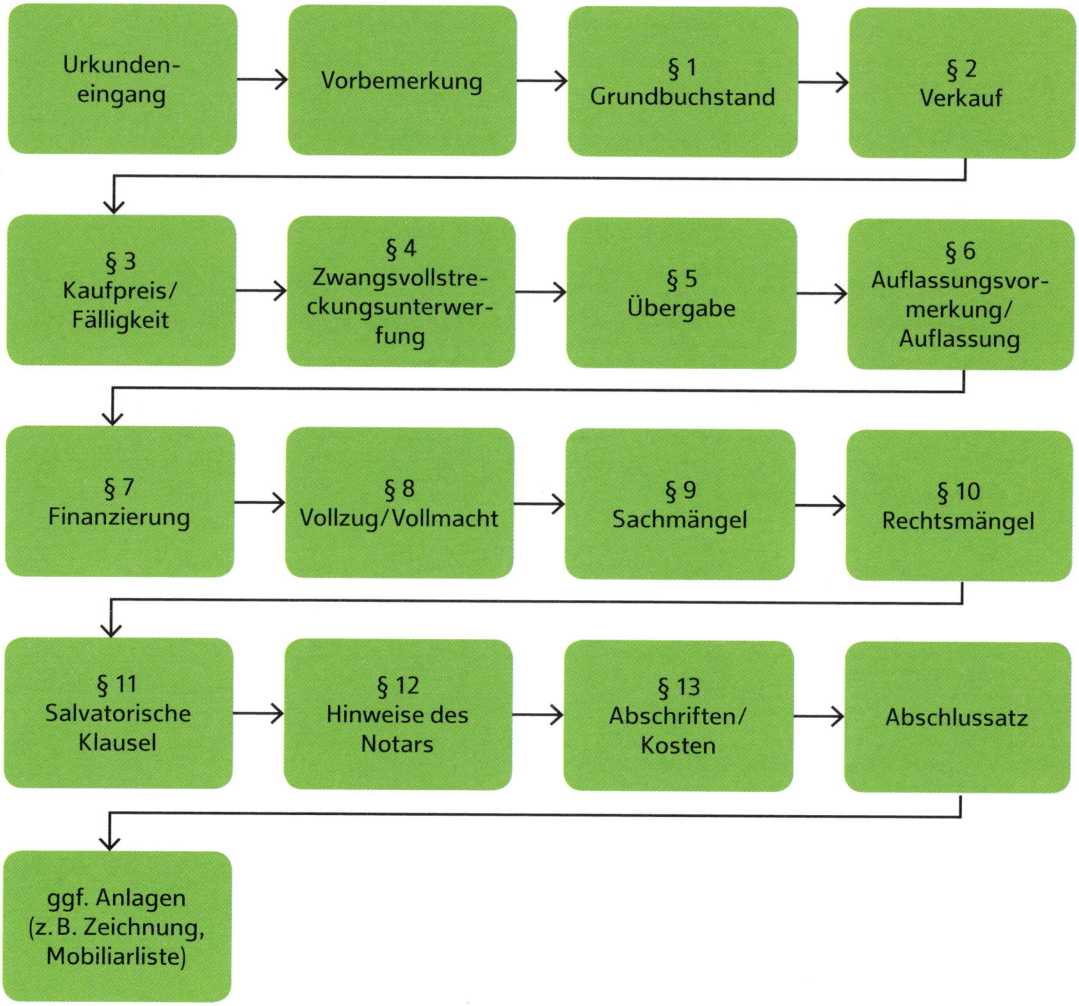

Die vorstehenden Elemente werden nachfolgend der Reihe nach am Beispiel eines Kaufvertrags über ein bebautes Grundstück zwischen zwei Verbrauchern inhaltlich beschrieben und textlich musterhaft dargestellt:

Urkundeneingang:

Nr. *** des Urkundenverzeichnisses Jahrgang 2025

Verhandelt zu
Darmstadt
am * (*Datum*)**

Vor mir, der unterzeichnenden Notarin

Katharina Marschner
mit dem Amtssitz in Darmstadt

erschienen heute:

1. Herr Karsten Neumann, geboren am 18.03.1989, wohnhaft in 64289 Darmstadt, Müllerstraße 13, der Notarin ausgewiesen durch Bundespersonalausweis,

– nachstehend „Veräußerer" genannt –

2. Eheleute Dagmar Sparmann, geborene Krüger, geboren am 15.03.1972, und Frank Sparmann, geboren am 31.12.1969, wohnhaft in 64293 Darmstadt, Otto-Röhm-Straße 50, der Notarin von Person bekannt,

– nachstehend „Erwerber" genannt –

Die Notarin fragte nach einer Vorbefassung i. S. d. § 3 Abs. 1 Nr. 7 BeurkG; die Frage wurde von den Beteiligten verneint.

Die Erschienenen ersuchten mich um die Beurkundung eines

Kaufvertrags

und erklärten:

Weitere Erläuterungen zum Urkundeneingang sind in LF 9, Kap. 2 zu finden.

Vorbemerkung

In der Vorbemerkung zu einem Immobilienkaufvertrag, die auch als Präambel oder Einleitung bezeichnet wird, können je nach Vertragsform und Art der Beteiligten (natürliche oder juristische Person) verschiedene Informationen enthalten sein.

Handelt es sich um einen Verbrauchervertrag, können der entsprechende Hinweis nach § 17 Abs. 2a BeurkG und ein Textbaustein zum Geldwäschegesetz wegen der Angaben zu den wirtschaftlich Berechtigten und der Einsicht des Transparenzregisters hier eingefügt werden.

Darüber hinaus können Informationen zu einer vollmachtlosen Vertretung (die nicht anwesende Person hat einen Entwurf erhalten usw.), Zustimmung eines Ehepartners nach § 1365 BGB, weitere Erklärungen nach dem Geldwäschegesetz (Abgabe der Erklärung einer natürlichen Person, dass diese im eigenen Namen auf eigene Rechnung und nicht für Dritte handelt, und sie keine politisch exponierte Person z. B. Bürgermeister, Politiker ist und eine solche ihr nicht nahesteht) oder zum Datenschutz hier zu finden sein.

Die Vorbemerkung zu diesem Immobilienkaufvertrag könnte wie folgt lauten:

Vorbemerkung

Die Erschienenen erklären, und zwar jeder für sich, in dieser Urkunde nicht als Unternehmer zu handeln.

Jeder erschienene Beteiligte bestätigt ferner, jeweils für sich im eigenen Namen und auf eigene Rechnung zu handeln, also nicht beispielsweise als Treuhänder für dritte wirtschaftlich Berechtigte, ferner, dass er weder eine politisch exponierte Person (PeP) i. S. d. § 1 Abs. 12 Geldwäschegesetz (GwG) ist oder in den letzten zwölf Monaten war, noch dessen Familienmitglied, noch einer solchen Person „bekanntermaßen nahesteht“ i. S. d. § 1 Abs. 13 und 14 GwG.

Der Notar hat die Vertragsparteien über Art. 13 Abs. 1 und 2 DSGVO informiert. Die Vertragsparteien erklären, dass sie mit der Einspeicherung ihrer Daten und dem Versenden der Entwürfe, Urkunden und Mitteilungen durch unverschlüsselte E-Mail einverstanden sind und waren. Ist dieser Weg künftig nicht mehr gewünscht, genügt eine einfache Mitteilung an den Notar.

§ 1 Grundbuchstand

Der Inhalt des Grundbuchs (= Grundbuchstand) wird anhand eines/-r möglichst aktuellen Grundbuchauszugs/Grundbucheinsicht festgestellt. Dieser kann heute je nach zuständigem Grundbuchamt durch elektronischen Abruf oder schriftliche Anforderung beschafft werden. Der Inhalt des Grundbuchs kann ferner durch persönliche Einsichtnahme des Notars bzw. einer Mitarbeiterin oder eines Mitarbeiters des Notars beim Grundbuchamt ermittelt werden.

Hat der Notar den Grundbuchinhalt nicht feststellen können, sollte besser (noch) nicht beurkundet oder auf diesen Umstand und die damit verbundenen möglichen Gefahren ausdrücklich in der Urkunde hingewiesen werden, sofern die Beteiligten gleichwohl auf die sofortige Beurkundung bestehen.

Liegt der Inhalt des Grundbuchs vor, wird er in den Kaufvertrag übertragen. Es ist äußerst wichtig, dass bei der Übertragung auf Vollständigkeit und Fehlerfreiheit geachtet wird, da jeder Fehler eine gerichtliche Beanstandung oder unrichtige Vertragsgestaltung nach sich ziehen wird, denn der zuständige Rechtspfleger prüft jeden Vertrag genau.

Liegt das Grundbuch in elektronischer Form vor, kann der benötigte Inhalt z. T. durch Copy and Paste in die Urkunde übernommen werden. Auf diese Weise werden Übertragungsfehler minimiert. Um die Urkunde nicht zu überladen, sollten jedoch für die Beteiligten unnötige Inhalte entfernt werden.

Der Grundbuchstand in einem Immobilienkaufvertrag könnte wie folgt aussehen:

Der Inhalt des beim Amtsgericht Darmstadt geführten Grundbuchs von Darmstadt-Mitte, Blatt 1555 wurde am *** mittels elektronischem Grundbuchabruf wie folgt festgestellt:

Bestandsverzeichnis:

lfd. Nr. 1 Gemarkung Darmstadt, Flur 1, Flurstück 15/7,
Gebäude- und Freifläche, Achatweg, 889 m^2.

Abteilung I:
Eigentümer: Karsten Neumann, geboren am 18.03.1989.

Der Grundbesitz ist im Grundbuch wie folgt belastet:

Abteilung II:
lastenfrei.

Abteilung III:
Nr. 1 150.000,00 € Buchgrundschuld für die Sparkasse Darmstadt in Darmstadt.

Merke: Der Inhalt des Grundbuchs beeinflusst den nachfolgenden Vertragstext erheblich. Gibt es beispielsweise Belastungen im Grundbuch, sind diese an verschiedenen anderen Stellen des Vertrags (z. B. in den §§ 3 und 11) erneut aufzugreifen und je nach Auftrag an den Notar (Übernahme oder Löschung) zu behandeln.

§ 2 Verkauf

Dieser Paragraf beinhaltet einen schuldrechtlichen Teil des Immobilienkaufs. Die Parteien geben eine Willenserklärung dergestalt ab, dass der Veräußerer die (im § 1 bezeichnete) Immobilie an den Erwerber veräußert.

Gibt es mehrere Erwerber, ist ein Beteiligungsverhältnis anzugeben. Häufig erwerben mehrere Erwerber (z. B. Ehepartner) zu gleichen ideellen Teilen. Das muss aber nicht sein; jede Splittung ist möglich. Der jeweilige Anteil sollte als Bruch (z. B. ½ oder ⅙) nicht in Prozenten angegeben werden, da der spätere Eintrag in Abteilung I des Grundbuchs (Eigentum) auch ausschließlich als Bruch erfolgt. Es wird hier auch von Bruchteilseigentum gesprochen.

Werden neben der Immobilie (= unbewegliche Sache) auch bewegliche Sachen (= Mobiliar) mitverkauft, kann eine Protokollierung dieses Umstands in diesem Paragrafen sinnvoll sein. Stellt das Mobiliar noch einen Wert dar, kann der Betrag ausgewiesen werden. Der Wert mitveräußerter beweglicher Sachen wird bei der Grunderwerbsteuerberechnung vom Kaufpreis abgezogen. Werden mehrere bewegliche Sachen vom Erwerber übernommen, kann das Beifügen einer Auflistung sinnvoll sein, um zum einen den genauen Umfang der erworbenen Sachen, zum anderen den jeweiligen Wert zu dokumentieren. Eine detaillierte Dokumentation kann spätere Streitigkeiten zwischen den Vertragsparteien vermeiden. Da eine Bewertung häufig schwierig ist, kann der aktuelle Marktwert geschätzt werden.

Der Paragraf „Verkauf“ in einem Kaufvertrag auf Grundlage des Urkundeneingangs könnte wie folgt aussehen:

> Der Veräußerer verkauft den in § 1 bezeichneten Vertragsgegenstand mit allen damit zusammenhängenden Rechten und dem Zubehör (§ 97 BGB) an den Erwerber – als Miteigentümer zu gleichen ideellen Anteilen – zu den nachfolgenden Bedingungen.

§ 3 Kaufpreis/Fälligkeit

In diesem Paragraf wird der zwischen den Parteien vereinbarte Kaufpreis der Höhe nach bestimmt. Der Betrag wird in Ziffern und Worten (ausgeschrieben) wiedergegeben, wobei im Fall eines Streits, der Kaufpreis in Worten vorgeht.

Daneben werden die Zahlungsmodalitäten vereinbart. Hierunter sind das angestrebte Zahlungsziel (= Fälligkeitsdatum) und die weiteren Umstände der Fälligkeit (= Zahlungsvoraussetzungen) zu verstehen. Mit den weiteren Umständen der Fälligkeit sind die zur meist lastenfreien Übertragung des Eigentums an der Immobilie auf den Erwerber benötigten Unterlagen gemeint. Welche Unterlagen dies sind, hängt hauptsächlich von dem Inhalt des Grundbuchs, aber auch der Lage der Immobilie ab. Wird beispielsweise eine Eigentumswohnung (= Wohnungseigentumsgrundbuch) verkauft, wird z. T. die Zustimmung des Verwalters samt Verwalternachweis benötigt.

vgl. LF 15, Kap. 3.1

Ist ein Erbbaurecht Vertragsgegenstand, ist häufig die Zustimmung des Grundstückseigentümers sowie dessen Verzichtserklärung auf die Ausübung seines ggf. im Grundbuch eingetragenen Vorkaufsrechts zu beschaffen.

vgl. LF 15, Kap. 3.2

Gibt es Belastungen in Abteilung II und/oder III, werden vor Kaufpreisfälligkeit die zur Löschung notwendigen Dokumente benötigt, wenn ein lastenfreier Erwerb vereinbart wurde, was in den meisten Verträgen unter Fremden der Fall ist. Lastenfreistellungsunterlagen werden häufig unter Auflagen erteilt (=Treuhandauftrag). In der Regel beinhalten die Auflagen eine Geldzahlung zur Darlehnsablösung/Begleichung der Kosten der Löschungsunterlagen. Der Notar nimmt die Lastenfreistellungsunterlagen inklusive Treuhandauftrag (für die Vertragsparteien) entgegen und überwacht die Erfüllung der Auflagen. Er prüft jedoch nicht, ob die Auflagen angemessen sind. Er teilt sie ohne Prüfung dem Käufer in der Fälligkeitsanzeige mit. Sofern es ein dingliches (= im Grundbuch eingetragenes) oder gesetzliches Vorkaufsrecht gibt, ist eine entsprechende Verzichtserklärung beizubringen. Gesetzliche Vorkaufsrechte können von Bundesland zu Bundesland unterschiedlich sein (Landesrecht). Das gesetzliche Vorkaufsrecht der Gemeinde/Stadt nach § 24 BauGB hat bundesweit Gültigkeit. Die Anzeige der Kaufpreisfälligkeit sollte wegen des Nachweises des Zugangs beim Erwerber per Einwurf-Einschreiben versandt werden; eine gesetzliche Vorschrift hierzu gibt es jedoch nicht.

Ferner wird in diesem Paragrafen vereinbart, ob der Kaufpreis direkt an den Veräußerer (heute üblich) und/oder teilweise den Ablösegläubiger (= Grundbuchgläubiger des Veräußerers), wenn ein Treuhandauftrag vorliegt, oder über ein Notaranderkonto (eher selten) abgewickelt wird und wann der Erwerber in Verzug gerät, wenn er den Kaufpreis bei Fälligkeit nicht zahlt.

Gemäß § 16 a GwG besteht seit 01.04.2023 ein Barzahlungsverbot bei Immobiliengeschäften (Erwerb oder Tausch; nicht bei Überlassung im Wege der vorweggenommenen Erbfolge, Scheidungsfolgenvereinbarungen und Erbauseinandersetzungen). Für alle Geschäfte, die vor dem 01.04.2023 geschlossen wurden, findet diese Vorschrift keine Anwendung (§ 59 Abs. 11 GwG). Ausgenommen sind Verträge mit vereinbarten Kaufpreisen von unter 10.000,00 € oder eine Abwicklung über Notaranderkonto.

Unter Barzahlungsverbot ist zu verstehen, dass der Kaufpreis (oder die Gegenleistung) nicht als Bargeld oder in Kryptowerten, Gold, Platin oder Edelsteinen entrichtet wird. Wird gegen diese Vorschrift verstoßen, führt die „Zahlung" nicht zur Erfüllung des Anspruchs des Veräußerers aus dem Vertrag.

Der Notar hat die Einhaltung der Vorschrift zu überprüfen, was durch Vorlage von
- Zahlungsbestätigungen von Kreditinstituten (seitens des Veräußerers oder Erwerbers), die an dem Geschäft beteiligt sind,
- elektronischen Kontoauszügen/Zahlungsbestätigungen der kontoführenden Kreditinstitute

und

- durch Prüfung der Unterlagen auf Schlüssigkeit

erfolgen kann.

Unter einer Schlüssigkeitsprüfung ist zu verstehen, dass der Notar die Unterlagen dahingehend untersucht, ob der Kaufpreis nur mit zulässigen Mitteln (= z. B. unbar per Überweisung) erbracht wurde, und erst nach Durchführung der Prüfung die Änderung des Eigentums beantragt. Er hat bei der Prüfung nicht auf die Vollständigkeit bis auf den „letzten Cent“ zu achten.

Register:
Gemäß § 16 a GwG besteht seit 01.04.2023 ein Barzahlungsverbot bei Immobiliengeschäften (Erwerb von Anteilen an Gesellschaften, zu deren Vermögen Immobilien gehören).

Für alle Geschäfte, die vor dem 01.04.2023 geschlossen wurden, findet diese Vorschrift keine Anwendung (§ 59 Abs. 11 GwG).

Der Paragraf „Kaufpreis“ in einem Kaufvertrag mit Direktzahlung an den Veräußerer könnte wie folgt aussehen:

1. Der Kaufpreis beträgt

250.000,00 €
(in Worten: zweihundertfünfzigtausend Euro).

2. Der Kaufpreis ist zahlbar bis zum

01.12.2025

und erst innerhalb von sieben Werktagen, nachdem der Erwerber die schriftliche (per Einwurf-Einschreiben) Bestätigung der Notarin erhalten hat, dass

- die Eigentumsvormerkung im vertragsgegenständlichen Grundbuch im Rang nach den aus § 1 ersichtlichen Belastungen bzw. nach Finanzierungsgrundpfandrechten des Käufers eingetragen ist,

- der Notarin hinsichtlich der gesetzlichen Vorkaufsrechte nach dem BauGB eine Erklärung der zuständigen Stadt in grundbuchtauglicher Form vorliegt, wonach das Vorkaufsrecht zu diesem Kauf nicht ausgeübt wird,

- der Notarin alle zur Lastenfreistellung erforderlichen Unterlagen in grundbuchtauglicher Form vorliegen, deren Verwendung lediglich von Zahlungsauflagen abhängig gemacht wurde, für die der vereinbarte Kaufpreis ausreichend ist.

Die Notarin wird von den Vertragsparteien bevollmächtigt, die Lastenfreistellungsunterlagen anzufordern, für sie und die Finanzierungsgläubigerin entgegenzunehmen und zu verwenden. Stehen Lastenfreistellungsunterlagen unter Zahlungsauflagen, teilt die Notarin diese den Vertragsparteien ohne Prüfung mit.

3. Stehen Genehmigungen oder Lastenfreistellungsdokumente unter Zahlungsauflagen, teilt die Notarin diese den Beteiligten ohne weitere Prüfung mit. Der Kaufpreis kann insoweit bei Fälligkeit nur durch Erfüllung solcher Auflagen erbracht werden, ist also zweckgebunden, ohne dass der Zahlungsempfänger hieraus eigene Rechte erwirbt. Darüber hinaus können Zahlungen mit Tilgungswirkung auf den Kaufpreis ausschließlich in Geld per Überweisung erbracht werden.

   Der Erwerber hat aus dem Kaufpreis bei Fälligkeit

   - die Zahlungsauflagen der Ablösegläubigerin gem. deren Treuhandauftrag zu erfüllen und
   - den Restbetrag auf folgendes Konto des Veräußerers: IBAN: DE73 1234 0945 0456 3321 89, jeweils in Geld per Überweisung zu zahlen.

   Der Veräußerer hat der Notarin den Eingang des an ihn zu zahlenden Kaufpreisteils auf seinem Konto unverzüglich originalschriftlich mitzuteilen und dieser ferner eine Abschrift des die Zahlung dokumentierenden Kontoauszugs zuzusenden.

4. Sollte der Erwerber den Kaufpreis bei Fälligkeit nicht innerhalb einer Woche nach Fälligkeit oder nur mit Treuhandauflagen, die die Vertragsabwicklung behindern, erbringen, hat er den Betrag vom Fälligkeitstag an mit fünf Prozentpunkten über dem jeweiligen Basiszins gem. § 288 Abs. 1 S. 2 BGB zu verzinsen. Die Notarin weist darauf hin, dass sich dieser Zinssatz gesetzlich zum 1. Januar und 1. Juli eines jeden Jahrs verändern kann.

§ 4 Zwangsvollstreckungsunterwerfung

In der Regel wird in jeden Kaufvertrag eine Vollstreckungsunterwerfung wegen der Kaufpreisschuld des Erwerbers aufgenommen. Bei einer solchen Erklärung handelt es sich um einen Schuldtitel, den der Veräußerer zur Einbringlichmachung eines nach Fälligkeit nicht gezahlten Kaufpreises nutzen kann. Zahlt der Erwerber den Kaufpreis, entfaltet die Vollstreckungsunterwerfung keine Wirkung. Zahlt er nicht, muss er ohne vorheriges Klageverfahren die Zwangsvollstreckung in sein gesamtes Vermögen fürchten.

Jeder Erwerber ist also gut beraten, die Finanzierung des Kaufpreises vor Unterzeichnung eines solchen Kaufvertrags sicherzustellen, wenn er diesen nicht aus eigenen Mitteln begleichen kann.

Sind mehrere Erwerber vorhanden, haften diese gegenüber dem Veräußerer als Gesamtschuldner, was bedeutet, dass **jeder** Erwerber den **gesamten Kaufpreis** gegenüber dem Veräußerer schuldet.

Der Paragraf „Zwangsvollstreckungsunterwerfung“ in unserem Kaufvertrag könnte wie folgt aussehen:

> Der Erwerber – mehrere Erwerber als Gesamtschuldner – unterwirft sich wegen der in diesem Kaufvertrag eingegangenen Verpflichtung zur Zahlung des Kaufpreises samt Verzugszinsen gem. § 288 Abs. 1 BGB der sofortigen Zwangsvollstreckung aus dieser Urkunde in sein gesamtes Vermögen.
>
> Auf Antrag kann dem Veräußerer ohne weitere Nachweise jedoch erst nach Anzeige der Kaufpreisfälligkeit eine vollstreckbare Ausfertigung dieser Urkunde erteilt werden.

§ 5 Übergabe

Neben der Pflicht zur Zahlung des vereinbarten Kaufpreises hat der Erwerber die Verpflichtung, den Vertragsgegenstand zu übernehmen. Der Veräußerer hat demgegenüber die Pflicht, diesen nach Kaufpreiszahlung an den Erwerber zu übergeben.

In der Praxis geschieht die Übergabe und somit der Besitzübergang dadurch, dass der Veräußerer dem Erwerber nach Erhalt des Kaufpreises die Schlüssel für das/die vertragsgegenständliche/-n Gebäude sowie die weiteren Unterlagen in Bezug auf die Immobilie (z. B. Gebäudeversicherungsunterlagen und Bauzeichnungen, soweit vorhanden) übergibt. Wurde der Vertrag durch einen Makler vermittelt, nimmt vielleicht auch dieser die Übergabe im Auftrag des Veräußerers vor. Meist werden an diesem Tag auch die Zählerstände von Strom und Wasser abgelesen, damit eine kostenmäßige Abgrenzung zwischen Veräußerer und Erwerber vorgenommen werden kann. Hierüber kann ein Übergabeprotokoll gefertigt werden, dass beide unterzeichnen.

Wohngebäude, Gebäudesach- und grundstücksbezogene Haftpflichtversicherungen gehen bei Veräußerung (anders als beispielsweise ein Stromlieferungsvertrag) kraft Gesetzes auf den Erwerber über. Der Veräußerer sollte sich gleich zusätzlich verpflichten, den insoweit bestehenden Vertrag nicht zu kündigen, damit bei Übergabe auf jeden Fall ein Versicherungsschutz besteht. Der Erwerber kann die Versicherung im Anschluss anstelle des Veräußerers entweder dauerhaft übernehmen oder sie nach Änderung des Eigentums im Grundbuch (= vierwöchiges Sonderkündigungsrecht) kündigen und einen anderweitigen Versicherungsvertrag abschließen. Die Veräußerung der versicherten Immobilie ist dem Versicherer entweder durch den Veräußerer oder den Erwerber unverzüglich nach Beurkundung des Vertrags inklusive wirksamer Auflassung und Kenntnisnahme der Eintragung der Eigentumsänderung im Grundbuch anzuzeigen. Eine frühere Anzeige (direkt nach Vertragsunterzeichnung) ist sinnvoll.

Ab Übergabe geht auch die Pflicht zur Zahlung von öffentlichen Lasten (z. B. die Grundsteuer, die Kosten des Schornsteinfegers oder etwaige Anliegerbeiträge) auf den Erwerber über.

In der Regel ist in dem Übergabejahr ein interner Kostenausgleich direkt zwischen den Vertragsparteien erforderlich, da weder die Gemeinde noch die Gebäudeversicherung eine Splittung der Beiträge vornimmt.

Nach Übergabe ist der Erwerber unmittelbarer Besitzer des Vertragsgegenstands und hat somit die tatsächliche Herrschaftsgewalt über diesen. Übernimmt der Erwerber den Vertragsgegenstand inkl. Mietvertrag mit einem Dritten, erhält er lediglich den mittelbaren Besitz, denn Kauf bricht nicht Miete.

Der Paragraf „Übergabe" in einem Kaufvertrag könnte wie folgt aussehen:

Besitz, Nutzungen, Verkehrssicherungspflichten sowie die Gefahr gehen am

01.12.2025

und erst mit vollständiger Kaufpreiszahlung auf den Erwerber über.

Private und öffentliche Lasten, Verbrauchskosten und Haftung gehen bereits ab Kaufpreisfälligkeit (zeitanteilig) auf den Erwerber über.

Soweit Gebäudesach- und/oder Haftpflichtversicherungen bestehen, gehen diese auf den Erwerber über. Er kann diese Versicherung/-en nach Eigentumsumschreibung kündigen. Ab Lastenübergang hat er die Versicherungsprämie/-n zu zahlen und die Versicherung/-en von dem Übergang zu informieren. Der Veräußerer verpflichtet sich, die bestehende Gebäudeversicherung nicht zu kündigen.

Hinweis: Die in diesem Beispiel vorgesehene Aufteilung des Übergangs von Besitz, Nutzungen, Verkehrssicherungspflichten und Gefahr einerseits und privaten und öffentlichen Lasten, Verbrauchskosten und Haftung andererseits hängt damit zusammen, dass ein Erwerber, der den vereinbarten Kaufpreis nicht pünktlich zahlt, trotzdem für die Zahlung der privaten und öffentlichen Lasten, Verbrauchskosten und Haftung ab Fälligkeit des Kaufpreises zuständig sein sollte. Wäre dem nicht so, würde der Erwerber durch eine verzögerte Kaufpreiszahlung noch dadurch „belohnt", dass er die mit dem Vertragsgegenstand verbundenen Kosten für diese Zeit nicht zu zahlen hat.

Mit dem Begriff „Gefahr" ist die (zufällige) Zerstörung des Vertragsgegenstands z. B. durch einen Brand gemeint.

§ 6 Auflassungsvormerkung/Auflassung

In beinahe jedem Kaufvertrag wird zur Sicherung des Erwerbers gegen anderweitigen Verkauf durch den Veräußerer sowie eine Insolvenz des Veräußerers oder die Eintragung weiterer Belastungen im Grundbuch die Eintragung einer Auflassungsvormerkung in Abteilung II des vertragsgegenständlichen Grundbuchs bewilligt und beantragt. Die Auflassungsvormerkung kommt (Zug um Zug) wieder zur Löschung, sobald nach Kaufpreiszahlung die Änderung des Eigentums auf den Erwerber eingetragen wird.

Merke: Die Auflassung ist die dingliche Einigung der Vertragsparteien über den Eigentumsübergang (§ 925 Abs. 1 BGB).

Ohne Auflassung nimmt das Grundbuchamt keine Eigentumsänderung bei einem Verkauf vor. Sie wird bei gleichzeitiger Anwesenheit der Vertragsparteien erklärt, eine Vertretung ist jedoch zulässig. Eine Auflassung ist bedingungsfeindlich, was bedeutet, dass sie nicht unter einer Bedingung erklärt werden darf (z. B. die Auflassung erfolgt nur unter der Voraussetzung, dass ...).

Die (vollständige) Auflassung wird dem Grundbuchamt erst vorgelegt, wenn der Erwerber den Kaufpreis gezahlt hat. Daher wird der Text der Auflassung entweder bis zur Kaufpreiszahlung aus den beglaubigten Abschriften und Ausfertigungen (z. B. durch Streichung) entfernt oder die Bewilligung und der Antrag im Kaufvertrag ausgesetzt (= noch nicht erklärt). Der Notar wird dann bevollmächtigt und beauftragt, diese Erklärungen (durch Eigenurkunde) später nach Kaufpreiszahlung, wovon er sich selbst überzeugen muss, für die Vertragsparteien zu erklären. Diese Vorgehensweise soll es einem unlauteren Erwerber verwehren, das Eigentum auf sich ändern zu lassen, ohne den Kaufpreis zu zahlen. Alle Fäden der Abwicklung soll hier der Notar in Händen halten.

Ist der Vertragsgegenstand noch nicht konkret zu bestimmen, weil er beispielsweise noch vermessen werden muss (= bei Teilflächenkauf), wird die Auflassung nach Vorlage des Vermessungsergebnisses und Kaufpreiszahlung durch eine Bevollmächtigte des Notars in separater Urkunde erklärt.

Der Paragraf „Auflassungsvormerkung/Auflassung“ in diesem Kaufvertragsbeispiel könnte wie folgt aussehen:

1. Auflassungsvormerkung

   Der **Veräußerer bewilligt** und der **Erwerber beantragt** zu seinen Gunsten am Vertragsgegenstand eine Auflassungsvormerkung an rangbereiter Stelle einzutragen.

Der Erwerber bewilligt und beantragt, diese Vormerkung bei der Eigentumsumschreibung wieder zu löschen, sofern nachrangig keine Eintragungen bestehen bleiben, denen er nicht zugestimmt hat.

2. Auflassung

Veräußerer und Erwerber sind über den Eigentumsübergang – als Miteigentümer zu gleichen ideellen Anteilen – einig. Sie bewilligen und beantragen jedoch derzeit nicht, diese Auflassung im Grundbuch einzutragen. Hierzu bevollmächtigen sie unwiderruflich und über ihren Tod hinaus die beurkundende Notarin, deren Vertreterin oder Amtsnachfolgerin.

Der Veräußerer muss dem Erwerber das Eigentum Zug um Zug gegen Zahlung des geschuldeten Kaufpreises verschaffen.

Alle Beteiligten weisen daher die Notarin gem. § 53 BeurkG an, die Umschreibung des Eigentums durch Eigenurkunde erst zu veranlassen, nachdem der Veräußerer und die Ablösegläubigerin den Eingang des jeweils zu zahlenden Betrags, der in der Summe den vereinbarten Kaufpreis bildet, schriftlich bestätigt haben. Der Veräußerer hat den Eingang originalschriftlich unter gleichzeitiger Beifügung eines die in Geld per Überweisung erbrachte Zahlung dokumentierenden Kontoauszugs zu bestätigen.

Hinweis: Gemäß § 53 BeurkG hat der Notar beurkundete Willenserklärungen, die beim Grundbuchamt einzureichen sind, dort vorzulegen, sobald die Urkunde eingereicht werden kann, es sei denn, die Vertragsparteien verlangen gemeinsam etwas anderes.
Im Fall der vorstehenden Erklärung wird der Notar also (entgegen § 53 BeurkG) beauftragt, die Bewilligung und den Antrag zur Auflassung aufgrund der ihm erteilten Vollmacht erst zu erklären und beim Grundbuchamt zum Vollzug vorzulegen, wenn der vollständige Kaufpreis gezahlt wurde.

§ 7 Finanzierungsvollmacht

Viele Erwerber finanzieren den Kaufpreis, weil sie ihn ganz oder teilweise nicht aus eigenen Mitteln bezahlen können oder es aus steuerlichen Gründen für sie sinnvoll ist ein Darlehen in Anspruch zu nehmen. Sie suchen zur Finanzierung ein Kreditinstitut auf und schließen mit diesem einen Darlehensvertrag/Kreditvertrag, der z. B. die Höhe und Laufzeit des Darlehens/Kredits, die Verzinsung und die Sicherungsmittel enthält. Üblicherweise erhält das Kreditinstitut zur Sicherung seiner Forderung eine Eintragung in Abteilung III des vertragsgegenständlichen Grundbuchs mittels eines Grundpfandrechts (Grundschuld oder Hypothek).

Da die Belastung des Vertragsgegenstands mit einem Grundpfandrecht nur von dem Grundstückseigentümer vorgenommen werden kann, der Erwerber aber erst **nach** Zahlung des Kaufpreises das grundbuchliche Eigentum erhält, erteilt der Veräußerer dem Erwerber bereits **vor** Kaufpreiszahlung **und** grundbuchlicher Eigentumsänderung eine Vollmacht, den Vertragsgegenstand zum Zweck der Finanzierung des vereinbarten Kaufpreises zu belasten.

Dem Kreditinstitut wird bis zur Tilgung des vollständigen Kaufpreises eine Darlehensauszahlung direkt an den Erwerber untersagt. Auf diese Weise ist der Veräußerer geschützt (= Sicherungsabrede). Für die Beschaffung der Geldmittel zur Kaufpreiszahlung ist allein der Erwerber zuständig.

Ein in Ausübung der nachstehenden Vollmacht eingetragenes Grundpfandrecht bleibt bei späterer Eigentumsänderung bestehen und wird – anders als die im Grundbuch eingetragenen Belastungen des Veräußerers, die in der Regel aus dem Kaufpreis abzulösen sind – vom Erwerber übernommen.

Hinweis: Bedarf es keiner Finanzierung, entfällt dieser Paragraf ersatzlos.

Der Paragraf „Finanzierungsvollmacht" in diesem Kaufvertrag könnte wie folgt aussehen:

> Der Veräußerer ist verpflichtet, dem Erwerber die Beleihung des Vertragsgegenstands vor Umschreibung des Eigentums zur Finanzierung des vereinbarten Kaufpreises zu gestatten. Diese Verpflichtung besteht jedoch nur, wenn die nachfolgende Sicherungsabrede eingehalten wird:
>
> Der Veräußerer erteilt dem Erwerber (mehrere Erwerber sich gegenseitig), jeweils befreit von § 181 BGB, folgende Vollmacht:
>
> > Der Vertragsgegenstand kann sofort mit Grundpfandrechten samt Zinsen und Nebenleistungen in beliebiger Höhe belastet werden. Der Veräußerer bewilligt die entsprechende Eintragung einschließlich dinglicher Zwangsvollstreckungsunterwerfung und stimmt allen zur Rangbeschaffung notwendigen Erklärungen zu.
> >
> > Der Erwerber (mehrere Erwerber als Gesamtschuldner) übernimmt die persönliche Zahlungsverpflichtung und unterwirft sich insoweit der Zwangsvollstreckung. Er trägt die Kosten der Grundpfandrechtsbestellung und Eintragung und tritt mit seiner Auflassungsvormerkung hinter das Finanzierungsgrundpfandrecht zurück.

Die Sicherungsabrede ist so zu gestalten, dass der/die Grundpfandrechtsgläubiger das Recht bis zur vollständigen Kaufpreiszahlung nur als Sicherheit bis zur Höhe der Kaufpreisschuld des Erwerbers verwenden darf/dürfen. Der/Die Grundpfandrechtsgläubiger wird/werden daher unwiderruflich angewiesen, die auf diese Weise gesicherten Mittel bis zur vollständigen Entrichtung des Kaufpreises nur zur Kaufpreistilgung zu verwenden.

Von dieser Belastungsvollmacht darf nur Gebrauch gemacht werden, wenn der Antrag auf Eintragung des Grundpfandrechts über die beurkundende Notarin des Vertrags oder deren Vertreter/-in im Amt eingereicht wird. Die Belastungsvollmacht wird durch den Veräußerer unabhängig von der Rechtswirksamkeit des Kaufvertrags erteilt.

Hinweis: Muss der Erwerber den Kaufpreis finanzieren und erteilt der Veräußerer keine Finanzierungsvollmacht, müsste der Kaufpreis über ein Notaranderkonto abgewickelt werden. Dies sollte jedoch nur getan werden, wenn z. B. die Zahlung und Übergabe unverzüglich, der Verkauf während eines laufenden Zwangsversteigerungs- und/oder Insolvenzverfahrens getätigt wird oder das Grundbuch viele Grundpfandrechte enthält, deren direkte Ablösung dem Erwerber nicht zumutbar ist. Der Text im Paragrafen „Kaufpreis/Fälligkeit" wäre in einem solchen Fall entsprechend abzuändern.

Dass der Eintragungsantrag des Grundpfandrechts über die beurkundende Notarin zu erfolgen hat, dient der Kontrolle der mit dem Vollzug beauftragten Notarin.

§ 8 Vollzug/Vollmacht

Der Notar wird regelmäßig nicht nur mit der Beurkundung des Vertrags, sondern auch mit der Abwicklung betraut. Die Abwicklung wird auch als Vollzug bezeichnet. Der Vollzugsauftrag weist den Notar an, alle auch zum grundbuchlichen Vollzug erforderlichen Genehmigungen anzufordern und entsprechende Anträge zu stellen. Eine Vollzugshandlung kann die Anforderung einer Vorkaufsrechtsverzichtserklärung, sanierungsrechtlichen Genehmigung, Verwalterzustimmung samt Verwalternachweis (bei Wohnungseigentum), Eigentümerzustimmung (bei Erbbaurecht), Löschungsbewilligung, aber auch die Antragstellung an das Grundbuchamt zur Eigentumsänderung (oder eine Löschung) nach Prüfung der vollständigen Kaufpreiszahlung sein.

Sollte sich nach der Beurkundung des Vertrags herausstellen, dass ein Fehler enthalten ist, empfielt es sich, diesen ohne erneutes persönliches Mitwirken der Vertragsparteien zu korrigieren. Hierzu wird regelmäßig eine Mitarbeitervollmacht in den Vertrag aufgenommen, die

die Angestellten des Notars ermächtigt, notwendige Änderungen oder Ergänzungen vorzunehmen. Die Korrekturen dürfen dabei natürlich nicht den getroffenen Vereinbarungen widersprechen. Die Vollmacht dient lediglich der Aufwands- und Arbeitserleichterung. Würden die Vertragsparteien keine Mitarbeitervollmacht erteilen, müssten sie bei einer notwendigen Korrektur des Vertrags wegen einer gerichtlichen Beanstandung wieder persönlich vor dem Notar erscheinen.

Die Vollmacht sollte mit der vertragsgemäßen Eintragung des Erwerbers als neuem Eigentümer im Grundbuch erlöschen, da der Vollzug mit diesem Zeitpunkt abgeschlossen ist, und sie nicht mehr benötigt wird.

Der Paragraf „Vollzug/Vollmacht“ in einem Kaufvertrag könnte wie folgt aussehen:

1. Die Vertragsparteien beauftragen/bevollmächtigen die beurkundende Notarin, ihre Vertreterin oder Amtsnachfolgerin, sie im Grundbuchverfahren uneingeschränkt zu vertreten sowie alle zur Wirksamkeit und zum Vollzug dieses Vertrags erforderlichen Genehmigungen und Erklärungen anzufordern, entgegenzunehmen und abzugeben.

2. Die Vertragsparteien bevollmächtigen ferner die Notarfachangestellte Jana Seidel, geschäftsansässig 64283 Darmstadt, Wilhelminenplatz 220 – befreit von § 181 BGB – Erklärungen, Bewilligungen und Anträge aller Art zur Ergänzung oder Änderung des Vertrags abzugeben, sofern dies zur Behebung behördlicher oder gerichtlicher Beanstandungen erforderlich ist.

   Die Vollmacht gilt über den Tod hinaus und erlischt mit der vertragsgemäßen Eintragung des Erwerbers als neuem Eigentümer im Grundbuch.

Hinweis: In dieser Vollmacht ist der Bevollmächtigte von den Beschränkungen des § 181 BGB befreit worden. Die Mitarbeiterin des Notars kann dadurch zugleich für den Veräußerer **und** den Erwerber in einer Ergänzungsurkunde handeln. Diese Art des Handelns wird auch als Selbstkontrahierung oder In-sich-Geschäft bezeichnet. Wäre sie von den Beschränkungen des § 181 BGB nicht befreit worden, könnte sie nicht für beide, sondern nur für eine Vertragspartei handeln, was natürlich nicht zielführend ist.

§ 9 Sachmängel

Eine gebrauchte Immobilie wird „gekauft wie gesehen“. Der Veräußerer kann keine Gewähr für Größe, Güte und Beschaffenheit der Immobilie leisten, denn er hat sie weder mit eigenen Händen errichtet, vermessen noch kann er beurteilen, wie die konkrete Beschaffenheit der Bausubstanz oder des Erdreichs ist. Der Veräußerer ist in der Regel Verbraucher und somit auch nicht zur Übernahme einer Sachmängelhaftung verpflichtet.

Bei dem Kauf einer neu errichteten Immobilie hat der Veräußerer, der in der Regel Unternehmer ist, innerhalb eines bestimmten Zeitraums für Sachmängel zu haften. Das ist gut nachvollziehbar, denn zwischen dem Veräußerer als Bauträger und dem Erwerber kommt neben dem Vertrag über das (noch unbebaute) Grundstück ein Vertrag über die Errichtung einer neuen Immobilie (= Bauträgervertrag) zustande, die natürlich entsprechend den getroffenen Vereinbarungen durch den Veräußerer zu errichten ist.

Der Erwerber einer gebrauchten Immobilie sollte daher genau prüfen (lassen), in welchem Zustand sich der Vertragsgegenstand befindet, um festzustellen, ob der Kaufpreis angemessen ist. Er kann hierbei z. B. einen Architekten oder anderweitigen Gutachter mit einer Prüfung der Bausubstanz und/oder des Bodens beauftragen. Befindet sich die Immobilie in einem renovierungs- oder gar sanierungsbedürftigen Zustand, schlägt sich dies im Kaufpreis nieder und sollte in diesem Paragrafen, z. B. als Beschaffenheitsvereinbarung, erwähnt werden, damit beide Vertragsparteien wissen, woran sie sind.

Eine Ausnahme bilden arglistig verschwiegene Sachmängel. Ist dem Veräußerer beispielsweise bekannt, dass eine Wand im Keller feucht ist und stellt er während der Besichtigung einen Schrank davor, damit der Erwerber dies nicht erkennen kann und erzählt auch nichts von der Feuchtigkeit, handelt er arglistig. Er verschweigt dem Erwerber einen Mangel der Sache, der ihm bekannt ist. Kommt dieser Umstand später ans Licht, hat der Erwerber die Möglichkeit, den Veräußerer zu belangen. Jeder Veräußerer sollte also stets wahrheitsgemäß Auskunft über die **ihm bekannten Mängel** geben und dies ggf. auch im Vertrag vermerken lassen. Der Veräußerer hätte in einem solchen Fall den Erwerber auf den ihm bekannten Umstand hinweisen müssen und die Vertragsparteien hätten

- dies als Beschaffenheit der Sache ggf. unter Reduzierung des Kaufpreises vereinbaren können oder
- vereinbaren können, dass der Veräußerer den Mangel auf eigene Kosten durch eine Fachfirma, z. B. bis zur Übergabe, beseitigen lässt.

Wäre dieser Umstand (Mangel) dem Veräußerer tatsächlich nicht bekannt gewesen, liegt keine Arglist vor.

Der Paragraf „Sachmängel“ in einem Kaufvertrag könnte wie folgt lauten:

> Alle Rechte des Erwerbers wegen eines Sachmangels von Grund und Boden sowie des Gebäudes sind ausgeschlossen. Davon ausgenommen sind
>
> - in diesem Vertrag enthaltene Beschaffenheitsvereinbarungen und/oder Garantien,
> - vorsätzlich oder arglistig verschwiegene Mängel,
> - Sachmängel, die zwischen Vertragsschluss und Übergabe entstehen und über die gewöhnliche Abnutzung hinausgehen; hierfür wird jedoch – außer bei Vorsatz – die Verjährungsfrist auf drei Monate verkürzt.
>
> Der Veräußerer erklärt, er habe keine ihm bekannten Mängel, schädlichen Bodenveränderungen oder Altlasten arglistig verschwiegen.

§ 10 Rechtsmängel

Unter dem Begriff „Rechtsmangel“ bei einem Immobilienkaufvertrag ist, anders als beim Sachmangel, der sich auf den Mangel an der Sache bezieht, zu verstehen, dass ein Dritter aufgrund eines privaten oder öffentlichen Rechts das Eigentum, den Besitz oder den Gebrauch der Sache beeinträchtigen kann.

Ein Beispiel für einen Rechtsmangel, der den Besitz der Sache beeinträchtigt, wäre ein
- in Abteilung II des Grundbuchs eingetragenes Wohnrecht zugunsten der Mutter des Veräußerers zu verstehen, die dort auch noch lebt;
- Mietvertrag über den Vertragsgegenstand gemeint, der es dem Erwerber nicht gestattet, die Immobilie selbst zu nutzen, sofern er dies möchte;
- in Abteilung III eingetragenes Grundpfandrecht, das noch nicht zur Löschung gebracht wurde.

Ob ein Rechtsmangel vorliegt, entscheiden zum Teil auch die Vertragsparteien, denn wenn der Erwerber die erworbene Immobilie nicht selbst bewohnen möchte und diese vielmehr als Geldanlage kauft, um sie vielleicht zu vermieten, kann ein vor Übergabe bestehender Mietvertrag ggf. von ihm übernommen werden und stellt somit keinen Mangel dar. Die Vereinbarungen zu Rechtsmängeln sind daher immer anzupassen.

Der Paragraf „Rechtsmängel" könnte auf Grundlage des in § 1 angeführten Grundbuchstands wie folgt lauten:

> Der Veräußerer ist verpflichtet, dem Erwerber ungehinderten Besitz und lastenfreies Eigentum zu verschaffen, soweit in dieser Urkunde nichts anderes vereinbart ist.
>
> Das Recht in Abteilung III des Grundbuchs ist zu löschen.
>
> Allen zur Lastenfreistellung bewilligten Löschungen oder Rangänderungen wird mit dem Antrag auf Vollzug zugestimmt.
>
> Ein Mietverhältnis über den Vertragsgegenstand besteht nicht.

Gäbe es in Abteilung II des Grundbuchs eine Belastung, die vom Erwerber übernommen werden soll, könnte ergänzend eingefügt werden:

> Die in Abteilung II des vertragsgegenständlichen Grundbuchs eingetragene Belastung, übernimmt der Erwerber zur weiteren Duldung mit allen sich aus der Eintragungsbewilligung ergebenden Verpflichtungen.

§ 11 Salvatorische Klausel

Sollte sich nach Beurkundung des Vertrags herausstellen, dass eine Vereinbarung unwirksam oder undurchführbar ist, sollte dies nicht zur Unwirksamkeit des gesamten Vertrags führen.

Daher wird möglichst eine salvatorische (bewahrende/erhaltende) Klausel in jeden Immobilienkaufvertrag aufgenommen, deren Wortlautet wie folgt lauten könnte:

> Sollten eine oder mehrere Bestimmungen dieser Urkunde unwirksam sein oder werden, so wird hiervon die Gültigkeit der übrigen Bestimmungen nicht berührt.
>
> Die Beteiligten sind verpflichtet, eine dem Sinn und Zweck der unwirksamen Bestimmungen entsprechende gültige Regelung zu vereinbaren.

§ 12 Hinweise des Notars

An dieser Stelle im Vertrag dokumentiert der Notar noch einmal, worüber er die Vertragsparteien belehrt und/oder worauf er sie hingewiesen hat. Während des Verlesens des Vertrags sollte der Notar den Vertragsparteien zu jedem Abschnitt Erläuterungen geben und ihnen auch zwischendurch ausreichend Zeit für Fragen einräumen. Am Schluss werden diese Erläuterungen/Hinweise auch zum Teil zum späteren Beweis zusammengefasst und als Hinweise oder Belehrungen abgedruckt.

Die „Hinweise des Notars" bei diesem Vertragsbeispiel könnten wie folgt lauten:

> Die Notarin hat den Vertragsparteien die Bestimmungen des Vertrags eingehend erläutert und weist abschließend auf Folgendes hin:
>
> - Alle Vereinbarungen müssen richtig und vollständig beurkundet werden, da ansonsten der gesamte Vertrag nichtig sein könnte.
> - Die Nachweispflichten in Bezug auf das Barzahlungsverbot und die weiteren Regelungen des § 16 a GwG.
> - Das Eigentum geht erst mit der Umschreibung im Grundbuch auf den Erwerber über, wozu die Unbedenklichkeitsbescheinigung des Finanzamts sowie die Verzichtserklärung der Stadt Darmstadt auf das gesetzliche Vorkaufsrecht notwendig sind.
> - Unabhängig von den in dieser Urkunde getroffenen Kostenübernahmevereinbarungen haften die Vertragsparteien kraft Gesetzes für die Grunderwerbsteuer und die Kosten (z. B. bei Notarin und Gericht) als Gesamtschuldner.
> - Eine steuerliche Beratung hat die Notarin nicht übernommen.
> - Seit dem 01.11.2020 hat gem. § 80 GEG 2020 der Veräußerer die Pflicht, dem Erwerber unverzüglich nach Vertragsabschluss einen Energieausweis zu übergeben. Bei Verstoß gegen diese Verpflichtung, kann eine Ordnungswidrigkeit gem. § 108 GEG vorliegen.
> - Der Erwerber hat unverzüglich nach Eigentumsänderung zu seinen Gunsten dem zuständigen Bezirksschornsteinfeger den Eigentumsübergang schriftlich/elektronisch unter Angabe seines/seiner Namens/Adresse mittzuteilen (§ 1 Abs. 2 S. 2 SchfHwG).

Hinweis: Die Hinweise können je nach Immobilie variieren. Ist beispielsweise ein Wohnungseigentum betroffen, wird zur Umschreibung des Eigentums ggf. auch die Verwalterzustimmung samt Verwalternachweis benötigt. Wird lediglich der Teil eines Grundstücks verkauft, wird ferner die Abschreibungsunterlage des Katasteramts benötigt. Ist in Abteilung II ein Sanierungsvermerk eingetragen, ist auch die Genehmigung nach § 144 BauGB zur Eigentumsänderung vorzulegen. Überschreitet die Grundstücksfläche (je nach Bundesland verschieden) eine bestimmte Größenordnung, ist eine Genehmigung nach § 2 Grundstücksverkehrsgesetz beizubringen.

Merke: Die Lastenfreistellungsunterlagen (Löschungsbewilligung/Grundschuldbrief) gehören nicht zu den hier anzuführenden Unterlagen der Eigentumsänderung, da auch die Übernahme der Belastungen zwischen den Vertragsparteien vereinbart werden könnte.

§ 13 Kosten/Abschriften

Die Vertragsparteien haften kraft Gesetzes für die Kosten des Vertrags gesamtschuldnerisch. Trotzdem wird in jedem Vertrag (intern) vereinbart, wer die Kosten des Vertrags und seiner Durchführung trägt. Die meisten Kosten fallen hierbei zulasten des Erwerbers; lediglich die Lastenfreistellungskosten werden in der Regel vom Veräußerer übernommen. Der Erwerber sollte diese Kosten nicht übernehmen müssen, denn es liegt nicht in seiner Verantwortung, wie viele Belastungen der Veräußerer ins Grundbuch hat eintragen lassen. Die Kostenverteilung variiert, da nicht jeder Notar dieselbe Meinung zu diesem Thema vertritt und sie gesetzlich nicht exakt festgelegt ist. Es gibt ebenso Verträge, deren Kosten allein der Erwerber trägt.

Um bei der im Anschluss an die Beurkundung vorzunehmenden Bearbeitung genau zu wissen, an wen welches Vertragsexemplar in welcher Anzahl zu senden ist, sollte auch dies vermerkt werden. Das Gericht erhält eine Ausfertigung, wenn das Grundbuch noch analog geführt wird, oder eine digital erzeugte und signierte beglaubigte Ablichtung, wenn das Grundbuch elektronisch geführt wird. Die Vertragsparteien erhalten regelmäßig beglaubigte Ablichtungen, deren Anzahl je nach individuellen Wünschen variieren kann. Es besteht die Möglichkeit, den am Vertrag Beteiligten auch lediglich eine Datei als PDF (per E-Mail oder auf einem Datenträger) zur Verfügung zu stellen. In Zukunft wird dies sicher nicht die Ausnahme sondern die Regel sein.

Erfolgt die Finanzierung des Kaufpreises über ein Kreditinstitut, erhält dieses mit Rücksicht auf die Sicherungsabrede ebenso eine beglaubigte Ablichtung, die später mit der Grundpfandrechtsbestellungsurkunde fest verbunden wird.

Alle weiteren Beteiligten, wie die Stadt, das Finanzamt oder der Gutachterausschuss, erhalten je eine einfache Ablichtung/Datei. Es ist in Bezug auf die Stadt auch ausreichend und aus datenschutzrechtlicher Sicht empfehlenswert, in dem Anforderungsschreiben zur Vorkaufsrechtsverzichtserklärung lediglich Grundstück und Erwerber (Name/Anschrift) zu bezeichnen. Die Übermittlung einer Vertragskopie sollte erst erfolgen, wenn die Stadt Mitteilung macht, dass ein Vorkaufsrecht ausgeübt werden soll.

Der Paragraf „Kosten/Abschriften“ und der Abschlusssatz bei diesem Vertragsbeispiel könnten wie folgt lauten:

1. Der Erwerber trägt die Kosten der Beurkundung dieses Vertrags und seines Vollzugs bei Notarin und Grundbuchamt, erforderlicher Genehmigungen und die Grunderwerbsteuer. Der Veräußerer trägt die Kosten der Lastenfreistellung bei Notarin, Ablösegläubiger und Grundbuchamt.

2. Von dieser Urkunde erhalten:

Elektronisch beglaubigte Ablichtung:
Amtsgericht – Grundbuchamt

Beglaubigte Ablichtungen:
- Veräußerer
- Erwerber (2)
- Finanzierungsgläubiger des Erwerbers

Einfache Ablichtungen:
- Finanzamt (Grunderwerbsteuerstelle)
- Gutachterausschuss
- Stadt Darmstadt (auf Anforderung)
- Ablösegläubigerin des Veräußerers (auf Anforderung)

Das Protokoll wurde vorgelesen, genehmigt und unterschrieben.

gez. Karsten Neumann
gez. Dagmar Sparmann
gez. Frank Sparmann
gez. Katharina Marschner, Notarin *(Dienstsiegel)*

Anlagen
Ausführungen zum Beifügen von Anlagen sind in LF 9, Kap. 2.2.4 zu finden.

5.3 Abwicklung eines einfachen Immobilienkaufvertrags

Der Notar, der den Kaufvertrag über eine Immobilie beurkundet, wird regelmäßig auch mit dessen Vollzug beauftragt. Die Mitarbeitenden des Notars sollten sich insoweit sehr gut auskennen, um eine reibungslose Abwicklung zu ermöglichen, da diese Aufgabe häufig ihnen allein zugeteilt wird. Wenn der Kaufpreis finanziert wird, erfolgt parallel zur Vertragsabwicklung auch die Beurkundung und Abwicklung des Finanzierungsgrundpfandrechts.

Das nachfolgende Schema soll die Abfolge der Abwicklungsschritte nach Beurkundung des Kaufvertrags und Eintragung in das Urkundenverzeichnis anhand des Vertragsbeispiels in diesem Kapitel darstellen. Besonders wichtige Abwicklungshandlungen werden rot dargestellt:

Schritt 1

- Vertragstext in der EDV überarbeiten (= Reinschrift)
- verschiedene Vertragsexemplare (beglaubigte oder einfache Abschriften/Dateien) anhand der Vorgaben in § 13 fertigen
- Antrag auf Eintragung der Auflassungsvormerkung unter Übersendung des Vertrags beim zuständigen Grundbuchamt (hier: Amtsgericht – Grundbuchamt – Darmstadt) stellen
- Schreiben an Ablösegläubigerin (hier: Sparkasse Darmstadt) zur Erteilung der Löschungsbewilligung unter Aufgabe des Ablösebetrags, angestrebtes Fälligkeitsdatum als Verrechnungsdatum aufgeben
- Vorkaufsrechtsverzichtserklärung bei zuständiger Stadt/Gemeinde (hier: Stadt Darmstadt) anfordern
- Vertrag an Veräußerer senden und ggf. Musterbrief für spätere Geldeingangsbestätigung des Veräußerers sowie bisher beim Veräußerer abrechenbare Kosten berechnen
- Vertrag an Erwerber senden und bisher beim Erwerber abrechenbare Kosten berechnen
- Veräußerungsanzeige fertigen und unter Beifügung des Vertrags an das zuständige Finanzamt (hier: Finanzamt Darmstadt – Grunderwerbsteuerstelle) senden (per Post oder elektronisch via XNP)
- Vertrag an zuständigen Gutachterausschuss (hier: Katasteramt Darmstadt) senden
- noch nicht benötigte/-s Vertragsexemplar/-e (hier z. B. das für die Finanzierungsgläubigerin) vorerst zur Akte nehmen
- sinnvolle Wiedervorlagen zu folgenden Zwecken notieren:
  - Kontrolle Zahlungseingang Notarkosten KV
  - Kontrolle des Eintritts der notwendigen Umstände (Dokumente und Eintragung der Auflassungsvormerkung; s. roter Text) zur Anzeige der Kaufpreisfälligkeit

Schritt 1

- Auf der Urschrift (= dem Original) des Kaufvertrags durch eine Anlage oder einen textlichen Zusatz auf der Urschrift unmittelbar vermerken, wann an welches Finanzamt die Veräußerungsanzeige gemacht wurde
- Urschrift des Kaufvertrags mit einem Siegel versehen, im korrekten Format einscannen, in die elektronische Urkundensammlung aufnehmen (der Notar hat die Datei zu signieren) und zur Urkundensammlung (Papier) nehmen

(Zwischen-) Schritt 2

- Unterlagen der Finanzierungsgläubigerin treffen ein
- Grundpfandrechtsbestellungsurkunde vorbereiten und Termin zur Beurkundung mit Erwerber vereinbaren
- Hinweis: Hierbei muss der angestrebte Kaufpreisfälligkeitstermin im Auge behalten werden, denn der Kaufpreis wird auch fällig, wenn das Finanzierungsgrundpfandrecht noch nicht bestellt/im Grundbuch eingetragen wurde, sodass der Erwerber in Verzug geraten kann. Ein Finanzier nimmt in der Regel nur Auszahlungen vor, wenn das Finanzierungsgrundpfandrecht im Grundbuch eingetragen wurde bzw. alternativ eine notarielle Rangbescheinigung erteilt wird.

(Zwischen-) Schritt 3

- Finanzierungsgrundpfandrecht wird durch den Erwerber (in Ausübung der ihm vom Veräußerer erteilten Belastungsvollmacht auch für diesen) unterzeichnet (= beurkundet)
- Nach Eintragung im Urkundenverzeichnis wird die Grundpfandrechtsurkunde
  - in Ausfertigung/elektronisch beglaubigter Abschrift beim zuständigen Grundbuchamt (hier: Darmstadt) eingereicht und der Antrag auf Eintragung gestellt
  - in Abschrift an den Veräußerer gesandt
  - in Abschrift an den Erwerber gesandt und die Kostenrechnung beigefügt
  - in (vollstreckbarer) Ausfertigung (je nach Kreditinstitut unterschiedlich) unter Beifügung eines die Belastungsvollmacht enthaltenden Vertragsexemplars (beglaubigte Abschrift) an die Finanzierungsgläubigerin gesandt und diese noch einmal auf die Sicherungsabrede im Vertrag (Auszahlungen bis zur Kaufpreishöhe nur an Veräußerer/Ablösegläubiger) hingewiesen
- sinnvolle Wiedervorlagen zu folgenden Zwecken notieren:
  - Kontrolle Zahlungseingang Notarkosten Grundpfandrechtsbestellung
  - Kontrolle der rangrichtigen Eintragung des Finanzierungsgrundpfandrechts im Grundbuch

(Zwischen-) Schritt 3	• Urschrift der Grundpfandrechtsbestellungsurkunde mit einem Siegel versehen, im korrekten Format einscannen, in die elektronische Urkundensammlung aufnehmen und zur Urkundensammlung (Papier) nehmen
Schritt 4 WV	• Wiedervorlagedatum „Kosten KV" erreicht • Zahlungseingang Notarkosten prüfen • **Ergebnis 1:** Zahlung/-en erfolgt = WV erledigt • **Ergebnis 2:** Zahlung/-en steht/stehen aus = Rechnungsempfänger erinnern und neue Wiedervorlage notieren
Schritt 5 WV	• Wiedervorlagedatum „Kaufpreisfälligkeit" erreicht: Umstände der Kaufpreisfälligkeitsanzeige prüfen • **Ergebnis 1:** Es fehlen Unterlagen/Eintragungen im Grundbuch = Behörde/Ablösegläubigerin erinnern, Parteien über Sachstand und erfolgte Erinnerung/-en informieren und neue Wiedervorlage notieren • Gegebenenfalls verschiebt sich das Zahlungsziel • **Ergebnis 2:** Alle Umstände liegen vor = WV erledigt Kaufpreisfälligkeit anzeigen = weiter bei Schritt 6
Schritt 6	• Kaufpreisfälligkeitsanzeige per Einwurf-Einschreiben an Erwerber senden, Kopie Eintragungsmitteilung Auflassungsvormerkung und Treuhandauftrag Ablösegläubigerin beifügen • Kaufpreisfälligkeitsanzeige in Kopie – an Veräußerer senden – an Finanzierungsgläubiger senden, Treuhandauftrag der Ablösegläubigerin beifügen und um schriftliche Bestätigung bitten, dass die Auszahlung des Darlehens zur Tilgung des Kaufpreises dient • Gegebenenfalls endgültigen Fälligkeitstermin der Kaufpreiszahlung berechnen und notieren
Schritt 7 WV	• Wiedervorlagedatum: „Grundpfandrechtseintragung" erreicht: prüfen, ob Grundpfandrecht rangrichtig im Grundbuch eingetragen wurde • **Ergebnis 1:** Finanzierungsgrundpfandrecht ist rangrichtig im Grundbuch eingetragen = Eintragungsmitteilung an Veräußerer und Erwerber (Die Finanzierungsgläubigerin erhält die Mitteilung direkt vom Grundbuchamt) = WV erledigt • **Ergebnis 2:** Finanzierungsgrundpfandrecht ist noch nicht im Grundbuch eingetragen = bei Grundbuchamt nachfragen, wann mit der Eintragung zu rechnen ist, ggf. auf Fälligkeitsdatum hinweisen und neue sinnvolle Wiedervorlage unter Beachtung der Kaufpreisfälligkeit notieren

Schritt 8 WV	• Wiedervorlagedatum: „Kaufpreiszahlung" erreicht: ca. 10–14 Tage nach dem Zahlungstermin prüfen, ob folgende Unterlagen vorliegen: – Geldeingangsbestätigung des Veräußerers und Kontoauszug des Zahlungseingangs – Entlassung aus dem Treuhandauftrag der Ablösegläubigerin (hier: Sparkasse Darmstadt) – Bestätigung des Finanzierungsgläubigers, dass Darlehensauszahlung zur Kaufpreistilgung diente – Unbedenklichkeitsbescheinigung des Finanzamts • **Ergebnis 1:** Es fehlen noch Unterlagen: ggf. erinnern, schriftliche Info an Veräußerer und Erwerber und neue Wiedervorlage notieren • **Ergebnis 2:** Alle Unterlagen liegen vor = weiter bei Schritt 9
Schritt 9	• Antrag auf Änderung des Eigentums sowie Löschung des Rechts Abteilung III und der Auflassungsvormerkung beim zuständigen Grundbuchamt unter Bezugnahme auf den bereits dem Gericht vorliegenden Kaufvertrag und Beifügung der Löschungsbewilligung III Nr. 1, Vorkaufsrechtsverzichtserklärung sowie der Unbedenklichkeitsbescheinigung stellen und Eigenurkunde des Notars (Bewilligung und Antrag aus der Auflassung) • Infoschreiben an Veräußerer nebst Endabrechnung (hier: Treuhandgebühr) • Infoschreiben an Erwerber nebst Endabrechnung (hier: Betreuungsgebühr) • sinnvolle Wiedervorlagen zu folgenden Zwecken notieren – Kontrolle Zahlungseingang Notarkosten Endabrechnung – Kontrolle der Eintragung der Eigentumsänderung/Löschung III sowie Auflassungsvormerkung im Grundbuch
Schritt 10 WV	• Wiedervorlagedatum „Eigentumsumschreibung" erreicht: prüfen, ob die antragsgemäße Änderung des Eigentums sowie die beantragten Löschungen im Grundbuch vollzogen wurden • **Ergebnis 1:** Eintragungen und Löschungen sind antragsgemäß erfolgt = Eintragungsbenachrichtigungen an Parteien senden und Akte archivieren, wenn auch Schritt 11 erledigt ist • **Ergebnis 2:** Eintragungen und Löschungen sind noch erfolgt = bei Gericht nach dem Sachstand fragen, Info an Parteien senden und erneute Wiedervorlage zur Prüfung notieren
Schritt 11 WV	• Wiedervorlagedatum „Kosten GS" und „Endabrechnung" erreicht = wie in Schritt 4 verfahren

Hinweis:
Die Zwischenschritte 2 und 3 können auch an anderer Stelle vorgenommen werden. Sie sind von dem Zeitpunkt der Vorlage der Grundpfandrechtsbestellungsformulare der Finanzierungsgläubigerin abhängig. Liegt das Formular bereits rechtzeitig vor Beurkundung des Kaufvertrags vor, wird das Grundpfandrecht in der Regel im Anschluss an den Kaufvertrag beurkundet und zeitgleich abgewickelt.

Zusammenfassung

Der Immobilienkaufvertrag

- Formerfordernis, verschiedene Möglichkeiten des Vertragsschlusses
- Inhalte des einfachen Immobilienkaufvertrags
- Abwicklung eines einfachen Immobilienkaufvertrags

Wiederholung und Vertiefung

1. Welchem Formerfordernis unterliegt ein Immobilienkaufvertrag?
2. Auf welche Weisen kann ein Immobilienkaufvertrag geschlossen werden?
3. Was ist unter einem Verbrauchervertrag zu verstehen und was hat der Notar bei solch einem Vertrag zu beachten? Nennen Sie Gründe der besonderen Handhabung.
4. Weshalb ist in einem Immobilienkaufvertrag eine Zwangsvollstreckungsunterwerfung enthalten?
5. Wozu dient die Eintragung einer Auflassungsvormerkung in Zusammenhang mit einem Immobilienkaufvertrag?
6. Aus welchem Grund kann sich das im Vertrag angegebene Kaufpreisfälligkeitsdatum verschieben?
7. Recherchieren Sie im Internet, in welcher Höhe in Ihrem Bundesland die Grunderwerbsteuer erhoben wird. Fertigen Sie eine Tabelle mit den verschiedenen Grunderwerbsteuersätzen an.

8. Wozu dient die Mitarbeitervollmacht in einem Immobilienkaufvertrag?
9. Welche Vollzugshandlungen sind in dem hier angeführten Vertragsbeispiel erforderlich?
10. Recherchieren Sie im Internet oder durch Rücksprache mit Ihren Kollegen in der Kanzlei bzw. dem Notar, welche gesetzlichen Vorkaufsrechte innerhalb Ihres Amtsbezirks zu beachten sind.

6 Grundpfandrechte

Der Begriff „Grundpfandrecht“ stammt aus dem Sachenrecht. Es handelt sich um ein Pfandrecht an einem Grundstück oder grundstücksgleichen Recht (z. B. Erbbaurecht). Das Grundpfandrecht dient in den häufigsten Fällen Kreditinstituten als Sicherungsmittel von Darlehen. Werden Darlehensverträge zwischen Privatpersonen geschlossen, kann zur Absicherung aber auch ein Grundpfandrecht zugunsten des privaten Darlehnsgebers an einem Grundstück bestellt und im Grundbuch eingetragen werden.

vgl. LF 15, Kap. 4.1.2

Lernsituation

Notarin Katharina Marschner erhält von Frieda Wohlbehagen, einer langjährigen Mandantin, im Rahmen eines Beratungsgesprächs ein Formular, das die Bestellung eines Grundpfandrechts zum Inhalt hat.

Frieda Wohlbehagen möchte das in ihrem Eigentum befindliche Gebäude durch einen Anbau erweitern und hat daher einen Darlehensvertrag mit der örtlichen Commerzbank geschlossen. Da das exakte Kostenvolumen noch nicht bekannt ist, hat sich Frieda Wohlbehagen ein wenig mehr Geld aufgenommen, als sie vielleicht benötigt.

Notarin Katharina Marschner übergibt Jana Seidel das Grundpfandrechtsbestellungsformular und bittet diese um Vorbereitung und Terminvereinbarung. Jana Seidel ruft schon einmal das Grundbuch der zu belastenden Immobilie ab und verabredet mit Oxana Schuhmann, dass beide gemeinsam die Urkunde vorbereiten. Das Grundbuch ist in Abteilung II und III lastenfrei.

Oxana Schuhmann hat bisher noch an keiner Grundpfandrechtsbestellung mitgewirkt und ist gespannt, was sie Neues lernen wird. Sie liest sich den handschriftlichen Vermerk der Notarin Katharina Marschner vorab schon einmal durch, damit sie gut informiert in die Vorbereitung einsteigen kann:

Vermerk

Bitte Grundschuld auf Grundlage des von Frieda Wohlbehagen übergebenen Formulars zugunsten der Commerzbank AG, Frankfurt am Main in Höhe von 80.000,00 € nebst 15 % Zinsen seit dem Tag der Bestellung inklusive dinglicher und persönlicher Zwangsvollstreckungsunterwerfung vorbereiten.

Der Termin sollte im Lauf der kommenden Woche stattfinden. Bitte Frieda Wohlbehagen unter wohlbehagen.frieda@web.de zwei Terminvorschläge unterbreiten. Das Grundbuch von Darmstadt, Blatt 9876 ist einzusehen. Das Recht soll in Abteilung II und III den ersten Rang erhalten.

Persönliche Daten: Frieda Wohlbehagen, geboren am 13.04.1983, wohnhaft in 64319 Darmstadt, Schönstraße 18.

Arbeitsaufträge:

a) Bereiten Sie anhand der vorstehenden Angaben die Urkunde zur Bestellung einer Buchgrundschuld vor.
b) Stellen Sie den Eintrag im Grundbuch dar. Die Urkundenverzeichnisnummer, das Beurkundungs- und Eintragungsdatum können Sie frei wählen.
c) Wer erhält nach Beurkundung der Grundpfandrechtsbestellung welche Abschrift/beglaubigte Abschrift/Ausfertigung der Urkunde?
d) Vergleichen Sie untereinander Ihre Ergebnisse.
e) Reflektieren Sie anschließend Ihr Wissen.

6.1 Formerfordernis

Die Grundpfandrechtsbestellung kann auf unterschiedliche Weisen erfolgen:

a) Unterwirft sich der Grundstückseigentümer im Rahmen der Grundpfandrechtsbestellung der dinglichen und/oder persönlichen Zwangsvollstreckung, ist die **notarielle Beurkundung** (§§ 794 Abs. 1 Nr. 5, 800 ZPO, 8 ff., 52 BeurkG) vorgeschrieben.
b) Wird das Grundpfandrecht ohne jegliche Vollstreckungsunterwerfung erklärt, reicht die Unterschrift des Grundstückseigentümers nebst **Unterschriftsbeglaubigung** (§ 29 GBO) aus.

In den meisten Fällen wird ein Grundpfandrecht durch notarielle Beurkundung bestellt, da der Kreditgeber bei dieser Variante sofort einen vollstreckbaren Titel (eine vollstreckbare Ausfertigung der Bestellungsurkunde) erhalten kann, was bei der Unterschriftsbeglaubigung nicht möglich ist.

Wird ein Grundpfandrecht mittels Unterschriftsbeglaubigung bestellt, ist der Eigentümer häufig selbst Mitarbeiter eines Kreditinstituts oder dem finanzierenden Kreditinstitut stehen noch anderweitige Sicherungsmittel zur Verfügung.

6.2 Inhalte einer Grundpfandrechtsbestellungsurkunde

Hier wird unterschieden zwischen der Grundschuld, der Hypothek und der Rentenschuld.

6.2.1 Grundschuld

Die Urkunde zur Bestellung einer **Grundschuld ohne Zwangsvollstreckungsunterwerfung** (= Bewilligung) könnte wie folgt aussehen:

Grundschuldbestellung

Der Eigentümer des Grundbesitzes, eingetragen im Grundbuch von Darmstadt, Blatt 1000 bestellt hiermit zugunsten der Sparkasse Darmstadt mit Sitz in Darmstadt an dem vorbezeichneten Grundbesitz eine Grundschuld in Höhe von 100.000,00 € (in Worten: einhunderttausend Euro). Die Grundschuld ist von heute an mit jährlich 16 % Zinsen zu verzinsen.

Der Eigentümer bewilligt und beantragt die Eintragung der Grundschuld im Grundbuch von Darmstadt, Blatt 1000 an rangerster Stelle.

Ort: ***   Datum: ***

Unterschrift Eigentümer

zzgl. Unterschriftsbeglaubigung

vgl. LF 9, (ReNo), Kap. 2.2.5

Die Eintragung in dem betroffenen Grundbuch auf Grundlage der vorstehend dargestellten Urkunde (Buchgrundschuld) erfolgt wie folgt:

Amtsgericht Darmstadt	Grundbuch von Darmstadt	Blatt 1000	Dritte Abteilung	Einlegebogen 1
zur lfd. Nr. der Eintragungen	lfd. Nummer der belasteten Grundstücke im Bestandsverzeichnis	Betrag	Hypotheken, Grundschulden, Rentenschulden	
1	2	3	4	
1	1	100.000,00 €	Einhunderttausend Euro Grundschuld; für die Sparkasse Darmstadt mit Sitz in Darmstadt; 16 % Jahreszinsen; gem. Bewilligung vom *** (UVZ-Nr. ***/*** Notar ***); brieflos; eingetragen am ***.	

Seite *** von ***

Steht das Wort „brieflos" **nicht** im Grundbuch, handelt es sich um ein **Briefrecht** (s. u.).

Die Urkunde (wesentliche Teile) zur Bestellung einer **Grundschuld mit Zwangsvollstreckungsunterwerfung** (= Bewilligung) könnte wie folgt aussehen:

Nr. *** des Urkundenverzeichnisses Jahrgang ***

Verhandelt zu
****** (Ort)***
am * *(Datum)***

Vor mir, dem unterzeichnenden Notar

****** (Notar)***
mit dem Amtssitz in *** *(Ort)*

erschienen heute:

Eheleute ***, geboren am ***, und ***, geborene ***, geboren am ***,
wohnhaft in ***,
dem Notar ausgewiesen durch Bundespersonalausweis/von Person bekannt

– nachstehend „Eigentümer" genannt –

Der Notar fragte nach einer Vorbefassung i. S. d. § 3 Abs. 1 Nr. 7 BeurkG; die Frage wurde von den Beteiligten verneint.

Die Erschienenen ersuchten mich um die Beurkundung einer

Grundschuldbestellung

und erklärten:

1. Der Eigentümer des Grundbesitzes, eingetragen im Grundbuch von Darmstadt, Blatt 1000 bestellt hiermit zugunsten der Sparkasse Darmstadt mit Sitz in Darmstadt an dem vorbezeichneten Grundbesitz eine Grundschuld in Höhe von 100.000,00 € (in Worten: einhunderttausend Euro). Die Grundschuld ist von heute an mit jährlich 16 % Zinsen zu verzinsen.

2. Der Eigentümer – mehrere als Gesamtschuldner – unterwirft sich wegen aller Ansprüche an Kapital und Zinsen in Ansehung dieser Grundschuld der sofortigen Zwangsvollstreckung aus dieser Urkunde in der Weise, dass die Zwangsvollstreckung gegen den jeweiligen Eigentümer des Grundbesitzes zulässig sein soll.

3. Der Eigentümer bewilligt und beantragt die Eintragung
   - der Grundschuld sowie
   - der Unterwerfung unter die sofortige Zwangsvollstreckung gem. Ziff. 2 dieser Urkunde in das Grundbuch von Darmstadt, Blatt 1000.

Das Recht erhält den ersten Rang im Grundbuch.

[ggf. weiterer Urkundentext, je nach Kreditinstitut verschieden]

Das Protokoll wurde vorgelesen, genehmigt und unterschrieben.

**** (Unterschriften der Erschienenen)*
**** (Unterschrift Notar, Siegel)*

Die Eintragung in dem betroffenen Grundbuch auf Grundlage der vorstehend dargestellten Urkunde (Buchgrundschuld) erfolgt wie folgt:

Amtsgericht Darmstadt	Grundbuch von Darmstadt	Blatt 1000	Dritte Abteilung	Einlegebogen 1
zur lfd. Nr. der Eintragungen	lfd. Nummer der belasteten Grundstücke im Bestandsverzeichnis	Betrag	Hypotheken, Grundschulden, Rentenschulden	
1	2	3	4	
1	1	100.000,00 €	Einhunderttausend Euro Grundschuld; für die Sparkasse Darmstadt mit Sitz in Darmstadt; 16 % Jahreszinsen; Vollstreckbar nach § 800 ZPO; gem. Bewilligung vom *** (UVZ-Nr. ***/*** Notar ***); brieflos; eingetragen am ***.	
				Seite *** von ***

Unterschied zu dem vorherigen Eintragungsbeispiel (→ Vollstreckbar nach § 800 ZPO)

Mit der Zwangsvollstreckungsunterwerfung entsteht ein vollstreckbarer Titel, aus dem die Berechtigte (Gläubigerin) in das Grundstück vollstrecken kann.

Die in dem obigen Beispiel enthaltene Zwangsvollstreckungsunterwerfung wird auch **dingliche Zwangsvollstreckungsunterwerfung** genannt, da der Grundstückseigentümer sich (und einen etwaigen Rechtsnachfolger ... *den jeweiligen Grundstückseigentümer*) der Zwangsvollstreckung in den Grundbesitz (= die Sache = dinglich) unterwirft.

Häufiger ist, neben der dinglichen Unterwerfung auch eine **persönliche Zwangsvollstreckungsunterwerfung** zu erklären. Der Text in der vorherigen Urkunde würde dann um eine Ziffer erweitert werden und beispielsweise wie folgt lauten:

> Ferner übernimmt der Eigentümer – mehrere als Gesamtschuldner – die persönliche Haftung für Kapital und Zinsen und unterwirft sich in Ansehung dieser Grundschuld der sofortigen Zwangsvollstreckung aus dieser Urkunde in sein gesamtes Vermögen.

Merke: Wer sich der persönlichen Zwangsvollstreckung unterwirft, haftet mit seinem gesamten Vermögen (nicht nur mit dem belasteten Grundbesitz).

Jede Bank oder Sparkasse hat ihr eigenes Formular zur Bestellung eines Grundpfandrechts. Es ist immer mehrere Seiten lang und enthält weitere Ausführungen. Der Notar erhält dieses in der Regel über den Mandanten oder direkt von dem Kreditgeber ausgehändigt und vervollständigt den Text je nach Bedarf.

Beispiel: für weitere Elemente eines solchen Formulars können sein:

- Antrag des Grundpfandrechtsbestellers, der Finanzierungsgläubigerin
  - nach Beurkundung eine vollstreckbare Ausfertigung der Urkunde und
  - nach Eintragung im Grundbuch einen vollständigen Grundbuchauszug zuzusenden
- Aussagen des Grundpfandrechtsbestellers über den Familien- und/oder Güterstand inklusive Zustimmungserklärung des Ehegatten gem. § 1365 BGB

Die bisher gemachten Beispiele beinhalten Grundschuldbestellungen ohne Brief. Diese Rechte werden auch **Buchrechte** genannt. Soll eine **Grundschuld mit Brief** bestellt werden, ist dies lediglich ergänzend im Text einzutragen und aufzunehmen, wer den Brief erhalten soll:

> Der Eigentümer des Grundbesitzes, eingetragen im Grundbuch von Darmstadt, Blatt 1000 bestellt hiermit zugunsten der Sparkasse Darmstadt mit Sitz in Darmstadt an dem vorbezeichneten Grundbesitz eine Grundschuld **mit Brief** in Höhe von 100.000,00 € (in Worten: einhunderttausend Euro).

Der Grundschuldbrief soll der Gläubigerin vom Grundbuchamt direkt ausgehändigt werden.

Mit dem Begriff „Brief“ ist kein Brief im Sinn eines Anschreibens gemeint, was anhand des nachfolgenden Beispiels eines Grundschuldbriefs gut zu erkennen ist:

Das Dokument wird aus reißfestem verstärktem Papier hergestellt und ist dadurch sehr gut von herkömmlichen Dokumenten zu unterscheiden.

Der Grundschuldbrief
- wird auf Antrag (in der Grundpfandrechtsbestellungsurkunde) vom Grundbuchamt erteilt,
- ist zugleich Urkunde und Wertpapier,
- erleichtert die Übertragung des Grundpfandrechts auf einen anderen Gläubiger, denn hierzu reicht eine einfache (schriftliche) Abtretung und die Übergabe des Grundpfandrechtsbriefs (Original). Eine Eintragung im Grundbuch ist nicht notwendig.

Merke: Wer den Grundschuldbrief in seinen Händen hat, ist Berechtigter/Inhaber des Rechts.

Soll ein Grundpfandrecht, für das ein Brief gebildet wurde, im Grundbuch gelöscht werden, muss dem Grundbuchamt
- die Löschungsbewilligung der/des Berechtigten (Gläubigerin),
- der Löschungsantrag des/der Grundstückseigentümer und
- das **Original** des Grundpfandrechtsbriefs

vorgelegt werden. Löschungsbewilligung und -antrag sind notariell zu beglaubigen.

Das Muster einer Löschungsbewilligung mit Löschungsantrag könnte wie folgt lauten:

Löschungsbewilligung und -antrag Im Grundbuch von *** *(Ort)*, Blatt *** *(Grundbuchblattnummer)* des Amtsgerichts *** *(zuständiges Grundbuchamt)* ist in Abteilung *** *(Nr. der Abteilung)* unter Nr. *** *(lfd. Nr.)* für *** *(Rechtsinhaber)* ein *** *(Bezeichnung des Rechts)* eingetragen. Die/Der Berechtigte bewilligt die Löschung dieses Rechts im Grundbuch. Der/Die Eigentümer beantragt/beantragen die Löschung dieses Rechts im Grundbuch. Ort: *** Datum: *** *Unterschriften des/der Eigentümer sowie des/der Rechtsinhaber*
+ Unterschriftsbeglaubigung

Es gibt verschiedene Varianten der vorstehenden Urkunde, in der beide Erklärungen zusammen aber auch getrennt (zu unterschiedlichen Zeitpunkten auf demselben Dokument oder getrennten Dokumenten) erklärt werden können.

Häufig erhält der Notar vom Eigentümer einer Immobilie eine Löschungsbewilligung, die bereits (z. B. von den Vertretern des Kreditinstituts) unterzeichnet und (von einem anderen Notar) beglaubigt wurde, und bittet um Beglaubigung des ferner erforderlichen Löschungsantrags, der häufig auch bereits in den Urkundenentwurf seitens der Gläubigerin eingedruckt ist.

Es gibt **Kreditinstitute**, die selbst **siegelführend** sind, sodass sie ihre Löschungsbewilligungen eigenständig (ohne Notar) in grundbuchtauglicher Form anfertigen können. Hierzu gehören **Sparkassen** und **Landesbanken**.

Ist der Grundpfandrechtsbrief verloren gegangen, muss dieser kraftlos erklärt werden, wenn das dazugehörige Grundpfandrecht im Grundbuch gelöscht werden soll. Hierzu wird durch einen vom Eigentümer zu bevollmächtigenden Rechtsanwalt die Durchführung eines Aufgebotsverfahrens bei dem Amtsgericht beantragt, wo das entsprechende Grundbuch geführt wird. Das Verfahren nimmt wegen der von Seiten des Gerichts einzuhaltenden Fristen bis zu einem Jahr in Anspruch. Nach Abschluss ergeht ein Ausschließungsbeschluss, der anstelle des Originalgrundpfandrechtsbriefs dem Grundbuchamt zur Löschung vorgelegt werden kann.

Merke: Bei dem in einer Grundpfandrechtsbestellungsurkunde enthaltenen Zins (z. B. 18 % jährlich) handelt es sich nicht um den Zinssatz, den der Darlehensnehmer an den Darlehensgeber zahlt. Der Darlehenszins ist deutlich niedriger und ergibt sich aus dem Darlehensvertrag. Die höhere Eintragung im Grundbuch dient der Absicherung etwaiger Verzugszinsen.

6.2.2 Hypothek

Die Urkunde zur Bestellung einer **Hypothek** (= Bewilligung) entspricht den vorstehenden Beispielen zur Grundschuldbestellung mit der Abweichung, dass das Wort „Grundschuld" durch „Hypothek" auszutauschen ist. Die Eintragung einer (Buch-)Hypothek im Grundbuch könnte wie folgt aussehen:

Amtsgericht ***	Grundbuch von ***	Blatt ***	Dritte Abteilung	Einlegebogen 1
zur lfd. Nr. der Eintragungen	lfd. Nummer der belasteten Grundstücke im Bestandsverzeichnis	Betrag	Hypotheken, Grundschulden, Rentenschulden	
1	2	3	4	
1	1	150.000,00 €	Einhundertfünfzigtausend Euro Hypothek; für die VR-Bank Darmstadt eG in Darmstadt; 18 % Jahreszinsen; vollstreckbar nach § 800 ZPO; gemäß Bewilligung vom *** (UVZ-Nr. ***/*** Notar ***); brieflos; eingetragen am ***.	
				Seite *** von ***

Eine Hypothek kann, wie auch eine Grundschuld, als Briefrecht bestellt werden. Die zur Briefgrundschuld und zum Grundschuldbrief vorstehend angeführten Inhalte gelten analog zur **Briefhypothek** und dem **Hypothekenbrief**.

6.2.3 Rentenschuld

Eine Rentenschuld kann bestellt werden, wenn laufende widerkehrende Zahlungen, die auf einen **langen Zeitraum** ausgerichtet sind, vereinbart werden. Ein Beispiel könnte ein in Raten zu zahlender Kaufpreis bei Erwerb einer Immobilie sein. Die Rentenschuld ist dann zu befristen. Wird eine Rentenschuld bestellt, muss zuvor auch der Betrag abgestimmt werden, mit dem die Ablösung der Rentenschuld möglich ist. Die Höhe dieser Ablösesumme ist ebenfalls im Grundbuch einzutragen. Das Recht zur Ablösung hat ausschließlich der Eigentümer.

Merke: Eine Besonderheit der Rentenschuld ist, dass die persönliche Haftung des Eigentümers und das Kündigungsrecht des Gläubigers ausgeschlossen sind.

Eine Rentenschuld kann, wie auch die Grundschuld und Hypothek, als Briefrecht bestellt werden.

Die Urkunde zur Bestellung einer **Rentenschuld** (= Bewilligung) könnte wie folgt aussehen:

Rentenschuldbestellung
Der Eigentümer des Grundbesitzes, eingetragen im Grundbuch von Darmstadt, Blatt 2500 bewilligt und beantragt zugunsten der Deutsche Bank AG, Filiale Darmstadt eine Rentenschuld von jährlich 2.000,00 € (in Worten: zweitausend Euro) vom *** (Datum) an in halbjährlichen Beträgen jeweils zum 1. Januar und 1. Juli nachträglich fällig und mit 32.000,00 € ablösbar. Die Rentenschuld erhält im Grundbuch die erste Rangstelle. Ort: *** Datum: *** *Unterschrift Eigentümer*
zzgl. Unterschriftsbeglaubigung

vgl. LF 9, (ReNo), Kap. 2.2.5

Die Eintragung in dem betroffenen Grundbuch auf Grundlage der vorstehend dargestellten Urkunde erfolgt wie folgt:

Amtsgericht Darmstadt	Grundbuch von Darmstadt	Blatt 2500	Dritte Abteilung	Einlegebogen 1
zur lfd. Nr. der Eintragungen	lfd. Nummer der belasteten Grundstücke im Bestandsverzeichnis	Betrag	Hypotheken, Grundschulden, Rentenschulden	
1	2	3	4	
1	1	32.000,00 €	Rentenschuld zu zweitausend Euro jährlich; für die Deutschen Bank AG, Fil. Darmstadt; vom *** (Datum) an in halbjährlichen Beträgen jeweils zum 1. Januar und 1. Juli nachträglich fällig, ablösbar mit 32.000,00 € gem. Bewilligung vom *** (UVZ-Nr. ***/*** Notar ***); brieflos; eingetragen am ***.	
				Seite *** von ***

6.3 Abwicklung einer Grundpfandrechtsbestellung

Bei der Grundpfandrechtsabwicklung liegt die unterschiedliche Handhabung an

1. der Beurkundungsform der Bestellungsurkunde
   a) Wird das Grundpfandrecht notariell beurkundet, erhält
      - das Grundbuchamt
        - wenn es papiermäßig geführt wird eine Ausfertigung.
        - wenn es elektronisch geführt wird eine elektronisch beglaubigte Ablichtung.

- das Kreditinstitut eine vollstreckbare oder einfache Ausfertigung (je nach Wunsch).

Das Original der Bestellungsurkunde wird zur papiermäßigen und elektronischen Urkundensammlung des Notars genommen.

b) Wird das Grundpfandrecht unterschriftsbeglaubigt, erhält
- das Grundbuchamt
  - wenn es papiermäßig geführt wird die Urschrift.
  - wenn es elektronisch geführt wird eine elektronisch beglaubigte Ablichtung.
- das Kreditinstitut eine beglaubigte oder einfache Abschrift (je nach Wunsch).

Eine beglaubigte Ablichtung oder die Urschrift (wenn zur Antragstellung bei Gericht lediglich eine elektronisch beglaubigte Ablichtung erforderlich ist und das Original somit nicht ans Gericht geht) der Bestellungsurkunde wird zur papiermäßigen und elektronischen Urkundensammlung des Notars genommen.

2. dem Umstand der Bestellung

a) Wird das Grundpfandrecht im Weg der Vorabbeleihung im Rahmen der Abwicklung eines Kaufvertrags unter Mitwirkung des Veräußerers durch den Erwerber (für sich sowie den Veräußerer aufgrund im Kaufvertrag enthaltener Beleihungsvollmacht) bestellt, ist auf die Einhaltung der Sicherungsabrede sowie Auszahlung des Darlehens ausschließlich an den Veräußerer und/oder Ablösegläubiger bis zur Kaufpreishöhe zu achten und eine entsprechende Bestätigung der Finanzierungsgläubigerin einzuholen.

b) Wird das Grundpfandrecht isoliert, ohne Bezug zu einem anderen Rechtsgeschäft, durch den Eigentümer bestellt, gibt es keine Auszahlungsbeschränkung.

Das nachfolgende Schema soll eine mögliche Abfolge der Abwicklungsschritte nach Beurkundung der Grundpfandrechtsbestellung (notarielle Beurkundung) durch den Eigentümer und Eintragung im Urkundenverzeichnis darstellen. Die Abwicklungsschritte eines Finanzierungsgrundpfandrechts, das im Weg der Vorabbeleihung bestellt wurde, sind in Kap. 5.3 in dem Schema zum Kaufvertrag enthalten.

Schritt 1

- Ausfertigung/elektronisch beglaubigte Ablichtung beim zuständigen Grundbuchamt einreichen und Antrag auf Eintragung stellen
- Abschrift an Eigentümer senden und die Kostenrechnung beifügen
- (vollstreckbare) Ausfertigung (je nach Kreditinstitut unterschiedlich) an die Finanzierungsgläubigerin senden
- sinnvolle Wiedervorlage zu folgenden Zwecken notieren:
  - Kontrolle Zahlungseingang Notarkosten
  - Kontrolle der rangrichtigen Eintragung des Grundpfandrechts im Grundbuch
- Urschrift der Grundpfandrechtsbestellungsurkunde mit einem Siegel versehen, im korrekten Format einscannen, in die elektronische Urkundensammlung aufnehmen und zur Urkundensammlung (Papier) nehmen.

Schritt 2	• Wiedervorlagedatum erreicht • **Zahlungseingang Notarkosten prüfen** • **Ergebnis 1**: Zahlung erfolgt = WV erledigt • **Ergebnis 2**: Zahlung steht aus = Eigentümer an Zahlung erinnern und neue Wiedervorlage notieren • **Rangrichtigte Eintragung des Grundpfandrechts im Grundbuch prüfen** • **Ergebnis 1**: Grundpfandrecht korrekt eingetragen = WV erledigt; Akte archivieren, wenn auch die Kosten bezahlt sind • **Ergebnis 2**: Grundpfandrecht noch nicht (rangrichtig) eingetragen = bei Grundbuchamt nach Sachstand fragen, ggf. Eigentümer informieren und neue Wiedervorlage notieren

Zusammenfassung

Grundpfandrechte

- Formerfordernis
- Inhalte der Grundpfandrechtsbestellungsurkunde
- Abwicklung der Grundpfandrechtsbestellungsurkunde

Wiederholung und Vertiefung

1. Auf welche Weisen kann ein Grundpfandrecht bestellt werden und wovon hängt es ab, welches Formerfordernis auszuwählen ist?
2. Zu welchem Zweck wird in den meisten Fällen ein Grundpfandrecht bestellt?
3. Warum ist in einer Grundpfandrechtsbestellung ein jährlicher Zinssatz von 15 % oder gar 18 % enthalten? Zahlt der Darlehensnehmer einen so hohen Zins an den Darlehensgeber?
4. Aus welchem Grund wird der Gläubigerin eine vollstreckbare Ausfertigung der Grundpfandrechtsbestellungsurkunde übermittelt?
5. Bei welchem Sachverhalt ist es sinnvoll, eine Rentenschuld zu bestellen?

6. Worin besteht der Unterschied zwischen einer dinglichen und persönlichen Zwangsvollstreckungsunterwerfung?

7. Warum möchte jede Gläubigerin mit ihrem Grundpfandrecht einen möglichst guten Rang im Grundbuch erlangen?

8. Was ist ein Grundschuldbrief und wie entsteht dieser?

9. Welche Unterlagen sind dem Grundbuchamt in welcher Form vorzulegen, wenn ein Briefrecht gelöscht werden soll?

7 Notar- und Gerichtskosten im Liegenschaftsrecht

Wer im Notariat beschäftigt ist, kommt täglich mit Vorgängen in Berührung, die Notar- und Gerichtskosten auslösen. Jeder Vorgang führt hierbei auf der Basis des ermittelten Geschäftswerts zu unterschiedlichen Gebühren und Auslagen bei Notar und Gericht. Sehr häufig sind im Notariat Kostenrechnungen im Bereich Liegenschaftsrecht zu erstellen, da die Beurkundungen von Immobilienkaufverträgen und Grundpfandrechten zum Tagesgeschäft gehören.

Wer sich mit den in diesem Bereich infrage kommenden Kosten gut auskennt, erspart sich bei der Erstellung von Kostenrechnungen viel Zeit, weil ein Nachlesen im Gesetz bzw. den einschlägigen Kommentaren entbehrlich wird.

Jede Urkunde im Bereich Liegenschaftsrecht enthält Anträge gegenüber dem Grundbuchamt, deren Vollzug wiederum Gerichtskosten auslöst. Dieser Umstand ist den Mandantschaften bekannt. Deshalb wird in der Praxis immer wieder nicht nur nach den Kosten des Notars, sondern auch den Gerichtskosten gefragt. Es empfiehlt sich daher, auch Gerichtskosten für häufig wiederkehrende Eintragungen zu kennen.

Abrechnungsgrundlage ist sowohl für den Notar als auch für das Grundbuchamt das Gerichts- und Notarkostengesetz (GNotKG).

Lernsituation

Notarin Katharina Marschner wird während oder im Anschluss an die Beurkundung von Immobilienkaufverträgen immer wieder von den Vertragsparteien auf die anfallenden Gebühren und Auslagen bei Notarin und Gericht angesprochen. Sie kennt diese natürlich, fühlt sich aber häufig etwas unsicher bei der Beantwortung dieser Fragen, denn jeder Vertrag kann verschiedene Kosten und eine unterschiedliche Verteilung nach sich ziehen.

Notarin Katharina Marschner möchte daher als besseren Service für ihre Mandantschaften schnell und vor allem korrekt auf diese Fragen antworten können und bittet Jana Seidel, die sich mit Notarkosten gut auskennt, eine schriftliche Zusammenstellung der üblichen Gebühren und Auslagen im Bereich Liegenschaftsrecht anhand verschiedener Fälle zu erstellen. Jana Seidel findet diese Idee sehr gut und verabredet mit Oxana Schuhmann, dass auch sie sich an dieser Arbeit beteiligt.

Jana Seidel sucht sich unterschiedliche Akten heraus und fasst die Inhalte so zusammen, dass die jeweils einschlägigen kostenrelevanten Sachverhalte erkennbar werden. Sie unterteilt die Fälle in Immobilienkaufverträge und Grundpfandrechtsbestellungen. Bei dieser Arbeit findet sie heraus, dass es diverse Konstellationen gibt, die erhebliche Unterschiede bei der Kostenberechnung verursachen. Die erste Gliederung von Jana Seidel, die sie als Grundlage ihrer Arbeit nehmen möchte, sieht wie folgt aus:

Immobilienkaufvertrag

Sachverhalt	Beurkundungs-gebühr	Vollzugs-gebühr	Betreuungs-gebühr	Sonstige Gebühren/Auslagen

Grundpfandrechtsbestellung

Sachverhalt	Beurkundungs-gebühr	Weitere Gebühren	Sonstige Auslagen

Arbeitsaufträge:

a) Überlegen Sie, welche Fallkonstellationen Ihnen in Bezug auf einen Immobilienkaufvertrag sowie eine Grundpfandrechtsbestellung einfallen und erstellen anhand der vorgegebenen Tabellen eine Auflistung. Der zugrunde liegende Sachverhalt kann jeweils passend zur Tabelle stichwortartig dargestellt werden. Finden Sie mindestens fünf unterschiedliche Fälle für einen Immobilienkaufvertrag und drei unterschiedliche Fälle zur Grundpfandrechtsbestellung. In der Spalte „Sonstige" können alle Kosten eingetragen werden, die nicht bei jedem Fall zu berechnen sind. Markieren Sie die Zusammenhänge zwischen Sachverhalt und KV-Nr. in derselben Farbe.

b) Notieren Sie die passenden Kosten des Gerichts zu dem jeweiligen Fall.

c) Vergleichen Sie untereinander Ihre Ergebnisse.

d) Reflektieren Sie anschließend Ihr Wissen.

7.1 Geschäftswertermittlung

Bei der Geschäftswertermittlung ist zu unterscheiden, ob es sich um einen Immobilienkaufvertrag handelt oder um eine Grundpfandrechtsbestellung. Ferner ist jeweils zu ermitteln, welche Sachverhalte ggf. mit beurkundet werden. Je nach Sachverhalt findet keine gesonderte Bewertung, eine Addition oder Vergleichsberechnung statt.

7.1.1 Immobilienkaufvertrag

Grundsätzlich gilt, dass der **Geschäftswert** eines Immobilienkaufvertrags dem zwischen den Vertragsparteien vereinbarten **Kaufpreis** entspricht (§ 47 GNotKG). Dies ist gut nachvollziehbar, da der Kaufpreis in der Regel den aktuellen Verkehrswert der Immobilie darstellt. Nur wenige Erwerber würden beim Erwerb einer Immobilie mehr als den Verkehrswert zahlen und kein Veräußerer wird seine Immobilie für einen geringeren Betrag verkaufen. Gibt es Gründe, die nahelegen, dass der **Kaufpreis niedriger** als der Verkehrswert ist, ist der **Verkehrswert** (und nicht der Kaufpreis) maßgebend.

Werden **neben** (= zusätzlich zu) **dem Kaufpreis in derselben Urkunde**
- **Nutzungen** durch den Veräußerer **vorbehalten** (z. B. ein Mitbenutzungsrecht) und/oder
- **weitere Leistungen** durch den Erwerber **erbracht** (z. B. durch Schuldübernahme)

sind auch diese gesondert zu bewerten (= mehrere Erklärungen in einer Urkunde). Hierbei ist zwischen Sachverhalten zu unterscheiden, die dem Gesetz nach
- **zum Kaufpreis zu addieren** sind oder
- für die eine Vergleichsberechnung wegen Gegenstandsverschiedenheit (s. u.) anzufertigen ist oder
- **denselben Gegenstand** darstellen und daher **nicht gesondert** zu bewerten sind.

Die nachfolgenden Tabellen sollen einen beispielhaften Überblick über verschiedene Sachverhalte und die entsprechende Behandlung in Bezug auf die Geschäftswertermittlung vermitteln. Die vorstehend benutzte farbige Darstellung finden Sie in den Tabellen wieder.

Sachverhalt (neben dem Immobilienkauf)	Kaufpreis + *** (Addition)	GNotKG
Der Erwerber verpflichtet sich, neben dem Bau eines Gebäudes, dieses innerhalb einer bestimmten Zeit nicht zu veräußern*).	**+ 10 % des Grundstücksverkehrswerts**	§ 50 Nr. 1
Der Erwerber verpflichtet sich, für einen bestimmten Mindestzeitraum zur Eigennutzung*) des zu errichtenden Gebäudes.	**+ 20 % des Grundstücksverkehrswerts**	§ 50 Nr. 2
Der Erwerber geht eine Bauverpflichtung*) zur Errichtung eines Wohngebäudes ein.	**+ 20 % des Grundstücksverkehrswerts + ggf. Erschließungs- und Vermessungskosten**	§ 50 Nr. 3 a
Der Erwerber geht eine Bauverpflichtung zur Errichtung eines Gewerbeobjekts ein.	**+ 20 % der voraussichtlichen Herstellungskosten des Objekts**	§ 50 Nr. 3 b
Der Veräußerer erhält ein Wiederkaufsrecht. Eine Bauverpflichtung des Erwerbers ist nicht vereinbart.	**+ 50 % des Grundstücksverkehrswerts**	§ 51 Abs. 1 S. 2

Sachverhalt (neben dem Immobilienkauf)	Kaufpreis + *** (Addition)	GNotKG
Der Erwerber übernimmt die Erschließungs- und/oder Vermessungskosten, die der Veräußerer schuldet.	+ übernommene Kosten in voller Höhe	§ 47 S. 2

*) Besonderheit:
Wird **neben** einer Bauverpflichtung die Eigennutzung und eine Verfügungsbeschränkung vereinbart, ist ein Wiederkaufsrecht inklusive Vormerkung gem. § 109 Abs. 1 GNotKG **nicht zusätzlich zu bewerten**, da es nur der **Sicherung der vereinbarten Erklärungen** dient.

Sachverhalt (neben dem Immobilienkauf)	Vergleichsberechnung nach § 94 Abs. 1 GNotKG (= wegen verschiedener Gebührensätze) mit ...	GNotKG
Der Erwerber räumt dem Veräußerer eine Grunddienstbarkeit (als selbstständige Vertragsbedingung, die nicht dem unmittelbaren Zweck des Kaufvertrags dient) ein.	... 0,5 Gebühr nach KV-Nr. 21201 aus dem Jahreswert der Dienstbarkeit · 20 gem. § 5 Abs. 1, 3 GNotKG (mindestens 30,00 €)	jeweils verschiedener Beurkundungsgegenstand nach § 110
Der Erwerber optiert zur Umsatzsteuer und verzichtet auf eine Steuerbefreiung nach § 9 Abs. 1 UStG.	... 1,0 Gebühr nach KV-Nr. 21200 aus Steuerbetrag (mindestens 60,00 €)	
Der Erwerber übernimmt die im Grundbuch eingetragene Grundschuld des Veräußerers (dinglich oder mit Schuldübernahme) und unterwirft sich der persönlichen Zwangsvollstreckung in sein gesamtes Vermögen.	... 1,0 Gebühr nach KV-Nr. 21200 aus Nennbetrag der übernommenen Grundschuld gem. § 53 Abs. 1 GNotKG (mindestens 60,00 €)	

▶ **Beispiel:** Die Max Mustermann GmbH veräußert an die Kurth Kiesewetter GmbH ein Grundstück. Der vereinbarte Kaufpreis beträgt 250.000,00 €. Die Kurth Kiesewetter GmbH optiert zur Umsatzsteuer. Dies bedeutet, dass der Erwerber alleiniger Umsatzsteuerschuldner ist.

Verfahren/Gegenstand/ Wertvorschrift	Geschäftswert	KV-Nr.	Satz	Betrag
Kaufvertrag (§ 47 GNotKG)	250.000,00 €	21100	2,0	1.070,00 €
Option Umsatzsteuer (§§ 97 Abs. 1, 110 Nr. 2 c GNotKG)	47.500,00 €	21200	1,0	165,00 €
Beurkundungsverfahren insgesamt	297.500,00 €			
Summe				**1.235,00 €**

Vergleichsberechnung nach § 94 Abs. 1: **Höchster** Gebührensatz aus der **Summe** der Werte:

Gegenstand	Geschäftswert	KV-Nr.	Satz	Betrag
Kaufvertrag + Option Umsatzsteuer	297.500,00 €	21100	2,0	**1.270,00 €**

Ergebnis: Die erste Abrechnung (= Getrenntberechnung) ist hier günstiger, daher ist diese in Rechnung zu stellen.

Hinweis: Derselbe Beurkundungsgegenstand (s. nachfolgende Tabelle) liegt vor, wenn Rechtsverhältnisse zueinander in einem Abhängigkeitsverhältnis stehen und eines dem unmittelbaren Zweck des anderen Rechts dient. Dies ist nur der Fall, wenn ein Rechtsverhältnis der Erfüllung, Sicherung oder sonstigen Durchführung des anderen dient. Erklärungen Dritter oder Erklärungen zugunsten Dritter werden hierbei eingeschlossen.

Sachverhalt (neben dem Immobilienkauf)	Derselbe Gegenstand nach § 109 Abs. 1 S. 4 ...
Der Erwerber übernimmt eine durch ein Grundpfandrecht gesicherte Darlehensschuld des Veräußerers.	**... Nr. 1 a GNotKG**
Der Veräußerer beantragt die Löschung der im Grundbuch eingetragenen Grundpfandrechte.	**... Nr. 1 b GNotKG**
Der Veräußerer bewilligt und beantragt die Löschung der zu seinen Gunsten eingetragenen Eigentümergrundschuld.	**... Nr. 1 b GNotKG**
Der Veräußerer erteilt dem Erwerber eine Finanzierungsvollmacht.	**... Nr. 1 c GNotKG**
Der Berechtigte eines Rechts in Abteilung II bewilligt die Löschung des zu seinen Gunsten eingetragenen Rechts.	**... Nr. 1 b GNotKG**

7.1.2 Grundpfandrechtsbestellungen

Der **Geschäftswert** einer

- **Grundschuld/Hypothek** wird nach dem **Nennbetrag des Rechts** bestimmt (§ 53 Abs. 1 S. 1 GNotKG).
- **Rentenschuld** wird nach dem **Nennbetrag der Ablösesumme** bestimmt (§ 53 Abs. 1 S. 2 GNotKG).

Hinweis: Zinsen und Nebenleistungen werden nicht bewertet (§ 37 Abs. 1 GNotKG).

Werden **neben** (= zusätzlich zu) **der Grundpfandrechtsbestellung weitere Erklärungen innerhalb einer Urkunde beurkundet,** sind sie nach

- **gegenstandsgleichen** (= werden nicht gesondert bewertet) und
- **gegenstandsverschiedenen** (= werden gesondert bewertet, § 86 Abs. 2 GNotKG)

Sachverhalten zu trennen.

Die nachfolgenden Tabellen sollen einen beispielhaften Überblick über verschiedene Sachverhalte und die entsprechende Behandlung in Bezug auf die Geschäftswertermittlung vermitteln.

Sachverhalt (neben der Grundpfandrechtsbestellung)	**Gegenstandsgleich nach § 109 ...**
Der Eigentümer unterwirft sich dinglich und persönlich der Zwangsvollstreckung.	**... Abs. 1 S. 4 Nr. 4 GNotKG**
Der Berechtigte eines Rechts in Abteilung II bewilligt die Rangänderung des zu seinen Gunsten eingetragenen Rechts.*)	**... Abs. 1 S. 4 Nr. 3 GNotKG**
Der Eigentümer beantragt den Vollzug einer Rangänderungserklärung.*)	**... Abs. 1 S. 4 Nr. 3 GNotKG**
Der Berechtigte eines Rechts in Abteilung II bewilligt die Löschung des zu seinen Gunsten eingetragenen Rechts.*)	**... Abs. 1 S. 4 Nr. 3 GNotKG**
Der Eigentümer, oder eine dritte Person, erklärt ein Schuldanerkenntnis, das nicht höher als der Nennbetrag des Grundpfandrechts ist.	**... Abs. 2 S. 1 Nr. 3 GNotKG**

*) Die jeweilige Erklärung dient der Verschaffung des beabsichtigten Rangs!

<table>
<tr><th>Sachverhalt (neben der Grundpfandrechtsbestellung)</th><th>Vergleichsberechnung nach § 94 Abs. 1 GNotKG (= wegen verschiedener Gebührensätze) mit ...</th><th>GNotKG</th></tr>
<tr><td>Der Eigentümer stimmt der Löschung eines vorrangigen Rechts zu. Die Erklärung zur Löschung dient nicht der Verschaffung des beabsichtigten Rangs!*)</td><td>... 0,5 Gebühr nach KV-Nr. 24102 aus dem Nennbetrag des vorrangigen Rechts gem. § 53 Abs. 1 GNotKG (mindestens 30,00 €)</td><td rowspan="2">jeweils verschiedener Beurkundungsgegenstand nach § 86 Abs. 2 GNotKG</td></tr>
<tr><td>Der Eigentümer beantragt die Berichtigung des Grundbuchs aufgrund der Erbfolge.*)</td><td>... 0,5 Gebühr nach KV-Nr. 24102 aus dem Verkehrswert der Immobilie gem. § 46 Abs. 2, 3 GNotKG (mindestens 30,00 €)</td></tr>
</table>

*) Vergleichsberechnung in diesem Fall nur bei Grundpfandrechtsbestellung durch notarielle Beurkundung. Bei Grundpfandrechtsbestellung durch Unterschriftsbeglaubigung werden die Werte addiert, denn es gibt keine verschiedenen Gebührensätze.

Tipp: Der Eigentümer kann den Grundbuchberichtigungsantrag jederzeit persönlich stellen, was keine Notarkosten auslöst. Ein Notar sollte zwar (aus Beteiligtensicht) so kostengünstig wie möglich arbeiten, hat jedoch keine Verpflichtung, die Beteiligten darüber zu informieren, dass sie z. B. einen Grundbuchberichtigungsantrag auch selbst (kostenfrei) stellen können, wenn er von diesen hierzu beauftragt wurde. Anders verhält es sich, wenn ein Beteiligter den Notar danach fragt. Dann ist er zur sorgfältigen Kostenauskunft verpflichtet.

Merke: Der auf Grundlage der vorstehenden Ausführungen ermittelte Geschäftswert findet auf **alle** in diesem Verfahren abrechenbaren Gebührentatbestände Anwendung.

7.2 Beurkundungsgebühren

Die Beurkundungsgebühren können bei Immobilienkaufverträgen je nachdem, ob alle Beteiligten gleichzeitig anwesend sind und/oder der Kaufgegenstand der Vermessung bedarf variieren. Hinzu kommen je nach Vertragsgestaltung Gebühren für Vollmachten und Zustimmungen.

Bei der Grundpfandrechtsbestellung kommt es in erster Linie auf das einzuhaltende Formerfordernis an.

7.2.1 Immobilienkaufvertrag

Sachverhalt	KV-Nr.	Satz	Mindestgebühr
Beurkundung eines Kaufvertrags	21100	2,0	120,00 €
Angebot zum Abschluss eines Kaufvertrags	21100	2,0	120,00 €
Annahme eines Kaufangebots inklusive Auflassung (Beurkundung bei Angebotsnotar)	21101 Nr. 1	0,5	30,00 €
Annahme eines Kaufangebots inklusive Auflassung (Beurkundung **nicht** bei Angebotsnotar)	21102 Nr. 1	1,0	60,00 €
Annahme eines Kaufangebots mit oder ohne Auflassung und Zwangsvollstreckungsunterwerfung des Erwerbers wegen der Kaufpreiszahlung	21200	1,0	60,00 €
Auflassung*) (Beurkundung bei Kaufvertragsnotar)	21101 Nr. 2	0,5	30,00 €
Auflassung*) (Beurkundung **nicht** bei Kaufvertragsnotar) – *in der Praxis eher selten* –	21102 Nr. 1	1,0	60,00 €

*) Eine Auflassung wird später (isoliert/in separater Niederschrift) beurkundet, wenn z. B. der Vertragsgegenstand noch vermessen werden muss und daher bei Beurkundung des Kaufvertrags noch nicht konkret zu bezeichnen ist.

Weitere Gebühren, die häufiger in Zusammenhang mit einem Immobilienkaufvertrag z. T. aber auch isoliert anfallen:

Vollmacht

Sachverhalt	Geschäftswert	KV-Nr.	Satz	Mindestgebühr
Vollmacht zum Abschluss eines Immobilienkaufvertrags (Niederschrift)	§§ 98 Abs. 1, 47 GNotKG (hälftiger Wert des Rechtsgeschäfts, maximal 1.000.000,00 € nach § 98 Abs. 4 GNotKG)	21200	1,0	60,00 €
Vollmacht zum Abschluss eines Immobilienkaufvertrags (Entwurf mit Beglaubigung oder **nur** – vollständiger – Entwurf)	wie vor	24101	1,0	60,00 €
Vollmacht zum Abschluss eines Immobilienkaufvertrags (**nur** Unterschriftsbeglaubigung ohne Entwurf)	wie vor + § 121 GNotKG	25100	0,2	20,00 € (max. 70,00 €)

▶ **Beispiele:**

- Monika Baumeister erteilt Carsten Erdmann eine Vollmacht, sie im Rahmen des Abschlusses eines Immobilienkaufvertrags zu vertreten. Monika Baumeister ist Alleineigentümerin der Immobilie. Der Kaufpreis beträgt 200.000,00 €. → Geschäftswert Vollmacht: 100.000,00 €
- Monika Baumeister erteilt Carsten Erdmann und Kurt Kiesewetter eine Vollmacht, sie – je einzeln – im Rahmen des Abschlusses eines Immobilienkaufvertrags zu vertreten. Monika Baumeister ist Alleineigentümerin der Immobilie. Der Kaufpreis beträgt 200.000,00 €. → Geschäftswert Vollmacht: 100.000,00 € (Trotz zwei Vollmachtnehmern liegt insgesamt nur eine Vollmacht vor, wobei es unerheblich ist, ob die Vollmachtnehmer einzeln oder gemeinschaftlich bevollmächtigt werden.)
- Monika Baumeister erteilt Carsten Erdmann eine Vollmacht, sie im Rahmen des Abschlusses eines Immobilienkaufvertrags zu vertreten. Monika Baumeister ist zur Hälfte Eigentümerin der Immobilie. Der Kaufpreis beträgt 200.000,00 €. → Geschäftswert Vollmacht: 50.000,00 € (= hälftiger Bruchteil, § 98 Abs. 2 S. 1 GNotKG)
- Monika Baumeister und Sieglinde Berger erteilen Carsten Erdmann eine Vollmacht, sie im Rahmen des Abschlusses eines Immobilienkaufvertrags zu vertreten. Monika Baumeister und Sieglinde Berger sind je zu einem Drittel Eigentümerinnen der Immobilie. Der Kaufpreis beträgt 200.000,00 €. → Geschäftswert Vollmacht: 66.666,67 € (= hälftige Summe der Bruchteile, §§ 35, 98 Abs. 2 S. 1 GNotKG)
- Monika Baumeister erteilt Carsten Erdmann eine Vollmacht, sie im Rahmen des Abschlusses eines Immobilienkaufvertrags zu vertreten. Monika Baumeister ist Alleineigentümerin

der Immobilie. Der Kaufpreis beträgt 3.000.000,00 €. → Geschäftswert Vollmacht: 1.000.000,00 € (§ 98 Abs. 4 GNotKG, Höchstwert einer Vollmacht 1.000.000,00 €)

Wird eine Urkunde (z. B. eine Vollmacht) zur Vorlage im **Ausland** benötigt, kann es erforderlich sein, diese entweder

- mit einer **Apostille** (Überbeglaubigung für international benötigte Urkunde/-n) versehen oder
- sie legalisieren (= **Legalisation**)

zu lassen.

Zuständig hierfür ist in der Bundesrepublik Deutschland der für den jeweiligen Notar zuständige Landgerichtspräsident. Welches der beiden Verfahren erforderlich ist, hängt davon ab, ob der Staat, in dem die Urkunde vorgelegt werden soll, dem **Haager Übereinkommen** beigetreten ist. Eine aktuelle Liste kann auf der Homepage des Bundesjustizamts eingesehen werden. Für beigetretene Staaten reicht die Apostille, ansonsten ist eine Legalisation erforderlich.

Die Apostille für eine notarielle Urkunde könnte wie folgt aussehen:

APOSTILLE
(Convention de La Haye du 5 octobre 1961)

1. Land: Bundesrepublik Deutschland

Diese öffentliche Urkunde

2. ist unterschrieben von *** (*Name Notar*)
3. in seiner Eigenschaft als *Notar*
4. sie ist versehen mit dem Siegel des
*** (*Name Notar + Amtssitz*)

Bestätigt

5. in *** *(Ort)*
6. am *** *(Datum)*
7. durch den Präsidenten des Landgerichts *** (*Ort*)
8. unter Nr. *** (*AZ LG*)
9. Siegel
10. Unterschrift *** (*LG Präsident*)

Siegel Land-gericht

Die Anforderung einer Apostille oder Legalisation löst für eine Beglaubigung eine Festgebühr nach KV-Nr. 25207 mit 25,00 € und mehrere Beglaubigungen auf z. B. einer Vollmacht eine Festgebühr nach KV-Nr. 25208 mit 50,00 € aus.

Zustimmungen (Genehmigungen/Vollmachtsbestätigungen)

z. B. Verwalterzustimmung, Nachgenehmigung, Eigentümerzustimmung

Sachverhalt	Geschäftswert	KV-Nr.	Satz	Mindestgebühr
Der Notar entwirft eine Zustimmung und beglaubigt die Unterschrift. (Der Notar hat den der Zustimmung zugrunde liegenden Kaufvertrag beurkundet und ist mit dem Vollzug beauftragt worden.)	§§ 47, 98 Abs. 1, 119 Abs. 1 GNotKG (hälftiger Wert des Rechtsgeschäfts, maximal 1.000.000,00 € nach § 98 Abs. 4 GNotKG)	25100 *(Nur die Unterschriftsbeglaubigung wird abgerechnet; der Entwurf ist mit der Vollzugsgebühr des Kaufvertrags abgegolten.)*	0,2	20,00 € (maximal 70,00 €)
Der Notar entwirft eine Zustimmung und beglaubigt die Unterschrift. (Der Notar hat den der Zustimmung zugrunde liegenden Kaufvertrag nicht beurkundet.)	wie vor + § 92 Abs. 2 GNotKG	24101	1,0	60,00 €
Der Notar beglaubigt die Unterschrift auf einer Zustimmung. (Der Notar hat den der Zustimmung zugrunde liegenden Kaufvertrag nicht beurkundet und den Entwurf der Zustimmung nicht gefertigt.)	wie vor ohne § 119 GNotKG + § 121 GNotKG	25100	0,2	20,00 € (maximal 70,00 €)

Sachverhalt	Geschäftswert	KV-Nr.	Satz	Mindestgebühr
Der Notar entwirft eine Zustimmung. (Der Notar hat den der Zustimmung zugrunde liegenden Kaufvertrag beurkundet und ist mit dem Vollzug beauftragt worden.)	Der Entwurf ist mit der Vollzugsgebühr abgegolten.	./.	./.	./.

Löschung von z. B. Grundpfandrechten

Sachverhalt	Geschäftswert	KV-Nr.	Satz	Mindestgebühr
Der Notar entwirft eine Löschungsbewilligung und beglaubigt die Unterschrift der Gläubigerin. (Der Notar hat den zugrunde liegenden Kaufvertrag beurkundet und ist mit dem Vollzug beauftragt worden.)	§ 53 Abs. 1 GNotKG (Nennbetrag des Rechts)	25100 *(Nur die Unterschriftsbeglaubigung wird abgerechnet; der Entwurf ist mit der Vollzugsgebühr des Kaufvertrags abgegolten.)*	0,2	20,00 € (maximal 70,00 €)
Der Notar entwirft eine Löschungsbewilligung und beglaubigt die Unterschrift der Gläubigerin. (Der Notar hat den zugrunde liegenden Kaufvertrag **nicht** beurkundet.)	wie vor + § 92 Abs. 2 GNotKG	24102 *(Nur der Entwurf wird abgerechnet; die Beglaubigung der ersten Unterschrift auf dem Entwurf ist damit abgegolten.)*	0,5	30,00 €
Der Notar entwirft eine Löschungsbewilligung. (Der Notar hat den zugrunde liegenden Kaufvertrag **nicht** beurkundet bzw. die Löschung eines Rechts erfolgt isoliert – also ohne Kaufvertrag.)	wie vor + § 92 Abs. 2 GNotKG	wie vor	wie vor	wie vor

Sachverhalt	Geschäftswert	KV-Nr.	Satz	Mindestgebühr
Der Notar beglaubigt die Unterschrift auf einer Löschungsbewilligung. (Der Notar hat den zugrunde liegenden Kaufvertrag **nicht** beurkundet **und** den Entwurf der Löschungsbewilligung **nicht** gefertigt.)	§ 53 Abs. 1 GNotKG (Nennbetrag des Rechts)	25100	0,2	20,00 € (maximal 70,00 €)
Der Notar beglaubigt die Unterschrift einer oder mehrerer Personen auf einem Löschungsantrag, der ein oder mehrere Grundpfandrechte betrifft.	./.	25101	Festgebühr	20,00 €

In Zusammenhang mit einem Immobilienkaufvertrag können neben Löschungsunterlagen eines in Abteilung III eingetragenen Rechts auch solche eines in Abteilung II eingetragenen Rechts erforderlich sein.

Der Gebührenanfall ist insoweit identisch, die Geschäftswertberechnung erfolgt jedoch je nach betroffenem Recht auf Grundlage anderer Wertvorschriften.

Handelt es sich um ein **Nutzungs- und Leistungsrecht** (z. B. eine Dienstbarkeit oder Reallast), erfolgt die Bewertung auf Grundlage des § 52 GNotKG. Darin sind vielfältige Informationen enthalten, die auf Basis des ermittelten Rechts zu filtern sind. § 52 GNotKG beinhaltet Vorschriften zu Nutzungen/Leistungen von

- bestimmter Dauer,
- unbeschränkter Dauer,
- unbestimmter Dauer oder
- auf Lebensdauer einer oder mehrerer Personen.

Von einer bestimmten Dauer ist die Rede, wenn ein Recht z. B. mit Ablauf eines Datums endet. Bei bestimmter Dauer ist der Wert nach der Summe der Jahreswerte während der Laufzeit des Rechts, höchstens jedoch der Wert der ersten 20 Jahre, anzunehmen.

Von unbeschränkter Dauer spricht man, wenn der Wegfall des Rechts nicht bestimmbar ist, z. B. ein Wege- oder Leitungsrecht. Bei unbeschränkter Dauer ist der Jahreswert der ersten 20 Jahre zu ermitteln.

Von unbestimmter Dauer ist die Rede, wenn klar ist, dass das Recht eines Tags wegfällt aber kein genaues Datum ermittelt werden kann z. B. wenn ein Recht bei Eintritt einer Bedingung, die früher oder später erfolgen kann, wegfallen soll. Bei unbestimmter Dauer ist der Jahreswert der ersten zehn Jahre zu ermitteln.

Ist ein Recht auf Lebensdauer einer Person beschränkt, hängt die Bewertung vom Alter der berechtigten Person/-en ab, das diese im Zeitpunkt der Bestellung des Rechts hat/haben und ist nach der Tabelle in § 52 Abs. 4 GNotKG gem. den dort angeführten Faktoren (5-fach bis 20-fach) unter weiterer Beachtung, ob eine oder mehrere Personen berechtigt sind, und ob das Recht bei Tod des Längstlebenden oder Erstversterbenden wegfallen soll, zu bestimmen.

Zu beachten ist ferner, dass der Wert eines durch Zeitablauf oder Tod des Berechtigten erloschenen Nutzungs-/Leistungsrecht 0,00 € beträgt.

Hinweis: Die Geschäftswertermittlung in Bezug auf ein Recht, dass Nutzungen und/oder Leistungen zum Inhalt hat, kann ebenso bei der Bestellung des Rechts zugrunde gelegt werden.

Merke: Neben der (vollständigen) Löschung eines Grundpfandrechts kann ein Grundstück oder Grundstücksteil (wenn z. B. nur eine Teilfläche verkauft wird) auch nur teilweise aus der Pfandhaft entlassen werden, sodass das Recht nicht ganz, sondern nur teilweise (= auf einem bestimmten Grundstücksteil) gelöscht wird. Diese Erklärung wird **Pfandhaftentlassungserklärung** oder **Pfandfreigabe** genannt. Bei dieser Art von Urkunde ist für die Geschäftswertermittlung § 44 Abs. 1 GNotKG maßgebend. Danach ist der Nennbetrag des Grundpfandrechts (oder der Wert des betroffenen Rechts) mit dem Wert des freigegebenen Grundstücks zu vergleichen. Der geringere Wert bildet den Geschäftswert der Erklärung.

Hinweis: Sind Löschungsbewilligung und/oder Löschungsantrag in dem notariellen Kaufvertrag enthalten, fallen keine weiteren Kosten an. Die Erklärungen sind mit der Gebühr für das Beurkundungsverfahren abgegolten; sie dienen dem vereinbarten Vollzug des Vertrags.

Werden mehrere Grundstücke aus der Pfandhaft entlassen, liegen selbstständige Erklärungen vor, die gesondert (jedes Recht für sich) zu bewerten sind (§ 86 Abs. 2 GNotKG). Die zugrunde zu legenden KV-Nrn. entsprechen je nach Sachverhalt denen einer Löschungsbewilligung.

▶ **Beispiel:** Ein Grundstück ist mit einem Grundpfandrecht in Höhe von 50.000,00 € belastet. Das Grundstück ist 2 500 m^2 groß und hat einen Verkehrswert von 120.000,00 €. Der Eigentümer veräußert eine Teilfläche des Grundstücks in Größe von 600 m^2 zum Verkehrswert. Die Gläubigerin des im Grundbuch eingetragenen Grundpfandrechts wird gebeten, die veräußerte Teilfläche aus der Pfandhaft zu entlassen. Berechnung Geschäftswert der Pfandfreigabe:

- Nennbetrag Grundpfandrecht 50.000,00 €
- Wert des freigegebenen Grundstücks auf Basis des Verkehrswerts 28.800,00 €
- Geschäftswert: 28.800,00 €

Das Muster einer Pfandhaftentlassungserklärung mit Vollzugsantrag des Eigentümers könnte wie folgt lauten:

Pfandhaftentlassung
Im Grundbuch von *** *(Ort)*, Blatt *** *(Grundbuchblattnummer)* des Amtsgerichts *** *(zuständiges Grundbuchamt)* ist in Abteilung *** *(Nr. der Abteilung)* unter Nr. *** *(lfd. Nr.)* für *** *(Rechtsinhaber)* ein *** *(Bezeichnung des Rechts)* eingetragen. Aus der Haftung für diese Belastung wird hiermit folgendes Flurstück entlassen: *** (genaue Bezeichnung) und bewillige die Eintragung der Mithaftentlassung in das Grundbuch beziehungsweise die pfandfreie Abschreibung vom Grundbuchblatt. Der/Die Eigentümer beantragt/beantragen die Eintragung der Mithaftentlassung in das Grundbuch beziehungsweise die pfandfreie Abschreibung des vorbezeichneten Flurstücks vom Grundbuchblatt. Ort: *** Datum: *** *Unterschriften des/der Eigentümer sowie des/der Rechtsinhaber/-s*
+ Unterschriftsbeglaubigung

Vollzugshandlungen in Zusammenhang mit Unterschriftsbeglaubigungen (z. B. Löschungen)

(farbige Übereinstimmungen zur vorstehenden Tabelle kommen häufig gemeinsam vor)

Sachverhalt	Geschäftswert	KV-Nr.	Satz	Mindestgebühr
Der Notar beglaubigt die Unterschrift auf einer Löschungsbewilligung und wird beauftragt, diese z. B. an einen anderen Notar zu senden.	./.	22124	Festgebühr (für Versand an einen Dritten)	20,00 €

Sachverhalt	Geschäftswert	KV-Nr.	Satz	Mindest-gebühr
Der Notar holt nach Entwurfserstellung unter Unterschriftsbeglaubigung auf dem Löschungsantrag die Löschungsbewilligung der Gläubigerin ein.	§§ 53 Abs. 1, 112 GNotKG (Nennbetrag des Rechts)	22111	0,3	15,00 €
Der Notar reicht eine fremde Urkunde auftragsgemäß auf elektronischem Weg zum Vollzug ein. Er hat keine Entwurfs- oder Beurkundungsgebühr erhalten.	wie vor	22125	0,5	15,00 € (maximal 250,00 €)

7.2.2 Grundpfandrechtsbestellungen

Sachverhalt	KV-Nr.	Satz	Mindestgebühr
Bestellung eines Grundpfandrechts **inklusive** dinglicher und/oder persönlicher Zwangsvollstreckungsunterwerfung (Form: **Verhandlung/Niederschrift**)	21200	1,0	60,00 €
Bestellung eines Grundpfandrechts **ohne** dingliche und/oder persönliche Zwangsvollstreckungsunterwerfung (Form: **Unterschriftsbeglaubigung ohne Entwurferstellung**, nur formelle Erklärungen)	25100	0,2	20,00 € (maximal 70,00 €)
Bestellung eines Grundpfandrechts **ohne** dingliche und/oder persönliche Zwangsvollstreckungsunterwerfung (Form: **Unterschriftsbeglaubigung mit vollständiger Entwurfserstellung**, nur formelle Erklärungen)	24102 i. V. m. § 92 Abs. 2 GNotKG	0,5	30,00 €
Bestellung eines Grundpfandrechts **inklusive** dinglicher und/oder persönlicher Zwangsvollstreckungsunterwerfung über **einen Teilbetrag** (Form: **Verhandlung/ Niederschrift**) *(Vergleichsberechnung nach § 94 Abs. 2 GNotKG, vgl. nachfolgendes Beispiel)*	21201 Nr. 4 + 21200	0,5 + 1,0	30,00 € / 60,00 €

Beispiel: Max Mustermann bestellt durch eine formelle Erklärung zugunsten eines Kreditinstituts ein Grundpfandrecht zum Nennbetrag von 1.500.000,00 €. Er unterwirft sich bzgl. eines Teilbetrags von 200.000,00 € der dinglichen und persönlichen Zwangsvollstreckung. Die

Urkunde zur Bestellung des Grundpfandrechts muss mit Rücksicht auf die enthaltene Unterwerfungserklärung beurkundet werden.

Gegenstand/Wertvorschrift	Geschäftswert	KV-Nr.	Satz	Betrag
Grundpfandrechtsbestellung (§ 53 Abs. 1 GNotKG)	1.500.000,00 €	21201	0,5	1.267,50 €
Zwangsvollstreckungsunterwerfung (§ 97 Abs. 1 GNotKG)	200.000,00 €	21200	1,0	435,00 €
Summe				**1.702,50 €**

Vergleichsberechnung nach § 94 Abs. 2: **Höchster** Gebührensatz aus **höchstem** Wert:

Verfahren	Geschäftswert	KV-Nr.	Satz	Betrag
Beurkundungsverfahren	1.500.000,00 €	21200	1,0	**2.535,00 €**

Ergebnis: Die erste Abrechnung (= Getrenntberechnung) ist hier günstiger, daher ist diese in Rechnung zu stellen.

Weitere Gebühren, die in Zusammenhang mit einer Grundpfandrechtsbestellung anfallen können:

Rangbescheinigung/Notarbestätigung/Rangbestätigung

Sachverhalt	KV-Nr.	Geschäftswert	Satz	Mindestgebühr
Der Notar erstellt im Auftrag der Beteiligten eine Bestätigung über den nach Eintragung des Grundpfandrechts erlangten Rang im Grundbuch. Diese Bestätigung überbrückt bzw. verkürzt bei längeren Bearbeitungszeiten bei Gericht den Zeitraum zwischen Beurkundung/Antragstellung und Darlehensauszahlung. Die Finanzierungsgläubigerin zahlt das gewährte Darlehen in der Regel nur nach rangrichtiger **Eintragung** im Grundbuch oder (alternativ) Rangbescheinigung eines Notars aus.	25201	Nennbetrag des Rechts §§ 53 Abs. 1, 97, 122 GNotKG	0,3	15,00 €

Vorrangseinräumung/Rangrücktritt

Sachverhalt	KV-Nr.	Geschäftswert	Satz	Mindest-gebühr
Der Notar erstellt einen (insolierten) vollständigen Urkundenentwurf zum Rangrücktritt (vgl. Kap. 7.3.2).	24102	Wert des vortretenden mit dem Wert des zurücktretenden Rechts vergleichen. Geringerer Wert ist maßgebend, §§ 45 Abs. 1, 119 GNotKG.	0,5	30,00 €
Der Notar beglaubigt die Unterschrift auf einer von ihm nicht entworfenen Rangrücktrittserklärung.	25100	wie vor, jedoch ohne § 119 GNotKG	0,2	20,00 € (maximal 70,00 €)

7.3 Vollzugsgebühren

Grundvoraussetzung der Berechnung einer Vollzugsgebühr:

- **Auftrag der Beteiligten** *)
- **Notwendigkeit** einer **Vollzugstätigkeit**

Der Auftrag der Beteiligten steht in der Regel im Immobilienkaufvertrag, wo der Notar *„mit dem Vollzug/der Durchführung des Rechtsgeschäfts“* beauftragt wird. Die **Vollzugsgebühr** entsteht in jedem Verfahren **nur einmal** (§ 93 Abs. 1 S. 1 GNotKG) und sie umfasst **alle** Tätigkeiten inklusive Entwurfserstellung (z. B. Zustimmung, Löschungsbewilligung) unabhängig davon, ob sie **vor oder nach** der **Beurkundung** und in welcher Anzahl stattgefunden haben. Sie entsteht neben einer Betreuungs-, Verwahrungs- oder Treuhandgebühr.

*) Ausnahme: Erzeugung von XML-Strukturdaten, wo kein besonderer Auftrag erforderlich ist.

Merke: Geschäftswert = Wert des Beurkundungsverfahrens (§ 112 GNotKG)

Auch bei den Vollzugsgebühren muss unterschieden werden, ob ein Immobilienkaufvertrag vorliegt oder eine Grundpfandrechtsbestellung.

7.3.1 Immobilienkaufvertrag

Sachverhalt	KV-Nr.	Satz	Mindestens/ höchstens
Anforderung und Prüfung • einer Genehmigung des Familien-, Betreuungs- oder Nachlassgerichts, • einer Vollmachtsbestätigung, privatrechtlichen Zustimmungserklärung eines mittelbar/unmittelbar Beteiligten, • einer privatrechtlichen Verzichtserklärung, • einer Erklärung über die Ausübung/Nichtausübung eines privatrechtlichen (dinglich oder schuldrechtlich) Ankaufs-, Vorkaufs- oder Wiederkaufsrechts eines vorkaufsberechtigten Mieters, • einer Schuldübernahmegenehmigung, Haftungsentlassung, Löschungs- und Freigabebewilligung, Pfandfreigabeeklärung, Nichtvalutierungserklärung, Rangrücktrittserklärung, Stillhalteerklärung, • einer Zustimmung zur Inhaltsänderung eines dinglichen Rechts, Aufhebung eines Erbbaurechts, • eines Grundpfandrechtsbriefs oder Unschädlichkeitszeugnisses, • einer Zustimmung der die Zwangsversteigerung betreibenden Gläubigerin inkl. Rücknahme der Zwangsversteigerung, • einer Sterbeurkunde eines Rechtsinhabers zur Löschung des Rechts, • einer Freistellungserklärung nach der MaBV (Makler- und Bauträgerverordnung), • einer Erbscheinsausfertigung/begl. Abschrift eines Europäischen Nachlasszeugnisses, • eines Testamentsvollstreckerzeugnisses, • eines ausländischen Registerauszugs Entgegennahme und Mitteilung einer betreuungs- oder familiengerichtlichen Genehmigung Erteilung einer Bescheinigung • über die Wirksamkeit eines Rechtsgeschäfts, • nach § 32 GBO Stellung eines Vermessungsantrags Antrag auf Bestellung eines Ergänzungs- oder Nachlasspflegers/ Betreuers oder Ergänzungsbetreuers	22110	0,5	15,00 € / 0,5

Sachverhalt	KV-Nr.	Satz	Mindestens/ höchstens
Einholung und Prüfung einer Genehmigung nach • dem Grundstücksverkehrsgesetz (GrdstVG), • § 22 Baugesetzbuch (BauGB), • § 144 Baugesetzbuch (BauGB), • § 28 Baugesetzbuch (BauGB), • landesrechtlichen Vorschriften (Naturschutz und/oder Denkmalschutz), • der Kirchen-, Stiftungs- oder Kommunalaufsicht.	22112	50,00 € je Tätigkeit	50,00 € / 0,5
Erzeugung von XML-Strukturdaten (elektronischer Vollzug **eigener** Urkunden), wenn **keine** weitere Vollzuggebühr berechnet wird	22114	0,2	15,00 € / 125,00 €
Erzeugung von XML-Strukturdaten (elektronischer Vollzug **eigener** Urkunden) neben einer weiteren Vollzuggebühr	22115	0,1	15,00 € / 125,00 €
Erzeugung von XML-Strukturdaten (elektronischer Vollzug **fremder** Urkunden) *)	22125	0,5	15,00 € / 250,00 €

*) Ist erforderlich, wenn der Vertragsgegenstand eine bestimmte Größenordnung überschreitet. Meist ist landwirtschaftlicher Grundbesitz betroffen. Die Größe variiert von Bundesland zu Bundesland. In Schleswig-Holstein, Brandenburg und Mecklenburg-Vorpommern liegt die Freigrenze z. B. bei 2 ha.

*) Wenn der Notar weder eine Gebühr für das Beurkundungsverfahren noch eine Entwurfsfertigung erhält und **nicht** neben der Gebühr KV-Nr. 25101 (Beglaubigung von Unterschriften auf z. B. einem Löschungsantrag oder einem Nachweis der Verwaltereigenschaft).

7.3.2 Grundpfandrechtsbestellungen

Sachverhalt	KV-Nr.	Satz	Mindestens/ höchstens
Anforderung und Prüfung • einer Genehmigung des Familien- oder Betreuungsgerichts, • einer Vollmachtsbestätigung, privatrechtlichen Zustimmungserklärung eines mittelbar/ unmittelbar Beteiligten, • einer Haftungsentlassung, Löschungsbewilligung, Pfandfreigabeeklärung, Rangrücktrittserklärung, Stillhalteerklärung, • eines Grundpfandrechtsbriefs, • einer Sterbeurkunde eines Rechtsinhabers zur Löschung des Rechts, • einer Erbscheinsausfertigung/begl. Abschrift eines Europäischen Nachlasszeugnisses	22111	0,3	15,00 € / 0,3

Sachverhalt	KV-Nr.	Satz	Mindestens/ höchstens
Entgegennahme und Mitteilung einer betreuungs- oder familiengerichtlichen Genehmigung			
Einholung und Prüfung einer Genehmigung • nach § 144 Baugesetzbuch (BauGB), • der Kirchenaufsicht	22112	50,00 € je Tätigkeit	50,00 € / 0,3
Erzeugung von XML-Strukturdaten, wenn **keine** Vollzugsgebühr (wie vor) berechnet wird	22114	0,2	15,00 € / 125,00 €
Erzeugung von XML-Strukturdaten neben einer Vollzugsgebühr (wie vor)	22115	0,1	15,00 € / 125,00 €
Erzeugung von XML-Strukturdaten (elektronischer Vollzug fremder Grundpfandrechtsurkunden*)	22125	0,5	15,00 € / 250,00 €

*) Wenn der Notar weder eine Gebühr für das Beurkundungsverfahren noch eine Entwurfsfertigung erhält und nicht neben der Gebühr KV-Nr. 25101 (Beglaubigung von Unterschriften auf z. B. einem Löschungsantrag).

Hinweis: Die Gebühren für die Erzeugung der XML-Strukturdaten (KV-Nrn. 22114, 22115, 22125) unterliegen denselben Wertvorschriften wie die Vollzugsgebühren (§ 112 GNotKG) und stehen mit diesen auch in einem Abschnitt des GNotKG, werden aber ansonsten nicht wie die Vollzugsgebühren behandelt.

7.4 Betreuungsgebühren

Grundvoraussetzung der Berechnung einer Betreuungsgebühr:

- Auftrag der Beteiligten
- Notwendigkeit einer Betreuungstätigkeit

Die Betreuungsgebühr entsteht

- in jedem Verfahren nur einmal (§ 93 Abs. 1 S. 1 GNotKG),
- neben (= zusätzlich zu) einer Vollzugs-, Verwahrungs- und Treuhandgebühr.

Merke: Geschäftswert = Wert des Beurkundungsverfahrens (§ 113 Abs. 1 GNotKG)

Bei den Betreuungsgebühren muss auch unterschieden werden, ob ein Immobilienkaufvertrag vorliegt oder eine Grundpfandrechtsbestellung.

7.4.1 Immobilienkaufvertrag

Sachverhalt	KV-Nr.	Satz	Mindestens/ höchstens
Bescheinigung des Notars (durch Eigenurkunde) zur Wirksamkeit eines Vertrags (wenn z. B. eine aufschiebende Bedingung vereinbart wurde).	22200 Nr. 1	0,5	15,00 € / 0,5
Prüfung und Mitteilung des Notars über das Vorliegen der Fälligkeitsvoraussetzungen des vereinbarten Kaufpreises.	22200 Nr. 2	0,5	wie vor
Vorlagesperre der Auflassung/Auflassungsvormerkung oder Vollmacht an den Notar zu einer Bewilligung der Eigentumsänderung durch Eigenurkunde (= z. B. Auflassung nach Kaufpreiszahlung bewilligen/beantragen oder Auflassungsvormerkung nach Vorlage einer Finanzierungsbestätigung des Erwerbers eintragen lassen)	22200 Nr. 3	0,5	wie vor
Verwahrung einer Bürgschaft bei Kaufvertrag (Bauträgervertrag) nach der MaBV (Makler- und Bauträgerverordnung)	22200 Nr. 3	0,5	wie vor
Prüfung der Auszahlungsvoraussetzungen von Geldbeträgen in Zusammenhang mit auf Notaranderkonto hinterlegtem Geldbetrag	22200 Nr. 4	0,5	wie vor

Merke: Waren mehrere der vorstehend angeführten Betreuungstätigkeiten erforderlich, entsteht nie mehr als eine 0,5 Betreuungsgebühr (insgesamt).

7.4.2 Grundpfandrechtsbestellung

Sachverhalt	KV-Nr.	Satz	Mindestens/ höchstens
Anzeige der Abtretung der Auszahlungsansprüche gem. § 409 Abs. 1 S. 1 BGB an den Finanzierungsgläubiger	22200 Nr. 5	0,5	15,00 € / 0,5
Vorlagesperre der Urkunde (= z. B. Grundschuld nach Eintritt einer bestimmten Bedingung, einzureichen, die er zu überwachen hat)	22200 Nr. 3	wie vor	wie vor

Sachverhalt	KV-Nr.	Satz	Mindestens/ höchstens
Entgegennahme der Ausfertigung der Grundschuld aufgrund Vollmacht der Gläubigerin zur Herbeiführung der Bindungswirkung gem. § 873 Abs. 2 BGB	22200 Nr. 7	wie vor	wie vor

7.5 Treuhand- und Verwahrungsgebühr

Sowohl Treuhand- als auch Verwahrungsgebühren können weder an dem Sachverhalt des Immobilienkaufvertrags noch an der Grundpfandrechtsbestellung festgemacht werden. Meistens fallen diese Gebühren im Rahmen der Beurkundung eines Immobilienkaufvertrags an, es ist jedoch auch möglich, dass der Notar einen Treuhandauftrag in Zusammenhang mit einer Grundpfandrechtsbestellung übernehmen muss. Gleiches gilt für die Verwahrung von Geld auf einem Notaranderkonto. Für die Gebührenerhebung ist der Zusammenhang mit dem Rechtsgeschäft (Immobilienkaufvertrag oder Grundpfandrechtsbestellung) hier unerheblich.

Gebühr	Satz	KV-Nr.	Geschäftswert	Entstehungsgrund
Treuhandgebühr *(wird neben/ zusätzlich zu einer Betreuungs-, Vollzugs- und Verwahrungsgebühr berechnet)*	0,5	22201	Wert des Sicherungsinteresses (z. B. Ablösebetrag zzgl. Zinsen) § 113 Abs. 2 GNotKG je Treuhandauftrag gesondert	Der Notar erhält Löschungsunterlagen eines Ablösegläubigers, deren Verwendung von der Zahlung eines Ablösebetrags abhängig gemacht wird. Er übernimmt diesen Treuhandauftrag.
Verwahrungsgebühr *(wird neben/ zusätzlich zu einer Betreuungs-, Vollzugs- und Treuhandgebühr berechnet)*	1,0	25300	Auszahlungsbetrag (= für jeden ausbezahlten Betrag gesondert)	Der Notar verwahrt Geld auf dem Notaranderkonto und zahlt dieses nach der Hinterlegungsvereinbarung seiner Auftraggeber aus.

7.6 Auslagen, Zusatzgebühren und Umsatzsteuer

Auslagen, Zusatzgebühren und die Umsatzsteuer werden sowohl bei Immobilienkaufverträgen als auch bei Grundpfandrechtsbestellungen berechnet. Welches Rechtsgeschäft zugrunde liegt hat keine Auswirkung auf den Anfall der Auslagen/Zusatzgebühren.

Die nachfolgende Tabelle soll einen Einblick in die häufigsten Kosten aus diesem Bereich des GNotKG aufzeigen, wobei die Auslagen grün und die Zusatzgebühren blau gekennzeichnet sind:

Auslage/Gebühr	Betrag	KV-Nr.	Entstehungsgrund (Beispiel)
Dokumentenpauschale 1*)	• 0,15 € je s/w Seite • 0,30 € je farbiger Seite bis DIN-A3	32001	Kopien/Ausfertigungen/Ausdrucke, die **ohne** besonderen Antrag **innerhalb eines Beurkundungsverfahrens** erstellt werden. Ausgenommen ist die Aktenkopie, die immer kostenfrei ist. Ein Telefax steht der Anfertigung einer Kopie gleich.
Dokumentenpauschale 2*)	• bis 50 Seiten in s/w 0,50 € je Seite, für jede weitere Seite in s/w 0,15 € je Seite • bis 50 Seiten in Farbe 1,00 € je Seite, für jede weitere Seite in Farbe 0,30 € je Seite bis DIN-A3	32000	Kopien/Ausfertigungen/Ausdrucke, die **auf** besonderen Antrag erstellt werden. Ein Telefax steht der Anfertigung einer Kopie gleich. Eine Urkunde, auf der lediglich die Unterschrift beglaubigt wurde, wird kopiert.
Dokumentenpauschale 3	1,50 € je Datei, aber 5,00 € maximal je Arbeitsgang (z. B. mehrere Dateien an einem Antrag)	32002	Übermittlung eines Immobilienkaufvertrags/einer Grundpfandrechtsbestellung als Datei (z. B. über XNP an das Grundbuchamt) oder per E-Mail an einen Beteiligten. Muss das Dokument zuvor durch Scannen in die elektronische Form überführt werden, darf der in Rechnung zu stellende Betrag **nicht weniger** als die Dokumentenpauschale nach KV-Nr. 32000 sein. Es ist also ggf. eine Vergleichsberechnung durchzuführen.
Entgelte für Post- und Telekommunikationsdienstleistungen	in voller Höhe	32004	Auslagen für Porto, Telefonate und Telefaxe. Der **Notar darf wählen**, ob er diese Abrechnungsmöglichkeit oder die Pauschale nach KV-Nr. 32005 in Rechnung stellt.

Auslage/Gebühr	**Betrag**	**KV-Nr.**	**Entstehungsgrund (Beispiel)**
Pauschale für Entgelte für Post- und Telekommunikationsdienstleistungen	20 % der Verfahrensgebühr, maximal 20,00 € je Verfahren/sonstigem notariellen Geschäft	32005	Auslagen für Porto, Telefonate und Telefaxe. Der **Notar darf wählen**, ob er diese Pauschale oder den tatsächlichen Auslagenbetrag nach KV-Nr. 32004 in Rechnung stellt. **Immobilienkaufvertrag:** Berechnet der Notar neben der Beurkundungsgebühr eine Vollzugs- und Betreuungsgebühr, darf die Pauschale nur einmal berechnet werden. Wird ferner eine Verwahrungsgebühr berechnet, fällt die Pauschale erneut an. **Grundpfandrechtsbestellung:** Erteilt der Notar eine Rangbescheinigung, erhält er die Pauschale für das Beurkundungsverfahren (der Grundpfandrechtsbestellungsurkunde) und die Rangbescheinigung.
Fahrtkosten 1	0,42 €/km für Hin- **und** Rückfahrt zzgl. ggf. Parkgebühren	32006	Der Notar sucht **im Auftrag der Beteiligten** diese mit dem eigenen Pkw z. B. zu einer Beurkundung oder einer Besprechung auf.
Fahrtkosten 2	in voller Höhe	32007	Der Notar sucht **im Auftrag der Beteiligten** diese mit einem öffentlichen Verkehrsmittel z. B. zu einer Beurkundung oder einer Besprechung auf.
Abruf eines Grundbuchauszugs	in voller Höhe	32011	Der Notar ruft ein elektronisches Grundbuch ab.
Auslagen des elektronisches Urkundenarchivs	2,50 €/4,50 €	32015 !! ohne Umsatzsteuer!!	Der Notar scannt die Urschrift einer Niederschrift zur Aufnahme in das elektronische Urkundenarchiv.

Auslage/Gebühr	Betrag	KV-Nr.	Entstehungsgrund (Beispiel)
Auswärtsgebühr	50,00 €/angefangene halbe Stunde **Beurkundungs- und Fahrzeit**	26002	Der Notar nimmt seine Tätigkeit **auf Wunsch der Beteiligten** außerhalb der Geschäftsstelle (seines Büros) vor. Werden in einem Termin mehrere Urkunden errichtet, ist die Auswärtsgebühr ggf. zeitanteilig auf die Urkunden zu verteilen. Einen Höchstbetrag gibt es bei dieser Zusatzgebühr nicht.
Unzeitgebühr	30 % der Verfahrensgebühr, maximal 30,00 €	26000	Der Notar beurkundet auf **Wunsch der Beteiligten** an einem Sonn- oder Feiertag, Sonnabend vor 08:00 Uhr oder nach 13:00 Uhr, werktags vor 08:00 Uhr oder nach 18:00 Uhr.

*) Beispiel: Der Notar beurkundet einen Immobilienkaufvertrag und erstellt im Rahmen des Vollzugs mehrere beglaubigte und einfache Ablichtungen = KV-Nr. 32001. Zwei Tage nachdem die ersten Vollzugstätigkeiten erfolgt sind, ruft der Erwerber den Notar an und bittet um Übersendung einer weiteren beglaubigten Ablichtung. Hier liegt nun ein besonderer Auftrag vor, der die Dokumentenpauschale nach KV-Nr. 32000 auslöst.

Die nachfolgenden Gebühren gehören weder zu den Auslagen noch den Zusatzgebühren. Sie werden jedoch häufig im Zusammenhang mit den vorstehend angeführten Gebühren, z. B. bei der Einreichung elektronischer Dokumente oder Übermittlung von Urkunden an Dritte (Gericht, Behörden oder Dritte), berechnet:

Gebühr	Betrag	KV-Nr.	Entstehungsgrund (Beispiel)
Beglaubigung von Dokumenten	1,00 €/Seite aber mindestens 10,00 € **je Dokument** *(Der Mindestbetrag einer Gebühr von 15,00 € greift hier nicht, da dies keine Wertgebühr ist.)*	25102	Kann sowohl in der papier- als auch der elektronischen Welt entstehen, wenn die Vorlage einer (elektronisch) beglaubigten Abschrift erforderlich ist. Entsteht nicht neben einer Dokumentenpauschale. Die **Gebühr** darf **nicht erhoben** werden, wenn es sich a) um eine eigene Niederschrift/selbst entworfene Urkunde, die in Urschrift in der Urkundensammlung des Notars verwahrt ist, b) um Anlagen zur eigenen Niederschrift,

Gebühr	Betrag	KV-Nr.	Entstehungsgrund (Beispiel)
			c) um Dokumente, die zur Urkundensammlung des Notars gelangen, handelt. Beispiele: Der Notar fertigt eine beglaubigte Abschrift a) des von ihm beurkundeten Immobilienkaufvertrags, b) einer ihm in Ausfertigung vorgelegten Vollmacht zur Beifügung bei einem von ihm zu beurkundenden Immobilienkaufvertrag, c) des bisher von ihm (in seiner Urkundensammlung) verwahrten Erbvertrags bei Ablieferung desselben an das Nachlassgericht wegen Eintritt des Erbfalls an. Darf die Gebühr nicht erhoben werden, ist eine der Dokumentenpauschalen (KV-Nrn. 32000–32002) zu berechnen. *Die Gebühr darf beispielsweise für die elektronische Übermittlung von „fremden“ Dokumenten an das Grundbuchamt berechnet werden (Vorkaufsrechtsverzichtserklärung, Löschungsbewilligung, Unbedenklichkeitsbescheinigung usw.).*
Der Notar beglaubigt die Unterschrift auf einer von ihm nicht entworfenen Urkunde und leitet diese weiter.	20,00 € (Festgebühr)	22124	Der Notar beglaubigt die Unterschrift auf einem von ihm nicht erstellten Urkundenentwurf (z. B. einer Grundschuld, Löschungsbewilligung oder Vorrangseinräumungserklärung) und wird beauftragt, die Urkunde • beim Grundbuchamt einzureichen. • an einen anderen Notar zu senden.

Am Ende einer jeden Rechnung wird die Umsatzsteuer berechnet:

Tatbestand	Betrag	KV-Nr.	Entstehungsgrund
Umsatzsteuer	19 % auf die Summe aller vorstehend angeführten Auslagen und Gebühren	32014	Gebühren und steuerpflichtige Auslagen werden in Rechnung gestellt.

7.7 Gängige Gerichtskosten im Liegenschaftsrecht

Es kommt in der Praxis immer wieder vor, dass Mandanten nach den zu erwartenden Gerichtskosten in Zusammenhang mit der Beurkundung eines Immobilienkaufvertrags oder eines Grundpfandrechts fragen. Das ist sehr gut nachvollziehbar, denn diese Kosten haben sie zusätzlich zu den durch den Notar berechneten Gebühren und Auslagen zu entrichten. Es ist daher sehr zu empfehlen, stets eine Auflistung der häufigsten Kosten in Griffweite zu haben, um die erbetenen Informationen ohne langes Nachsuchen zu erteilen.

Bei Gericht gibt es wie bei dem Notar auch Wertgebühren, die gem. **§ 34 GNotKG** nach **Tabelle B** ermittelt werden.

Die nachfolgende Auflistung gibt einen Überblick über die gängigen Gerichtskosten im Bereich Liegenschaftsrecht (Hauptabschnitt 4, Grundbuchsachen):

Sachverhalt	Satz/Betrag	KV-Nr.	Wertvorschrift GNotKG
Eintragung Vormerkung (= Auflassungsvormerkung)	0,5	14150	§ 45 Abs. 3 (hälftiger Geschäftswert)
Löschung Vormerkung (= Auflassungsvormerkung)	25,00 € (Festgebühr)	14152	./.
Eintragung Eigentumsänderung	1,0	14110	§ 69 Abs. 1 (Geschäftswert)
Grundbuchberichtigung Abteilung I	1,0	14110	(wie vor)
Grundbuchberichtigung Abteilung I nach Erbfall, wenn Berichtigungsantrag binnen zwei Jahren nach Sterbetag gestellt wird	gebührenfrei	./.	./.
Eintragung Buchgrundpfandrecht	1,0	14121	§ 53 Abs. 1 (Nennbetrag des Rechts)
Eintragung Briefgrundpfandrecht	1,3	14120	§ 53 Abs. 1 (wie vor)
Löschung Recht Abteilung III	0,5	14140	§ 53 Abs. 1 (wie vor)

Sachverhalt	**Satz/Betrag**	**KV-Nr.**	**Wertvorschrift GNotKG**
Pfand/Mithaftentlassung	0,3	13142	§ 44 Abs. 1 (Geschäftswert des entlassenen oder einbezogenen Grundstücks ermitteln = geringerer Wert ist maßgebend)
Eintragung Reallast	1,0	14121	§ 52 (je nach Rechtsinhalt)
Eintragung Widerspruch	50,00 € (Festgebühr)	14151	./.
Dokumentenpauschale	entsprechen den KV-Nrn. 32000 + 32002 (Auslagen)	31000	./.

Zusammenfassung

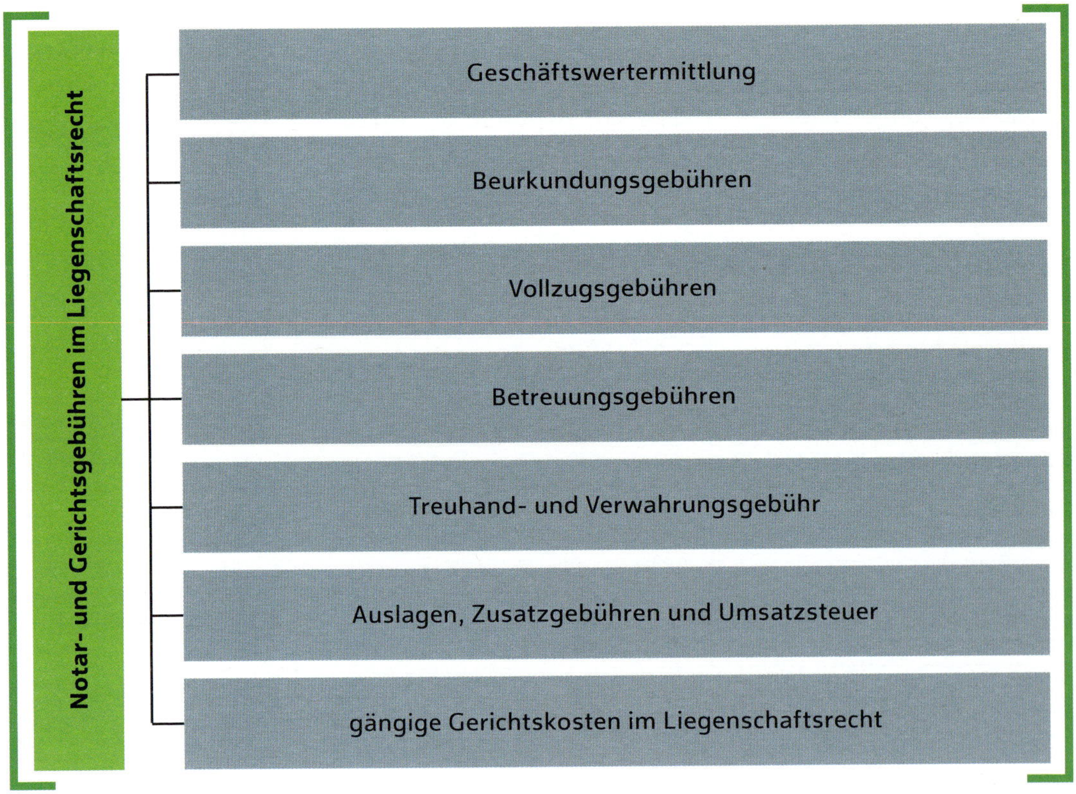

Wiederholung und Vertiefung

1. Andreas Fröhlich erwirbt von der Gemeinde Schönhausen ein unbebautes Grundstück zu einem Kaufpreis von 80.000,00 €. Er verpflichtet sich, dieses Grundstück innerhalb der nächsten drei Jahre mit einem Einfamilienhaus zu bebauen. Wie wird der Geschäftswert des Immobilienkaufvertrags berechnet und welche Paragrafen bilden die Grundlage?
2. Tatjana Mittermeier erwirbt ein Grundstück und verpflichtet sich, neben der Zahlung eines Kaufpreises von 55.000,00 €, dieses innerhalb der nächsten fünf Jahre nicht weiter zu veräußern. Wie wird der Geschäftswert des Immobilienkaufvertrags berechnet und welche Paragrafen bilden die Grundlage?
3. Nennen Sie einige Beispiele für Tatbestände, die bei einem Immobilienkaufvertrag denselben Gegenstand i. S. d. § 109 GNotKG bilden?
4. Wofür erhält der Notar eine Treuhandgebühr?
5. Der Eigentümer bestellt zugunsten eines Kreditinstituts ein Grundpfandrecht in Höhe von 1.000.000,00 €. Die Bestellung erfolgt lediglich mit formellen Erklärungen. Wegen eines rangletzten Teilbetrags von 100.000,00 € unterwirft sich der Eigentümer der sofortigen Zwangsvollstreckung in dinglicher und persönlicher Hinsicht.
   a) Ermitteln Sie in nachvollziehbarer Weise die Gebühr/-en der Grundpfandrechtsbestellung.
   b) Zur rangrichtigen Eintragung des Grundpfandrechts ist eine Rangrücktrittserklärung erforderlich, die der Notar unter Übersendung eines entsprechenden Urkundenentwurfs anfordert. Was kann er hierfür berechnen?
   c) Da das Grundbuchamt einige Zeit zur Eintragung des Grundpfandrechts benötigt, bittet der Eigentümer den Notar, eine notarielle Rangbescheinigung zu erteilen. Was kann der Notar hierfür in Rechnung stellen?
   d) Der Notar reicht die Grundpfandrechtsbestellungsurkunde auf elektronischem Wege beim Grundbuchamt ein. Was darf der Notar in diesem Fall berechnen? Begründen Sie Ihre Antwort.
6. Notarin Katharina Marschner beurkundet einen Immobilienkaufvertrag, der die Veräußerung eines Einfamilienhauses inkl. Garage zum Inhalt hat.
   Der Kaufpreis beträgt insgesamt 365.000,00 €. Mitverkauft werden eine Küche sowie die gesamte Einrichtung des Flurs. Diese Gegenstände werden mit 13.500,00 € bewertet.
   Sie werden von der Notarin gebeten, die weitere Abwicklung des Vertrags vorzunehmen. Sie lesen sich den Text der Urkunde noch einmal durch und finden folgende zusammengefasste Elemente vor, die Sie sich notieren:
   - Vollzugsauftrag an Notarin Katharina Marschner
   - Grundbuchinhalt durch elektronischen Grundbuchabruf feststellt:

   Abteilung II: Nr. 1 Sanierungsverfahren

   Abteilung III: lastenfrei
   - keine Finanzierung, Kaufpreiszahlung direkt an Veräußerer

- Fälligkeitsanzeige, wenn Vorkaufsrechtsverzichtserklärung und Genehmigung nach § 144 BauGB vorliegen
- Eigentumsänderung, wenn Kaufpreis bezahlt wurde und Unbedenklichkeitsbescheinigung vorliegt
- Erwerber zahlt Kosten der Beurkundung usw.
- Von dieser Urkunde (14 Seiten) erhalten:
  - elektronisch beglaubigte Abschrift: AG – Grundbuchamt
  - beglaubigte Abschriften: Vertragsparteien (3)
  - einfache Abschriften: Gemeinde, Finanzamt – Grunderwerbsteuerstelle –, Makler
  - einfache Datei: Gutachterausschuss

Sie fordern die Genehmigung nach § 144 BauBG, die Vorkaufsrechtsverzichtserklärung und die Unbedenklichkeitsbescheinigung an, stellen den Antrag auf Eintragung einer Auflassungsvormerkung und senden dem Gutachterausschuss eine Kopie (Datei) des Vertrags via XNP. Die Post- und Telekommunikationsentgelte werden pauschal abgerechnet.
Nachdem alle erforderlichen Unterlagen vorliegen, wird die Fälligkeit des Kaufpreises beim Erwerber angezeigt, der Veräußerer erhält eine Abschrift.
Der Veräußerer bestätigt der Notarin den Geldeingang schriftlich und fügt einen Kontoauszug bei. Der Antrag auf Eigentumsänderung wird auf elektronischem Weg unter Beifügung der zur Eintragung erforderlichen Dokumente (in elektronisch beglaubigter Abschrift) bei dem zuständigen Amtsgericht – Grundbuchamt – gestellt.
Erstellen Sie die Kostenrechnung der Notarin Katharina Marschner.

7. Berechnen Sie in nachvollziehbarer Weise den Geschäftswert zu folgenden Sachverhalten in Bezug auf Nutzungs- und Leistungsrechte unter Nennung der Vorschrift des GNotKG. Notieren Sie jeweils ferner, ob es sich um eine Nutzung/Leistung von bestimmter, unbestimmter, unbeschränkter oder auf die Lebensdauer einer/mehrerer Personen handelt.

a) Der Eigentümer einer Immobilie räumt dem jeweiligen Eigentümer der benachbarten Immobilie das Recht ein, sein Grundstück zum Gehen und Fahren mitzubenutzen.
Der Jahreswert des Rechts beträgt 500,00 €.

b) Thorsten Bauer erhält von den eigenen Eltern eine Immobilie geschenkt. Dafür räumt er Ihnen auf Lebensdauer des Längstlebenden ein Wohnrecht ein.
Der Jahreswert dieses Rechts beträgt 1.200,00 €. Der Vater ist geboren am 01.04.1945, die Mutter am 10.12.1963.

c) Birgit Schröder räumt ihrem Sohn auf dessen Lebensdauer ein Wohnrecht als Mitbenutzungsrecht an der in ihrem Eigentum befindlichen Immobilie ein. Der Jahreswert des Rechts wird mit 750,00 € angegeben. Birgit Schröder ist am 23.12.1966 geboren, ihr Sohn am 31.12.1989.

d) Der Eigentümer einer Immobilie räumt dem jeweiligen Eigentümer der vorgelagerten Immobilie das Recht ein, sein Grundstück vom Tag der Eintragung des Rechts im Grundbuch ab für dreißig Jahre zum Gehen und Fahren mitzubenutzen. Der Jahreswert dieses Rechts beträgt 100,00 €.

e) Der Eigentümer einer Immobilie räumt dem jeweiligen Eigentümer der benachbarten Immobilie das Recht ein, sein Grundstück so lange zu betreten, bis dessen eigene Zufahrt fertiggestellt ist. Der Jahreswert dieses Rechts beträgt 500,00 €.

f) Martina Schütte erhält von ihren Eltern eine Immobilie geschenkt. Als Gegenleistung räumt sie ihren Eltern auf Lebensdauer des zuerst Versterbenden ein Wohnrecht ein. Der Jahreswert dieses Rechts beträgt 1.200,00 €. Der Vater ist geboren am 01.04.1945, die Mutter am 10.12.1953.

8 Führen des erforderlichen Schriftverkehrs

In liegenschaftsrechtlichen Sachen gibt es die unterschiedlichsten Korrespondenzpartner.

Zu Beginn erhalten die Auftraggeber den nach einer (persönlichen oder fernmündlichen) Besprechung (mit dem Notar oder einer Notarfachangestellten) gefertigten Urkundenentwurf zur Durchsicht und Prüfung. Im Anschluss an die Beurkundung erhalten die Auftraggeber (beispielsweise Veräußerer und Erwerber) je eine beglaubigte Abschrift der Urkunde und werden nach Möglichkeit informiert, dass die weitere Abwicklung/der Vollzug in die Wege geleitet wurde.

Bei der Abwicklung eines Immobilienkaufvertrags wird immer Schriftverkehr mit dem Grundbuchamt geführt. Dies erfolgt in den meisten Bundesländern noch per normaler (papiermäßiger) Post, in einigen sind Anträge, wie es auch im Registerrecht schon lange üblich ist, ausschließlich auf elektronischem Weg (z.B. in Hessen, Niedersachsen, Bayern, Schleswig-Holstein, Sachsen und Baden-Württemberg) möglich.

Der Notar hat, wenn er mit der Durchführung (dem Vollzug) einer Liegenschaftssache beauftragt wurde, die Unterlagen anzufordern, die zu einem grundbuchlichen Vollzug erforderlich sind. Das kann beispielsweise bei einer Grundpfandrechtsbestellung die Löschungsbewilligung oder Rangrücktrittserklärung einer vorrangigen Gläubigerin sein oder bei einem Immobilienkaufvertrag die Einholung der Verzichtserklärung der Gemeinde/Stadt auf das gesetzliche Vorkaufsrecht.

Jeder Brief sollte möglichst übersichtlich und gut verständlich formuliert werden. Anträge an das Grundbuchamt können eingerückt und/oder fett gedruckt werden, damit sie für die dortigen Sachbearbeiter (= Rechtspfleger/Urkundsbeamten der Geschäftsstelle) gut erkennbar sind. Das ist vor allem wichtig, wenn mehrere und unterschiedliche Anträge gestellt werden müssen.

Um die täglich wiederkehrenden Abläufe in Liegenschaftssachen zu vereinfachen, ist es unbedingt notwendig, eine Reihe von Musterdokumenten zu erstellen. Das kann etwa ein Antragsschreiben an das Grundbuchamt mit einer Auswahl an unterschiedlichen Anträgen sein, die bei Bedarf dem konkreten Fall angepasst werden können.

Hinweis: Der Briefbogen der Kanzlei befindet sich im Downloadbereich. Grundlagen dieses Briefbogens sind die Form B und das Anschriftfeld mit Rücksendeangabe. Den Briefbogen finden Sie unter dem vorne abgedruckten Webcode zum Buch.

Lernsituation

Karsten Neumann hat mit den Eheleuten Dagmar und Frank Sparmann vor der Notarin Katharina Marschner den Kaufvertrag über die Veräußerung einer Immobilie in Darmstadt unterzeichnet. Der Inhalt des Vertrags ist aus Kap. 5 zu entnehmen.

Jana Seidel erhält von Notarin Katharina Marschner den unterzeichneten Vertrag und wird von dieser gebeten, schnellstmöglich den Antrag auf Eintragung einer Auflassungsvormerkung bei dem zuständigen Amtsgericht – Grundbuchamt – zu stellen, damit der Anspruch der Erwerber unverzüglich grundbuchlich gesichert wird. Jana Seidel überarbeitet den Kaufvertrag und druckt ihn erneut aus.

Der Antrag ist unter Beachtung des § 15 GBO zu stellen. Das Gericht soll die erste Ausfertigung des Kaufvertrags mit der weiteren Bitte erhalten, den Eingang des Antrags auf beigefügtem Doppel des Antragsschreibens zu bestätigen sowie die anfallenden Gerichtskosten beim Erwerber anzufordern.

Arbeitsaufträge:

a) Erstellen Sie den Antrag mithilfe folgender Daten:
   - Aktenzeichen der Notarin: UR Neumann/Sparmann
   - Kaufvertrag vom 14.05.2025 (UVZ-Nr. 450/2025 Notarin Katharina Marschner)
   - Der Grundbesitz ist im Grundbuch von Darmstadt-Mitte, Blatt 1555 verzeichnet.
   - Die Grundakten werden nicht elektronisch geführt.
   - Amtsgericht Darmstadt, Mathildenplatz 12, 64283 Darmstadt
   - Jana Seidel erstellt das Antragschreiben am 15.05.2025.

b) Wie würde der Antrag auf Eintragung der Auflassungsvormerkung (inklusive elektronischem Beglaubigungsvermerk) aussehen, wenn die Grundakten beim Amtsgericht Darmstadt elektronisch geführt würden und der Antrag per XNP eingereicht würde?

c) Vergleichen Sie untereinander Ihre Ergebnisse.

d) Reflektieren Sie anschließend Ihr Wissen.

In Liegenschaftssachen, insbesondere bei der Durchführung eines Immobilienkaufvertrags, ist es in der Regel wiederholt notwendig, Anträge an das Grundbuchamt zu richten.

Hat der Notar die der grundbuchlichen Eintragung zugrunde liegende Urkunde beurkundet oder beglaubigt, gilt er gem. § 15 Abs. 2 GBO als ermächtigt, Anträge im Namen der Beteiligten zu stellen. Daraus folgt, dass er nicht nur der Bote der Beteiligten ist, sondern auch Empfänger der Eintragungsbenachrichtigungen und Zwischenverfügungen des Grundbuchamts, die er an die Beteiligten weiterzuleiten hat.

8.1 Antrag auf Änderung des Eigentums an das Grundbuchamt

Der erste Antrag aus einem Immobilienkaufvertrag beinhaltet immer die Eintragung einer Eigentumsvormerkung/Auflassungsvormerkung. Der Notar sollte unverzüglich nach Beurkundung eines solchen Vertrags dafür sorgen, dass die Vormerkung in das kaufgegenständliche Grundbuch eingetragen wird. Die Eintragung einer Auflassungsvormerkung schützt den Erwerber u. a. vor einem anderweitigen Verkauf durch den Veräußerer oder dessen Insolvenz.

Finanziert der Erwerber den Kaufpreis zum Erwerb der Immobilie, wird das geldgebende Kreditinstitut (= Finanzierungsgläubiger) eine Sicherheit fordern. Als Sicherheit wird (in der Regel) ein Grundpfandrecht im kaufgegenständlichen Grundbuch zugunsten des Finanzierungsgläubigers eingetragen. Der Notar stellt auch diesen Eintragungsantrag bei dem zuständigen Grundbuchamt.

Bei Abwicklung eines Immobilienkaufvertrags wird nach Kaufpreiszahlung die Eigentumsänderung beantragt. Dem Antrag sind neben einer die vollständige Auflassung beinhaltenden Vertragsausfertigung oder einer entsprechenden Eigenurkunde des Notars weitere Unterlagen beizufügen. Beispiele hierfür sind:

- bei einem Kaufvertrag über ein bebautes Grundstück: die Verzichtserklärung der Gemeinde/Stadt auf das gesetzliche Vorkaufsrecht gem. § 24 BauGB
- bei einem Kaufvertrag über ein Wohnungseigentum: die Verwalterzustimmung
- bei einem Kaufvertrag über ein Erbbaurecht: die Zustimmung des Grundstückseigentümers
- bei Kaufverträgen allgemein:
  - Löschungsunterlagen von Ablösegläubigern (Löschungsbewilligung/Grundpfandrechtsbrief)
  - die Unbedenklichkeitsbescheinigung des Finanzamts

Gemäß § 13 Abs. 1 GBO soll nur der Notar die Änderung des Eigentums beantragen.

Situationsbeschreibung: Gabriele und Peter Seitz haben am 29.02.2025 zur UVZ-Nr. 234/2025 der Notarin Katharina Marschner gemeinsam mit Brigitte und Carsten Jandt einen Immobilienkaufvertrag unterzeichnet. Die kaufgegenständliche Immobilie ist im Grundbuch von Timmendorfer Strand, Blatt 4296 eingetragen. Notarin Katharina Marschner wurde mit dem Vollzug des Vertrags beauftragt. Sie beantragt nach Zahlung des Kaufpreises bei dem zuständigen

Amtsgericht – Grundbuchamt – in Eutin auf elektronischem Weg die Änderung des Eigentums unter Löschung der zugunsten der Erwerber eingetragenen Auflassungsvormerkung. Ferner wird die Löschung des in Abteilung III unter Nr. 1 eingetragenen Grundpfandrechts beantragt. Notarin Katharina Marschner veranlasst Oxana Schuhmann, die notwendigen Dokumente in die elektronische Form zu überführen und das Antragsschreiben so zu fertigen, dass es lediglich elektronisch erzeugt und somit nicht händisch unterzeichnet wird, inklusive elektronischem Beglaubigungsvermerk. Oxana Schuhmann verfasst den Antrag am 30.06.2025 und fügt elektronisch beglaubigte Abschriften der Vorkaufsrechtsverzichtserklärung der Gemeinde Timmendorfer Strand, der Löschungsbewilligung der Gläubigerin des Rechts Abteilung III Nr. 1 sowie der steuerlichen Unbedenklichkeitsbescheinigung bei. In dem Eigentumsänderungsantrag ist die Eigenurkunde der Notarin zur Vervollständigung (Bewilligung und Antrag) der Auflassung sowie eine Bezugnahme auf den bereits eingereichten Kaufvertrag enthalten. Der Vorgang wird bei Notarin Katharina Marschner unter der Bezeichnung UVZ Seitz/Jandt geführt.

Katharina Marschner
Rechtsanwältin & Notarin

Anwaltsnotariat Marschner, Wilhelminenplatz 220, 64283 Darmstadt
Per XNP
Amtsgericht Eutin
Grundbuchamt
Jungfernstieg 2
23701 Eutin

Wilhelminenplatz 220
64283 Darmstadt
Telefon: +49 621 9999999-0
Telefax: +49 621 9999999-1
E-Mail: kontakt@ra-marschner.de

Bankverbindung: Commerzbank Darmstadt
IBAN: DE41 5084 0005 0000 5638 12
USt-IdNr.: DE999999999

Datum: 30.06.2025

UVZ Seitz/Jandt

Zur elektronischen Grundakte von

Timmendorfer Strand, Blatt 4296

füge ich anliegend unter Bezugnahme auf den bereits vorliegenden Kaufvertrag vom 29.02.2025 (UVZ-Nr. 234/2025 Notarin Katharina Marschner) folgende elektronisch beglaubigten Dokumente bei:

- Vorkaufsrechtsverzichtserklärung der Gemeinde Timmendorfer Strand
- Löschungsbewilligung der Gläubigerin III Nr. 1
- Unbedenklichkeitsbescheinigung des Finanzamts

mit dem Antrag – namens der Antragsberechtigten gem. §§ 13 Abs. 1, 15 Abs. 2 GBO – dem gestellten Antrag auf

Löschung des Rechts III Nr. 1
Löschung der Auflassungsvormerkung
Eigentumsänderung

zu entsprechen.

Im Hinblick auf die mir im eingangs bezeichneten Vertrag erteilten Vollmacht **bewillige und beantrage ich** hiermit namens der Vertragsparteien die Eintragung der Eigentumsänderung in das Grundbuch.

Die Gebühren für die Löschung des Grundpfandrechts wollen Sie bitte vom Veräußerer, alle weiteren Gebühren vom Erwerber anfordern.

(L.S) gez. Katharina Marschner
Notarin

Seite 1 von 2

Hiermit beglaubige ich die Übereinstimmung der in dieser Datei enthaltenen Bilddaten (Abschrift) mit dem vorliegenden Papierdokument (Urschrift).

Darmstadt, 30.06.2025

(L.S.) gez. Katharina Marschner
Notarin

Seite 2 von 2

8.2 Antrag auf Eintragung eines Grundpfandrechts an das Grundbuchamt

Bei Grundpfandrechtsbestellungen wird entweder

- eine Ausfertigung (= bei Niederschrift/Verhandlung und papiermäßig geführtem Grundbuch),
- das Original (= bei Unterschriftsbeglaubigung und papiermäßig geführtem Grundbuch) oder
- elektronisch beglaubigter Ablichtung (= bei elektronisch geführtem Grundbuch unabhängig von der Form)

bei dem zuständigen Grundbuchamt eingereicht.

Auch einem Antrag auf Eintragung eines Grundpfandrechts können je nach Grundbuchinhalt und/oder notwendiger Rangstelle weitere Unterlagen beizufügen sein. Beispiele hierfür sind:

- bei einem Grundpfandrecht im Sanierungsgebiet (= Abt. II weist einen Sanierungsvermerk aus): die Genehmigung gem. § 144 BauGB
- bei einem Grundpfandrecht, das ein Erbbaurecht belastet: die Belastungszustimmung des Grundstückseigentümers
- bei einem Grundpfandrecht allgemein:
  - Löschungsunterlagen (Löschungsbewilligung/Grundpfandrechtsbrief) oder
  - Vorrangseinräumungserklärung/Rangrücktrittserklärung
    einer vorrangigen Gläubigerin/Berechtigten

Situationsbeschreibung: Notarin Katharina Marschner hat am 07.04.2025 unter der Urkundenverzeichnisnummer 453/2025 ein Grundpfandrecht durch Erklärung des Eigentümers Günther Geldnot beurkundet. Sie bittet Oxana Schuhmann, am 11.04.2025 eine Ausfertigung der Urkunde an das zuständige Amtsgericht – Grundbuchamt – in 28217 Bremen, Altonaer Straße 3, verbunden mit dem Eintragungsantrag, zu senden. Das Grundbuchamt soll den Eingang des Antrags bestätigen und die Gerichtskosten vom Eigentümer anfordern. Das Grundbuch lautet: Bremen, Blatt 3456. Das Grundpfandrecht betrifft die Sache UVZ Geldnot, Günther (GS).

Katharina Marschner
Rechtsanwältin & Notarin

Wilhelminenplatz 220
64283 Darmstadt
Telefon: +49 621 9999999-0
Telefax: +49 621 9999999-1
E-Mail: kontakt@ra-marschner.de

Bankverbindung: Commerzbank Darmstadt
IBAN: DE41 5084 0005 0000 5638 12
USt-IdNr.: DE999999999

Datum: 11.04.2025

Anwaltsnotariat Marschner, Wilhelminenplatz 220, 64283 Darmstadt
Amtsgericht Oldenburg
Grundbuchamt
Altonaer Straße 3
28217 Bremen

UVZ Geldnot, Günther (GS)

Zu den Grundakten von

Bremen, Blatt 3456

überreiche ich anliegend:

1. Ausfertigung der Grundpfandrechtsbestellungsurkunde vom 07.04.2025 (UVZ-Nr. 453/2025 Notarin Katharina Marschner)

mit dem Antrag – in Ermächtigung gem. § 15 Abs. 2 GBO - ,

den in der anliegenden Urkunde enthaltenen Anträgen

zu entsprechen.

Die Gebühren wollen Sie bitte vom Eigentümer anfordern.

Beiliegende Durchschrift erbitte ich zurück.

Katharina Marschner
Notarin

Anlage

8.3 Kostenrechnungen erstellen

Im Liegenschaftsrecht gibt es eine Fülle unterschiedlicher Abrechnungen. Bei jedem Vorgang muss erst geprüft werden, wer Kostenschuldner ist. Erst dann kann die Abrechnung erstellt und versendet werden.

Bei einer Grundpfandrechtsbestellung schuldet der Besteller (= Eigentümer), der die Grundpfandrechtsbestellungsurkunde unterzeichnet, die Notarkosten. Bei einem Immobilienkaufvertrag hat man mindestens zwei mögliche Kostenschuldner. Gegenüber dem Notar (sowie dem Gericht und dem Finanzamt) schulden beide (Veräußerer und Erwerber) alle anfallenden Gebühren und Auslagen. Im Vertrag wird allerdings regelmäßig vereinbart, dass einen Teil der Kosten (beispielsweise Löschungskosten) der Veräußerer und einen Teil der Erwerber (beispielsweise Beurkundungs- und Betreuungskosten für den Vertrag) zahlt. Entsprechend dieser Vereinbarungen stellt der Notar seine Rechnung.

8.3.1 Kostenrechnung Grundpfandrechtsbestellung

Situationsbeschreibung: Alfred Tetzlaff, Muffelmannstraße 12, 10115 Berlin, benötigt für Renovierungsarbeiten an seinem Wohnhaus ein Darlehen. Zur Absicherung des Darlehens verlangt die Darlehensgeberin die Eintragung eines Grundpfandrechts (Grundschuld) im Grundbuch des Alfred Tetzlaff in Höhe von 150.000,00 € nebst 18 % Jahreszinsen und einer einmaligen Nebenleistung von 5 % des Grundschuldkapitals. Alfred Tetzlaff bestellt das Grundpfandrecht bei der Notarin Katharina Marschner und beauftragt diese mit dem grundbuchlichen Vollzug. Notarin Katharina Marschner übergibt die Urkunde Jana Seidel und veranlasst diese, eine Ausfertigung der Urkunde vom 21.02.2025 (UVZ-Nr. 31/2025) an das zuständige Grundbuchamt (papiergeführt) zu senden und den Antrag auf Eintragung zu stellen. Jana Seidel erstellt ferner am 03.03.2025 die Kostenrechnung unter der Rechnungsnummer: 213/2025. Sie rechnet zehn Kopien und 4,05 € für Porto ab.

Katharina Marschner
Rechtsanwältin & Notarin

Wilhelminenplatz 220
64283 Darmstadt
Telefon: +49 621 9999999-0
Telefax: +49 621 9999999-1
E-Mail: kontakt@ra-marschner.de

Bankverbindung: Commerzbank Darmstadt
IBAN: DE41 5084 0005 0000 5638 12
USt-IdNr.: DE999999999

Datum: 03.03.2025

Anwaltsnotariat Marschner, Wilhelminenplatz 220, 64283 Darmstadt
Herrn
Alfred Tetzlaff
Muffelmannstraße 12
10115 Berlin

Rechnungsnummer: 213/2025
Leistungszeitraum: 21.02.2025 – 03.03.2025
UVZ-Nr. 31/2025 Notarin Katharina Marschner

Kostenrechnung der Notarin Katharina Marschner
gem. § 19 GNotKG

Bezeichnung	Geschäftswert	KV-Nr.	Satz	Betrag
Beurkundungsverfahren, Grundschuldbestellung § 53 Abs. 1 GNotKG	150.000,00 €	21200	1,0	54,60 €
Dokumentenpauschale (10 Seiten s/w)		32001		1,50 €
Post und Telekommunikationsentgelt		32004		4,05 €
Zwischensumme				60,15 €
19 % Umsatzsteuer		32014		11,43 €
Auslagen eUrkundensammlung		32015		4,50 €
Summe				76,08 €

Rechtsbehelfsbelehrung
Fragen zu dieser Rechnung beantworte ich Ihnen jederzeit gerne. Sie haben auch die Möglichkeit, eine Entscheidung des Landgerichts Darmstadt, Mathildenplatz 13/15, 64283 Darmstadt, zu beantragen. Der Antrag bei Gericht muss schriftlich oder zur Niederschrift der Geschäftsstelle des Landgerichts gestellt werden und unterliegt keiner Frist. Er muss jedoch grundsätzlich bis zum Ablauf des Kalenderjahrs, das auf das Jahr folgt, in dem Ihnen die vollstreckbare Ausfertigung der Kostenrechnung zugestellt ist, dem Gericht vorgelegt werden.

Katharina Marschner
Notarin

8.3.2 Kostenrechnung Immobilienkaufvertrag

Situationsbeschreibung auf Grundlage des Immobilienkaufvertrags in Kap. 5 (Erstabrechnung): Notarin Katharina Marschner beurkundet einen Immobilienkaufvertrag, der den Verkauf eines Einfamilienhauses zum Inhalt hat. Der Erwerber, die Eheleute Dagmar und Frank Sparmann, wohnhaft in 64293 Darmstadt, Otto-Röhm-Straße 50, haben die Kosten der Beurkundung und des Vollzugs übernommen. Der Veräußerer, Karsten Neumann wohnhaft in 64289 Darmstadt, Müllerstraße 13, trägt die Kosten der Lastenfreistellung bei Notar, Ablösegläubigerin und Grundbuchamt. Jana Seidel erhält den Kaufvertrag von Notarin Katharina Marschner zur Abwicklung und Erstellung der Kostenrechnung/-en. Sie stellt den Antrag auf Eintragung einer Auflassungsvormerkung beim Amtsgericht – Grundbuchamt – Darmstadt unter Beifügung einer Vertragsausfertigung, fordert die Vorkaufsrechtsverzichtserklärung der Stadt Darmstadt sowie die Löschungsbewilligung der im Grundbuch eingetragenen Grundschuld an und fertigt eine Veräußerungsanzeige, die sie dem zuständigen Finanzamt – Grunderwerbsteuerstelle – zuschickt. Anschließend scannt sie den Vertrag und lädt ihn in die elektronische Urkundensammlung hoch. Der Kaufvertrag wurde am 14.05.2025 (UVZ-Nr. 450/2025) beurkundet. Jana Seidel erstellt am 17.05.2025 die Kostenrechnung/-en unter den Rechnungsnummern: 213/2025 und 214/2025. Der Kaufvertrag hat zehn Seiten. Es werden sechs Kopien gefertigt, wovon eine für die Akte der Notarin bestimmt ist. Post und Telekommunikation wird pauschal in Rechnung gestellt. Es wurde bisher ein Grundbuchauszug abgerufen.

Katharina Marschner
Rechtsanwältin & Notarin

Wilhelminenplatz 220
64283 Darmstadt
Telefon: +49 621 9999999-0
Telefax: +49 621 9999999-1
E-Mail: kontakt@ra-marschner.de

Bankverbindung: Commerzbank Darmstadt
IBAN: DE41 5084 0005 0000 5638 12
USt-IdNr.: DE999999999

Datum: 17.05.2025

Anwaltsnotariat Marschner, Wilhelminenplatz 220, 64283 Darmstadt
Eheleute
Dagmar und Frank Sparmann
Otto-Röhm-Straße 50
64293 Darmstadt

Rechnungsnummer: 213/2025
Leistungszeitraum: 14.05.2025 – 17.05.2025
UVZ-Nr. 450/2025 Notarin Katharina Marschner

Kostenrechnung der Notarin Katharina Marschner
gem. § 19 GNotKG

Bezeichnung	Geschäftswert	KV-Nr.	Satz	Betrag
Beurkundungsverfahren, § 47, § 97 GNotKG	250.000,00 €	21100	2,0	1.070,00 €
Vollzugsgebühr, § 112 GNotKG	250.000,00 €	22110/22112	0,5	50,00 €
Dokumentenpauschale (50 Seiten s/w)		32001		7,50 €
Post und Telekommunikations-pauschale		32005		20,00 €
Auslagen Grundbuchabruf		32011		8,00 €
Zwischensumme				1.155,50 €
19 % Umsatzsteuer		32014		219,55 €
Auslagen eUrkundensammlung		32015		4,50 €
Summe				1.379,55 €

Rechtsbehelfsbelehrung
Fragen zu dieser Rechnung beantworte ich Ihnen jederzeit gerne. Sie haben auch die Möglichkeit, eine Entscheidung des Landgerichts Darmstadt, Mathildenplatz 13/15, 64283 Darmstadt, zu beantragen. Der Antrag bei Gericht muss schriftlich oder zur Niederschrift der Geschäftsstelle des Landgerichts gestellt werden und unterliegt keiner Frist. Er muss jedoch grundsätzlich bis zum Ablauf des Kalenderjahrs, das auf das Jahr folgt, in dem Ihnen die vollstreckbare Ausfertigung der Kostenrechnung zugestellt ist, dem Gericht vorgelegt werden.

Katharina Marschner
Notarin

Katharina Marschner
Rechtsanwältin & Notarin

Wilhelminenplatz 220
64283 Darmstadt
Telefon: +49 621 9999999-0
Telefax: +49 621 9999999-1
E-Mail: kontakt@ra-marschner.de

Bankverbindung: Commerzbank Darmstadt
IBAN: DE41 5084 0005 0000 5638 12
USt-IdNr.: DE999999999

Datum: 17.05.2025

Anwaltsnotariat Marschner, Wilhelminenplatz 220, 64283 Darmstadt
Herrn
Karsten Neumann
Müllerstraße 13
64289 Darmstadt

Rechnungsnummer: 214/2025
Leistungszeitraum: 14.05.2025 – 17.05.2025
UVZ-Nr. 111/2025 Notarin Katharina Marschner

Kostenrechnung der Notarin Katharina Marschner
gem. § 19 GNotKG

Bezeichnung	**Geschäftswert**	**KV-Nr.**	**Satz**	**Betrag**
Vollzugsgebühr, § 112 GNotKG (Anteil von 267,50 €)	250.000,00 €	22110	0,5	217,50 €
19 % Umsatzsteuer		32014		41,33 €
Summe				258,88 €

Rechtsbehelfsbelehrung
Fragen zu dieser Rechnung beantworte ich Ihnen jederzeit gerne. Sie haben auch die Möglichkeit, eine Entscheidung des Landgerichts Darmstadt, Mathildenplatz 13/15, 64283 Darmstadt, zu beantragen. Der Antrag bei Gericht muss schriftlich oder zur Niederschrift der Geschäftsstelle des Landgerichts gestellt werden und unterliegt keiner Frist. Er muss jedoch grundsätzlich bis zum Ablauf des Kalenderjahrs, das auf das Jahr folgt, in dem Ihnen die vollstreckbare Ausfertigung der Kostenrechnung zugestellt ist, dem Gericht vorgelegt werden.

Katharina Marschner
Notarin

Hinweis: Bei diesen Rechnungsbeispielen wurde die Vollzugsgebühr zwischen Veräußerer und Erwerber aufgeteilt. Hätte der Veräußerer kein Grundpfandrecht im Grundbuch eingetragen, das der Löschung bedarf, wäre für den Erwerber lediglich eine Vollzugsgebühr nach KV-Nr. 22112 in Höhe von 50,00 € angefallen (= Anforderung der Vorkaufsrechtsverzichtserklärung). Daher zahlt der Erwerber die (ohnehin auf ihn entfallenden) 50,00 € und der Veräußerer die Differenz bis zu dem Gebührensatz von 0,5 (hier: 217,50 €). Die Vollzugsgebühr von 0,5 beträgt bei einem Geschäftswert von 250.000,00 € insgesamt 267,50 €. Ob eine Verteilung zwischen den Parteien vorgenommen wird, entscheidet der jeweilige Notar bzw. die Vertragsparteien. Eine verbindliche gesetzliche Vorschrift gibt es hierfür nicht. In einigen Notariaten wird die Vollzugsgebühr stets beim Erwerber und auch in Höhe von 0,5 abgerechnet und zwar unabhängig davon, ob dieser für die Auslösung der Gebühr „verantwortlich" ist oder nicht. Später werden bei diesem Beispiel eine Betreuungsgebühr (für die Anzeige der Kaufpreisfälligkeit) und ggf. eine Treuhandgebühr (wenn die Löschungsunterlagen unter Auflagen erteilt werden) anfallen.

Zusammenfassung

Führen des erforderlichen Schriftverkehrs

- Antrag auf Eintragung eines Grundpfandrechts an das Grundbuchamt
- Antrag auf Änderung des Eigentums an das Grundbuchamt
- Kostenrechnungen erstellen

Wiederholung und Vertiefung

1. Thomas Gärtner benötigt zur Errichtung einer Garage auf seinem Grundstück in 23738 Lensahnerhof (Grundbuch von Lensahn, Blatt 429) ein Darlehen. Er sucht die örtliche Sparkasse auf und bringt sein Anliegen bei dem zuständigen Kreditsachbearbeiter vor. Die Sparkasse Holstein gewährt Thomas Gärtner ein Darlehen in Höhe von 30.000,00 €, verlangt jedoch vor Auszahlung als Sicherheit die (rangbereite) Eintragung eines Grundpfandrechts mit sofortiger (dinglicher und persönlicher) Zwangsvollstreckungsunterwer-

fung im vorgenannten Grundbuch. Die Formulare für die Grundpfandrechtsbestellung erhält Thomas Gärtner einige Tage nach dem Beratungsgespräch mit der Post und vereinbart mit dem Notariat einen Beurkundungstermin. Thomas Gärtner unterzeichnet am 25.06.2025 zur UVZ-Nr. 634/2025 vor der Notarin Katharina Marschner die Grundpfandrechtsbestellungsurkunde und beauftragt diese mit dem Vollzug. Die Grundakten des zuständigen Amtsgerichts Oldenburg in Holstein werden elektronisch geführt. Notarin Katharina Marschner übergibt die Akte an Oxana Schuhmann und ersucht diese,

a) eine elektronisch beglaubigte Abschrift der Grundpfandrechtsbestellungsurkunde bei dem zuständigen Amtsgericht – Grundbuchamt – Oldenburg in Holstein, Göhler Straße 90, 23758 Oldenburg in Holstein, mit dem Antrag auf Eintragung einzureichen,
b) eine Ablichtung der Grundpfandrechtsbestellungsurkunde an Thomas Gärtner, Pastor-Petersen-Straße 43, 23738 Lensahnerhof, zur Kenntnisnahme nebst Kostenrechnung der Notarin (Rechnungsnummer 316/2025) für die Beurkundung einschließlich des elektronischen Vollzugs zu senden sowie
c) der Sparkasse Holstein, Rosengarten 3, 23710 Eutin, die erste vollstreckbare Ausfertigung der Grundpfandrechtsbestellungsurkunde zur weiteren Verwendung zu übermitteln.

Erstellen Sie den Eintragungsantrag an das Gericht, das Schreiben an Thomas Gärtner nebst Kostenrechnung sowie das Schreiben an die Sparkasse Holstein mithilfe des Briefbogens der Notarin Katharina Marschner unter dem Datum 30.06.2025. Sowohl die Sparkasse Holstein als auch Thomas Gärtner sollen in dem Brief über den Sachstand informiert werden. Das Gericht erhält neben der elektronisch beglaubigten Abschrift der Grundpfandrechtsbestellungsurkunde und der Antragstellung die Information, dass Thomas Gärtner die Eintragungskosten zu berechnen sind. Post- und Telekommunikationsdienstleistungen werden mit 5,80 € in Rechnung gestellt. Es wurden zwölf Seiten kopiert. Der Vorgang wird bei Notarin Katharina Marschner unter dem Zeichen UVZ Gärtner (Grundschuld) geführt.

2. Renate und Volker von Kuhlwing, Am Kurpark 1, 22145 Hamburg, haben von Marion Bern eine Eigentumswohnung in Hamburg-Wandsbek, eingetragen im Grundbuch von Hamburg, Blatt 10415 zu einem Kaufpreis von 404.000,00 € erworben. Den zugrundeliegenden Immobilienkaufvertrag hat Notarin Katharina Marschner beurkundet. Der Vertrag wurde am 19.12.2025 unter UVZ-Nr. 621/2025 protokolliert und Notarin Katharina Marschner mit dem Vollzug desselben beauftragt. Sie bittet Jana Seidel daher

a) eine beglaubigte Abschrift des Vertrags an Renate und Volker von Kuhlwing zu schicken und diese über den in die Wege geleiteten Vollzug (Anforderung der Verwalterzustimmung des Verwalternachweises, Beantragung der Eintragung einer Auflassungsvormerkung) zu unterrichten, und
b) die Kostenrechnung (Rechnungsnummer 749/2025) für die Beurkundung und den Vollzug des Vertrags einschließlich der Auslagen für einen Grundbuchabruf (8,00 €) dem Schreiben an Renate und Volker von Kuhlwing beizufügen,

c) dem für die Wohnanlage bestellten Verwalter, Wohnungsverwaltung Haussicherheit GmbH, Sievekingallee 123, 22513 Hamburg, eine beglaubigte Abschrift des Vertrags nebst Entwurf der Verwalterzustimmung zuzusenden und diesen um Übermittlung der nach dem Grundbuchbestand notwendigen Verwalterzustimmung/des Verwalternachweises zu bitten und

d) den Antrag auf Eintragung einer Auflassungsvormerkung durch Übersendung einer Vertragsausfertigung bei dem zuständigen Amtsgericht – Grundbuchamt – Hamburg-Wandsbek, Schädlerstraße 28, 22041 Hamburg, zu stellen.

Erstellen Sie das Schreiben an Renate und Volker von Kuhlwing nebst Kostenrechnung, das Schreiben an die Wohnungsverwaltung nebst Anlage und den Eintragungsantrag an das Gericht mithilfe des Briefbogens der Notarin Katharina Marschner unter dem Datum 29.12.2025. Das Gericht soll gebeten werden, die Eintragungskosten bei Renate und Volker Kuhlwing anzufordern. Post- und Telekommunikationsdienstleistungen werden pauschal berechnet. Es sind in dieser Sache bislang 64 Kopien in Rechnung zu stellen. Die Angelegenheit wird bei Notarin Katharina Marschner unter UVZ Bern/Kuhlwing (Akten-Nr. 25/50124) geführt.

3. Notarin Katharina Marschner hat in Sachen Schwarz/Weiß einen Immobilienkaufvertrag über den Erwerb eines Einfamilienhauses in Grömitz (Grömitz, Blatt 953) beurkundet. Die Beurkundung erfolgte am 07.02.2025 unter der UVZ-Nr. 113/2025. Die Akte wird im Notariat unter der Akten-Nr. 25/50123 geführt. Die Kaufpreiszahlung in dieser Sache ist erfolgt und die Änderung des Eigentums beim zuständigen Amtsgericht Oldenburg beantragt. Leider wurde dem Grundbuch nicht die unbedingt notwendige Vorkaufsrechtsverzichtserklärung der zuständigen Gemeinde Grömitz, Markt 1, 23743 Grömitz, vorgelegt, sodass die Rechtspflegerin des Grundbuchamts, Sylke Göttschus, am 06.06.2025 eine Zwischenverfügung erlassen hat, in der sie das Fehlen der Unterlage moniert und eine Frist zur nachträglichen Einreichung auf zwei Monate festlegt. Notarin Katharina Marschner bittet Jana Seidel,

a) die Verzichtserklärung der zuständigen Gemeinde auf das gesetzliche Vorkaufsrecht unter „eilt" anzufordern und

b) diese nach Erhalt unverzüglich dem Amtsgericht – Grundbuchamt – Göhler Straße 90, 23758 Oldenburg in Holstein, in Erledigung der Beanstandung in elektronisch beglaubigter Abschrift einzureichen.

Erstellen Sie das Anforderungsschreiben an die Gemeinde (unter dem Datum 09.06.2025) und das Einreichungsschreiben an das Gericht (unter dem Datum 19.06.2025) mithilfe des Briefbogens der Notarin Katharina Marschner.

Lernfeld 16 – Kompetenzen

In diesem Lernfeld lernen Sie:

Kapitel 1 **Die Register**	• die allgemeinen Grundsätze des **Handelsregisters** einschließlich der Wirkung einer Eintragung • die Zuständigkeit des Handelsregistergerichts sachlich und örtlich zu ermitteln • welche unterschiedlichen Organe das Handelsregister führen und wie die Zuständigkeiten verteilt sind • die Zuordnung der unterschiedlichen Gesellschaften in die beiden Abteilungen des Handelsregisters • wie die Einsicht in das elektronische Handelsregister sowie die elektronische Registerakte erfolgt • wie das Handelsregister eingeteilt ist • wie die Eintragungen in beiden Abteilungen konkret aussehen • Bescheinigungen über den Inhalt des Handelsregisters zu fertigen
	• die Zuständigkeit des **Vereinsregisters** (sachlich und örtlich) einschließlich der verschiedenen registerführenden Organe zu ermitteln • wie das Vereinsregister eingeteilt ist • wie eine Eintragung im Vereinsregister aussieht
	• die Zuständigkeit des **Partnerschaftsregisters** (sachlich und örtlich) einschließlich der registerführenden Organe zu ermitteln • wie das Partnerschaftsregister eingeteilt ist • wie eine Eintragung im Partnerschaftsregister aussieht
	• die Zuständigkeit des **Genossenschaftsregisters** (sachlich und örtlich) zu ermitteln • welche unterschiedlichen Organe das Genossenschaftsregister führen und wie die Zuständigkeiten verteilt sind • wie das Genossenschaftsregister eingeteilt ist und eine Eintragung dort aussieht
	• die Zuständigkeit des **Gesellschaftsregisters** (sachlich und örtlich) zu ermitteln • welche unterschiedlichen Organe das Gesellschaftsregister führen und wie die Zuständigkeiten verteilt sind • wie das Gesellschaftsregister eingeteilt ist und eine Eintragung dort aussieht

Kapitel 2 **Registeranmeldungen**	• mittels welcher Programme und Dateitypen die Anmeldung zu den Registern erfolgen muss • dass einige Vorgänge im Onlineverfahren beurkundet/beglaubigt werden können • den Inhalt und die Form verschiedener Ameldungen zum Handels-, Vereins-, Genossenschaft- und Gesellschaftsregister • wer über eine Registereintragung informiert wird und welche öffentlichen Bekanntmachungen erfolgen

Kapitel 3 **Weitere Beurkundungsvorgänge bei einer GmbH**	• auf welche Weisen eine GmbH gegründet werden kann • dass es bei einer Gründung unterschiedliche Phasen gibt • dass es unterschiedliche GmbHs gibt • wie eine Liste der Gesellschafter zu erstellen ist • wie ein Kauf- und Abtretungsvertrag von Gesellschaftsanteilen erstellt wird

Kapitel 4 **Die Notarkosten und Registergebühren im Gesellschafts- und Vereinsrecht**	• die Gebühren und Auslagen verschiedener Vorgänge im Gesellschaftsrecht richtig abzurechnen • die Registergebühren für unterschiedliche Anmeldefälle • die Gebühren und Auslagen von Anmeldungen zum Vereinsregister richtig abzurechnen • die Registergebühren für die Anmeldefälle

Kapitel 5 **Führen des erforderlichen Schriftverkehrs**	• Schreiben an Mandantschaften zur Anforderung benötigter Unterlagen formulieren, normgerecht zu erstellen und zu gestalten • Kostenrechnungen normgerecht zu erstellen und zu gestalten

Lernfeld 16: Erstanmeldungen im Handels- und Gesellschaftsrecht vorbereiten und abwickeln

1 Die Register

Es gibt verschiedene Register für verschiedene Zwecke. Kaufleute und Handelsgesellschaften werden in einem anderen Register geführt als Partnerschaftsgesellschaften, Genossenschaften oder Vereine. Die Führung der Register obliegt den Gerichten.

Die Eintragungsvorschriften basieren auf dem einzutragenden Sachverhalt. Je nach angestrebter Rechtsform werden Unterschiede bei den Vorgaben einer Anmeldung zu dem jeweiligen Register gemacht. Wer kann/muss anmelden? Welche Wirkung hat die Eintragung?

Die Einreichungsvorgänge zu einem Register sind sehr ähnlich, die jeweils zu erstellenden Urkunden/Unterlagen jedoch stets unterschiedlich.

Es gibt viele verschiedene Anmeldevorgänge, die unterschiedliche Eintragungen bewirken.

Lernsituation

In der Berufsschule ist erst kurz vor der Abschlussprüfung mit dem Lernfeld 16 begonnen worden. Da nicht mehr viele Unterrichtsstunden bis zur schriftlichen Prüfung übrig sind, bittet die Berufsschullehrerin die Schüler der Oberstufe, zur kommenden Unterrichtsstunde in Eigenregie eine Projektarbeit abzufassen, die die verschiedenen Registerarten und die jeweils darin enthaltenen Eintragungen umfasst. Auf diese Weise soll ein schneller Einstieg in das Thema Erstanmeldungen im Handels- und Gesellschaftsrecht erfolgen.

Die Schülerinnen und Schüler sollen darüber hinaus feststellen, z. B. anhand einer Internetrecherche, wer die Register wo genau führt und wie eine Einsichtnahme vorgenommen wird. Gibt es vielleicht Parallelen zur Grundbuchführung? Die Arbeit soll möglichst übersichtlich ggf. unter Zuhilfenahme von Tabellen/grafischen Darstellungen abgefasst werden.

Am Tag nach der Berufsschule berichtet Oxana Schuhmann ihrer Kollegin Jana Seidel von diesem Arbeitsauftrag und bittet sie um Unterstützung. Da Jana Seidel schon einige Jahre ausgelernt hat, weiß diese genau, was die Berufsschullehrerin zu Beginn des Lernfelds erarbeiten möchte, und fertigt mit Oxana Schuhmann eine entsprechende Gliederung an, die die Struktur der Projektarbeit wiedergibt.

Nun braucht Oxana Schuhmann die einzelnen Gliederungsbegriffe lediglich noch auszuarbeiten, wozu sie das Internet aber auch die in der Kanzlei vorhandene Fachliteratur zu diesem Rechtsgebiet benutzen kann, um das Ergebnis in eine geordnete Darstellung zu bringen.

Arbeitsaufträge:

a) Überlegen und notieren Sie, wie die Gliederung aussehen könnte, die Jana Seidel mit Oxana Schuhmann erstellt hat.
b) Arbeiten Sie die Gliederungsbegriffe stichwortartig aus und schaffen Sie damit eine Grundlage zum Einstieg in dieses Lernfeld. Achten Sie hierbei auf Übersichtlichkeit.
c) Vergleichen Sie untereinander Ihre Ergebnisse.
d) Reflektieren Sie anschließend Ihr Wissen.

1.1 Das Handelsregister

Das **Handelsregister** (HR) ist ein **öffentliches Verzeichnis**, das der Offenbarung von Tatsachen und Rechtsverhältnissen der Kaufleute und Handelsgesellschaften dient. Es wird als elektronische Datenbank betrieben. In ihm sind beispielsweise die Existenz und die Vertretungs- und Haftungsverhältnisse von Rechtsträgern enthalten. Eintragungen aber auch Löschungen im Handelsregister werden nach gesetzlichen Anforderungen publiziert (=veröffentlicht). Es soll Klarheit über die Rechtsverhältnisse von Kaufleuten und Handelsgesellschaften schaffen.

Das Handelsregister übt eine staatliche Wirtschaftskontrolle in der Weise aus, dass es durch seine Organe (Rechtspfleger/Richter) die einzureichenden Dokumente einer

- formellen (= entspricht das Dokument den Verfahrensvorschriften, wurde es z. B. beglaubigt und elektronisch eingereicht) und
- materiellen (= entspricht der Inhalt des Dokuments den gesetzlichen Vorschriften, hat z. B. der Geschäftsführer die Anmeldung unterzeichnet)

Überprüfung unterzieht.

Es ist somit nicht nur eine bloße Sammlung von Daten und Dokumenten.

Das Handelsregister genießt **öffentlichen Glauben**. Das bedeutet, dass **Eintragungen** im Handelsregister **als richtig und bestehend gelten**. Dritte können sich demzufolge auf die Richtigkeit des Handelsregisters verlassen, haben umgekehrt die eingetragenen eintragungspflichtigen Tatsachen jedoch auch gegen sich gelten zu lassen. Es ist aufgrund dessen sehr zu empfehlen, die Eintragungen stets auf dem neuesten Stand zu halten.

▶ **Beispiel:** Ist eine Tatsache nicht eingetragen worden, können Dritte sich darauf verlassen, dass diese Tatsache nicht besteht. Wurde eine einmal erteilte Prokura entzogen aber noch nicht im Handelsregister eingetragen, kann sich auf den Entzug nicht berufen werden.

Eintragungen im Handelsregister können für die Gestaltung von Rechtsverhältnissen kaufmännischer Unternehmen **konstitutiv** (rechtsbegründend = eine Rechtswirkung tritt ein) oder **deklaratorisch** (rechtsbekundend = das Bestehen eines Rechts wird festgestellt) wirken. Sie liefern einen Beweis ersten Anscheins für das Bestehen bestimmter Tatsachen.

▶ **Beispiele:**

- Die Firma Schmidt & Konsorten GmbH erhält eine Eintragungsmitteilung des Registergerichts, aus der hervorgeht, an welchem Tag die Schmidt & Konsorten GmbH im Handelsregister eingetragen wurde. Der Geschäftsführer der Firma Schmidt & Konsorten GmbH weiß nun, dass die Gesellschaft wirksam entstanden ist (§ 11 GmbHG), und kann im Namen der Gesellschaft Rechtsgeschäfte abschließen, für die die Gesellschaft haftet. Vor Eintragung im Handelsregister haftet stets der Handelnde persönlich. Durch **Eintragung** der **GmbH im Handelsregister** tritt eine **konstitutive** Wirkung ein, d. h., die Firma ist entstanden.
- Jessica Schelden wurde bei der Hansen GmbH als Geschäftsführerin eingestellt. Durch Gesellschafterbeschluss wurde ihre Bestellung wirksam und ist mittels Anmeldung in das Handelsregister eingetragen worden. Durch diese Eintragung wird nach außen (durch das Register) sichtbar, dass Jessica Schelden als Geschäftsführerin für die Gesellschaft handeln darf. Ihre **wirksame Bestellung** erfolgte bereits durch den **Beschluss der Gesellschafter**. Die Eintragung im Handelsregister stellt die bereits eingetretene Rechtswirkung nur noch fest. Durch die **Eintragung** der **Geschäftsführerin im Handelsregister** tritt eine **deklaratorische** Wirkung ein, d. h., jedermann kann durch Einsicht des Handelsregisters feststellen, dass Jessica Schelden Geschäftsführerin ist.

Eine Personengesellschaft (z. B. e. K., OHG oder KG) entsteht bereits mit dem Betrieb eines kaufmännischen Gewerbes. Die Eintragung im Handelsregister ist für ihre Entstehung somit nicht zwingend erforderlich. Sie hat daher in diesem Fall eine deklaratorische Wirkung.

Im Grundbuchverfahren ist nach § 32 GBO der Nachweis einer Vertretungsmacht bei Personengesellschaften und juristischen Personen durch Vorlage eines Handelsregisterauszugs bzw. den Verweis auf das Register, aber auch eine notarielle Bescheinigung nach § 21 BNotO möglich.

Das Registergericht übt durch die Führung des Handelsregisters eine Prüfungs- und Kontrollfunktion beispielsweise in Bezug auf die Gründung einer Kapitalgesellschaft aus, sodass die registrierten Gesellschaften die gesetzlichen Anforderungen erfüllen.

Für jede Firma ist eine Registerakte zu bilden.

Das Handelsregister ist dauerhaft aufzubewahren. Elektronische Registerordner sind nach Löschung des Rechtsträgers (= der Gesellschaft) für weitere zehn Jahre aufzubewahren. Grundlage der Führung des Handelsregisters ist die Verordnung über die Einrichtung und Führung des Handelsregisters (Handelsregisterverordnung – HRV).

1.1.1 Sachliche und örtliche Zuständigkeit

Die **Führung** des Handelsregisters erfolgt **sachlich** durch jedes **Amtsgericht**, in dessen Bezirk ein Landgericht seinen Sitz hat (§ 1 HRV = Handelsregisterverordnung). Die Zuständigkeit erstreckt sich auf den Landgerichtsbezirk.

Das Registergericht ist zur Vornahme von Eintragungen in das Handelsregister zuständig sowie zur Erteilung von Bescheinigungen, die auf der Grundlage der Eintragungen im Handelsregister beruhen.

Die Landesregierung kann die Zuständigkeit des grds. nach § 1 HRV zuständigen Amtsgerichts auch einem anderen oder zusätzlichen Amtsgericht übertragen und die Bezirke abweichend festlegen (§ 376 Abs. 2 FamFG).

Die **örtliche Zuständigkeit** richtet sich nach dem **Bezirk des Amtsgerichts**, in dem z. B. der **Kaufmann** seine **Handelsniederlassung** hat (§ 29 HGB). Bei einer **Handelsgesellschaft** ist der **Ort der Hauptniederlassung** des Unternehmens maßgeblich (§ 106 HGB).

▶ **Beispiel:** Die Tim Struckmeyer KG hat ihre Geschäftsräume in Hamburg-Barmbek. Alle Anmeldungen zum Handelsregister hat diese Firma an das örtlich zuständige Amtsgericht Hamburg – Registergericht – zu senden.

1.1.2 Organe der Handelsregisterführung

Die Geschäfte des Registergerichts bei der Führung des Handelsregisters sind zwischen **Richtern**, **Rechtspflegern** und **Urkundsbeamten** der Geschäftsstelle verteilt:

- Der **Richter** ist für die Ersteintragung von Kapitalgesellschaften, der Zweigniederlassung einer ausländischen Gesellschaft, von Umwandlungen nach dem UmwG, von Unternehmensverträgen und von Löschungen, die von Amts wegen erfolgen, zuständig.
- Der **Rechtspfleger** ist für alle sonstigen Geschäfte zuständig, wie z. B. die Sitzverlegung oder den Geschäftsführerwechsel einer GmbH.
- Der **Urkundsbeamte** der Geschäftsstelle veranlasst die Ausführung der Eintragungen im Handelsregister und hat die Bekanntmachungen herbeizuführen. Er erteilt Abschriften des Registers und übermittelt die Eintragungsmitteilungen in elektronischer Form.

vgl. LF 1, Kap. 2.2.2, 2.3.1

Der Notar darf Bescheinigungen z. B. über Vertretungsberechtigungen (§ 21 BNotO), das Bestehen oder den Sitz einer Gesellschaft oder Firmenänderungen ausstellen, sofern sich die bescheinigten Tatsachen aus den Eintragungen des Handelsregisters ergeben.

1.1.3 Die Abteilungen

vgl. LF 2, Kap. 4.3

Das Handelsregister besteht aus den Abteilungen A und B.

In **HR A** (Handelsregister, Abteilung A) werden eingetragen:

- Einzelkaufmann/Einzelkauffrau (e. K., e. Kfm., e. Kffr.)
- Offene Handelsgesellschaft (OHG)
- Kommanditgesellschaft (KG)
- Europäische Wirtschaftliche Interessenvereinigung (EWIV)
- gewerblich tätige Eigenbetriebe der öffentlichen Hand (z. B. ein kommunaler Wasserversorgungsbetrieb – Stadtwerke Darmstadt)
- Gesellschaft mit beschränkter Haftung & Compagnie Kommanditgesellschaft (GmbH & Co. KG)

In Abteilung A sind **Einzelkaufleute** und **Personengesellschaften** eingetragen. Beide verfügen über eine eingeschränkte Rechtsfähigkeit, können jedoch gleichwohl Träger von Rechten und Pflichten sein, Verbindlichkeiten eingehen oder Rechte erwerben.

vgl. LF 2, Kap. 4.8

Merke: Personengesellschaften und Einzelkaufleute sind keine juristischen Personen. Es ist bei der Personengesellschaft jedoch möglich, dass eine juristische Person an ihr beteiligt ist.

▶ **Beispiel:** Die Jädermann Telefon KG setzt sich aus der persönlich haftenden Gesellschafterin Ulrike Jädermann (Komplementärin) sowie der Stefan Wahrendorf GmbH mit einer Haftsumme von 5.000,00 € (Kommanditist) zusammen. Es handelt sich bei der Jädermann Telefon KG um eine Kommanditgesellschaft, die eine Personengesellschaft ist, welche in Abteilung A des Handelsregisters einzutragen ist, z. B. HR A 123.

In **HR B** (Handelsregister, Abteilung B) werden eingetragen:

- Gesellschaft mit beschränkter Haftung (GmbH)
- Unternehmergesellschaft UG (haftungsbeschränkt), UG – haftungsbeschränkt)
- Aktiengesellschaft (AG)
- Kommanditgesellschaft auf Aktien (KGaA)
- Societas Europaea (Europäische Gesellschaft) (SE)

Bei den in Abteilung B eingetragenen Gesellschaften handelt es sich um **Kapitalgesellschaften**.

Die Kapitalgesellschaft ist eine Körperschaft des privaten Rechts, deren Mitglieder einen gemeinsamen (meist wirtschaftlichen) Zweck verfolgen. Kapitalgesellschaften sind durch gesetzlich festgelegte Kapitalaufbringungs- und -erhaltungsvorschriften gekennzeichnet.

Merke: Die Kapitalgesellschaft ist eine juristische Person.

vgl. LF 2, Kap. 4.9

Beispiel: Die Stinemeyer GmbH wurde von der alleinigen Gesellschafterin Stine Marienhof mit einem Stammkapital von 25.000,00 € gegründet. Die Stinemeyer GmbH wird durch die alleinige Geschäftsführerin Katy Hopp vertreten. Es handelt sich bei der Stinemeyer GmbH um eine Gesellschaft mit beschränkter Haftung, die eine Kapitalgesellschaft ist, welche in Abteilung B des Handelsregisters einzutragen ist, z. B. HR B 0815.

1.1.4 Einsicht in das elektronische Handelsregister/Handelsregisterauszug

Die **Einsicht** in das Handelsregister und die dazu eingereichten Schriftstücke sind **jedem** ohne Nachweis eines besonderen Interesses **gestattet** (§ 9 HGB). Gleiches gilt für die Einsichtnahme im automatisierten Verfahren („Onlineeinsicht"). Danach sollen Eintragungen im Handelsregister sowie die zum Handelsregister eingereichten aktuellen Gesellschafterlisten und die jeweils gültigen Satzungen/Gesellschaftsverträge durch Datenabruf zur Einsichtnahme zur Verfügung stehen (§ 9 a HGB).

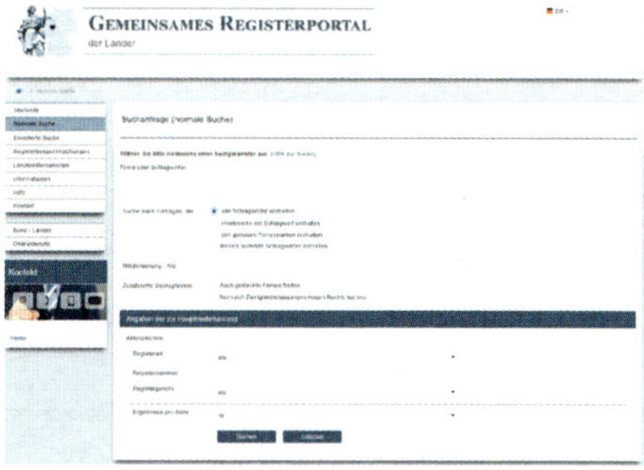

Unter www.handelsregister.de befindet sich das gemeinsame Registerportal der Bundesländer. Auf dieser Plattform gibt es zwei Suchfunktionen zur Recherche: „normale Suche" und „erweiterte Suche". Ist die Firma bekannt, reicht die Normalsuche aus. Wenn keine oder nur ungenaue Daten vorliegen, z. B. lediglich die Rechtsform und das

Bundesland, in dem die Firma ihren Sitz hat, empfiehlt sich die erweiterte Suche. Es werden dann alle durch die Suchfunktion aufgefundenen Firmen angezeigt. Zur konkreten Einsichtnahme ist eine bestimmte Firma auszuwählen.

Folgende Ausdrucke stehen zu einer Firma zur Verfügung:

- Der **aktuelle Abdruck** (AD) enthält den letzten Stand aller noch nicht gegenstandslos gewordener Eintragungen. Rötungen (Löschungen) sind nicht sichtbar.
- Der **chronologische Abdruck** (CD) enthält sämtliche vorhandenen Eintragungen. Dies bedeutet, dass sowohl die aktuellen als auch die bereits gegenstandslosen Eintragungen zu dieser Registerakte sichtbar sind und zwar in zeitlich geordneter Reihenfolge.
- Der **historische Abdruck** (HD) ist eine Kopie der früheren, in eine elektronische Bilddatei umgewandelten Handelsregisterblätter in Papierform.

Tipp: Ist bei der Änderung der Firma, beispielsweise durch eine Verschmelzung, eine Rechtsnachfolge zu bescheinigen, ist der chronologische Ausdruck erforderlich, weil aus ihm der genaue Verlauf aller Eintragungen zu erkennen ist.

Darüber hinaus können über den **Dokumentenbaum** (DK) alle Dokumente einer Firma abgerufen werden, die seit dem 01.01.2007 in elektronischer Form zum Handelsregister eingereicht und durch dieses zur Einsichtnahme freigegeben wurden.

Die Dokumente sind in folgenden Ordnern zu finden:

- Gesellschaftsvertrag/Satzung/Statut
- Jahresabschluss/Bilanz
- Liste der Gesellschafter
- Musterprotokoll
- Sonstige Urkunden/Unterlagen
- Sortierung nach Eintragung
- Sortierung nach Eingang

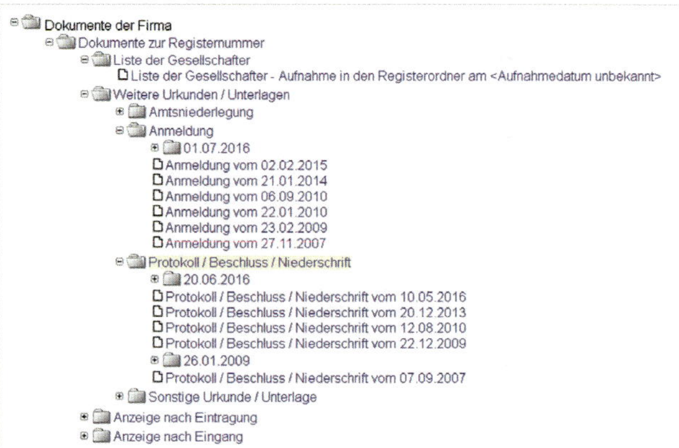

Jeder Ordner hat eine Unterebene, in der die zugeordneten Dokumente im Einzelnen zu sehen sind. Es ist möglich, lediglich ein bestimmtes Dokument oder einen ganzen Ordner abzurufen.

Ferner besteht die Möglichkeit über

- die **Unternehmensträgerdaten** (UT) und
- die **Liste der Registerbekanntmachungen** (VÖ)

Informationen zu der jeweiligen Firma zu erlangen.

Unter UT können die Rechtsform, das eingetragene Kapital, das Eintragungs- und Löschungsdatum sowie die Anschrift der Firma festgestellt werden. Aus VÖ sind die Daten zu Veröffentlichungen (Bekanntmachungen) ersichtlich.

Hinweis: Die Einsichtnahme und das Abrufen von Inhalten ist kostenfrei.

1.1.5 Einteilung des Handelsregisters

Das EDV-Register (Abteilung A) wird wie folgt eingeteilt (vgl. § 40 HRV):

Spalte	Eintragung	Beispiel für einen Einzelkaufmann
1	Anzahl der bisherigen Eintragungen	4
2 a)	Firma	Buchhandel Thomas Ericson e. K.
2 b)	Ort Niederlassung/Sitz, inländische Geschäftsanschrift	Bahnhofstraße 9, 94137 Bayerbach
2 c)	Gegenstand des Unternehmens	---
3 a)	Allgemeine Vertretungsregelung	Der Inhaber handelt allein.
3 b)	Inhaber/persönlich haftender Gesellschafter	Inhaber: Thomas Ericson, geboren am 17.02.1969
4	Prokura	Einzelprokura: Sieglinde Unterhaus, geborene Steininger, geboren am 29.11.1951
5 a)	Rechtsform, Beginn und Satzung	Eingetragener Kaufmann
5 b)	Sonstige Rechtsverhältnisse	---
5 c)	Kommanditisten	---
6 a)	Tag der letzten Eintragung	05.02.2022
6 b)	Sonstige Bemerkungen	---

Das EDV-Register (Abteilung B) wird wie folgt eingeteilt (vgl. § 43 HRV):

Spalte	Eintragung	Beispiel für eine GmbH
1	Anzahl der bisherigen Eintragungen	3
2 a)	Firma	Tjorben Leistermann EDV-Service GmbH
2 b)	Sitz, Niederlassung, Zweigniederlassungen, inländische Geschäftsanschrift	Im Hollergrund 5, 28357 Bremen
2 c)	Gegenstand des Unternehmens	Die Entwicklung und der Vertrieb von EDV-Programmen.
3	Grund- und Stammkapital	25.000,00 €
4 a)	Allgemeine Vertretungsregelung	Die Gesellschaft hat einen oder mehrere Geschäftsführer. Ist nur ein Geschäftsführer bestellt, vertritt er die Gesellschaft allein. Sind mehrere Geschäftsführer bestellt, so wird die Gesellschaft durch zwei Geschäftsführer oder durch einen Geschäftsführer gemeinsam mit einem Prokuristen vertreten.
4 b)	Geschäftsführer, Vertretungsberechtigung und besondere Vertretungsbefugnis, Vorstand, persönlich haftender Gesellschafter, Leitungsorgan, geschäftsführende Direktoren	Einzelvertretungsberechtigt; mit der Befugnis, im Namen der Gesellschaft mit sich im eigenen Namen und als Vertreter eines Dritten Rechtsgeschäfte abzuschließen: Tjorben Leistermann, Bremen, geboren am 01.09.1987
5	Prokura	Gesamtprokura gemeinsam mit einem Geschäftsführer: Gabriele Hörmann, Bremen, geboren am 24.05.1978
6 a)	Rechtsform, Beginn, Satzung oder Gesellschaftsvertrag	Gesellschaft mit beschränkter Haftung Gesellschaftsvertrag vom 19.03.2014
6 b)	Sonstige Rechtsverhältnisse	---
7 a)	Tag der letzten Eintragung	26.05.2021
7 b)	Sonstige Bemerkungen	---

Hinweis: Gibt es in einer Spalte keine Eintragung, erfolgte dazu entweder bisher keine Anmeldung oder die Spalte hat für die eingetragene Firma keine Bedeutung. Dies liegt schlicht an den Unterschieden der Rechtsträger (eine GmbH hat keinen Vorstand; er gehört zur AG). Für Abteilung A gibt es in der Spalte 5 c) z. B. keine Eintragung, die den Einzelkaufmann betrifft. In die Spalte 5 b) (HRA) analog 6 b) (HRB) wäre z. B. die Auflösung der Gesellschaft einzutragen.

1.1.6 Notarielle Bescheinigungen (§ 21 BNotO)/beglaubigter Handelsregisterauszug

Der Notar kann aufgrund der Einsicht in ein Register eine Existenz- und Vertretungsbescheinigung erstellen. Voraussetzung für die Erteilung einer solchen Bescheinigung ist, dass das Register die entsprechenden Informationen enthält. Die Bescheinigung hat dieselbe Beweiskraft wie ein Zeugnis des Registergerichts.

Eine Bescheinigung kann auch über die Einsicht in ein ausländisches Register erteilt werden, wenn es die entsprechenden Tatsachen wiedergibt.

Formulierungsbeispiel:

Bescheinigung nach § 21 BNotO

Aufgrund Einsichtnahme am *** in das elektronische Handelsregister des Registergerichts *** bescheinige ich, dass dort unter der Registernummer B *** die Firma *** GmbH mit dem Sitz in ***, Geschäftsanschrift ***, eingetragen ist und durch Herrn/Frau *** als alleinvertretungsberechtigte/-r Geschäftsführer/-in vertreten wird.

Herr/Frau *** ist von den Beschränkungen des § 181 BGB befreit.

Darmstadt, ***

Katharina Marschner

Katharina Marschner
Notarin

Diese Bescheinigung kann analog zu allen anderen Registereinsichten abgewandelt werden.

Ein deutscher Notar kann ferner aufgrund der Einsicht in ein (ausländisches) Register die Vorschriften des § 21 BNotO anwenden und auch für dieses eine Vertretungs- und Existenzbescheinigung erstellen. Voraussetzung hierfür ist, dass das Register die entsprechenden Informationen enthält. Sind die notwendigen Informationen nicht enthalten, kann zusätzlich die Beschaffung einer Apostille (Beglaubigungsform im internationalen Urkundenverkehr) erforderlich sein.

Formulierungsbeispiel:

Bescheinigung nach § 21 BNotO

Aufgrund Einsicht in das elektronische Handelsregister des Registre de Commerce et des Sociétés, Luxembourg, vom heutigen Tag, gem. der mir erteilten Zugangsberechtigung, bescheinige ich, dass dort unter der Registernummer B (***) die Firma *** mit dem Sitz in ***, Geschäftsanschrift ***, eingetragen ist und Herr/Frau *** als Gérant (Geschäftsführer/-in) berechtigt ist, diese gemeinsam oder jeweils allein zu vertreten. Die Rechtsverhältnisse bestanden auch am ***.

Darmstadt, ***

Katharina Marschner

Katharina Marschner
Notarin

Hinweis: In Großbritannien gibt es auch ein Registergericht. Aus dem dortigen Register ist jedoch nicht zu ersehen, wer Organ der Gesellschaft ist und in welchem Umfang vertreten wird. Man kann sich deshalb z. B. mit einem durch das englische Register ausgestellten Certificate of Incorporation helfen. Der Registrat of Companies bescheinigt in diesem, dass die Gesellschaft ordnungsgemäß registriert ist. Die Bescheinigung wird unterschrieben und gesiegelt. Sie kann beim Companies House of Cardiff angefordert werden (www.gov.uk/government/organisations/companies-house).

Ferner kann der Notar aufgrund eines ihm **elektronisch** vorliegenden **Handelsregisterauszugs** eine **beglaubigte Abschrift** desselben erstellen (§ 42 Abs. 2 BeurkG).

Formulierungsbeispiel:

Ich beglaubige hiermit die Übereinstimmung des von mir, Notarin Katharina Marschner, gefertigten Ausdrucks mit dem mir am Bildschirm angezeigten Inhalt dieses Dokuments. Bei dem elektronischen Dokument handelt es sich um einen Handelsregisterauszug, den ich heute, am (Tag), aus dem gemeinsamen Registerportal der Länder – www.handelsregister.de – (automatisches Handelsregister-Abrufverfahren) erzeugt habe.

Darmstadt, ***

Katharina Marschner

Katharina Marschner
Notarin

1.2 Das Vereinsregister

Vereine, die die Rechtsfähigkeit erlangen sollen, sind in das Vereinsregister (VR) einzutragen.

Die **Führung** des Vereinsregisters erfolgt **sachlich** durch die **Amtsgerichte**.

Örtlich zuständig ist das **Amtsgericht**, in dessen **Bezirk** der **Verein** seinen **Sitz** hat (§ 55 BGB i. V. m. §§ 21, 24 BGB). Es gibt jedoch für jedes Bundesland die Möglichkeit, die örtliche Zuständigkeit anders zu regeln, z. B. durch Zentralisierung.

▶ **Beispiele:** In Hamburg ist das Amtsgericht Hamburg für die Bezirke aller hamburgischen Amtsgerichte zuständig. In Lübeck ist das Amtsgericht Lübeck für alle Angelegenheiten aus dem Landgerichtsbezirk Lübeck zuständig.

In das Vereinsregister werden ausschließlich Vereine (e. V.) eingetragen, die ihren Sitz im Inland haben. Vereine, die einen Sitz im Ausland haben, können nicht in das Vereinsregister eingetragen werden. vgl. LF 2, Kap. 4.10

Auch die Einsicht in das Vereinsregister ist jedermann gestattet (§ 79 Abs. 1 S. 1 BGB).

Hinweis: Die Einsichtnahme in das elektronische Vereinsregister (VR) erfolgt auf dieselbe Weise wie die Einsichtnahme in das elektronische Handelsregister. vgl. LF 16, Kap. 1.1.4

Grundlage der Führung des Vereinsregisters ist die Vereinsregisterverordnung (VRV).

1.2.1 Die Organe des Vereinsregisters

Die Aufgaben bei der Führung des Vereinsregisters sind zwischen dem Rechtspfleger und dem Urkundsbeamten verteilt:

- Der **Rechtspfleger** bearbeitet sämtliche Vereinssachen. Insbesondere fallen in seinen Zuständigkeitsbereich die Entscheidung über das Eintragungsverfahren der Erstanmeldung, die Prüfung der Satzung, die Eintragung von Änderungen in der Person der Vorstandsmitglieder, die Eintragung der Liquidatoren usw.
- Der **Urkundsbeamte** der Geschäftsstelle ist für die Veranlassung der Eintragungsverfügungen, Herbeiführung der Bekanntmachungen, Erteilung von Abschriften der Eintragungen und der zum Register eingereichten Schriftstücke sowie die Ausfertigung von Bescheinigungen und Zeugnissen zuständig.

Der Notar darf Bescheinigungen z. B. über eine Vertretungsberechtigung oder über das Bestehen eines Vereins gem. § 21 BNotO erstellen. Dies erfolgt auf dieselbe Weise wie bei Bescheinigungen zum Handelsregister. vgl. LF 16, Kap. 1.1.6

1.2.2 Einteilung des Vereinsregisters

Der Inhalt von Eintragungen im Vereinsregister wird durch § 3 VRV (= Vereinsregisterverordnung) bestimmt.

Spalte	Eintragung	Beispiel
1	Anzahl der bisherigen Eintragungen	3
2 a)	Name des Vereins	Förderverein Kindertagesstätte Hamburg-Poppenbüttel e. V.
2 b)	Sitz des Vereins	Hamburg
3 a)	Allgemeine Vertretungsregelung	Der vertretungsberechtigte Vorstand besteht aus dem Vorsitzenden und dem Geschäftsführer. Sie vertreten den Verein gemeinsam.
3 b)	Vertretungsberechtigte und besondere Vertretungsbefugnis	Geschäftsführerin: Carina Katzenbauer, geboren am 01.01.1987, Hamburg Vorsitzender: Tim Feuermann, geboren am 03.03.1989, Hamburg
4 a)	Satzung	eingetragener Verein; Satzung vom 01.02.2009; zuletzt geändert durch Beschluss vom 17.09.2018
4 b)	Sonstige Rechtsverhältnisse	----
5 a)	Tag der letzten Eintragung	25.06.2024
5 b)	Eintragung Bemerkungen	----

Hinweis: Gibt es bei einer Spalte keine Eintragung, erfolgte dazu bisher keine Anmeldung. In die Spalte 4 b) wäre z. B. die Auflösung des Vereins einzutragen.

1.3 Das Partnerschaftsregister

Für die Eintragung einer Partnerschaftsgesellschaft wurde ein eigenes Register, nämlich das Partnerschaftsregister (PR), eingerichtet (§§ 5, 7 PartGG).

Die **Führung** des Partnerschaftsregisters obliegt **sachlich** den **Amtsgerichten**. Es sei denn, dass durch Verordnung die Zuständigkeit auf einzelne Amtsgerichte konzentriert wird.

▶ **Beispiele:** Für Berlin ist ausschließlich das Amtsgericht Charlottenburg und für Nordrhein-Westfalen ausschließlich das Amtsgericht Essen zuständig.

Die **örtliche Zuständigkeit** des Amtsgerichts richtet sich nach dem **Sitz der Partnerschaftsgesellschaft**. Im Partnerschaftsregister sind ausschließlich Partnerschaftsgesellschaften (PartG) eingetragen.

vgl. LF 2, Kap. 4.8.1

Die Einsicht in das Partnerschaftsregister ist jedermann gestattet (§ 5 Abs. 2 PartGG, §§ 9, 9 a HGB).

Hinweis: Die Einsichtnahme in das elektronische Partnerschaftsregister (PR) erfolgt auf dieselbe Weise wie die Einsichtnahme in das elektronische Handelsregister.

vgl. LF 16, Kap. 1.1.4

Grundlage der Führung des Partnerschaftsregisters ist die Verordnung über die Einrichtung und Führung des Partnerschaftsregisters (Partnerschaftsregisterverordnung – PRV).

1.3.1 Die Organe des Partnerschaftsregisters

vgl. LF 16, Kap. 1.1.2

Die Organe der Registerführung sind bis auf den Richter, der keine Funktion hat, identisch mit denen des Handelsregisters:

- Der **Rechtspfleger** ist für die Führung des Partnerschaftsregisters ausschließlich zuständig. Er entscheidet über die Anträge und Anmeldungen, das Zwangsgeldverfahren und die Löschung unzulässiger Eintragungen sowie die Amtslöschung einer Partnerschaftsgesellschaft.
- Der **Urkundsbeamte** der Geschäftsstelle ist für die Führung des Partnerschaftsregisters zuständig, sofern dies der Rechtspfleger nicht selbst erledigt. Er führt die Eintragungsverfügungen aus, führt die verfügten Bekanntmachungen und Benachrichtigungen herbei, stellt Abschriften der Eintragungen und der zum Register eingereichten Schriftstücke sowie Bescheinigungen und Zeugnisse aus und beglaubigt sie.

Der Notar ist berechtigt, Bescheinigungen z. B. über eine Vertretungsberechtigung oder über das Bestehen einer Partnerschaftsgesellschaft gem. § 21 BNotO zu erteilen.

vgl. LF 16, Kap. 1.1.6

Die jeweilige **Berufskammer** hat in Partnerschaftsregistersachen eine besondere Bedeutung. Sie wird vom Registergericht in unklaren Fällen vor der Eintragung angehört (§ 4 S. 1 PRV). Sämtliche Eintragungen sind der bestehenden Berufskammer mitzuteilen (§ 6 PRV).

Hinweis: Nicht für alle ausgeübten Berufe gibt es eine Berufskammer, wie z. B. die Rechtsanwaltskammer, die Notarkammer oder die Architektenkammer.

1.3.2 Einteilung des Partnerschaftsregisters

Der Inhalt von Eintragungen im Partnerschaftsregister wird durch § 5 PRV (= Partnerschaftsregisterverordnung) bestimmt.

Spalte	Eintragung	Beispiel
1	Anzahl der bisherigen Eintragungen	1
2 a)	Name	Dr. Osmar & Partner Architekten
2 b)	Sitz, Zweigniederlassungen	23730 Neustadt in Holstein
2 c)	Gegenstand	Ausübung architektonischer Tätigkeit
3 a)	Allgemeine Vertretungsregelung	Jeder Partner vertritt die Partnerschaft einzeln.
3 b)	Partner, Vertretungsberechtigte und besondere Vertretungsbefugnis	Partner: Dr. Norbert Osmar, Architekt, Neustadt i. H., geboren am 08.08.1980 Partner: Uwe Bennet, Architekt, Neustadt i. H., geboren am 07.07.1970
4 a)	Rechtsform	Partnerschaft
4 b)	Sonstige Rechtsverhältnisse	----
5 a)	Tag der letzten Eintragung	04.10.2023
5 b)	Sonstige Bemerkungen	----

1.4 Das Genossenschaftsregister

Die **Führung** des Genossenschaftsregisters (GnR) erfolgt **sachlich** durch die **Amtsgerichte**, die zur Führung des Handelsregisters berufen wurden (§ 1 GenRegV).

Die **örtliche Zuständigkeit** des **Amtsgerichts** richtet sich nach dem **Sitz der Genossenschaft** (§ 10 GenG). Der Sitz der Genossenschaft ist der Ort, an dem die Verwaltung der Hauptniederlassung geführt wird.

Im Genossenschaftsregister sind ausschließlich Genossenschaften (eG) eingetragen. Die Einsicht in das Genossenschaftsregister ist jedermann gestattet (§ 156 GenG).

vgl. LF 16, Kap. 1.1.4

Hinweis: Die Einsichtnahme in das elektronische Genossenschaftsregister (GnR) erfolgt auf dieselbe Weise wie die Einsichtnahme in das elektronische Handelsregister.

Grundlage der Führung des Genossenschaftsregisters ist die Verordnung über das Genossenschaftsregister (Genossenschaftsregisterverordnung – GenRegV).

1.4.1 Die Organe des Genossenschaftsregisters

Die Organe der Registerführung sind identisch mit denen des Handelsregisters:

vgl. LF 16, Kap. 1.1.2

- Der **Rechtspfleger** ist für die Führung des Genossenschaftsregisters ausschließlich zuständig. Er entscheidet über die Anmeldungen, die Bestellung eines Notvorstands und die Löschung unzulässiger Eintragungen sowie die Amtslöschung der Genossenschaft.
- Der **Richter** entscheidet lediglich über die Bestellung und Abberufung eines Abwicklers/Prüfers bei einem Kredit- bzw. Finanzdienstleistungsinstitut (§§ 28, 38 KWG = Gesetz über das Kreditwesen).
- Der **Urkundsbeamte** der Geschäftsstelle hat die Ausführung der Eintragungsverfügungen zu veranlassen, die verfügten Bekanntmachungen und Benachrichtigungen herbeizuführen, Abschriften der Eintragungen und der zum Register eingereichten Schriftstücke sowie Bescheinigungen und Zeugnisse auszustellen und sie zu beglaubigen.

vgl. LF 16, Kap. 1.1.6

Der Notar erteilt Bescheinigungen gem. § 21 BNotO.

1.4.2 Einteilung des Genossenschaftsregisters

Der Inhalt von Eintragungen im Genossenschaftsregister wird durch § 26 GenRegV (= Genossenschaftsregisterverordnung) bestimmt.

Spalte	Eintragung	Beispiel
1	Anzahl der bisherigen Eintragungen	27
2 a)	Firma	Spar- und Darlehenskasse Gelsenkirchen eG
2 b)	Sitz, Niederlassung, inländische Geschäftsanschrift, Zweigniederlassungen	Gelsenkirchen
2 c)	Gegenstand des Unternehmens	Betrieb einer Spar- und Darlehenskasse
3	Nachschusspflicht/Mindestkapital	Beschränkte Nachschusspflicht der Genossen: Die Haftsumme für jeden Geschäftsanteil beträgt 25,00 €.
4 a)	Allgemeine Vertretungsregelung	Alle Vorstandsmitglieder vertreten gemeinschaftlich.
4 b)	Vorstand und besondere Vertretungs befugnis	Vorstand: Dr. Jörg Lübecker, Gelsenkirchen, geboren am 17.02.1947 Vorstand: Uwe Weidemann, Gelsenkirchen, geboren am 07.04.1945 Vorstand: Tim-Johan Ismir, Gelsenkirchen, geboren am 04.12.1974

Spalte	Eintragung	Beispiel
5	Prokura	Stefanie Schulz, Gelsenkirchen, geboren am 16.12.1970
6 a)	Rechtsform und Satzung	Eingetragene Genossenschaft. Statut errichtet am 02.12.1980.
6 b)	Sonstige Rechtsverhältnisse	----
7 a)	Tag der letzten Eintragung	25.06.2021
7 b)	Bemerkungen	---

1.5 Das Gesellschaftsregister

Das Gesellschaftsregister gibt es erst seit dem 01.01.2024.

Die **Führung** des Gesellschaftsregisters (GsR) erfolgt **sachlich** durch die **Amtsgerichte**, die zur Führung des Handelsregisters berufen wurden (§ 1 GesRV).
Die **örtliche Zuständigkeit** des **Amtsgerichts** richtet sich nach dem **Sitz der Gesellschaft bürgerlichen Rechts**. Der Sitz der Gesellschaft bürgerlichen Rechts ist der Ort, an dem die Verwaltung der Hauptniederlassung geführt wird.

Im Gesellschaftsregister sind ausschließlich Gesellschaften bürgerlichen Rechts (GbR) eingetragen. Die Einsicht in das Gesellschaftsregister ist jedermann gestattet.

Hinweis: Die Einsichtnahme in das elektronische Gesellschaftsregister (GsR) erfolgt auf dieselbe Weise wie die Einsichtnahme in das elektronische Handelsregister.

Grundlage der Führung des Gesellschaftsregisters ist die Verordnung über die Einrichtung und Führung des Gesellschaftsregisters (Gesellschaftsregisterverordnung – GesRV).

1.5.1 Die Organe des Gesellschaftsregisters

Die Organe der Registerführung sind bis auf den Richter, der keine Funktion hat, identisch mit denen des Handelsregisters:

- Der Rechtspfleger ist für die Führung des Gesellschaftsregisters ausschließlich zuständig.
- Der Urkundsbeamte der Geschäftsstelle hat die Ausführung der Eintragungsverfügungen zu veranlassen, die verfügten Bekanntmachungen und Benachrichtigungen herbeizufüh-

ren, Abschriften der Eintragungen und der zum Register eingereichten Schriftstücke sowie Bescheinigungen und Zeugnisse auszustellen und sie zu beglaubigen.

Der Notar erteilt auch zum Gesellschaftsregister Bescheinigungen gem. § 21 BNotO.

1.5.2 Einteilung des Gesellschaftsregisters

Der Inhalt von Eintragungen im Gesellschaftsregister wird durch § 4 GeSRV (= Gesellschaftsregisterverordnung) bestimmt.

Spalte	**Eintragung**	**Beispiel**
1	Anzahl der bisherigen Eintragungen	2
2 a)	Name	Ambulanter Pflegedienst Kistenmacher & Müller GbR
2 b)	Sitz, Anschrift, Zweigniederlassung	Bonn Anschrift: Korintenstraße 19, 53111 Bonn
3 a)	Allgemeine Vertretungsregelung	Jeder Gesellschafter vertritt einzeln. Jeder Gesellschafter ist befugt, im Namen der Gesellschaft mit sich im eigenen Namen oder als Vertreter eines Dritten Rechtsgeschäfte vorzunehmen.
3 b)	Gesellschafter, Vertretungsberechtigte und besondere Vertretungsbefugnis	Gesellschafter: Sieglinde Kistenmacher, Bonn, geboren am 10.12.1955 Gesellschafter: Christine Müller, Bonn, geboren am 17.09.1956
4 a)	Rechtsform	Gesellschaft bürgerlichen Rechts
4 b)	Sonstige Rechtsverhältnisse	---
5	Tag der letzten Eintragung	03.02.2024

Zusammenfassung

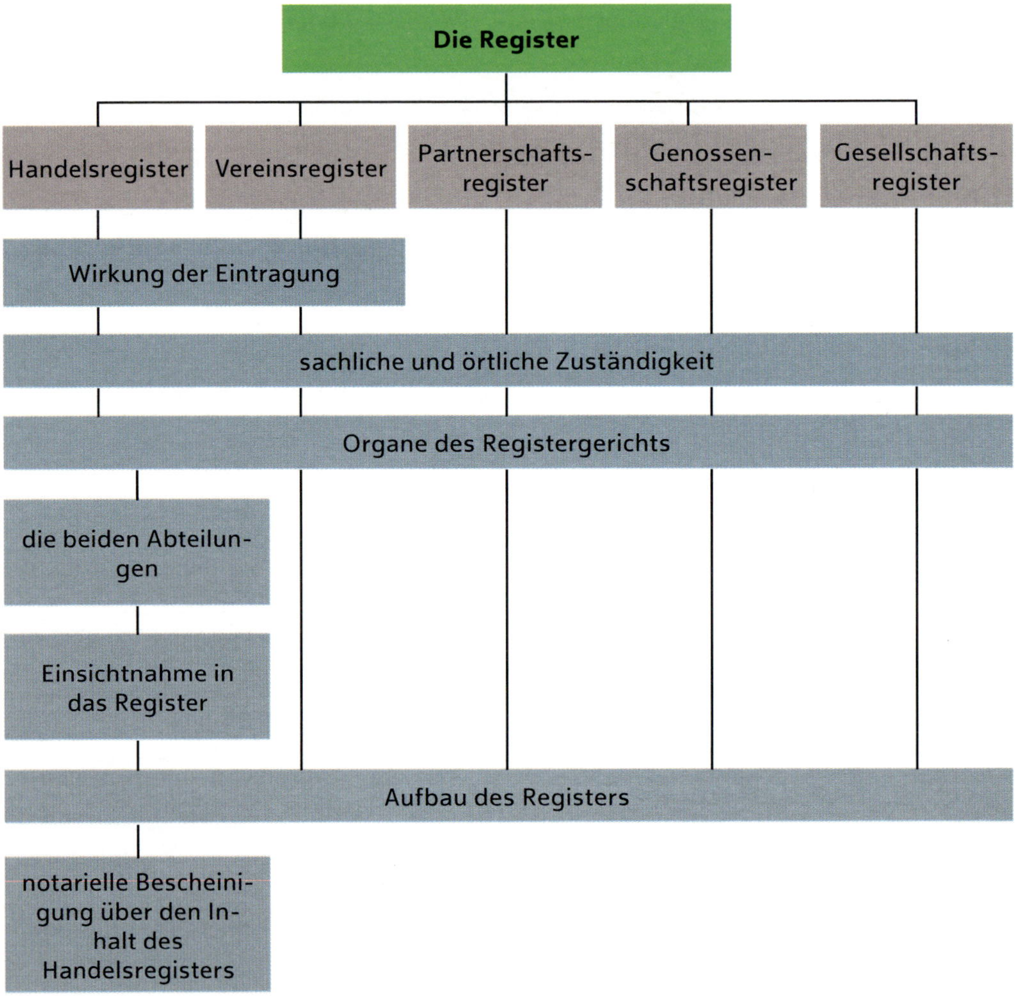

Wiederholung und Vertiefung

1. Welche Register haben Sie in diesem Kapitel kennengelernt?
2. Wie ist das jeweilige Register genau aufgebaut?
3. Auf welche Weise erfolgt die Einsicht in die Register?
4. In welche Dokumente kann Einsicht genommen werden?
5. Wer erteilt Bescheinigungen über den Inhalt eines Registers?
6. Auf welche Weise werden solche Bescheinigungen erteilt?
7. Ordnen Sie die nachfolgenden Gesellschaften in das entsprechende Register ein: GmbH, Einzelkaufmann, AG, UG (haftungsbeschränkt), Partnerschaftsgesellschaft, KG, OHG, GbR.
8. Definieren Sie die Begriffe „deklaratorisch“ und „konstitutiv“ und finden je ein Beispiel.

2 Die Registeranmeldung

Anmeldungen zur Eintragung in ein Register haben durch
- schriftliche Erklärung (Beglaubigung der Unterschrift/-en) oder
- elektronische Erklärung (Beglaubigung der qualifizierten elektronischen Signatur)

auf elektronischem Weg zu erfolgen. Alle Dokumente müssen maschinenlesbar und durchsuchbar sein.

Öffentliche Behörden oder siegelführende Körperschaften des öffentlichen Rechts können die Anmeldung selbst vornehmen. Die Beglaubigung der Unterschrift/-en durch einen Notar ist dann nicht erforderlich.

Die Anmeldung wird in der Regel in deutscher Sprache abgefasst, da Deutsch Gerichtssprache ist (§ 184 GVG). Die Vorlage einer fremdsprachigen Urkunde ist zulässig. Sie wird insbesondere, wenn sie in der englischen Sprache abgefasst ist, von den meisten Registergerichten anerkannt. Im Zweifel wird das Gericht eine Übersetzung durch einen öffentlich bestellten Dolmetscher verlangen. Die Übersetzung ist nicht zu beglaubigen.

Das jeweilige Registergericht wird nur auf Antrag tätig. Eintragungen von Amts wegen – also ohne Antrag – werden nur vorgenommen, wenn dies gesetzlich vorgesehen ist (z. B. §§ 393 ff. FamFG).

Die jeweilige Anmeldung ist die Eintragungsgrundlage. In ihr werden einzutragende Tatsachen glaubhaft gemacht. Sie muss einen klaren Inhalt haben, aus dem sich die einzutragenden Tatsachen ergeben. Die Anmeldung wird mit Eingang beim Registergericht wirksam. Zum Handelsregister können nur bereits vollzogene Tatsachen (z. B. der bereits zuvor durch Beschluss berufene Geschäftsführer) angemeldet werden; künftige Vorhaben sind nicht anmeldefähig.

Seit Juni 2017 hat der Notar gem. § 378 Abs. 3 FamFG eine Registeranmeldung (Ausnahme: Anmeldungen zum Genossenschafts- und Partnerschaftsregister), insbesondere wenn er sie nicht selbst entworfen hat, vor Einreichung beim Registergericht auf Eintragungsfähigkeit zu prüfen. Es ist seither nicht mehr ausreichend, lediglich die Unterschriftsbeglaubigung vorzunehmen. Von der Prüfpflicht nicht erfasst sind etwaige Anlagen zur Registeranmeldung. Dass der Notar seiner Prüfpflicht nachgekommen ist, muss für das Registergericht ersichtlich sein. Der Nachweis kann durch Beifügung eines Prüfvermerks erfolgen. Ist der Notar der Ansicht, dass die Anmeldung nicht eintragungsfähig ist, wird er die Beteiligten darauf hinweisen und die Änderung der Anmeldung anregen. Wünschen die Beteiligten jedoch die Einreichung der unveränderten Anmeldung, kann er auch dies in seinem Prüfvermerk darlegen. Eine Gebühr erhält der Notar für diese (zusätzliche) Prüfpflicht nicht.

Lernsituation

Oxana Schuhmann hat eine Anmeldung zum Handelsregister zur elektronischen Einreichung bei Gericht erhalten. Es handelt sich um die Anmeldung eines Einzelkaufmanns. Die Firma lautet Schirmann e. K. und hat die Verwaltung von Immobilien zum Gegenstand. Oxana Schuhmann liest sich den in der Akte bisher befindlichen Schriftverkehr durch und holt sich aus dem Aktenschrank eine Musterakte, um anhand dieser nachvollziehen zu können, wie sie die Handelsregisteranmeldung bearbeiten muss. Bei der Gelegenheit sieht sie, dass sich im Aktenschrank, in dem ausschließlich Registerakten aufbewahrt werden, noch viele andere Vorgänge zur Anmeldung unterschiedlicher Gesellschaften sowie von Vereinen befinden. Sie findet beispielsweise Akten mit der Bezeichnung Brotbäcker OHG, Baugeschäft Odenthal GmbH, Club Appartements GmbH, Holzspielzeugprofi Schilling KG, Dinger GmbH & Co. KG, Baugenossenschaft Darmstadt eG, Modelbauclub Darmstadt e. V., Gilling GmbH, Sportfreunde Stöller e. V. und Scholzi e. Kffr.

Oxana Schuhmann ist neugierig und nimmt sich einige Akten mit an ihren Arbeitsplatz. Sie fragt Jana Seidel, ob es OK ist, wenn sie diese einige Tage bei sich behält, um den jeweiligen Sachverhalt nachlesen zu können. Jana Seidel findet die Idee großartig, denn auf diese Weise kann die Auszubildende anhand bereits bearbeiteter Anmeldungen zu den Registern eigenständig lernen, wie diese textlich korrekt abzufassen und elektronisch bei Gericht einzureichen sind.

Jana Seidel regt ergänzend an, dass Oxana Schuhmann sich jeweils eine bereits beurkundete Registeranmeldung aus den Akten kopiert und zu ihrer Mustersammlung nimmt, damit sie immer wieder auf diese zurückgreifen kann, wenn ihr ein solcher Vorgang zur Bearbeitung vorgelegt wird. Oxana Schuhmann macht sich an die Arbeit.

Arbeitsaufträge:

a) Überlegen Sie, wie die Anmeldung der Schirmann e. K. aussehen könnte und fertigen Sie diese inklusive Unterschriftsbeglaubigung zur Einreichung beim Registergericht mit folgenden ergänzenden Angaben an:
   - Der Sitz der Firma ist 22336 Hamburg, Baumannplatz 7.
   - Inhaber ist Herr Tobias Schirmann, geboren am 21.07.1955.
   - Er wohnt in 23178 Hamburg, Rothenbaumchaussee 2.

- Tobias Schirmann ist der Notarin Katharina Marschner persönlich bekannt. Er leistet seine Unterschrift in Gegenwart der Notarin. Das Datum bleibt offen.

b) Fertigen Sie zu den in der Lernsituation angeführten Firmen/Vereinen jeweils eine vollständige Registeranmeldung inklusive Unterschriftsbeglaubigung für eine KG, OHG, GmbH, eG sowie einen Verein nach eigenen Vorstellungen an. Überlegen Sie, welche/-r Firma/Verein Ihnen ggf. schon bekannt ist und verarbeiten diese Kenntnisse in Ihren Anmeldungen.

c) Vergleichen Sie untereinander Ihre Ergebnisse.

d) Reflektieren Sie anschließend Ihr Wissen.

2.1 Die zu einer Anmeldung notwendige Software/die Dateitypen

Allen Notaren wird von der Bundesnotarkammer mittels der von dieser gegründeten Firma NotarNetGmbH zur Einreichung von u. a. Registeranmeldungen eine Basisanwendung mit der Bezeichnung XNP (Extended Network Printing Protocol) zur Verfügung gestellt. Die Plattform XNP beinhaltet u. a. XNotar, das auch ein Modul für Handelsregister und beN (besonderes elektronisches Notarpostfach) umfasst. Das beN ermöglicht aus dem eigenen Postausgang den geschützten Versand mittels des sog. OSCI-Standards (Online Services Computer Interface) von Unterlagen über das Internet an die Gerichte und diese versenden ebenso Eintragungsbenachrichtigungen oder Beanstandungen an die Notare, die im Posteingang empfangen und von dort weiterverarbeitet (z. B. gedruckt oder andernorts digital gespeichert) werden können.

Die OSCI-unterstützte Datenübermittlung führt dazu, dass diese sich in einer Art „verschlossenem Umschlag“ befinden, der vor dem Zugriff durch Unbefugte schützt. Es steht jedem Notar frei, diese Anwendung zu nutzen oder den elektronischen Versand aus einer anderen Software vorzunehmen.

XNotar erzeugt durch die Signatur des Notars mittels PIN und Einlesen der Signaturkarte die zur Einreichung beim Register vorgeschriebenen XML-Datensätze, die vom Registergericht gelesen und für Handelsregistereintragungen weiterverarbeitet werden können.

XNotar

Folgende Dateitypen sind im elektronischen Rechtsverkehr häufig anzutreffen:

PDF oder PDF/A-1b	= ***P**ortable **D**ocument **F**ormat* Datei, die Texte, Bilder und Grafiken enthalten kann. Sie kann z. B. über den Adobe Acrobat Reader oder ein vergleichbares Programm, das die Ansicht von PDF-Dokumenten zulässt, gelesen werden. Das Dateiformat PDF/A dient der Langzeitarchivierung digitaler Dokumente, wobei die Level-B-Datei (PDF/A-1b) die eindeutige visuelle Reproduzierbarkeit der Datei ermöglicht.
.pkcs	= ***P**ublic-**K**ey **C**ryptography **S**tandards* Verschlüsselte Signaturdatei, die mit XNotar erzeugt wird.
.xml	= ***E**xtensible **M**arkup **L**anguage* Codierte Daten zur automatisierten Weiterverarbeitung. Dieser Datensatz wird mit XNotar erzeugt bzw. kann mit XNotar gelesen und weiterverarbeitet werden.

Elektronischer Vollzug von Anmeldungen beim Handelsregister

Die beurkundeten/unterzeichneten Dokumente, die dem Registergericht einzureichen sind, werden in eine elektronische Form überführt.

Dies kann durch das Scannen des Dokuments einschließlich elektronischen Beglaubigungsvermerks im Format. PDF oder durch das Umwandeln mittels EDV erfolgen.

Die so erzeugten Dateien können für das nachfolgende Einfügen in das für den elektronischen Transport genutzte Programm in einem gesondert anzulegenden Ordner zwischengespeichert werden. Je nach Programmausstattung werden die benötigten Dateien über eine Einfügefunktion oder mittels drag and drop übertragen.

Folgende **Angaben sollen** gemäß § 5 a DONot durch Nichtaufnahme in die (eigene) Urkunde oder Unkenntlichmachung **nicht an** ein **Registergericht** übermittelt werden: **Wohnanschriften** (Straße, Hausnummer, PLZ), **Seriennummern** von **Ausweisen** und **Bankverbindungen.** Diese Maßnahme dient dem Daten- und Personenschutz mit Rücksicht auf den öffentlichen Zugang zu den Registern.

Es gibt in XNP die Möglichkeit, Teile eines bereits in einen neuen Antrag eingefügten Dokuments zu „weißen“, um gewünschte Angaben unkenntlich zu machen. Hierbei wird ein weißes Textfeld über die unkenntlich zu machenden Tatsachen gelegt. Es wird anschließend ein auszugsweises Dokument eingereicht (= Beglaubigungsvermerk anpassen).

Wer sichergehen will, nimmt die Wohnanschrift gar nicht in die einzureichende Urkunde auf. Gemäß § 5 DONot ist dies bei Urkunden, die zu einem Register eingereicht werden, nicht zwingend erforderlich (= Kannvorschrift); der Wohnort (ohne PLZ) ist ausreichend. Hat eine Person geschäftlich unterzeichnet, kann alternativ auch die Geschäftsadresse angeführt werden. Diese Möglichkeiten sind nicht gegeben, wenn eine Verwechslungsgefahr besteht (= in dem Wohnort gibt es eine Person mit demselben Vor- und Nachnamen).

Wird kein Scan der Urschrift einer Anmeldung eingereicht, ist die Unterschrift des Notars mit gez. + L. S. (= loco sigili) darzustellen; bei allen anderen Personen reicht gez.

Onlineverfahren

Seit einiger Zeit dürfen Beurkundungen und Beglaubigungen per Videokommunikation (Videobeurkundung/Videobeglaubigung) durchgeführt werden. Die Bundesnotarkammer hat hierfür ein Videokommunikationssystem zur Verfügung gestellt, das dazu zwingend zu benutzen ist. Die per Videokommunikation zu beurkundenden/beglaubigenden Fälle sind gesetzlich festgelegt (s. u.); wirksame Beurkundungen/Beglaubigungen können nur innerhalb dieses Rahmens erfolgen. Die Beurkundung eines Immobilienkaufvertrags oder die Beglaubigung einer Löschungsbewilligung gehört beispielsweise nicht dazu und wäre demzufolge unwirksam.

Das Beurkundungsgesetz wurde hierzu ergänzt (§§ 16 a–16 e und 40 a BeurkG).

Der Notar muss vor der Videobeurkundung oder -beglaubigung von Fall zu Fall prüfen, ob er örtlich zuständig ist. Voraussetzung ist, dass beispielsweise der Sitz der betroffenen juristischen Person, rechtsfähigen Personengesellschaft oder der Wohnsitz des Einzelkaufmanns, der Wohnsitz oder Sitz eines organschaftlichen Vertreters (z. B. des Geschäftsführers) oder eines Gesellschafters der betroffenen juristischen Person/rechtsfähigen Personengesellschaft sich innerhalb seines Amtsbereichs befindet (§ 10 a BNotO). Ist dies nicht der Fall, darf er nicht beurkunden/beglaubigen. Diese Vorschrift gilt analog zu den Vorschriften zu Beurkundungen/Beglaubigungen in Präsenz und soll die flächenmäßige Verteilung dieser Vorgänge gewährleisten.

Folgende Vorgänge dürfen heute per Videokommunikation beurkundet/beglaubigt werden:

Beurkundungen:
- Gründung einer GmbH/UG (haftungsbeschränkt) mit Bargründung, Sacheinlagen (Einbringung z. B. von Maschinen, Forderungen oder Patenten statt Bargeld) oder Sachagios (Verpflichtung zur Einbringung z. B. von Maschinen, Forderungen oder Patenten statt Bargeld), wenn keine Immobilien oder GmbH-Geschäftsanteile eingebracht werden
- einstimmig gefasste Gesellschafterbeschlüssen über Satzungsänderungen inkl. Kapitalmaßnahmen, wenn keine Immobilien oder GmbH-Geschäftsanteile eingebracht werden
- Vollmachten, die ausschließlich Erklärungen zur Gründung einer GmbH/UG (haftungsbeschränkt) enthalten

Beglaubigungen:
alle Anmeldungen zum Handels-, Partnerschafts-, Genossenschafts- und Vereinsregister

Es gibt die Möglichkeit der

- Beurkundung/Beglaubigung ausschließlich per Videokommunikationssystem (der/die Beteiligte/-n geben ihre Erklärungen ausschließlich online ab),
- als gemischte Beurkundung/Beglaubigung (ein oder mehrere Beteiligte geben Erklärungen online ab, andere sind gleichzeitig in Präsenz im Büro des Notars anwesend).

Das Onlineverfahren wird auf Wunsch eines Beteiligten ausgewählt und durch den Notar in die Wege geleitet. Hierzu schickt der Notar dem/den Beteiligten einen Einladungslink zur Onlineregistrierung. Der bzw. die Beteiligte/-n hat/haben sich eine Notar-App (über den Apple Store oder Google Play Store) herunterzuladen, um die eigene elektronische Identität (eID) zu bestätigen. Die Notar-App liest die Daten des hierfür geeigneten Ausweisdokuments (Personalausweis nebst Ausweis-PIN) aus und erstellt ein qualifiziertes Signaturzertifikat, welches der bzw. die Beteiligte/-n nutzen kann/nutzen können, um das elektronische Dokument zu signieren (= elektronische Unterschrift).

Beteiligte aus EU- und EWR-Mitgliedsstaaten können sich mit einer deutschen eID-Karte identifizieren, Drittstaatenangehörige können beispielsweise mit einem deutschen elektronischen Aufenthaltstitel + PIN am Onlineverfahren teilnehmen.

Beteiligte am Onlineverfahren benötigen einen Laptop/Computer mit Kamera, Mikrofon, Tonausgabe und Internetverbindung sowie ein handelsübliches Smartphone mit Mobilfunkempfang, NFC-Schnittstelle (zum drahtlosen Austausch von Daten) und die Notar-App.

Bei einer Videobeurkundung identifiziert der Notar die Beteiligten anhand der ausgelesenen eID + amtlichem Lichtbild. Das zu beurkundende elektronische Dokument wird in der Videokonferenz angezeigt und vom Notar (wie in Präsenz) verlesen/erklärt. Am Schluss erhält das elektronische Dokument eine qualifizierte elektronische Signatur eines jeden (online) Beteiligten. Hierzu erhält jeder Beteiligte eine SMS mit einer TAN (Transaktionsnummer) über das Smartphone, die er in ein Eingabefeld innerhalb der Videokonferenz einzugeben und zu bestätigen (= Fernsignatur) hat. Einer Signaturkarte oder eines Kartenlesegeräts bedarf es hierzu nicht.

Eine auf diese Weise erstellte Urkunde gibt es ausschließlich in elektronischer Form; sie wird in die elektronische Urkundensammlung des Notars geladen (= elektronische Urschrift, § 45 Abs. 3 BeurkG) und als Ausdruck zur Urkundensammlung genommen.

Bei einer gemischten Beurkundung ist neben der elektronischen Urkunde eine (inhaltsgleiche) Papierurkunde zu erstellen. Der bzw. die in Präsenz anwesende/-n Beteiligte/-n und der Notar unterzeichnen die Papierurkunde und der/die mittels des Videokommunikationssystems zugeschaltete/-n Beteiligte/-n und der Notar signieren (wie oben beschrieben) auf elektronischem Weg.

2.2 Anmeldungen zum Handelsregister

Es gibt **eintragungsfähige Tatsachen** und Tatsachen, die **nicht eintragungsfähig** sind:

- Unter einer eintragungsfähigen Tatsache ist eine solche zu verstehen, die gesetzlich angeordnet ist, wenn
  - eine Verpflichtung zur Anmeldung besteht. Beispielsweise regelt § 29 HGB die Verpflichtung eines Kaufmanns, seine Firma, den Ort und die inländische Geschäftsanschrift seiner Handelsniederlassung in das Handelsregister anzumelden und/oder
  - die Eintragung von Amts wegen vorzunehmen ist. Beispielsweise kann das Gericht das Erlöschen einer Firma von Amts wegen eintragen, wenn dies durch den Verpflichteten nicht angemeldet wird (§ 141 FGG i. V. m. § 31 HGB).
- Nicht eintragungsfähig sind z. B. güterrechtliche Tatsachen, der Familienstand, Beschränkungen in der Geschäftsfähigkeit, Handlungsvollmachten und Tatsachen, die erst zu einem zukünftigen Zeitpunkt eintreten werden (z. B. in der Zukunft liegende Geschäftsführerbestellung).

Es gibt **eintragungspflichtige Tatsachen**, die gesetzlich vorgeschrieben und somit auch erzwingbar sind:

Firma	**Eintragungspflichtige Tatsache (beispielhaft)**
Einzelkaufmann (e. K.)	Ersteintragung des Unternehmens, Zweigniederlassungen, Verlegung des Hauptsitzes/inländischen Geschäftsanschrift, Änderung der Firma, des Inhabers, Erlöschen der Firma, Prokura
Offene Handelsgesellschaft (OHG)	Errichtung der Gesellschaft, Firmenänderung, Sitzverlegung/Änderung der inländischen Geschäftsanschrift, Eintritt/Ausscheiden eines Gesellschafters, Auflösung, Liquidation, Erlöschen der Firma
Kommanditgesellschaft (KG)	Errichtung der Gesellschaft, Kommanditist und Haftsumme, Anteilsübertragung, Änderung der Haftsumme
Gesellschaft mit beschränkter Haftung (GmbH)	Errichtung der Gesellschaft, Satzungsänderung, Stammkapitalerhöhung, Geschäftsführerwechsel, Auflösung der Gesellschaft, Anmeldung der Liquidatoren, Beendigung der Liquidation
Aktiengesellschaft (AG)	Änderung des Vorstands, Ausgabe von Bezugsaktien, Durchführung der ordentlichen Herabsetzung des Grundkapitals/der Kapitalherabsetzung durch Aktieneinzug, Auflösung der Gesellschaft, Anmeldung der Abwickler, Beendigung der Abwicklung/eines Unternehmensvertrags.

Nicht eintragungspflichtige Tatsachen, die aber eintragungsfähig sind, müssen in das Handelsregister eingetragen werden, um wirksam zu werden (= konstitutive Wirkung). Land- und forstwirtschaftliche Unternehmen erlangen die Kaufmannseigenschaft erst mit der Eintragung im Handelsregister. Möchte das Unternehmen diese Eigenschaft nicht erlangen, erfolgt keine Anmeldung, da eine Verpflichtung hierzu nicht besteht.

Nach den Vorschriften des HGB, AktG und GmbHG sind bestimmte Personen **verpflichtet** oder **berechtigt**, eine **Anmeldung** zum Handelsregister **vorzunehmen**.

▶ **Beispiele:**
- der Einzelkaufmann (§§ 29, 31 HGB)
- sämtliche Gesellschafter einer OHG oder KG oder deren Liquidatoren (z.B. §§ 143, 157 Abs. 1 HGB)
- die Geschäftsführer oder Liquidatoren einer GmbH (in vertretungsberechtigter Zahl, § 78 GmbHG)

Die **Eintragung** der GmbH **im Handelsregister** ist **öffentlich bekannt zu machen.** In dieser Bekanntmachung ist der gesamte Inhalt der Eintragung einschließlich etwaiger Sacheinlagen unter Angabe der Lage der Geschäftsräume wiederzugeben.

Die Veröffentlichung erfolgt im **elektronischen Bundesanzeiger** (§ 12 GmbHG). Die Gesellschaft kann im Gesellschaftsvertrag ferner weitere öffentliche Blätter oder elektronische Informationsmedien benennen.

2.2.1 Registeranmeldungen eines Einzelkaufmanns

Bei der Erstanmeldung eines Einzelkaufmanns ist Folgendes von Interesse:

- Handelt es sich um einen Gewerbebetrieb, der nach Art und Umfang einen in kaufmännischer Weise eingerichteten Geschäftsbetrieb erfordert **(Ist-Kaufmann)**, besteht eine Eintragungsverpflichtung (§ 1 Abs. 2 HGB). Die Eintragung hat eine **deklaratorische Wirkung**, da der Kaufmann bereits mit Aufnahme des Geschäftsbetriebs die Kaufmannseigenschaft hat.
- Der **Kann-Kaufmann** (Kleingewerbetreibender) erhält die **Kaufmannseigenschaft** erst mit (freiwilliger) **Eintragung im Handelsregister (= konstitutiv)**. Für Kleingewerbetreibende gelten weniger Regelungen als für einen Ist-Kaufmann. So müssen Kleingewerbetreibende beispielsweise keine Bücher führen und die Gewinnermittlung kann über eine Einnahmenüberschussrechnung erfolgen.
- Die Eintragung führt zur Beitragspflicht bei der IHK, soweit nicht eine reine Vermögensverwaltung vorliegt. Es ist sinnvoll, die Firma vorab durch die IHK prüfen zu lassen, damit im Zeitpunkt der Anmeldung feststeht, ob sie Bestand hat.

- Die **Firma** des Einzelkaufmanns kann aus dem **Familiennamen** (s. u.) gebildet werden, es sei denn, der Familienname kommt häufig vor (z. B. Müller). In solch einem Fall ist der Vorname oder ein anderes Unterscheidungsmerkmal beizufügen. Die Firma kann auch aus einer **Sachbezeichnung** (z. B. Autohaus Max Niemeyer e. K.) oder einem **Fantasiebegriff** (z. B. Tüddelfrauen e. K.) gebildet werden. Die Firma muss gem. § 19 Abs. 1 HGB die Bezeichnung e. K. (eingetragener Kaufmann), e. Kfm. (wie vor) oder e. Kffr. (eingetragene Kauffrau) erhalten.

Merke: Anmeldepflichtig ist gem. § 29 HGB der Inhaber des Einzelunternehmens selbst.

▶ **Beispiel:** Thorsten Meierbart betreibt seit Kurzem ein Spielwarengeschäft im Bahnhof der Stadt Darmstadt. Er möchte sein Handelsgewerbe im Handelsregister eintragen lassen.

Handelsregisteranmeldung

Amtsgericht Darmstadt
Registergericht
64283 Darmstadt

Neueintragung eines einzelkaufmännischen Unternehmens

Zur Eintragung in das Handelsregister melde ich, Thorsten Meierbart, geboren am 05.02.1967, wohnhaft in 64291 Darmstadt, Albrechtstraße 1, die Firma meines in Darmstadt betriebenen Handelsgeschäfts „Thorsten Meierbart e. K." an.

Gegenstand: genaue Bezeichnung des Geschäftszweigs

Der Gegenstand des Unternehmens ist der Handel mit Spielwaren aller Art.

Die inländische Geschäftsanschrift lautet: 64298 Darmstadt, Am Nordbahnhof 7.

Fallen Lage der Geschäftsräume und Anschrift auseinander, ist die Lage der Geschäftsräume gesondert anzugeben.

Darmstadt, 16.05.2025

Thorsten Meierbart
Thorsten Meierbart

Nr. 345 des Urkundenverzeichnisses Jahrgang 2025

Vorstehende, heute vor mir vollzogene Unterschrift des mir durch Bundespersonalausweis ausgewiesenen Thorsten Meierbart, geboren am 05.02.1967, wohnhaft in 64291 Darmstadt, Albrechtstraße 1, beglaubige ich hiermit.

Ich habe das Mitwirkungsverbot nach § 3 Abs. 1 Nr. 7 BeurkG erläutert. Meine Frage, ob eine Vorbefassung im Sinn dieser Vorschrift vorliege, wurde verneint. Die vorstehend unterzeichnete Anmeldung habe ich nach § 378 Abs. 3 S. 1 FamFG auf Eintragungsfähigkeit geprüft.

Darmstadt, 16.05.2025

Katharina Marschner
Katharina Marschner
Notarin

Hinweis: Der Anmeldung sind keine weiteren Unterlagen beizufügen.

Merke: Die Prüfung der Eintragungsfähigkeit nach § 378 Abs. 3 FamFG löst keine Gebühr aus.

Weitere (spätere) anmeldepflichtige Vorgänge bei einem einzelkaufmännischen Unter-nehmen sind z. B.:

- Erteilung/Widerruf von Prokura,
- Verkauf/Übertragung des Unternehmens mit oder ohne Firmenfortführung,
- Änderung der Firma,
- Sitzverlegung,
- Erlöschen der Firma.

▶ **Beispiel:** Thorsten Meierbart hat in Thomas Schönherr, geboren am 29.01.1969, Mengenweg 18, 64290 Darmstadt einen fähigen Mitarbeiter für sein Unternehmen gefunden, dem er umfassende Handlungsvollmacht erteilen möchte, weil er ihm uneingeschränktes Vertrauen entgegenbringt.

Handelsregisteranmeldung

Amtsgericht Darmstadt
– Registergericht –

Zu den Handelsregisterakten

Thorsten Meierbart e. K.
HR A 4268

melde ich an:

Ich habe Herrn Thomas Schönherr, geboren am 29.01.1969, Mengenweg 18, 64290 Darmstadt, Einzelprokura erteilt.

Sowohl die inländische Geschäftsanschrift als auch die Lage der Geschäftsräume befinden sind unverändert in 64298 Darmstadt, Am Nordbahnhof 7.

Darmstadt, 23.12.2025

gez. Thorsten Meierbart

– Unterschriftsbeglaubigung –
(wie Unterschriftsbeglaubigung e. K.)

2.2.2 Registeranmeldungen einer OHG

Bei der Erstanmeldung einer OHG ist Folgendes von Interesse:

Auch bei der OHG besteht eine Anmeldepflicht bei Erreichen eines vollkaufmännischen Umfangs.

- Es gibt immer mehrere (mindestens zwei) Gesellschafter. Gesellschafter können natürliche oder juristische Personen aber auch rechtsfähige Personengesellschaften (z. B. eine GbR) sein.
- Der Gesellschaftsvertrag unterliegt keiner Formvorschrift, wenn darin nicht beurkundungspflichtige Tatsachen enthalten sind (z. B. die Einbringung einer Immobilie).
- Die Firma kann in gleicher Weise gebildet werden, wie die des eingetragenen Kaufmanns, jedoch mit dem Zusatz OHG.
- Auch Angehörige der freien Berufe können bei gemeinsamer Berufsausübung eine OHG eintragen lassen, wenn das jeweilige Berufsrecht es gestattet (§ 107 Abs. 1 S. 2 HGB).
- Aus einem Einzelunternehmen kann durch Aufnahme einer (weiteren) Person eine OHG werden.

Merke: Die Anmeldung muss von allen Gesellschaftern unterzeichnet werden. (106 Abs. 7 S. 1 HGB).

Die OHG hat in der Praxis aktuell kaum eine Bedeutung, weil die Gesellschafter für Verbindlichkeiten stets voll haften.

▶ **Beispiel:** Herbert Leichtfuß und Ernie Berthagen betreiben seit einiger Zeit gemeinsam einen Handel mit Strandkörben. Ferner reparieren sie Strandkörbe, die beschädigt sind. Sie möchten nun ihre gemeinsam errichtete Firma im Handelsregister eintragen lassen.

Handelsregisteranmeldung

Amtsgericht Darmstadt
Registergericht
64283 Darmstadt

Neueintragung einer offenen Handelgesellschaft

Zur Eintragung in das Handelsregister melden wir an:

Wir, Herbert Leichtfuß, geboren am 08.05.1986, wohnhaft in 64521 Groß-Gerau, Helwigstraße 2, und Ernie Berthagen, geboren am 09.07.1984, wohnhaft in 64572 Büttelhorn, Taubenstraße 6, haben unter der Firma

Strandkorbhandel Der Die Das OHG

eine offene Handelsgesellschaft errichtet.

Die Gesellschaft betreibt den Handel mit und die Reparatur von Strandkörben. Die Gesellschaft hat ihren Sitz in 64521 Groß-Gerau.

Die Vertretung ist abstrakt wie folgt geregelt: Die Gesellschafter vertreten die Gesellschaft. Zur Vertretung ist jeder Gesellschafter ermächtigt, wenn er nicht durch den Gesellschaftsvertrag von der Vertretung ausgeschlossen ist.

Die inländische Geschäftsanschrift lautet: 64521 Groß-Gerau, Albrecht-Dürer-Platz 24.

Wir versichern, dass die Gesellschaft nicht bereits im Gesellschafts- oder Partnerschaftsregister eingetragen ist.

Darmstadt, 25.07.2025

Herbert Leichtfuß — *Ernie Berthagen*
Herbert Leichtfuß — Ernie Berthagen

– Unterschriftsbeglaubigung –
(wie Unterschriftsbeglaubigung e. K.)

Hinweis: Der Anmeldung sind keine weiteren Unterlagen beizufügen.

Weitere (spätere) anmeldepflichtige Vorgänge bei einer OHG sind z. B.:

- Änderung der Firma,
- Änderung der Vertretungsregelung und -befugnis,
- Sitzverlegung,
- Aufnahme/Ausscheiden eines Gesellschafters,

- Auflösung der OHG,
- Erteilung/Widerruf einer Prokura,
- Statuswechsel der OHG (z. B. in eine GbR oder Partnerschaft).

▶ **Beispiel:** Herbert Leichtfuß und Ernie Berthagen haben eine Möglichkeit gefunden, den Sitz ihres Unternehmens nach Fehmarn in Schleswig-Holstein zu verlegen. Sie sind der Meinung, dass dort wegen der Nähe zur See ein besserer Absatz von Strandkörben möglich sein wird. Die neuen Räumlichkeiten befinden sich in der ausgesprochen guten Lage in 23769 Burg a. F., Strandallee 13.

Handelsregisteranmeldung

Amtsgericht Darmstadt
– Registergericht –

Zu den Handelsregisterakten der

Strandkorbhandel Der Die Das OHG
HR A 4207

melden wir an:

Der Sitz der Gesellschaft wurde nach 23769 Burg a. F. verlegt.

Die Geschäftsanschrift lautet neu: Strandallee 13, 23769 Burg a. F. Dies ist auch die Lage der Geschäftsräume.

Darmstadt, 03.11.2025

gez. *Herbert Leichtfuß*
gez. *Ernie Berthagen*

– Unterschriftsbeglaubigung –
(wie Unterschriftsbeglaubigung e. K.)

2.2.3 Registeranmeldungen einer KG

Die Gründung einer KG setzt – wie die OHG – mindestens zwei Personen voraus. Gesellschafter kann jede natürliche und (in- oder ausländische) juristische Person sein. Die Besonderheit ist, dass mindestens ein Gesellschafter (Komplementär) für die Verbindlichkeiten der Gesellschaft unbeschränkt mit seinem gesamten Vermögen haftet und (mindestens) ein weiterer Gesellschafter (Kommanditist) beteiligt ist, dessen Haftung auf den Betrag seiner Haftsumme beschränkt ist.

Eine Personenhöchstzahl gibt es nicht.

vgl. LF 2, Kap. 4.8.4

Merke: Die **Anmeldung** sollte nach Unterzeichnung stets unter „eilt" zur Eintragung beantragt werden, da der **Kommanditist bis zur Eintragung der Gesellschaft unbeschränkt persönlich haftet** (§ 176 Abs. 1 HGB). Sie muss von allen Kommanditisten und Komplementären (Gesellschaftern) unterzeichnet werden (§§ 106 Abs. 7 S. 1, 161 Abs. 2, 162 HGB).

▶ **Beispiel:** Die Brüder Franz und Max Stockbauer haben gemeinsam ein Geschäft für Bergsportbedarf eröffnet. Sie möchten für ihr kleines Unternehmen eine KG gründen. Franz Stockbauer möchte die Geschäfte als Komplementär führen. Max Stockbauer wird als Kommanditist mit einer Stammeinlage von 20.000,00 € im Unternehmen agieren.

Handelsregisteranmeldung

Amtsgericht Garmisch-Partenkirchen
Registergericht
82467 Garmisch-Partenkirchen

Neueintragung einer Kommanditgesellschaft

Zur Eintragung in das Handelsregister melden wir an:

Wir haben unter der Firma Kraxelhuber KG eine Kommanditgesellschaft errichtet. Sitz der Gesellschaft ist 82476 Garmisch-Partenkirchen. Gegenstand des Unternehmens ist der Handel mit Bergausrüstung.

Persönlich haftender Gesellschafter ist Franz Stockbauer, geboren am 25.06.1972, wohnhaft in 82476 Garmisch-Partenkirchen, Meiereistraße 16. Kommanditist ist Max Stockbauer, geboren am 07.05.1976, wohnhaft in 82476 Garmisch-Partenkirchen, Meiereistraße 18, mit einer Haftsumme von 20.000,00 €.

Die Vertretung der Gesellschaft ist abstrakt wie folgt geregelt: Die Gesellschaft hat einen oder mehrere persönlich haftende Gesellschafter. Zur Vertretung ist jeder persönlich haftende Gesellschafter ermächtigt, soweit er nicht durch den Gesellschaftsvertrag von der Vertretung ausgeschlossen Ist.

Die inländische Geschäftsanschrift der Gesellschaft lautet: Steigmeierstraße 34, 82476 Garmisch-Partenkirchen.

Wir versichern, dass die Gesellschaft nicht bereits im Gesellschafts- oder Partnerschaftsregister eingetragen ist.

Garmisch-Partenkirchen, 02.05.2025

Franz Stockbauer
Franz Stockbauer

Max Stockbauer
Max Stockbauer
– Unterschriftsbeglaubigung –
(wie Unterschriftsbeglaubigung e. K.)

Hinweis: Der Anmeldung sind keine weiteren Unterlagen beizufügen.

Hinweis: Der Kommanditist haftet für gesellschaftliche Verbindlichkeiten in diesem Beispiel mit seiner Einlage (= 20.000,00 €). Der Komplementär haftet unbeschränkt mit seinem gesamten privaten Vermögen. In der Anmeldung ist die abstrakte Vertretungsregelung enthalten. Gibt es mehr als einen Gesellschafter, besteht die Möglichkeit, dass jeder von ihnen die Gesellschaft auf unterschiedliche Weise vertreten kann. In diesem Fall ist eine weitere (konkrete) Vertretungsregelung anzumelden.

Die GmbH & Co. KG und die UG (haftungsbeschränkt) & Co. KG sind besondere Formen der KG. Persönlich haftende Gesellschafterin ist hier die GmbH bzw. UG (haftungsbeschränkt). Es gelten für die Anmeldung zum Handelsregister jedoch dieselben Regeln.

Weitere (spätere) anmeldepflichtige Vorgänge bei einer KG sind z. B.:

- Änderung der Firma,
- Aufnahme eines Kommanditisten,
- Erhöhung/Herabsetzung einer Kommanditeinlage,
- Ausscheiden eines Kommanditisten,
- Übertragung eines Kommanditanteils/Neueintritt in die Gesellschaft,

▶ **Beispiel:** Die Brüder Stockbauer nehmen einen weiteren Kommanditisten in das Unternehmen auf. Es handelt sich um einen gemeinsamen Schulfreund, Karsten Hinterleutner, geboren am 08.06.1977, wohnhaft in 82476 Garmisch-Partenkirchen, Bergweg 13.

Handelsregisteranmeldung

Amtsgericht Garmisch-Partenkirchen
– Registergericht –

Zu den Handelsregisterakten der

Kraxelhuber KG
HR A 7453

melden wir an:

In die Gesellschaft ist als Kommanditist Karsten Hinterleutner, geboren am 08.06.1977, wohnhaft in 82476 Garmisch-Partenkirchen, Bergweg 13, eingetreten.

Die Kommanditeinlage beträgt 20.000,00 €.

Der beglaubigende Notar wies den neuen Kommanditisten darauf hin, dass er bis zu seiner Eintragung im Handelsregister persönlich haftet, wenn er der Teilnahme am Rechtsverkehr zugestimmt hat (§ 176 Abs. 2 HGB). Ferner ist ihm bekannt, dass für ihn ein Haftungsausschluss mit Wirkung gegenüber den Gläubigern des Unternehmens nicht möglich ist (§ 173 HGB).

Firma und Sitz der Gesellschaft bleiben unverändert.

Darmstadt, 03.11.2025

gez. Franz Stockbauer
gez. Max Stockbauer
gez. Karsten Hinterleutner

– Unterschriftsbeglaubigung –
(wie Unterschriftsbeglaubigung e. K.)

Hinweis: Diese Anmeldung ist eilbedürftig und muss unverzüglich zur Eintragung im Handelsregister eingereicht werden, weil der neue Kommanditist bis zur Eintragung persönlich haften kann.

2.2.4 Registeranmeldungen einer GmbH

Eine GmbH kann durch eine (= Ein-Personen-GmbH) oder mehrere (= Mehr-Personen-GmbH) Personen gegründet werden.

Grundlage der Erstanmeldung einer GmbH ist die Art und Weise der Errichtung, die durch Gründungsurkunde (= als Niederschrift oder mittels Videokommunikation) erfolgt:
- Art der Stammeinlagen (Bar- oder Sacheinlagen),
- Höhe des Stammkapitals (mindestens 25.000,00 € bei einer GmbH oder weniger bei einer UG haftungsbeschränkt),
- Art des Gesellschaftsvertrags (Individualsatzung oder Musterprotokoll),
- Form der Beurkundung (als Niederschrift oder mittels Videokommunikation).

Die Anmeldung ist von dem/den Geschäftsführer/-n, die in der Gründungsurkunde (oder durch separaten Beschluss) bestellt wurde/-n persönlich zu unterzeichnen (§ 78 GmbHG). Eine Vertretung ist mit Rücksicht auf die notwendigen Versicherungen der/des Geschäftsführer/-s über u. a. die eigene Amtsfähigkeit nicht möglich.

Der Text der Erstanmeldung einer GmbH ist wegen der gesetzlich vorgeschriebenen Versicherungen des Geschäftsführers sehr umfangreich. Die nachfolgende Anmeldung bezieht sich auf eine Ein-Personen-GmbH, bei der der einzige Gesellschafter zugleich Geschäftsführer ist.

Grundlage der Erstanmeldung einer GmbH ist die Art und Weise der Errichtung, die durch Gründungsurkunde (= als Niederschrift oder mittels Videokommunikation) erfolgt:

Beispielsweise:
- Art der Stammeinlagen (Bar- oder Sacheinlagen),
- Höhe des Stammkapitals (mindestens 25.000,00 € bei einer GmbH oder weniger bei einer UG haftungsbeschränkt),
- Art des Gesellschaftsvertrags (Individualsatzung oder Musterprotokoll),
- Form der Beurkundung (als Niederschrift oder mittels Videokommunikation).

Die Anmeldung ist von dem/den Geschäftsführer/-n, der bzw. die in der Gründungsurkunde oder durch separaten Beschluss bestellt wurde/-n persönlich zu unterzeichnen (§ 78 GmbHG). Eine Vertretung ist mit Rücksicht auf die notwendigen Versicherungen der/des Geschäftsführer/-s über u. a. die eigene Amtsfähigkeit nicht möglich.

Der Text der Erstanmeldung einer GmbH ist wegen der gesetzlich vorgeschriebenen Versicherungen des Geschäftsführers sehr umfangreich. Die nachfolgende Anmeldung bezieht sich auf eine Ein-Personen-GmbH, bei der der einzige Gesellschafter zugleich Geschäftsführer ist.

Beispiel: Niklas Haasemann, geboren am 17.11.1969, in Frankfurt am Main, ist Maurermeister und betreibt seit einiger Zeit in Frankfurt am Main ein Ein-Mann-Unternehmen, das Arbeiten am Bau ausführt. Ihm wurde von seinem Steuerberater empfohlen, eine GmbH zu gründen, um die Haftung auf das Gesellschaftsvermögen zu begrenzen. Das Stammkapital beläuft sich auf 25.000,00 €; die Firma lautet: Haasebau GmbH. Niklas Haasemann ist einziger Gesellschafter und Geschäftsführer und meldet die neue Firma und seine Bestellung zum Geschäftsführer daher zum Handelsregister an. Die Vertretung wird in abstrakter und konkreter Form (= Einzelvertretungsberechtigung und Befreiung von den Beschränkungen des § 181 BGB) angemeldet. Niklas Haasemann gibt als Geschäftsführer die für das Registergericht notwendigen Versicherungen ab. Die inländische Geschäftsanschrift lautet: Mühlenkamp 3, 60437 Frankfurt am Main; sie entspricht auch der Lage der Geschäftsräume. Das Stammkapital wird voll eingezahlt.

Handelsregisteranmeldung

Amtsgericht Frankfurt am Main
– Registergericht –
60313 Frankfurt am Main

Neueintragung einer GmbH mit dem Sitz in Frankfurt am Main

In der Anlage werden folgende elektronisch beglaubigten Dokumente übermittelt:

- notarielle Urkunde des Notars *** (UVZ-Nr. ***/2025) vom *** (Datum) über die Errichtung einer GmbH,
- Liste der Gesellschafter.

Zur Ersteintragung in das Handelsregister meldet der Unterzeichner an:

- die Errichtung der Gesellschaft unter der Firma Haasebau GmbH mit dem Sitz in 60437 Frankfurt am Main,
- die inländische Geschäftsanschrift der Gesellschaft sowie die Lage der Geschäftsräume: Mühlenkamp 3, 60437 Frankfurt am Main,
- die Bestellung des Herrn Niklas Haasemann, geboren am 17.11.1969 zum Geschäftsführer. Er vertritt die Gesellschaft allein und ist von den Beschränkungen des § 181 BGB befreit.

Die Vertretung ist abstrakt wie folgt geregelt:

Die Gesellschaft hat einen oder mehrere Geschäftsführer. Ist nur ein Geschäftsführer bestellt, vertritt dieser die Gesellschaft allein. Sind mehrere Geschäftsführer bestellt, wird die Gesellschaft durch zwei Geschäftsführer gemeinsam oder durch einen Geschäftsführer in Gemeinschaft mit einem Prokuristen vertreten. Die Gesellschafterversammlung kann einzelnen Geschäftsführern Einzelvertretungsbefugnis erteilen und/oder sie von den Beschränkungen des § 181 BGB befreien.

Der unterzeichnende Geschäftsführer versichert, von dem beglaubigenden Notar über

- seine unbeschränkte Auskunftspflicht gegenüber dem Gericht gem. § 53 Abs. 2 BZRG und
- die Strafbarkeit einer falschen Versicherung gem. § 82 GmbHG

belehrt worden zu sein.

Der Geschäftsführer versichert,

- dass keine Umstände vorliegen, aufgrund deren der Geschäftsführer nach § 6 Abs. 2 S. 2 Nr. 2 und Nr. 3 sowie S. 3 und 4 GmbHG von dem Amt als Geschäftsführer ausgeschlossen wäre:

Während der letzten fünf Jahre wurde keine Verurteilung gegen ihn wegen einer oder mehrerer vorsätzlich begangener nachfolgender Straftaten im In- oder Ausland rechtskräftig

- des Unterlassens der Stellung des Antrags auf Eröffnung des Insolvenzverfahrens (Insolvenzverschleppung),
- nach §§ 283–283 d StGB (Bankrott, besonders schwerer Fall des Bankrotts, Verletzung der Buchführungspflicht, Gläubiger- und Schuldnerbegünstigung) (Insolvenzstraftaten),
- der falschen Angaben nach § 82 GmbHG oder § 399 AktG,
- der unrichtigen Darstellung nach § 400 AktG, § 331 HGB, § 346 UmwG oder § 17 PublizitätsG oder
- nach §§ 263–264 a, 265 b 266 a StGB (Betrug, Computerbetrug, Subventionsbetrug, Kapitalanlagebetrug, Kreditbetrug, Sportwettbetrug, Manipulation von berufssportlichen Wettbewerben, besonders schwere Fälle des Sportwettbetrugs und der Manipulation von berufssportlichen Wettbewerben, Untreue, Vorenthalten und Veruntreuen von Arbeitsentgelt) zu einer Freiheitsstrafe von mindestens einem Jahr.

Mir ist bekannt, dass die Frist von fünf Jahren erst durch den Eintritt der Rechtskraft eines entsprechenden Urteils in Gang gesetzt und dass nicht die Zeit eingerechnet wird, in welcher der Täter auf behördliche Anordnung in einer Anstalt verwahrt wird.

- dass ihm weder durch gerichtliches Urteil noch durch vollziehbare Entscheidung einer Verwaltungsbehörde die Ausübung irgendeines Berufs, Berufszweigs, Gewerbes oder Gewerbezweigs untersagt wurde und somit auch nicht im Bereich des Unternehmensgegenstandes der Gesellschaft, und zwar auch dahingehend, dass er in einem anderen Mitgliedsstaat der Europäischen Union oder einem anderen Vertragsstaat des Abkommens über den Europäischen Wirtschaftsraum keinem vergleichbaren Verbot unterliegt;

- dass er
  - nicht bei der Besorgung seiner Vermögensangelegenheiten ganz oder teilweise einem Einwilligungsvorbehalt (§ 1825 BGB) unterliegt und
  - noch nie aufgrund einer behördlichen Anordnung in einer Anstalt verwahrt wurde (Amtsunfähigkeit);

- dass der Gesellschafter folgende Leistung auf ihre Geschäftsanteile geleistet hat:

Gesellschafter	Nr. des Geschäftsanteils	Nennbetrag des Geschäftsanteils in Euro	Einzahlungsbetrag in Euro
Niklas Haasemann, geb. am 17.11.1969, Frankfurt am Main	1	25.000,00	25.000,00

- dass der Gegenstand der Leistung sich endgültig in der freien Verfügung der Geschäftsführung befindet;

- dass das Vermögen der Gesellschaft – abgesehen von dem im Gesellschaftsvertrag festgesetzten Aufwand (Notarkosten und Registergebühren, Kosten der Rechts- und Steuerberatung, Bankgebühren und etwaige Steuern) – durch keinerlei Verbindlichkeiten vorbelastet oder aufgezehrt ist;

- dass bekannt ist, dass Leistungen an Gesellschafter, die wirtschaftlich einer Rückzahlung der Einlage entsprechen, in der Handelsregisteranmeldung anzugeben sind; Gleiches gilt für die Vereinbarung einer solchen Leistung. Der Geschäftsführer erklärt, dass eine solche Leistung weder erfolgt noch vereinbart ist. Der beglaubigende Notar hat darauf hingewiesen, dass falsche Angaben zum Zwecke der Errichtung der Gesellschaft strafbar sind und Ersatzansprüche der Gesellschaft auslösen können.

ggf. Mitarbeitervollmacht

Frankfurt a. M., 13.05.2025

gez. Niklas Haasemann

– Unterschriftsbeglaubigung –
(wie Unterschriftsbeglaubigung e. K.)

Hinweis: Die Anmeldung wird dem Registergericht erst vorgelegt, wenn die Einzahlung der Stammeinlage durch z. B. einen Kontoauszug nachgewiesen wurde. Hatte der Notar hierzu einen Auftrag, erhält er hierfür eine Betreuungsgebühr.

Es gibt die Möglichkeit, eine GmbH durch Bargründung (s. obige Anmeldung), aber auch durch Sachgründung zu errichten. Bei der Sachgründung erfolgt die Beibringung des Stammkapitals ganz oder teilweise durch Übereignung einer Sache (z. B. einer bereits bestehenden Firma oder einer Immobilie), deren Wert über die Bilanz ermittelt werden kann.

Weitere (spätere) anmeldepflichtige Vorgänge bei einer GmbH sind z. B.:
- Änderung der Firma,
- Sitzverlegung,
- Formwechsel (z. B. von OHG zur GmbH),
- Bestellung/Abberufung/Amtsniederlegung eines Geschäftsführers,
- Änderung des Gesellschaftsvertrags,
- Aufnahme/Ausscheiden eines Gesellschafters,
- Tod eines Gesellschafters,
- Kapitalerhöhung oder -herabsetzung,

- Teilung von Geschäftsanteilen,
- Auflösung der GmbH.

Beispiel: Niklas Haasemann hat einen Monat nach Anmeldung der Haasebau GmbH seinen Mitarbeiter Maximilian Behrens zum weiteren Geschäftsführer bestellt und die entsprechende Anmeldung zum Handelsregister vorgenommen. Es hat sich leider nach kurzer Zeit herausgestellt, dass der neue Geschäftsführer nicht entsprechend den Wünschen des Niklas Haasemann arbeitet. Daher wurde Herr Behrens von diesem kurz darauf wieder abberufen.

Handelsregisteranmeldung

Amtsgericht Frankfurt am Main
– Registergericht –

Zu den Handelsregisterakten der

Haasebau GmbH
HR B 645289

melde ich an:

Herr Maximilian Behrens, geboren am ***, wohnhaft ***, ist als Geschäftsführer abberufen worden.

Der die Abberufung enthaltende Gesellschafterbeschluss wird dieser Anmeldung in elektronisch beglaubigter Abschrift beigefügt.

Die inländische Geschäftsanschrift befindet sich unverändert in 60437 Frankfurt am Main, Mühlenkamp 3. Dies ist auch die Lage der Geschäftsräume.

Darmstadt, 02.12.2025

gez. Niklas Haasemann

– Unterschriftsbeglaubigung –
(wie Unterschriftsbeglaubigung e. K.)

> **Hinweis:** Da Maximilian Behrens als Geschäftsführer bereits abberufen wurde, kann er die Anmeldung nicht unterzeichnen; dies übernimmt Niklas Haasemann als weiterer Geschäftsführer der Gesellschaft.

Der Anmeldung ist der Beschluss über die Abberufung beizufügen.

2.3 Anmeldungen zum Vereinsregister

Ein **Verein** erlangt durch **Eintragung in** das **Vereinsregister** die **Rechtsfähigkeit**; er wird eine juristische Person und trägt fortan den Zusatz e. V. Hierfür sind inländische Vereine geeignet, deren Zweck nicht auf einem wirtschaftlichen Geschäftsbetrieb basiert (§ 21 BGB).

Wirtschaftliche Vereine erlangen ihre Rechtsfähigkeit durch staatliche Verleihung (§ 22 BGB) Es gibt Vereine, die auch als Verband bezeichnet werden. Diese Vereine verfügen über eine große Anzahl an Mitgliedern, die z. T. selbst Vereine sind.

Eintragungsunfähige (wirtschaftliche) Vereine liegen vor, wenn der Verein
- unternehmerisch tätig ist,
- Waren/Dienstleistungen lediglich seinen Mitgliedern anbietet,
- zum Zweck genossenschaftlicher Kooperation gegründet wurde.

Liegt keine dieser drei Fallgruppen vor, wird von einem im Vereinsregister eintragbarem Verein gesprochen. Er wird auch als „Idealverein“ bezeichnet.

Beispielhaft für einen **„Idealverein“** (eintragungsfähig) sind:
- gemeinnützige, mildtätige oder religiöse Vereine
- Berufsverbände ohne öffentlich-rechtlichen Charakter (Arbeitgeber- und Arbeitnehmerverbände sowie Kassenärztliche Vereinigungen)
- Forstbetriebsgemeinschaften ohne wirtschaftlichen Geschäftsbetrieb
- Haus- und Grundbesitzvereine
- Interessenverbände der Lohnsteuerzahler (Lohnsteuerhilfeverein) mit staatlicher Anerkennung nach § 13 Abs. 3 StBerG (= Steuerberatungsgesetz)

Beispielhaft für **wirtschaftliche Vereine** (eintragungsunfähig) sind:
- Inkassovereine
- Taxizentralen
- Skisportvereine, die einen Skilift gegen Entgelt betreiben
- technische Prüf- und Vertriebsstellen des Schornsteinfegerhandwerks
- Vereinigungen von Notfallärzten zum Betrieb einer zentralen Sprechstunde

Wenn anhand des Satzungswortlauts Zweifel bestehen, ob die Voraussetzungen eines „Idealvereins“ vorliegen, kann das Registergericht die Anmeldung zur Eintragung zurückweisen.

Merke: Die Eintragung ist immer ausgeschlossen, wenn der Vereinszweck gesetzes- oder sittenwidrig ist.

▶ **Beispiel:** Kerstin Karsten ist Mutter einer vierjährigen Tochter, die die Kindertagesstätte „Kleine Rüpel“ in Bad Schwartau besucht. Kerstin Karsten möchte die Einrichtung unterstützen. Ihr liegt sehr am Herzen, dass u. a. die Außenanlagen gut gepflegt sind, damit die Kinder häufig draußen spielen können. Träger der Kindertagesstätte ist die Stadt. Ihr stehen keine Gelder zur Verfügung, die in die Außenanlagen investiert werden können. Kerstin Karsten wendet sich an die Eltern der anderen Kinder. Es kommen ausreichend Personen zusammen, um gemeinsam einen Förderverein zu gründen, der die Kindertagesstätte unterstützen möchte. Nach der Gründungsversammlung am 01.04.2025 soll der Verein in das Vereinsregister eingetragen werden. Die Vereinssatzung wurde einvernehmlich als Anlage zum Protokoll der Vereinsgründung festgelegt. Kerstin Karsten wird zur Vorsitzenden gewählt. Die stellvertretende Vorsitzende wird Martina Martin, Lisa Lehrmann verwaltet die Kasse.

Vereinsregisteranmeldung

Amtsgericht Lübeck
Vereinsregister
23568 Lübeck

Neueintragung des

Förderverein Kindertagesstätte „Kleine Rüpel“ e. V.

Die einzelvertretungsberechtigte Vorstandsvorsitzende des Vereins meldet zur Eintragung in das Vereinsregister an:

- den am 01.04.2025 gegründeten Verein

- die Mitglieder des Vorstands i. S. d. § 26 BGB:
  - Vorsitzende Kerstin Karsten, geborene Kühlmann, geboren am 27.06.1980, wohnhaft in 23611 Bad Schwartau, Wiesenweg 1
  - Stellvertretende Vorsitzende Martina Martin, geboren am 13.02.1982, wohnhaft in 23611 Bad Schwartau, Dorfstraße 2
  - Schatzmeisterin Lisa Lehrmann, geborene Loose, geboren am 01.05.1987, wohnhaft in 23611 Bad Schwartau, Teichweg 3

Jedes Vorstandsmitglied vertritt den Verein einzeln.

Eine elektronisch beglaubigte Abschrift des Protokolls der Gründungsversammlung sowie eine Abschrift der Satzung sind dieser Anmeldung beigefügt.

Die Anschrift des Vereins lautet: Sandberg 3, 23611 Bad Schwartau.

Neustadt i. H., 20.06.2025

Kerstin Karsten
Kerstin Karsten

– Unterschriftsbeglaubigung –
(wie Unterschriftsbeglaubigung e. K.)

Bei der Erstanmeldung eines Vereins ist Folgendes zu beachten:

- Der Vorstand eines Vereins, in vertretungsberechtigter Anzahl, hat diesen zur Eintragung in das Vereinsregister anzumelden (§ 59 BGB). Besteht der Vorstand aus mehreren Personen und vertreten sie gemeinsam, müssen **alle** Mitglieder des Vorstands die Eintragung anmelden.
- Bei einer Erstanmeldung sind die einzutragenden Angaben in die Anmeldung aufzunehmen (Name, Sitz, Tag der Satzungserrichtung und Vorstandsmitglieder).
- Als Anlagen sind der Anmeldung folgende Unterlagen beizufügen:
  - eine elektronisch beglaubigte Abschrift der Originalsatzung (unterzeichnet durch mindestens sieben Mitglieder)
  - eine elektronisch beglaubigte Abschrift der Urkunde über die Bestellung des Vorstands

Hinweis: In der Regel ist das Ziel bei einer Vereinsgründung die Anerkennung als steuerbegünstigter Verband. Aus diesem Grund sollte die Satzung vorab im Entwurf durch das zuständige Finanzamt geprüft und das Finanzamt gebeten werden, eine vorläufige Bescheinigung über die Anerkennung als steuerbegünstigte Körperschaft auszustellen.

Die **Bekanntmachung der Eintragung** erfolgt an den Verein bzw. seinen Bevollmächtigten (z. B. den beglaubigenden Notar). Eine vom Registergericht erstellte maschinelle Benachrichtigung wird elektronisch übermittelt.

Das **Gericht** hat die **Eintragung** unverzüglich in dem von der Landesjustizverwaltung bestimmten elektronischen Informations- und Kommunikationssystem zu **veröffentlichen** (§ 66 Abs. 1 BGB). Die Veröffentlichung hat die Tatsache der Eintragung des Vereins, seinen Namen, Sitz, die Registernummer, das Datum der Eintragung sowie das Gericht zu enthalten. Unterbleibt die Veröffentlichung, hindert dies nicht die Rechtsfähigkeit des Vereins.

▶ **Beispiel:** Der Förderverein Kindertagesstätte „Kleine Rüpel“ e. V. hat seine Arbeit nach Gründung und Eintragung in das Vereinsregister aufgenommen und besteht nun seit zwei Jahren. Die Satzung bestimmt, dass die Amtszeit des Vorstands nach zwei Jahren endet, sodass nun (schriftlich) eine Mitgliederversammlung einberufen wurde, die einen neuen Vorstand zu wählen hat. Kerstin Karsten ist bereit, erneut das Amt der Vorsitzenden zu übernehmen. Lisa Lehrmann möchte kein Vorstandsmitglied mehr sein und steht daher für eine Wiederwahl nicht zur Verfügung. Martina Martin kann sich gut vorstellen, die Stellvertretung erneut zu übernehmen, wenn nicht ein anderes Mitglied Interesse an diesem Posten hat. Das in der Mitgliederversammlung erstellte Protokoll enthält nach Durchführung der Wahlen folgendes Ergebnis: Kerstin Karsten bleibt die Vorsitzende und Martina Martin ist ihre Stellvertreterin. Lisa Lehrmann ist aus dem Vorstand ausgeschieden; ihre Position als Schatzmeister hat Elisabeth Elstermann übernommen. Alle drei haben die Wahl angenommen. Diese Veränderung soll in das Vereinsregister eingetragen werden.

Vereinsregisteranmeldung

Amtsgericht Lübeck
– Vereinsregister –

Zum Register

Förderverein Kindertagesstätte „Kleine Rüpel" e. V.
VR 123

meldet die einzelvertretungsberechtigte Vorstandsvorsitzende des Vereins zur Eintragung in das Vereinsregister an:

- Frau Lisa Lehrmann ist nicht mehr Vorstandsmitglied.
- Neuer Schatzmeister ist: Elisabeth Elstermann, geboren am 03.09.1989, wohnhaft in 23738 Lensahn, Friedrich-August-Straße 5.
- Die Vorsitzende Kerstin Karsten und die stellvertretende Vorsitzende Martina Martin wurden wiedergewählt.

Es wird versichert, dass die Mitgliederversammlung satzungsgemäß einberufen wurde, beschlussfähig war und die gefassten Beschlüsse ordnungsgemäß zustande kamen.

Eine Abschrift des Protokolls der Mitgliederversammlung sowie eine Abschrift der Einladung zur Mitgliederversammlung sind dieser Anmeldung beigefügt.

Neustadt i. H., 23.06.2027

gez. Kerstin Karsten

– Unterschriftsbeglaubigung –
(wie Unterschriftsbeglaubigung e. K.)

Der Anmeldung sind beizufügen: elektronisch beglaubigte Abschrift

- des Beschlusses der Mitgliederversammlung (in der Regel ein Protokoll der Mitgliederversammlung, unterzeichnet durch den Protokollführer),
- der Einladung zur Mitgliederversammlung.

2.4 Anmeldung zum Genossenschaftsregister

Die **Genossenschaft** ist ein „förderwirtschaftlicher Personalverein", der durch **Eintragung in das Genossenschaftsregister** die Rechte einer „eingetragenen Genossenschaft" (eG) erwirbt und damit **rechtsfähig** wird.

Mitglied einer Genossenschaft kann jede natürliche oder juristische Person des Privatrechts (z. B. GmbH, e. V.) oder des öffentlichen Rechts (z. B. Gemeinde) sein. Die Anzahl der Mitglieder ist unbeschränkt.

Der **Vorstand** ist von der **Eintragung** in das Genossenschaftsregister zu **benachrichtigen**. Die eingetragene **Satzung** (= Statut) ist vom Gericht im Auszug im **Bundesanzeiger** zu **veröffentlichen** (§§ 12 Abs. 1, 156 GenG).

vgl. LF 2, Kap. 4.9.5

Zu veröffentlichen sind

- das Datum der Satzung,
- die Firma und der Sitz der Genossenschaft,
- der Gegenstand des Unternehmens,
- die Mitglieder des Vorstands sowie deren Vertretungsbefugnis,
- die Zeitdauer der Genossenschaft, falls diese auf eine bestimmte Zeit beschränkt ist.

▶ **Beispiel:** Donald Duckinger, Dagobert Entmeyer und Daniela Gansenhagen haben zusammen mit verschiedenen anderen Personen eine Genossenschaftsbank für Kleinbetriebe gegründet. In der Gründungsversammlung wurden die vorgenannten Personen zum Vorstand bestellt. Sie sollen stets gemeinsam für die Genossenschaft handeln. Die für die Gründung eines Kreditinstituts notwendigen Unterlagen wurden im Anschluss an die Gründungsversammlung beschafft. Die Genossenschaft soll nun in das Genossenschaftsregister eingetragen werden.

Genossenschaftsregisteranmeldung

Amtsgericht Frankfurt am Main
Genossenschaftsregister
60313 Frankfurt am Main

Neueintragung in das Genossenschaftsregister

Zur Eintragung in das Genossenschaftsregister melden wir gem. § 11 GenG

- die **„Raiffeisenbank für Kleinbetriebe eingetragene Genossenschaft"** sowie
- uns als Vorstandsmitglieder

an.

Vorstandsmitglieder sind:

- Donald Duckinger, geboren am 01.01.1971, wohnhaft in 60313 Frankfurt am Main, Kapitalstraße 1
- Dagobert Entmeyer, geboren am 02.02.1972, wohnhaft in 60313 Frankfurt am Main, Geldmachweg 2
- Daniela Gansenhagen, geboren am 03.03.1973, wohnhaft in 60313 Frankfurt am Main, Monetenstieg 3

Die Mitglieder des Vorstands sind nur gemeinschaftlich zur Vertretung der Genossenschaft befugt.

Der Anmeldung fügen wir bei:

- das von den Genossen unterzeichnete Statut vom 06.06.2025
- die Niederschrift vom 06.06.2025 über die Bestellung des Vorstands sowie des Aufsichtsrats
- die Bescheinigung des Prüfungsverbands vom 07.06.2025, aus der sich ergibt, dass die Genossenschaft zum Beitritt zugelassen ist
- eine gutachterliche Äußerung des Prüfungsverbands vom 10.06.2025, aus der sich ergibt, dass nach den persönlichen und wirtschaftlichen Verhältnissen, insbesondere Vermögenslage der Genossenschaft, eine Gefährdung der Belange der Genossenschaft und der Gläubiger nicht zu besorgen ist
- die Erlaubnis der Bundesanstalt für Finanzdienstleistungsaufsicht vom 10.06.2025 gem. § 32 KWG

Die Geschäftsräume der Genossenschaft befinden sich in Frankfurt am Main, Börsenstraße 100.

Frankfurt am Main, 12.07.2025

Donald Duckinger	*Dagobert Entmeyer*	*Daniela Gansenhagen*
Donald Duckinger	Dagobert Entmeyer	Daniela Gansenhagen

– Unterschriftsbeglaubigung –
(wie Unterschriftsbeglaubigung e. K.)

Es ist Folgendes zu beachten:

- Die Eintragung einer Genossenschaft in das Genossenschaftsregister erfolgt auf **Anmeldung** durch **sämtliche Mitglieder** des **Vorstands** (§§ 11 Abs. 1, 157 GenG).
- Der **Anmeldung** sind folgende **Unterlagen** (jeweils in elektronisch beglaubigter Abschrift) **beizufügen**:
  - das schriftlich errichtete von allen an der Gründung beteiligten und bis zur Einreichung beigetretenen Genossen unterzeichnete Statut
  - die Urkunde über die Bestellung des Vorstands und des Aufsichtsrats (z. B. Wahlprotokoll)
  - die Bescheinigung eines Prüfungsverbands, dass die Genossenschaft zum Beitritt zugelassen ist (§§ 11 Abs. 2 Nr. 3, 54 GenG)
  - eine gutachterliche Äußerung des Prüfungsverbands, ob nach den persönlichen und wirtschaftlichen Verhältnissen, insbesondere der Vermögensanlage der Genossenschaft, eine Gefährdung der Belange der Genossen oder der Gläubiger der Genossenschaft zu besorgen ist (§ 11 Abs. 2 Nr. 3 GenG)
- Die Anmeldung muss die Vertretungsbefugnis der Vorstandsmitglieder enthalten.

Hinweis: Die Anmeldung einer Genossenschaft kommt in der Praxis eher selten vor.

2.5 Anmeldungen zum Gesellschaftsregister

Die GbR ist eine Personengesellschaft – keine juristische Person –, die ihre Rechtsfähigkeit durch Teilnahme am Rechtsverkehr – nicht erst mit der Eintragung im Gesellschaftsregister – erlangt (§§ 705 Abs. 2 1. Hs., 713 BGB).

Wurde die GbR lediglich zur Ausgestaltung des Rechtsverhältnisses der Gesellschafter untereinander gegründet (= Innengesellschaft), ist sie weder rechts- noch registerfähig (§§ 705 Abs. 2 2. Hs., 740 BGB). Eine solche GbR kann beispielsweise eine Tippgemeinschaft als Gelegenheitsgesellschaft sein. In der Praxis werden nicht rechtsfähige GbRs auch zwischen Ehepartnern oder nichtehelichen Lebenspartnern errichtet. Eine solche GbR hat kein Vermögen. Die für diese Form der GbR geltenden Vorschriften sind in den §§ 740–740 c BGB zu finden.

Die Eintragung einer rechtsfähigen GbR im Gesellschaftsregister ist grundsätzlich freiwillig. Sie wird jedoch zwingend erforderlich, wenn die GbR am Rechtsverkehr (z. B. am Grundstücksverkehr, zum Betrieb eines Handelsgewerbes) teilnehmen möchte, Vermögen hat oder Verbindlichkeiten eingehen will (= Außengesellschaft). Dies gilt sowohl für bestehende (alte) Gesellschaften bürgerlichen Rechts, die vor dem 01.01.2024 errichtet wurden, als auch für neue Gesellschaften bürgerlichen Rechts.

Die Anmeldung zum Gesellschaftsregister ist durch alle Gesellschafter (§§ 707 Abs. 4 S. 1 BGB n. F., §§ 19, 22 GBO) zu unterzeichnen und bedarf der Unterschriftsbeglaubigung (§ 12 Abs. 1 S. 1 HGB, § 29 GBO).

Der Name einer GbR ist beinahe frei wählbar und wird von den Gesellschaftern bestimmt. Der Name kann ein Sach-, Personen- oder Fantasiename aber auch eine Mischform oder Buchstabenfolge sein und erhält nach eigener Wahl einen der folgenden Zusätze: *** eGbR oder *** eingetragene Gesellschaft bürgerlichen Rechts.

Der Name einer GbR muss Unterscheidungskraft besitzen, § 707 b BGB gilt entsprechend. Ist unklar, ob der Name eingetragen werden wird, können die Gesellschafter die Stellungnahme der zuständigen IHK einholen.

▶ **Beispiel:** Die Ehepartner Maria Förster, geborene Baum, geboren am 23.05.1979, und Bernhard Förster geboren am 12.09.1977, Bahnhofsallee 14, 60312 Frankfurt a. M., möchten gemeinsam eine Ferienwohnung in der Sonnengasse 13 in Frankfurt erwerben. Um eine spätere Veränderung der Eigentumsverhältnisse auch ohne Notar und Grundbuchamt zu ermöglichen, errichten sie unter dem Namen Försters Ferienwohnung eGbR eine Gesellschaft bürgerlichen Rechts, die als Erwerber der Immobilie fungieren soll, und somit zur Eintragung ins Gesellschaftsregister anzumelden ist.

Gesellschaftsregisteranmeldung

Amtsgericht Frankfurt
– Registergericht –

Neueintragung einer eGbR

Zur Ersteintragung in das Gesellschaftsregister melden wir an:

Wir, Maria Förster, geborene Baum, geboren am 23.05.1979, und Bernhard Förster geboren am 12.09.1977, beide wohnhaft Bahnhofsallee 14, 60312 Frankfurt a. M., haben unter dem Namen

Försters Ferienwohnung eGbR

eine Gesellschaft bürgerlichen Rechts nach §§ 705 ff. BGB errichtet.

Sitz der Gesellschaft ist Frankfurt am Main.

Gegenstand der Gesellschaft ist die Verwaltung der Ferienwohnung in Frankfurt am Main, Sonnengasse 13.

Vertretung der Gesellschaft:

Abstrakt: Die Gesellschafter vertreten die Gesellschaft gemeinsam.

Konkret: Die Gesellschafter Maria Förster, geborene Baum, geboren am 23.05.1979, und Bernhard Förster, geboren am 12.09.1977, beide wohnhaft Bahnhofsallee 14, 60312 Frankfurt a. M., sind jeweils einzelvertretungsberechtigt.

Die vorgenannten Gesellschafter sind jeweils befugt, die Gesellschaft bei der Vornahme von Rechtsgeschäften mit sich selbst oder als Vertreter eines Dritten uneingeschränkt zu vertreten.

Wir versichern, dass die Gesellschaft nicht bereits im Handels- oder Partnerschaftsregister eingetragen ist.

Die Anschrift der Gesellschaft, die auch die Lage der Geschäftsräume darstellt, lautet: Bahnhofsallee 14, 60312 Frankfurt a. M.

Darmstadt, 23.06.2025

gez. Maria Förster
gez. Bernhard Förster

– Unterschriftsbeglaubigung –
(wie Unterschriftsbeglaubigung e. K.)

Hinweis: Der Anmeldung sind keine weiteren Unterlagen beizufügen.

Weitere (spätere) anmeldepflichtige Vorgänge bei der GbR sind z. B.:

- Namensänderung der GbR,

- Namensänderungen der Gesellschafter (z. B. durch Heirat),
- Sitzverlegung,
- Änderung der Gesellschaftsanschrift,
- Eintritt/Ausscheiden eines Gesellschafters,
- Änderung der Vertretungsbefugnisse,
- Auflösung/Fortsetzung der GbR,
- Anmeldung/Beendigung der Liquidation sowie Erlöschen der GbR,
- Statuswechsel (in andere Personengesellschaft).

▶ **Beispiel:** Der Name der im obigen Beispiel gegründeten und in der Zwischenzeit im Gesellschaftsregister eingetragenen GbR soll geändert werden. Er lautet nunmehr Sonnengasse Förster GbR.

Gesellschaftsregisteranmeldung

Amtsgericht Frankfurt
– Registergericht –

Zur den Gesellschaftsregisterakten der

Försters Ferienwohnung eGbR
GsR 324

melden wir an:

Der Name der Gesellschaft ist in

Sonnengasse Förster GbR

geändert.

Sowohl die Anschrift der Gesellschaft als auch die Lage der Geschäftsräume sind unverändert in der Bahnhofsallee 14, 60312 Frankfurt a. M.

Darmstadt, 27.07.2025

gez. Maria Förster
gez. Bernhard Förster

– Unterschriftsbeglaubigung –
(wie Unterschriftsbeglaubigung e. K.)

Zusammenfassung

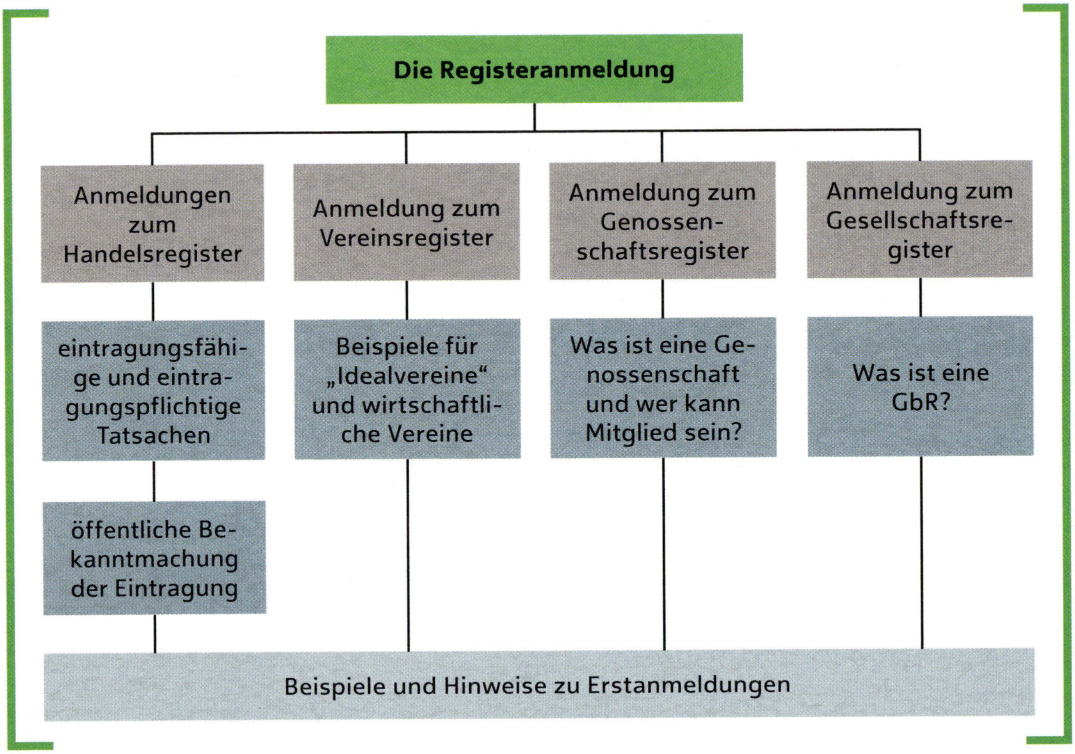

Wiederholung und Vertiefung

1. In welcher Form ist eine Anmeldung zum Register einzureichen?
2. Welche Tatsachen sind bei einer GmbH eintragungspflichtig? Nennen Sie einige Beispiele.
3. Nennen Sie zwei Beispiele für Personen, die verpflichtet sind, eine Anmeldung zum Handelsregister vorzunehmen.
4. Wo erfolgt zumeist die Veröffentlichung einer Registereintragung?
5. Was ist bei der Erstanmeldung einer GmbH zwingend anzumelden?
6. Wer hat die Anmeldung eines Vereins zum Vereinsregister zu unterzeichnen?
7. Gibt es Vereine, die nicht in das Vereinsregister eingetragen werden können?
8. Was wird bei der Veröffentlichung einer neu eingetragenen Genossenschaft wiedergegeben?

3 Gründung einer GmbH/UG (haftungsbeschränkt)

Die Gesellschaft mit beschränkter Haftung (GmbH) ist derzeit die häufigste Gesellschaftsform in der Praxis und kann zu jedem gesetzlich zulässigen Zweck gegründet werden, sie ist eine Kapitalgesellschaft. Die GmbH haftet mit ihrem Gesellschaftsvermögen und die Gesellschafter haften mit der Einlage (= dem Geschäftsanteil), nicht mit ihrem persönlichen Vermögen, was sie für viele Existenzgründer attraktiv macht. Bei der UG (haftungsbeschränkt) handelt es sich um eine Variante der GmbH (§ 5 a GmbHG), deren gravierendster Unterschied ist, dass die Rücklage zweckgebunden ist und nur für die Kapitalerhöhung aus Gesellschaftsmitteln/den Ausgleich eines Jahresfehlbetrags verwendet wird. Die UG (haftungsbeschränkt) ermöglicht es Existenzgründern, mit wenig Geldmitteln eine Gesellschaft zu gründen.

Lernsituation

Jana Seidel arbeitet eng mit Notarin Katharina Marschner zusammen und genießt das Vertrauen der Notarin. Sie erhält von dieser einen Aktenvermerk mit folgendem Inhalt, den Oxana Schuhmann nach Diktat angefertigt hat:

Aktenvermerk in neuer Sache vom 03.02.2025
der Notarin Katharina Marschner

Herr Kurt Willmann sucht mich heute auf, um mit mir über die Gründung einer Gesellschaft zu sprechen. Er hat von seinem Steuerberater die Empfehlung erhalten, eine GmbH zu gründen.

Kurt Willmann betreibt seit einigen Jahren ein Bauunternehmen. Er hat erst allein als Subunternehmer für größere Firmen gearbeitet, aber später wegen der anhaltenden guten Auftragslage selbst Mitarbeiter eingestellt und sich zunehmend vergrößert. Kurt Willmann hat mittlerweile acht Angestellte und sucht händeringend weiteres Fachpersonal für verschiedene Gewerke und auch für das Büro, weil die anfallenden Arbeiten in angemessener Zeit kaum noch zu bewältigen sind.

Kurt Willmann möchte mich beauftragen, die zur Gründung einer GmbH notwendige Satzung nebst weiterhin hierzu notwendigen Dokumenten zu entwerfen. Er hat sich bereits im Internet über die Möglichkeiten der GmbH-Gründung informiert und gehört, dass es eine kostengünstige Variante geben soll, eine GmbH zu gründen. Er bittet mich, ihm seine diesbezüglichen Möglichkeiten schriftlich inklusive möglicher Vor- und Nachteile zu erläutern und möchte auch Informationen dahingehend erhalten, wie sich die Haftung nach Gründung/Eintragung der GmbH für ihn verändern wird.

Kurt Willmann wird sich nach eigenen Angaben auf meinen abschließenden Rat verlassen, sodass gleichzeitig mit den erbetenen Ausführungen zu Gründungsvarianten und Haftungsveränderungen der Entwurf zur Gründung einer Ein-Mann-GmbH erstellt werden soll.

Wir erörtern, dass ggf. später ein weiterer Gesellschafter, nämlich sein Sohn, der im Augenblick noch eine Ausbildung absolviert, hinzukommen wird. Ich erkläre ihm, dass dies selbstverständlich möglich ist und was diesbezüglich später zu unternehmen sein wird.

Auf Nachfrage teilt mir Kurt Willmann in Bezug auf den Satzungsinhalt Folgendes mit: Die Firma soll Willmann bauen GmbH lauten, Satzungssitz ist 64274 Darmstadt. Die Geschäftsräume (zugleich inländische Geschäftsanschrift) befinden sich in der Baumeisterstraße 66. Gegenstand des Unternehmens ist die Errichtung von Gebäuden aller Art. Die Gesellschaft soll alle Geschäfte betreiben können, die dem Gesellschaftszweck unmittelbar oder mittelbar dienen und/oder die damit im Zusammenhang stehenden Aufgaben übernehmen. Kurt Willmann soll erst einmal alleiniger Gesellschafter werden und auch alleiniger Geschäftsführer der GmbH. Als Geschäftsführer möchte er auch künftig, sollte ein weiterer Geschäftsführer hinzukommen, allein für die Gesellschaft handeln dürfen. Er ist am 26.07.1965 geboren und wohnt in 64274 Darmstadt, Betongasse 7. Als Stammkapital ist der insoweit mindestens notwendige Betrag anzuführen. Kurt Willmann wird diesen vollständig einzahlen.

ma/sch

Arbeitsaufträge:

a) Fertigen Sie einen Brief an, in dem die von Kurt Willmann erbetenen Informationen enthalten sind. Achten Sie hierbei möglichst auf Übersichtlichkeit und ferner darauf, dass der Mandant nicht in einem juristischen Beruf tätig ist.
b) Erstellen Sie den Entwurf eines Gesellschaftsvertrags zur Gründung der Willmann bauen GmbH inklusive einer Liste der Gesellschafter nach den Vorgaben in der Lernsituation.
c) Vergleichen Sie untereinander Ihre Ergebnisse.
d) Reflektieren Sie anschließend Ihr Wissen.

Eine GmbH, wie auch eine UG, kann durch eine oder mehrere Personen gegründet werden (§ 1 GmbHG). Die GmbH wird häufig als Komplementär (persönlich haftende Gesellschaft) einer KG (= GmbH & Co. KG) errichtet. Auf diese Weise werden Haftungen erheblich eingeschränkt.

Der Gründer bzw. die Gründer hat/haben die Wahl, eine **Individualsatzung** (= Gesellschaftsvertrag) abzufassen **oder** das (gesetzlich textmäßig festgeschriebene) **Musterprotokoll** zu verwenden. Gründer einer GmbH kann sowohl eine natürliche als auch eine juristische Person sein.

Eine Gegenüberstellung der bei einer Gründung notwendigen Unterlagen zeigt erhebliche Unterschiede:

Gründungsvorgang einer GmbH /UG (haftungsbeschränkt)

mit individueller Satzung	mit Musterprotokoll
• Gründungsurkunde • Satzung (= Gesellschaftsvertrag) • Beschluss zur Bestellung der/des Geschäftsführer/-s • Liste der Gesellschafter • Handelsregisteranmeldung **= fünf Dokumente**	• Musterprotokoll • Handelsregisteranmeldung **= zwei Dokumente**

Gründungsurkunde und **Musterprotokoll**

sind **notariell** zu **beurkunden** und von allen Gründungsgesellschaftern zu unterzeichnen (§ 2 Abs. 1 GmbHG).

Eine Vertretung mittels notarieller Vollmacht ist zulässig.

Hinweis: Der Text des gesetzlich vorgeschriebenen Musterprotokolls kann in Anlage 1 zu § 2 Abs. 1a GmbHG nachgelesen werden.

Hinweis: Bei einer Einpersonengründung ist eine vollmachtlose Vertretung nicht möglich! Eine auf diese Weise errichtete Urkunde ist nichtig.

Die Möglichkeit der Gründung einer GmbH/UG (haftungsbeschränkt) mittels Musterprotokoll wurde vom Gesetzgeber eröffnet, um es Existenzgründern zu erleichtern, eine Gesellschaft zu gründen.

Das Musterprotokoll erlaubt eine vereinfachte, kostengünstigere und schnellere Gründung.

Im Musterprotokoll sind
- vier Dokumente zusammengefasst:
  - Gründungsurkunde

  - Satzung (= Gesellschaftsvertrag)
  - Gesellschafterliste
  - Bestellung des Geschäftsführers
- folgende Inhalte zwingend:
  - Sitz und Firma der Gesellschaft
  - Höhe und Aufteilung des Stammkapitals
  - Unternehmensgegenstand

Ob die Gründung mittels Musterprotokoll oder Individualsatzung erfolgt, ist von Fall zu Fall zu entscheiden. Nachfolgend sind die Vor- und Nachteile schematisch dargestellt:

Das Musterprotokoll

Vorteile

- geringe Gründungskosten
- vereinfachtes Verfahren der Gründung (z. B. ist keine separate Gesellschafterliste notwendig)

Nachteile

- textliche Beschränkung, von der **nicht** abgewichen werden darf (= lediglich Mindestinhalt einer Satzung nach § 3 Abs. 1 GmbHG)
- begrenzte Anzahl der Gründungsgesellschafter (= nicht mehr als **drei**)
- die Vorgabe, lediglich **einen** Geschäftsführer zu bestellen, der stets von den Beschränkungen des § 181 BGB befreit ist
- **keine** Sachgründung möglich
- Jeder Gesellschafter kann nur einen Anteil übernehmen.
- Das Stammkapital ist voll einzuzahlen.

Mit dem Musterprotokoll kann sowohl eine
- klassische GmbH (Mindeststammkapital: 25.000,00 € gem. § 5 GmbHG) als auch
- eine Unternehmergesellschaft (haftungsbeschränkt) (Stammkapital: 1,00 € – 24.999,00 € gem. § 5 a GmbH)

gegründet werden.

Tipp: Bei der **Gründung** einer **Mehr-Personen-Gesellschaft** ist vom **Musterprotokoll dringend abzuraten**, da es keine Möglichkeit gibt, in diesem z. B. ein Vorkaufsrecht bei Verkauf von Gesellschaftsanteilen, die Erbfolge im Todesfall eines Gesellschafters, die Kündigung oder eine Auflösung der Gesellschaft zu regeln.

Bei der Gründung einer GmbH sind verschiedene (drei) Phasen zu unterscheiden. Jede Phase hat ihren eigenen Charakter und unterschiedliche Außenwirkungen:

Gründungsphasen einer GmbH

Phase I – Vorgründungsgesellschaft

Diese Phase entsteht, wenn sich mehrere Personen zusammentun, um über die Gründung einer Gesellschaft zu sprechen. In der Regel besteht zu diesem Zeitpunkt eine GbR oder eine OHG, für die die gesetzlichen Regelungen gelten.
Haftung: Jeder Vorgründungsgesellschafter haftet persönlich mit seinem gesamten Vermögen. Forderungen und Verbindlichkeiten gehen nicht automatisch auf die Vor-GmbH über.

Phase II – Vor-GmbH

Durch Beurkundung der Gründungsurkunde entsteht die Vor-GmbH (Vorgesellschaft oder GmbH i. Gr.), die teilrechtsfähig und grundbuchfähig ist. Es handelt sich um eine eigene Gesellschaftsart. Die Vor-GmbH kann am Rechtsverkehr teilnehmen, z. B. durch Eröffnung eines Kontos oder Eigentumserwerb im Grundbuch (Sachgründung).
Sie kann ferner Rechtsgeschäfte mit Dritten abschließen. Der Geschäftsführer benötigt hierfür aber eine gesonderte Vollmacht (beispielsweise für einen Immobilienerwerb). Haftung: Die Gesellschafter haften für im Namen der Gesellschaft in dieser Phase begründete Verpflichtungen Dritten gegenüber persönlich und gesamtschuldnerisch, solange diese nicht im Handelsregister eingetragen ist. Handelt der Geschäftsführer (oder eine andere Person) vor Eintragung der GmbH in das Handelsregister im Namen der Gesellschaft, haftet auch er insoweit persönlich. Rechte und Pflichten, die durch die Vor-GmbH begründet wurden, gehen mit Entstehen der GmbH automatisch auf diese über.

Phase III – eingetragene GmbH

Mit der Eintragung in das Handelsregister wird aus der Vor-GmbH die endgültige GmbH (= Kapitalgesellschaft). Die Gesellschaft ist rechtsfähig. Haftung: Die Gesellschafter haften mit dem Vermögen der Gesellschaft.

Bei der Gründung einer GmbH sollte stets im Vorfeld geklärt werden, welche der beiden Formen für den Gründer infrage kommt. Dabei ist die echte GmbH stets vorzuziehen, da sie eine bessere Außenwirkung im Geschäftsleben hat.

Nachfolgend werden die (wesentlichen) Unterschiede dargestellt:

Die „kleine" und die „große" GmbH
Für beide Gesellschaften gilt, dass es sich um GmbHs nach dem GmbHG handelt.

Unternehmergesellschaft (haftungsbeschränkt) gem. § 5 a GmbHG

- wurde vom Gesetzgeber für Existenzgründer ohne großes Kapital geschaffen
- Mindeststammkapital = 1,00 € (bei einem Gesellschafter)
- Maximalstammkapital = 24.999,00 €
- Stammkapital muss bar und in voller Höhe eingezahlt werden
- Sachgründung ist nicht möglich
- Neben der Firma muss die Gesellschaft den Rechtsformzusatz „Unternehmergesellschaft (haftungsbeschränkt)" oder „UG (haftungsbeschränkt)" führen.
- Gründungskosten dürfen nur bis zur Höhe des Stammkapitals übernommen werden (= Überschuldung)
- Mindestens ein Viertel des um einen etwaigen Verlustvortrag geminderten Jahresgewinns ist in eine Gewinnrücklage einzustellen, um das Stammkapital zu erhöhen, und zwar so lange, bis ein Stammkapital von 25.000,00 € erreicht ist und die UG eine vollwertige GmbH geworden ist.

Gesellschaft mit beschränkter Haftung (GmbH) gem. § 5 GmbHG

- häufigste Gesellschaftsform in Deutschland = vollwertige GmbH
- Mindeststammkapital = 25.000,00 €
- Maximalstammkapital = unbegrenzt
- Stammkapital muss zur Hälfte eingezahlt werden
- Sachgründung ist möglich
- Die Firma muss die Bezeichnung „Gesellschaft mit beschränkter Haftung" oder „GmbH" enthalten.
- Gründungskosten liegen stets unter dem Stammkapital

Aus einer UG soll möglichst eine (große) GmbH werden.

vgl. LF 2, Kap. 4.9.1, 4.9.2

Hinweis: Bei der Gründung einer GmbH (gem. § 5 GmbHG) kann jede Gesellschaft ihre Einlage sowohl in bar (= Bargründung durch Geld) als auch durch Übereignung von Sachen (= Sachgründung durch eine Sache) erbringen.
Es ist möglich, beide Varianten zu mischen (= Bar- und Sachgründung).
Bei der Sacheinlage kommt es auf die Werthaltigkeit an, die z. B. durch ein Sachverständigengutachten (= Wertgutachten) belegt werden kann.

▶ **Beispiel:** Sacheinlagen können sein: bewegliche und unbewegliche Sachen (Immobilie, Pkw), beschränkt dingliche Rechte (Grundpfandrecht), Know-how (Fertigungstechnik), Forderungen gegen Dritte

3.1 Der Gesellschaftsvertrag einer GmbH (Bargründung)

Inhalte eines **Gesellschaftsvertrags** (= Satzung, § 3 Abs. 1–4 GmbHG) sind:

Inhalt	Beschreibung
Firma der Gesellschaft	Es kann zwischen einer Personenfirma, Sachfirma, gemischten Firma sowie einer Fantasiefirma gewählt werden.
Sitz der Gesellschaft	Ort im Inland, der in der Satzung bestimmt ist (= Satzungssitz). Hiernach bestimmt sich die Zuständigkeit des Registergerichts. Der Satzungssitz muss nicht dem Ort des Betriebs oder der Verwaltung entsprechen.
Gegenstand des Unternehmens	Er sollte möglichst exakt und individuell wiedergegeben werden. Allgemeine Klauseln sollten vermieden werden. Er dient u. a. der Unterrichtung der Öffentlichkeit und dem Schutz der Gesellschaft vor Willkür des Geschäftsführers (= setzt diesem Grenzen).
Betrag des Stammkapitals	Mindeststammkapital 25.000,00 €
Zahl und Nennbeträge der Geschäftsanteile, die jeder Gesellschafter gegen Einlage auf das Stammkapital übernimmt	Der Nennbetrag jedes Geschäftsanteils muss auf volle Euro lauten. Jeder Gesellschafter kann mehrere Geschäftsanteile unterschiedlicher Größe übernehmen. Jeder Geschäftsanteil von 1,00 € gewährt eine Stimme.
bei Sachgründung zusätzlich: Festsetzung der Sacheinlage	Bezeichnung der Sacheinlage, Nennbetrag des Geschäftsanteils, Nennung des Gründers

Hinweis: Fehlt einer der vorstehend angeführten Inhalte, ist der Gesellschaftsvertrag ungültig.

Geschäftsführer muss eine natürliche Person sein, die volljährig und geschäftsfähig ist. Ein Gesellschaftsvertrag kann (textlich) in verschiedener Weise abgefasst werden. Der Gesellschaftsvertrag einer Ein-Personen-GmbH kann beispielsweise sehr kurz sein, da viele Regelungen einer Mehr-Personen-GmbH (z. B. eine Ladungsfrist oder ein Vorkaufsrecht) nicht erforderlich sind. Der Gesellschaftsvertrag einer Mehr-Personen-GmbH hat wegen der Rechtsbeziehungen unterschiedlicher Personen diverse Dinge mehr zu regeln. Da es im Wirtschaftsleben vielfältige Firmen gibt, werden die meisten Gesellschaftsverträge auf Basis eines Ausgangsmusters individuell angepasst.

Der Gesellschaftsvertrag ist notariell zu beurkunden (§ 2 Abs. 1 GmbHG) und von allen Gesellschaftern zu unterzeichnen.

Beispiel: Christian Schmidt-Zimmermann ist Gärtnermeister und hat sich mit seinem Garten- und Landschaftsbauunternehmen selbstständig gemacht. Sein Steuerberater empfiehlt ihm, eine Ein-Personen-GmbH zu errichten. Christian Schmidt-Zimmermann sucht den Notar Tobias Weidemann in Hamburg auf und bittet ihn, die zur Gründung einer Ein-Personen-GmbH notwendige/-n Urkunde/-n zu erstellen. Die Gesellschaft soll mit dem Mindeststammkapital für eine (große) GmbH ausgestattet werden und unter der Firma Schmidt-Zimmermann Garten- und Landschaftsbau GmbH im Handelsregister eingetragen werden. Sitz der Gesellschaft ist 20165 Hamburg.

Hinweis: Die nachfolgende Urkunde enthält drei Elemente, die zur Gründung einer GmbH (mit Individualsatzung) erforderlich sind. Der jeweilige Teil ist am rechten Rand farbig gekennzeichnet.

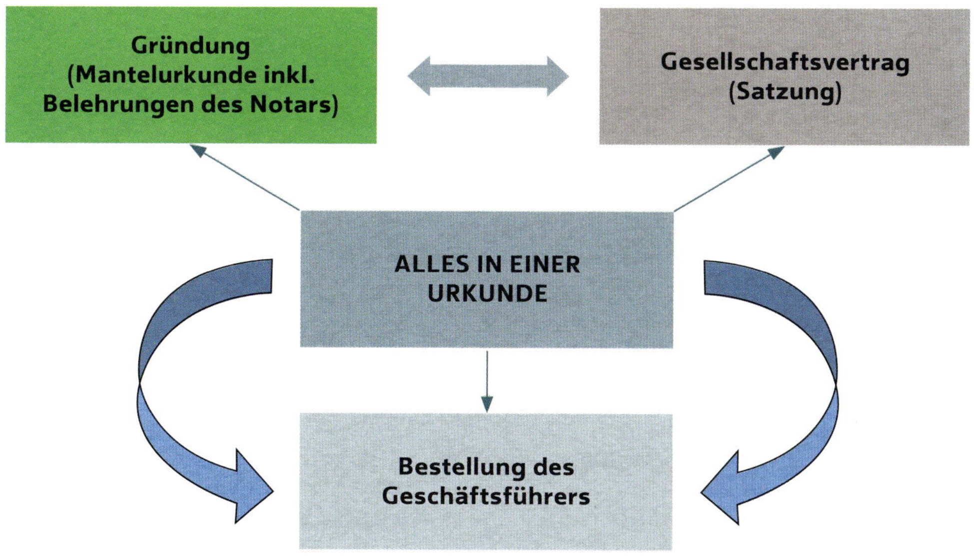

Nr. 1234 des Urkundenverzeichnisses Jahrgang 2025

Verhandelt zu
Hamburg
am 05.09.2025

Vor mir, dem unterzeichnenden Notar

Tobias Weidemann
mit dem Amtssitz in Hamburg

erschien heute:

Herr Christian Schmidt-Zimmermann, geboren am 29.08.1958,
wohnhaft Brenkenhagener Weg 15, 20165 Hamburg,
dem Notar ausgewiesen durch Bundespersonalausweis

Der Notar fragte nach einer Vorbefassung i. S. d. § 3 Abs. 1 Nr. 7 BeurkG; die Frage wurde von dem Erschienenen verneint.

Der Erschienene bestätigt ferner, jeweils für sich im eigenen Namen und auf eigene Rechnung zu handeln, also nicht beispielsweise als Treuhänder für dritte wirtschaftlich Berechtigte, ferner, dass er weder eine politisch exponierte Person (PeP) i. S. d. § 1 Abs. 12 Geldwäschegesetz (GwG) ist oder in den letzten zwölf Monaten war, noch dessen Familienmitglied, noch einer solchen Person „bekanntermaßen nahesteht" i. S. d. § 1 Abs. 13 und 14 GWG.

Der Notar hat den Erschienenen über Art. 13 Abs. 1 und 2 DSGVO informiert. Er erklärt, dass er mit der Einspeicherung seiner Daten und dem Versenden der Entwürfe, Urkunden und Mitteilungen durch unverschlüsselte E-Mail einverstanden ist und war. Wird diese Vorgehensweise nicht mehr gewünscht, genügt eine einfache schriftliche Mitteilung an den Notar.

Der Erschienene ließ folgende

Gründung einer Gesellschaft mit beschränkter Haftung

beurkunden und erklärte:

I. GmbH-Gründung

Ich gründe eine Gesellschaft mit beschränkter Haftung (GmbH) mit anliegendem Gesellschaftsvertrag und der Verpflichtung zur Leistung der darin vereinbarten Geschäftsanteile.

II. Gesellschafterbeschluss

Ich bestelle mich zum einzelvertretungsberechtigten Geschäftsführer. Ich bin berechtigt, Rechtsgeschäfte als Vertreter der Gesellschaft und zugleich im eigenen Namen und/oder als Vertreter für Dritte abzuschließen (Befreiung von den Beschränkungen des § 181 BGB).

III. Kosten

Die mit der Gründung verbundenen Kosten trägt die Gesellschaft bis zu einem Betrag von 3.000,00 €.

IV. Hinweise des Notars

Der Notar wies den Erschienenen auf Folgendes hin:

1. Eine Gesellschaft mit beschränkter Haftung kann als GmbH oder als Unternehmergesellschaft (haftungsbeschränkt) errichtet werden. Dabei kann sowohl ein individueller Gesellschaftsvertrag als auch das gesetzliche Musterprotokoll verwendet werden. Das Musterprotokoll bietet anders als ein individueller Gesellschaftsvertrag begrenzte Gestaltungsmöglichkeiten.
2. Sind Sacheinlagen statt Geldeinlagen vorgesehen, muss dies in den Gesellschaftsvertrag aufgenommen werden.
3. Vor der Beurkundung dieses Vertrags vorgenommene Zahlungen auf die Geschäftsanteile haben keine Tilgungswirkung. Hierzu erklärt der Erschienene, erst nach der heutigen Beurkundung ein Konto der Gesellschaft i. Gr. bei einem Kreditinstitut zu eröffnen und auf dieses Konto den einzuzahlenden Betrag per Überweisung zu leisten. Nach Eingang des Betrags werde ich dem Notar unverzüglich einen Einzahlungsbeleg (= Kontoauszug) zur Vorlage beim Handelsregister übermitteln. Erst dann soll der Notar die Registeranmeldung dem Handelsregister zur Eintragung einreichen.
4. Rückzahlungen an den Gesellschafter müssen in der Handelsregisteranmeldung angegeben werden. Dasselbe gilt für die Vereinbarung über eine Rückzahlung; der Gesellschafter erklärte, dass eine Rückzahlung weder erfolgt noch vereinbart wurde.
5. Wer vor Eintragung der Gesellschaft im Handelsregister handelt, haftet bis zu deren Eintragung persönlich und gesamtschuldnerisch.
6. Zum Zeitpunkt der Eintragung der Gesellschaft darf der Wert des Gesellschaftsvermögens zzgl. der im Gesellschaftsvertrag vereinbarten Gründungskosten nicht niedriger sein als das festgelegte Stammkapital. Für eine etwaige Differenz haftet der Gesellschafter unbeschränkt mit seinem privaten Vermögen. Gleiches gilt, wenn die Eintragung der Gesellschaft im Handelsregister unterbleibt.
7. Der Gesellschafter kann in bestimmten Fällen einer Haftung wegen eines die Existenz vernichtenden Eingriffs ausgesetzt sein, wenn er das Eigeninteresse der Gesellschaft durch Liquiditätsentzug, der Umleitung von Aufträgen oder Verlagerung von Haftungsrisiken verletzt.
8. Bei falsch gemachten Angaben des Gesellschafters bei der Errichtung haftet der Gesellschafter nach § 9 a GmbHG u. a. auf Schadenersatz; falsche Angaben bei der Eintragung der Gesellschaft in das Handelsregister sind nach § 82 GmbHG mit Freiheitsstrafe bis zu drei Jahren oder Geldstrafe bedroht.
9. Der Geschäftsführer muss bei drohender Zahlungsunfähigkeit die Versammlung der Gesellschafter unverzüglich einberufen. Ein Verstoß kann zur persönlichen Schadenersatzpflicht des Geschäftsführers führen. Bei Zahlungsunfähigkeit oder Überschuldung hat der Geschäftsführer unverzüglich, spätestens aber innerhalb von drei Wochen, Insolvenzantrag zu stellen. Im Falle der Führungslosigkeit der Gesellschaft ist auch jeder Gesellschafter, der Kenntnis über die Zahlungsunfähigkeit oder Überschuldung hat, verpflichtet, den Insolvenzantrag zu stellen. Geschieht dies nicht oder nicht rechtzeitig ist dies eine Straftat.

10. Sollte der Gegenstand des Unternehmens der behördlichen Genehmigung bedürfen, ist diese unverzüglich zu beantragen.
11. Der Gesellschafter und der Geschäftsführer sollten darauf achten, dass die im Handelsregister online aufgenommene Gesellschafterliste stets aktuell und richtig ist, weil damit nicht nur die Gesellschafterstellung nach §§ 16 und 40 GmbHG erreicht wird, sondern ggf. auch eine fiktive Erledigung einer Meldung der wirtschaftlich Berechtigten an das Transparenzregister. In bestimmten Fällen ist eine konkrete Meldung an das Transparenzregister geboten.
12. Der Gesellschafter sollte vor jeder Beschlussfassung darauf achten, dass er als Gesellschafter auch in der beim Handelsregister aufgenommenen Gesellschafterliste ausgewiesen ist, weil andernfalls die gefassten Beschlüsse unwirksam sein können.
13. Auf das Geldwäschegesetz und die gesetzlichen Meldepflichten hat der Notar die Beteiligten hingewiesen, insbesondere auch darauf, dass sie wirtschaftlich Berechtigte mit einer Beteiligung von mehr als 25 %, Stimmrechtsinhaber mit mehr als 25 % oder auch Beteiligte, die insgesamt mehr als 25 % kombiniert aus Anteilsbesitz und Stimmrechtsmacht halten, dem Transparenzregister melden müssen. Ansonsten drohen hohe Bußgelder.
14. Treuhandverhältnisse und Aufhebungen von Treuhandverhältnissen sind meldepflichtig. Gesellschafter/Treugeber sind verpflichtet, die Geschäftsführung laufend aktuell unterrichtet zu halten, damit die Geschäftsführung die nötigen Meldungen an das Transparenzregister herbeiführen kann. Bußgelder für einfache Verstöße können bereits bis 100.000,00 € betragen, ohne vorab angekündigt zu sein.

Das Protokoll nebst Anlage wurde vorgelesen, genehmigt und unterschrieben.

Christian Schmidt
(LS) Notar Tobias Weidemann

Anlage zur UVZ-Nr. 1234/2025 des Notars Tobias Weidemann

Gesellschaftsvertrag der
Schmidt-Zimmermann Garten- und Landschaftsbau GmbH

§ 1 Firma, Sitz

Die Gesellschaft ist eine Gesellschaft mit beschränkter Haftung unter der Firma Schmidt-Zimmermann Garten- und Landschaftsbau GmbH mit Sitz in 20165 Hamburg.

§ 2 Gegenstand

1. Gegenstand des Unternehmens sind Garten- und Landschaftsbauarbeiten aller Art.

2. Der Gesellschaft ist jede Betätigung gestattet, die geeignet ist, unmittelbar oder mittelbar den Zweck des Unternehmens zu fördern.

§ 3 Dauer der Gesellschaft

Die Gesellschaft beginnt mit der Eintragung im Handelsregister und wird auf unbestimmte Zeit errichtet.

§ 4 Stammkapital, Stammeinlage

Das Stammkapital beträgt 25.000,00 € (i. W.: fünfundzwanzigtausend Euro).

Es übernimmt bei der Gründung:

Einen Geschäftsanteil von 25.000,00 € (i. W.: fünfundzwanzigtausend Euro) (Geschäftsanteil 1) Herr Christian Schmidt-Zimmermann.

§ 5 Geschäftsführung

1. Die Gesellschaft hat einen oder mehrere Geschäftsführer.

2. Die Bestellung und Abberufung eines Geschäftsführers erfolgen durch Gesellschafterbeschluss.

§ 6 Vertretung

1. Die Gesellschaft wird durch einen oder mehrere Geschäftsführer vertreten. Ist nur ein Geschäftsführer bestellt, so vertritt er die Gesellschaft allein. Sind mehrere Geschäftsführer bestellt, so ist jeweils ein Geschäftsführer gemeinsam mit einem weiteren Geschäftsführer oder einem Prokuristen zur Vertretung der Gesellschaft berechtigt.

2. Einzelnen Geschäftsführern kann durch Gesellschafterbeschluss die Befugnis eingeräumt werden, die Gesellschaft auch dann einzeln zu vertreten, wenn mehrere Geschäftsführer bestellt sind oder werden. Einzelnen Geschäftsführern kann für den Einzelfall oder allgemein durch Gesellschafterbeschluss Befreiung von den Beschränkungen des § 181 BGB gewährt werden.

§ 7 Geschäftsjahr

Geschäftsjahr ist das Kalenderjahr.

§ 8 Bekanntmachungen

Die Bekanntmachungen der Gesellschaft erfolgen nur im elektronischen Bundesanzeiger.

§ 9 Gründungsaufwand

Die Gesellschaft trägt die mit der Gründung verbundenen Kosten (Gründungsaufwand) bis zu einem Betrag von insgesamt 3.000,00 €.

3.2 Die Liste der Gesellschafter, das Geldwäschegesetz/ Transparenzregister

Die Liste der Gesellschafter hat eine erhebliche Bedeutung im Rechtsverkehr. Grundlage des Inhalts einer Gesellschafterliste ist § 40 GmbHG i. V. m. der GesLV.

Die Liste der Gesellschafter ist beispielsweise Grundlage eines gutgläubigen Erwerbs von Geschäftsanteilen (§ 16 Abs. 1 GmbHG). Ferner kann ein Gesellschafter an einer Beschlussfassung nur mitwirken, wenn er in der bei Gericht hinterlegten Liste eingetragen ist. Die Liste der Gesellschafter dient auch der Publizität des Gesellschafterbestands.

Sowohl bei der Neugründung als auch bei jeder Veränderung in den Beteiligungsverhältnissen der Gesellschafter ist die Erstellung einer Gesellschafterliste erforderlich. Sie ist in elektronischer Form unverzüglich (= innerhalb von maximal zwei Wochen) zum Handelsregister einzureichen. Liegt dem Handelsregister eine alte Gesellschafterliste vor, die nicht dem aktuell notwendigen Inhalt entspricht, gibt es die Möglichkeit, eine Bereinigungsliste (nach den neuen Vorschriften) zu erstellen, durch den Geschäftsführer zu unterzeichnen und dem Gericht einzureichen. Dies sollte stets auch dann vorab gemacht werden, wenn eine Veränderung ansteht.

Als **Mindestinhalt** einer **Gesellschafterliste** (§§ 8 Abs. 1 Nr. 3, 40 Abs. 1 GmbHG) sind anzugeben: Name, Vorname, Geburtsdatum und Wohnort (bei einer natürlichen Person = Privatanschrift). Handelt es sich bei dem Gesellschafter um eine juristische Person oder eine rechtsfähige Personengesellschaft, sind die Firma/der Name, der Satzungssitz, das zuständige Registergericht einschließlich Registernummer anzugeben.

Eine GbR kann nur in die Gesellschafterliste aufgenommen werden, wenn sie (vorher) im Gesellschaftsregister eingetragen wurde.

Die Geschäftsanteile sind durchgehend zu nummerieren, die Nennbeträge der Geschäftsanteile anzugeben sowie die jeweilige prozentuale Beteiligung eines jeden Gesellschafters sowie eines jeden Anteils am Stammkapital. Hat eine Veränderung stattgefunden, ist dies in der Veränderungsspalte einzutragen. Beispiele hierfür sind:

- Verkauf- und Abtretung eines Geschäftsanteils (Text in Veränderungsspalte = Inhaberwechsel zu Anteil Nr. ***)
- Tod eines Gesellschafters (Text = wie vor + aufgrund Erbfolge)
- Kapitalerhöhung (Text = Erhöhungsbeschluss vom ***)

- Änderung persönlicher Daten der Gesellschafter durch beispielsweise Heirat, Umzug/Umfirmierung, Sitzverlegung (Text = Änderung aufgrund Veränderung der personenbezogenen Angaben)

Die Anteile einer Gesellschafterliste dürfen weder mit Buchstaben (z. B. a., b.), noch mit 1.1/1.2 oder römischen Ziffern (z. B. VI./X.) bezeichnet werden. Zulässig sind nur ganze arabische Ziffern.

Ergibt sich bei der prozentualen Verteilung der Anteile keine volle Zahl, ist bis auf zwei Stellen nach dem Komma aufzurunden. Es ist möglich, dass dies bei wiederholten Veränderungen und vielen Gesellschaftern zu einer Differenz zwischen der Summe der prozentualen Anteile und 100 % gibt, was vom Gesetzgeber in Kauf genommen wird.

Die alten Einträge dürfen in der neuen Liste nicht mehr sichtbar sein, um Unübersichtlichkeit zu vermeiden.

Hält ein Gesellschafter mehrere Anteile, ist der gesamte Beteiligungsumfang am Stammkapital prozentual gesondert anzugeben.

Der Geschäftsführer ist **verpflichtet**, **unverzüglich** (= ohne schuldhaftes Verzögern) nach Wirksamwerden einer Veränderung in der Person eines Gesellschafters bzw. des Umfangs ihrer Beteiligung eine **neue Gesellschafterliste** zu erstellen und beim Handelsregister **einzureichen** (§ 40 Abs. 1 S. 1 GmbHG), **wenn kein Notar an der Veränderung mitgewirkt hat**.

Regelmäßig liegt ein solcher Fall nur vor bei
- der Neugründung einer Gesellschaft (mit Individualsatzung),
- der Gesamtrechtsnachfolge durch Erbfolge (= Tod eines Gesellschafters),
- Einziehung aufgrund privatschriftlicher Einziehungsbeschlüsse,
- einem Gesellschafterwechsel innerhalb einer GbR, die an einer GmbH beteiligt ist.

Sind mehrere Geschäftsführer bestellt, erfolgt die Einreichung in vertretungsberechtigter Zahl.

Die Liste ist von dem Geschäftsführer zu unterzeichnen. Die Unterschrift muss nicht beglaubigt werden.

Hinweis: Der Geschäftsführer wird den Notar in der Regel beauftragen, die Liste für ihn einzureichen, sodass dieser Vorgang stets unverzüglich erfolgen kann.

Der Notar ist bei **jeder Veränderung** (z. B. bei dem Verkauf/der Abtretung eines Gesellschaftsanteils), **bei er mitgewirkt hat, zur Einreichung einer Gesellschafterliste verpflichtet** (§ 40 Abs. 2 GmbHG). Er hat die (neue) Liste der Gesellschaft zu erstellen.

Die Liste ist von dem Notar zu unterzeichnen und mit einer Bescheinigung zu versehen, dass die geänderten Eintragungen den Veränderungen entsprechen, an denen der Notar mitgewirkt hat, und die übrigen Eintragungen mit dem Inhalt der zuletzt im Handelsregister aufgenommenen Liste übereinstimmen (§ 40 Abs. 2 S. 2 GmbHG).

Die Gesellschafterliste wird in den Registerordner des Handelsregisters aufgenommen. Bis zur Aufnahme der Liste in den Ordner kann diese noch zurückgenommen werden. **Entscheidend ist** also nicht der Eingang beim Registergericht, sondern die **Aufnahme in den Registerordner**.

▶ **Beispiel:** Muster einer Gesellschafterliste (Neugründung)

Liste der Gesellschafter der
Moritz Gartenbaum GmbH

lfd. Nr. des Gesellschaftsanteils	**Vor- und Nachnme des Gesellschafters/der Firma**	**Geburtsdatum**	**Wohnort, Sitz, Registergericht- und -nummer**	**Nennbetrag des Geschäftsanteils in Euro**	**prozentuale Beteiligung am Stammkapital (je Anteil)**	**Veränderungen**	**prozentuale Beteiligung am Stammkapital (Gesamtumfang)**
1	Moritz Gartenbaum	17.03.1968	Hamburg	10.000,00	33,33 %		33,33 %
2–4	Jürgen Meister	07.06.1976	Bremen	je 5.000,00	16,67 %		50,00 %
5	xyz-GmbH		Frankfurt am Main (AG Frankfurt am Main, HRB 0815)	5.000,00	16,67 %		16,67 %
Stammkapital				30.000,00	100,00 %		100,00 %

Ort, Datum *(Unterschrift Geschäftsführer)*

▶ **Beispiel:** Muster einer Gesellschafterliste (nach Verkauf und Abtretung des Geschäftsanteils Nr. 1 an zwei verschiedene Personen) einschließlich notarieller Bescheinigung gem. § 40 Abs. 2 S. 2 GmbHG

Liste der Gesellschafter der Moritz Gartenbaum GmbH

lfd. Nr. des Gesellschaftsanteils	Vor- und Nachname des Gesellschafters/der Firma	Geburtsdatum	Wohnort, Sitz, Registergericht und -nummer	Nennbetrag des Geschäftsanteils in Euro	prozentuale Beteiligung am Stammkapital (je Anteil)	Veränderungen	prozentuale Beteiligung am Stammkapital (Gesamtumfang)
2–4	Jürgen Meister	07.06.1976	Bremen	je 5.000,00	16,67 %		50,00 %
5	xyz-GmbH		Frankfurt am Main (AG Frankfurt am Main, HRB 0815)	5.000,00	16,67 %		16,67 %
6	Fritz Gärtner	16.09.1989	Hamburg	5.000,00	16,67 %	Inhaberwechsel Anteil 1	16,67 %
7	Carsten Baumann	14.03.1986	Hamburg	5.000,00	16,67 %	Inhaberwechsel Anteil 1	16,67 %
Stammkapital				30.000,00	100,00 %		100,00 %

Ort, Datum *(Unterschrift Notar)*

Hinweis: Die Liste kann sowohl nach Geschäftsanteilen als auch nach Gesellschaftern sortiert werden.

Notarbescheinigung nach § 40 Abs. 2 S. 2 GmbHG

Die geänderten Eintragungen in der vorstehenden Gesellschafterliste entsprechen den Veränderungen, an denen ich als Notarin mit meiner Urkunde *** vom *** mitgewirkt habe. Die übrigen Eintragungen stimmen mit dem Inhalt der zuletzt im Handelsregister aufgenommenen Gesellschafterliste vom *** überein.

Darmstadt, ***

Katharina Marschner

Katharina Marschner
Notarin

Hinweis: Durch den Verkauf an zwei Personen kann der Geschäftsanteil Nr. 1 nicht wieder unter derselben Nummer vorgetragen werden. In diesem Fall sind die neu entstandenen Geschäftsanteile fortlaufend neu zu nummerieren. Dieses Mal unterzeichnet der Notar – nicht der Geschäftsführer – die neue Gesellschafterliste, weil er aufgrund der Beurkundung des Verkauf- und Abtretungsvertrags verpflichtet ist, diese einzureichen.

Die Notarbescheinigung wird mit der Gesellschafterliste fest verbunden (gesiegelt).

Tipp: Die Gesellschafterliste sollte möglichst immer separat (nicht zusammen mit einer Anmeldung) dem Handelsregister eingereicht werden, um Verzögerungen bei der Aufnahme in den Registerordner zu vermeiden. Das Registergericht prüft die Liste inhaltlich nicht.

Nach dem **Geldwäschegesetz (GwG)** hat der Notar u. a. bei gesellschaftsrechtlichen Vorgängen bestimmte **ergänzende Sorgfaltspflichten** zu erfüllen. Das Gesetz dient der Aufdeckung von illegalen Rechtsgeschäften/der Bekämpfung von Terrorismusfinanzierung:

- **Bewertung** eines konkreten **Geldwäscherisikos** (geringes, mittleres oder höheres Risiko) durch Prüfung der Umstände jedes Einzelfalls (z. B. Beteiligter ist politisch exponierte Person „PeP", z. B. ein Staats- und Regierungschef oder ein Mitglied der EU Kommission, oder in einem von der Europäischen Kommission ermittelten Drittland, z. B. Afghanistan, Iran, Irak uvm., ansässig) und Anfertigung einer entsprechenden schriftlichen Dokumentation, die zur Nebenakte zu nehmen ist,
- **Identifizierung** der formell **Beteiligten** mittels Prüfung des gültigen amtlichen Lichtbildausweises (Personalausweis/Reisepass) und Anfertigung einer Kopie, die zur Nebenakte zu nehmen ist,

- **Identifizierung** der **wirtschaftlich berechtigten** Person mittels Feststellung des Namens, der Anschrift, des Geburtsdatums und -orts und dasselbe bei Vertretung
  - einer natürlichen Person die vertretene natürliche Person,
  - einer Kapital- oder Personengesellschaft die Feststellung einer natürlichen Person, die unmittelbar oder mittelbar mehr als 25 % des Kapital- oder Stimmanteils hält bzw. die Kontrolle hierüber ausübt (z. B. durch Einholung eines Transparenzregisterauszugs).

Folgende Umstände können zu einem erhöhten Risiko bei Vornahme der Bewertung führen:

- Eine junge Person erwirbt Geschäftsanteile zu einem hohen Kaufpreis.
- Die Mandantschaft hat kein Interesse an dem Sachverhalt der vorliegenden Angelegenheit und ist der Sprache nicht mächtig.
- verschachtelte Beteiligungsstrukturen
- Häufung von Beurkundungsvorgängen derselben Beteiligten
- Die Firmengründer haben keinen Bezug zur Branche.

Hinweis: Die Bundesnotarkammer stellt auf ihrer Homepage ein Prüfungstool zur Bewertung des Geldwäscherisikos zur Verfügung.

Das **Transparenzregister**, das in **elektronischer Form** von der Bundesanzeiger Verlag GmbH geführt wird, beinhaltet **Angaben zu wirtschaftlich Berechtigten** von u. a. **juristischen Personen des Privatrechts** (z. B. GmbH) und **eingetragenen Personengesellschaften** (z. B. KG).

Die Meldepflicht erstreckt sich auch auf ausländische Gesellschaften, die an Gesellschaften beteiligt sind, die Eigentum an einer in Deutschland gelegenen Immobilien haben.

Das Transparenzregister ist, wie auch das Handelsregister, ein Vollregister. Es dient der Veröffentlichung von Informationen zu den natürlichen Personen, die ein bestimmtes Maß an Kontrolle über eine juristische Person des Privatrechts oder eine eingetragene Personengesellschaft ausüben.

Das Transparenzregister kann von Behörden, Gerichten, aber auch Notaren eingesehen werden.

Wirtschaftlich berechtigt ist die Person, die tatsächlicher Eigentümer von z. B. Gesellschaftsanteilen ist oder unter dessen Kontrolle diese sind.

Die Vorgenannten sind gem. § 20 Abs. 1 S. 1 GwG verpflichtet, Angaben zu den wirtschaftlich Berechtigten dem Bundesanzeiger Verlag GmbH über das elektronische Transparenzregister zu machen und diese auf dem aktuellen Stand zu halten.

Die **Pflicht** zur **Einholung** eines **Transparenzregisterauszugs** besteht bei

- **juristischen Personen** des **Privatrechts** (z. B. GmbH),
- **eingetragenen Personengesellschaften** (z. B. KG, GbR),

die bei dem Notar vor dem 01.01.2020 noch keinen Beurkundungsauftrag erteilt haben (= **neuer Mandant**).

Erlangt der **Notar** z. B. durch die vorgenommene Risikobewertung oder Identifizierung der Beteiligten bei gesellschaftsrechtlichen Vorgängen **positive Kenntnis** von z. B. einer **Terrorismusfinanzierung** (ein Verdacht reicht nicht), besteht eine Pflicht, dies an die Zentralstelle für Finanztransaktionsuntersuchungen **(FIU)** über z. B. https://goaml.fiu.bund.de zu **melden**. Der entsprechende Vorgang darf nach Meldung erst weiterbearbeitet werden, wenn die FIU oder die Staatsanwaltschaft der Fortsetzung zugestimmt hat oder drei Werktage nach der Meldung verstrichen sind, ohne dass eine Weiterbearbeitung untersagt wurde. Die Beteiligten dürfen über die Meldung nicht informiert werden.

▶ **Beispiel:** Ein Gesellschaftsanteil ist mit einem Nießbrauch belegt. In der beim Handelsregister hinterlegten Liste der Gesellschafter ist Person A als Inhaber des Anteils erkennbar. Nießbrauchsberechtiger ist jedoch Person B, was aus dem Handelsregister nicht ersichtlich ist. Dieser Umstand muss sich aus dem Eintrag im Transparenzregister ergeben.

3.3 Der Verkauf- und Abtretungsvertrag von Geschäftsanteilen einer GmbH

Gesellschaftsanteile an einer GmbH können mittels eines Verkauf- und Abtretungsvertrags an einen Dritten übertragen werden. Der **Verkauf- und Abtretungsvertrag** muss **notariell beurkundet** werden (§ 15 Abs. 3 GmbHG).

Beurkundungspflichtig ist auch das schuldrechtliche Grundgeschäft, wobei der Vollzug der Anteilsübertragung diesen Formmangel heilt (§ 15 Abs. 4 GmbHG).

Kaufgegenstand können ein oder mehrere Geschäftsanteile sein. Es ist ferner möglich, einen künftigen Geschäftsanteil – z. B. vor Ersteintragung einer GmbH im Handelsregister – zu veräußern. Dies erfolgt dann aufschiebend bedingt durch die Eintragung der Gesellschaft im Handelsregister.

Ein Geschäftsanteil kann in dem Verkaufsvertrag zweifelsfrei identifiziert werden.

▶ **Beispiel:** Hat ein Gesellschafter die Anteile Nr. 1, 2 und 3 je zu 5.000,00 €, ist zur Identifikation im Vertrag die Nummer des Gesellschaftsanteils anzuführen, um diesen festzulegen.

Im Gesellschaftsvertrag (Satzung) kann beispielsweise vereinbart sein, dass bei dem Verkauf eines Geschäftsanteils

- die Zustimmung der Gesellschafter erforderlich ist und/oder
- den Gesellschaftern ein Vorkaufsrecht eingeräumt wurde.

Dies muss der Notar stets im Rahmen der ordnungsgemäßen Vorbereitung eines Anteilskaufs durch Einsicht des aktuellen Gesellschaftsvertrags prüfen und in den Anteilskaufvertrag aufnehmen. Dieser befindet sich in der Regel beim Registergericht und ist somit jederzeit zugänglich.

Sind sämtliche Gesellschafter an dem Vertrag beteiligt, kann eine notwendige Zustimmung zum Verkauf und/oder der Verzicht auf ein Vorkaufsrecht in den Vertrag eingearbeitet werden. Gibt es neben den Vertragsparteien weitere Gesellschafter, sind die erforderlichen Erklärungen separat anzufordern.

Ferner ist stets die aktuellste Gesellschafterliste (durch Einsicht des elektronischen Handelsregisters) zu beschaffen, denn ein gutgläubiger Erwerb ist nur möglich, wenn der kaufgegenständliche Anteil auf der Gesellschafterliste vermerkt ist. Diese sollte auf Richtigkeit (z. B. Sind die Wohnorte noch aktuell?) überprüft und bei Bedarf ggf. durch den Geschäftsführer korrigiert werden, bevor der Vertrag geschlossen wird.

Darüber hinaus sollte der Notar ermitteln, ob im Vermögen der Gesellschaft Grundbesitz vorhanden ist. Wenn dem so ist, muss der Notar ferner eine Veräußerungsanzeige an das zuständige Finanzamt – Grunderwerbsteuerstelle – fertigen (§ 54 EStDV).

Im Anschluss an einen Verkauf- und Abtretungsvertrag von Gesellschaftsanteilen ist stets (durch den Notar) eine neue Gesellschafterliste zum Handelsregister einzureichen. vgl. LF 16, Kap. 3.2

Dieser Vorgang ist eilbedürftig und muss unverzüglich vorgenommen werden.

Verfügt der Veräußerer des Geschäftsanteils über einen wesentlichen Teil seines Vermögens, ist der Vertrag nach § 1365 BGB durch den Ehepartner zu genehmigen.

▶ **Beispiel:** Andreas Johnsen veräußert seinen Gesellschaftsanteil an der Baugeschäft Johnsen GmbH an Björn Behrmann zu einem Kaufpreis von 25.000,00 € und tritt diesen an ihn ab.

Der hierzu beurkundete Kauf- und Abtretungsvertrag (ohne Anlage) könnte wie folgt abgefasst werden:

Verhandelt
zu * *(Ort)***
am * *(Datum)***

Vor mir, dem unterzeichnenden Notar

mit dem Amtssitz in *** *(Ort)*

erschienen heute:

1. Herr Andreas Johnsen, geboren am 27.05.1970,
   wohnhaft *** *(Anschrift)*,
   dem Notar von Person bekannt

– nachstehend „Veräußerer" genannt –

2. Björn Behrmann, geboren 14.04.1996,
   wohnhaft *** *(Anschrift)*,
   dem Notar ausgewiesen durch Bundespersonalausweis

– nachstehend „Erwerber" genannt –

Der Notar fragte nach einer Vorbefassung i. S. d. § 3 Abs. 1 Nr. 7 BeurkG; dies wurde von den Erschienenen verneint.

Jeder der Erschienenen bestätigt, jeweils für sich im eigenen Namen und auf eigene Rechnung zu handeln, also nicht beispielsweise als Treuhänder für dritte wirtschaftlich Berechtigte, ferner, dass er weder eine politisch exponierte Person (PeP) i. S. d. § 1 Abs. 12 Geldwäschegesetz (GwG) ist oder in den letzten zwölf Monaten war, noch dessen Familienmitglied, noch einer solchen Person „bekanntermaßen nahesteht" i. S. d. § 1 Abs. 13 und 14 GwG.

Der Notar hat die Vertragsparteien über Art. 13 Abs. 1 und 2 DSGVO informiert. Die Vertragsparteien erklären, dass sie mit der Einspeicherung ihrer Daten und dem Versenden der Entwürfe, Urkunden und Mitteilungen durch unverschlüsselte E-Mail einverstanden sind und waren. Ist dieser Weg künftig nicht mehr gewünscht, genügt eine einfache schriftliche Mitteilung an den Notar.

Die Erschienenen erklärten folgenden

Geschäftsanteilsverkaufs- und -abtretungsvertrag

zu meinem notariellen Protokoll:

Vorbemerkung

1. Alleiniger Gesellschafter der im Handelsregister des Amtsgerichts Hamburg unter HRB 1342 eingetragenen und mit einem Stammkapital von 25.000,00 € ausgestatteten Gesellschaft in Firma

   Baugeschäft Johnsen GmbH

   mit dem Sitz in 20095 Hamburg – nachfolgend auch die „Gesellschaft“ genannt – ist Herr Andreas Johnsen, geboren am 27.05.1970, mit dem Geschäftsanteil Nr. 1 in Höhe von 25.000,00 €.

   Die Gesellschafterstellung ergibt sich auch aus der beim Handelsregister aufgenommenen Gesellschafterliste vom 15.04.2020, die diesem Protokoll **als Anlage** in Kopie beigefügt ist.

2. Auf den Geschäftsanteil wurde der volle Betrag in Höhe von 25.000,00 € eingezahlt.

3. Der vorgenannte Geschäftsanteil Nr. 1 ist der einzige Geschäftsanteil der Gesellschaft.

Geschäftsanteilskauf- und -übertragung

1. Verkauf: Der Veräußerer veräußert hiermit den in der Vorbemerkung, Ziffer 1. bezeichneten Geschäftsanteil Nr. 1 an den Erwerber, der den Erwerb annimmt.

2. Kaufpreis: Der Kaufpreis beträgt

   25.000,00 €
   (in Worten: fünfundzwanzigtausend Euro)

   und ist am

   *** *(Datum)*

von dem Erwerber an den Veräußerer durch Überweisung auf folgendes Konto des Veräußerers zu zahlen:

IBAN: DE

Der Erwerber unterwirft sich dem Veräußerer gegenüber wegen der Zahlung des Kaufpreises der sofortigen Zwangsvollstreckung aus dieser Urkunde in sein gesamtes Vermögen.
Der Notar ist ermächtigt, dem Gläubiger die vollstreckbare Ausfertigung dieser Urkunde sofort zu erteilen, ohne dass es des Nachweises der die Fälligkeit oder Entstehung des Anspruchs begründenden Tatsachen bedarf.

Gewinnbezugsrecht

1. Der Gewinn/Verlust des laufenden Geschäftsjahrs, der auf den verkauften Geschäftsanteil entfällt, steht dem Erwerber zu. Entsprechendes gilt für Gewinne, die in vorangegangenen Geschäftsjahren erwirtschaftet und nicht unter den Gesellschaftern verteilt worden sind. Etwaige Auszahlungsansprüche werden insofern hiermit abgetreten, was hiermit angenommen wird.

2. Selbstständige Garantieversprechen des Veräußerers: In der Form selbstständiger Garantien (§ 311 Abs. 1 BGB) verspricht der Veräußerer dem Erwerber unter Ausschluss des gesetzlichen Gewährleistungssystems, dass seine nachfolgenden Aussagen heute richtig und vollständig sind, wobei sich die Parteien darüber einig sind, dass die Garantien keine solchen für die Beschaffenheit der Sache (§§ 443, 444 BGB) darstellen:

   - Die Gesellschaft ist nach den Vorschriften des GmbH-Gesetzes errichtet, besteht wirksam und hat seit ihrer Gründung ununterbrochen ein Unternehmen geführt, das stets aktiv am Geschäftsverkehr teilgenommen hat.
   - Der verkaufte Geschäftsanteil ist nicht mit Rechten Dritter belastetet.
   - Auf den Geschäftsanteil des Stammkapitals ist der volle Betrag von 25.000,00 € eingezahlt. Nachschusspflichten bestehen nicht und verdeckte Sacheinlagen liegen nicht vor.
   - Der Gesellschaftsvertrag entspricht weiterhin der Fassung vom *** *(Datum).*
   - Die Angaben in der Vorbemerkung dieser Urkunde zur Gesellschaft, zum Stammkapital und zu den Geschäftsanteilen sind vollständig und richtig.
   - Der Veräußerer verfügt mit dem Geschäftsanteil nicht über sein gesamtes oder nahezu ganzes Vermögen. Der Veräußerer benötigt keine Zustimmung seines Ehegatten zur Veräußerung des Geschäftsanteils, weder nach § 1365 BGB noch nach § 1419 BGB noch nach einer ausländischen Rechtsordnung.

- Die Geschäfte der Gesellschaft sind mit der Sorgfalt eines ordentlichen Kaufmanns geführt, die Buchführung nach den Grundsätzen ordnungsgemäßer Buchhaltung und die Bilanzierung ist unter Wahrung der Bilanzierungs- und Bewertungsstetigkeit erstellt.
- Die Veräußerung/Abtretung der Geschäftsanteile bedarf keiner kartellrechtlichen Genehmigung.

2. Sollte eine oder sollten mehrere der Garantien ganz oder teilweise unvollständig oder unrichtig sein, ist der Veräußerer verpflichtet, unverzüglich, jedoch spätestens vier Wochen nach Zugang eines entsprechenden Verlangens des Erwerbers, den Zustand herzustellen, der bestehen würde, wenn die betreffende Garantie vollständig und richtig wäre (Naturalrestitution). Gelingt es dem Veräußerer nicht, innerhalb der gesetzten Frist den vertragsgemäßen Zustand herzustellen oder ist die Herstellung des vertragsgemäßen Zustands nicht möglich, kann der Erwerber nach seiner Wahl von diesem Vertrag zurücktreten oder von dem Veräußerer Schadenersatz in Geld verlangen.

3. Eine weitere Haftung für Mängel wird nicht übernommen. Der Veräußerer hat für Vermögen und Ertragskraft der Gesellschaft im Übrigen nicht einzustehen. Unberührt bleibt jedoch eine Haftung des Veräußerers für Arglist oder Vorsatz.

4. Der Veräußerer versichert, dass weder eine verdeckte noch eine offene Gewinnausschüttung der GmbH stattgefunden hat. Im Falle einer Feststellung trägt der Veräußerer die Steuerlast.

Kosten/Steuern

Die Kosten der Beurkundung und der Durchführung dieses Vertrags und etwaige entstehende Steuern tragen die Vertragsparteien je zu ½.

Grundeigentum

Die Gesellschaft hat kein Grundeigentum.

Salvatorische Klausel, Gerichtsstand

1. Sollte eine Bestimmung dieses Vertrags unwirksam oder undurchführbar sein oder werden, so soll das die Wirksamkeit der übrigen Bestimmungen nicht berühren. Die betreffende Bestimmung ist so auszulegen oder zu ersetzen, dass der mit ihr erstrebte Zweck nach Möglichkeit erreicht wird. Dasselbe gilt für die Ausfüllung von Vertragslücken.

2. Gerichtstand ist Hamburg.

Abtretung

1. Der Veräußerer tritt hiermit den in der Vorbemerkung, Ziffer 1. bezeichneten Geschäftsanteil Nr. 1 an den Erwerber ab, der die Abtretung annimmt.

2. Die Abtretung erfolgt aufschiebend bedingt und wird erst wirksam, wenn der Erwerber den Kaufpreis bezahlt hat. Der Veräußerer verpflichtet sich, unverzüglich dem Notar die Zahlung des Kaufpreises schriftlich und durch einen den Kaufpreiseingang dokumentierenden Kontoauszug nachzuweisen. Sobald dem Notar die Wirksamkeit der Geschäftsanteilsübertragung durch die Bestätigung des Veräußerers über die Zahlung des Kaufpreises mitgeteilt worden ist, wird er unverzüglich die Gesellschafterliste aktualisiert zum Registergericht zur Aufnahme einreichen. Der Notar wird die Gesellschafterliste dem Erwerber und dem Veräußerer in Kopie übermitteln.

3. Die Geschäftsanteilsübertragung bedarf keiner weiteren Zustimmung und unterliegt keinem Vorkaufsrecht.

Durchführung

Der Notar wird mit der Durchführung diese Urkunde beauftragt. Alle etwa noch für die Wirksamkeit oder Durchführung ausstehenden Erklärungen gelten mit dem Eingang bei dem Notar allen Beteiligten gegenüber als zugegangen. Der Notar wird hiermit ermächtigt, mittels notarieller Eigenurkunde sämtliche zum Vollzug etwa notwendigen oder dienlichen Erklärungen für die Beteiligten abzugeben.

Hinweise des Notars

Der Notar hat darauf hingewiesen, dass

- der Erwerber
  - soweit er eine wesentliche Beteiligung an der Gesellschaft erwirbt, für betriebliche Steuern der Gesellschaft gem. § 75 Abgabenordnung haften kann;
  - im Verhältnis zur Gesellschaft erst als Gesellschafter gilt, wenn er in der im Registerordner aufgenommenen Gesellschafterliste eingetragen ist;
  - für nicht erbrachte Geldeinlagen und Fehlbeträge nicht vollwertig geleisteter Sacheinlagen des Veräußerers und aller anderen Gesellschafter unbeschränkt haftet.
- etwa vor der Beurkundung dieses Vertrags getroffene Abreden der Beteiligten im Zusammenhang mit der Anteilsübertragung, die im Widerspruch zu den Regelungen dieses Vertrags stehen, unwirksam sein können. Hierzu erklärten die Erschienenen, dass keine solchen Abreden bestehen.

- er keine steuerliche Beratung übernehmen kann.
- die Beurkundung der Geschäftsanteilsabtretung dazu führen kann, dass bei Wirksamkeit der Urkunde aufgrund eingetretener Veränderungen bei den Beteiligungs- und/oder Stimmrechtsausübungsbefugnissen Meldungen gegenüber dem Transparenzregister nach dem Geldwäschegesetz nötig sein können. Unterbleiben solche Meldungen, können hohe Bußgeldzahlungen, auch ohne Androhung die Folge sein.

Vollmacht

Die Vertragsparteien erteilen hiermit den Notarfachangestellten

*** *(Namen und Geschäftsadresse)*
– und zwar jeder für sich allein –

Vollmacht, alle zur Durchführung dieses Vertrags erforderlichen oder dienlichen Erklärungen abzugeben und entgegenzunehmen.

Die Bevollmächtigten sind ferner ermächtigt, Ergänzungen oder Änderungen dieses Vertrags vorzunehmen. Im Innenverhältnis wird vereinbart, dass diese zwischen den Bevollmächtigten und den Parteien vorher abzustimmen sind.

Die Vollmacht ist unwiderruflich und gilt auch für Rechtsnachfolger. Die Bevollmächtigten sind von den Beschränkungen des § 181 BGB befreit und zur Erteilung von Untervollmachten berechtigt.

Vorstehendes Protokoll wurde vorgelesen, nebst Anlage genehmigt und unterschrieben:

gez. Johnsen
gez. Behrmann
(LS) gez. *** *(Name)* – Notar –

Zusammenfassung

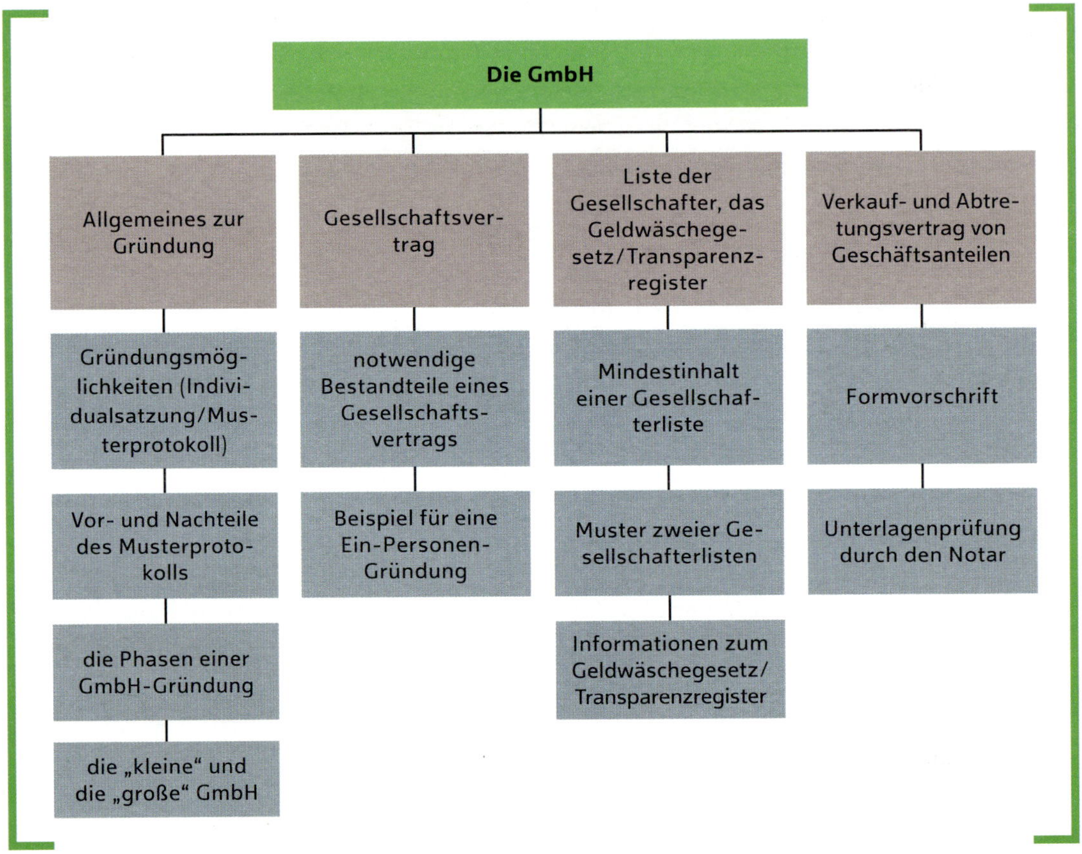

Wiederholung und Vertiefung

1. Auf welche Weise kann eine GmbH gegründet werden?
2. Welche Phasen werden im Verlauf der Gründung passiert und welche Bedeutung hat die jeweilige Phase für die Gesellschafter/Geschäftsführer?
3. Welche Unterschiede bestehen zwischen einer Individualsatzung und dem Musterprotokoll? Stellen Sie diese in einer Tabelle gegenüber.
4. Wem sollte man raten, durch die Individualsatzung eine GmbH zu gründen?
5. Was versteht man unter der Liste der Gesellschafter?
6. Welche Urkunde ist bei dem Gesellschafterwechsel einer GmbH durch Veräußerung vorzubereiten?
7. Worauf muss der Notar bei der Vorbereitung einer solchen Urkunde achten?
8. Beschreiben Sie, welchen Inhalt das Transparenzregister hat und wozu es dient.

4 Notarkosten und Registergebühren im Gesellschafts- und Vereinsrecht

Die Anmeldung zum jeweiligen Register ist stets notariell zu beglaubigen und elektronisch mittels XML-Datensatz beim zuständigen Registergericht einzureichen.

Kostenschuldner ist stets derjenige, der die Tätigkeit des Notars veranlasst hat (§ 29 Abs. 1 GNotKG). Insbesondere bei Beurkundungen schuldet jeder die Kosten, dessen Erklärungen beurkundet sind (§ 30 Abs. 1 GNotKG).

Der Notar erlangt gegenüber dem Kostenschuldner einen öffentlich-rechtlichen Anspruch.

Juristische Personen werden durch ihre Vertretungsorgane vertreten. Diese geben keine Erklärungen im eigenen Namen ab, sodass Kostenschuldner die juristische Person (z. B. die GmbH) ist.

Soweit die Gesellschafter einer Personengesellschaft für diese handeln (z. B. bei Verträgen mit Dritten), haftet die Gesellschaft für die Kosten. Eine Registeranmeldung stellt allerdings eine Erklärung im eigenen Namen dar, sodass der Gesellschafter persönlich haftet (z. B. der eingetragene Kaufmann).

Gibt es mehrere Kostenschuldner, haften diese gesamtschuldnerisch (§ 32 Abs. 1 GNotKG). Die gesamtschuldnerische Haftung kann nicht durch Vereinbarung ausgeschlossen oder verändert werden.

Hinweis: Nach dem Versand der Abrechnung muss der Zahlungseingang überprüft und im Aktenkonto notiert/verbucht werden.

vgl. LF 6, Kap. 6

Lernsituation

Oxana Schuhmann steht kurz vor der Abschlussprüfung zur Rechtsanwalts- und Notarfachangestellten. Sie überlegt, wie sie sich hierauf bestmöglich vorbereiten kann.

Oxana Schuhmann fertigt sich deshalb eine Tabelle an, in der sie die verschiedenen Lernfelder einträgt und sich einen bestimmten Lernzeitraum für jeden Teil vornimmt. Sie arbeitet anschließend ihre eigenen Unterlagen durch und notiert alle Fragen, die noch zu klären sind, und alle Sachverhalte, mit denen sie noch Schwierigkeiten hat.

Diese Themen bespricht sie mit ihren Mitschülerinnen und Mitschülern der Berufsschule, aber auch mit ihrer Kollegin Jana Seidel in der Kanzlei. Diese hat häufig mit Registeranmeldungen zu tun und kann ihr dabei eine große Hilfe sein.

Jana Seidel freut sich sehr, dass Oxana Schuhmann so engagiert ist und rät ihr, sich zur Prüfungsvorbereitung in Bezug auf Kostenrechnungen zu Anmeldungen im Registerrecht diese zu verschiedenen Gesellschaften/Vereinen vorzunehmen und mit variierenden Geschäftswerten Proberechnungen anzufertigen. Jana Seidel erklärt sich bereit, die Rechnungen, die Oxana Schuhmann erstellt hat, durchzusehen und im Anschluss mit ihr zu besprechen.

Oxana Schuhmann gefällt der Vorschlag sehr und sie nimmt sich als Vorlage einige Anmeldungen von Einzelunternehmen, Kommanditgesellschaften, offenen Handelsgesellschaften, Gesellschaften mit beschränkter Haftung und Vereinen zur Hand und rechnet mit unterschiedlichen Geschäftswerten die jeweiligen Notarkosten aus.

Arbeitsaufträge:

a) Nehmen Sie sich entweder die zur Lernsituation in Kap. 2 erstellten Anmeldungen oder Anmeldungen, die in Ihrer Ausbildungskanzlei bereits beurkundet wurden, zur Hand und notieren jeweils zwei verschiedene Geschäftswerte zu jeder Anmeldung. Achten Sie bei der KG und OHG auf die Besonderheiten in Bezug auf die Anzahl der Gesellschafter/Kommanditisten. Hier ist die Menge der Personen zu verändern, um eine Veränderung des Geschäftswerts zu erreichen.

b) Fertigen Sie zu jeder Anmeldung auf Basis der unterschiedlichen Geschäftswerte eine Notarkostenrechnung an.

c) Vergleichen Sie untereinander Ihre Ergebnisse.

d) Reflektieren Sie anschließend Ihr Wissen.

4.1 Allgemeines zu Werten, Notarkosten und Registergebühren im Gesellschaftsrecht

Die Kosten des Notars im Gesellschaftsrecht setzen sich aus
den Gebühren

- für die Beurkundung von Verträgen, Beschlüssen, Anmeldungen,
- für den Vollzug (z. B. Entwurfsfertigung der Gesellschafterliste, XML-Strukturdaten),
- für die Betreuung (z. B. Wirksamkeitsbescheinigung gem. § 40 Abs. 2 GmbHG der Gesellschafterliste nach Kapitaleinzahlung)

sowie den Auslagen zusammen.

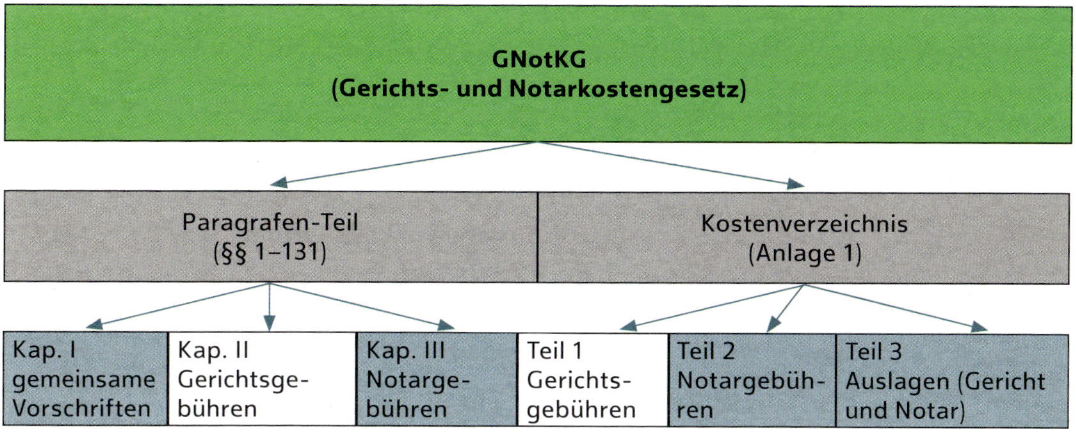

Es gibt einen **allgemeinen Mindestgeschäftswert:** 30.000,00 € (§ 105 Abs. 1 S. 2 GNotKG), der allerdings nicht für die Gründung einer Unternehmergesellschaft (haftungsbeschränkt) gilt, wenn diese mittels Musterprotokoll gegründet wurde.

Folgende **Höchstwerte** sind im Gesellschaftsrecht zu beachten:
- 1.000.000,00 € für eine Handelsregisteranmeldung (§ 106 GNotKG)
- 10.000.000,00 € für gesellschaftsrechtliche Verträge und Satzungen (§ 107 Abs. 1 S. 1 GNotKG)
- 5.000.000,00 € für Beschlüsse (§ 108 Abs. 5 GNotKG)

Folgende **Höchstgebühren** sind zu beachten:
- 125,00 € für die Erzeugung der XML-Strukturdaten (KV-Nr. 22114/22115 bei eigenen Urkunden)
- 250,00 € für die Erzeugung der XML-Strukturdaten (KV-Nr. 22125 bei fremden Urkunden)
- 250,00 € je Liste der Gesellschafter (KV-Nr. 22113)

Sowohl die Erzeugung der XML-Strukturdaten als auch die Fertigung der Gesellschafterliste gehören zu den Vollzugshandlungen und werden demnach stets auf Grundlage des Werts des dazugehörigen Beurkundungsverfahrens ermittelt (§ 112 GNotKG).

▶ **Beispiel:** Ist der Kauf- und Abtretungsvertrag mit 50.000,00 € zu bewerten, ist die Gebühr für die Fertigung der Gesellschafterliste nach demselben Wert zu ermitteln.

Neben der Gebühr für die Erstellung der XML-Strukturdaten löst die Überlassung elektronisch gespeicherter Dateien eine **gesonderte** Dokumentenpauschale (KV-Nr. 32002) aus.

Danach ist je Datei eine Pauschale von 1,50 €, höchstens jedoch 5,00 €, wenn mehrere Dateien (ab vier Dateien) in einem Arbeitsgang (z. B. für einen Antrag) übermittelt wurden, abzurechnen.

Werden die Dokumente vorher durch den Notar gescannt, um sie in eine elektronische Form zu überführen, darf die Dokumentenpauschale nicht geringer sein als die Dokumentenpauschale nach KV-Nr. 32000 (= 0,50 € je Seite bis 50 Seiten s/w, jede weitere Seite 0,15 € s/w). In einem solchen Fall ist demgemäß eine **Gegenüberstellung** (ab 11 Seiten) zu machen und der **höhere Betrag** anzusetzen.

▶ **Beispiele:**

- Der Notar schickt eine elektronisch beglaubigte Abschrift der von ihm entworfenen Handelsregisteranmeldung via beN an das Registergericht. Die Urkunde hat 2 Seiten.
  = 1,50 € nach KV-Nr. 32002
- Der Notar schickt eine elektronisch beglaubigte Abschrift der von ihm entworfenen Handelsregisteranmeldung via beN an das Registergericht. Die Urkunde hat 13 Seiten und ist zur Übertragung in die elektronische Form zu scannen.
  = 6,50 € nach KV-Nr. 32002/32000

Sind zu übermittelnden Dokumente (egal, ob in papier- oder elektronischer Form) notwendigerweise zu beglaubigen, was häufig der Fall ist, kann **anstelle** der vorstehend angeführten **Dokumentenpauschale** eine **Gebühr** für die **Beglaubigung** nach KV-Nr. 25102 (1,00 €/angefangener Seite, mindestens 10,00 €) anfallen.

Dazu gilt ergänzend, dass die **Gebühr nicht erhoben wird**, bei der Beglaubigung

- eigener Niederschriften (z. B. Gesellschaftsvertrag) oder selbst entworfener Urkunden (z. B. HR-Anmeldung), die in Urschrift in der Urkundensammlung des Notars verwahrt werden.

▶ **Beispiel:** Der Notar entwirft eine Anmeldung zum Handelsregister und beglaubigt die Unterschrift des Kaufmanns. Die Urschrift der Urkunde gelangt in die Urkundensammlung des Notars; eine beglaubigte Abschrift wird mit dem Antrag auf Eintragung dem Handelsregister eingereicht. Für die Beglaubigung einer solchen Urkunde fällt keine Gebühr nach KV-Nr. 25102 an. Es ist die Dokumentenpauschale zu berechnen.

- von Anlagen zu eigenen Niederschriften (z. B. beglaubigte Abschrift einer Vollmacht/Vertretungsbescheinigung).

▶ **Beispiel:** Der Notar beurkundet einen Gesellschaftsvertrag mit mehreren Gesellschaftern. Ein Gesellschafter wird aufgrund Vollmacht vertreten; die Vollmacht wird der Niederschrift in beglaubigter Abschrift beigefügt. Für die Beglaubigung der beizufügenden Vollmacht fällt keine Gebühr nach KV-Nr. 25102 an. Es ist die Dokumentenpauschale zu berechnen.

Bei der Anmeldung zum Handelsregister wird zwischen

- der Anmeldung, bei der ein bestimmter Geldbetrag in das Handelsregister eingetragen wird (§ 105 Abs. 1 GNotKG), und
- sonstigen Anmeldungen zum Handelsregister ohne bestimmten Geldbetrag (§ 105 Abs. 2 GNotKG) unterschieden.

▶ **Beispiele:** Anmeldung mit bestimmtem Geldbetrag: z. B. Kapitalerhöhung um 10.000,00 €, Anmeldung ohne bestimmten Geldbetrag: z. B. Geschäftsführerbestellung

Die sonstigen Anmeldungen werden wiederum in

- die Erstanmeldung (§ 105 Abs. 3 GNotKG),
- die spätere Anmeldungen, z. B. Kapitalerhöhung oder Geschäftsführerwechsel (§ 105 Abs. 4 GNotKG) und
- die Anmeldung ohne wirtschaftliche Bedeutung (z. B. Änderung der Anschrift) (§ 105 Abs. 5, 6 GNotKG)

unterteilt. Nachstehend finden Sie ein Schema für die Geschäftswertermittlung von Registeranmeldungen:

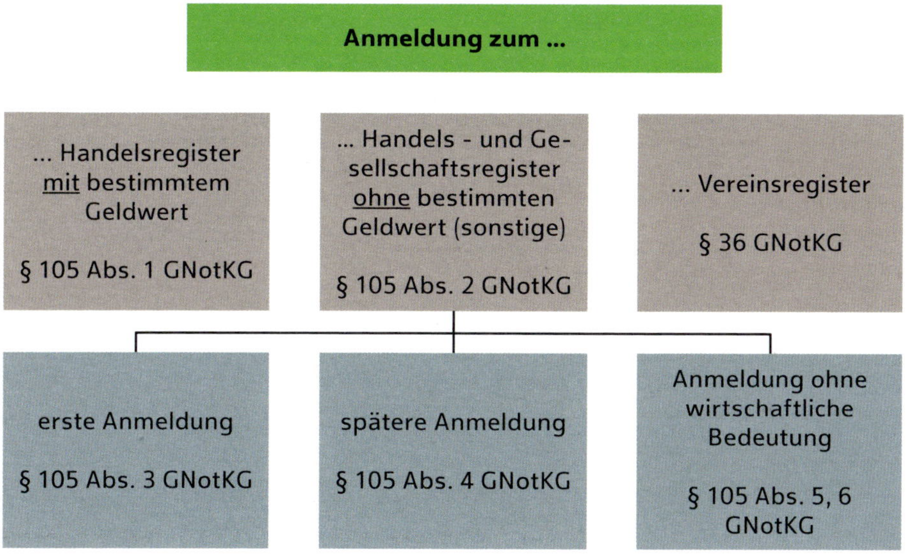

Jede anzumeldende Tatsache stellt einen gesonderten Gegenstand dar. Die Werte sind gem. § 35 Abs. 1 GNotKG zu addieren.

▶ **Beispiel:** Anmeldung Auflösung GmbH und Abberufung Prokurist (Stammkapital 25.000,00 €), Gegenstandswert: 60.000,00 € (Mindestwert von 30.000,00 € · 2, da zwei Tatsachen anzumelden sind)

Der **Nennbetrag** eines Geschäftsanteils hat **keine Aussagekraft** über dessen tatsächlichen **Wert**, da dieser lediglich das Beteiligungsverhältnis der Gesellschafter an der GmbH festlegt.

Für die **Bewertung** von **Geschäftsanteilen**
- einer Kapitalgesellschaft/Kommanditbeteiligung ist das Eigenkapital inkl. Buchwertkorrektur,
- sonstiger Gesellschaften ist das Vermögen der Gesellschaft (ohne Schuldenabzug)

maßgeblich (§ 54 GNotKG).

Der Notar kann durch Einsichtnahme in die aktuelle Bilanz der Gesellschaft die Eigenkapitalquote wie folgt feststellen:

	Bilanzpositionen	**Zu finden auf der**	
	gezeichnetes Kapital[1]	Passiva A I (Eigenkapital)	€
+	Kapitalrücklage	Passiva A II (Eigenkapital)	€
+	Gewinnrücklagen (gesetzliche Rücklagen, Rücklagen für eigenen Anteil an einem herrschenden oder mehrheitlich beteiligten Unternehmen, satzungsmäßige Rücklagen, andere Gewinnrücklagen)	Passiva A III (Eigenkapital)	€
+	Gewinnvortrag/Verlustvortrag	Passiva A IV (Eigenkapital)	€
+	Jahresüberschuss/Jahresfehlbetrag	Passiva A V (Eigenkapital)	€
=	Eigenkapital (Zwischensumme)	./.	€
+	Gesellschafterdarlehen	Passiva C (Verbindlichkeiten)	€
+	Verkehrswert vom/von Grundstück/-en und Gebäude/-n	= Marktwert	€
–	Buchwert vom/von Grundstück/-en und Gebäude/-n	Passiva A II 1 (Anlagevermögen)	€
=	Bilanziertes Eigenkapital (Endbetrag)	./.	€

Die Bilanz sollte von der Gesellschaft vorgelegt werden. Alternativ gibt es die Möglichkeit, im elektronischen Bundesanzeiger nach dieser zu schauen. Ist ein Gesellschafter beispielsweise mit 50 % an der Gesellschaft beteiligt, beträgt der Wert der Beteiligung 50 % des Endbetrags.

Eine Ausnahme bildet die **vermögensverwaltende Gesellschaft** (z. B. Immobilienverwaltungsgesellschaft). Bei dieser ist der **Aktivwert** des Gesellschaftsvermögens (§ 38 GNotKG) **ohne Schuldenabzug** maßgeblich.

Wird bei der Veräußerung eines Geschäftsanteils eine (symbolische) Gegenleistung (Kaufpreis) von 1,00 € vereinbart, ist der Notar zur Wertermittlung (z. B. durch Einsicht der Bilanz) verpflichtet. Die Beteiligten haben insoweit gem. § 95 GNotKG eine Mitwirkungspflicht. Erfolgt keine Mitwirkung, kann der Notar nach billigem Ermessen den Wert bestimmen (§ 36 GNotKG). Bei

1 Dieser Begriff beschreibt das Grundkapital einer Kapitalgesellschaft. Bei einer GmbH ist z. B. das Stammkapital (= mindestens 25.000,00 €) gemeint.

einem „echten“ Anteilskauf kann davon ausgegangen werden, dass der vereinbarte Kaufpreis auch den tatsächlichen Wert des Anteils widerspiegelt.

Ist kein Eigenkapital mehr vorhanden, ist bei einem Verkaufs- und Abtretungsvertrag über Gesellschaftsanteile die **Mindestgebühr** von 120,00 € (2,0 Gebühr nach KV-Nr. 21100) zu erheben.

Merke: Die **Gebühren des Registergerichts** werden im Handelsregisterverfahren gem. § 58 GNotKG durch die Verordnung über Gebühren in Handels-, Partnerschafts-, Gesellschafts- und Genossenschaftsregistersachen (Handelsregistergebührenverordnung – **HRegGebV**) geregelt. Die HRegGebV ist in aktueller Fassung im Internet einsehbar.

4.1.1 Erstanmeldung eines Einzelkaufmanns (e. K.)

Beispiel: Notarin Kathinka Hoppmeyer wird von Philip Graswegener beauftragt, den Entwurf einer Anmeldung zum Handelsregister für ein von ihm neu gegründetes Einzelunternehmen zu fertigen (eine Seite) und nach Unterzeichnung und Unterschriftsbeglaubigung in elektronischer Form beim Handelsregister einzureichen. Die Anmeldung hat keine Anlagen. Philip Graswegener erhält von der Notarin eine einfache Abschrift der fertigen Handelsregisteranmeldung (zwei Seiten) als Kompaktbrief. Die **Gebühren und Auslagen der Notarin** sind wie folgt abzurechnen:

Verfahren/Gegenstand/Wertvorschrift	Geschäftswert	KV-Nr.	Satz	Betrag
Handelsregisteranmeldung mit Entwurfsfertigung, §§ 119 Abs. 1, 105 Abs. 3 Nr. 1 GNotKG	30.000,00 €	24102	0,5	62,50 €
elektronischer Vollzug (XML-Strukturdaten), § 112 GNotKG	30.000,00 €	22114	0,2	25,00 €
Dokumentenpauschale (1 Datei, 3 Scanseiten)		32002		1,50 €
Dokumentenpauschale (2 Seiten s/w)		32001		0,30 €
Post- und Telekommunikationsentgelt		32004		1,00 €
Zwischensumme				90,30 €
19 % Umsatzsteuer		32014		17,16 €
Auslagen eUrkundensammlung		32015		4,50 €
Summe				**111,96 €**

Merke: Die Registergebühren betragen 70,00 € nach Gebührenverzeichnis Nr. 1100 (HRegGebV) für die erste Eintragung eines Einzelkaufmanns zzgl. 1/4 der vorstehenden Gebühr nach Gebührenverzeichnis Nr. 6000 für die Bereitstellung der Registerdaten/Dokumente zum Abruf.

Die Gebühren des Registergerichts unterliegen nicht der Umsatzsteuer.

4.1.2 Spätere Anmeldung (ohne bestimmten Geldwert) eines Einzelkaufmanns (e. K.)

▶ **Beispiel:** Einige Zeit nach Eintragung des Einzelunternehmens des Philip Graswegener beauftragt er die Notarin erneut mit der Erstellung einer Anmeldung zum Handelsregister. Dieses Mal wird die Erteilung von Prokura angemeldet. Herr Graswegener erteilt zwei Personen jeweils Einzelprokura. Die Notarin fertigt den Entwurf der Anmeldung (eine Seite), beglaubigt nach Unterzeichnung die Unterschrift des Kaufmanns und reicht sie in elektronischer Form beim Handelsregister ein. Die Anmeldung hat keine Anlagen. Philip Graswegener erhält von der Notarin eine einfache Abschrift der fertigen Handelsregisteranmeldung (zwei Seiten) per Standardbrief. Die **Gebühren und Auslagen der Notarin** sind wie folgt abzurechnen:

Verfahren/Gegenstand/Wertvorschrift	Geschäftswert	KV-Nr.	Satz	Betrag
Handelsregisteranmeldung mit Entwurfsfertigung, §§ 35 Abs. 1, 119 Abs. 1, 105 Abs. 2, 4 Nr. 4 GNotKG	60.000,00 €	24102	0,5	96,00 €
elektronischer Vollzug (XML-Strukturdaten), § 112 GNotKG	60.000,00 €	22114	0,2	38,40 €
Dokumentenpauschale (1 Datei, 2 Scanseiten)		32002		1,50 €
Dokumentenpauschale (2 Seiten s/w)		32001		0,30 €
Post- und Telekommunikationsentgelt		32004		0,85 €
Zwischensumme				137,05 €
19 % Umsatzsteuer		32014		26,03 €
Auslagen eUrkundensammlung		32015		4,50 €
Summe				**167,59 €**

Hinweis: Die Anmeldung zweier Prokuren sind verschiedene Tatsachen (§ 86 Abs. 2 GNotKG); die Werte sind demzufolge zu addieren.

Merke: Die Registergebühren betragen 40,00 € nach Gebührenverzeichnis Nr. 4000 für eine Prokura und 30,00 € nach Gebührenverzeichnis Nr. 4001 für jede weitere Prokura, die in derselben Anmeldung enthalten ist.

4.1.3 Erstanmeldung einer offenen Handelsgesellschaft (OHG)

▶ **Beispiel:** Stephanie Neubauer und Dora Neubauer haben eine offene Handelsgesellschaft unter der Firma Neubauer & Neubauer OHG gegründet. Sie beauftragen Notar Dr. John Miller, den Entwurf einer Anmeldung zum Handelsregister (eine Seite) zu fertigen und nach Unterzeichnung und Unterschriftsbeglaubigung in elektronischer Form beim Handelsregister einzureichen. Die Anmeldung hat keine Anlagen. Jede Gesellschafterin erhält von Notar Dr. John Miller eine Abschrift der Handelsregisteranmeldung (zwei Seiten). Post- und Telekommunikationsentgelt wird pauschal berechnet. Die **Gebühren und Auslagen des Notars** sind wie folgt abzurechnen:

Verfahren/Gegenstand/Wertvorschrift	Geschäftswert	KV-Nr.	Satz	Betrag
Handelsregisteranmeldung mit Entwurfsfertigung, §§ 119 Abs. 1, 105 Abs. 3 Nr. 2 GNotKG	45.000,00 €	24102	0,5	77,50 €
elektronischer Vollzug (XML-Strukturdaten), § 112 GNotKG	45.000,00 €	22114	0,2	31,00 €
Dokumentenpauschale (1 Datei, 3 Scanseiten)		32002		1,50 €
Dokumentenpauschale (4 Seiten s/w)		32001		0,60 €
Post- und Telekommunikations- pauschale		32005		20,00 €
Zwischensumme				130,60 €
19 % Umsatzsteuer		32014		24,82 €
Auslagen eUrkundensammlung		32015		4,50 €
Summe				**159,91 €**

Der Wert einer Erstanmeldung einer OHG beträgt (bei zwei Gesellschaftern) 45.000,00 €. Jeder weitere Gesellschafter erhöht den Wert um 15.000,00 €. Die Gebühr für die XML-Strukturdaten wird aus demselben Wert errechnet.

Merke: Die Registergebühren betragen 100,00 € nach Gebührenverzeichnis Nr. 1101 (HRegGebV) für die erste Eintragung einer offenen Handelsgesellschaft mit bis zu drei einzutragenden Gesellschaftern zzgl. ⅓ der vorstehenden Gebühr nach Gebührenverzeichnis Nr. 6000 für die Bereitstellung der Registerdaten/Dokumente zum Abruf. Die Gebühr erhöht sich für jeden weiteren einzutragenden Gesellschafter um 40,00 € (Gebührenverzeichnis Nr. 1102).

4.1.4 Spätere Anmeldung (ohne wirtschaftliche Bedeutung) einer offenen Handelsgesellschaft (OHG)

▶ **Beispiel:** Dora Neubauer hat ein Jahr nach Eintragung der Neubauer & Neubauer OHG im Handelsregister geheiratet und führt nun den Namen Schmidt. Sie möchte die Firma jetzt in Neubauer & Schmidt OHG ändern und beauftragt gemeinsam mit der weiteren Gesellschafterin den Notar Dr. Miller mit der Erstellung der notwendigen Anmeldung zum Handelsregister. Der Notar fertigt den Entwurf der Anmeldung (eine Seite), beglaubigt nach Unterzeichnung die Unterschriften der beiden Gesellschafterinnen und reicht sie in elektronischer Form beim Handelsregister ein. Die Anmeldung hat keine Anlagen. Jede Gesellschafterin erhält von dem Notar eine einfache Abschrift der fertigen Handelsregisteranmeldung (zwei Seiten) per Standardbrief. Die **Gebühren und Auslagen des Notars** sind wie folgt abzurechnen:

Verfahren/Gegenstand/Wertvorschrift	Geschäftswert	KV-Nr.	Satz	Betrag
Handelsregisteranmeldung mit Entwurfsfertigung, §§ 119 Abs. 1, 105 Abs. 5 GNotKG	5.000,00 €	24102	0,5	30,00 €
elektronischer Vollzug (XML-Strukturdaten), § 112 GNotKG	5.000,00 €	22114	0,2	15,00 €
Dokumentenpauschale (1 Datei, 2 Scanseiten)		32002		1,50 €
Dokumentenpauschale (4 Seiten s/w)		32001		0,60 €
Post- und Telekommunikationsentgelt		32004		1,70 €
Zwischensumme				48,80 €
19 % Umsatzsteuer		32014		9,27 €
Auslagen eUrkundensammlung		32015		4,50 €
Summe				**62,57 €**

Merke: Die Registergebühren betragen 30,00 € nach Gebührenverzeichnis Nr. 1504 zzgl. ⅓ der vorstehenden Gebühr nach Gebührenverzeichnis Nr. 6000 für die Bereitstellung der Registerdaten/Dokumente zum Abruf.

4.1.5 Erstanmeldung einer Kommanditgesellschaft (KG)

▶ **Beispiel:** Birgit Petterson hat gemeinsam mit Thomas Pastor eine Kommanditgesellschaft errichtet. Sie beauftragen Notarin Sieglinde Kellermann, den Entwurf einer Anmeldung zum Handelsregister zu fertigen (eine Seite) und nach Unterzeichnung und Unterschriftsbeglaubigung in elektronischer Form beim Handelsregister einzureichen. Birgit Petterson ist die Kommanditistin mit einer Haftsumme von 50.000,00 €, Thomas Pastor ist persönlich haftender Gesellschafter. Die Anmeldung hat keine Anlagen. Sowohl Kommanditistin in als auch Komplementär erhalten von Notarin Sieglinde Kellermannin eine Abschrift der Handelsregisteranmeldung (zwei Seiten) per E-Mail. Die **Gebühren und Auslagen der Notarin** sind wie folgt abzurechnen:

Verfahren/Gegenstand/Wertvorschrift	Geschäftswert	KV-Nr.	Satz	Betrag
Handelsregisteranmeldung mit Entwurfsfertigung, §§ 119 Abs. 1, 105 Abs. 1 S. 1 Nr. 5 GNotKG	80.000,00 €	24102	0,5	109,50 €
elektronischer Vollzug (XML-Strukturdaten), § 112 GNotKG	80.000,00 €	22114	0,2	43,80 €
Dokumentenpauschale (3 Dateien, 3 Scanseiten)		32002		4,50 €
Zwischensumme				157,80 €
19 % Umsatzsteuer		32014		29,98 €
Auslagen eUrkundensammlung		32015		4,50 €
Summe				**192,28 €**

Der Wert einer Erstanmeldung einer KG wird durch Addition des Mindestwerts von 30.000,00 € (für den ersten persönlich haftenden Gesellschafter) + 15.000,00 € (für jeden weiteren persönlich haftenden Gesellschafter) zzgl. Haftsumme/-n des/der Kommanditisten ermittelt. Die Gebühr für die XML-Strukturdaten wird aus demselben Wert errechnet.

Merke: Die Registergebühren betragen 100,00 € nach Gebührenverzeichnis Nr. 1101 (HRegGebV) für die erste Eintragung einer Kommanditgesellschaft zzgl. ⅓ der vorstehenden Gebühr nach Gebührenverzeichnis Nr. 6000 für die Bereitstellung der Registerdaten/Dokumente zum Abruf.
Jeder weitere Gesellschafter erhöht die Gebühr um 40,00 € nach Gebührenverzeichnis Nr. 1102.

4.1.6 Spätere Anmeldung (mit bestimmtem Geldwert) einer Kommanditgesellschaft (KG)

▶ **Beispiel:** Birgit Petterson erhöht ihre Kommanditeinlage um 25.000,00 €. Notarin Silke Kellermann entwirft auftragsgemäß die erforderliche Anmeldung zum Handelsregister (eine Seite), beglaubigt nach Unterzeichnung durch die Kommanditistin und dem persönlich haftenden Gesellschafter deren Unterschriften und reicht die Urkunde in elektronischer Form beim Handelsregister ein. Die Anmeldung hat keine Anlagen. Die **Gebühren und Auslagen der Notarin** sind wie folgt abzurechnen:

Verfahren/Gegenstand/Wertvorschrift	Geschäftswert	KV-Nr.	Satz	Betrag
Handelsregisteranmeldung mit Entwurfsfertigung, §§ 119 Abs. 1, 105 Abs. 1 S. 2 GNotKG	25.000,00 €	24102	0,5	57,50 €
elektronischer Vollzug (XML-Strukturdaten), § 112 GNotKG	25.000,00 €	22114	0,2	23,00 €
Dokumentenpauschale (1 Datei, 2 Scanseiten)		32002		1,50 €
Zwischensumme				82,00 €
19 % Umsatzsteuer		32014		15,58 €
Auslagen eUrkundensammlung		32015		4,50 €
Summe				**102,08 €**

Merke: Die Registergebühren betragen 60,00 € nach Gebührenverzeichnis Nr. 1504 zzgl. ⅓ der vorstehenden Gebühr nach Gebührenverzeichnis Nr. 6000 für die Bereitstellung der Registerdaten/Dokumente zum Abruf. Jede weitere Erhöhung (bei mehreren Einlagen) in einer Anmeldung löst nach Gebührenverzeichnis Nr. 1503 eine Gebühr von 30,00 € aus.

4.1.7 Erstanmeldung einer Gesellschaft mit beschränkter Haftung (GmbH)

Notar Dr. Jan Thomasson entwirft und beglaubigt die Anmeldung zum Handelsregister (drei Seiten) einer neu gegründeten GmbH und reicht die Anmeldung auftragsgemäß auf elektronischem Wege beim Handelsregister ein. Der Notar hat darüber hinaus die Gründungsurkunde (zehn Seiten) protokolliert und die Gesellschafterliste (eine Seite) angefertigt. Auch diese Dokumente sind dem Registerrecht gleichzeitig einzureichen, wenn der Notar eine Bestätigung über die Einzahlung der Stammeinlage (eine Seite) erhalten hat. Die **Gebühren und Auslagen des Notars** (für die Handelsregisteranmeldung) sind wie folgt abzurechnen:

Verfahren/Gegenstand/Wertvorschrift	**Geschäftswert**	**KV-Nr.**	**Satz**	**Betrag**
Handelsregisteranmeldung mit Entwurfsfertigung, §§ 119 Abs. 1, 105 Abs. 1 S. 1 Nr. 1 GNotKG	30.000,00 €	24102	0,5	62,60 €
elektronischer Vollzug (XML-Strukturdaten), § 112 GNotKG	30.000,00 €	22114	0,2	25,00 €
Betreuungsgebühr, § 113 Abs. 1 GNotKG	30.000,00 €	22200	0,5	62,50 €
Dokumentenpauschale (4 Dateien)		32002		5,00 €
Zwischensumme				155,00 €
19 % Umsatzsteuer		32014		29,45 €
Auslagen eUrkundensammlung		32015		4,50 €
Summe				**188,95 €**

Hinweis: Die Anweisung, die Registeranmeldung erst dem Registergericht einzureichen, wenn eine Bestätigung über die Einzahlung der Stammeinlage vorliegt, löst eine Betreuungsgebühr nach KV-Nr. 22200 Nr. 3 aus.

Neben der Gebühr für die Erstellung der XML-Strukturdaten löst die Überlassung elektronisch gespeicherter Dateien eine **gesonderte** Dokumentenpauschale (KV-Nr. 32002 GNotKG) aus. Danach ist pro übermittelter Datei eine Pauschale von 1,50 €, höchstens jedoch 5,00 €, wenn mehrere Dateien in einem Arbeitsgang erstellt wurden, abzurechnen. Werden die bereits gespeicherten Dokumente mittels EDV umgewandelt, entfällt diese Gebühr.

Werden die Dokumente vorher durch den Notar gescannt, um sie in eine elektronische Form zu überführen, darf die Dokumentenpauschale nicht geringer sein als die Dokumentenpauschale nach KV-Nr. 32000 (= 0,50 € je Seite bis 50 Seiten s/w, jede weitere Seite 0,15 € s/w). Es ist also stets eine **Gegenüberstellung** zu machen und der **höhere Betrag** anzusetzen.

Prüft der Notar auftragsgemäß die Einzahlung des Stammkapitals, erhält er ferner eine 0,5 Betreuungsgebühr nach KV-Nr. 22200 Nr. 3. Die Gebühr fällt auch an, wenn der Notar angewiesen wird, die Anmeldung erst nach Ablauf einer bestimmten Frist einzureichen.

Merke: Die Registergebühren betragen 150,00 € nach Gebührenverzeichnis Nr. 2100 (HRegGebV) für die Eintragung der GmbH zzgl. ⅓ der vorstehenden Gebühr nach Gebührenverzeichnis Nr. 6000 für die Bereitstellung der Registerdaten/Dokumente zum Abruf und 30,00 € nach Gebührenverzeichnis Nr. 5002 (HRegGebV) für die Entgegennahme der Gesellschafterliste.

4.1.8 Spätere Anmeldung (ohne bestimmten Geldwert) einer Gesellschaft mit beschränkter Haftung

Notar Dr. Jan Thomasson entwirft und beglaubigt eine Handelsregisteranmeldung (zwei Seiten) über die Abberufung eines Geschäftsführers und die Neubestellung eines (anderen) Geschäftsführers. Er reicht die Anmeldung sowie den Gesellschafterbeschluss über die Abberufung/Neubestellung (eine Seite), den die Gesellschafter selbst abgefasst haben, auftragsgemäß auf elektronischem Weg beim Handelsregister zur Eintragung ein. Das Stammkapital der Gesellschaft beträgt 25.000,00 €. Die **Gebühren und Auslagen des Notars** sind wie folgt abzurechnen:

Verfahren/Gegenstand/Wertvorschrift	Geschäftswert	KV-Nr.	Satz	Betrag
Handelsregisteranmeldung mit Entwurfsfertigung, §§ 35 Abs. 1, 119 Abs. 1, 105 Abs. 4 Nr. 1 GNotKG	60.000,00 €	24102	0,5	96,00 €
elektronischer Vollzug (XML-Strukturdaten), § 112 GNotKG	60.000,00 €	22114	0,2	38,40 €
Dokumentenpauschale (2 Dateien)		32002		3,00 €
Zwischensumme				137,40 €
19 % Umsatzsteuer		32014		26,11 €
Auslagen eUrkundensammlung		32015		4,50 €
Summe				**168,01 €**

Hinweis: Sowohl die Abberufung als auch die Neubestellung eines Geschäftsführers sind je eine Tatsache mit verschiedenem Gegenstand (§ 86 Abs. 2 GNotKG), sodass die Einzelwerte zu addieren (§ 35 Abs. 1 GNotKG) sind.

4.1.9 Erstanmeldung einer Gesellschaft bürgerlichen Rechts (GbR)

Notarin Birte Johanson entwirft eine Anmeldung zum Gesellschaftsregister (zwei Seiten) und beglaubigt die Unterschriften der Gesellschafter Thore Svensson und Gesine Olgason. Sie reicht die Anmeldung auftragsgemäß auf elektronischem Weg beim Gesellschaftsregister zur Eintragung ein. Die **Gebühren und Auslagen der Notarin** sind wie folgt abzurechnen:

Verfahren/Gegenstand/Wertvorschrift	Geschäftswert	KV-Nr.	Satz	Betrag
Gesellschaftsregisteranmeldung mit Entwurfsfertigung, §§ 119 Abs. 1, 105 Abs. 3 Nr. 2 GNotKG	45.000,00 €	24102	0,5	77,50 €
elektronischer Vollzug (XML-Strukturdaten), § 112 GNotKG	45.000,00 €	22114	0,2	31,00 €
Dokumentenpauschale (1 Datei)		32002		1,50 €
Zwischensumme				110,00 €
19 % Umsatzsteuer		32014		20,90 €
Auslagen eUrkundensammlung		32015		4,50 €
Summe				**135,40 €**

Hinweis: Der Geschäftswert bei der Erstanmeldung einer GbR zum Gesellschaftsregister beträgt bei zwei Gesellschaftern 45.000,00 €. Jeder weitere Gesellschafter erhöht den Wert um 15.000,00 €.

4.1.10 Spätere Anmeldung einer Gesellschaft bürgerlichen Rechts

Thore Svensson scheidet nach einiger Zeit aus der GbR aus und verkauft seine Beteiligung an Birgit Larsson. Notarin Birte Johanson entwirft die entsprechende Anmeldung zum Gesellschaftsregister (zwei Seiten) und beglaubigt die Unterschriften der Gesellschafter Thore Svensson und Birgit Larsson am Montag und die Unterschrift von Gesine Olgason am Mittwoch. Sie reicht die Anmeldung auftragsgemäß auf elektronischem Weg beim Gesellschaftsregister zur Eintragung ein, nachdem ihr ferner ein Nachweis über die Zahlung des Kaufpreises vorliegt. Die **Gebühren und Auslagen der Notarin** sind wie folgt abzurechnen:

Verfahren/Gegenstand/Wertvorschrift	Geschäftswert	KV-Nr.	Satz	Betrag
Gesellschaftsregisteranmeldung mit Entwurfsfertigung, §§ 119 Abs. 1, 105 Abs. 4 Nr. 3 GNotKG	30.000,00 €	24102	0,5	62,50 €
elektronischer Vollzug (XML-Strukturdaten), § 112 GNotKG	30.000,00 €	22114	0,2	25,00 €
Beglaubigung einer Unterschrift, §§ 121, 105 Abs. 4 Nr. 3 GNotKG	30.000,00 €	25100	0,2	25,00 €
Betreuungsgebühr, § 113 Abs. 1 GNotKG	30.000,00 €	22200	0,5	62,50 €

Verfahren/Gegenstand/Wertvorschrift	Geschäftswert	KV-Nr.	Satz	Betrag
Dokumentenpauschale (1 Datei)		32002		1,50 €
Zwischensumme				176,50 €
19 % Umsatzsteuer		32014		33,54 €
Auslagen eUrkundensammlung		32015		7,00 €
Summe				**217,04 €**

Hinweis: Der Auftrag an die Notarin, die Anmeldung erst nach Zahlung des Kaufpreises einzureichen, löst eine Betreuungsgebühr aus. Die zweite Unterschriftsbeglaubigung löst eine (weitere) Gebühr nach KV-Nr. 25100 (0,2; mind. 20,00 €, höchstens 70,00 €) aus.

4.2 Allgemeines zu Werten, Notar- und Gerichtskosten im Vereinsrecht

Das GNotKG enthält keine speziellen Regelungen in Bezug auf den Geschäftswert für Anmeldungen zum Vereinsregister. Daher ist der Wert nach billigem Ermessen zu bestimmen.

In der Regel wird bei einem Idealverein als Geschäftswert der Auffangwert mit **5.000,00 €** (§ 36 Abs. 3 GNotKG) angenommen.

Hat der Verein Vermögen und ist dieses bekannt, kann ein Teilwert von 10–30 % als Geschäftswert (§ 36 Abs. 1 GNotKG) angenommen werden, jedoch maximal 1.000.000,00 € (§ 106 GNotKG).

Werden **mehrere Veränderungen** zur Eintragung angemeldet, liegen stets Anmeldungen mit **besonderem Gegenstand** vor (§ 111 GNotKG). Da die Erklärungen in einer Anmeldung stets **demselben Gebührensatz** unterliegen, wird bei mehreren Veränderungen **eine Gebühr** aus den **zusammengerechneten Werten** erhoben (§ 35 Abs. 1 GNotKG).

Merke: Die **Kosten des Gerichts** werden im Vereinsregisterverfahren nach dem GNotKG (gerichtlicher Teil) berechnet.

4.2.1 Erstanmeldung eines Vereins (e. V.)

▶ **Beispiel:** Neun Damen treffen sich seit langer Zeit regelmäßig zum Kegeln. Sie haben beschlossen, einen Verein mit dem Namen „Pudeldamen Schutte e. V.“ zu gründen, der in das Vereinsregister eingetragen werden soll. Die Gründungsversammlung ist erfolgt. Die Kegelschwestern beauftragen einen Notar, die Anmeldung zum Vereinsregister (zwei Seiten) zu erstellen und die Unterschriften zu beglaubigen (eine Seite). Der Anmeldung sind

- die Satzung (vier Seiten) und
- das Protokoll der Gründungsversammlung (sechs Seiten)

beizufügen. Alle Dokumente werden in elektronisch beglaubigter Abschrift dem Vereinsregister eingereicht und werden zuvor eingescannt. Jedes der vier Mitglieder des Vorstands erhält vom Notar eine Abschrift der Vereinsregisteranmeldung (zwei Seiten). Post- und Telekommunikationsauslagen werden pauschal berechnet. Die **Gebühren und Auslagen des Notars** sind wie folgt abzurechnen:

Verfahren/Gegenstand/Wertvorschrift	Geschäftswert	KV-Nr.	Satz	Betrag
Vereinsregisteranmeldung mit Entwurfsfertigung, §§ 119 Abs. 1, 36 Abs. 3 GNotKG (i. V. m. § 92 Abs. 2 GNotKG)	5.000,00 €	24102	0,5	30,00 €
elektronischer Vollzug (XML-Strukturdaten), § 112 GNotKG	5.000,00 €	22114	0,2	15,00 €
Dokumentenpauschale (3 Dateien/13 Scanseiten)		32002/ 32000		6,50 €
Dokumentenpauschale (8 Seiten s/w)		32001		1,20 €
Post- und Telekommunikations-pauschale		32005		20,00 €
Zwischensumme				72,70 €
19 % Umsatzsteuer		32014		13,81 €
Auslagen eUrkundensammlung		32015		4,50 €
Summe				**91,01 €**

Die Gebühr für die XML-Strukturdaten würde rechnerisch 9,00 € betragen. Da die allgemeine Mindestgebühr des GNotKG aber bei 15,00 € liegt, ist dieser Betrag hier maßgebend. Gleiches gilt für die Gebühr der Anmeldung, die mindestens 30,00 € beträgt.

Es werden 3 Dateien mit insgesamt 13 Seiten eingescannt, sodass 0,50 €/Seite nach KV-Nr. 32000 zu berechnen sind (nicht 3 Dateien zu je 1,50 €).

Merke: Die Gebühr des Gerichts beträgt 75,00 € nach KV-Nr. 13100 (GNotKG) für die Eintragung des Vereins.

Wird der Notar vor der Gründungsversammlung vom Verein beauftragt, das Gründungsprotokoll zu prüfen, kann er zusätzlich eine Gebühr nach KV-Nr. 24100 (0,5–2,0 je nach Aufwand, mindestens 120,00 €) berechnen.

4.2.2 Spätere Anmeldung eines Vereins

Der Notar entwirft und beglaubigt die Vereinsregisteranmeldung (zwei Seiten) eines Idealvereins, in der das Ausscheiden eines Vorstandsmitglieds und die Neuwahl eines Vorstandsmitglieds angemeldet werden. Er reicht die Anmeldung nebst Protokoll der Mitgliederversammlung (vier Seiten) auftragsgemäß auf elektronischem Weg beim Vereinsregister ein. Anmeldung und Protokoll werden zuvor eingescannt. Die Gebühren und Auslagen **des Notars** sind wie folgt abzurechnen:

Verfahren/Gegenstand/Wertvorschrift	Geschäftswert	KV-Nr.	Satz	Betrag
Vereinsregisteranmeldung mit Entwurfsfertigung, §§ 35 Abs. 1, 36 Abs. 3, 119 Abs. 1 GNotKG	10.000,00 €	24102	0,5	37,50 €
elektronischer Vollzug (XML-Strukturdaten), § 112 GNotKG	10.000,00 €	22114	0,2	15,00 €
Dokumentenpauschale (2 Dateien/6 Scanseiten)		32002		3,00 €
Zwischensumme				55,50 €
19 % Umsatzsteuer		32014		10,55 €
Auslagen eUrkundensammlung		32015		4,50 €
Summe				**70,55 €**

Hinweis: Sowohl das Ausscheiden als auch die Neuwahl eines Vorstandsmitglieds sind je eine Tatsache mit verschiedenem Gegenstand (§ 86 Abs. 2 GNotKG), sodass die Einzelwerte zu addieren (§ 35 Abs. 1 GNotKG) sind. Bei der Dokumentenpauschale ergibt sich durch das Scannen kein höherer Betrag nach KV-Nr. 32000.

Zusammenfassung

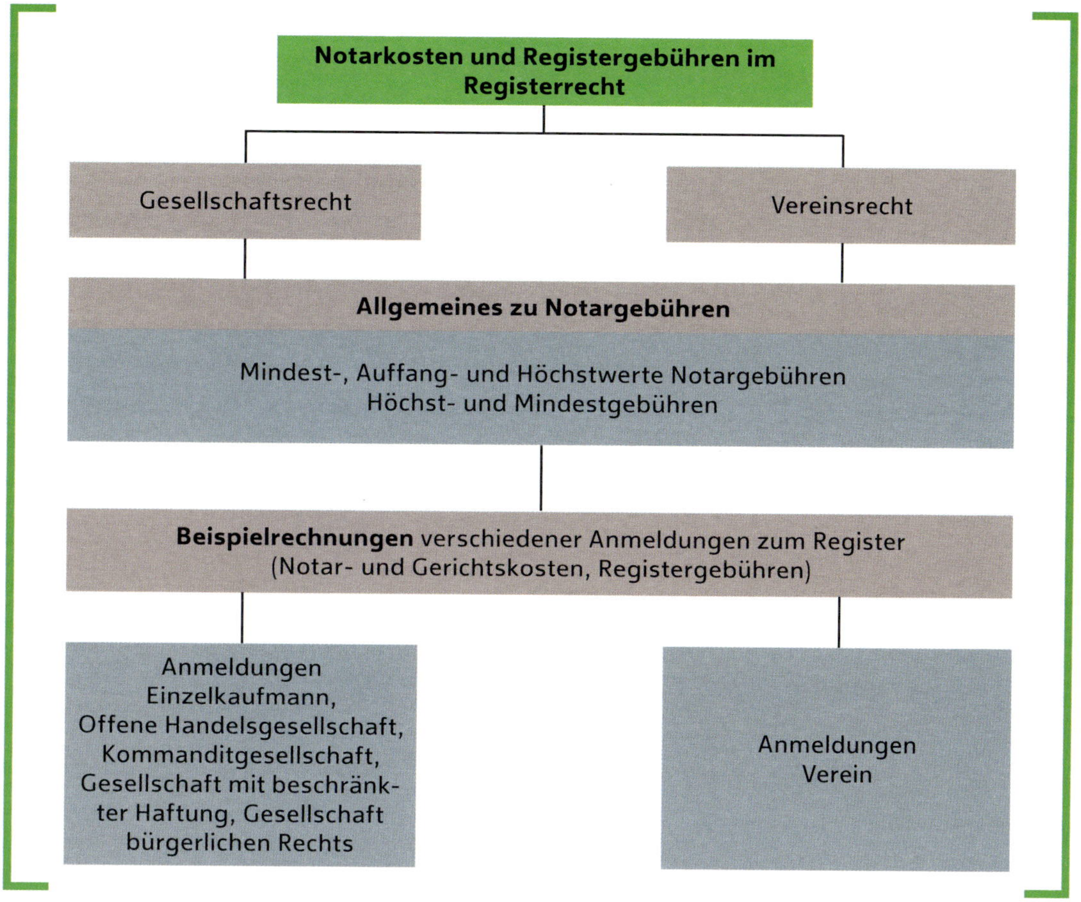

Wiederholung und Vertiefung

1. Nennen Sie Dokumente/Urkunden im Bereich des Registerrechts, deren Erstellung/Beurkundung Notarkosten auslösen.
2. Welche Höchstwerte sind in Bezug auf die Abrechnung von Gebühren im Registerrecht zu beachten?
3. Nennen Sie die Höchstgebühr inkl. Fundstelle im Gesetz für die Erstellung einer Gesellschafterliste.
4. Notarin Birgit Scholz hat die Unterschriften zweier Gesellschafter auf der von ihr nicht entworfenen Erstanmeldung einer neu gegründeten GmbH zum Handelsregister beglaubigt. Das Stammkapital beträgt 225.000,00 €. Birgit Scholz schickt das Original der Anmeldung als Kompaktbrief an einen anderen Notar, der die weitere Bearbeitung vornehmen wird.

Die Gesellschaft erhält eine Abschrift der Urkunde per E-Mail. Was kann Notarin Birgit Scholz abrechnen?

5. Notar Norbert Timmermann hat die Anmeldung einer neu errichteten KG mit zwei persönlich haftenden Gesellschaftern entworfen. Zur Eintragung werden die neu errichtete KG, die persönlich haftenden Gesellschafter Marina Mirabeau und Gordon Stolpe sowie die Kommanditisten Fleur Mitzkan (Haftsumme 10.000,00 €) und Ester Grindel (Haftsumme 50.000,00 €) angemeldet. Welche Kosten rechnet Notar Norbert Timmermann ab?
6. Notarin Stephanie Krempe hat die Anmeldung einer Satzungsänderung (GmbH) nebst Geschäftsführerbestellungen und Abberufung eines Prokuristen entworfen. Die Anmeldung enthält konkret die Änderung der Firma des Unternehmens, die Bestellung der Geschäftsführerinnen Lucie Klein und Lena Frank sowie die Abberufung des Prokuristen Torsten Last. Das Stammkapital beträgt 50.000,00 €. Nach welchem Geschäftswert rechnet Notarin Stephanie Krempe den Entwurf der Anmeldung ab? Notieren Sie ferner die Fundstellen im Gesetz und begründen Sie Ihr Ergebnis kurz.

5 Führen des erforderlichen Schriftverkehrs

Es kommt in der Praxis häufig vor, dass im Lauf der Durchführung einer Registerangelegenheit mit der Mandantschaft oder einem Steuerberater auf schriftlichem Weg korrespondiert werden muss. Mit dem Registergericht wird der Schriftverkehr (zwingend) lediglich in elektronischer Form geführt.

Die Urkundenentwürfe werden in der Regel vor der Unterzeichnung zur Durchsicht und Prüfung an die Mandantschaft geschickt. In diesem Zusammenhang können weitere, vom Notar ergänzend benötigte Unterlagen/Angaben angefordert werden.

Es ist stets darauf zu achten, dass der Schriftverkehr mit der Mandantschaft so geführt wird, dass er (auch für einen Laien) gut verständlich ist. Dies kann z. B. durch kurze Sätze mit klaren Formulierungen oder das Markieren besonders wichtiger Passagen unterstützt werden. Selbstverständlich müssen alle Schreiben unter Beachtung der Rechtschreib- und Grammatikregeln abgefasst werden.

Um die stets wiederkehrenden Abläufe in der Textverarbeitung zu erleichtern, sollten Schnellbausteine angelegt werden. Zur effizienten Zeichen- und Absatzformatierung der Texte ist es ratsam, möglichst frühzeitig die gängigen Tastenkombinationen (Shortcuts) einzuüben.

Im Folgenden werden Beispielschreiben anhand verschiedener Situationsbeschreibungen formuliert. Diese Schreiben werden verkleinert dargestellt und stellen keine Musterlösung dar. Sie dienen lediglich der Anregung.

Den Briefbogen der Notarin Katharina Marschner finden Sie unter dem vorne abgedruckten Webcode zum Buch. Grundlagen dieses Briefbogens sind die Form B und das Anschriftfeld mit Rücksendeangabe. Web

Lernsituation

Oxana Schuhmann erhält von Notarin Katharina Marschner eine neue Vereinsregisterakte, die sie mit „Förderverein Turnhalle am Park e. V." beschriften soll. Einen Tag zuvor hatte die Notarin mit zwei Ehepaaren einen Besprechungstermin in ihrer Kanzlei. Stefan und Hannah Kröger sowie Sasha und Sonja Schiller suchten Notarin Katharina Marschner auf, um diese über ihren Wunsch zu informieren, einen gemeinnützigen Verein gründen zu wollen, der die Erhaltung und Sanierung der alten Turnhalle am Park unterstützen soll. Die alte Turnhalle ist von vielen Generationen zum Turnen und Tanzen genutzt worden und stellt daher einen erhaltenswerten Bau dar. Leider befindet sie sich augenblicklich in einem sehr schlechten Zustand und sollte dringend saniert werden.

Die beiden Ehepaare haben sich daher im Bekannten- und Freundeskreis umgehört und schon einige Gleichgesinnte gefunden, die sich auch an der Erhaltung der Turnhalle beteiligen würden. Stefan Kröger ist Architekt und hat bereits mit dem Eigentümer des Gebäudes, der Stadt Darmstadt, Kontakt aufgenommen, um das Vorhaben zu besprechen, wo man ihm große Sympathien entgegengebracht hat.

Um dieses Vorhaben auf offizielle Füße zu stellen, soll ein gemeinnütziger Verein ins Leben gerufen werden. Sowohl das Ehepaar Kröger als auch das Ehepaar Schiller brauchen jetzt fachliche Informationen, welche Unterlagen und/oder Angaben die Notarin Katharina Marschner benötigt, um einen neuen Verein zum Vereinsregister anzumelden. Die Gründungsversammlung soll in zwei Wochen stattfinden. Es haben schon 15 Personen ihr Erscheinen angekündigt.

Notarin Katharina Marschner sagt den Mandanten zu, ihnen ein Informationsschreiben zuzusenden, in dem die benötigten Unterlagen nebst dazugehörigen Daten zur Vorbereitung der Anmeldung zum Vereinsregister aufgelistet sind. Es wird vereinbart, dass Hannah Kröger, voraussichtlich die 1. Vorsitzende des Vereins werden wird und im Anschluss die Daten zur Vorbereitung der Erstanmeldung durch einen Anruf bei Oxana Schuhmann, die ihr von der Notarin Katharina Marschner als interne Ansprechpartnerin in der Kanzlei genannt wird, mitteilt.

Arbeitsaufträge:

a) Fertigen Sie ein Schreiben an, in dem Sie Hannah Kröger schildern, welche Dokumente und personenbezogenen Daten zur Vorbereitung der Erstanmeldung des Vereins beim Vereinsregister benötigt werden. Gehen Sie hierbei davon aus, dass der Verein von der Vorsitzenden und dem/der stellvertretenden Vorsitzenden vertreten wird. Die Anschrift können Sie selbst bestimmen.

b) Nach Unterzeichnung der Anmeldung, senden Sie diese in Kopie an Hannah Kröger als Vereinsvorsitzende zur weiteren Verwendung. Dem Schreiben ist die Kostenrechnung der Notarin Katharina Marschner unter Beachtung der Vorschriften des § 19 GNotKG beizufügen. Die fehlenden Angaben zu Personen, Orten und Daten können Sie selbst bestimmen.

c) Vergleichen Sie untereinander Ihre Ergebnisse.

d) Reflektieren Sie anschließend Ihr Wissen.

5.1 Schreiben an Mandantschaften/Auftraggeber

Neben dem Versand der entworfenen Urkunden an die Mandantschaft wird im Lauf der Abwicklung einer Angelegenheit wiederholter Schriftverkehr geführt. Beispielsweise erhält die Mandantschaft nach erfolgter Beurkundung die fertige/-n Urkunde/-n in Ablichtung, beglaubigter Ablichtung oder als Datei per E-Mail/auf einem Datenträger für ihre Unterlagen. Hat das Gericht die eingereichten Unterlagen zu beanstanden, wird die Mandantschaft darüber schriftlich informiert. Ist es notwendig, dass eine Nachbeurkundung zu erfolgen hat, wird die Mandantschaft erneut um Abstimmung eines Unterzeichnungstermins gebeten. Ist die Angelegenheit durch Vollzug im Register abgeschlossen, wird dies der Mandantschaft schriftlich mitgeteilt.

5.1.1 Übersendung der Urkunden nach Unterzeichnung an die Mandantschaft

Situationsbeschreibung: Notarin Katharina Marschner hat am 04.03.2025 die Neugründung einer Ein-Personen-GmbH (Gärtnerei Scholzinger GmbH mit Sitz in Neustadt in Holstein) nebst Erstanmeldung zum Handelsregister beurkundet. Sie hat darüber hinaus die Liste der Gesellschafter gefertigt. Alleiniger Gesellschafter ist Eric Scholzinger. Notarin Katharina Marschner hat die Unterlagen am 07.03.2025 auf elektronischem Weg an das zuständige Registergericht in 23568 Lübeck versandt. Jana Seidel hat ein Sendeprotokoll für die Nebenakte zur Dokumentation des Versands ausgedruckt. Jana Seidel verfasst am 11.03.2025 ein Schreiben an die Gärtnerei Scholzinger GmbH, Kirchhofsallee 33, 23730 Neustadt in Holstein, zum Aktenzeichen UVZ-Nr. 256/2025.

Katharina Marschner
Rechtsanwältin & Notarin

Wilhelminenplatz 220
64283 Darmstadt
Telefon: +49 621 9999999-0
Telefax: +49 621 9999999-1
E-Mail: kontakt@ra-marschner.de

Bankverbindung: Commerzbank Darmstadt
IBAN: DE41 5084 0005 0000 5638 12
USt-IdNr.: DE999999999

Anwaltsnotariat Marschner, Wilhelminenplatz 220, 64283 Darmstadt
Gärtnerei Scholzinger GmbH
Herrn Eric Scholzinger
Kirchhofsallee 33
23730 Neustadt in Holstein

Datum: 11.03.2025

Neugründung der Gärtnerei Scholzinger GmbH
Unser Zeichen: UVZ-Nr. 256/2025

Sehr geehrter Herr Scholzinger,
sehr geehrte Damen und Herren,

anliegend überreiche ich für Ihre Unterlagen:

- eine beglaubigte Abschrift der Gründungsurkunde vom 04.03.2025 (UVZ-Nr. 256/2025 Notarin Katharina Marschner),
- eine beglaubigte Abschrift der Anmeldung zum Handelsregister 04.03.2025 (UVZ-Nr. 257/2025 Notarin Katharina Marschner),
- eine Ablichtung der Liste der Gesellschafter.

Den Antrag auf Eintragung/Aufnahme in den Registerordner des Handelsregisters habe ich am 07.03.2025 ausweislich der in Abschrift beigefügten Eingangsbestätigung auf elektronischem Weg beim Registergericht Lübeck gestellt. Ich werde Sie über den Fortgang der Angelegenheit unterrichten.

Sollten Sie Fragen haben, rufen Sie gerne mich oder eine meiner Mitarbeiterinnen im Notariat an.

Abschließend füge ich meine bisher in dieser Angelegenheit entstandene Rechnung mit der Bitte um Ausgleich bei.

Mit freundlichen Grüßen

Katharina Marschner
Notarin

Anlagen

5.1.2 Übersendung der Eintragungsbenachrichtigung an die Mandantschaft

Situationsbeschreibung: Notarin Katharina Marschner hat am 07.01.2025 die Eintragungsnachricht des Registergerichts Hamburg über die Eintragung eines neu gegründeten Vereins (Förderverein nette Bauernhöfe e. V., VR 0815) erhalten. Jana Seidel soll den Vorsitzenden des Vereins über diesen Sachverhalt informieren. Jana Seidel verfasst am 08.01.2025 ein Schreiben an Emil Behrensen, Dorfstraße 15, 23738 Beschendorf, zum Aktenzeichen UVZ-Nr. 359/2025.

Katharina Marschner
Rechtsanwältin & Notarin

Wilhelminenplatz 220
64283 Darmstadt
Telefon: +49 621 9999999-0
Telefax: +49 621 9999999-1
E-Mail: kontakt@ra-marschner.de

Bankverbindung: Commerzbank Darmstadt
IBAN: DE41 5084 0005 0000 5638 12
USt-IdNr.: DE999999999

Anwaltsnotariat Marschner, Wilhelminenplatz 220, 64283 Darmstadt

Herrn
Emil Behrensen
Dorfstraße 15
23738 Beschendorf

Datum: 08.01.2025

Eintragung des Fördervereins nette Bauernhöfe e.V.
Unser Zeichen UVZ-Nr.: 359/2025

Sehr geehrter Herr Behrensen,

anliegend überreiche ich eine Ablichtung der mir am 07.01.2025 zugegangenen Eintragungsnachricht des Registergerichts Hamburg für Ihre Unterlagen.

Sie können der Benachrichtigung entnehmen, dass der Förderverein nette Bauernhöfe e. V. nunmehr in das Vereinsregister des Amtsgerichts Hamburg unter VR 0815 eingetragen wurde.

Die Angelegenheit ist vollzogen und damit abgeschlossen. Ich bedanke mich für das entgegengebrachte Vertrauen.

Mit freundlichen Grüßen

Katharina Marschner
Notarin

Anlagen

5.2 Kostenrechnungen erstellen

Es gehört zur täglichen Praxis der Rechtsanwalts- und Notarfachangestellten, selbstständig Kostenrechnungen auf der Grundlage der vorliegenden Unterlagen zu erstellen.

Tipps:

- Zur Arbeitserleichterung können stets wiederkehrende Abrechnungen in einer separaten Datei abgelegt werden. Die Datei sollte so benannt und abgespeichert werden, dass sie später wieder aufgefunden und dem entsprechenden Sachverhalt zugeordnet werden kann.
- Denkbar ist die Anlegung einer Mustermappe mit Beispielrechnungen. Zum besseren Wiederauffinden der einzelnen Rechnungen sollte eine nachvollziehbare Gliederung (z. B. nach Sachgebieten) erfolgen.
- Es ist hilfreich, Fachliteratur zum Thema Gebühren und Auslagen für Berechnungen, die nicht dem täglichen Standard entsprechen, zur Hand zu haben.

Situationsbeschreibung: Werner Wernersen hat Notarin Katharina Marschner beauftragt, den Entwurf einer Anmeldung zur Eintragung in das Handelsregister zu fertigen und die Unterschriften hierauf zu beglaubigen. Die Anmeldung beinhaltet die Abberufung des bisherigen Geschäftsführers sowie die Neubestellung eines anderen Geschäftsführers. Sie wird am 05.02.2025 unterzeichnet und unter der Urkundenverzeichnisnummer 78/2025 registriert. Der Anmeldung sind keine weiteren Unterlagen beizufügen. Notarin Katharina Marschner reicht die Anmeldung in elektronischer Form bei dem zuständigen Registergericht ein. Die Wernersen Pilsener GmbH (Flaschenstraße 7, 24937 Flensburg) erhält eine Ablichtung der Anmeldung zum Handelsregister (drei Seiten) für ihre Unterlagen. Post- und Telekommunikationsdienstleistungen werden pauschal in Rechnung gestellt. Jana Seidel erstellt am 04.02.2025 die Kostenrechnung unter der Rechnungsnummer 59/2025.

Katharina Marschner
Rechtsanwältin & Notarin

Anwaltsnotariat Marschner, Wilhelminenplatz 220, 64283 Darmstadt
Wernersen Pilsener GmbH
Flaschenstraße 7
24937 Flensburg

Wilhelminenplatz 220
64283 Darmstadt
Telefon: +49 621 9999999-0
Telefax: +49 621 9999999-1
E-Mail: kontakt@ra-marschner.de

Bankverbindung: Commerzbank Darmstadt
IBAN: DE41 5084 0005 0000 5638 12
USt-IdNr.: DE999999999

Datum: 04.02.2025

Rechnungsnummer: 59/2025
Anmeldung Kapitalerhöhung zum Handelsregister
UVZ-Nr. 78/2025 Notarin Katharina Marschner
Leistungszeitraum * (Datum) - *** (Datum)**

Kostenrechnung der Notarin Katharina Marschner
gem. § 19 GNotKG

Bezeichnung	Geschäftswert	KV-Nr.	Satz	Betrag
Handelsregisteranmeldung mit Entwurfsfertigung, §§ 119 Abs. 1, 105 Abs. 1 Nr. 5 GNotKG	60.000,00 €	24102	0,5	96,00 €
elektronischer Vollzug (XML-Strukturdaten), § 112 GNotKG	60.000,00 €	22114	0,2	38,40 €
Dokumentenpauschale (1 Datei)		32002		1,50 €
Dokumentenpauschale (3 Seiten s/w)		32001		0,45 €
Post- und Telekommunikationspauschale		32005		20,00 €
Zwischensumme				156,35 €
19 % Umsatzsteuer		32014		29,71 €
Auslagen eUrkundensammlung		32015		4,50 €
Summe				190,56 €

Seite 1 von 2

Rechtsbehelfsbelehrung
Fragen zu dieser Rechnung beantworte ich Ihnen jederzeit gerne. Sie haben auch die Möglichkeit, eine Entscheidung des Landgerichts Darmstadt, Mathildenplatz 13/15, 64283 Darmstadt, zu beantragen. Der Antrag bei Gericht muss schriftlich oder zur Niederschrift der Geschäftsstelle des Landgerichts gestellt werden und unterliegt keiner Frist.

Katharina Marschner
Notarin

Zusammenfassung

Formulierung von Schreiben im Registerverfahren

↓

Urkundenentwurf an Auftraggeber (ggf. fehlende Angaben/Unterlagen anfordern)

↓

beurkundete Erklärungen nebst Kostenrechnung und Einreichungsprotokoll an Auftraggeber

↓

Eintragungsbekanntmachung an Auftraggeber

\+

Kostenrechnung an Auftraggeber

Wiederholung und Vertiefung

1. Notarin Katharina Marschner erhält von Curt Carstensen (Cunibergstraße 14, 96450 Coburg) den Auftrag, den Entwurf einer Anmeldung zum Handelsregister zu fertigen. Curt Carstensen ist Komplementär der Carsten Carstensen Käserei KG (Labstraße 5, 96450 Coburg). Er ist aus der Gesellschaft ausgeschieden. Das Ausscheiden soll in das Handelsregister eingetragen werden.

a) Notarin Katharina Marschner übergibt Oxana Schuhmann den neuen Vorgang und bittet sie, den entsprechenden Urkundenentwurf zu fertigen und an den Mandanten zu senden. Oxana Schuhmann legt die Akte an und beschafft sich einen aktuellen Handelsregisterauszug. Sie fertigt den Urkundenentwurf und das Schreiben zur Übersendung des Entwurfs an Curt Carstensen am 01.02.2025 an. In dem Schreiben wird Curt Carstensen gebeten, einen Termin zur Unterzeichnung der Urkunde zu vereinbaren. Erstellen Sie dieses Schreiben an den Auftraggeber mithilfe des Briefbogens der Notarin Katharina Marschner.

b) Nach Beurkundung der Anmeldung am 11.02.2025 (UVZ-Nr. 89/2025) beglaubigt Oxana Schuhmann die Unterschrift des Curt Carstensen und schickt am 13.02.2025 eine beglaubigte Abschrift der Urkunde an Curt Carstensen. Oxana Schuhmann informiert Curt Carstensen ferner über die ebenso erfolgte Einreichung mittels XML-Strukturdatensatz beim Registergericht. Erstellen Sie dieses Schreiben mithilfe des Briefbogens der Notarin Katharina Marschner.

c) Die Kostenrechnung erhält die Gesellschaft am 13.02.2025 unter der Kostenrechnungsnummer 70/2025. Post- und Telekommunikationsdienstleistungen werden pauschal abgerechnet. Es wurden vier Seiten kopiert. Erstellen Sie die Kostenrechnung (ohne zusätzliches Anschreiben) mithilfe des Briefbogens der Notarin Katharina Marschner.

2. Notarin Katharina Marschner erhält über das elektronische Postfach am 09.05.2025 die Eintragungsnachricht des Registergerichts Lübeck über die Eintragung der Sitzverlegung der Kistenmacher OHG (Kastenstraße 15, 23556 Lübeck). Katharina Marschner bittet Oxana Schuhmann, die Gesellschafter schriftlich über die erfolgte Eintragung zu informieren. Oxana Schuhmann verfasst am 14.05.2025 ein Schreiben an die Gesellschaft zum Aktenzeichen UVZ-Nr. 159/2025. Erstellen Sie dieses Schreiben mithilfe des Briefbogens der Notarin Katharina Marschner.

3. Der Förderverein leidgeplagte Eltern e. V. (Amtsgericht Lübeck, VR 123) hat Notarin Katharina Marschner beauftragt, die Erste Vorsitzende, Tatjana Timmermann, Tiergartenstraße 11, 23738 Beschendorf, über den aktuellen Inhalt der Eintragungen im Vereinsregister zu informieren. Notarin Katharina Marschner bittet Jana Seidel, einen Auszug aus dem Vereinsregister zu beschaffen und Tatjana Timmermann schriftlich über den Inhalt in Kenntnis zu setzen. Der Auszug, der das Datum 13.05.2025 trägt, gibt u. a. das Folgende wieder:

Spalte 3 a) Der vertretungsberechtigte Vorstand besteht aus dem Vorsitzenden und dem stellvertretenden Vorsitzenden. Sie vertreten den Verein gemeinsam. Spalte 3 b) 1. Vorsitzende: Tatjana Timmermann, geboren am 25.06.1972, Stellvertretender Vorsitzender: Torsten Timmermann, geboren am 17.02.1969. Spalte 4 a) Satzung vom 19.03.2013. Zuletzt geändert am 20.11.2019. Spalte 5) Tag der letzten Eintragung: 30.11.2019.

Jana Seidel verfasst am 13.05.2025 ein Schreiben an Tatjana Timmermann zum Aktenzeichen UR div. 2025. Erstellen Sie dieses Schreiben mithilfe des Briefbogens der Notarin Katharina Marschner.

Sachwortverzeichnis

Bildquellenverzeichnis

Alamy Stock Photo (RMB), Abingdon/Oxfordshire: Probst, Peter 284.1, 495.1, 496.1, 496.3, 515.1, 556.1.

Bundesnotarkammer, Berlin: 259.1, 260.1, 262.1, 263.3.

Foto Stephan - Behrla Nöhrbaß GbR, Köln: 14.2.

fotolia.com, New York: .shock 587.1; contrastwerkstatt 13.2, 16.1, 16.2, 59.2, 78.1, 150.1, 184.1, 286.2, 300.3, 313.1, 437.1, 486.1, 507.1, 539.1, 567.2; Franz Pfluegl 13.1; Gina Sanders 14.3, 320.3; maho 317.1, 320.1; Marco2811 320.4; marcus_hofmann 321.1; momius 320.2; roxcon 338.1; Schmerl, Bernhard 132.1; stockpics 424.1; Syda Productions 14.1; Traumbild 58.1.

Getty Images (RF), München: mikimad 1.2, 1.3. |Hild, Claudia, Angelburg: 61.2, 62.2, 64.2, 66.2, 69.2, 70.2, 71.2, 352.1.

iStockphoto.com, Calgary: alexsl 392.1; georgeclerk 340.1.

Jouve Germany GmbH & Co. KG, München: 226.1, 227.1, 228.1.

Kober, Martina, Werneck: 61.1, 62.1, 64.1, 66.1, 67.1, 69.1, 70.1, 71.1, 152.1, 154.1, 155.1, 157.1, 158.1, 159.1, 160.1, 161.1, 162.1, 164.1, 165.1, 166.1, 167.1, 213.1, 214.1, 216.1, 304.1, 305.1, 306.1, 472.1, 473.1, 475.1, 477.1, 479.1, 480.1, 590.1, 591.1, 593.1, 594.1.

Land NRW: 491.2, 492.2.

Landesamt für Vermessung- und Geoinformation Schleswig-Holstein, Kiel: ©GeoBasis-DE 319.1.

LIVING CONCEPT, Münster: 1.4.

NotarNet GmbH, Köln: 508.1.

stock.adobe.com, Dublin: AllebaziB Titel, Titel; andranik123 44.2; Boston, Frank 96.2; Butch 469.1; Dietl, Jeanette Titel; Eppele, Klaus 430.1; Gajus 240.1; Gina Sanders 200.2; gopixa Titel; Gracchus, Tiberius Titel; Kzenon Titel; MQ-Illustrations 324.3; NaruFoto 141.1; NDABCREATIVITY 171.1; nsdpower 1.5, 1.6; Raths, Alexander 1.1; Rawf8 Titel; Schuppich, M. 360.1; sljubisa 23.1, 26.1, 30.1, 35.1, 44.1, 46.1, 47.1, 47.2, 49.1, 50.1, 50.2, 53.1, 55.1, 58.2, 59.1, 81.1, 81.2, 81.3, 83.1, 84.1, 92.1, 93.1, 94.1, 96.1, 114.1, 117.1, 119.1, 124.1, 126.1, 136.1, 136.2, 137.1, 137.2, 138.1, 144.1, 145.1, 146.1, 149.1, 149.2, 177.1, 190.1, 197.1, 200.1, 202.1, 205.1, 207.1, 208.1, 208.2, 228.2, 228.3, 229.1, 230.1, 232.1, 233.1, 234.1, 235.1, 237.1, 239.1, 241.1, 245.1, 245.2, 248.1, 251.1, 253.1, 253.2, 258.1, 261.1, 261.2, 263.1, 263.2, 264.1, 271.1, 274.1, 278.1, 280.1, 280.2, 281.1, 282.1, 285.1, 286.1, 288.1, 290.1, 291.1, 291.2, 292.1, 292.2, 294.1, 294.2, 296.1, 297.1, 297.2, 300.1, 300.2, 316.1, 322.1, 324.1, 324.2, 326.1, 326.2, 327.1, 331.1, 334.1, 336.1, 336.2, 338.2, 342.1, 345.1, 347.1, 350.1, 353.1, 364.1, 366.1, 368.1, 370.1, 371.1, 371.2, 372.1, 374.1, 379.1, 388.1, 400.1, 406.1, 407.1, 408.1, 409.1, 410.1, 411.1, 415.1, 416.1, 422.1, 429.1, 430.2, 432.1, 432.2, 441.1, 441.2, 443.1, 443.2, 449.1, 449.2, 449.3, 453.1, 456.1, 456.2, 457.1, 468.1, 481.1, 490.1, 491.1, 492.1, 493.1, 494.1, 496.2, 497.1, 498.1, 499.1, 499.2, 500.1, 502.1, 514.1, 515.2, 516.1, 517.1, 518.1, 520.1, 521.1, 521.2, 522.1, 526.1, 528.1, 529.1, 530.1, 534.1, 536.1, 542.1, 542.2, 544.1, 546.1, 546.2, 547.1, 553.1, 555.1, 556.2, 556.3, 557.1, 567.1, 573.1, 574.1, 574.2, 575.1, 576.1, 576.2, 577.1, 578.1, 579.1, 579.2, 580.1, 581.1, 582.1, 582.2, 584.1, 584.2, 592.1; Stockfotos-MG 20.1; thodonal 222.1; thongsee 266.1; ©undrey 212.1.